W0244757

Bernt Engelmann

Deutschland ohne Juden

Bernt Engelmann

Deutschland ohne Juden

Eine Bilanz

Pahl-Rugenstein

© 1988 by Pahl-Rugenstein Verlag GmbH, Köln
völlig überarbeitete Neuausgabe
Alle Rechte vorbehalten
Umschlag: R. R. Neubauer
Satz: Druckerei Locher GmbH, Köln
Druck: Printed in GDR 1988
CIP-Titelaufnahme der Deutschen Bibliothek
Engelmann, Bernt:
Deutschland ohne Juden : e. Bilanz / Bernt Engelmann. –
Völlig überarb. Neuausg. – Köln : Pahl-Rugenstein, 1988
ISBN 3-7609-1210-9

INHALT

Einleitung EINE NEUE PERSPEKTIVE 7

1. Kapitel DEUTSCHLAND OHNE JUDEN ...? 13

2. Kapitel SIND KULTURELLE VERLUSTE MESSBAR? 71

3. Kapitel EIN THEATERZETTEL 100

4. Kapitel AUF WIEDERSEHEN, HERR PROFESSOR! 132

5. Kapitel NOBELPREIS UND POUR LE MÉRITE 162

6. Kapitel LEKTION FÜR UNENTWEGTE MILITARISTEN 200

7. Kapitel DIE EMIGRIERTE BOMBE 240

8. Kapitel POLITIK UND MORAL 305

9. Kapitel TRÄUMEREIEN AN ANTISEMITISCHEN KAMINEN 329

10. Kapitel BILANZ EINER AUSROTTUNG 390

Dokumente 423

Bibliographie 464

Personenregister 475

Der Dank des Autors 493

Ja, wir lieben dieses Land.

Und nun will ich euch mal etwas sagen: Es ist ja nicht wahr, daß jene, die sich ›national‹ nennen und nichts weiter sind als bürgerlich-nationalistisch, dieses Land und seine Sprache für sich gepachtet haben.

Weder der Herr Regierungsvertreter im Gehrock noch der Oberstudienrat noch die Herren und Damen des Stahlhelms *allein sind Deutschland. Wir sind auch noch da.*

Sie reißen den Mund auf und rufen: »Im Namen Deutschlands ...!« Sie rufen: »Wir lieben dieses Land, nur wir lieben es.« Es ist nicht wahr.

... Und so wie die nationalen Verbände über die Wege trommeln – mit dem gleichen Recht, mit genau demselben Recht nehmen wir, wir, die wir hier geboren sind, wir, die wir besser deutsch schreiben und sprechen als die Mehrzahl der nationalen Esel – mit genau demselben Recht nehmen wir Fluß und Wald in Beschlag, Strand und Haus, Lichtung und Wiese: es ist unser Land.

... Deutschland ist ein gespaltenes Land. Ein Teil von ihm sind wir. Und in allen Gegensätzen steht – unerschütterlich, ohne Fahne, ohne Leierkasten, ohne Sentimentalität und ohne gezücktes Schwert – die stille Liebe zu unserer Heimat.

Kurt Tucholsky, *1929*

Einleitung
EINE NEUE PERSPEKTIVE

Vor 50 Jahren, in der Nacht vom 9. zum 10. November 1938, fand im damaligen »Großdeutschen Reich« etwas in der europäischen Geschichte Beispielloses statt:

Nicht von einer aufgehetzten Menge und an einigen wenigen Orten, auch nicht von einzelnen haßerfüllten und raubgierigen Banden, sondern auf Befehl der Reichsregierung und der obersten Führung der Nazipartei wurde im gesamten damaligen Reichsgebiet, von Flensburg bis Konstanz, Innsbruck und Klagenfurt, von Aachen und Saarbrücken bis Memel, Beuthen und Wien, von eigens dazu »abkommandierten« Angehörigen der Nazi-Organisationen der größte Judenpogrom der Weltgeschichte »schlagartig« durchgeführt. Unter Aufsicht von Polizei und Feuerwehr wurden nicht nur sämtliche Ladengeschäfte, Werkstätten und Büros jüdischer Kaufleute und Handwerker zerstört und häufig auch geplündert, fast alle Synagogen geschändet, demoliert und größtenteils niedergebrannt sowie die meisten Einrichtungen der israelitischen Kultusgemeinden – auch Krankenhäuser, Schulen und Heime – verwüstet. Vielmehr drangen die Kommandos vielerorts auch gewaltsam in die Wohnungen jüdischer Familien ein und schlugen darin alles kurz und klein.

In zahlreichen Fällen kam es zu schweren Mißhandlungen jüdischer Männer und Frauen, zu Vergewaltigungen, nicht selten auch unter den Augen der Polizei, zu Plünderung, Brandstiftung und Mord. »Wer einen Juden erschlagen hat, kann dafür nicht bestraft werden«, stellte dazu der ›Oberste Parteirichter‹ der Nazis, Major Buch, lakonisch fest; schließlich habe es sich ja nur um die Ausführung von Befehlen gehandelt. »Die Öffentlichkeit weiß bis auf den letzten Mann«, heißt es in Buchs Bericht ganz unverblümt, »daß politische Aktionen wie die des 9. November von der Partei organisiert und durchgeführt sind, ob dies zugegeben wird oder nicht.«

26 000 männliche Juden wurden im Anschluß an diesen Pogrom in Konzentrationslager verschleppt, wobei wiederum viele ums Leben kamen. Und schließlich wurde auch noch der Gesamtheit der im »Großdeutschen Reich« lebenden Juden von der Reichsregierung auferlegt, für den ihnen zugefügten materiellen Schaden selbst aufzukommen! Die ihnen zustehenden Versicherungsgelder wurden vom Staat beschlagnahmt, und darüber hinaus hatten sie eine kollektive Geldstrafe in Höhe von einer Milliarde Reichsmark zu bezahlen. Gleichzeitig wurden sie aus dem gesamten Wirtschaftsleben ausgeschlossen.

So verlief, was dann euphemistisch »Kristallnacht« genannt wurde und was in Wahrheit der Abschied der deutschen Nation von Gesittung und Recht, von abendländischer Zivilisation und in tausend Jahren gewachsener deutscher Kultur und humanistischer Tradition war.

Indessen war diese Pogromnacht vom 9./10. November 1938 nur der erste Höhepunkt der von einer deutschen Regierung systematisch betriebenen und bis zum staatlich organisierten millionenfachen Massenmord gesteigerten Judenverfolgung, die erst ihr Ende fand mit der totalen militärischen Niederlage und dem völligen Zusammenbruch der Nazi-Diktatur, die zugleich den Untergang des einstigen Deutschen Reiches bedeutete. Seitdem ist vieles gesagt und geschrieben worden über den Leidensweg der Opfer des Rassenwahns der Nazis, über das Ausmaß ihrer Vernichtung und die barbarischen Methoden, derer sich ihre Henker bedienten, auch über die moralischen Aspekte des grauenhaften Geschehens.

Verständlicherweise stand dabei stets der – von der Führung des Nazi-Reiches mit der Bezeichnung »Endlösung« getarnte – Massenmord im Mittelpunkt aller Betrachtungen. Dabei ist zu bemerken, daß der zeitlich dicht aufeinanderfolgende Untergang, erst der Juden, dann des so mächtigen Reiches ihrer Verfolger, allenfalls als eine erstaunlich rasche und gerechte, den Deutschen für die Ausrottung ihrer jüdischen Mitbürger auferlegte Sühne metaphysisch gedeutet zu werden pflegt. Die eigentlich doch recht naheliegende Möglichkeit eines ganz konkreten ursächlichen Zusammenhangs von Judenverfolgung und totaler Niederlage des Herrschaftssystems ihrer Verfolger samt dem Untergang der zuvor Verfolgten wie Verfolgern gemeinsamen staatlichen Ordnung wurde indessen kaum jemals in Betracht gezogen, geschweige denn einmal genauer untersucht.

Überhaupt haben der Abscheu, das Grauen oder auch die dumpfen Schuldgefühle, die die ›Endlösung‹ noch im fast schon historischen Rückblick erwecken, eine völlig vorurteilsfreie und objektive Betrachtungsweise bislang verhindert. Man versäumte nicht nur, einmal genauer zu prüfen, ob Hitlers Judenpolitik außer der geplanten Vernichtung der

Juden nicht auch den – durchaus nicht geplanten – völligen Zusammenbruch seines Regimes und die damit verbundene deutsche Katastrophe entscheidend beeinflußt, *ja erst, zumindest vornehmlich,* bewirkt haben könnte (was dann die nationalsozialistische These, ›die Juden sind unser Unglück‹, nachträglich als eine auf sehr makabre Weise erfüllte Prophezeiung erscheinen ließe); man hat nicht einmal den Versuch unternommen, sich einmal vorzustellen, was hätte geschehen können und wie dann die Welt heute aussähe, wäre es zu keiner Judenverfolgung in Deutschland gekommen. Das aber ist keine müßige Spekulation, sondern eine Voraussetzung für die Beurteilung einer verbrecherischen Politik, die in Westdeutschland rein gefühlsmäßig oder auch nur, weil dies gerade opportun erscheint, als »verhängnisvoll« bezeichnet zu werden pflegt.

Gewiß, für die Juden war sie verhängnisvoll.

Doch wir wissen bislang allzu wenig darüber, ob sie *das auch für die Deutschen war oder gar sein mußte;* ob sie irgendwelche *Vorteile* gebracht hat oder hätte bringen können, und wären es auch nur diejenigen, erst noch auf ihren objektiven Wert zu prüfenden Vorteile, die sich die Judenverfolger selbst von ihrem Vorgehen erhofften ...

Versuchen wir uns einmal vorzustellen, der Antisemitismus hätte in Deutschland auf eine andere, entschieden weniger grausame, ja beinahe ›humane‹ Weise seine judenfeindlichen Ziele verfolgt, so daß zwar Deutschland heute ebenfalls nahezu frei von Juden wäre, jedoch ohne Erinnerung an Gewalt und Zerstörung oder gar Gaskammern und Massenexekutionen, daher auch mit nur winzigem, kaum noch wahrnehmbarem Makel der Schuld behaftet.

Dann ließe sich gewiß ohne nennenswerte Skrupel und Komplexe der einen oder anderen Art darüber diskutieren, welche Vor- und Nachteile sich für Deutschland und die Deutschen aus ihrer sozusagen sanften Befreiung von der seinerzeit unerwünschten jüdischen Minderheit ergeben hätten; auch darüber, ob die von den Verfechtern der judenfeindlichen Politik angestrebten Ziele nun tatsächlich, ganz oder wenigstens teilweise, erreicht worden wären und ob die sich erst heute, im Abstand von einigen Jahrzehnten, allmählich deutlicher abzeichnenden Dauerfolgen der Judenvertreibung diese wenigstens einigermaßen rechtfertigten und die antisemitischen Ziele immer noch erstrebenswert machten.

Die Ergebnisse eines solchen streng sachlichen Abwägens des Für und Wider einer vor mehr als einem halben Jahrhundert begonnenen Politik wären sicherlich von immensem Wert, nicht nur für die Deutschen selbst (und natürlich für die seinerzeit vertriebenen Juden und ihre Nachkommen ebenfalls), sondern ermöglichten auch anderen Völkern eine bessere, klarere Beurteilung der *Nützlichkeit* einer ähnlichen Politik in ihren jeweiligen Ländern sowie des Wertes antisemitischer, vielleicht auch anderer rassistischer oder fremden feindlicher Thesen überhaupt.

Wenn aber schon unter der hypothetischen Voraussetzung, daß kein Massenmord stattgefunden hätte, einer solchen objektiven Erörterung erheblicher Wert zugebilligt werden muß, um wieviel mehr dann angesichts der Hekatomben von Blut und Tränen, der Millionen von Menschenleben, die besagte Politik gefordert hat!

Machen wir uns also frei von Abscheu, Grauen oder Schuldgefühlen. Durchbrechen wir das Tabu, das uns bislang gehindert hat, Ursachen und Folgen der in den Massenmorden der vierziger Jahre gipfelnden Judenverfolgung näher zu untersuchen, dabei aber auch die zur Wahrheitsfindung nötige Unbefangenheit und Objektivität walten zu lassen. Erkennen wir auch endlich, daß der moderne, nicht mehr vornehmlich religiös, sondern politisch und ›rassisch‹ begründete Antisemitismus weder die Erfindung noch das mit ihm erloschene Monopol Hitlers war und daß es gefährlich wäre, die Alleinverantwortung für alles, was geschah und daraus folgte, diesem einen zuzuschieben, oder gar, wie es rechtskonservative Historiker neuerdings versucht haben, das in der modernen Geschichte Beispiellose »historisch einzuordnen«, zu »relativieren«, womöglich die Schuld daran anderen zuzuschieben, damit sich heutige konservative Politiker in der »Gnade der späten Geburt« sonnen können. Erteilen wir solchen ebenso törichten wie gefährlichen Ausflüchten eine entschiedene Absage und versuchen wir vielmehr, alle verfügbaren Belege sorgsam zu ordnen, richtig zu verbuchen und eine Bilanz zu ziehen, wie immer sie ausfallen mag – in der festen Überzeugung, daß man selbst aus schrecklichsten Fehlern erst dann etwas lernen kann, wenn man sie zu erkennen vermag.

Rottach-Egern, Obb. Bernt Engelmann

Erstes Kapitel
DEUTSCHLAND OHNE JUDEN ...?

Deutschland ohne Juden – das hat es noch nie gegeben!

Auf die Gegenwart und auf diejenigen Staaten bezogen, die zusammen den ungefähren geographischen und kulturellen Begriff ›Deutschland‹ ausmachen, muß die Behauptung, es gebe dort keine Juden mehr, Zweifel und Widerspruch auslösen. Schließlich leben heute in den vorwiegend von Menschen deutscher Muttersprache bewohnten Gebieten Mitteleuropas, hauptsächlich in der Bundesrepublik und in West-Berlin, aber auch in der Deutschen Demokratischen Republik und in Österreich, noch oder wieder insgesamt einige Zigtausend Angehörige der jüdischen Religionsgemeinschaft, darüber hinaus eine nur zu schätzende Anzahl von Bürgern,die noch vor wenigen Jahrzehnten, ohne Rücksicht auf ihre Religion, als Juden galten oder gegolten hätten. Alle zusammen machen zwar nicht, wie nach Umfragen von den meisten Bundesbürgern vermutet wird, »mehrere Hunderttausend« oder gar »ein bis zwei Millionen« aus, aber immerhin etwa 55 000 oder knapp 0,075 Prozent der Gesamtbevölkerung des deutschen Sprachgebiets, also nur eine winzige Minderheit, quantitativ ähnlich bedeutungslos wie die etwa 28 000 meist vietnamesischen Buddhisten, die in Westdeutschland leben, deren Vorhandensein jedoch nicht einfach geleugnet werden kann.

Indessen soll es uns nicht um die bloße Anwesenheit dieser Minorität gehen, auch nicht um ihre – ohnehin ja wahrlich geringe – quantitative Bedeutung, vielmehr um etwas ganz anderes, das einiger Erläuterung bedarf:

Seit rund zweitausend Jahren haben stets Bekenner des mosaischen Glaubens in jenem Gebiet gelebt, das dann ›Deutschland‹ genannt wurde. Lange vor Beginn der Entstehung einer deutschen Sprache, einer deutschen Kultur oder gar des geographisch-politischen Begriffs ›Deutschland‹ waren Juden in den germanischen Provinzen heimisch und bildeten einen festen, oftmals dominierenden Bestandteil der Bürgerschaft römischer Städte an Rhein und Mosel, Main und Donau.

Das älteste Schriftstück, das das Vorhandensein einer größeren Anzahl fest ansässiger jüdischer Bürger in den Mauern einer späteren deutschen Stadt dokumentarisch belegt, ist ein Edikt Kaiser Konstantins vom 11. Dezember 321, die städtischen Ehrenämter der Juden von Köln betreffend.

Im Verlaufe des ersten nachchristlichen Jahrtausends, das die große Völkerwanderung, den Untergang Westroms, die Bildung germanischer Staaten, die Entstehung des Heiligen Römischen Reiches Deutscher Nation und die Kolonisierung Nord- und Mitteldeutschlands brachte, wurden die Juden ein wesentliches Element städtischen Lebens in Mitteleuropa. Als waffenfähige, zu Grunderwerb berechtigte Freie und an den kommunalen Angelegenheiten mit Rechten und Pflichten teilnehmende Kaufleute, Handwerker, Ärzte,

Künstler, Rechtsgelehrte oder Beamte, die daneben, wie es allgemein üblich war, selbst oder mit Hilfe von Sklaven ihre Gärten, Äcker und Weinberge bestellten, standen sie – trotz mancherlei Versuchen der Konzile, diese vom kirchlichen Standpunkt aus bedenklichen Kontakte einzuschränken – mit ihren christlichen Nachbarn auf gutem Fuß, oftmals in sehr freundschaftlichem Verkehr, von gemeinsamen geschäftlichen Unternehmungen ganz zu schweigen.

Juden waren zahlreich und mitunter vorherrschend unter den Pionieren der ersten deutschen Siedlungen an Elbe und Saale. Auch an der Erhebung von Worms zugunsten Heinrich IV., dem ersten selbständigen Eingreifen einer deutschen Stadt in die politischen Geschicke der Nation, hatten die Wormser Juden entscheidenden Anteil. So kommt es, daß der Vertrag, der 1074 zwischen dem Kaiser und der Stadt geschlossen wurde, mit den Worten beginnt: ›*Judais ceterisque civibus Wormsae*‹ (›Mit den Juden und den übrigen Bürgern von Worms . . .‹), während es sonst meist hieß: ›*Unser libe burgeren von Wormezen, beide christene unde juden*‹ . . .

Schulter an Schulter verteidigten Christen und Juden ihre Heimatstädte gegen Angreifer, feierten zusammen Siege oder betrauerten Niederlagen, spielten miteinander Schach oder sangen zur Laute dieselben Lieder, zechten oder hielten zusammen mit blanken Waffen und edlen Pferden ritterliche Turniere ab, nahmen es auch in der Minne nicht gar so genau mit dem Glaubensunterschied und mußten erst durch kirchliche Verbote daran gehindert werden, gemeinsam die Badehäuser zu benutzen.

Schließlich gehörten die meist begüterten und gebildeten Juden der Rhein-, Main- und Donaustädte auch zu den Bürgerschichten, die sich am frühesten an deutscher Dichtung beteiligten, wobei sie die hebräischen Lettern ihrer religiösen Schriften verwendeten, genau wie die Christen das gemeinsame Deutsch nicht in Runen, sondern mit den lateinischen Buchstaben schrieben, die ihre Kirchenväter benutzt hatten.

Es ist kein Zufall, daß die bei weitem älteste und einzige in mittelhochdeutscher Sprache überlieferte Fassung des Gudrun-Epos, die erst vor wenigen Jahren entdeckt wurde und sich in der Bibliothek der Universität von Cambridge befindet, in vokalisierter hebräischer Schrift aufgezeichnet ist; daß sich germanische Sagen und alte deutsche Märchen, frühmittelalterliche Volkslieder vom Rhein und sogar ein Ritterroman in Versen, das sogenannte Bovo-Buch, im Jiddischen bis heute erhalten haben und daß die berühmte Manessesche Liederhandschrift mit dem Bild auch einige Beispiele der Kunst eines um 1250 auftretenden jüdischen Minnesängers aus Franken, des Herrn Süßkind von Trimberg, der Nachwelt überliefert hat.

Wie eng und im wesentlichen friedlich, wichtiger noch: wie schicksalsverbunden christliche und jüdische Bürger deutscher Städte in den Jahrhunderten der Entstehung dessen, was wir Deutschland nennen, zusammenlebten, das symbolisiert das ›*inter Judaeos*‹, mitten zwischen den Häusern der Juden und neben ihrem Bad errichtete älteste Rathaus von Köln, der mächtigsten Stadtgemeinde des Reiches im frühen Mittelalter, wo übrigens auch manches Dokument dafür erhalten ist, daß Christen und Juden innerhalb derselben Mauern eine Lebens- und Rechtsgemeinschaft bildeten, die mitunter Vorrang hatte vor bloßer Glaubensgemeinschaft mit Auswärtigen. Das geht zum Beispiel hervor aus den Fehdebriefen des Ritters Otto von Bellinchaven, der Bürger Reynoldt und Roloff von Coevoerde und vierundzwanzig weiterer niederrheinischer Christen, die der Stadt Köln am 17. März und am 11. April 1401 in aller Form den Streit verkündeten wegen angeblichen Unrechts, das der mit ihnen offenbar gut befreundete ›Jude Selichmann, Sohn des Schaeff‹, von Kölner Juden hätte erdulden müssen...

Indessen war das zweite Jahrtausend christlich-jüdischen Zusammenlebens im Deutschen Reich im ganzen entschieden weniger harmonisch und friedvoll als das erste. In der von der wachsenden weltlichen Macht der Kirche, von religiösem Fanatismus, feudalistischer Ausbeutung, Unduldsamkeit und Aberglauben beherrschten Epoche des ausgehenden Mittelalters und der beginnenden Neuzeit waren jedoch die deutschen Juden wahrlich nicht die einzigen Leidtragenden!

Geknechtet, ihrer Rechte als waffentragende Freie beraubt und in oft menschenunwürdigen Verhältnissen lebten nämlich damals die allermeisten Bewohner Deutschlands – auch wenn die in der Regel nur auf die Gewohnheiten, Absichten, Erfolge und gelegentlichen Niederlagen der Herrschenden eingehenden Geschichtsbücher diese Tatsache häufig bloß ahnen lassen.

Immer wieder blutig verfolgt, gedemütigt, ausgeplündert, willkürlich verjagt oder bestraft, gefoltert und auf barbarische Weise ums Leben gebracht, wurden in diesen finstersten Jahrhunderten europäischer Geschichte nicht nur die nun außerhalb der christlichen Gemeinschaft stehenden Juden, sondern auch eine weit größere Anzahl nichtjüdischer Gruppen: Bauern, Bergleute oder auch Handwerksgesellen, die sich zur Verbesserung ihrer unerträglich gewordenen Lebensbedingungen zu organisieren versuchten; Katharer, Albingenser, Wiedertäufer, Hussiten, Geusen, die Angehörigen des Frauenordens der Beginen und zahlreiche andere, nicht nur Dogmen, sondern auch die Gesellschaftsordnung in Frage stellende ›Ketzer‹; des Rückfalls ins Heidentum verdächtige Dithmarscher, Niedersachsen, Preußen und Wenden – ganz zu schweigen von der Verödung ganzer Provinzen durch Raubzüge und Strafexpeditionen der Feudalherren, Massenhinrichtungen im Gefolge gescheiterter Volksaufstände und ständiger Hexenverfolgung...

Mitunter wurden selbst wackere, kirchentreue und zunftgerechte Bürger, wie etwa die Kölner Weber anno 1371, die Opfer einer grausamen Verfolgung, die sich in nichts von einem gegen die Juden gerichteten Pogrom unterschied. »Die Herren mit ihrem Banner und mit den Brüderschaften«, so berichtet die Koelhoffsche Chronik, »durchgingen alle Straßen und fingen die Weber mit Gewalt ... Die Weber mußten Maulwürfe werden und lagen unter der Erde. Am anderen Tage zogen die Obersten der Stadt mit den Brüderschaften und dem Stadtbanner die Bachstraße herauf mit Posaunen und Pfeifen, und es folgte ihnen mancher fromme Mann, und wo sie die Weber greifen konnten, schlugen sie sie auf der Straße tot. Sie suchten sie auch in ihren Häusern, in Kirchen und Klöstern; sie schonten niemandes, er war alt oder jung. Die Glocke ward geläutet zu St. Marien bei dem Malzbüchel: Da hob es sich an zu fliehen; was fliehen konnte, das floh. Man jagte die Weiber und Kinder der Weber aus der Stadt heraus, und der Rat nahm ihr Erbe, Haus und Hof ...«

Kurz, die Juden waren, wenn man ihr Schicksal nicht, wie sonst üblich, isoliert betrachtet, sondern es im Zusammenhang mit der gesellschaftlichen Entwicklung und der Lage der anderen Gruppen sieht, weder die am grausamsten verfolgten noch gar die einzigen Opfer der Willkürherrschaft des mittelalterlichen Establishments. Sie waren vielmehr die Leidensgenossen der meisten anderen Deutschen jener Epoche, unterschieden von den Millionen sonstiger Unterdrückter, Ausgebeuteter und Verfolgter allein durch ihren Glauben.

Die blutigen Gemetzel im Gefolge meist vergeblicher Bekehrungsversuche, vor allem durch die Kreuzfahrer, die von Frankreich her an den Rhein kamen, bewirkten eine starke Abwanderung deutscher Juden nach Osten, vor allem nach Polen, dessen Könige sie – ebenso wie die christlichen

Einwanderer aus Deutschland – mit offenen Armen empfingen und ihnen alle gewünschten Rechte und Freiheiten zusicherten, denn sie brauchten gewerbetreibende Bürger für ihre neuen Städte. Bei den in Deutschland verbliebenen Juden hatten die ihnen auferlegten Berufs- und Ansiedlungsbeschränkungen zur Folge, daß Gettos entstanden, deren Bewohner auf Handel und Geldverleih als die beinahe einzigen ihnen noch verbliebenen Erwerbsmöglichkeiten angewiesen waren. Daneben gab es zwar auch zahlreiche jüdische Ärzte und Gelehrte, Geistliche und Gemeindebeamte, Handwerker und Hausangestellte, aber da sich deren Wirken vornehmlich auf das Getto beschränkte, während sich die wirtschaftlichen Beziehungen zur christlichen Umwelt auf Handel und Geldverleih konzentrierten, entstand neben dem religiösen Gegensatz nun auch ein ökonomisches Spannungsverhältnis.

Es wäre indessen wiederum verfehlt, in alledem eine außergewöhnliche Sonderstellung der Juden zu vermuten. Genaugenommen lebten nämlich, zumindest anfangs, die christlichen Kleinbürger ebenfalls in ›Gettos‹, waren auch allen möglichen Wohn- und Arbeitsbeschränkungen, Ausgehverboten, Kleidervorschriften und Zunftordnungen unterworfen, standen in ihren nachts fest verschlossenen, tagsüber an den Toren streng bewachten Städten unter ständiger Aufsicht kirchlicher und weltlicher Behörden und hatten willkürlich festgesetzte Wegegelder und andere Abgaben zu entrichten. Kurz, die Masse der Christen war im späten Mittelalter kaum weniger ausgebeutet und entrechtet als die Juden. Und was umgekehrt den Wucher anbetraf, zu dem sich die Juden gedrängt sahen, so war er zwar bald ihre wichtigste Erwerbsquelle, aber keineswegs ihr Monopol! Auch viele fromme Christen deutscher wie fremder Nationalität, mitunter sogar Bischöfe, Prälaten und Äbtissinnen, verstanden sich auf Geldverleih zu hohen Zinsen... Immerhin gehörten die Juden zu den bevorzugten ›Blitzableitern‹, an denen sich angestauter Volkszorn gelegentlich auf eine für die Herrschenden ungefährliche Weise entladen durfte: In Katastrophenfällen,vor allem bei Seuchen und Hungersnot, warf man ihnen, den ›Gottesmördern‹, mindestens aber ›Nachkommen der Mörder unseres Heilandes‹, einfach eine Hostienschändung, Brunnenvergiftung oder auch ›rituelle‹ Ermordung eines Christenkindes vor und ließ dann das Volk dafür grausame ›Rache‹ üben und sich ein wenig die Taschen füllen...

Aber selbst das waren keineswegs auf die Juden beschränkte Exzesse eines obrigkeitlich gelenkten Aberglaubens, wurden doch in deutschen Landen auch Jahr für Jahr, besonders im 16. und 17. Jahrhundert, Zigtausende von Männern, Frauen und sogar Kindern christlichen Glaubens der Hexerei und Zauberei beschuldigt, hübsche Mädchen der Unzucht mit dem bocksbeinigen Satan angeklagt, durch barbarische Foltern zu absurden Geständnissen, auch zu willkürlichen Denunziationen weiterer ›Hexen‹ und ›Zaubermeister‹ getrieben und schließlich, nach Einzug ihres gesamten Besitzes zugunsten der Kirche, bei lebendigem Leibe auf dem Scheiterhaufen verbrannt – offziell ›zur höheren Ehre Gottes‹, daneben aber wohl vor allem zur Einschüchterung des Volkes, zur Festigung der Macht der Kirche und zur Vermehrung ihres Reichtums.

Selbst die Ausweisung ganzer Gemeinden aus dem Herrschaftsbereich des einen weltlichen oder geistlichen Fürsten und die gnädige Aufnahme, zumindest der Wohlhabenderen unter den ›Refugiés‹, durch einen anderen Potentaten, widerfuhr wahrlich nicht allein den Juden; Hugenotten, Waldenser und Salzburger Protestanten, um nur einige der bekannteren Beispiele zu nennen, erlitten ein gleiches Schicksal.

In einer Hinsicht hatten es die Juden sogar ganz erheblich besser als andere unterdrückte, ausgebeutete und blutig verfolgte Gruppen oder Stände, denn es gab für sie einen – objektiv betrachtet sogar recht bequemen – Ausweg aus ihrer Misere: die Taufe. ›Ketzer‹, die sich ›reuig‹ zeigten, konnten allenfalls auf eine weniger grausame Art ihrer Hinrichtung hoffen; ›geständige‹, weil unter der Folter zusammengebrochene ›Hexen‹ und ›Zauberer‹ erhandelten sich mit der Aufgabe ihres Widerstandes nur ein rascheres Ende ihrer Qual auf dem Scheiterhaufen; nach einem mißglückten Aufstand nutzten ›bußfertigen‹ Arbeitern und Bauern weder Gelöbnisse, sich nie wieder gegen ihren Herrn zu erheben, noch schnöder Verrat ihrer ›Mitschuldigen‹ – sie mußten dennoch sterben, und zwar auf eine im weiten Umkreis jeden Gedanken an neuerlichen Ungehorsam erstickende, äußerst grausame Weise.

Fand sich dagegen ein Jude bereit, Christ zu werden, so nahm ihn die Kirche mit offenen Armen auf, belohnte ihn gar noch und sorgte auch dafür, daß die weltliche Obrigkeit auf jede weitere Diskriminierung des Bekehrten verzichtete und in den Jubel einstimmte, der um so größer war, als solche Übertritte nicht allzu häufig vorkamen.

Gerade die wachsende Isolierung in einer durch den aufgekommenen religiösen Fanatismus immer weniger freundlichen Umwelt festigte die Mitglieder der jüdischen Gemeinden Deutschlands in ihrem Glauben und führte zu jener ›Verstocktheit‹, die so manchen christlichen Prediger zu Wutausbrüchen reizte. Bitterste Not und heftigste Bedrükkung haben die deutschen Juden – und erst recht die nach Polen und in andere östliche Länder abgewanderten deutsch-jüdischen Flüchtlinge aus dem Rheinland, die dort, etwa vom 17. Jahrhundert an, noch ärgeren Verfolgungen ausgesetzt waren – nur in Ausnahmefällen zu einem Glaubenswechsel bewegen können*; sie verhielten sich in dieser Hinsicht genauso unerschütterlich wie andere bedrängte religiöse Minderheiten. Was aber Unterdrückung und oftmals gewaltsame Bekehrungsversuche nur selten bewirken konnten, das ergab sich weit häufiger ohne jeden Zwang: Die Chronisten des frühen und späten Mittelalters verzeichnen zahlreiche Fälle, in denen sich Juden freiwillig und, wie es scheint, aus Überzeugung taufen ließen. Allein aus der Domstadt Köln sind einige Dutzend solcher Übertritte meist gelehrter und angesehener jüdischer Gemeindemitglieder bekannt, und man darf wohl vermuten, daß es in Wirklichkeit noch weit mehr Konvertiten gegeben hat. Es ist sicherlich nicht übertrieben, wenn man annimmt, daß bis zum Ende des 18. Jahrhunderts einige tausend deutschjüdische Familien, zumal in den Gemeinden am Rhein, zum Christentum übergetreten sind, während sich umgekehrt einen weit geringere Anzahl von Christen zum Judentum bekehrte. Denn auch das kam vor, sogar bei prominenten Geistlichen wie dem Alemannen Bodo, Diakon am Hofe Ludwigs des Frommen, oder dem Beichtvater Kaiser Heinrichs II., Wezelin, die beide, zur Bestürzung der Christenheit, Juden wurden.

Und das führt uns zu einer Frage, die bis gegen Ende des 19. Jahrhunderts ohne Bedeutung war, im 20. Jahrhundert aber plötzlich sehr akut wurde, nämlich ob die Zugehörigkeit zum Judentum nicht von der Religion des Betreffenden, sondern von seiner Abstammung bestimmt werde.

Ohne Zweifel kommt dieser Frage etwas mehr Berechti-

* Eine solche Ausnahme war der Massenübertritt polnischer Juden zum Katholizismus unter Führung des Jakob Frank (1726–1791). Franks Tochter Eva, die 1817 in Offenbach starb, folgte ihrem Vater in der Führung der ›Frankisten‹, wie die ursprünglich nur eine christianisierende Sekte bildende Bewegung genannt wurde, deren Anhänger nicht mehr, wie zuvor in Polen, als Taufgeschenk den Adelsbrief erhielten.

gung zu, als man ihr heute, nach ihrer übertriebenen, bis zur Absurdität gesteigerten Behandlung im ›Dritten Reich‹ und den sich daraus ergebenden katastrophalen Folgen, noch zuzubilligen bereit ist. Denn die deutschen Juden waren natürlich, infolge ihrer jahrhundertelangen, religiös bedingten gesellschaftlichen Isolierung, mehr als nur eine konfessionelle Gruppe. Sie hatten innerhalb der deutschen Schicksalsgemeinschaft, der sie bis zu ihrem Untergang nicht bloß verbunden blieben, sondern, ob sie oder die anderen es wollten oder nicht, als fester Bestandteil angehörten, auch noch ihr eigenes Gruppenschicksal. Ihre, gleich ob freiwillige oder unfreiwillige Konzentration auf gewisse städtische Berufe, ihre religiös bedingten Sitten und Gebräuche, ihr gleichfalls vom Glauben herkommendes stärkeres Streben nach Bildung und Gelehrsamkeit, ihre ständige Abwehrhaltung gegenüber dem meist feindlichen Verhalten der christlichen Umwelt sowie – *last not least* – die relative Enge des Heiratsmarktes – das alles und einiges mehr bewirkte die allmähliche Herausbildung bestimmter gemeinsamer, individuell mehr oder minder stark ausgeprägter und je nach Standpunkt unterschiedlich bewerteter Eigenschaften und Merkmale.

Bei einem Ausscheiden einer einzelnen Familie aus der Gruppe durch Glaubenswechsel oder Auswanderung blieben die Merkmale und Eigenschaften natürlich zunächst erhalten und verwischten sich erst unter dem Einfluß einer neuen Gruppenzugehörigkeit oder Umwelt.

In diesem vagen Sinne kann man die These bejahen, wonach es eine auch unabhängig vom Glauben mehr oder weniger klar zu definierende jüdische Gruppe gab. Es bleibt jedoch die – von den Antisemiten des späten 19. und des 20. Jahrhunderts glatt verneinte – Frage, ob die deutschen Juden nicht in erster Linie Deutsche waren und sich erst in zweiter Linie durch die bereits genannten Faktoren von den anderen deutschen Gruppen auf ähnliche Weise unterschieden wie etwa katholische Mosel-Winzer von Herrenhuter Kaufleuten aus dem Wuppertal, südoldenburgische Großbauern von den Heimarbeitern des Thüringer Waldes, die Bewohner der Halligen von den Vintschgauern oder der Kölner Mittelstand von dem Flensburgs, Hannovers, Stuttgarts, Innsbrucks oder Dresdens (wobei noch zu bedenken ist, daß sich solche ursprünglich noch weit stärkeren Unterschiede erst in den letzten fünfzig Jahren durch enorm vermehrte Binnenwanderung sowie durch den Massentourismus und die homogenisierende Wirkung der Massenkommunikationsmittel abgeschwächt haben ...). Die antisemitische These lautet vielmehr, daß die Juden Deutschlands und der übrigen Welt einer fremden, ›semitischen‹ Rasse vorderasiatischen Ursprungs angehörten und infolgedessen, unabhängig von ihrer Religion, den miteinander blutsverwandten deutschen Stämmen ›artfremd‹ wären. Die Deutschen, bei denen ›nordisch-germanische‹ Rassenmerkmale überwögen, hätten ein gemeinsames ›arisches Bluterbe‹, das es zu schützen gelte vor einer ›unweigerlich zum Verfall führenden‹ Vermischung mit den ›minderrassigen‹ Fremden.

Prüfen wir zunächst die angeblich ›semitische‹ Herkunft der deutschen Juden, so stoßen wir bereits auf eine Verwirrung der Begriffe, denn ›semitisch‹ kann sich allein auf die *Sprach*gruppe beziehen, zu der das Hebräische gehört, das die Sprache der Bibel, der Theologie und des Gottesdienstes der Juden ist. Die Juden aber deshalb ›Semiten‹ zu nennen, ist absurd; ebensogut könnte man alle Katholiken als ›Lateiner‹ bezeichnen oder als ›Romanen‹.

Was nun die angeblich vorderasiatische Herkunft alles Jüdischen angeht, so trifft sie nur zu für die mosaische Religion und für diejenigen Bekenner eines einzigen, unsichtbaren Gottes, die, im ersten nachchristlichen Jahrhundert, von den Römern vertrieben oder als Sklaven weggeführt, die Gesetze des Moses bis in die letzten Winkel der damals bekannten Welt verbreiteten.

Aber deshalb die Juden, zumal diejenigen, die im 19. und 20. Jahrhundert in Mitteleuropa lebten, pauschal als Vorderasiaten und deshalb ›artfremd‹ zu bezeichnen, ist ebenso unsinnig, wie wenn man alle Christen des Abendlandes schlicht ›Levantiner‹ nennen wollte. Denn auch die christliche Lehre hat sich ja vor fast zweitausend Jahren von den Küsten Kleinasiens aus durch Apostel verbreitet, die dem Völkergemisch der Levante entstammten...

In ihrer überwältigenden Mehrheit waren die Juden der aus den alten römischen Kolonien am Rhein hervorgegangenen frühmittelalterlichen Städte (genau wie die dortigen Anhänger der gleichfalls aus Judäa stammenden, noch von den Römern zur Staatsreligion erhobenen jüdischen Sekte der Christen) beileibe keine reinblütigen Nachkommen des ohnehin sehr kleinen und im todesmutigen Kampf mit den römischen Kolonialherren nahezu aufgeriebenen biblischen Volkes, sondern hatten allenfalls eine ›nichtarische‹ Urgroßmutter, an der einmal ein Legionär, womöglich gallischer oder germanischer Herkunft, Gefallen gefunden hatte; oder sie waren einfach Abkömmlinge von Bekehrten keltisch-germanischer oder anderer Deszendenz – genau wie die bekehrten Christen...

Das kann schon deshalb gar nicht anders sein, weil die mehreren hunderttausend Juden, die etwa von der Zeit der Merowinger an bis zu den ersten Kreuzzügen die deutschen Städte bevölkerten und wohl zum Teil auch beherrschten, dann größtenteils nach Osten zogen und die Ahnen der vielen Millionen Juden Polens und Rußlands wurden, unmöglich zu mehr als einem winzigen Bruchteil von Vertriebenen aus Judäa abstammen konnten.

Auch haben sämtliche anthropologischen Messungen und

sonstigen Forschungen – von denen Rudolf Virchows über diejenigen Fishbergs und auch die der NS-Rasseforscher bis zu den Blutgruppen- und Rhesusfaktor-Vergleichen der UNESCO – keinerlei Verwandtschaft der europäischen Juden mit orientalischen Völkern, nicht einmal mit den Juden des Jemen oder Bucharas, feststellen können, wohl aber ihre Zugehörigkeit zu jenem abendländischen Völkergemisch, das in der Zeit des ›Dritten Reiches‹ als ›arisch‹ galt – weshalb die Nationalsozialisten bei der Verfolgung der Juden mangels anderer Merkmale gezwungen waren, in seltsamer Unlogik allein von der Konfession der Eltern und Großeltern eines Staatsbürgers auf dessen ›Rasse‹ zu schließen, während sie gleichzeitig predigten, daß *nicht* die Religion, sondern ›das Blut‹ den Wert oder Unwert eines Menschen bestimme...

Tatsächlich haben sich die deutschen Juden, die sich von denen entfernter Länder und Erdteile ebenso unterschieden wie andere Mitteleuropäer, während der zwei Jahrtausende ihrer Ansässigkeit in demselben reichen Maße mit Nachbarn, Eroberern, Flüchtlingen und Sklaven vermischt wie die Christen.*

Nehmen wir als Beispiel die Juden und Christen Kölns: Beide stellten in der spätrömischen Zeit nur zwei von fünf miteinander konkurrierenden religiösen Gruppen dar, die mit der Staatsreligion der Römer und dem leicht romanisierten Götterkult der eingeborenen Ubier, eines keltisch-germanischen Mischvolkes, zunächst in Konflikt standen, sie

* Dabei gibt es zwei Besonderheiten: den sefardischen (= spanisch-jüdischen) Einschlag infolge Zuwanderung eines kleinen Teils der gegen Ende des 15. Jahrhunderts von der Iberischen Halbinsel vertriebenen Juden von meist südländischem Typus und den chasarischen Einschlag, zumal bei den Juden Ost- und Südosteuropas, der sich erklärt aus dem Übertritt des Königs und der Oberschicht der Chasaren, eines zuerst zwischen dem Schwarzen und dem Kaspischen Meer ansässigen, alttürkischen Volkes, zum Judentum um die Mitte des 8. Jahrhunderts.

aber schließlich verdrängten. Denn außer Christen und Juden gab es noch den von den Soldaten der Garnison bevorzugten, aus Persien stammenden Mithras-Kult, den aus Ägypten importierten Isis-Kult (der anfangs als allzu unzüchtig galt, sich aber offizielle Anerkennung verschaffte und als Ursprung des Kölner Karnevals gelten darf) sowie den Kult des Jupiter Dolichenus, der aus Syrien kam und für den in Köln ein eigener Tempel errichtet worden war.

Schon aus dieser Vielfalt samt und sonders aus dem Orient stammender Kultformen lassen sich Rückschlüsse ziehen auf das bunte Völkergemisch, das die römische Kolonie Kölns bildete: Griechen, Syrer, Phönizier, Ägypter, Palästinenser und Perser, dazu Sklaven und Freigelassene aus aller Herren Ländern, Soldaten und Veteranen der in der Stadt in Garnison liegenden Truppenteile, darunter nicht nur Germanen und Gallier, sondern auch die Angehörigen der Nubischen Legion, hochgewachsene, ebenholzschwarze Männer aus Afrika. Dazu kamen die Matrosen und Offiziere der ›*Classis Germanica*‹, der römischen Rheinflotte, teils Bataver von der Rheinmündung, teils Seeleute aus Zypern, ja – wie Grabsteine bezeugen – aus so fernen Landschaften Kleinasiens wie Phrygien und Mysien stammend. Sie alle bildeten, zusammen mit ihren meist in Köln geborenen, vorwiegend keltisch-germanischen Frauen, eine Bevölkerung, die auf dreißig- bis vierzigtausend Menschen geschätzt wird und von denen allenfalls ein paar hundert Legionäre, Freigelassene und Sklavinnen friesischer Abstammung so blond und blauäugig waren, wie es anderthalb Jahrtausende später von den (diesen Anforderungen in ihrem äußeren Erscheinungsbild selbst nur vereinzelt entsprechenden) nationalsozialistischen ›Rassen‹fanatikern zum Ideal erhoben wurde.

Das Ende der römischen Herrschaft und der Übergang der Macht auf die fränkischen Könige vollzog sich im Kölner Raum nahezu gewaltlos. Niemand wurde als ›unerwünschter Fremder‹ verjagt oder auch nur verdrängt. Das Rassen- und Völkergemisch wurde nur noch vielfältiger, denn das frühe Mittelalter brachte, nach dem Durchzug immer neuer Germanenstämme, auch die Einfälle der Hunnen und anderer inner- und ostasiatischer Völkerschaften, die es als ihr vorzügliches Recht ansahen, allen Frauen und Mädchen, derer sie habhaft werden konnten, Gewalt anzutun – ein Brauch, der sich bei Eroberern bis heute erhalten hat...

Es würde Bände füllen, wollte man alle Völker aufzählen, deren Söhne als Krieger oder auch als Händler in Köln haltmachten und oftmals Nachkommen hinterließen; deren Töchter als Sklavinnen, Dirnen, im Gefolge der ausziehenden oder als mitgebrachte Beute der heimkehrenden Kreuzfahrer, als Marketenderinnen, Künstlerinnen des einen oder anderen Genres oder in neuester Zeit wieder als Zwangs- und schließlich als Gastarbeiterinnen nach Köln (und natürlich auch in andere deutsche Städte und Landschaften) kamen und dort gar nicht so selten ansässig wurden.

Es gibt jedenfalls keine Nation Europas, kaum eine Völkerschaft Afrikas oder Asiens, ganz zu schweigen von den an Vielfalt der darin vertretenen ethnischen Gruppen nur noch mit der römischen Armee vergleichbaren siegreichen Streitkräften der USA des Jahres 1945, die nicht schon einmal selbst oder im Gefolge anderer Nationen die Stadt Köln für kürzere oder längere Zeit besetzt gehalten hätte – zumindest lange genug, um mit Kölnerinnen eine stattliche Anzahl von Kindern zu zeugen...

Das Beispiel zeigt, daß von einer ›Reinheit des Blutes‹ in deutschen Landen wie überhaupt in Europa allenfalls in sehr abgelegenen, äußerst schwer zugänglichen Gegenden die Rede sein kann (und dann, wie in einzelnen Hochtälern der Alpen, mit den kaum erstrebenswerten Folgen jahrhundertelanger Inzucht), wobei wir den ohnehin recht vagen

Begriff des angeblich dominierenden ›nordisch-germanischen Bluterbes‹ getrost außer Betracht lassen können.

Was aber für die christlichen Bewohner Deutschlands gilt, muß auch für die deutschen Juden gelten, denn es wäre recht weltfremd, wollte man annehmen, daß die zahlreichen Eroberer aus fernen Ländern, die während zweier Jahrtausende kamen und gingen, bei der mehr oder weniger gewaltsamen Ausübung ihrer Siegerrechte streng unterschieden hätten zwischen getaufter und ungetaufter Weiblichkeit; oder daß umgekehrt die Juden, wenn sie in heidnischer Umwelt Proselyten machten, ihre freigelassenen Sklaven mittels Beschneidung in den Bund Moses aufnahmen oder hübsche Dienstmädchen, ehe sie sie heirateten, Jüdinnen werden ließen, dabei ›nordisch-germanisches Bluterbe‹ stets respektvoll verschont hätten, ganz zu schweigen davon, daß nicht einmal die verbohrtesten Judenhasser – wie etwa der aus Mähren stammende, 1505 in Köln zum Christentum übergetretene Jude Johann Joseph Pfefferkorn, der alle jüdischen Schriften verbrennen wollte und gegen den die Freunde Johann Reuchlins ihre ›Dunkelmännerbriefe‹ richteten – so vermessen gewesen wären, ›rassische‹ Unterschiede zwischen Juden und Christen zu behaupten.

Indessen teilten die Juden das Geschick aller konfessionellen und sonstigen Minderheiten im Reich: Die jeweilige Mehrheit leitete aus individuellen Eigenschaften Urteile ab, die, wenn sie negativ ausfielen, auf die ganze Gruppe übertragen wurden, im positiven Falle aber als seltene Ausnahmen gewertet zu werden pflegten.

Noch Karl Josef Fürst de Ligne, 1735 bis 1814, k. u. k. Feldmarschall und dabei ein sehr aufgeklärter, den Juden im Grunde sogar wohlgesonnener Edelmann, gab etwa 1801 das folgende, nur die wohlhabende und gelehrte jüdische Oberschicht ausdrücklich ausnehmende Pauschalurteil über »zehn Millionen Hebräer in Europa« ab, vornehmlich die

Juden Deutschlands und der böhmischen, ungarischen und polnischen Gebiete Österreichs betreffend:

»Soll ich ihr Bild malen? Sie triefen stets von Schweiß, weil sie die öffentlichen Plätze und Wirtshäuser ablaufen, um dort zu feilschen. Fast alle sind bucklig und tragen einen roten oder schwarzen schmutzigen Bart. Sie sind bleich, zahnlos, haben eine lange schiefe Nase, einen unsicheren, ängstlichen Blick und wackeln mit dem Kopf. Ihre ungekämmten Haare sind geringelt, die entblößten Knie gerötet, ihre langen Füße einwärts gedreht, die Augen sind hohl, das Kinn ist spitz. Sie tragen durchlöcherte Strümpfe, die an ihren dürren Beinen heruntergleiten ... Die Söhne Sems, die viel mehr den Söhnen Judas gleichen, sehen sicherlich verworfen und wundergläubig aus. Ich bin überzeugt, daß es nicht anders sein kann. Es wäre aber nicht so, wenn sie außer der Ungnade Gottes nicht auch noch die Ungnade jener Länder ertragen müßten, wo sie geduldet sind. Dies macht sie betrügerich, feig, lügenhaft und niedrig gesinnt* ...«

Nach diesem – nicht einmal im antisemitischen Sinne gemeinten – geradezu schaurigen Kollektivurteil über die ›Söhne Sems‹ ist man geneigt, sich zu fragen, wie der hochedle und sehr gebildete Prinz de Ligne zu solcher Meinung kommen konnte; ob sich aus seiner Schilderung nicht doch die Existenz einer jüdischen Rasse zumindest vermuten lassen müßte, vor allem aber, wie wohl nach den Vorstellungen des Prinzen die nicht zu den Millionären zählenden Juden Deutschlands und Österreichs hätten beschaffen sein sollen, um nicht als »feig, lügenhaft und niedrig gesinnt« zu gelten. Wäre der Prinz de Ligne, selbst ein hervorragender Offizier, nur mit schneidigen Reitern, exzellenten Fechtern und kühnen Strategen zufrieden gewesen?

* Aus: ›Der Fürst de Ligne, Neue Briefe‹, aus dem Französischen übersetzt von Victor Klarwill, Wien 1924.

Desgleichen von halbverhungertem, von westlicher Bildung und Zivilisation abgeschnittenem Proletariat zu verlangen, wäre absurd, doch gab es umgekehrt bereits im deutschen Mittelalter jüdische Meisterfechter in solcher Anzahl, daß es sich nicht um zufällige Ausnahmen gehandelt haben kann: Die Mansfelder Chronik erwähnt das berühmte Judenturnier zu Weißenfels anno 1384, »wo die Juden stachen und tornierten, da(ß) der (Turnier-)Hof zerginge«; in den aus dem 13. Jahrhundert stammenden Rechtsgutachten des Rabbi Meir von Rothenburg werden jüdische Meisterfechter erwähnt und die Wichtigkeit der Fechtkunst betont; in einer Gothaer Handschrift von 1443 wird der Jude Ott lobend genannt, der die Kunst des Ringens, die bis dahin zur Fechtkunst gehört hatte, zur selbständigen Disziplin machte. Auf Otts Lehrbuch fußt auch Albrecht Dürers berühmtes Ringerwerk, und Ott wurde später am österreichischen Hof Fecht- und Ringlehrer der Habsburger Prinzen. Die Brüder Andreas und Jacob Liegnitzer waren ebenfalls zu ihrer Zeit gefeierte deutsch-jüdische Meisterfechter; der Ältere, ›Andres Jud‹ genannt, verfaßte ein Lehrbuch über ›Das Fechten mit dem Schwert‹. Und Kaiser Rudolf II. erließ mehrere Verbote, das Fechten zwischen Juden und Christen, auch die Ausbildung von Juden durch andere als jüdische Fechtmeister betreffend...

Die besondere Vorliebe der deutschen und der aus Deutschland stammenden Juden Böhmens, Polens und vor allem Ungarns für die Fechtkunst hat sich übrigens bis in unsere Zeit erhalten, und hätte der Fürst de Ligne hundertzwanzig Jahre später gelebt, so wäre er angenehm überrascht worden: Zwischen 1908 und 1936 gewannen bei sechs Olympiaden zehn (meist ungarisch-deutsche) Juden und zwei Jüdinnen zusammen dreizehn Gold- und drei Silbermedaillen im Florett- und Säbelfechten...!

Als einer der schneidigsten Reiter der kaiserlich-deutschen Armee des Jahrhunderts, zu dessen Beginn der wohlmeinende Fürst de Ligne sein Pauschalurteil über die Juden Deutschlands und Österreich-Ungarns fällte, galt unbestritten der preußische General der Kavallerie Walther von Mossner, ein Offizier ›volljüdischer‹ Herkunft, der zweimal das Große Armeejagdrennen gewann...

Wenige Monate nach dem Tode des Prinzen de Ligne, am 7. Oktober 1815, erstürmte der jüdische k. u. k. Pionierleutnant Ignatz Wetzlar den Brückenkopf von Macon und erhielt dafür das Ritterkreuz des Maria-Theresia-Ordens und den erblichen Adel. Zwei seiner ›volljüdischen‹ Nachkommen, die Freiherren Heinrich und Gustav Wetzlar von Plankenstern, wurden später k. u. k. Feldmarschalleutnants...

Achtzig Jahre nach dem Ableben des Prinzen de Ligne, im Jahre 1894, zählte die k. u. k. österreichisch-ungarische Armee nicht weniger als 2179 jüdische Offiziere, darunter mindestens sieben Feldmarschalleutnants, neun Generalmajore und zwei kommandierende Generale, vorwiegend aus jenen galizischen und karpatho-ukrainischen Dörfern und Städtchen stammend, in denen der Prinz de Ligne seine traurigen und abscheuerregenden Beobachtungen gemacht hatte...

Und alle diese als Juden geborenen, gewiß sehr feschen und schneidigen k. u. k. Offiziere wären sicherlich höchst verwundert und am Ende peinlichst berührt gewesen angesichts der folgenden, aus der Feder ihres Kameraden de Ligne stammenden Empfehlungen: »Man kleide die Juden in lange orientalische Gewänder mit gleichartigen hübschen farbigen Mützen. Man gebe ihnen eine ihren Neigungen entsprechende Arbeit, und ihr Gewimmel, welches dem des Ungeziefers gleicht, das vor unseren Augen auf ihren Bärten, ihren rötlichen Haaren und ihren abscheulichen Gewändern

Durchs dunkelste Deutschland

4.

Die Freiheit der Wissenschaft

(Zeichnung von Th. Th. Heine

„Euch Professorenbande will ich schleifen, bis ihr mich nicht mehr von einem Kultusminister unterscheiden könnt!"

Ein »Simplicissimus«-Titelblatt des deutsch-jüdischen Grafikers Thomas Theodor Heine.

FOTO VON ALBERT EINSTEIN MIT ORIGINALWIDMUNG

»Die Alternative, vor der die Menschen heute stehen, ist: Friedliches Zusammen-Wirken oder Vernichtung«

MAX BORN *(1882–1969)*
Physiker und Philosoph der »Göttinger Schule«, der es ablehnte, an der ersten Atombombe mitzubauen.

DEN SIEGERINNEN KEIN GLÜCKWUNSCH VOM »FÜHRER«

Als die besten Fechterinnen der Welt qualifizierten sich bei den Olympischen Spielen 1936 in Berlin die Ungarin Ilona Schacherer-Elek (links, Gewinnerin der Goldmedaille), Helene Mayer, Deutschland (Mitte, Silber) und die Österreicherin Ellen Preis (rechts, Bronze). Da alle drei jüdischer Herkunft waren, mochte Hitler den »artfremden« und »minderrassischen« Siegerinnen nicht gratulieren. . .

herumkriecht, wird sich in eine gesunde, reine, schöne und nützliche Bevölkerung verwandeln.«

Läßt man einmal alle dem Stil der Zeit entsprechenden Übertreibungen und Romantizismen beiseite, so wird deutlich, daß auch der Prinz de Ligne den Schmutz, die Häßlichkeit und die behaupteten Charakterfehler der von ihm beschriebenen jüdischen Massen keineswegs für ›rassisch‹ bedingte Eigenarten hielt, sondern für die – durchaus korrigierbaren – Resultate gesellschaftlicher Isolierung, permanenter Rechtlosigkeit, grausamer Verfolgung, rücksichtsloser Verdrängung aus angesehenen Berufen und menschenwürdigen Wohnverhältnissen, ständiger Demütigung und eines Dahinvegetierens in unbeschreiblicher Armut.

Das geht schon hervor aus einem Satz der Einleitung, die der Prinz de Ligne seiner ›Abhandlung über die Juden‹ vorausschickte: »Vielleicht erscheinen in meiner kleinen Schrift die armen Juden lächerlich, aber... ich spotte nur jener, die sie verspotten. Unsere Kapuziner tragen nicht minder lange Bärte, auch sie singen ihre Chöre mit Nasentönen, und ihre Abneigung gegen die Künste ist nicht minder groß...« Und schließlich beweist die Person, für die die Abhandlung bestimmt war, und die enthusiastische Beschreibung, die de Ligne von ihr gibt, daß der Prinz die Judenfrage als ein rein wirtschaftliches und soziales Problem betrachtete. Er schrieb die Abhandlung nämlich für die Baronin Sophie Grotthus, die er als »Schülerin Amaliens, erfüllt vom Geiste des Großen Friedrich« apostrophierte. Sophie von Grotthus geborene Meyer aber gehörte nicht nur zur engeren Umgebung der geistreichen und kunstsinnigen Herzogin Anna Amalie von Sachsen-Weimar, der Mutter Karl-Augusts, vor allem aber zum intimen Freundeskreis Goethes; vielmehr waren sie und ihre etwas bekanntere Schwester Marianne von Eybenberg, die heimlich mit dem

k. u. k. Botschafter in Preußen, dem Fürsten Heinrich XIV. von Reuß, verheiratet und zeitweise Goethes Geliebte war, Töchter eines Berliner Bankiers und als Jüdinnen geboren und aufgewachsen.

Die Frage, ob die deutschen Juden einen Bestandteil der Nation bildeten, konnte von den Zeitgenossen des Prinzen de Ligne gerade noch gestellt werden, führte doch bis zum Beginn des 19. Jahrhunderts die Masse der Bekenner des mosaischen Glaubens ein von der christlichen Umwelt künstlich abgeschnürtes Eigenleben, und an dieser Isolierung waren nicht allein die noch aus dem späten Mittelalter stammenden Bedrückungen durch geistliche und weltliche Instanzen der Christenheit schuld, deren allmähliche Beseitigung gerade erst begann, sondern auch die Borniertheit und Intoleranz mancher allzu glaubenseifriger Rabbiner, die den Anschluß ihrer Gemeinden an die geistige, soziale und kulturelle Entwicklung der Nichtjuden zu verhindern trachteten.

Doch als sich dann die von der Aufklärung, von der Verkündung der Menschenrechte und von der Befreiung des Dritten Standes bewirkte Emanzipation der Juden in West-, Nord- und Mitteleuropa nach und nach durchsetzte, konnte in den Kleinstaaten des noch nicht vereinten Deutschlands und auch in den westlichen Landesteilen der k. u. k. Monarchie bald niemand mehr ernsthaft in Zweifel ziehen, daß die jüdischen Mitbürger, trotz jahrhundertelanger Unterdrükkung, mit mindestens ebenso gutem Recht und gleich großer patriotischer Begeisterung Deutsche waren wie ihre christlichen Nachbarn. Ihr Beitrag zur Entwicklung in allen gesellschaftlichen Bereichen, ihre Beteiligung am Kampf um die staatliche Einheit der deutschen Nation, ihr Anteil an den Bestrebungen, den Feudalabsolutismus zu überwinden und demokratische Rechte und Freiheiten durchzusetzen, ihr theoretischer wie organisatorischer Beitrag zur Schaffung einer rasch erstarkenden Arbeiterbewegung und auch ihr Anteil daran, daß man die Deutschen nun ›das Volk der Dichter und Denker‹ nannte – sie waren samt und sonders weit größer, als nach Anzahl, wirtschaftlicher Lage und bisheriger Behandlung der Juden zu erwarten gewesen wäre.

Der kleine, verwachsene und durch die Entbehrungen seiner Jugend kränkliche Moses Mendelssohn, der 1743 als Vierzehnjähriger von Dessau zu Fuß nach Berlin gekommen war, nach autodidaktischem Studium bald ein gefeierter Gelehrter, engster Freund Gotthold Ephraim Lessings wurde und den man schließlich den ›deutschen Sokrates‹ nannte, leistete den ersten und wohl auch bedeutendsten Einzelbeitrag: Er ermöglichte den Jahrhunderte zuvor ausgestoßenen, in vieler Hinsicht noch im Mittelalter lebenden deutschen Juden den Wiederanschluß an die geistige und kulturelle Entwicklung des gemeinsamen Vaterlandes; er lehrte nicht nur seine Glaubensgenossen, sondern auch die ihre Prosa vernachlässigenden Christen ein ›richtiges, klares und anmutiges Deutsch‹, und er wurde der erste deutsche Schriftsteller jüdischer Religion von Weltrang.

Kein Geringerer als Johann Gottfried Herder schrieb über ihn in seinen ›Fragmenten über die neuere deutsche Literatur‹: »Sokrates führte die Weltweisheit unter die Menschen; Moses ist der philosophische Schriftsteller unserer Nation, der sie mit der Schönheit des Stils vermählt; ja, er ist's, der seine Weltweisheit in ein Licht der Deutlichkeit zu stellen weiß, als hätte es die Muse selbst gesagt.«

Weniger bekannt, aber für das deutsche Geistesleben gewiß nicht minder bedeutsam war Moses Mendelssohns eifrigster Schüler, Markus Herz. Der gebürtige Berliner war 1762 als damals Fünfzehnjähriger nach Königsberg gekommen, hatte dort Medizin und daneben auch Philosophie studiert und war 1770 von Immanuel Kant, der endlich den von ihm ersehnten Lehrstuhl erhalten hatte, auf eindrucksvolle Weise ausgezeichnet worden: Kant, dieser gewiß bedeutendste Philosoph seiner Epoche, dessen Definition der Aufklärung als »Ausgang des Menschen aus seiner selbstverschuldeten Unmündigkeit« Juden wie Christen ebenso stark beeindruckte wie seine messerscharfe Logik, wählte sich den hochbegabten, erst dreiundzwanzigjährigen Markus Herz zu seinem Opponenten bei seiner nach damaligem Brauch vor der ganzen Universität zu führenden Antritts-Disputation. Bald darauf, nachdem Markus Herz in Frankfurt an der Oder zum Doktor der Medizin promoviert und sich dann in Berlin als Arzt an dem in ganz Europa berühmten Jüdischen Krankenhaus niedergelassen hatte, teilte Kant seinem Lieblingsschüler als erstem seine Absicht mit, die »Kritik der reinen Vernunft« in Angriff zu nehmen, dann auch – nach neun Jahren, anstatt, wie ursprünglich geplant, nach drei Monaten! – die glückliche Vollendung dieses ersten seiner Hauptwerke. Am 11. Mai 1781 schrieb Kant an Markus Herz, was die Verbreitung der Ideen seines endlich fertigen Buchs angehe, so rechne er »am meisten auf Mendelssohn ... und Sie!«

Er hatte sich nicht getäuscht. »Markus Herz«, heißt es dazu in einem 1962 erschienenen Aufsatz von Harald Landry, »entfaltete eine imponierende Aktivität in der Verbreitung der kantischen Ideen. Seine Vorlesungen fanden Besuch aus den ersten Berliner Kreisen, auch aus dem königlichen Hause«, wozu angemerkt sei, daß auch der spätere König Friedrich Wilhelm III. zu seinen Hörern zählte, und daß Dr. Herz dann zum ordentlichen Professor der Philosophie und zum Hofrat ernannt wurde.

Schließlich sei auch noch der 1750 in Königsberg geborene David Friedländer erwähnt, ein ebenso begeisterter Anhänger Moses Mendelssohns wie Kants und ein Freund und

Förderer von Markus Herz. Er errichtete in Berlin eine Seidenmanufaktur, heiratete eine Tochter des preußischen Hofbankiers Daniel Itzig, gründete die »Gesellschaft zur Beförderung des Guten und Edlen«, die sich neben gelehrtliterarischen auch kulturell-gesellschaftliche Aufgaben stellte und wurde – noch zu Lebzeiten des Prinzen de Ligne – der erste jüdische Stadtrat von Berlin.

Wie sich die deutschen Juden, namentlich Preußens, während der Befreiungskriege in patriotischer und speziell in militärischer Hinsicht verhielten, davon wird noch die Rede sein. Der geistige Einfluß, zunächst einiger jüdischer Frauen, war indessen noch bedeutsamer:

Bei ›der Rahel‹ Levin, die den preußischen Diplomaten und Historiker Karl August Varnhagen von Ense geheiratet hatte, trafen sich die Humboldts und die Schlegels, Johann Gottlieb Fichte und Friedrich Gentz, Jean Paul und Adalbert von Chamisso. Heinrich von Kleist besuchte ›die Rahel‹, der man einen ›Magnetismus des Geistes und des Herzens‹ nachrühmte, noch kurz vor seinem tragischen Ende, und der geniale und vom Volk vergötterte Prinz Louis Ferdinand von Preußen, der dann 1806 bei Saalfeld fiel, zählte zu ihren engeren Freunden.

Erst durch ›die Rahel‹ und aus ihrem Salon heraus verbreitete sich das Verständnis für das literarische Werk des Geheimrats Johann Wolfgang von Goethe über ganz Deutschland, entstand jener Goethe-Kult, der aus dem anfangs gar nicht so populären Dichter den auch vom gebildeten Bürgertum anerkannten Olympier machte. Und es war ein großer Tag, nicht nur für Frau von Varnhagen und ihre Freunde, sondern auch für den Besucher aus Weimar, als sich die beiden anläßlich einer überraschenden Morgenvisite, die Goethe ›der Rahel‹ abstattete, endlich kennenlernten . . .

Auch der Salon der schönen Henriette Herz, der Witwe

des schon 1803 verstorbenen Hofrats Dr. Markus Herz, verdient an dieser Stelle Erwähnung. Ihr zärtlicher Seelenfreund war Friedrich Schleiermacher; die Brüder Humboldt bewiesen ihr lebenslange Anhänglichkeit, und was ihre Zirkel und Lesekränzchen anbetrifft, so ist es nicht übertrieben, »daß es damals in Berlin keinen Mann und keine Frau gab, die sich später irgendwie auszeichneten, welche nicht längere oder kürzere Zeit, je nachdem es ihre Lebensstellung erlaubte, diesen Kreisen angehört hätten«.

In Wien vereinte die Baronin Fanny Arnstein, eine Tochter des Berliner jüdischen Bankiers Daniel Itzig, in ihrem Salon, zumal während des Wiener Kongresses, die Großen der Politik mit den Koryphäen der deutschen Kunst und Literatur. Und Dorothea, die Lieblingstochter des großen Moses Mendelssohn, stellte ein weiteres Beispiel für die außerordentlich starken geistigen und kulturellen Einflüsse dar, die gleich zu Beginn der Judenemanzipation in Deutschland auch und gerade von jüdischen Frauen ausgingen. Sie wurde, als Mutter des Malers Philipp Veit, Inspiratorin einer ganzen Malerschule, der sogenannten ›Nazarener‹, und ihre Romane, Liedersammlungen und Übersetzungen veröffentlichte Friedrich Schlegel, mit dem sie in zweiter Ehe verheiratet war, unter seinem Namen, so daß man Dorothea mindestens als Mitbegründerin der romantischen Schule in der deutschen Literatur bezeichnen kann ...

Ihr Neffe, Felix Mendelssohn-Bartholdy, der berühmteste der vielen genialen Enkel des ›deutschen Sokrates‹, wurde nicht nur der eigentliche Wiedererwecker der deutschen Hausmusik; es war vielmehr tatsächlich so, wie er selbst einmal schüchtern scherzte: »daß es ein Judenjunge hat sein müssen, der den Leuten die größte christliche Musik«, nämlich Bachs Matthäuspassion, wiedergebracht hat ...

Ein anderer Angehöriger dieser Generation, der 1812 als Sohn eines armen jüdischen Hausierers im oberbadischen

Nordstetten geborene Berthold Auerbach, wurde – wie es Paul Landau formuliert hat – »der Schöpfer der deutschen Dorfgeschichte, der Darsteller des Bauerntums, ... zum einflußreichsten deutschen Volksdichter und« – vor allem mit seiner Erzählung ›Barfüßele‹ in den ›Schwarzwälder Dorfgeschichten‹ – »zum populärsten Schriftsteller in der Epoche von etwa 1850 bis 1870 ...«

Schöpferin des deutschen Frauenromans und Vorkämpferin der Frauenemanzipation war Fanny Lewald, 1811 in Königsberg geboren; sie stammte aus einer angesehenen jüdischen Familie, der auch zwei bedeutende Politiker jener Zeit angehörten: ihr Vetter Heinrich Simon, ein glänzender Jurist und feuriger Redner der demokratischen Linken, Mitglied des ersten deutschen Parlaments, der Nationalversammlung in der Frankfurter Paulskirche, und Eduard von Simson, dem in allen Parlamenten des deutschen Verfassungskampfes, von der Paulskirche bis zum Deutschen Reichstag von 1871, die Ehre der Präsidentschaft zuteil wurde.

Simson, der als Zwanzigjähriger noch den Segen des achtzigjährigen Goethe empfangen und zwei preußischen Königen – dem einen, Friedrich Wilhelm IV., vergeblich, dem anderen, Wilhelm I., mit Erfolg – die deutsche Kaiserkrone angetragen hatte, wurde schließlich noch erster Präsident des neugeschaffenen Reichsgerichts, daneben Gründer der dann von ihm bis zu seinem Tode geleiteten Goethe-Gesellschaft ... Mit Fanny Lewald jahrzehntelang eng befreundet, war ein weiteres jüdisches Mitglied der Paulskirchenversammlung und des ›Rumpfparlaments‹ von 1849, auch der ersten preußischen Nationalversammlung, dann des Berliner Abgeordnetenhauses: der Königsberger Arzt Dr. Johann Jacoby, Wortführer im Kampf für eine freiheitliche Demokratie, der ein Vierteljahrhundert lang, von 1841 bis 1866, wegen seiner Unerschrockenheit und Geradlinigkeit der

»Liebling der Nation« war, dann in scharfen Konflikt mit Bismarck geriet und sich schließlich im Alter der von August Bebel geführten Sozialdemokratie anschloß. Von ihm und weiteren jüdischen Mitgliedern der Frankfurter Paulskirche wird noch ausführlich die Rede sein.

Von Moses Mendelssohn, dem ›deutschen Sokrates‹, bis zu Johann Jacoby, dem Wegbereiter der deutschen Demokratie, und zu Eduard von Simson, dem angepaßten Liberalen und ›geborenen Präsidenten‹, spannt sich der Bogen, der die Epoche umfaßt, die den Juden in Preußen und in den anderen ›kleindeutschen‹ Staaten zwar noch immer nicht die volle Gleichberechtigung, wohl aber die Genugtuung brachte, zumindest von vielen gebildeten Christen rückhaltslos anerkannt zu werden als wertvolle, ja unentbehrliche Glieder der deutschen Nation.

In Österreich vollzog sich eine ähnliche Entwicklung, an deren Anfang indessen kein jüdischer Philosoph, sondern ein ›Professor der Kameral- und Polizeiwissenschaft‹ stand: Josef von Sonnenfels, getaufter Sohn jüdischer Eltern und Enkel des Berliner Rabbiners Michael. Sonnenfels war die ›Leuchte der josefinischen Aufklärung‹; »Verjager der Inhumanität, des Ungeschmacks, des Rokoko, der Folter, des Hanswurst (um letzteren doch schade!), Reformator der Schrift- und Geschäftssprache, Administrationsgenie, Bildner unserer berühmtesten Staatsdiener und Lehrer« – so skizzierte sein Zeitgenosse Franz Gräffer die vielfältigen Verdienste des Barons Sonnenfels.

Auch in Wien gab es für die kulturelle Entwicklung bedeutsame Salons geistreicher jüdischer Frauen: Neben dem der schon erwähnten Baronin Fanny Arnstein geborenen Itzig aus Berlin auch den ihrer Schwester, Cäcilie von Eskeles. Deren Tochter Marianne, die später den k. u. k. Generalfeldzeugmeister Graf Franz von Wimpffen heiratete, stand zwei weitere Jahrzehnte hindurch im Mittelpunkt der geistig und künstlerisch interessierten Wiener Gesellschaft. Sie und ihre Tanten waren es übrigens, die den bis dahin von ›besseren Kreisen‹ verschmähten Weihnachtsbaum auch in Wien salonfähig machten...

Im Hause des (jüdischen) Barons Abraham Wetzlar von Plankenstern fand Wolfgang Amadeus Mozart die Gastlichkeit eines kunstbegeisterten Mäzens und lernte dort seinen (ebenfalls jüdischen) Librettisten Lorenzo da Ponte kennen. Ein weiterer berühmter Gast im Hause Plankenstern war Ludwig van Beethoven, der auch mit einem anderen jüdischen Musikfreund, dem Großkaufmann Josef Hönig Edlen von Henikstein, Vater des späteren k. u. k. Generalstabschefs Alfred Baron von Henikstein, eng befreundet war.

Das Idol der Wiener aller Schichten, ja »der Liebling des Landes, des Reiches«, wie ihm zu seinem fünfundzwanzigjährigen Burgtheater-Jubiläum von Ludwig Speidel versichert wurde, war Adolf Ritter von Sonnenthal, seinerzeit wohl berühmtester Schauspieler des deutschen Sprachgebiets, der als Jude seine Laufbahn in einer Pester Schneiderwerkstatt hatte beginnen müssen. Und ebenfalls von armer ungarisch-jüdischer Herkunft waren die ›Walzerkönige‹ Johann Strauß Vater und Sohn* ...!

Wem aber diese wenigen, aus einer überwältigenden Fülle herausgegriffenen Beispiele aus dem 19. Jahrhundert noch nicht genügen, wem das alles noch nicht deutsch genug ist – weder Felix Mendelssohns ›Lieder ohne Worte‹ noch Auerbachs ›Barfüßele‹, weder der Goethe-Kult der Rahel Varnhagen noch die Bemühungen Moses Mendelssohns und Josef von Sonnenfels' um die notleidende deutsche Prosa, auch nicht der Radetzkymarsch und der Kaiserwalzer des Johann

* Johann Michael Strauß aus Ofen, nach den Matrikeln der Wiener St. Stephanskirche »ein getaufter Jude«, war der Vater des ›Walzerkönigs‹ Johann Strauß (1804–1849).

Strauß' –, der sei an den Dichter erinnert, der nach dem Urteil, zwar nicht seiner Heimat, wohl aber der Welt, gleichrangig neben Goethe steht: Heinrich Heine.

»Heine ist in dem erst von dem Wanderer Goethe wiederentdeckten, in dem von der Romantik verklärten Altdeutschland aufgewachsen, in dem die tiefen Wälder und die frommen Kapellen stehen«, so hat es Arthur Eloesser treffend formuliert. »Er hat mit Riesen und Elfen, mit Erdgeistern und Nixen gelebt, und wenn er sich auch als Geisteskämpfer zu einem ›permanenten Protestantismus‹ bekannte, der Dichter aus dem katholischen Rheinland hat nie die Ehrfurcht vor der christlichen Mutterkirche verloren, nicht ohne Lächeln für die Freigeister, die am Felsen Petri zu rütteln versuchten. Heine hat das schönste katholische Gedicht, ›Die Wallfahrt nach Kevlaar‹, geschrieben; es konnte nicht entstehen ohne eine tiefe Liebe zu dem Volke, in dem er aufgewachsen, in das er als Kind hineingewachsen war ... Man lese einmal die Gedichte von der Harzreise. Da ist die Hütte des Bergmanns, das blonde Mädchen am Fenster, die alte geduldige Harztanne, das lebt im reinsten Märchensinn von Zitherklang und Zwergenliedern, ist altdeutsch spielzeugmäßig, ernst und putzig aufgerichtet wie nur ein Bild von Schwind oder von Spitzweg. Heine schenkte dem Harz so gut die Prinzessin Ilse wie dem Rhein die Loreley, zwei Figuren, von denen man vorher kaum wußte ...«

Als man sich gegen Ende des 19. Jahrhunderts in Düsseldorf darüber in die Haare geriet, ob dem größten Sohn der Stadt eine lokale Ehrung gebührte, obwohl er doch als Jude geboren und im ›welschen Exil‹ gestorben war, da meinte Deutschlands bedeutendster und damals populärster Staatsmann, Fürst Otto von Bismarck: »Warum soll man Heine nicht ein Denkmal setzen? Ist er doch ein deutscher Liederdichter, neben dem nur noch Goethe genannt werden kann!« Nun, die Stadt Düsseldorf verweigerte dennoch die Aufstellung des ihr gestifteten Heine-Denkmals; es fand dann einen Ehrenplatz in – New York... Ein anderes Heine-Denkmal, das die österreichische Kaiserin Elisabeth dem von ihr verehrten Dichter auf der Insel Korfu, ihrem bevorzugten Aufenthalt, hatte errichten lassen, wurde entfernt auf Veranlassung ihres Nachfolgers im Besitz der ›Achilleion‹ genannten Ferienresidenz, des deutschen Kaisers Wilhelm II. Und als daraufhin Thomas Theodor Heine, ›Deutschlands Daumier‹ und einer der führenden politischen Karikaturisten des wilhelminischen Reiches, ebenfalls jüdischer Herkunft, doch mit dem großen Dichter allenfalls sehr entfernt verwandt, gegen diesen ›Akt der Barbarei‹ im ›Simplicissimus‹ vom Leder zog, wurde er wegen Majestätsbeleidigung zu sechs Monaten Festungshaft verurteilt...

Kann man aber aus alledem folgern, daß Wilhelm II. und die Düsseldorfer Bürgerschaft antisemitisch, Bismarck und der ›Simplicissimus‹ dagegen judenfreundlich eingestellt gewesen wären? Natürlich nicht! Die Düsseldorfer Ratsherren hatten gar nichts dagegen einzuwenden, daß etwa Friedrich Wilhelm von Schadow, der die jüdische Juwelierstochter Marianne Devidels zur Mutter hatte, mit großer Autorität die Düsseldorfer Kunstakademie leitete und sie zu hohem internationalem Ansehen brachte; daß sein Schwager, der jüdische Bankierssohn Eduard Bendemann – erst dessen Sohn Felix, Admiral der kaiserlichen Marine, erhielt den erblichen Adel – Schadows Nachfolger als Akademiedirektor wurde; daß Gustav Lindemann, der aus einer Danziger jüdischen Familie stammte, zusammen mit seiner Frau, Luise Dumont, das Düsseldorfer Schauspielhaus gründete, das er dann über ein Vierteljahrhundert lang sehr erfolgreich geleitet hat, und aus dessen Schule zahlreiche bedeutende Schauspieler, unter ihnen Gustav Gründgens, Peter Esser und Paul Henckels, hervorgingen; daß der gleichfalls jüdische Professor Artur Schlossmann, einer der bedeutendsten Pädiater und Sozialhygieniker seiner Zeit, Ordinarius für Kinderheilkunde an der Düsseldorfer Medizinischen Akademie und Direktor der Städtischen Kinderklinik wurde, auch Schöpfer des Vereins für Säuglingsfürsorge und Wohlfahrtspflege sowie Initiator und Organisator einer der wichtigsten Ausstellungen, die je im Rheinland stattfanden, der Düsseldorfer ›Ausstellung für Gesundheitspflege, soziale Fürsorge und Leibesübungen‹, kurz ›Gesolei‹ genannt...

Auch Kaiser Wilhelm II. war durchaus kein Judenhasser, trotz gelegentlicher antisemitischer Äußerungen, die etwa dem Geschmack und Niveau des Potsdamer Garde-Kasinos entsprachen. Zu den engsten Freunden des Kaisers gehörten einige sehr bedeutende jüdische Wirtschaftsführer wie Albert Ballin, Generaldirektor der Hamburg-Amerika-Linie, zu seinen Beratern der gleichfalls jüdische AEG-Chef Walther Rathenau oder auch der greise und halbblinde Gerson von Bleichröder, der schon Privatbankier Wilhelms I. gewesen war. Auch der Präses der Berliner Anwaltskammer und Aufsichtsrat von Fried. Krupp in Essen, Geheimrat August von Simson, ein Sohn des schon erwähnten langjährigen Reichstags- und späteren Reichsgerichtspräsidenten Eduard von Simson, zählte zu den Vertrauten des Kaisers. Und schließlich hatte Wilhelm II. sogar einen ›volljüdischen‹ Flügeladjutanten, nämlich den bereits wegen seiner reiterlichen Erfolge gerühmten späteren Kommandeur der exklusiven Garde-Kavallerie, Generalleutnant Walther von Mossner...

Umgekehrt war Otto von Bismarck zu Beginn seiner Laufbahn weder judenfreundlich eingestellt noch auch nur geneigt, aus Gründen der Vernunft oder der Gerechtigkeit für die Emanzipation der jüdischen Bevölkerung einzutreten. Das änderte sich jedoch, nicht zuletzt durch seine persönlichen Erfahrungen mit einer ganzen Reihe von Freunden, Bekannten und Mitarbeitern jüdischer Herkunft:

Da war zum Beispiel Hermann Barschall, der Franziska von Puttkamer, eine Kusine von Bismarcks Frau, geheiratet und, als einflußreicher Konservativer des rechten Flügels, 1849 Bismarcks Einzug in den Preußischen Landtag ermöglicht hatte. Als preußischer Gesandter trug Bismarck seine Dankesschuld gegenüber dem angeheirateten Vetter und Förderer seiner Karriere dadurch ab, daß er die Ernennung Barschalls zum Landrat von Thorn durchsetzte. Es war das erste Mal, daß ein Bürger jüdischer Herkunft königlich preußischer Landrat wurde... Da war Ferdinand Lassalle, ein Vetter Barschalls, Schöpfer und Führer der ersten (und bis 1869 einzigen) sozialdemokratischen Organisation der deutschen Arbeiterschaft. Auch zu ihm unterhielt Bismarck erstaunlicherweise recht gute Beziehungen, beriet sich gern mit ihm und bediente sich Lassalles Unterstützung im Verfassungskonflikt von 1862...

Da waren Bismarcks Minister jüdischer Herkunft, Heinrich von Friedberg und Rudolf Friedenthal. Friedberg, langjähriger preußischer Justizminister, gehörte zu den Vätern des einheitlichen Strafgesetzbuches für das Deutsche Reich wie auch der Strafprozeßordnung; Friedenthal, Mitbegründer der Freikonservativen Reichspartei und unter Bismarck preußischer Landwirtschafts-, zeitweise auch Innenminister, war maßgeblich beteiligt an der Ausarbeitung der Reichsverfassung, die den deutschen Juden 1871, zumindest *de jure*, die volle Gleichberechtigung brachte...

Da waren Bismarcks Bankiers und Finanzberater, Gerson von Bleichröder, Robert von Mendelssohn und dessen Sohn Franz von Mendelssohn, dem gegenüber Bismarck 1884 ausdrücklich versicherte: »Ich bin kein Judenfeind und gehe gern mit Juden um...!«

Da war Maximilian Harden, gebürtig aus Posen und Sohn

eines jüdischen Seidenwarenhändlers, Herausgeber der drei Jahrzehnte lang maßgebenden politischen Wochenschrift ›Die Zukunft‹. »Nach Bismarcks Entlassung durch Wilhelm II.«, so berichtet Carl Misch, der langjährige politische Redakteur der ›Vossischen Zeitung‹, »wurde Harden einer der journalistischen Freischärler des abgesetzten Kanzlers, und der alte Bismarck unterstrich seine besondere Hochschätzung dieses Vertrauensmannes vor aller Welt, als er einer Flasche Steinberger Cabinet, die der Kaiser ihm – ›als Geste der Versöhnung‹ – glückwünschend zu seiner Genesung geschickt hatte, demonstrativ zusammen mit Harden den Hals brach. Von Bismarck her ist Harden in die unversöhnliche Gegnerschaft zu Wilhelm II. geraten. Er hat ihn und sein Regime nicht als ein Liberaler, sondern als ein aristokratischer Einzelgänger bekämpft, der seine Hauptinformationen und seine Grundeinstellung von den Kreisen der konservativen Fronde empfing. So kam es zum Eulenburg-Skandal, aus dem Harden unstreitig als Sieger hervorging...«

Und da waren schließlich die Brüder Hahn, die Söhne des jüdischen Mathematikers Elkan Markus (später: Ernst Moritz) Hahn. Der Älteste, Ludwig Hahn, kam als rechtskonservativer Publizist über das preußische Kultus- zum Innenministerium, leitete von 1862 an das sogenannte ›Literarische Bureau‹ der königlichen Regierung, das heißt: Bismarcks Presse- und Propaganda-Zentrale. Zwei Jahrzehnte hindurch war Ludwig Hahn, allgemein ›Preß-Hahn‹ genannt, »Bismarcks begeisterter Herold und Helfer... Manche Thronrede Wilhelms I., manche bedeutungsvolle Regierungsdenkschrift hatte ihn zum Autor«, bemerkt Carl Misch über ihn. Ludwig Hahn verfaßte auch eine regierungsfromme ›Geschichte des preußischen Vaterlandes‹, die bis 1893 nicht weniger als dreiundzwanzig Auflagen erlebte, in der Kurzfassung eines ›Leitfadens‹ sogar achtundvierzig

Auflagen. Aus seiner Feder stammt zudem eine vierbändige Bismarck-Biographie, die nicht nur als eine hervorragende Public-Relations-Leistung bezeichnet werden kann, sondern auch die erste ausführliche und von Bismarck autorisierte Biographie des ›Eisernen Kanzlers‹ war.

Des ›Preß-Hahns‹ jüngerer Bruder Karl, der politisch gleichfalls zum äußersten rechten Flügel der preußischen Konservativen zählte, hatte die Richterlaufbahn eingeschlagen. Zuletzt war er Senatspräsident am Kammergericht in Berlin, und es erschien seinerzeit vielen rechtlich denkenden Bürgern ziemlich bedenklich, daß er, der Bruder des Pressechefs der Regierung, den vom Reichskanzler Bismarck betriebenen Prozeß gegen den unbotmäßigen Botschafter Harry Graf Arnim führte...

Der dritte der Brüder Hahn, Oscar, war Rat am Königlich-preußischen Oberverwaltungsgericht, auch von 1870 bis 1893 mit nur kurzen Unterbrechungen Mitglied der konservativen Fraktionen im Reichstag und im Preußischen Landtag, daneben Vorstandsmitglied der erzreaktionären Evangelischen Generalsynode, zudem ein enger Freund und wohl auch Gesinnungsgenosse des Hofpredigers Adolf Stöcker, Führers der ›christlich-sozialen‹ Antisemiten.

Gegen die judenfeindlichen Tendenzen der von Stöcker geführten ›Berliner Bewegung‹ sprach sich Bismarck bereits im Jahre 1880 in eindeutiger Weise aus: »Ich mißbillige ganz entschieden den Kampf gegen die Juden«, so erklärte der Kanzler in einem Gespräch mit Moritz Behrend, »ob er sich nun auf konfessioneller oder gar auf der Grundlage der Abstammung bewege.«

Tatsächlich war Stöckers Antisemitismus nur auf der Basis der Abstammung denkbar, richtete er sich doch gar nicht gegen die Juden als religiöse Gruppe – vielmehr gegen angeblich ›jüdische Einflüsse in Politik und Wirtschaft‹

durch Personen, die zwar von jüdischer Herkunft, aber längst zum Christentum übergetreten waren.

Vor allem sahen der Hofprediger und seine Freunde den Liberalismus und den Sozialismus als gleichermaßen jüdisch und schädlich an – schädlich, weil sie an Thron und Altar rüttelten und nagten, und als jüdisch deshalb, weil die Gründer und Führer der liberalen Parteien wie auch der Sozialdemokratie ›fast ausnahmslos jüdischer Abstammung‹ waren, von Ludwig Bamberger und Eduard Lasker bis zu Ferdinand Lassalle und Karl Marx.

Was Hofprediger Stöcker und seine antisemitischen Gefolgsleute geflissentlich übersahen, war die Tatsache, daß auch ihre (schon damals nicht gerade neue) Idee eines stramm geführten ›christlich-autoritären‹ Staates preußisch-konservativer Prägung einen gebürtigen Juden zum Vater hatte: den aus München stammenden Schelling-Schüler und Burschenschafter, späteren Ordinarius für Natur- und Kirchenrecht an der Universität Berlin, Friedrich Julius Stahl, Vorkämpfer des monarchischen Prinzips, Schöpfer des preußischen Herrenhauses, in das ihn König Friedrich Wilhelm IV. – unter gleichzeitiger Ernennung zum Kron-Syndikus – auf Lebenszeit berief, und Führer der erst durch ihn zu einer starken Partei vereinten Konservativen ...

Schon dieser flüchtige Überblick über die Entwicklung im 19. Jahrhundert, das den Juden Deutschlands und Österreichs die nahezu vollständige Emanzipation brachte, läßt uns mindestens zweierlei deutlich erkennen:

Einmal konnte von einer – wie das Beispiel des Prinzen de Ligne gezeigt hat, selbst von Wohlmeinenden vermuteten – Untauglichkeit der Juden für weite Bereiche des sich zu einer modernen Industriegesellschaft entwickelnden Gemeinwesens wahrlich nicht die Rede sein! Eher war es umgekehrt: Die so lange an der freien Entfaltung ihrer Talente Gehinderten erwiesen sich als geradezu übertüchtig, so als wollten sie binnen eines Menschenalters alles nachholen, was ihren Vorfahren jahrhundertelang versagt geblieben war...

Zum anderen trat etwas ein, womit niemand gerechnet hatte: Viele deutsche und österreichische Juden, zumal die nach Wohlstand und Bildung zur Oberschicht zählenden jüdischen Bürger der Hauptstädte, gaben nun den durch Jahrhunderte mit äußerster Standhaftigkeit bewahrten Glauben ihrer Väter, den hartnäckigen Widerstand gegen die Taufe und ihr bis dahin infolge ihres harten Gruppenschicksals besonders stark ausgeprägtes Zusammengehörigkeitsgefühl plötzlich auf, kaum daß der äußere Druck erheblich nachgelassen hatte und es gefahrlos geworden war, der bislang von Vertreibung und Ausrottung bedrohten religiösen Minderheit anzugehören!

Tatsächlich traten die meisten der für die Entwicklung der deutschen Kultur und Gesellschaft im 19. und frühen 20. Jahrhundert wichtigen Persönlichkeiten jüdischer Herkunft, von denen wir uns mit einigen schon flüchtig befaßt haben, früher oder später aus der Religionsgemeinschaft ihrer Väter aus.

Daß wir sie und ihre Nachkommen dennoch – und in scheinbarem Widerspruch zu unserer eigenen These, wonach die Juden des deutschen Kulturbereichs Deutsche waren und keiner fremden Rasse, Nation oder Volksgemeinschaft angehörten – weiterhin als besondere Gruppe, als deutsche Juden, betrachten müssen, ja, daß die Frage, ob der eine oder andere von ihnen Protestant, Katholik oder konfessionsloser Freidenker war oder wurde, für unsere Untersuchung von untergeordneter Bedeutung ist, das hängt mit der Entwicklung zusammen, die der deutsche Antisemitismus nahm: War noch zu Beginn des 19. Jahrhunderts jeder deutsche Jude, der sich taufen ließ, aus der jüdischen Gemeinschaft zumindest insoweit ausgeschieden, als er das

Gruppenschicksal nicht mehr zu teilen brauchte, so trat mit dem Aufkommen des ›rassisch‹ begründeten Antisemitismus eine allmähliche Wandlung ein, die dann binnen weniger Jahrzehnte dazu führte, daß die Masse der Konvertiten durch staatlichen Zwang in die alte Gruppe zurückkehren mußte. Selbst die Kinder und Enkel von Konvertiten wurden aus der ›Volksgemeinschaft‹ ausgesondert, und es gab für Deutsche ganz oder teilweise jüdischer Herkunft – von Ausnahmefällen abgesehen – nur die Alternative, die Zwangszugehörigkeit in einer immer weiter entrechteten Gruppe zu akzeptieren, selbst auf die Gefahr hin, wehrlose Opfer eines staatlich organisierten Massenmordes zu werden, oder aber aus der Heimat zu fliehen, solange dazu noch die Möglichkeit bestand...

Gerade die Tatsache, daß trotz Boykott, Pogromhetze, immer neuen Demütigungen und rasch zunehmender Gefahr für Leib und Leben nur ein verhältnismäßig kleiner Teil der unpolitischen, allein wegen ihrer jüdischen Religion oder Herkunft verfolgten Gruppe von den bestehenden Fluchtmöglichkeiten sofort – und nicht erst im letzten Augenblick oder auch gar nicht – Gebrauch gemacht hat, läßt uns deutlich erkennen, wie es um die von den Antisemiten so energisch bestrittene, tiefe und feste Bindung der deutschen Juden an ihre Heimat in Wirklichkeit stand. Für diese Verbundenheit, die selbst durch ein Jahrzehnt des Exils in entferntesten Gegenden und das Wissen um die entsetzlichen Vorgänge im Machtbereich Hitlers keine wirkliche Lockerung erfuhr, ließen sich Tausende von Beispielen anführen; ein einziges, aus mehreren Gründen besonders rührendes und berührendes Exempel soll genügen. Es sind einige Zeilen aus einem Epos, ›An die Deutschen‹, das der deutsche Jude Karl Wolfskehl (1869–1948), wohl der bedeutendste, gewiß aber eigenwilligste Jünger Stefan Georges, im neuseeländischen Exil verfaßte. Als er es am 3. April

1944 abschloß, bemerkte er dazu: »Es steht alles drin, was ich, der mit einem Neffen, dem Sohn meines im Konzentrationslager gestorbenen Bruders, letzte Sprosse des ältesten rheinischen Judengeschlechts, dem Volk zu sagen habe, dem die Dichter, die Seher – und Hitler entstammen ...

Euer Wandel war der meine.
Eins mit euch auf Hieb und Stich.
Unverbrüchlich, was uns eine,
Eins das Große, eins das Kleine:
Ich war Deutsch und ich war Ich.
Überdaure, bleib am Steuer!
Selige See lacht, Land ergleißt!
Wo du bist, du Immertreuer,
Wo du bist, du Freier, Freister,
Du, der wahrt und wagt und preist –
Wo du bist, ist Deutscher Geist!«

Karl Wolfskehl, gebürtiger Darmstädter, der schon mit einer Dissertation über ›Germanische Werbungssagen‹ promoviert hatte, trat nicht nur mit eigenen Dichtungen, sondern vor allem auch als brillanter Übersetzer alt- und mittelhochdeutscher Poesie hervor. Er war übrigens, und das ist ein weiteres Kuriosum, dessen Entdeckung dem aus dem Exil zurückgekehrten und bis zu seinem Tode in Hannover lebenden deutsch-jüdischen Privatgelehrten Ludwig Lazarus zu verdanken ist, mütterlicherseits ein Nachfahre der Jente von Hameln, einer Schwägerin jener Glückel von Hameln (1645–1724), die als Witwe und Mutter von acht unmündigen Kindern ihre kulturgeschichtlich außerordentlich interessanten Memoiren geschrieben hat, und dies zu einer Zeit, als ihre jüdischen Glaubensgenossen von Schulbildung oder gar literarischer Betätigung einer Frau noch beinahe ebensowenig hielten wie ihre christlichen deutschen Landsleute.

Wolfskehl ist, wie Lazarus nachgewiesen hat, beileibe nicht der einzige für die deutsche Literatur bedeutsame

Nachkomme von Glückels Schwägerin Jente, darüber hinaus nur einer unter einer kriegsstarken Kompanie von bedeutenden Persönlichkeiten aus nahezu allen Bereichen der deutschen Kultur.

Um mit den berühmten Dichtern und Schriftstellern unter den Jente-Nachfahren zu beginnen: Heinrich Heine gehört ebenso dazu wie der heute kaum noch gelesene, einst hochgeschätzte Literatur-Nobelpreisträger des Jahres 1910, Paul Heyse; der mit köstlichen Komödien und nicht ganz so erfolgreichen Dramen hervorgetretene Carl Sternheim ebenso wie der bedeutende protestantische Kirchenliederdichter Karl Johann Philipp Spitta.

Nachkommen der Jente von Hameln sind auch der große Rechtslehrer Eduard Gans, der Historiker Gustav Droysen, der Komponist Felix Mendelssohn-Bartholdy, der Literaturhistoriker Richard M. Meyer, der Chemie-Nobelpreisträger Adolf von Baeyer, die Philosophen Theodor Lessing und Leonard Nelson, der Kunsthistoriker Max J. Friedländer, der große Berliner Baumeister Friedrich Hitzig, der Chemie-Großindustrielle Carl von Weinberg, der Satiriker, Karikaturist und rechtskonservative Politiker Johann Hermann Detmold und der Kulturhistoriker, Mäzen und Gründer der bedeutenden, nach ihm benannten Hamburger (jetzt: Londoner) Bibliothek, Aby M. Warburg.

Und schließlich finden sich unter den weiblichen Nachkommen der Jente von Hameln nicht nur die – schon in anderem Zusammenhang erwähnten – Baroninnen Fanny von Arnstein und Cäcilie von Eskeles, die selbst und erst recht deren Kinder und Enkel im alten Österreich eine gesellschaftlich und kulturell so bedeutende Rolle spielten, sondern auch Klara Kugler, die Ehefrau des Dichters und Kunsthistorikers Franz Kugler; Martha Bernays, die Gattin Sigmund Freuds, des Begründers der Psychoanalyse, und Charlotte Hensel, die mit dem Schriftsteller Werner Bergengruen verheiratet war ...

Sogar Martha Mayer-Doss, die Ehefrau des von den Nazis als einer ihrer bedeutendsten Ideologen gefeierten Geopolitikers Karl Haushofer, war eine Jente-Nachfahrin; beider Sohn, der 1945 von der Gestapo erschossene Professor für politische Geographie und Mitarbeiter des Auswärtigen Amtes, Albrecht Haushofer, ist auch als Lyriker und Dramatiker hervorgetreten.

Es ließen sich noch zahlreiche weitere auf die eine oder andere Weise hervorragende Nachkommen der Jente von Hameln nennen – von Marie Baum, der unermüdlichen Vorkämpferin der Familienfürsorge (deren Nichte, Marietta von Chaulin-Egersberg, mit Hermann von Raumer verheiratet war, im ›Dritten Reich‹ SS-Standartenführer und Abteilungsleiter im ›Amt Ribbentrop‹), über Mathilde Berend, Ehefrau des Berliner Verlagsgründers Leopold Ullstein, bis zu dem Gatten der niederländischen Prinzessin Margriet, Pieter van Vollenhoven, der mütterlicherseits teilweise deutsch-jüdischer Herkunft ist. Indessen sollten diese Beispiele ausreichen, auch die letzten Zweifel daran zu zerstreuen, daß der Verschmelzungsprozeß, der die deutschen Juden in die kulturell tragende Schicht ihres Heimatlandes wieder integrierte, schon um die Mitte des vorigen Jahrhunderts sehr weit fortgeschritten war.

Die Verschmelzung vollzog sich vor allem zwischen der jüdischen Oberschicht und den Christen der ›gebildeten Stände‹, was auch weite Teile des Adels einschloß, und viele jüdische Familien lösten sich vorher – wie Heinrich Heine, von dem das spöttische Wort stammt – »das Entrée-Billet zur europäischen Gesellschaft«, indem sie sich taufen ließen. Gegen Ende des neunzehnten Jahrhunderts waren aber auch die übrigen deutschen Juden, die an ihrem Glauben festhielten, wieder nahezu vollständig integriert, selbst die in großstadtfernen, ländlichen Gegenden.

Die allgemeine Landflucht und die sich in den Metropolen

und Industriezentren rasch ausbreitende religiöse Indifferenz sorgten für einen stetigen Abbau der im wesentlichen durch den Glaubensunterschied bedingten Schranken zwischen Christen und Juden. Schon vor dem Ersten Weltkrieg machten im Deutschen Reich die sogenannten ›Mischehen‹ rund ein Drittel aller jüdischen Heiraten aus!

Ein weiteres Symptom für den raschen Zerfall der einst so festgefügten jüdischen Glaubensgemeinschaft war der enorme Geburtenrückgang: Die Anzahl der Neugeborenen bei den im Gebiet des Deutschen Reiches lebenden Israeliten, wie sie amtlich genannt wurden, ging von 34,7 pro Tausend in den Jahren 1841/66 auf 23,7 in den Jahren 1888/92 und weiter bis zum Ausbruch des Ersten Weltkrieges auf 4,3 zurück! Nur der Zustrom ostjüdischer Einwanderer, vornehmlich aus dem Zarenreich, ließ gegen Ende des 19. und zu Beginn des 20. Jahrhunderts die Gesamtzahl der Juden in Deutschland noch leicht ansteigen. Im Jahre 1880 hatte es im Deutschen Reich rund 560 000 Israeliten gegeben, davon etwa 15 000 oder knapp drei Prozent Ausländer; 1910 war die Gesamtzahl zwar auf 615 000 gestiegen, doch waren davon bereits 79 000 oder fast dreizehn Prozent Ausländer. Die Anzahl der deutschen Glaubensjuden hatte sich also schon geringfügig vermindert, anstatt – wie zu erwarten gewesen wäre – stark vermehrt.

Im Jahre 1911 prophezeite Felix Theilhaber, der damals eine volkswirtschaftliche Studie mit dem Titel ›Der Untergang der deutschen Juden‹ veröffentlichte, bereits ihr ›Aussterben‹ innerhalb der nächsten Generation infolge des starken Geburtenrückgangs, der vielen Austritte aus den Gemeinden und der kontinuierlichen Abwanderung vornehmlich glaubenstreuer Juden in die Vereinigten Staaten, jedoch auch nach Palästina und anderen Ländern.

Tatsächlich sank die Gesamtzahl der Juden in Deutschland, trotz erheblicher Zuwanderung aus dem Osten, bis

1925 auf 564 000 (davon 108 000 oder mehr als 19 Prozent Ausländer), bis 1933 auf rund eine halbe Million. Ihr Anteil an der Gesamtbevölkerung hatte sich ohnehin ständig vermindert: von 1,25 Prozent im Jahre 1871 auf 1,04 Prozent im Jahre 1980, 0,95 Prozent im Jahre 1910, 0,93 Prozent im Jahre 1925 und 0,77 Prozent zu Beginn des Schicksalsjahres 1933 ... Und bringt man von diesen minimalen Hundertsätzen noch den Anteil der Ausländer in Abzug, so bleibt für das Judentum deutscher Nationalität und mosaischer Konfession gegen Ende der Weimarer Republik kaum mehr als 0,5 Prozent Anteil an der Gesamtbevölkerung!

Indessen zeigen auch diese Zahlen noch nicht das volle Ausmaß dessen, was die einen bedauernd das ›Aussterben der deutschen Juden‹ genannt haben, die anderen – mit spürbarer Erleichterung – das endliche ›freiwillige und friedliche Aufgehen einer religiösen Minderheit im christlichen Deutschtum‹. Denn in Wirklichkeit waren selbst von den weniger als vierhunderttausend deutschen Staatsbürgern, die sich im ersten Drittel des 20. Jahrhunderts zur ›israelitischen Konfession‹ bekannten, nur noch sehr wenige Juden in dem Sinne, daß sie mit einiger Regelmäßigkeit und nicht bloß an den höchsten Feiertagen die Gottesdienste besuchten – von der Einhaltung der Sabbat-, Speise- und sonstigen religiösen Vorschriften ganz zu schweigen. Das Judentum der großen Mehrheit beschränkte sich auf eine gewisse Pietät, einige kulturelle Traditionsbestände sowie eine rege Wohltätigkeit, mit der man den sonstigen Mangel an religiöser Gesetzestreue vor dem eigenen Gewissen wie vor der Gemeinde auszugleichen bemüht war.

In mancher Hinsicht typisch für das aufgeklärte, gebildete und völlig – bis zur Weihnachtsfeier mit Christbaum und Krippenspiel – assimilierte jüdische Bürgertum des Deutschen Reiches war Walther Rathenau. Wie der Hamburger Historiker Egmont Zechlin in seinem Werk ›Die deutsche

Politik und die Juden im Ersten Weltkrieg‹ sehr anschaulich beschrieben hat, bekannte sich Rathenau »zu einer christlichen Gesinnung und versicherte wiederholt, ›auf dem Boden der Evangelien‹ zu stehen. Nichtsdestoweniger lehnte er einen Übertritt zum Christentum beharrlich ab. Im übrigen konstatierte er ebenfalls, daß die überwältigende Mehrheit des deutschen Judentums ›nur ein einziges Nationalgefühl hätte: das deutsche‹. Für ihn war es ›fest und selbstverständlich‹, daß ›ein anderes Nationalgefühl als das deutsche für einen gebildeten und gesitteten Juden nicht bestehen kann‹. Ein jüdisches Volk oder eine jüdische Nation gebe es nicht mehr: ›östliche Juden gelten mir wie jedem anderen Deutschen als Russen, Polen oder Galizier; Westjuden als Spanier oder Franzosen‹. ›Mein Volk ist das deutsche Volk, meine Heimat das deutsche Land.‹ Denn er bestimmte die Volks- und Nationszugehörigkeit allein nach der ›Gemeinsamkeit des Bodens, des Erlebnisses und des Geistes‹ sowie nach ›Herz, Geist, Gesinnung und Seele‹. Zwar bezeichnete er sich selbst als ›Deutscher jüdischen Stammes‹. Doch wie für Rießer und Fuchs* waren ihm die deutschen Juden ›ein deutscher Stamm, wie Sachsen, Bayern oder Wenden‹. Er stellte sie ›etwa zwischen Märker und Holsteiner, sie sind mir vielleicht etwas näher als Schlesier oder Lothringer‹ . . .«

Rathenau, Rießer und Fuchs wollten die Israeliten im Reich als einen der deutschen Stämme betrachtet wissen; die Juden aus dem Osten waren für sie Fremde, ›Russen, Polen, Galizier‹ . . .

Der wilhelminische Historiker Heinrich von Treitschke führte die starre Sinnesart des jüdischen Arztes und streitbaren freisinnigen Politikers aus Königsberg, Johann Jacoby,

* Gemeint sind Gabriel Rießer, der Vizepräsident der ersten deutschen Nationalversammlung in der Frankfurter Paulskirche und Vorkämpfer der Emanzipation, und Eugen Fuchs, einer der geistigen Führer des ›Centralvereins deutscher Staatsbürger jüdischen Glaubens‹.

auf sein Ostpreußentum zurück: »Da die Ostpreußen von allen Deutschen am besten verstehen, sich ihre Juden zu erziehen, so war auch Jacoby viel mehr Ostpreuße als Jude ...« Johann Jacoby selbst hat es entschieden anders ausgedrückt: Deutschland sei ein großes Gefängnis für Christen und Juden, mit Hafterschwernis und Extrafesseln für die Juden, schrieb er 1837 an einen Freund, um dann fortzufahren: »Wie ich selbst Deutscher und Jude zugleich bin, so kann in mir der Jude nicht frei werden ohne den Deutschen und der Deutsche nicht ohne den Juden ... Nur allein die Zerstörung des Gefängnisses kann uns zum Ziel führen ...«

Theodor Heuß hat Besonderheiten bei den in den Gebieten des Schwarzwaldes beheimateten Juden beobachtet und dabei auf den 1914 als Kriegsfreiwilliger gefallenen sozialdemokratischen Reichstagsabgeordneten Ludwig Frank – »ein in entzückender Weise badischer Patriot« – hingewiesen; sicherlich hat Heuß dabei auch an Berthold Auerbach gedacht oder auch an den Lyriker Jacob Picard, der noch im ›Frühling in Massachusetts‹ um die verlorene deutsche Heimat trauerte ...

Der Göttinger Historiker Percy Ernst Schramm, Sohn eines Hamburger Bürgermeisters, hat die völlige Eingliederung der Juden seiner Heimatstadt in das solide Bürgertum des hanseatischen Stadtstaates gerühmt, nicht ohne hinzuzufügen, daß dort »im Gegensatz zur Reichshauptstadt das Ostjudentum im Hintergrund blieb«. Er dachte wohl vornehmlich an die Familien Warburg, Hertz, Franck, Ree, Wolffson, Robinow, Hinrichsen oder Haller, von denen die ersten drei mit je einem Nobelpreisträger und zahlreichen weiteren berühmten Männern aufzuwarten hatten, während Siegmund Hinrichsen langjähriger Präsident der Bürgerschaft, Ferdinand Nicolaus Haller Hamburgs erster Bürgermeister jüdischer Herkunft war ...

Friedrich Heer, Österreicher und Katholik, weist wiederum darauf hin, daß »die deutsche Hochsprache durch die Juden tief in die östlichen Länder Europas getragen wurde«. Und er fügt hinzu: »Prag, die Stadt, die sich rühmte, das reinste Deutsch zu sprechen, ist auch die Stadt eines Kafka, Werfel, Brod und vieler kleinerer jüdischer Schriftsteller deutscher Zunge.« Tatsächlich läßt sich ohne Übertreibung sagen, daß die jüdischen Deutschen von Prag und anderen Städten Böhmens im bunten Völkergemisch der k. u. k. Monarchie das stärkste und kulturell bedeutendste Element des Deutschtums bildeten. Dafür legen nicht nur die Werke der von Friedrich Heer gepriesenen Prager Schriftsteller Zeugnis ab, sondern auch die Kunst der berühmten deutsch-jüdischen Malerfamilie Mengs aus Aussig, die Musik eines Josef Joachims aus Kittsee oder eines Gustav Mahlers aus Kalisch, vor allem aber die geschliffene Prosa eines Karl Kraus aus Gitschin, der als ein Meister der deutschen Sprache gelten darf, oder auch die Lyrik des aus Eger stammenden, schon 1914 gefallenen Dichters Hugo Zuckermann, von dem das berühmte ›Österreichische Reiterlied‹ stammt:

> Drüben am Wiesenrand
> hocken zwei Dohlen –
> Fall' ich am Donaustrand?
> Sterb' ich in Polen?
> Was liegt daran?
> Eh' sie meine Seele holen
> kämpf' ich als Reitersmann ...

Nein, die jüdischen Deutschen Ostpreußens, Hamburgs, des Schwarzwaldes oder Böhmens, die Rheinländer jüdischer Herkunft wie Karl Marx, Heinrich Heine, Jacques Offenbach oder auch Carl Zuckmayer, die Berliner wie Max Liebermann, Kurt Tucholsky, Walther Rathenau oder Nelly Sachs, die jüdischen Wiener wie Stephan Zweig, Arthur Schnitzler, Hugo von Hofmannsthal oder Sigmund Freud – sie bildeten nicht, gemeinsam mit allen anderen Juden des deutschen Sprachgebiets, einen besonderen Stamm, ähnlich den Schwaben, Franken oder Friesen; sie waren vielmehr, selbst wenn in ihren Adern zwei Tropfen mehr ›artfremden‹, sefardischen oder chasarischen Blutes geflossen sein mögen, ebenso typische Ostpreußen, Schlesier, Pommern, Hamburger oder Wiener wie ihre jeweiligen christlichen Nachbarn.

Und nach dieser – notgedrungen recht umständlichen – Definition dessen, was wir im Zusammenhang mit unserer Untersuchung der heutigen Situation unter ›Juden‹ zu verstehen haben (und unter ›Deutschland‹, unabhängig von den verschiedenen Staaten mit unterschiedlichen Gesellschaftssystemen und Bündniszugehörigkeiten, doch derselben Sprache und gemeinsamer Geschichte und kultureller Tradition), kommen wir nun endlich zur Beantwortung der eingangs gestellten Frage, ob Deutschland heute wirklich ohne Juden sei.

Vor 1933 gab es im Deutschen Reich rund 525 000 Deutsche, Staatenlose und Ausländer jüdischen Glaubens, in Österreich etwas über dreihunderttausend, im Saargebiet, in Danzig und in Memel zusammen rund zwanzigtausend Glaubensjuden. Dazu kamen noch mindestens hundertzwanzigtausend deutsche Juden in anderen Gebieten, die durch den Versailler Vertrag nicht mehr zu Deutschland oder Österreich gehörten – zusammen rund eine Million Menschen oder fast 1,2 Prozent der Bevölkerung des geschlossenen deutschen Sprachgebiets.

Diesen durch ihr Glaubensbekenntnis klar als Juden definierten Bürgern müssen nun noch diejenigen hinzugerechnet werden, die in den vorausgegangenen Jahrzehnten aus der jüdischen Religionsgemeinschaft ausgeschieden waren, nach 1933 aber – zunächst nur im Deutschen Reich, dann auch in den anderen Gebieten – durch die ›Rassen‹gesetze der Nazis zu ›Nichtariern‹ erklärt wurden. Hier sind wir auf sehr unterschiedliche Angaben, zum Teil auch auf Schätzungen angewiesen, doch – wie wir in anderem Zusammenhang noch sehen werden – kann man die ungefähre Gesamtzahl der Betroffenen (einschließlich der Glaubensjuden) für das geschlossene deutsche Sprachgebiet des späteren ›Großdeutschen Reiches‹ samt ›Protektorat‹ mit rund 2,5 Millionen annehmen.

Heute leben in der Bundesrepublik Deutschland etwa fünfundzwanzigtausend Mitglieder jüdischer Gemeinden, in West-Berlin rund sechstausend und in der Deutschen Demokratischen Republik etwa fünfhundert. Dazu kommen in DDR, BRD und Westberlin noch weitere etwa acht- bis zehntausend Juden, die keiner Gemeinde angehören, zusammen also rund 40 000 Personen.

In der Bundesrepublik Österreich gibt es heute, vornehmlich in Wien, noch etwa zehntausend Juden, wovon weniger als die Hälfte jüdischen Gemeinden angehört. Die im Westteil der heutigen ČSSR sowie in den ehemaligen deutschen Westgebieten der Volksrepublik Polen lebenden Juden werden in ihrer Gesamtzahl auf zehn- bis zwölftausend Personen geschätzt.

Alles in allem gibt es in dem mitteleuropäischen Raum, der einmal das ›Großdeutsche Reich‹ bildete und worin noch 1933 rund eine Million jüdische Gemeindemitglieder lebten, die in ihrer großen Mehrheit Deutsche waren, nur noch knapp sechzigtausend Juden – eine Verminderung um 94 Prozent!

Indessen geben auch diese Zahlen noch keinen vollen Einblick in die tatsächliche Situation, die sich gegenüber der Zeit vor 1933 nicht bloß im Hinblick auf die enorm verminderte Anzahl jüdischer Gemeindemitglieder radikal verändert hat. Da ist zunächst die Aufspaltung Mitteleuropas, die unter anderem auch dazu geführt hat, daß die wenigen noch verbliebenen Juden in den heutigen polnischen Westgebieten, in Prag und in anderen Gemeinden Böhmens, die sich selbst noch als Deutsche betrachten*, kaum noch mit der zeitgenössischen deutschen Kultur in Berührung kommen, von ihr beeinflußt werden können oder gar selbst darauf Einfluß haben. Es handelt sich zudem durchweg um alte Leute, deren Generation schon fast ausgestorben ist.

In der Deutschen Demokratischen Republik spielen die winzigen jüdischen Gemeinden, die in einigen größeren Städten nach 1945 wieder entstanden sind, im öffentlichen Leben kaum eine Rolle. Umgekehrt sind von den Mitbegründern der sozialistischen Gesellschaft, die 1945 als Überlebende des Terrors oder als Heimkehrer aus dem Exil zu den Männern und Frauen der ersten Stunde zählten, zwar eine stattliche Anzahl jüdischer Herkunft, doch sind die meisten von ihnen bereits verstorben – zum Beispiel die große Schriftstellerin Anna Seghers, die Brüder Gerhart und Hanns Eisler, letzterer der Komponist der Nationalhymne der DDR, der bekannte Strafrechtler Professor Friedrich Kaul oder auch der Schriftsteller Arnold Zweig. Von den heute noch im öffentlichen Leben der DDR stehenden Männern und Frauen, die nach den ›Rasse‹gesetzen der Nazizeit als Juden, zumindest als ›Nichtarier‹, galten oder gegolten

* Eine Begegnung, die der Autor vor einigen Jahren in Prag hatte, mag als Beispiel dienen: Es handelte sich um einen älteren Herren, der sich in einem – von ihm in akzentfreiem Hochdeutsch geführten – Gespräch als ›tschechoslowakischer Staatsbürger jüdischer Konfession und deutscher Nationalität‹ bezeichnete. Vor 1914 in einer böhmischen Kleinstadt geboren und aufgewachsen, hatte er das deutsche Gymnasium besucht, später an der Prager Universität studiert und sein Studium in Berlin abgeschlossen. Während der deutschen Besetzung Prags, wo er als angesehener Facharzt praktiziert hatte, war er dienstverpflichtet worden. So hatte er das ›Dritte Reich‹ überlebt, während seine Frau, seine drei Kinder, seine Eltern und Geschwister sowie alle sonstigen Verwandten und Freunde ein Opfer der ›Endlösung‹ geworden waren. Trotz dieser und weiterer entsetzlicher Erfahrungen hatte er – wie er wörtlich sagte – »nicht einen Augenblick lang aufgehört, Deutscher zu sein«.

hätten, haben die meisten kaum noch Bindungen an die deutsch-jüdische Tradition.

Immerhin gab es Ende 1981 in der Hauptstadt der DDR etwas Bemerkenswertes, und es könnte zu der Hoffnung berechtigen, daß diese vom Humanismus, vom Geist der Aufklärung und vom Streben nach Emanzipation der Menschheit geprägte deutsch-jüdische Tradition noch nicht erloschen ist: Da versammelten sich am 13. und 14. Dezember 1981 in einem Konferenzsaal eines Hotels am Alexanderplatz knapp hundert Intellektuelle aus Ost und West, zumeist Schriftsteller, auch etliche prominente Wissenschaftler und Künstler, um über die Bedrohung des Friedens zu sprechen und wie diese abzuwenden wäre. Es war das erste Mal seit fast einem halben Jahrhundert, daß sich Deutsche in Deutschland über alle sonstigen Gegensätze hinweg und an einen Tisch setzten, um Vertrauen herzustellen – als erste Voraussetzung für eine gemeinsame Initiative zur Beendigung des wahnwitzigen Rüstungswettlaufs. War dies schon erstaunlich genug, so erst recht die Tatsache, daß mindestens ein Viertel der prominenten Teilnehmer deutsch-jüdischer Herkunft war: So der Initiator des Treffens, der Schriftsteller Stephan Hermlin; der Gastgeber, der inzwischen verstorbene Filmregisseur und Akademiepräsident Konrad Wolf, ein Sohn des Dramatikes Friedrich Wolf; so auch die Schriftsteller Stefan Heym, Jurek Becker, Erich Fried, Heinz Kamnitzer, Wieland Herzfelde, um nur einige zu nennen, ferner der Zukunftsforscher Robert Jungk, der Wirtschaftshistoriker und Kultursoziologe Jürgen Kuczynski, der sowjetische Friedensforscher Daniel Projektor, der Philologe Rudolf Schottländer und der Publizist Alexander Abusch.

Auch im Nachkriegs-Österreich ist die winzige Gruppe deutsch-österreichischer Juden, die die Verfolgung im Lande überlebten oder dorthin zurückgekehrt sind, ohne nennenswerten Einfluß auf das geistig-kulturelle und wirtschaftliche Leben, während umgekehrt die wenigen Persönlichkeiten jüdischer Herkunft, die in Österreich Rang und Namen haben, an erster Stelle Altbundeskanzler Bruno Kreisky, kaum noch Beziehungen zum Judentum haben.

Bleibt der nach Ausdehnung und Einwohnerzahl bedeutendste der Nachfolgestaaten des einstigen »Großdeutschen Reiches«, die Bundesrepublik Deutschland. Hier wären am ehesten Zweifel möglich, ob man angesichts der nahezu dreißigtausend, ja wenn man West-Berlin sowie die Nichtmitglieder der Gemeinden mit einbezieht, sogar rund vierzigtausend heutigen Einwohner mosaischen Glaubens überhaupt von einem ›Deutschland ohne Juden‹ sprechen könne.

Tatsächlich gibt aber selbst der auf etwa 0,066 Prozent verminderte Bevölkerungsanteil der Juden Westdeutschlands noch keinen richtigen Eindruck von dem wahren Ausmaß der Katastrophe, die das deutsch-jüdische Element gerade dort betroffen hat, wo es sich am längsten heimisch, am engsten mit der Kultur des Landes hatte verbunden fühlen können – von der Größe des geleisteten Beitrags ganz zu schweigen.

Einige Zahlen sollen dies verdeutlichen: Im Frühsommer 1945, nach der Befreiung Deutschlands von der Diktatur der Nazis, waren in den vier Besatzungszonen noch wenig mehr als zehntausend von denen übrig, die vor 1933 als Deutsche jüdischen Glaubens innerhalb der damaligen Reichsgrenzen gelebt hatten. Daß sie der Deportation und Vernichtung entgangen waren, verdankten sie meist einem ›arischen‹ Ehepartner, der treu zu ihnen gehalten hatte, in einigen hundert Fällen auch beherzten Männern und Frauen, die ihnen unter Lebensgefahr zu Hilfe gekommen waren und sie »illegal« verborgen gehalten hatten. Etwa die Hälfte dieser meist physisch und psychisch aufs äußerste strapazierten Überlebenden verließ Deutschland, sobald sich nach dem Kriege eine Gelegenheit dazu bot. Des weiteren befanden sich unter den im Kriege nach Deutschland verschleppten Zwangsarbeitern, die die Konzentrationslager und Todesmärsche überlebt hatten, noch rund neunzigtausend ausländische, aus Ost-, Südost- und Südeuropa stammende Juden. Da Auswanderungsmöglichkeiten noch fehlten, die meisten auch nicht in ihre verwüsteten Herkunftsorte zurückkehren wollten und sie zudem völlig erschöpft, unterernährt und meist krank waren, wurden sie als sogenannte ›Displaced Persons‹, DPs, in Behelfsunterkünften und Lagern untergebracht. Dazu kamen in den ersten Nachkriegsjahren weitere rund zweihunderttausend jüdische Flüchtlinge aus Ost- und Südosteuropa, die auf die eine oder andere Weise der Vernichtung entronnen waren. Von diesen nahezu dreihunderttausend ausländischen Juden, die in der Nachkriegszeit die westzonalen Auffanglager füllten, wanderten mehr als 95 Prozent so rasch wie möglich aus – nach Gründung des Staates Israel vorwiegend dorthin wie auch schon zuvor, meist ›illegal‹, in das britische Mandatsgebiet Palästina, daneben auch nach USA und in andere überseeische Länder.

Die relativ wenigen DPs, die in der Bundesrepublik blieben, hatten dafür unterschiedliche Gründe: Einige fühlen sich den möglichen Strapazen eines Pionierdaseins gesundheitlich nicht mehr gewachsen; andere sahen für ihren speziellen Beruf sehr geringe Chancen außerhalb Europas; wieder andere hatten deutsche Partner geheiratet, Familien gegründet und sich eine gute Existenzmöglichkeit geschaffen, die sie nicht gegen eine unsichere Zukunft eintauschen wollten, und schließlich gab es auch noch einen Bodensatz, der keiner Resozialisierung mehr fähig oder bereits in ein mindestens halbkriminelles Milieu abgeglitten war.

Zu diesen Übriggebliebenen der DP-Lager und den Resten des deutschen Judentums, die die Schreckenszeit in Deutschland überlebt hatten, kamen in den frühen fünfziger

2

Berlin den 17ten Mai 1791.

Ich wage es theurer Mann mich in Ihr Gedächtniß zurück zu rufen, ich habe schon lange eine Gelegenheit dazu mir gewünscht und diese ist mir zu interessant als daß ich sie hätte vernachläßigen sollen.

Madam Unger die diesen Brief Ihnen bringt wünscht Ihre Bekanntschaft zu machen und Ihren Umgang während ihres Leipziger Aufenthalts zu genießen, und ich erbot mich ihr durch diesen Brief ein Mittel in die Hand zu geben Sie kennen zu lernen. Daß Sie sie gerne sehen werden dafür bürgen mir ihre Kenntniße, Talente und wahrer Verstand. Doch wozu dem Manne mit dem Kennerblick dieß erst sagen? — Sie wird sich nur wenige Tage mit ihrem liebenswürdigen Schwestermann in Leipzig aufhalten. Ihr und ihrer Schwester Wulf Gefühl für das Schöne und Gute werden es sie Ihnen danken machen, wenn Sie sie mit den guten lieben Menschen bekant machen die Sie mich und meine Zeit kennen lehrten. Der wackere Paulsen läßt durch mich Sie grüßen und Sie um die Gefälligkeit für die Frauen bitten, er schätzt die Unger er meint man müßte gleich wie man mit ihr bekannt wäre, u die Wulf findet er hübsch u sanft.

Leben Sie wohl lieber Freund, erhalten Sie Ihren Freunden Ihre Gesundheit und unter diesen auch Ihr

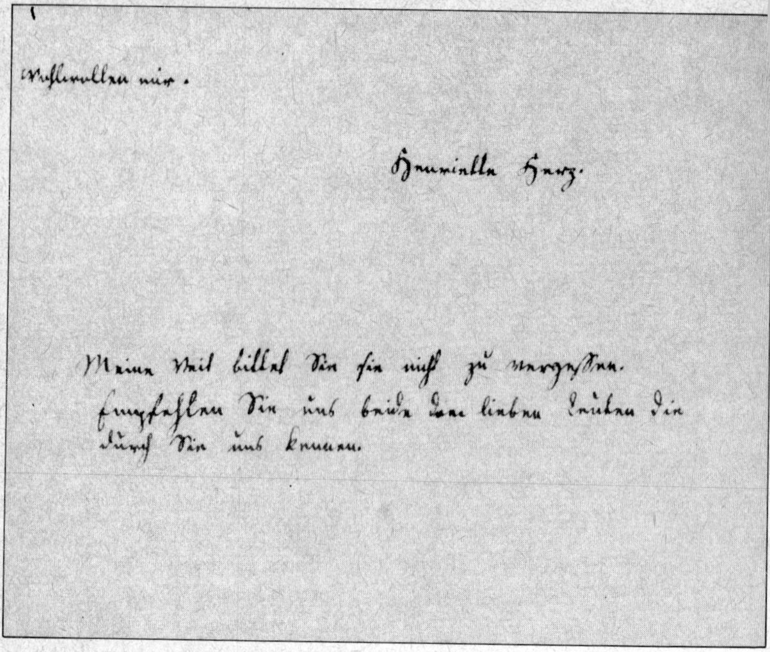
Wohlwollen mir.
Henriette Herz.
Meine Veit bittet Sie sie nicht zu vergessen.
empfehlen Sie uns beide den lieben Leuten die
durch Sie uns kennen.

BRIEF VON HENNRIETTE HERZ AN DEN SCHRIFTSTELLER CHRISTIAN FRIEDRICH V. BLANKENBURG

»Ich wage es theurer Mann mich in Ihr Gedächtnis zurück zu rufen, ich habe schon lange eine Gelegenheit dazu mir gewünscht und diese ist mir zu interessant als daß ich sie vernachlässigen sollte. Madame Lewy die diesen Brief Ihnen bringt wünscht Ihre Bekanntschaft zu machen und Ihren Umgang während ihres Leipziger Aufenthalts zu genießen, und ich erbot mich ihr durch diesen Brief ein Mittel an die Hand zu geben Sie kennen zu lernen. Daß Sie sie gerne sehen werden dafür bürgen mir ihre Kenntnisse, Talente und wahrer Verstand. Doch wozu dem Manne mit dem Kennerblick dieß erst sagen? – Sie wird sich nur wenige Tage mit ihren liebenswürdigen Schwestern in Leipzig aufhalten. Ihr und ihrer Schwester Wulf Gefühl für das Schöne und Gute werden es sie Ihnen danken machen, wenn Sie sie mit den guten lieben Menschen bekannt machten, die Sie mich und meine Veit kennen lehrten. Der wackere Parthey läßt durch mich Sie grüßen und Sie um die Gefälligkeit für die Frauen bitten, er schätzt die Lewy, er meint man wüßte gleich wie man mit ihr dran wäre, die Wulf findet er hübsch und sanft. Leben Sie wohl lieber Freund, erhalten Sie Ihren Freunden Ihre Gesundheit, unter diesen auch Ihr Wohlwollen mir.

Henriette Herz.

Im Salon der schönen Henriette Herz, der Seelenfreundin Schleiermachers, verkehrten Ende des 18. Jahrhunderts alle wichtigen Repräsentanten des geistigen und literarischen Lebens der preußischen Hauptstadt, vor allem die Frühromantiker, aber auch die Brüder v. Humboldt, die Brüder Schlegel, Fichte, Gentz, Schadow, der in H. H. verliebte Heinrich Heine, der junge Börne usw.

ERLÄUTERUNGEN ZUM BRIEF

»meine Veit« = Dorothea (eigentl. Brendel), die Tochter Moses Mendelssohns, seit 1783 verheiratet mit dem Bankier Simon Veit, heiratet 1804 in 2. Ehe Friedrich Schlegel. – »Parthey« = Friedr. P., Schwiegersohn Fr. Nicolais.

Chr. Friedr. v. Blankenburg, der Empfänger des vorliegenden Briefs, 1744–1796, trat in die preuß. Armee ein, nahm am 7jährigen Krieg teil und 1777 als Hauptmann seinen Abschied, lebte dann als Privatgelehrter, Übersetzer und Dichter in Leipzig in inniger Freundschaft mit Weiße und Zollikofer.

Der Brief ist ein Zeugnis für die gesellschaftliche Stellung der Berliner Juden zu einer Zeit, da ihre Glaubensgenossen anderswo, z. B. in Frankfurt/M., noch im Getto eingesperrt und bloß, zu demütigenden Bedingungen, geduldet waren. Im Hause der H. H. verkehrten hohe Staatsbeamte und Offiziere, selbst Angehörige des Königshauses wie Prinz Louis Ferdinand.

Zu beachten ist auch das für die Zeit ausgezeichnete, fehlerfreie Deutsch der damals 27jährigen H. H.

Nobelpreis, aber keinen Lehrstuhl . . .
Paul Ehrlich (1854 – 1915), Begründer der modernen Chemotherapie und Immunitätswissenschaft

Jahren – und in stetig abnehmendem Maße bis in die Mitte der sechziger Jahre hinein – einige tausend deutsch-jüdische Rückwanderer aus allen Teilen der Welt, vornehmlich Ältere, die sich nach anfänglichem Zögern doch noch entschlossen hatten, ihren Lebensabend in der angestammten Heimat zu verbringen, anstatt in Neuseeland, Shanghai, Costa Rica oder der New Yorker Bronx. Diese Heimkehrer aus dem Exil verstärkten vorübergehend das deutsch-jüdische Element in den Gemeinden der Bundesrepublik, doch sind inzwischen die meisten von ihnen gestorben. Hingegen verstärkte sich der Zuzug von Juden aus Ost- und Südosteuropa, wenngleich für die meisten die Bundesrepublik oder Westberlin nur eine Zwischenstation auf dem Weg nach Israel war. Immerhin ließen sich rund tausend von ihnen, vom »Wirtschaftswunder« angezogen, in westdeutschen Großstädten nieder, und hinzu kamen auch einige ehemalige DPs, die beim Aufbau einer neuen Existenz in Israel oder anderswo gescheitert waren.

Umgekehrt wanderte der ohnehin spärliche Nachwuchs der neugegründeten jüdischen Gemeinden in der Bundesrepublik und in Westberlin zu einem beträchtlichen Teil nach Israel aus. Die dadurch noch sehr verstärkte Überalterung wurde noch markanter als in den dreißiger Jahren, als man bereits – wegen der massenhaften Auswanderung der Jugend infolge des beginnenden Nazi-Terrors – vom »Aussterben der deutschen Juden« gesprochen hatte. Inzwischen ist das Durchschnittsalter der in der Bundesrepublik und in Westberlin lebenden Juden wieder etwas gesunken; 1970 lag es bei 46,3 Jahren, 1987 bei knapp über 40 Jahren. Aber das ist nahezu bedeutungslos angesichts der Tatsache, daß es die jüdische Jugend in Deutschland, sobald sie flügge geworden ist, in der Mehrzahl der Fälle auch weiterhin nach Israel zieht.

Schließlich ist zu bemerken, daß nur etwa ein Drittel der

um die Mitte der siebziger Jahre in der Bundesrepublik lebenden Juden erwerbstätig war – fast fünfundzwanzig Prozent lebte von bescheidenen Renten, rund vierzig Prozent waren nicht erwerbstätige Familienangehörige, die miternährt werden mußten –, und die Erwerbstätigen üben nur noch vereinzelt Berufe aus, die einst, vor 1933, für die kulturell tragende Schicht typisch waren, und daran hat sich bis heute wenig geändert.

Es gab 1975 beispielsweise nur etwa siebzig bis achtzig jüdische Ärzte in der Bundesrepublik und in Westberlin, auch nicht mehr als knapp zwei Dutzend – schon damals kurz vor der Emeritierung stehende – jüdische Hochschullehrer und – laut »Spiegel« – keinen einzigen angehenden Juristen.

Wenn man die nur vorübergehend nach Deutschland gekommenen Juden außer Betracht läßt – etwa die iranischen Geschäftsleute, die sich mit ihren Familien vorwiegend in Hamburg niedergelassen haben und dort mit etwa hundertfünfzig Personen rund zehn Prozent der Gemeindemitglieder stellen; die dienstlich, beruflich oder auch zur Ausbildung in die Bundesrepublik gekommenen israelischen Staatsangehörigen; die im Gefolge der amerikanischen Streitkräfte, als Korrespondenten, Firmenvertreter oder Bühnenkünstler sich nur vorübergehend in Westdeutschland aufhaltenden jüdischen Bürger der USA oder auch manche osteuropäischen Juden, für die Westberlin oder München nur eine Durchgangsstation auf dem Wege, mindestens ihrer Kinder, nach Israel oder den USA ist –, dann lassen die schwindenden Reste des angestammten deutschen Judentums innerhalb der ohnehin sehr kleinen, nur ganz allmählich etwas größer werdenden jüdischen Gemeinden Westdeutschlands und Westberlins nur wenig Hoffnung für eine Regenerierung, wie sie von einigen Männern und Frauen mit bewunderungswürdiger Energie angestrebt wurde und wird, unter tatkräftiger und kluger Führung des »Zentralrats der Juden in Deutschland«, dessen Generalsekretär über zwei Jahrzehnte lang Dr. Hendrik George van Dam war. Trotz seines holländischen Namens gehörte Dr. van Dam, ein waschechter Berliner, zu jener typischen gutbürgerlichen Schicht deutscher Juden, die im 19. und frühen 20. Jahrhundert einen so wesentlichen Beitrag zur geistigen, künstlerischen oder auch wirtschaftlichen Entwicklung Deutschlands geleistet hat. Auch van Dams Nachfolger, Werner Nachmann, aus Karlsruhe gebürtig, und Heinz Galinski, der rührige Vorsitzende der Westberliner Jüdischen Gemeinde, der aus Westpreußen stammt, sind Repräsentanten dieser höchstens noch ein paar Tausend Köpfe zählenden Gruppe.

Was deren Regenerierung so wenig aussichtsreich erscheinen läßt, ist das fast völlige Versiegen jener einst unerschöpflichen Quelle, aus der sich das deutsche Judentum immer wieder hatte ergänzen können: das Millionenheer der von den russischen Zaren unterdrückten, auch in der k. u. k. Habsburger Doppelmonarchie großenteils verelendeten und dann oft den Abscheu der hochzivilisierten Mitteleuropäer erregenden Juden Ost- und Südosteuropas. Aus den Kleinstädten Polens, Litauens, der Ukraine und der Bukowina, aus Ruthenien und aus noch abgelegeneren Gegenden, kamen im 19. und frühen 20. Jahrhundert zu Zigtausenden die Nachkommen jener deutsch-jüdischen Bürger zurück, die einst vor den Kreuzfahrern von Rhein und Mosel, Main und Donau hatten flüchten müssen.

In erstaunlich kurzer Zeit und häufig zum großen Ärger der ›Alteingesessenen‹, Christen wie Juden, die den brennenden Ehrgeiz der so glaubenstreuen und dabei nach der so schmerzlich entbehrten westlichen Kultur und Zivilisation lechzenden ›Ostjuden‹ als ungehörige Drängelei, wenn nicht Schlimmeres, empfanden und sehr abfällig beurteilten, assimilierten sich die Rückwanderer in jenem Land, dessen

Sprache sie durch die Jahrhunderte ihres Exils treu bewahrt hatten (wenngleich dieses Jiddisch in den Ohren der Deutschen, vor allem aber der deutschen Juden, seltsam klang). Und aus den Reihen dieser oft verachteten und bei ihrem sozialen Aufstieg gewaltigen Erschwernissen ausgesetzten Neubürger, erst recht ihrer Söhne und Töchter, kamen dann nicht eben wenige der bedeutendsten deutschen Gelehrten und Künstler...

Dieses Reservoir ist versiegt. Millionen fielen den ›Einsatzgruppen‹ der SS zum Opfer oder wurden in die Vernichtungslager verschleppt und ins Gas getrieben; die überlebenden Juden in der Sowjetunion, soweit sie sich in deren Gesellschaft nicht vollständig integriert haben, zieht es, wenn ihnen Auswanderungsmöglichkeiten geboten werden, vorwiegend nach Israel, in geringerem Maße nach USA oder anderswohin und nur ganz vereinzelt in den deutschen Kulturbereich.

So bleibt denn, ehe wir darangehen, Bilanz zu ziehen und zu untersuchen, was die nahezu vollständige Vernichtung des deutschen Judentums und seines Kräftereservoirs für das heutige Deutschland bewirkt hat, nur noch die Frage, was aus denen geworden ist, die vor 1933 längst keine Juden mehr waren, häufig nicht einmal mehr eine Erinnerung an ihre jüdische Herkunft hatten, aber dennoch im ›Dritten Reich‹ zu ›Nichtariern‹ erklärt wurden.

Ein sehr erheblicher Teil auch dieser Gruppe hat Deutschland in den dreißiger Jahren verlassen und ist nach 1945 nicht zurückgekehrt. Ja, es läßt sich sogar die Feststellung treffen, daß die von der nationalsozialistischen ›Rassen‹-Verfolgung um einige Grade weniger Betroffenen im allgemeinen auch um einiges weniger Anhänglichkeit an die alte Heimat gezeigt haben – vielleicht, weil sie es im Exil, wo sie ja sogleich wieder Nichtjuden waren, meist leichter hatten, vielleicht auch aus Gründen, die in einer Anekdote zum

Ausdruck kommen, derzufolge der große Romancier Erich Maria Remarque nach dem Kriege auf die Frage, ob er nicht nach Deutschland zurückkehren wolle, geantwortet haben soll: ›Ich bin doch nicht Jude, daß ich Heimweh hätte ...‹

Von denen, die nicht ins Exil gingen, ist ein ebenfalls nicht unbeträchtlicher Teil der Verfolgung zum Opfer gefallen oder hat ›für Führer und Vaterland‹ sein Leben gelassen – denn als Kanonenfutter dünkten Hitler zumindest die sogenannten ›Mischlinge 2. Grades‹, aber auch viele Halbjuden, gerade noch tauglich ...

Von den Übriggebliebenen, die auch nicht in den schweren Jahren der ersten Nachkriegszeit ihre Chance nutzten, als politisch Unbelastete zur Auswanderung nach den USA oder in ein anderes gelobtes Land zugelassen zu sein, kehrten einige tausend zum Glauben ihrer Väter (oder Mütter) zurück und ergriffen oftmals sogar die Initiative beim Wiederaufbau der jüdischen Gemeinden. Die Mehrzahl aber ist aus der Schicksalsgemeinschaft, in die Hitler sie zurückgezwungen hatte, endgültig ausgeschieden. Immerhin ist zu bemerken, daß eine erstaunlich große Anzahl aus dieser einst als ›Mischlinge‹ diskriminierten und disqualifizierten Personengruppe in allen Lagern und gesellschaftlichen Bereichen der heutigen Bundesrepublik führende Positionen einnimmt, und es wäre geradezu lächerlich, wollte man diese Tatsache allein dem Umstand zuschreiben, daß diese Leute ja – noch dazu ohne eigenes Zutun – den Vorteil gehabt hätten, in keiner Nazi-Organisation gewesen zu sein. Die unleugbar häufige Bevorzugung von Männern mit tiefbrauner Vergangenheit, zumal im Staatsdienst und in der Wirtschaft, aber auch an manchen Universitäten und in einigen Verlagshäusern, spräche eher für das Gegenteil ...

Wir werden uns, im Zusammenhang mit einer Überprüfung antisemitischer Thesen auf ihren Wahrheitsgehalt, mit zahlreichen bedeutenden Persönlichkeiten aus der Gruppe dieser heute dem Judentum gänzlich oder doch sehr weitgehend Entfremdeten zu beschäftigen haben (wobei sich zumal politisch Rechtsstehende auf einige Überraschungen gefaßt machen sollten). Indessen erscheint es an dieser Stelle wichtiger, darauf hinzuweisen, daß es zumindest, wenn schon nicht das, was wir als deutsches Judentum zu skizzieren versucht haben, so doch diese für die beinahe geglückte christlich-jüdische Symbiose auf deutschem Boden so außerordentlich wichtige Gruppe von Menschen mit christlichen *und* jüdischen Traditionen bald nicht mehr geben wird.

Warum, mit welchen Konsequenzen für die einen und auch für die anderen, das wird unsere Untersuchung zeigen, die zugleich eine Antwort geben soll auf eine immer wieder – und nicht nur in Deutschland – aktuelle Frage, nämlich die nach dem Nutzen oder Schaden des Duldens oder Vernichtens einer mal mehr, mal weniger lästigen Minderheit.

Zweites Kapitel
SIND KULTURELLE VERLUSTE MESSBAR?

Gewiß ist der Jude auch ein Mensch. Noch nie hat das jemand von uns bezweifelt. Aber der Floh ist auch ein Tier – nur kein angenehmes. Da der Floh kein angenehmes Tier ist, haben wir vor uns und unserem Gewissen nicht die Pflicht, ihn zu hüten und zu beschützen und ihn gedeihen zu lassen, sondern ihn unschädlich zu machen. Gleich so ist es mit den Juden* ... Heraus *(sic!)* mit dem Gesindel! Wir wollen für unser deutsches Volk eine judenreine deutsche Kultur ...**!« Diese bemerkenswerten Feststellungen und daraus abgeleiteten Forderungen stammen von Hitlers späterem ›Reichsminister für Volksaufklärung und Propaganda‹, Dr. Joseph Goebbels.

Rund sechs Jahrzehnte sind ins Land gegangen, seit diese

* J. Goebbels, ›Der Nazi-Sozi‹, 1929, S. 8
** J. Goebbels, ›Das Buch Isidor‹, 1928, S. 165

von Judenhaß erfüllten Meinungen und Forderungen zu Papier gebracht und veröffentlicht wurden. Selbst Goebbels konnte, als er seine Pamphlete schrieb, noch nicht ahnen, daß seine Theorie vom ›jüdischen Kultur-Ungeziefer‹ bald darauf zur Staatsdoktrin erhoben, sein Schrei – »Heraus mit dem Gesindel!« – zur offiziellen Forderung werden würde. Erst recht nicht war für irgend jemanden das Resultat vorauszusehen, das die von den Nazis mit Hilfe aller Machtinstrumente eines modernen Industriestaates betriebene größte Judenverfolgung der Weltgeschichte erbrachte. Ja, genaugenommen ist das Ergebnis in seinem vollen Umfang bis heute noch nicht bekannt. Wir wissen zwar, daß Millionen Menschen ermordet worden sind – wobei selbst hierbei nur die ungefähre Größenordnung feststeht –; wir kennen heute in groben Umrissen das Ausmaß menschlichen Leidens, das heraufbeschworen wurde, und wir ahnen zumindest, daß außer schrecklichstem Unrecht noch mehr geschehen ist; daß etwas Unwiederbringliches verlorenging, für Juden *und* Christen des alten Europas, und daß Deutschlands kulturelles Leben wirklich nahezu ›judenrein‹ geworden ist, wie Goebbels und seine Freunde es sich und uns gewünscht hatten, wobei der erhoffte Gewinn ausgeblieben, vielmehr ein nicht genau zu definierender Verlust eingetreten zu sein scheint, der nur zu spüren, allenfalls zu schätzen ist. Denn wie sollte man den Verlust (oder auch Gewinn) je *messen* können?

Nehmen wir ein Beispiel aus dem Bereich der Kunst, etwa die Malerei. Es hat in den Jahrzehnten vor 1933 in Deutschland, erst recht in den europäischen Ländern, auf die Hitler dann seine Judenverfolgung ausdehnte, eine stattliche Reihe von hervorragenden Malern jüdischer Herkunft gegeben. Einige von ihnen waren bereits verstorben, als man in Deutschland begann, der Kunst Fesseln anzulegen und unter anderem auch einen »Ariernachweis« zur Voraussetzung einer staatlichen Malerlaubnis machte. Franz Marc, beispielsweise, der einer jüdischen Familie aus Arolsen entstammte, war als Kriegsfreiwilliger 1916 vor Verdun gefallen; Lesser Ury, einer der großen Meister des deutschen Impressionismus, war 1931 in Berlin gestorben, und auch Emil Orlik, dem bedeutenden Grafiker und Maler, seit 1905 Professor an der Berliner Kunstschule, blieb es erspart, als Jude davongejagt zu werden; er starb im Herbst 1932.

Andere erlebten zwar den Beginn der Judenverfolgung, entgingen aber den Deportationen durch Flucht – wie etwa Jankel Adler, der sich in Düsseldorf heimisch gefühlt hatte, oder Charlotte Berend, die Schülerin und spätere Ehefrau von Lovis Corinth, die nach Amerika emigrieren konnte, oder auch der große Marc Chagall, der lange Jahre in Berlin gelebt hatte, ehe er nach Paris übersiedelte, von wo er dann vor den einmarschierenden Deutschen nach Amerika floh; oder sie starben noch eines natürlichen Todes – wie Max Liebermann, der im Alter von 86 Jahren den Beginn des ›Dritten Reiches‹ erlebte (sein überlieferter Kommentar dazu lautete: »Man kann gar nicht so viel essen, wie man kotzen muß ...«), von Hitler noch mit einem Malverbot bedacht wurde und 1935 starb ...

Wieder andere bedeutende – und gewiß auch unbedeutende – jüdische Maler gingen in Konzentrationslagern zugrunde, endeten in Gaskammern oder fielen den Einsatzgruppen zum Opfer. Einer der talentiertesten deutschen Nachimpressionisten, der Meisterschüler des großen Matisse, Paul Levy aus Stettin, wurde als fast Siebzigjähriger aus seiner Wohnung in Florenz von der Gestapo nach Dachau verschleppt und ist dort umgekommen. Er ist nur ein Beispiel für das Schicksal einer ganzen Reihe hervorragender Künstler, um die die Nachwelt trauert. Vielen anderen blieb keine Zeit, ihre Talente zu entwickeln und berühmt zu werden, ehe sie ermordet wurden, und wir wissen nicht, ob unter den aus Holland deportierten Juden ein zweiter Josef Israels war, unter denen Italiens vielleicht ein neuer Amadeo Modigliani, ob sich unter den jüdischen Opfern der Einsatzgruppen in Osteuropa ebenso große Talente befanden wie die eines Marc Chagall oder Mané-Katz...

Infolgedessen ist der Versuch, den der Welt oder gar nur der deutschen Kultur auf diesem Sektor entstandenen Verlust zu messen, ohnehin zum Scheitern verurteilt, ganz zu schweigen von der Unmöglichkeit, einen Ausfall an künstlerischen Leistungen exakt zu werten und prozentual zu erfassen oder auch nur auf ein bestimmtes Land zu begrenzen.

Trotzdem sei ein weiterer Versuch gewagt, wenn auch auf einem ganz anderen Gebiet, nämlich dem einer Wissenschaft, bei der die Aussichten aus diversen Gründen besser erscheinen, einen durch die Judenverfolgung entstandenen Verlust zunächst quantitativ, dann auch qualitativ, mit einem gewissen Grad an Genauigkeit festzustellen.

Im Bereich der Medizin gab es Anfang 1933 im Deutschen Reich etwa achttausend Lehrer, Forscher und Praktiker jüdischen Glaubens, knapp die Hälfte davon in Berlin, rund zweitausendfünfhundert in anderen Großstädten und nur etwa fünfzehnhundert in den Mittel- und Kleinstädten sowie auf dem Lande. Die Gesamtzahl der von der ›Ariergesetzgebung‹ betroffenen Mediziner lag ohne Zweifel wesentlich höher, und wenn wir sie sowie alle ›Nichtarier‹ in den späteren Gebieten des ›Großdeutschen Reiches‹ mit einbeziehen, so dürfte es innerhalb des geschlossenen deutschen Sprachgebiets mindestens zwanzigtausend Mediziner ganz oder teilweise jüdischer Herkunft gegeben haben.

Diese nur auf einer groben Schätzung beruhende Zahl mag korrekturbedürftig sein, doch ist es für unsere Untersuchung belanglos, ob es möglicherweise einige fünfhundert ›nichtarische‹ Ärzte mehr oder weniger waren. Denn in der

Bundesrepublik Deutschland, wo heute die weitaus meisten Deutschen leben, gibt es – wie wir bereits wissen – nicht einmal mehr hundert jüdische Ärzte, und selbst wenn wir West-Berlin, die DDR und Österreich hinzunehmen, ja sogar die Reste des jüdischen Deutschtums in den heutigen polnischen Westgebieten, in Prag und im übrigen Böhmen, so werden wir schwerlich mehr als ingesamt zweihundertfünfzig jüdische Mediziner finden. Das aber bedeutet, daß ein quantitativer Verlust von etwa neunundneunzig Prozent zu verzeichnen ist, und es spielt dabei keine Rolle mehr, ob diese Zahl in Wirklichkeit um einige Zehntelprozent höher oder niedriger anzusetzen wäre.

Weit interessanter ist die Tatsache, daß der rein quantitative Verlust, der durch die Auswanderung oder Ermordung der jüdischen Ärzte, Forscher und Hochschullehrer sowie durch das Fehlen jeglichen Nachwuchses an jüdischen Medizinern entstanden ist, längst nicht mehr ins Gewicht fällt und – was die Bundesrepublik angeht – voll ausgeglichen ist. Es gibt heute in Westdeutschland nahezu einhundertfünfzigtausend Ärzte – mehr, als es je zuvor in ganz Deutschland gab! Und wenn dennoch in früheren Jahren gelegentlich von einem Ärztemangel die Rede war, so hat dies andere Gründe, die mit dem vor nunmehr beinahe einem halben Jahrhundert eingetretenen Verlust an ›nichtarischen‹ Medizinern so gut wie nichts und allenfalls indirekt etwas zu tun haben.

Dagegen ist etwas anderes zu verzeichnen, das möglicherweise als unmittelbare Konsequenz der Judenverfolgung betrachtet werden muß, nämlich ein starker Verlust an internationalem Ansehen!

Diese für die deutschen Mediziner schmerzliche Behauptung bedarf natürlich des Beweises, und er soll auch erbracht werden. Doch genügt es vielleicht zunächst, an dieser Stelle nur auf ein Indiz hinzuweisen, die genauere Untersuchung aber noch aufzuschieben:

Der Nobelpreis für Leistungen auf dem Gebiet der Medizin, jene Auszeichnung, die sich des höchsten internationalen Ansehens erfreut, wurde von 1901, dem Jahr der ersten Preisverteilung, bis einschließlich 1932 an insgesamt 32 Wissenschaftler* verliehen, und zwar an sechs Deutsche und zwei Österreicher, fünf Engländer, vier Franzosen, drei Dänen, zwei Holländer, zwei Kanadier, zwei Bürger der USA und je einen Russen, Italiener, Spanier, Schweizer, Belgier und Schweden. Die Mediziner aus dem deutschen Sprach- und Kulturraum lagen also während dieser drei Jahrzehnte eindeutig an der Spitze, und ihre Überlegenheit wird noch deutlicher, wenn man weiß, daß sechs der nichtdeutschen (oder -österreichischen) Nobelpreisträger ihre medizinische Ausbildung ganz oder teilweise in Deutschland erhalten hatten; daß einer der beiden amerikanischen Preisträger, der naturalisierte US-Bürger Karl Landsteiner, gebürtiger Wiener war und in Würzburg und München studiert hatte, und daß schließlich – ein weiteres Indiz für das weltweite Ansehen der deutschen Medizin – einige der weder in Deutschland noch in Österreich geborenen oder ausgebildeten Laureaten ihre Arbeiten in deutscher Sprache veröffentlichten.

Es stammten also (wenn man die Schweizer, auch die Deutschschweizer, unberücksichtigt läßt, was aus diversen Gründen zweckmäßig erscheint) von den zweiunddreißig Medizin-Nobelpreisträgern der Jahre 1901 bis 1932 nicht weniger als neun (oder rund achtundzwanzig Prozent) aus dem deutschen Kulturkreis – nämlich sechs Reichsdeutsche, zwei Österreicher und ein in Wien geborener, an bayerischen Universitäten ausgebildeter Amerikaner; sechs weitere (oder knapp neunzehn Prozent) hatten in Deutschland studiert.

* Es sind auch die mit einem Drittel oder der Hälfte des jeweiligen Nobelpreises Ausgezeichneten mitgezählt.

Von *1933 bis 1969** wurde der Medizin-Nobelpreis insgesamt neunundsechzigmal verliehen, und zwar achtunddreißigmal an Bürger der USA, zehnmal an Bürger Großbritanniens, viermal an Deutsche, je dreimal an Schweizer und Franzosen, je zweimal an Australier und Schweden sowie an je einen Italiener, Holländer, Dänen, Österreicher, Ungarn, Portugiesen und Argentinier. Der deutsch-österreichische Anteil ist also außerordentlich stark zurückgegangen, nämlich auf knapp sieben Prozent** oder ziemlich genau ein Viertel des Anteils an den vor 1933 verliehenen Nobelpreisen, wogegen die angelsächsischen Mediziner, insbesondere die Amerikaner, mit weitem Abstand an der Spitze liegen.

Es gäbe nun für diejenigen, die die schier hoffnungslose Überrundung der Medizin des deutschen Kulturkreises durch die Angelsachsen, zumindest soweit sie in den Nobelpreisverleihungen zum Ausdruck kommt, bedauern, einen erheblichen Trost, wäre dieser nicht zugleich ein Beweis dafür, daß der offenbare Qualitätsverlust der deutschen Medizin eben doch keine Fiktion ist, erst recht keine bloß vorübergehende, durch Krieg und Niederlage bedingte Rückläufigkeit.

Der Trost könnte darin bestehen, daß ein beträchtlicher Teil der heute in angelsächsischen Ländern ansässigen Nobelpreisträger der Medizin nicht nur in Deutschland oder Österreich studiert hat, sondern auch schon dort zur Welt (und später zu wissenschaftlichem Ruhm) gekommen ist.

* Die Untersuchung wurde für den Zeitraum 1933 bis 1969 durchgeführt und aus guten Gründen nicht auf die siebziger und achtziger Jahre ausgedehnt, weil mit dem wachsenden zeitlichen Abstand zur Judenverfolgung im »Dritten Reich« die ursächlichen Zusammenhänge zwischen »Rassen«-wahn und Emigration der davon direkt oder indirekt Betroffenen immer weniger deutlich nachzuweisen sind.

** Er verringert sich weiter, wenn man berücksichtigt, daß der einzige österreichische Nobelpreisträger der Medizin seit 1933, ein gebürtiger Deutscher, 1938 nach den USA emigrierte.

Nur durch besondere Umstände sind diese deutschen Forscher und Lehrer Amerikaner oder Engländer geworden, haben sie ihre Nobelpreise nicht mehr als Deutsche erhalten, und diese besonderen Umstände waren ihre Zugehörigkeit zum deutschen Judentum und ihre amtliche Verfolgung als ›Nichtarier‹ nach 1933, die sie zur Emigration zwang.

Sir Ernst Boris Chain zum Beispiel, britischer Medizin-Nobelpreisträger des Jahres 1945, der diese Auszeichnung zusammen mit Sir Alexander Fleming und Sir Howard Walter Florey »für die Entdeckung des Penicillins und seiner Heilwirkung bei verschiedenen Infektionskrankheiten« erhielt, ist gebürtiger Berliner des Jahrgangs 1906. Seine Eltern waren als Juden aus Rußland ins Deutsche Reich eingewandert. Der Sohn hatte in Berlin das Gymnasium besucht, an der Universität seiner Vaterstadt Chemie und Physiologie studiert, sich nach seiner Promotion der Biochemie zugewandt und dann am Pathologischen Institut der Charité gearbeitet, bis man ihn 1933 hinauswarf und er bald darauf in England Zuflucht und eine neue Wirkungsstätte fand. Seine besonderen Verdienste liegen in der Entdeckung der chemotherapeutischen Wirksamkeit des Penicillins und der für die praktische Anwendung der neuen Medikamente entscheidend wichtigen Antibiotika-Synthese ...

Ein anderer britischer Medizin-Nobelpreisträger ist der – 1958 für seine Verdienste gleichfalls geadelte – Sir Hans Adolf Krebs, der 1900 in Hildesheim zur Welt kam, nach einem Studium an den Universitäten von Göttingen, Freiburg, München und Berlin von 1926 bis 1930 am Kaiser-Wilhelm-Institut für Biologie assistierte und sich dann 1932 als Privatdozent in Freiburg niederließ. Ein Jahr später wurde ihm die Lehrbefugnis wieder aberkannt, weil er Jude war. Er wanderte nach England aus, wo er zunächst in Cambridge, dann in Sheffield Vorlesungen halten konnte. Während des Krieges führte er im Auftrage der britischen

Regierung wichtige ernährungswissenschaftliche Forschungen durch, wurde 1945 in den medizinischen Forschungsrat berufen, und für seine Entdeckung des Zitronensäure-Zyklus, ›eine der scharfsinnigsten biochemischen Leistungen überhaupt‹, wie Hans Hartmann in seinem ›Lexikon der Nobelpreisträger‹ bemerkt, sollte er bereits 1952 ausgezeichnet werden. Man entschied sich dann jedoch für den Entdekker des Traptomycins, des ersten wirksamen Antibiotikums gegen die Tuberkulose, den amerikanischen Professor Selman Abraham Waksmann, der 1888 als Jude deutscher Muttersprache in Prikula bei Kiew zur Welt kam.

Hans Adolf Krebs erhielt den Medizin-Nobelpreis ein Jahr später, zusammen mit dem – 1899 im ostpreußischen Königsberg geborenen – Professor der Biochemie an der Harvard-Universität von Cambridge, Massachusetts, Fritz Albert Lipmann, der »für seine Entdeckung des Koenzyms A und dessen Bedeutung für den Zwischenstoffwechsel« ausgezeichnet wurde. Auch Lipmann, einst Forschungsassistent an den Kaiser-Wilhelm-Instituten von Berlin und Heidelberg, war als deutscher Jude nach Amerika ausgewandert.

Auch der – gemeinsam mit dem Münchner Forscher Feodor Lynen – 1964 »für die Entdeckung des Mechanismus und der Regulation des Stoffwechsels beim Cholesterin und den Fettsäuren« mit dem Medizin-Nobelpreis ausgezeichnete Professor an der amerikanischen Harvard-Universität, Konrad Bloch, ist ein aus Neiße in Schlesien gebürtiger deutscher Jude, und insgesamt sind nicht weniger als sechzehn* der neunundsechzig von 1933 bis 1969 mit dem

* Es sind dies, in der Reihenfolge, in der sie den Nobelpreis erhielten: Otto Loewi (von 1909 bis 1938 Ordinarius für Physiologische Chemie und Pharmakologie an der Universität Graz); Josef Erlanger (Amerikaner aus deutsch-jüdischer Familie); Ernst Boris Chain; Hermann Josef Müller (Amerikaner aus deutsch-jüdischer Familie); Gerty Theresa Cori geborene Radnitz (Amerikanerin deutsch-jüdischer Herkunft, aus Prag gebürtig, die

Medizin-Nobelpreis ausgezeichneten Wissenschaftler jüdischer Herkunft. Fast alle von ihnen sind entweder im deutschen Kulturkreis geboren oder dort ausgebildet oder sind Söhne von Auswanderern.

Die erstaunliche Tatsache, daß fast ein Viertel aller Medizin-Nobelpreisträger der Jahre 1933 bis 1969 jüdischer, in der großen Mehrzahl sogar deutsch-jüdischer Herkunft sind, darf uns indessen nicht dazu verleiten, daraus den Schluß zu ziehen, der deutsche Kulturkreis hätte durch Hitlers Rassenwahn rund zwei Drittel seiner Koryphäen der Medizin verloren. Die Abwanderung ist ja in einem Teil der Fälle bereits viel früher erfolgt und auf den Antisemitismus des 19. Jahrhunderts zurückzuführen, der ungetauften Juden wenig Chancen gab, auch bei noch so großer fachlicher Eignung auf einen Lehrstuhl berufen zu werden. (Selbst Paul Ehrlich, der Begründer der Chemotherapie, wurde zwar nach seiner Auszeichnung mit dem Nobelpreis im Jahre 1908 mit zahllosen Orden bedacht, erhielt den Titel Exzellenz und galt als »Deutschlands genialster Forscher auf dem Gebiet der Medizin«; aber er blieb Honorarprofessor und erhielt keine Berufung, nicht einmal als Extraordinarius . . .).

Andererseits ist die Anzahl der wegen der Judenverfolgung im ›Dritten Reich‹ aus dem deutschen Kulturkreis ausgeschiedenen Medizin-Nobelpreisträger weit größer, als

zusammen mit ihrem Ehemann, Carl Ferdinand Cori, mit dem sie in die USA ausgewandert war, 1947 »für ihre Entdeckung des Verlaufs des katalytischen Glykogen-Stoffwechsels« mit dem Nobelpreis ausgezeichnet wurde); Tadeus Reichstein (aus Wloclawek in Polen gebürtig, als Ordinarius der Universität von Basel und schweizerischer Staatsbürger 1950 mit dem Nobelpreis ausgezeichnet); Selman Abraham Waksman; Sir Hans Adolf Krebs; Fritz Albert Lipmann; Joshua Lederberg (Amerikaner ostjüdischer Herkunft); Arthur Kornberg (Amerikaner, ebenfalls deutsch-jüdischer Herkunft); Konrad Bloch; François Jacob, André Lwoff und Jacques Monod (drei französische Mediziner jüdischer Herkunft) sowie S. E. Luria (in die USA geflüchteter italienischer Jude).

die Liste der jüdischen Laureaten der Jahre 1933 bis 1969 erkennen läßt. So hat auch eine Anzahl von Preisträgern früherer Jahre Deutschland oder Österreich nach Beginn der Verfolgung verlassen, zum Beispiel Otto Meyerhof aus Hannover, Medizin-Nobelpreisträger des Jahres 1922 und bis 1938 Leiter des Kaiser-Wilhelm-Instituts für Physiologie in Heidelberg, seit 1940 an der Universität von Pennsylvanien und 1951 in Philadelphia gestorben. Andere, die bereits vor 1933 einem Ruf an eine ausländische Hochschule gefolgt waren, dachten später nicht mehr an eine – ohne Hitler durchaus mögliche – Rückkehr in die Heimat. Zu dieser Gruppe gehört beispielsweise Robert Bárány, Dozent für Ohrenheilkunde an der Universität Wien, seiner Geburtsstadt, der 1914 in Kriegsgefangenschaft mit dem Nobelpreis ausgezeichnet wurde, später einem Ruf nach Uppsala folgte und dort 1936 gestorben ist, ferner der – bereits kurz erwähnte – Nobelpreisträger der Medizin des Jahres 1930 »für die Entdeckung der Blutgruppen des Menschen« – Karl Landsteiner, ebenfalls gebürtiger Wiener, der seit 1922 am Rockefeller-Institut in New York tätig war.

Otto Heinrich Warburg, Sproß einer berühmten deutsch-jüdischen Familie, die zahlreiche große Gelehrte hervorgebracht hat, Sohn des bedeutenden Physikers und langjährigen Präsidenten der Physikalisch-Technischen Reichsanstalt Emil Warburg, konnte zwar das ›Dritte Reich‹ in Deutschland überleben, doch blieb ihm, dem hervorragenden Forscher, der 1931 »für die Entdeckung der Natur und der Funktion des Atmungsferments« mit dem Nobelpreis ausgezeichnet worden war, in den zwölf Jahren der Hitler-Herrschaft jede offizielle Anerkennung seiner Leistung versagt.

Und schließlich vertrieb die Judenverfolgung auch nichtjüdische Gelehrte aus Deutschland (oder hinderte sie an der Heimkehr), beispielsweise Professor Max Delbrück, der 1937 Berlin verließ, wo er bei Warburg, Hahn und Lise

Meitner gearbeitet hatte. Er lebte bis zu seinem Tod 1981 in den USA und erhielt für seine Arbeiten auf dem Gebiete der Molekular-Biologie – »sein Beitrag zur Biologie ist der bedeutendste dieses Jahrhunderts« – den Medizin-Nobelpreis des Jahres 1969.* Oder auch Carl Cori, der Ehemann und Mitpreisträger von Gerty Cori, von der bereits die Rede war...

Alle diese Fakten geben uns indessen nur Aufschluß über den abnorm hohen Anteil jüdischer, besonders deutsch-jüdischer Mediziner an der Welt-Elite ihres Fachs, soweit diese sich durch die Auszeichnung mit dem Nobelpreis definieren läßt. Denn von den zusammen hundertundeins Laureaten, die zwischen *1901 und 1969* mit dem Medizin-Nobelpreis ausgezeichnet wurden, sind zweiundzwanzig (oder fast 22 Prozent) Angehörige jener Minderheit, die in dem betreffenden Zeitraum maximal ein Prozent der Weltbevölkerung gebildet hat und *heute nur noch etwa 0,4 Prozent* darstellt. Von den zweiundzwanzig jüdischen Medizin-Nobelpreisträgern sind elf im deutschen Kulturkreis geboren und aufgewachsen; zwei weitere ostjüdischer Herkunft haben längere Zeit in Deutschland wissenschaftlich gearbeitet; von den übrigen neun sind fünf Amerikaner der zweiten oder dritten Generation und tragen deutsche Familiennamen; einer floh aus Italien; die drei letzten sind Franzosen, wobei der eine aus Lothringen, der andere aus Polen stammt.

Das alles zeigt jedoch nur eine Häufung von hohen Begabungen, speziell für die Medizin, unter den Nachkommen jener deutschen Juden, die im frühen Mittelalter ein wesent-

* Übrigens ist auch Professor Max Delbrück teilweise jüdischer Herkunft. Sein Vorfahre mütterlicherseits ist der Begründer der deutschen Agrarchemie, Justus von Liebig (1803–1873), der Nachkomme einer zum Christentum übergetretenen Darmstädter Jüdin war.

liches Element des Bürgertums deutscher Städte bildeten und später zu einem beträchtlichen Teil nach Osten, vor allem nach Polen, abwanderten. Tatsächlich gab es auch schon unter diesen Bürgern jüdischen Glaubens des deutschen Mittelalters sehr zahlreiche angesehene Ärzte. Wir wissen von Zedekias, dem Leibmedikus Kaiser Karls des Kahlen, daß er als ein wahrer Zauberer galt, so groß waren seine Heilerfolge. Kaiser Friedrich III. schätzte seinen Leibarzt, Jakob Loans, so hoch, daß er ihn in den Adelsstand erhob. Auch die Bischöfe ließen sich häufig von jüdischen Ärzten betreuen, und gerade dieser Umstand läßt darauf schließen, daß die deutschen Juden ganz hervorragende Ärzte gewesen sein müssen, denn eigentlich war es den Christen strengstens verboten, sich von jüdischen Heilkundigen behandeln zu lassen, »weil es für einen Christenmenschen besser sei, zu sterben, als einem Juden sein Leben zu verdanken«. So und ähnlich wurde es auf den Kirchenversammlungen zu Béziers (1255) und Wien (1267), auf den Synoden von Avignon (1326) und Bamberg (1491), später auch von den protestantischen Fakultäten von Wittenberg und Rostock angeordnet und begründet.

Offenbar war aber die Angst vor der Exkommunizierung mit allen sich für den Gläubigen daraus ergebenden Folgen immer noch geringer als die vor Schmerzen, Leiden und vorzeitigem Tod, denn aus allen Jahrhunderten sind Berichte über die große ärztliche Kunst und Gelehrsamkeit zahlreicher deutscher Juden überliefert, und ihre Praxen blühten – oft zum Kummer der christlichen Bader und Medici, die sich durch die allzu erfolgreiche Konkurrenz der Juden bedroht sahen.

Martin Gumpert und Alfred Joseph sehen die Ursache für die überragende Stellung der Juden in der deutschen Medizin des Mittelalters und der beginnenden Neuzeit darin, »daß die Juden von den abergläubischen und mystischen

Vorstellungen ihrer Zeit relativ frei waren und über ausgezeichnete Sprachkenntnisse verfügten. So waren sie in der Lage, sich in hohem Maße medizinische Kenntnisse und Fertigkeiten anzueignen, besonders durch das Studium der alten arabischen Werke, die sie durch Übersetzungen erst dem Abendland zugänglich gemacht haben.«*

Tatsächlich waren es vom Ende des 15. Jahrhunderts an vornehmlich jüdische Flüchtlinge aus dem zuvor fast ein Jahrtausend lang arabischen Spanien und Portugal, die in Deutschland zu ärztlichem Ruhm kamen, zum Beispiel Rodrigo de Castro, der sich um 1585 in Hamburg niedergelassen hatte und dessen Rat nicht nur viele deutsche Fürsten, sondern auch der König und die Königin von Dänemark suchten. De Castro war vor allem als Gynäkologe berühmt und gilt als derjenige, der den Kaiserschnitt in Deutschland eingeführt hat. Er hat auch zahlreiche bedeutende Werke über Frauenkrankheiten verfaßt. Sein Sohn Benedict (1597–1684) war ebenfalls Mediziner und Leibarzt der Königin Christine von Schweden, die nach ihrer Abdankung in seinem Hause Quartier nahm. Ein dritter Angehöriger dieser jüdischen Ärztefamilie, Jakob de Castro-Sarmento, hat die Heilwirkung der Chinarinde bei Fieber entdeckt. Als weitere berühmte Ärzte unter den nach Hamburg geflüchteten portugiesischen Juden sind Mussafia und Rosales zu nennen. Der letzte wurde – »unerhört seit aller Erinnerung!« – vom Kaiser selbst zum Pfalzgrafen erhoben.

* Vor allem die noch heute verblüffend aktuellen Werke des genialen Moses Maimonides (1135–1204), der in Kairo als Leibmedikus des Sultans wirkte. Dieser jüdische Arzt, der auch als Philosoph, Rechtslehrer und Theologe weltberühmt wurde, darf als der bedeutendste Mediziner des Mittelalters gelten. Er war seiner Zeit um Jahrhunderte voraus, verwarf jeglichen Aberglauben, pries Sport, Körperpflege, Frischluft und Sonne, ja forderte sogar bereits Desinfektion, stellte als erster den Zusammenhang zwischen leiblichem und seelischem Befinden her und hielt die sexuelle Befriedigung bei Mann und Frau für unerläßlich.

»Vielen jüdischen Ärzten«, so berichten Martin Gumpert und Alfred Joseph*, »wurden von ihren Landesherren Privilegien zuteil, wie Steuer- und Zollfreiheit, Freizügigkeit bei Reisen, Wohnerlaubnis in Städten, wo Juden sonst der Aufenthalt verboten war. Es kam sogar vor, daß jüdische Ärzte in verschiedenen Städten mit festem Jahresgehalt als Kommunalärzte angestellt wurden. Salomon Pletsch war gegen Ende des 14. Jahrhunderts städtischer Wundarzt in Frankfurt am Main, nach ihm Meister Isaak Friedrich. In Dresden wirkte der kurfürstliche Wundarzt Baruch, in Thorn ebenfals ein jüdischer Stadtphysikus, in Aschaffenburg der berühmte Moses (1511). Auch jüdische Ärztinnen gehörten nicht zu den Seltenheiten ...«

Angesichts dieser Sonderstellung der jüdischen Mediziner Deutschlands im Mittelalter und in der beginnenden Neuzeit ist es kein Wunder, daß sie auch einen wesentlichen Anteil an der Begründung und Entwicklung der modernen Medizin genommen haben. Ja, es scheint, als habe die im Gefolge der Aufklärung einsetzende Emanzipation der Juden und ihre nun nicht mehr vereinzelte Zulassung zum Studium an den Universitäten entscheidend dazu beigetragen, die Medizin zu einer von Mystik und Aberglauben freien, modernen Wissenschaft zu machen; als sei Deutschlands Ruhm auf dem Gebiet der Medizin, der im 19. Jahrhundert begann und in den dreißiger Jahren des 20. Jahrhunderts so jäh verblich, zu einem sehr beträchtlichen Teil den wissenschaftlichen Leistungen deutsch-jüdischer Gelehrter zu verdanken!

Solche Vermutungen, die natürlich erst noch der Prüfung bedürfen, sollen und können die Verdienste der großen nichtjüdischen Mediziner selbstverständlich keineswegs schmälern. Indessen muß im Auge behalten werden, wie

* Im Abschnitt ›Medizin‹ des von Siegmund Kaznelson herausgegebenen Sammelwerks ›Juden im deutschen Kulturbereich‹, dem der Autor zahlreiche wichtige Informationen verdankt.

winzig der deutsch-jüdische Bevölkerungsanteil während jenes Jahrhunderts gewesen ist: Schon ein einziger Jude unter drei Dutzend christlichen Koryphäen erbrächte den Beweis dafür, daß die kleine und bislang bedrückte Minderheit in ganz unverhältnismäßig starker Weise zum Fortschritt der Medizin beigetragen hätte!

Doch wie bereits eine oberflächliche Prüfung zeigt, fällt der Vergleich für die deutsch-jüdischen Pioniere der modernen Medizin weit günstiger aus als bloß eins zu fünfunddreißig: Anerkanntermaßen beruht der enorme Fortschritt der Medizin während der letzten anderthalb Jahrzehnte zu einem großen Teil auf der noch relativ jungen Wissenschaft der Bakteriologie, deren Begründer der Breslauer jüdische Botaniker und erste ungetaufte Ordinarius einer preußischen Universität, Ferdinand Julius Cohn, war.

Jüngere deutsche Leser mag diese Feststellung überraschen, denn sie werden von Ferdinand Julius Cohn (1828–1898) noch nie etwas gehört haben. Auch wenn sie deswegen nun ein umfangreiches Nachschlagewerk, etwa die gegenwärtige Ausgabe des Großen Brockhaus, zu Rate ziehen, werden sie nichts über den Begründer der Bakteriologie in Erfahrung bringen können; sie müßten dazu schon auf ein vor 1933 erschienenes deutsches Lexikon, besser noch auf die weit zuverlässigere und von Antisemitismus freie *›Encyclopaedia Britannica‹* zurückgreifen! Denn – so unglaublich es klingt – die ›Ausmerzung‹ jüdischer Gelehrter und anderer bedeutender Persönlichkeiten, die im ›Dritten Reich‹ keine Erwähnung mehr finden durften, ist im Großen Brockhaus nur teilweise und höchst unzulänglich, ja was die deutsch-jüdischen Koryphäen der Medizin betrifft, nur etwa zur Hälfte rückgängig gemacht worden. Selbst von Maimonides erfährt der Benutzer dieses bundesdeutschen Standard-Nachschlagewerkes nur, daß er »auch umfassendes Wissen« in der Medizin erworben habe.

Doch zurück zu Ferdinand Julius Cohn, der zuerst die Bakterien als niedere Lebewesen erkannt, sie genau beschrieben und ihre Bedeutung als Krankheitserreger und Ursache von Epidemien nachgewiesen hat. Als Direktor des Breslauer pflanzenphysiologischen Instituts setzte er sich nachdrücklich für seinen genialen (nichtjüdischen) Schüler Robert Koch ein, dessen Arbeiten ohne die vorangegangenen Forschungen Cohns kaum möglich gewesen wären, sowenig wie die Louis Pasteurs, der sich zugleich auf die Erkenntnisse eines anderen berühmten Mediziners stützen konnte, dessen jüdische Herkunft als wahrscheinlich anzunehmen ist: des ›Retters der Mütter‹, Ignaz Semmelweis aus Ofen ...

Neben Cohn waren drei weitere berühmte deutsch-jüdische Mediziner anwesend, als Robert Koch im Breslauer Institut seine ersten bakteriologischen Ergebnisse, den Milzbrandbazillus betreffend, demonstrierte, und sie versicherten ihm begeistert, daß er ›die größte bakteriologische Entdeckung aller Zeiten‹ gemacht hätte. Der erste war Julius Cohnheim (1839–1884), der als der bedeutendste Schüler Rudolf Virchows gilt. Seinen Ruf begründete er mit einer revolutionären, von der damaligen Lehrmeinung völlig abweichenden Theorie, derzufolge ein wesentlicher Vorgang bei Entzündungen der Durchtritt weißer Blutkörperchen durch die Gefäßwände sei.

Der zweite war Leopold Auerbach (1828–1897), der als Neuropathologe und Physiologe gleichermaßen berühmt wurde, und der dritte, Carl Weigert (1845–1904), hat sich Verdienste nicht nur durch seine Entdeckung erworben, daß örtliche Reize der verschiedensten Art einen lokalen Gewebetod zur Folge haben, der seinerseits Reparationsvorgänge im Übermaß auslöst, sondern auch der Begründer der Färbetechnik, die es ermöglicht, verschiedenartige Gewebbestände im Schnittpräparat voneinander zu unterscheiden.

Zusammen mit seinem jüngeren Freund und Kollegen, dem großen deutschen Mediziner gleichfalls jüdischer Herkunft, Paul Ehrlich (1854–1915), entwickelte Weigert immer neue chemische Färbemittel und -methoden, um auch die kleinsten Partikelchen des menschlichen Körpers sicher unterscheiden zu können. Die unerhörte Ausdauer und Geduld, die diese Arbeit erforderte, scheint bei Paul Ehrlich noch größer gewesen zu sein als bei Weigert, denn in der Berliner Charité, in deren Laboratorien die beiden nächtelang experimentierten, hieß es damals, respektvoll noch im Scherz: »Ehrlich färbt am längsten . . .!«

Paul Ehrlich, der dann als einer der ersten Mediziner der Welt mit dem Nobelpreis ausgezeichnet wurde, gelang schließlich auch die unterschiedliche Färbung der verschiedenen Zellen im menschlichen Blut. Er wurde damit der Begründer der Hämatologie, die für die Diagnostik ebenso unentbehrlich geworden ist wie die Diazo-Reaktion im Urin, die gleichfalls ein Beitrag Paul Ehrlichs zur modernen Medizin ist.

Neben einer ganzen Reihe weiterer wichtiger Entdeckungen und bahnbrechender Arbeiten auf verschiedensten Gebieten ist Paul Ehrlich, gemeinsam mit dem japanischen Forscher Sahachiro Hata, die Darstellung des Salvarsans, einer komplizierten organischen Arsenverbindung, zu verdanken, womit es erstmals möglich wurde, die Syphilis wirksam zu bekämpfen. Damit wurde Paul Ehrlich auch zum eigentlichen Begründer der modernen Chemotherapie.

Mit der Bekämpfung der Syphilis – die einst, ehe ihr durch Ehrlichs Salvarsan, die daraus weiterentwickelten Chemotherapeutika und schließlich die modernen Antibiotika alle Schrecken genommen wurden, eine furchtbare Geißel der Menschheit war – ist auch der Name eines anderen großen deutsch-jüdischen Arztes untrennbar verbunden: August von Wassermann. Gemeinsam mit den – gleichfalls jüdischen

– Dermatologen Neisser und Bruck entwickelte er eine Blutuntersuchung auf Syphilis, die sogenannte Wassermannsche Reaktion, die für die Erkennung und Heilung der tückischen Krankheit große Bedeutung erlangte.

Es ließen sich Hunderte von Namen berühmter Ärzte und Forscher jüdischer Herkunft nennen, die vom späten 18. Jahrhundert an bis zur Massenflucht vor Hitler der deutschen Medizin Weltruf verschafft haben. Beschränken wir uns indessen auf drei weitere Beispiele:

Friedrich Jakob Gustav Henle (1809–1885), Sproß einer alten Fürther, im 19. Jahrhundert zum Christentum übergetretenen jüdischen Familie, aus der zahlreiche Berühmtheiten, darunter ein bayerischer Kronjurist, ein katholischer Bischof und der langjährige Chef des Klöckner-Konzerns, Günter Henle, hervorgegangen sind, gilt als einer der bedeutendsten Anatomen der Neuzeit und wird von den Historikern der Medizin mit Vesalius verglichen...

Benedikt Stilling (1810–1879), nur ein einfacher praktischer Arzt in Kassel, doch als Anatom und Physiologe weltberühmt, war auch als Chirurg bahnbrechend und seiner Zeit weit voraus...

Sigmund Freud schließlich, 1856 im mährischen Freiberg geboren, von Haus aus Neurologe, Erforscher der Hysterie, der Neurosen und der krankhaften Bewußtseinszustände, gilt außerhalb Deutschland, wo er noch bis vor wenigen Jahren meist verkannt wurde, und vor allem in der gesamten angelsächsischen Welt als der bedeutendste Arzt seiner Zeit und als ›Einstein der Medizin‹. Geschmäht, verhöhnt, bereits todkrank und seines Vermögens beraubt, gelang ihm nach dem ›Anschluß‹ Österreichs mit britischer Hilfe noch die Flucht nach London, wo er in die *Royal Society* aufgenommen und ihm von der englischen Regierung ein lebenslängliches ›Sanktuarium‹ gewährt wurde...

»Es soll nicht bestritten werden«, so heißt es sogar in Fritschs antisemitischem ›Handbuch der Judenfrage‹, »daß die Juden hier und da tüchtige Wissenschaftler gestellt haben. Aber ebenso kann kein Zweifel darüber sein, daß ihre Bedeutung, genau wie in der Kunst, mehr im Übernehmen von Ergebnissen anderer bestand. Große schöpferische Köpfe sehen wir doch nur in recht beschränkter Zahl.«

Und nachdem der Verfasser des Abschnitts, M. Staemmler, den Leistungen des Juden Paul Ehrlich die Note ›sehr gut‹, denen der ›Juden Cohnheim, Weigert, Henle, Fränkel* und Besredka‹** ein ›im ganzen gut‹ und einem halben Dutzend weiteren jüdischen Medizinern immerhin noch ein ›befriedigend‹ geben zu können meinte, fuhr er fort: »Aber die Frage muß grundsätzlich eine andere sein: 1. Kann man sich die deutsche medizinische Wissenschaft ohne Mitwirkung der Juden denken? Würde sie dadurch etwas Wesentliches von ihrer Eigenart verlieren, würde es ein Verlust für die deutsche Medizin sein, wenn die Juden daraus verschwinden?; und 2. Stehen den anzuerkennenden Leistungen der einzelnen jüdischen Mediziner so starke durch Juden verursachte Schäden gegenüber, daß sie diese Leistungen aufwiegen oder überwiegen?«

Und auf diese scheinbar sachlichen Fragen folgt nun nicht etwa eine ausführliche Untersuchung, sondern – was die erste betrifft, ohne eine Zeile der Erläuterung – die schlichte Feststellung: »Die erste Frage ist in dem Sinne zu beantworten, daß der Medizin bei Ausschaltung der Juden ein Schaden nicht entstünde.« Zum zweiten Komplex ergeht sich der

* Gemeint ist wohl der Laryngologe Bernhard Fränkel (1836–1911), enger Freund und Mitarbeiter Robert Kochs und Vorkämpfer der Lungenheilstätten-Bewegung, oder Albert Fränkel (1864–1938), der die intravenöse Strophantin-Behandlung für Herzkranke einführte, oder Albert Fränkel (1848–1916), der den Erreger der Lungenentzündung entdeckte.

** Alexander Besredka aus Odessa (1870–1940), ein Serologe, der wichtige Beiträge zur Tuberkulose-Bekämpfung geleistet hat.

Verfasser in allgemeinem Geschwafel über einen falsch verstandenen Sigmund Freud sowie über Magnus Hirschfeld und einige andere jüdische Sexualforscher, die geschlechtlichen Verkehr auch zwischen Unverheirateten unter einundzwanzig Jahren für durchaus natürlich hielten. »Hier steckt die Hauptgefahr des Judentums in der Medizin. Hier werden die Speisen vergiftet, an denen die deutsche Seele zugrunde gehen soll«, endet der Verfasser...

Allgemeine Ressentiments, ein Pauschalurteil, dem jegliche Begründung fehlt und dem zur Vortäuschung nicht vorhandener Objektivität ein spärliches Lob für einige jüdische Koryphäen vorausgeschickt wird, sowie ein Appell an die spießbürgerliche Prüderie – das ist alles, was das ›Handbuch der Judenfrage‹ in seiner 32., neu bearbeiteten Auflage von 1933 zum Thema ›Das Judentum in der Medizin‹ als Beweis dafür zu bieten hatte, »daß der Medizin bei Ausschaltung der Juden ein Schaden nicht entstünde«...!

Wenn man es sich nicht so leicht machen und zu einem fundierten Urteil über einen – nach allem, was wir bereits wissen, ja immerhin möglichen – Schaden für die deutsche Medizin kommen will, der durch die Vertreibung und Vernichtung der Juden nicht nur vorübergehend entstanden sein könnte, muß man erheblich gründlicher prüfen, wie sich der historisch gesehen kurzfristige quantitative Verlust *binnen eines halben Jahrhunderts* qualitativ ausgewirkt hat. Es kann auch nicht genügen, lediglich unser ›Gefühl‹ walten zu lassen, wie es Philo- und Antisemiten gleichermaßen, wenn natürlich auch mit entgegengesetzten Ergebnissen, noch heute tun, sowenig wie wir allein die erstaunlichen Veränderungen hinsichtlich der Vergabe von Nobelpreisen bereits als Beweis für einen Qualitätsverlust der deutschen und österreichischen Medizin ansehen können.

Etwas anderes wäre es, hätten wir die Möglichkeit, anhand aller wissenschaftlichen Veröffentlichungen auf dem

Gebiet der Medizin Vergleiche anzustellen. Doch dazu benötigten wir ein spezielles Institut und die jahrelange Arbeit eines ganzen Stabes hochqualifizierter Wissenschaftler, um am Ende vielleicht bestimmte Verschiebungen, etwa zugunsten der amerikanischen Forschung, sowie eine ihrer möglichen Ursachen, nämlich die Masseneinwanderung deutsch-jüdischer Mediziner in die USA während der dreißiger Jahre, einigermaßen exakt nachweisen zu können.

Immerhin gibt es – zugegebenermaßen weitaus primitivere – Ersatzlösungen. Eine Methode, die uns zumindest einen brauchbaren Anhaltspunkt dafür liefert, wieviel die moderne Medizin der Welt den aus Deutschland stammenden jüdischen Forschern zu verdanken hat, könnte darin bestehen, bestimmte Standardwerke, die das medizinische Wissen unserer Zeit in stark komprimierter Form enthalten, Stichwort für Stichwort daraufhin zu prüfen, wer für was den wissenschaftlichen Ruhm zu beanspruchen hat, und sodann von jedem dieser Wissenschaftler die eventuelle deutsch-jüdische Herkunft zu ermitteln.

Da indessen auch dieser Weg unerhört zeitraubend wäre, beschränken wir uns auf eine Repräsentativerhebung von ausreichender statistischer Zuverlässigkeit, indem wir aus Tausenden von medizinischen Eigennamenbegriffen den genauen Anteil deutsch-jüdischer Wissenschaftler ermitteln.

Glücklicherweise gibt es ein wissenschaftliches Werk, ›Die klinischen Eponyme – Medizinische Eigennamenbegriffe in Klinik und Praxis‹, das erstmals 1968 erschienen ist und zu dem die Verfasser, Professor Bernfried Leiber (Frankfurt) und Dr. Theodor Olbert (Düsseldorf), in ihrem Vorwort bemerken: »Seit vor etwa 100 Jahren vor allem die Neurologie damit begonnen hat, Krankheiten und Syndrome, aber auch bestimmte Symptome, Reflexe, Teste und andere Untersuchungsverfahren mit Personennamen zu bezeichnen, hat dieses Beispiel in allen Bereichen der Medizin eine solche Schule gemacht, daß es heute bereits wahrscheinlich viele Tausende im klinischen Sprachgebrauch verwendeter und gebräuchlicher Eponyme gibt. Mit diesen von Jahr zu Jahr zahlreicher werdenden Eigennamenbegriffen muß man in der täglichen ärztlichen Arbeit umgehen, ob man es will oder nicht ... Wie der ›Eponymos‹, d. h. der Namensgeber des klassischen Griechenlands, derjenige hohe Beamte war, nach dem das Jahr seiner Herrschaft bezeichnet wurde, so ist der medizinische Eponymos der Neuzeit meist derjenige Arzt, der die mit seinem Namen verbundenen klinischen Erscheinungen entdeckt, als erster beschrieben, ihre Bedeutung erkannt oder doch Wesentliches zu ihrer Entdeckung beigetragen hat ...« Von den über dreizehnhundert klinischen Eponymen dieses Werks – von »AARON' Zeichen« bis »ZWEIFEL' Handgriff« – die, weil viele aus mehr als einem Eigennamen zusammengesetzt sind, sich von rund zweitausend mehr oder weniger großen Leuchten der Medizin ableiten, wurde nun eine knapp zehn Prozent der Gesamtheit umfassende, Fehlerquellen soweit wie irgend möglich ausschließende, also durchaus repräsentative Auswahl getroffen – wobei zu bemerken ist, daß hierzu die Hilfe von Fachleuten in Anspruch genommen wurde –, und die so ermittelten 193 Namen mit Eponymen geehrter Mediziner bildeten den Grundstock der weiteren Untersuchung. Anhand zuverlässiger Nachschlagewerke wurden sie einzeln daraufhin überprüft, ob ihre Träger jüdischer Herkunft sind oder waren, ob sie aus dem deutschen Kulturraum stammten und ob sie diesen verlassen hatten.

Ehe wir das Ergebnis bestaunen und darüber – je nach grundsätzlicher Einstellung – erfreut, entsetzt oder nur leicht verwundert sind, sei hinzugefügt, daß es nochmals überprüft wurde, diesmal anhand des jedem Mediziner wohlbekannten Klinischen Wörterbuchs von Professor Wilibald Pschyrembel, und zwar der 255., neubearbeiteten und erweiterten Auflage. Denn auch ›der Pschyrembel‹, wie er kurz genannt wird, enthält eine Vielzahl von Eponymen, dazu auch eine Fülle von kurzen biographischen Notizen über verdienstvolle Mediziner. In Anbetracht des weit größeren Umfangs, den ›der Pschyrembel‹ hat, beschränkte sich die Erhebung bei diesem Werk auf eine repräsentative Auswahl von nur etwa drei Prozent. Doch das Ergebnis wich nur geringfügig von dem der genaueren Prüfung ab, so daß es als Bestätigung aufgefaßt werden kann. Interessanterweise gab es erstaunlich wenig Überschneidungen, das heißt in beiden Prüfungen auftauchende Namen. Sie blieben mit weniger als fünf Prozent des Materials durchaus im normalen Rahmen.

Doch nun zum Ergebnis: Rund ein Viertel, nämlich 24,8 Prozent – nach der Pschyrembel-Probe 26,2 Prozent – der von beiden Werken wegen bestimmter fachlicher Leistungen oder wegen ihres wissenschaftlichen Rufes angeführten Mediziner waren oder sind Juden. Fast alle, nämlich über 92 Prozent von ihnen, entstammen dem deutschen Kulturkreis – sei es, daß sie dort geboren sind, daß ihre Eltern von dort kamen oder daß sie sich als Juden aus den Gebieten des einstigen russischen Zarenreiches mit der deutschen Sprache und Kultur so verbunden fühlten, daß man annehmen kann, sie wären ohne den deutschen Antisemitismus nicht in ein fernes Land ausgewandert, sondern nach Deutschland. Zum letzten Punkt ist zu bemerken, daß ein beträchtlicher Teil der ostjüdischen Mediziner ohnehin, mindestens eine Zeitlang, in Deutschland oder Österreich gewirkt hat.

Und schließlich ergab sich, daß von denen, die die Zeit des ›Dritten Reiches‹ im Machtbereich Hitlers erlebten, nahezu alle, nämlich mit nur einer Ausnahme, entweder ausgewandert oder zugrunde gegangen sind – in Lagern, durch Selbstmord, vielleicht auch nur, wie es in einem Falle wörtlich heißt, »an gebrochenem Herzen« ...

Wenn wir die Ergebnisse unserer Tests mit denen der vorangegangenen Untersuchung über die Herkunft der Medizin-Nobelpreisträger vergleichen, so ergeben sich so große Übereinstimmungen, daß sich nun eine vorsichtige, nicht mehr auf bloßen Vermutungen beruhende, sondern von exakt berechneten Anhaltspunkten ausgehende Schätzung wagen läßt:

Der Anteil der Juden an den Errungenschaften der internationalen Medizin ist ganz unverhältnismäßig hoch; er scheint – und dies nicht nur bei besonders hervorragenden, mit dem Nobelpreis ausgezeichneten Leistungen, sondern auch im breiten Mittelfeld kleinerer Beiträge, die aber zusammen das Mosaik des medizinischen Wissens unserer Zeit ausmachen – bei ziemlich genau 25 Prozent zu liegen.

Aufgrund unserer Berechnung können wir weiter mit einem hohen Maß an Wahrscheinlichkeit annehmen, daß von diesem Anteil der jüdischen Ärzte und Forscher etwa vier Fünftel auf Mediziner entfallen, die aus dem deutschen Kulturraum stammen, mindestens aber aus dessen ostjüdischem Reservoir; ihr Beitrag ist, überwiegend seit den dreißiger Jahren, aber zum kleineren Teil auch schon infolge der Abwanderungen im 19. Jahrhundert, anderen Ländern, vornehmlich den USA und England, zugute gekommen.

Angesichts dieser Fakten, die ergänzt werden durch unsere Feststellungen über das nahezu völlige Fehlen jüdischer Mediziner in den heutigen deutschen Staaten, den steilen Rückgang des deutschen und österreichischen Anteils am Fortschritt der Weltmedizin, wofür die Nobelpreisverleihungen nur ein Indiz liefern, und den enormen Anstieg des amerikanischen Beitrags, dürfen wir uns in unserer Vermutung bestärkt fühlen, daß alle diese Veränderungen mindestens zum großen Teil eine Folge des deutschen Antisemitismus und der damit eng zusammenhängenden allgemeinen Engstirnigkeit gewesen sind.

Ganz einfach ausgedrückt: Wenn Deutschland heute längst nicht mehr das ist, was es einst war, nämlich das wichtigste Zentrum medizinischer Forschung und Lehre in der Welt, so ist dies eine unmittelbare Folge des Rassenwahns. Wenn die USA heute die einst führende Stellung Deutschlands übernommen und weiter ausgebaut haben, so hängt auch dies zu einem nicht unbeträchtlichen Teil damit zusammen, daß Amerika das Hauptaufnahmeland der aus Mitteleuropa geflüchteten Verfolgten war.

Wir wollen nicht näher eingehen auf den enormen Beitrag, den schon im 19. und frühen 20. Jahrhundert jüdische Einwanderer aus Mittel- und Osteuropa entweder selbst oder durch ihre bereits in Amerika geborenen Söhne und Töchter, zum heutigen Entwicklungsstand der Medizin in den USA geleistet haben. Es genügt, wenn wir uns an die zahlreichen Nobelpreisträger erinnern und einige Namen hinzufügen, an erster Stelle den von Jonas Salk, Entdecker des Impfstoffs gegen die Kinderlähmung, aber auch den des Nestors der amerikanischen Kinderheilkunde, Abraham Jacobi (1830–1919), der aus Baden stammte, am Aufstand von 1848/50 teilgenommen hatte, ein enger Freund von Carl Schurz war und 1910 Präsident der *American Medical Association* wurde. Simon Flexner (1863–1946) war der Organisator und erste Direktor des berühmten *Rockefeller Institute for Medical Research,* das er zweiunddreißig Jahre lang leitete, zudem Amerikas führender Bakteriologe, der sich vor allem mit den Ursachen der Kinderlähmung beschäftigt hat. Oder Helen Taussig, die berühmte Kinderärztin und – von 1927 bis 1963 – Professorin an der Johns Hopkins University in Baltimore, wo sie – mit Alfred Blalock – erstmals die sogenannte ›Blue-Baby‹-Operation an einem Kinderherzen durchführte. Oder auch Bela Schick, Kinderarzt aus Graz und seit 1923 Professor an der New Yorker Columbia-Universität, der durch die Entdeckung der soge-

ack 8/29/35 22. Aug. 1935
Nice (France)
11, rue du Congrès

Sehr geehrte Herren,

erlauben Sie mir, auf Ihre Fragen eine zusammenfassende Antwort zu geben.

Die Juden werden von Hitler verfolgt, weil er einen ausgedachten Popanz braucht, um mit ihm die Leute zu betrügen. Sie sollen darüber getäuscht werden, dass sie unter dem Kapitalismus in seinem letzten, verwahrlosten Zustand leiden. In Deutschland leben nur 500 000 Juden, eine unbeträchtliche Minderheit; nicht einmal ihre völlige Beseitigung könnte das Schicksal der Deutschen beeinflussen. Die herrschende Partei ist feige genug, grade die Wehrlosesten als die grösste Gefahr auszuschreien und sie zu verfolgen, als ob sie es wären.

Führende Nationen tun nichts gegen die Unmenschlichkeiten in Deutschland, weil sie an Deutschland verdienen wollen. Hitler kauft bei ihnen Kriegsmaterial und bleibt das Geld schuldig. Aber infolge seiner Rüstungen müssen auch andere Regierungen Kriegsmaterial kaufen, und diese bezahlen es der deutschen und den anderen Kriegsindustrien. Hitler ist demnach ein internationaler Agent der Kriegsindustrie. Er bedient sich des nationalen Bluffs und des Rassenschwindels. In Wirklichkeit hat alles nur den Zweck, den Kapitalismus in seinem letzten, verwahrlosten Zustand noch möglichst lange zu erhalten.

Die Juden befinden sich in einem Dilemma. Wenn sie kapitalistisch gesinnt sind, müssen sie die Judenverfolgungen hinnehmen; denn diese sollen den Kapitalismus retten.

Protestieren sie gegen beides, Antisemitismus und Kapitalismus, dann verfolgt man sie wegen ihres "jüdischen Bolschewismus". Aber man hat dann auch Furcht vor ihnen, was die Verfolgungen einigermassen ausgleicht. Die Juden werden natürlich nicht alle antikapitalistisch werden, selbst wenn sie überzeugt werden könnten, dass es im Grunde der verwahrloste Kapitalismus ist, der sie verfolgt. Sie sollten immerhin gegen seine abscheulichsten Ausschweifungen auftreten, in erster Linie gegen die internationale Rüstungsindustrie, deren bester Agent ihr schlimmster Feind ist. Damit werden sie sich selbst am meisten nützen.

Notwendig ist eine Welt-Linksfront, die selbstverständlich den Fanatismus bekämpft und die Verbrechen gegen die Civilisation rächt. Sie muss sich aber auch um die wirklichen Hintergründe dieser Erscheinungen bekümmern und ihre Urheber zur Rechenschaft ziehen. Die Bedrohtesten und Verfolgtesten haben Grund genug, sich um eine solche Welt-Linksfront zu bemühen und ihr einmütig beizutreten.

Heinrich Mann

UNVERÖFFENTLICHTER BRIEF VON HEINRICH MANN

JOHANN JACOBY, *Vorkämpfer für freiheitliche Demokratie in Deutschland und Gegenspieler Bismarcks, der ihn »den dürren alten Juden« nannte und vor wichtigen Entscheidungen des Parlaments wiederholt einsperren ließ.*

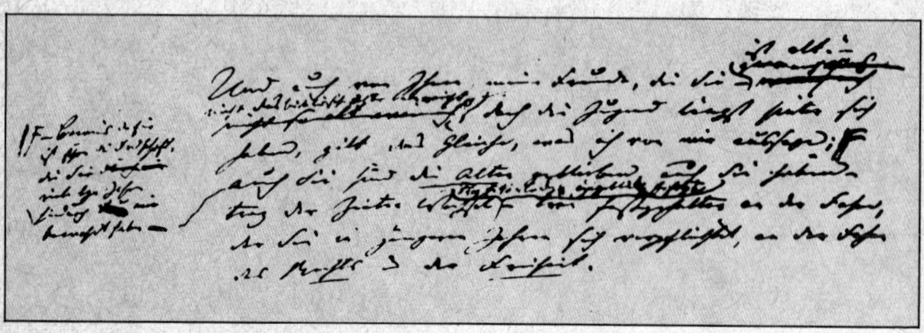

Ausschnitt aus einem eigenhändigen Manuskript Johann Jacobys vom 1. Mai 1875, seinem 70. Geburtstag

». . . Und auch von Ihnen, meine Freunde, die Sie . . . die Jugend längst hinter sich haben, gilt das Gleiche, was ich von mir aussage: . . . Festhalten an der Sache, der Sie in jüngeren Jahren sich verpflichtet, an der Sache des Rechts und der Freiheit!«

nannten ›Schick-Reaktion‹ wesentlich zur Bekämpfung der Diphtherie beigetragen hat...

Neben diesen und vielen hundert Einzelbeiträgen hat Amerika jedoch ein ganzes Spezialgebiet der Medizin jüdischen Flüchtlingen aus Mitteleuropa und hier vornehmlich aus Wien zu verdanken: die Psychoanalyse und alles, was damit zusammenhängt. Der Exodus dieser im Hitler-Reich verfemten und noch heute in Deutschland vergleichsweise ein Schattendasein führenden Disziplin und ihre gastliche Aufnahme in den USA haben für Amerika mehr bewirkt, als man vermuten kann. Laura Fermi, die Witwe des berühmten italienischen Kernphysikers und Nobelpreisträgers Enrico Fermi, widmet der Einwirkung der fast ausschließlich von jüdischen Ärzten aus dem deutschen Kulturkreis nach Amerika und dort zur hohen Blüte gebrachten Psychoanalyse das umfangreichste Kapitel ihres Werkes ›*Illustrious Immigrants – The Intellectual Migration from Europe 1930/41*‹, das 1968 von der Universität Chicago herausgegeben wurde.

Sie kommt darin zu erstaunlichen Feststellungen, was die tiefreichenden Veränderungen angeht, die die Psychoanalyse in den USA während der letzten fünf Jahrzehnte hervorgerufen hat – angefangen von den Wandlungen in der Behandlung von Kleinkindern über das Bemühen, die vorhandenen eigenen Aggressionen abzubauen, bis zur nationalen Bereitschaft, mit Schuld-, Inferioritäts- und anderen Komplexen allmählich fertig zu werden. Mit dieser bloßen Andeutung eines enormen Gewinns für die neue Weltmacht USA – und des entsprechenden Verlusts für Deutschland und die Deutschen, die einer Behandlung ihrer Komplexe gerade in der Nachkriegszeit dringender denn je bedurft hatten – müssen wir zugleich erkennen, daß sich der Gesamtverlust, der dem deutschen Kulturbereich durch die Vertreibung oder Vernichtung einer Vielzahl von Lehrern, Forschern und Praktikern entstanden ist, eben doch nicht, nicht einmal für ein einzelnes Gebiet wie zum Beispiel die Medizin, genau berechnen läßt – von qualitativer Messung ganz zu schweigen. Denn über noch so sorgfältig ermittelte Zahlen hinaus gibt es immer noch weite Bereiche, die sich der exakten Berechnung entziehen.

Immerhin wissen wir nun, daß der deutschen Medizin durch die Judenverfolgung ein beträchtlicher qualitativer Verlust entstanden ist. Wie aber steht es mit dem eventuellen Gewinn? Er sollte ja – nach Ansicht der ›Antisemiten-Bibel‹, wie Theodor Fritschs ›Handbuch der Judenfrage‹ einst genannt wurde – vor allem auf dem Gebiet der Geschlechtsmoral liegen. Aber trotz der nahezu vollständig gelungenen ›Ausschaltung‹ aller jüdischen Mediziner, werden selbst die fanatischsten Judenhasser nicht behaupten können, daß heute die deutsche Jugend ›geschützt‹ wäre vor Ärzten, die die Ansicht vertreten, »ein natürlicher Geschlechtsverkehr sei, wenn kein Zwang auf den anderen ausgeübt werde«, auch für Achtzehn- bis Einundzwanzigjährige »keine Sünde und nichts Unehrenhaftes« – abgesehen davon, daß ein solcher ›Schutz‹ selbst von konservativen Kirchenmännern kaum noch befürwortet wird.

Auch die Empfängnisverhütung, wegen deren Propagierung, »selbst bei gesunden jungen Ehepaaren«, Deutschland bedroht sein und deshalb von jüdischen Ärzten ›befreit‹ werden sollte (obwohl nur wenige ›nichtarische‹ Mediziner damals überhaupt den Mut hatten, offen für eine Geburtenregelung, zumal bei den wirtschaftlich schwächsten Schichten, offen einzutreten und die meisten konservative Ansichten vertraten oder zum Thema schwiegen), kann nach dem heutigen Stand der Dinge und im Zeichen einer immer populärer gewordenen ›Pille‹ kaum auf die Gewinnseite gebucht werden.

Bleibt noch die Frage, ob – wie das ›Handbuch der Judenfrage‹ ebenfalls als sicheren Gewinn für die deutsche

Medizin in Aussicht stellte, sofern alle jüdischen Ärzte ›ausgeschaltet‹ würden – der angeblich wachsenden Kommerzialisierung des ärztlichen Berufes Einhalt geboten werden konnte, nachdem die Juden, die daran schuld gewesen sein sollen, im deutschen Kulturbereich heute nur noch ganz vereinzelt eine Praxis ausüben. Die behauptete Kommerzialisierung sollte nach Ansicht der Verfasser der ›Antisemiten-Bibel‹ vor allem darin bestehen, daß der jüdische Hausarzt oder Internist seine Patienten häufig an den einen oder anderen Spezialisten verwies – an einen Augen-, Hals-, Nasen-, Ohren-, Haut- oder Frauenarzt beispielsweise oder auch an einen Chirurgen, Neurologen oder Psychiater. »Ist der leidende Mensch erst einmal einem Juden in die Hände gefallen, so kommt er aus dem Netz nicht wieder heraus«, denn »natürlich ist es immer ein jüdischer Kollege, der am meisten empfohlen werden kann«.

Dazu ist zu bemerken, daß die Spezialisierung der Medizin allerdings immer weitere Fortschritte macht – in Deutschland zwar geringere als etwa in den USA –, und daß daher die Überweisungen an Fachärzte seit dem Exodus der jüdischen Mediziner mit Sicherheit nicht nachgelassen, sondern stark zugenommen haben, ohne daß noch von einer dadurch hervorgerufenen Kommerzialisierung des Ärztestandes die Rede ist. So drängt sich der Verdacht auf, daß es nicht so sehr die Sorge um das Wohl des Volkes und die Standesmoral war, die die Judenhasser unter den deutschen Ärzten solche Beiträge für das ›Handbuch der Judenfrage‹ schreiben ließ, sondern bestenfalls Borniertheit und schlimmstenfalls blanker Neid. Und damit sind wir an einem Punkt angelangt, dessen Untersuchung uns zwingt, uns nicht allein auf den Bereich der Medizin zu beschränken: bei der Suche nach den wirklichen Motiven des Judenhasses und der Frage nach ihrer Berechtigung.

Drittes Kapitel
EIN THEATERZETTEL

Als Adolf Hitler Reichskanzler wurde, war ein sehr erheblicher Teil der deutschen Ärzteschaft israelitischer Konfession und ein weiterer Teil jüdischer Herkunft insofern, als die Betreffenden selbst oder ihre Eltern zur Glaubensgemeinschaft der Juden gehört hatten.

Eine antisemitische Quelle, nämlich eine 1931 im Verlag der Burschenschaften erschienene Zusammenstellung von Karl Hoppmann, nannte für einzelne Städte des Reiches und der Republik Österreich den prozentualen Anteil der jüdischen Mediziner. Danach gab es in Berlin 52 Prozent, in Beuthen 36 Prozent, in Chemnitz 17 Prozent, in Danzig 13 Prozent, in Dürkheim 37 Prozent, in Glogau 36 Prozent, in Hamburg 25 Prozent, in Hannover 12 Prozent, in Hildesheim 10 Prozent, in Kassel 13 Prozent, in Köln 27 Prozent, in Küstrin 16 Prozent, in Mainz 28 Prozent, in Meiningen 23 Prozent, in Nürnberg 50 Prozent, in Saarbrücken 10 Prozent, in Stettin 23 Prozent, in Wien 80 Prozent und in Worms 30 Prozent Juden unter den Ärzten. Zwar darf an der Genauigkeit dieser Angaben gezweifelt werden, weil es sich um eine private und mit unzulänglichen Methoden durchgeführte Untersuchung zu handeln scheint, doch im großen und ganzen mögen die Zahlen ungefähr richtig gewesen sein. Worauf es allein ankommt, ist die unbestreitbare Tatsache, daß die Juden eine weit höhere Anzahl von Ärzten stellten, als es ihrem Bevölkerungsanteil entsprochen hätte. Dies wurde (und wird im Rückblick vielfach noch heute) für dreist, schädlich, besorgniserregend, auch vom Standpunkt der Juden aus unklug gehalten. Die Prämisse, von der man ausging, lautete etwa: Die Juden sind eine kleine Minderheit, die still und bescheiden sein und sich nicht vordrängen sollte; Minoritäten haben keine Ansprüche zu stellen, denn sie sind nur aus Gutmütigkeit geduldet...

Indessen beschränkte sich die ›Vordrängelei der Juden‹ ja keineswegs allein auf den Ärztestand oder auf die medizinischen Fakultäten der deutschen Hochschulen, wo sie allein an der Universität von Berlin über 50 Prozent, an der von Breslau 37 Prozent und an der von Göttingen 34 Prozent der Dozenten stellten! Vielmehr war die Lage in anderen akademischen Berufen fast genauso: Die Anwaltschaft Berlins und Wiens, aber auch von Breslau, Frankfurt und Nürnberg war überwiegend jüdisch; die juristischen Fakultäten ebenso wie die der Nationalökonomie wiesen einen hohen Prozentsatz jüdischer Lehrstuhlinhaber und Privatdozenten, ihre Fachliteratur weit größere Mengen jüdischer Autoren auf, als der Minderheit ihrem Bevölkerungsanteil entsprechend ›zugestanden‹ hätte... Und im gesellschaftlichen und künstlerischen Leben der Metropolen spielten die Juden eine so bedeutende Rolle, daß sie jede andere vergleichbare Gruppe in den Schatten stellten...

Ein umseitig in Faksimile wiedergegebener Berliner Thea-

STAATS-THEATER

SCHAUSPIELHAUS AM GENDARMENMARKT

Donnerstag, den 28. März 1929, abends 23 (11) Uhr

Albert Steinrück

Gedächtnisfeier

Gedenkworte gesprochen von HEINRICH MANN

Einmalige Aufführung

„DER MARQUIS VON KEITH"

Schauspiel in 5 Akten von FRANK WEDEKIND

Unter Leitung von LEOPOLD JESSNER

Konsul Casimir	Werner Krauss
Hermann, sein Sohn	Carola Neher
Der Marquis von Keith	Heinrich George
Ernst Scholz	Lothar Müthel
Molly Griesinger	Eleonore v. Mendelssohn
Anna, verw. Gräfin Werdenfels	Tilla Durieux
Saranieff, Kunstmaler	Jakob Tiedtke
Zamrjaki, Komponist	Conrad Veidt
Sommersberg, Literat	Max Pallenberg
Raspe, Kriminalkommissar	Max Hansen
Ostermeier, Bierbrauereibes.	Hermann Vallentin
Krenzl, Baumeister	Otto Wallburg
Grandauer, Restaurateur	Albert Florath
Frau Ostermeier	Gisela Werbezirk
Frau Krenzl	Rosa Valleti
Freifrau v. Rosenkron	Mady Christians
Freifrau v. Totleben	Maria Bard
Sascha	Elisabeth Bergner
Ein Dienstmädchen	Fritzi Massary
Simba	Käthe Dorsch
Metzgerknechte	Alexander Granach, Fritz Kortner, Victor Schwannecke, Paul Wegener
Packträger	Rudolf Forster, Kurt Gerron, Veit Harlan
Dienstmänner	Paul Bildt, Hans Brausewetter, Walter Janssen, Eduard v. Winterstein
Bäckerweiber	Trude Hesterberg, Tilly Wedekind
Kellner	Hans Albers, Ernst Deutsch, Kurt Goetz

Gäste des Marquis v. Keith:

Roma Bahn, Sibylle Binder, Marlene Dietrich, Gertrud Eysoldt, Käthe Haak, Else Heims, Leopoldine Konstantin, Maria Koppenhöfer, Hilde Körber, Till Klokow, Lina Lossen, Lucie Mannheim, Renate Müller, Martha Maria Newes, Asta Nielsen, Maria Paudler, Henny Porten, Hannah Ralph, Frieda Richard, Dagny Servaes, Agnes Straub, Erika von Thellmann, Irene Triesch, Elsa Wagner, Ida Wüst, Alfred Abel, Ferdinand von Alten, Alfred Braun, Julius Falkenstein, Walter Franck, Max Güllstorff, Paul Grätz, Fritz Kampers, Arthur Kraußneck, Otto Laubinger, Hans Leibelt, Theodor Loos, H. C. Müller, Paul Otto, Johannes Riemann, Albert Patry, Dr. Max Pohl, Emil Rameau, Heinrich Schnitzler, Heinrich Schroth, Ernst Stahl-Nachbaur, Herrmann Thimig, Hans Wassmann, Mathias Wiemann, Wolfgang Zilzer.

Hilfsinspizient: Karlheinz Martin   Bühnenbild: Emil Pirchan   Bühnenmusik: Weintraubs Synkopaters
Bühneninspektor: Karl Rupprecht   Souffleuse: Marg. Krüger   Bühnenmeister: Franz Kaiser

Nach dem dritten Akt findet eine Gesellschaftspause von 45 Minuten statt.
Die Gemälde Albert Steinrücks sind im Ifflandsaal ausgestellt.

EHRENAUSSCHUSS:

Dr. h. c. Georg Graf von Arco, Kultusminister Professor Dr. Becker, Landtagspräsident Bartels, Victor Barnowsky, Professor Georg Bernhard, Oberbürgermeister Böß, Professor Albert Einstein, Jakob Goldschmidt, Direktor Herbert Gutmann, Victor Hahn, Intendant Gustav Hartung, Generalintendant Professor Leopold Jeßner, Generaldirektor Ludwig Katzenellenbogen, Dr. Paul Kempner, Dr. Robert Klein, Generaldirektor Ludwig Klitzsch, Hans Lachmann-Mosse, Generalkonsul Eugen Landau, Professor Max Liebermann, Reichstagspräsident Paul Löbe, Präsident Franz von Mendelssohn, Direktor Heinrich Neft, Professor Max Reinhardt, Professor Dr. Eugen Robert, Professor Edwin Scharff, Werner F. von Siemens, Generaldirektor Dr. Walter Sobernheim, Direktor Emil Georg von Stauß, Dr. Franz Ullstein, Generalmusikdirektor Professor Bruno Walter, Präsident Karl Wallauer, Dr. Erich Wiens, Theodor Wolff, Arthur Wolff.

ARBEITSAUSSCHUSS:

Erich Burger, August Dörschel, Norbert Falk, Alfred Fischer, Albert Florath, Heinrich George, Prof. Leopold Jeßner, Werner Krauss, Dr. Kurt Pinthus, Dr. Günther Stark, Hermann Vallentin, Richard Wilde, Dr. Fritz Wendhausen.

Preise der Plätze: Parkett u. I. Rang 60 Mk., II. Rang 40 Mk., III. Rang 20 Mk., Galerie 10 Mk.

terzettel des Jahres 1929 wirft ein Schlaglicht auf diese Situation und zeigt besser, als lange Abhandlungen es könnten, wie es um die Rolle der Juden im kulturellen und gesellschaftlichen Leben der Reichshauptstadt am Vorabend der Weltwirtschaftskrise bestellt war, also gerade um jene Zeit, die als die glänzendste in der Geschichte Berlins gilt, das damals, zumal auf dem Gebiet des Theaters, selbst Paris, London und New York übertraf.

Es handelte sich um ein besonderes Ereignis, nämlich um eine einmalige Aufführung von Wedekinds ›Marquis von Keith‹ aus Anlaß einer Gedächtnisfeier für Albert Steinrück, einen kurz zuvor verstorbenen, heute fast vergessenen Schauspieler, der in Berlin und München, in seinen letzten Lebensjahren wiederum in Berlin, außerordentliche Erfolge als Charakterdarsteller, vor allem in Stücken von Frank Wedekind, erzielt hatte, daneben aber auch als Kunstmaler hervorgetreten war.

Dem verstorbenen Kollegen zu Ehren stand an diesem Abend, dem 28. März 1929 – zu so später Stunde, daß alle Schauspieler ihren normalen Bühnenverpflichtungen nachkommen konnten – nahezu alles, was im deutschen Theaterleben Rang und Namen hatte, auf der Bühne des Schauspielhauses am Gendarmenmarkt: Bis in die Komparserie hinein war jede Rolle besetzt mit einem Star! Und für das Ehrenkomitee hatte sich die Prominenz Berlins zusammengefunden . . .

So bietet sich uns eine seltene Gelegenheit, einmal sozusagen am grünen Holz und nicht bloß anhand trockener Statistiken zu prüfen, welche Rolle die Juden im Berlin der Vor-Hitler-Zeit gespielt haben – einmal speziell für das Theater der Metropole, die sich damals rühmen konnte, in der Bühnenkunst international führend zu sein, zum anderen aber als Repräsentanten der kulturtragenden Schicht der damaligen Reichshauptstadt.

Beginnen wir mit den Darstellern, die an diesem denkwürdigen Abend, der in die Theatergeschichte eingegangen ist, auf der Bühne standen, so finden wir in den Haupt- und Nebenrollen sechsunddreißig, als bloße Statisten weitere fünfzig Stars jener Tage, von denen die meisten noch heute, nach fast sechzig Jahren, unvergessen sind.

Von diesen insgesamt 86 bedeutenden, vom Publikum stürmisch gefeierten, in ganz Deutschland populären und weit über die Grenzen des Reiches hinaus bekannten Bühnen- und auch Filmschauspielern wurden zweiundzwanzig – also mehr als ein Viertel – wenige Jahre später wegen ihrer jüdischen Herkunft aus dem deutschen Theaterleben und von der Leinwand verbannt, nämlich Elisabeth Bergner, Sybille Binder, Lucie Mannheim, Fritzi Massary, Eleonore von Mendelssohn, Irene Triesch, Rosa Valetti und Gisela Werbezirk sowie ihre männlichen Kollegen Ernst Deutsch, Julius Falkenstein, Kurt Gerron, Alexander Granach, Paul Grätz, Max Hansen, Fritz Kortner, Max Pallenberg, Dr. Max Pohl, Heinrich Schnitzler, Ernst Stahl-Nachbaur, Hermann Vallentin, Conrad Veidt und Otto Wallburg. Der Schauspieler und Regisseur Kurt Gerron, noch heute bekannt aus seiner Rolle als Tingeltangel-Direktor in dem klassischen Tonfilm ›Der blaue Engel‹, blieb in Deutschland, wurde später nach Auschwitz deportiert und dort ermordet; auch Otto Wallburg kam in Auschwitz um. Fast alle anderen konnten nach 1933 noch ins Ausland flüchten (und mit ihnen in ein für Schauspieler oft besonders bitteres Exil gingen noch viele, die an jenem Abend zufällig nicht dabei waren, zum Beispiel Siegfried Arno, Albert und Else Bassermann, Curt und Ilse Bois, Felix Bressart, Maria Fein, Franziska Gaal, Therese Giehse, Ernst Ginsberg, Ilka Grüning, Dolly Haas, Peter Lorre, Paul Morgan, Grete Mosheim, Lilli Palmer, Camilla Spira, Szöke Szakall und Adolf Wohlbrück, um nur einige der bekanntesten zu nennen, oder auch die Sängerinnen Gitta Alpar und Erna Sack, die Tenöre Jan Kiepura, Josef Schmidt und Richard Tauber ...).

Auch von den ›Ariern‹, die an jenem großen Theaterereignis als Darsteller teilnahmen, kehrten einige Deutschland nach 1933 den Rücken: Marlene Dietrich zum Beispiel, die in den USA Triumphe feiern konnte, aber ihre in Not geratenen deutsch-jüdischen Kollegen niemals im Stich ließ – Richard Tauber wäre ohne ihre Hilfe verhungert...

Oder Tilla Durieux, die mit ihrem jüdischen Ehemann flüchten konnte, durch die Kriegsereignisse von ihm getrennt wurde, von seiner Verhaftung in Saloniki und seinem Tod in Deutschland erfuhr, aber dennoch bis nach dem Ende des ›Dritten Reiches‹ im Exil blieb...

Wieder andere rettete nur ihre große Popularität vor einem Berufsverbot, zum Beispiel Hans Albers, der es ablehnte, sich von seiner ›nichtarischen‹ Frau, der Schauspielerin Hansi Burg, zu trennen... Joachim Gottschalk beging in gleicher Lage mit Frau und Kind Selbstmord. Seinen Schädel vermachte er – letzte Geste eines gefeierten Mimen – dem Deutschen Theater als Requisit für den ›Hamlet‹...

Nimmt man hinzu, daß auch der Leiter dieses Theaterabends, der große Regisseur Leopold Jeßner, Intendant des Staatlichen Schauspielhauses in Berlin und bis 1930 Generaldirektor der preußischen Staatstheater, ebenfalls Jude war und emigrieren mußte, so beginnt man zu ermessen, daß die Judenverfolgung im ›Dritten Reich‹ für das deutsche Theater mehr bedeutet hat als den einen oder anderen personellen Verlust. Doch ehe wir uns dieser Frage zuwenden, wollen wir uns noch den ›Ehrenausschuß‹ einmal näher betrachten.

Die unter dieser Überschrift auf dem Theaterzettel aufgeführten Persönlichkeiten stellen, wie es in diesem Rahmen kaum anders zu erwarten ist, eine Auslese der mit dem Theater und darüber hinaus mit dem kulturellen Leben Berlins jener Tage besonders verbundenen oder dafür aus dem einen oder anderen Grunde wichtigen Prominenz dar. Einschließlich der (sämtlich nichtjüdischen) amtlichen Vertreter – vom Reichstagspräsidenten Paul Löbe und dem preußischen Landtagspräsidenten Bartels über den Kultusminister Dr. Becker bis zum Berliner Oberbürgermeister Böß – sind es vierunddreißig Personen, und von diesen wurden nicht eben wenige schon ein paar Jahre später ein Opfer ›rassischer‹ Diskriminierung:

Neben dem bereits erwähnten Generalintendanten Professor Leopold Jeßner finden sich in diesem ›Ehrenausschuß‹ zwei weitere für die deutsche Theatergeschichte sehr bedeutsame Männer jüdischer Herkunft, Victor Barnowsky und Max Reinhardt.

Barnowsky, 1875 in Berlin geboren, von 1905 an Leiter führender Berliner Bühnen, zuletzt des Theaters an der Königgrätzer Straße und des Komödienhauses, wurde 1933 zum Rücktritt und bald darauf zur Emigration gezwungen; er starb 1952 in New York.

Max Reinhardt, 1873 in Baden bei Wien geboren, seit 1894 in Berlin, hat – so der Kritiker Fritz Engel – »wie mit einem Zauberstab dem Theater alles gegeben, ja fast mehr, als es zu fordern hat«. Sein Name ist eng verbungen mit dem ›Deutschen Theater‹, den ›Kammerspielen‹, der ›Komödie‹ und dem ›Großen Schauspielhaus‹ in Berlin, den Salzburger Festspielen und dem ›Theater in der Josefstadt‹ in Wien. 1933 mußte Max Reinhardt aus Deuschland, 1938 auch aus Österreich flüchten, nachdem er zuvor in einem Brief an Hitlers Propagandaminister und Kultur-Kommissar Dr. Joseph Goebbels sein geliebtes ›Deutsches Theater‹ »an das deutsche Volk übertragen« hatte. Er starb 1943 in New York. Mit Max Reinhardt verlor das deutsche Theater übrigens auch noch eine bedeutende ›arische‹ Schauspielerin: Helene Thimig, die mit ihm verheiratet war und ihn ins Exil begleitete ...

Außer Barnowsky und Reinhardt gehörten dem ›Ehrenausschuß‹ noch zwei weniger bekannte Männer des Theaters an: Dr. Paul Klein und Dr. Eugen Robert, die ebenfalls Juden waren, genau wie die beiden Repräsentanten der Künste in diesem Kreis, Generalmusikdirektor Professor Bruno Walter und Professor Max Liebermann.

Von dem Maler Max Liebermann, damals Präsident der preußischen Akademie der Künste, ist bereits die Rede gewesen. Bruno Walter, als Bruno Walter Schlesinger 1876 in Berlin geboren, war schon als junger Mann Dirigent an der Königlichen Oper seiner Vaterstadt, dann an der Hofoper in Wien. Über München und London kam er zurück nach Charlottenburg, ging dann nach Leipzig, wo er – nun schon weltberühmt – das Gewandhausorchester dirigierte, bis er 1933 ›aus rassischen Gründen‹ seine Entlassung, ja sogar Berufsverbot erhielt. Er flüchtete zunächst nach Österreich, dann in die USA, wo ihn, den gefeierten Interpreten Mozarts, aber auch Gustav Mahlers, der sein Lehrmeister gewesen war, die New Yorker Metropolitan Opera mit Freuden aufnahm. Er dirigierte noch viele berühmte (oder erst durch ihn berühmt gewordene) amerikanische Orchester, trat auch mit eigenen Kompositionen sowie als Buchautor hervor (›Von der moralischen Kraft der Musik‹, ›Gustav Mahler‹ und seine Autobiographie ›Thema und Variationen‹ sind seine bekanntesten Werke), löste dann vorübergehend Otto Klemperer ab, der aus Gesundheitsrücksichten die Leitung des Philharmonischen Orchesters von Los Angeles abgeben mußte, und starb 1962 in Beverly Hills.

Auch Otto Klemperer, 1885 in Breslau geboren, berühmt als Dirigent und Komponist und vor 1933 zunächst in Köln, dann Opern- und Generalmusikdirektor der Berliner Krolloper und zuletzt an der Staatsoper Unter den Linden, war vor dem Rassenwahn des ›Dritten Reiches‹ nach Amerika geflüchtet. Das nationalsozialistische ›Lexikon der Juden in der Musik‹ widmet ihm zwei volle Textspalten, worin es unter anderem heißt: »Seine letzte Berliner Schandtat war eine Tannhäuser-Aufführung, über die unter der Überschrift ›Pilgerchor als Fußballmannschaft‹ in der Schrift von Alfred-Ingmar Berndt, ›Gebt mir vier Jahre Zeit!‹ (München 1937) zusammenfassend folgendes berichtet wird: ›Als besonders bezeichnend soll nur darauf hingewiesen werden, daß noch am 13. Februar 1933, nach der Machtergreifung, der jüdische Generalmusikdirektor Klemperer die Frechheit besaß, anläßlich des 50. Todestages Richard Wagners eine Tannhäuser-Inszenierung in der Berliner Staatsoper vorzunehmen, die als gewollte Beleidigung des großen deutschen Meisters* und als Faustschlag ins Gesicht aller noch gesund empfindenden Menschen gelten mußten . . .«

Bruno Walter und Otto Klemperer waren indessen nicht die einzigen großen Dirigenten und Komponisten, die dem deutschen Kulturkreis durch den Antisemitismus Hitlers und seiner Gefolgsleute verlorengingen. Leo Blech, 1871 in Aachen geboren, seit 1913 am Dirigentenpult der Berliner Staatsoper und dort als Generalmusikdirektor von Hermann Göring bis 1936 gehalten, emigrierte nach Stockholm, wo er Hofkapellmeister wurde; Arnold Schönberg, 1874 in Wien

* Auch der große deutsche Meister Richard Wagner, der für Hitler und die Nationalsozialisten der ›größte Repräsentant artgemäßer germanisch-deutscher Musik‹ war, hätte eigentlich die Liste der geächteten Künstler im NS-Lexikon zieren müssen, wenn auch mit einem Kreuz versehen, das darin »diejenigen Musiker bezeichnet, deren jüdische Abstammung als feststehend gelten kann, bei denen der urkundliche Nachweis aber nicht lückenlos vorliegt«. Richard Wagner, der sich zunächst (nach seinem offiziellen Stiefvater, einem jüdischen Schauspieler) Geyer nannte, hat später seinem Freunde Friedrich Nietzsche gegenüber erklärt, er wisse, daß Ludwig Geyer sein leiblicher Vater sei. Zahlreiche Forschungen, u. a. von Ernest Newman und Leon Stein, bestätigen Wagners jüdische Herkunft.

geboren, bis 1933 Professor einer Meisterklasse an der Berliner Hochschule für Musik und Wegbereiter des ›Zwölftonsystems‹ folgte einem Ruf nach Boston; Kurt Weill, gebürtiger Dessauer des Jahrgangs 1900, Komponist der ›Dreigroschenoper‹ und anderer Werke von Bertolt Brecht, ging ebenfalls nach Amerika, wo er 1950 in New York starb, und Paul Hindemith, der große Komponist und Musikwissenschaftler, bis 1933 Professor an der Berliner Hochschule für Musik, emigrierte mit seiner ›nichtarischen‹ Frau zunächst in die Türkei, dann nach den USA, wo er einen Lehrstuhl an der Universität von Yale erhielt und Aufführungen seiner Werke durch die New Yorker Philharmoniker selbst dirigierte...

Bruno Walter, Otto Klemperer, Leo Blech, Arthur Schönberg, Kurt Weill, Paul Hindemith, Arthur Schnabel, Leonid Kreutzer – sie alle und ihre in der übrigen Welt geschätzten Werke wurden aus dem deutschen Musikleben verbannt, und es wären noch viele zu nennen, die dieses Schicksal teilten, ohne schon so berühmt zu sein.

Auch viele Komponisten der Operette, des Films, der Revue und des Chansons verfielen der Ächtung – von Oscar Straus, Jean und Robert Gilbert, Emmerich Kálmán, Leo Fall, Paul Abraham oder Victor und Friedrich Holländer bis zu Rudolf Nelson, Willi Rosen, Mischa Spoliansky, Frederick Loewe aus Wien, der in New York ›*My Fair Lady*‹ komponierte, Paul Dessau und Werner Richard Heymann, der unter anderem die Musik zu Filmen wie »Der Kongreß tanzt«, »Bomben auf Monte Carlo« oder »Melodie des Herzens« schrieb.

Umgekehrt waren Richard Wagner und die – ebenfalls bereits erwähnten – ›Walzerkönige‹ Johann Strauß, Vater und Sohn, beileibe nicht die einzigen ›Nichtarier‹, deren jüdische Herkunft man im ›Dritten Reich‹ ignorierte oder sogar – wie im Falle Strauß – durch Urkundenfälschung zu vertuschen suchte.* Das ohnehin von Musikern und Publikum als äußerst bedauerlich und lästig empfundene Verbot der Aufführung von Werken ›nichtarischer‹ Komponisten wäre sonst für Volk und »Führer« unerträglich geworden ... Schon daß die Musik von Felix Mendelssohn-Bartholdy, Jacques Offenbach, Giacomo Meyerbeer, Jacques Halévy oder Fritz Kreisler nicht aufgeführt werden durfte, hatten die Volksgenossen »erst zum geringsten Teil begriffen«, wie die Verfasser des parteiamtlichen ›Lexikons der Juden in der Musik‹ klagten; nun führten sie – neben einigen tausend anderen Werken – in ihrer Verbotsliste auch noch mit zweieinhalb enggedruckten Textspalten viele hundert beliebte Tänze des Herrn kaiserlichen Hofballettmeisters Emil Waldteufel (eigentlich Levy) auf ...! Dafür ließen sie Georges Bizet, obwohl er doch jüdischer Herkunft und zudem Halévys Schwiegersohn gewesen war, ›artgemäß‹ sein, denn sonst hätte das Volk auch noch auf ›Carmen‹ verzichten müssen ...

Dem Führer zuliebe drückte man auf dem Gebiet der Operette, der Filmmusik und des Schlagers hie und da ein Auge zu, denn Hitlers Lieblingsoperette war beispielsweise ›Die lustige Witwe‹ und stammte von Franz Lehár, der mit einer Jüdin verheiratet war, sowie von den jüdischen Librettisten Viktor Léon und Leo Stein. Auch ließ sich der ›Führer‹ – wie auch sein Intimus Albert Speer in seinen ›Erinnerungen‹ spürbar bekümmert vermerkt – jahrelang Abend für Abend zwei Unterhaltungsfilme vorführen, meist »Revuefilme mit vielen nackten Beinen«. Und ein so unersättlicher Bedarf ließ sich natürlich nicht decken, ohne daß man in die durch die ›Arier‹paragraphen stark gelichtete Schar der deut-

* Der dokumentarische Nachweis der von Amts wegen vorgenommenen Fälschung findet sich bei Hanns Jäger-Sustenau, ›Johann Strauß, der Walzerkönig und seine Dynastie‹, Wien 1965.

schen Filmschaffenden wenigstens ein paar unentbehrliche ›Artfremde‹ einschmuggelte...

Es war fast ein Wunder zu nennen, daß es den deutschen Film überhaupt noch gab, nachdem nicht allein fast vierzig Prozent der Stars und Sternchen durch die ›Arier‹gesetzgebung von weiterer Mitarbeit ausgeschlossen worden waren, sondern auch mehr als die Hälfte der Produzenten und Regisseure – und wahrlich nicht die schlechtesten...!

Erich Pommer, zum Beispiel, der Produktions-Chef der ›Ufa‹, deren Ruhm er begründet hatte, mußte Deutschland verlassen und ging nach Hollywood, wo er 1966 starb. Der gebürtige Hildesheimer vom Jahrgang 1889 war in Amerika nicht minder erfolgreich als zuvor in Berlin, wo er viele der bedeutendsten deutschen Filme der zwanziger Jahre produziert hatte – von ›Dr. Mabuse‹, ›Phantom‹, ›Der verlorene Schuh‹ über das Monumentalwerk ›Die Nibelungen‹ bis zu ›Der blaue Engel‹ und ›Der Kongreß tanzt‹...

Oder Fritz Lang, 1890 in Wien geboren, der Regisseur des ›Dr. Mabuse‹ und ›Der Nibelungen‹, der 1935 nach Hollywood emigrierte... Oder E. A. Dupont, 1891 in Zeitz geboren, Regisseur von ›Varieté‹, ›Salto Mortale‹ und ›Atlantis‹...

Oder Josef von Sternberg, geboren 1894 in Wien, der mit dem ›Blauen Engel‹ Weltruhm erwarb und auch bei den anderen großen Marlene-Dietrich-Filmen wie ›Shanghai Express‹ oder ›Die blonde Venus‹ Regie führte...

Oder Ernst Lubitsch, dem eigentlich der erste Platz unter den deutsch-jüdischen Filmregisseuren gebührte, doch war er bereits vor 1933 nach Hollywood gegangen. Der gebürtige Berliner, Jahrgang 1892, war ein Schüler Max Reinhardts; er hat viel dazu beigetragen, daß einige der aus Berlin vertriebenen Schauspieler und Regisseure rasch und erfolgreich in Hollywood Fuß fassen konnten...

Oder, um noch einige der Jüngeren zu nennen, die 1933,

als ihre Karriere in Deutschland ›aus rassischen Gründen‹ jäh endete, noch nicht so berühmt waren: Max Ophuels etwa, Robert Siodmak und vor allem Billy Wilder, 1906 in Krakau geboren, 1931 in Berlin erstmals sehr erfolgreich hervorgetreten als Regisseur von ›Emil und die Detektive‹ nach dem Kinderroman von Erich Kästner. Billy Wilder emigrierte 1934 nach USA und erwarb sich in Hollywood Weltruhm, u. a. mit dem Drehbuch für ›Ninotschka‹ und der Regie von ›Lost Weekend‹, »Sunset Boulevard‹, ›Zeugin der Anklage‹ und vielen anderen preisgekrönten Filmen.

Von den zahlreichen weiteren jüdischen Regisseuren, die dem deutschen Film verlorengingen, seien noch erwähnt: Der Ungar Alexander (später: Sir Alexander) Korda, der mit Maria Farkas, seiner Frau, von Berlin nach London ging und dort – zumal mit ›Heinrich VIII‹ – Weltruhm erwarb; Paul Czinner, der mit seiner Ehefrau, Elisabeth Bergner, sowie mit Emil Jannings und Conrad Veidt erstmals Kammerspiel-Theater auf die Leinwand gebracht hatte; Leontine Sagan, die Regisseurin von ›Mädchen in Uniform‹, einem Meisterwerk, mit dem sie 1931 einen großen Erfolg errang; Kurt Bernhard, der mit Conrad Veidt den sehr eindrucksvollen Film ›Die letzte Kompanie‹, mit Luis Trenker den ›Rebell‹ gedreht hatte; Dr. Friedrich Dalsheim, Kulturfilmregisseur von hohen Graden und sehr erfolgreich mit seinem Bali-Film ›Die Insel der Dämonen‹; Wilhelm Thiele, der Regisseur zahlreicher sehr populärer Lustspiele, meist mit Lilian Harvey und Willy Fritsch in den Hauptrollen, und schließlich – *last not least* – Hanns Schwarz, Hans Behrend und Richard Oswald. Hanns Schwarz war der Regisseur des ersten Ufa-Tonfilms, ›Melodie des Herzens‹; später drehte er neben vielen anderen erfolgreichen Filmen den Kassenschlager ›Bomben auf Monte Carlo‹. Hans Behrend, der auch das Drehbuch des ersten einer ganzen Serie von stramm-nationalen Fridericus-Rex-Filmen der Ufa geschrieben hatte, verfilmte später mit großem Erfolg ›Grün ist die Heide‹ (nach Hermann Löns) und ›Ich geh aus und du bleibst da‹ (nach Wilhelm Speyer). Richard Oswald schließlich ist vor allem in Erinnerung geblieben mit seinem Film ›Der Hauptmann von Köpenick‹ (nach Carl Zuckmayer).

Und das bringt uns zu einem weiteren Gebiet, auf dem nach 1933 durch den Rassenwahn der neuen Machthaber sehr fühlbare Lücken gerissen wurden: zu den Filmstoffen und ihren Autoren. Denn auch Wilhelm Speyer und Carl Zuckmayer durften im ›Dritten Reich‹ nicht mehr gedruckt, geschweige denn aufgeführt oder verfilmt werden, so wenig wie Vicki Baum (›Menschen im Hotel‹), Alfred Döblin (›Berlin Alexanderplatz‹) oder Stefan Zweig (›Brennendes Geheimnis‹). Auch Walter Hasenclever und Ernst Toller fielen nun aus, die zusammen für den deutschen Film das Drehbuch zu ›Menschen hinter Gittern‹ geschrieben hatten. Genauso waren die spezifischen Drehbuchautoren ›nichtarischer Abstammung‹ für den deutschen Film verloren, beispielsweise Carl Mayer (Autor von ›Dr. Cagliari‹ und ›Der träumende Mund‹), Albrecht Joseph (›Peter Voß der Millionendieb‹), Franz Schulz (›Zwei Herzen im Dreivierteltakt‹ und ›Drei von der Tankstelle‹), Adolf Lantz und Ossip Dymow (›Rasputin‹), Heinz Goldberg (›Affäre Dreyfus‹), Friedrich Raff (›Der Stolz der dritten Kompanie‹), Irmgard von Cube und Anatol Litvak (›Ein Lied für dich‹), vor allem aber Robert Liebmann und Norbert Falk.

Robert Liebmann, 1890 in Berlin geboren, hat für sehr zahlreiche, meist außerordentlich erfolgreiche Filme das Drehbuch geschrieben, unter anderem für ›Voruntersuchung‹, ›Ich und die Kaiserin‹ und – zusammen mit Norbert Falk – für den ›Blauen Engel‹. Norbert Falk schließlich schrieb die Skripte der großen Lubitsch-Filme, später auch das Drehbuch für ›Der Kongreß tanzt‹, einen der erfolgreichsten Ufa-Filme überhaupt ... Und Norbert Falk, 1873 in Mährisch-Weißkirchen geboren, bringt uns zurück zu unserem Ausgangspunkt, dem Theaterzettel des Schauspielhauses am Gendarmenmarkt vom Donnerstag, dem 28. März 1929. Dort finden wir seinen Namen in der Reihe der Mitglieder des Arbeits-, nicht des Ehrenausschusses, zu dessen Vervollständigung aber noch einige jener Mäzene genannt seien, die die Kunst, vor allem die des Theaters, zu ihrer ungehemmten Entfaltung braucht. Auch unter diesen Mäzenen finden sich zahlreiche ›Nichtarier‹, die wenige Jahre später die Theater, die sie so sehr gefördert hatten, nicht einmal mehr betreten durften.

An erster Stelle ist hier Franz von Mendelssohn (1865 bis 1935) zu nennen, Seniorchef des alten Berliner Bankhauses Mendelssohn & Co. und seit 1914 Präsident der Industrie- und Handelskammer von Berlin, deren Vizepräsident er bereits seit ihrer Gründung im Jahre 1902 gewesen war. Ebenfalls im Jahre 1902 war er in das Kollegium der Ältesten der Berliner Kaufmannschaft berufen worden, dem schon sein Urgroßvater und sein Vater als Präsidenten vorgestanden hatten. Bis 1913, als er von Kaiser Wilhelm II. zum Mitglied des preußischen Herrenhauses ernannt wurde und er daraufhin dieses Amt niederlegen zu müssen glaubte, war er auch königlich belgischer Generalkonsul in Berlin gewesen. Von 1921 an präsidierte er dem Deutschen Industrie- und Handelstag, und 1931 wurde er auch noch Präsident der Internationalen Handelskammer.

Franz von Mendelssohn hatte den öffentlichen Kunstsammlungen seiner Vaterstadt eine Reihe alter Meisterwerke von unschätzbarem Wert geschenkt, darunter ein Gemälde von Hieronymus Bosch; er hatte sich auch als Förderer des Theaters große Verdienste erworben, und er gehörte zu den Gründern des ›Vereins zum Schutz der Kinder vor Ausnutzung und Mißhandlung‹, um nur ein Beispiel für seine Beteiligung an der Sozialarbeit anzuführen. Doch das alles zählte bald nicht mehr. Noch im Jahre 1933 wurde das Bankhaus Mendelssohn & Co., gegründet 1795, liquidiert und von der bereits ›arisierten‹ Deutschen Bank AG, an deren Gründung einst Ludwig Bamberger maßgeblich beteiligt gewesen war, übernommen. Die Mendelssohns verließen ihre Heimatstadt, an deren wirtschaftlicher und kultureller Entwicklung sie durch fünf Generationen so großen Anteil gehabt hatten – genaugenommen seit dem denkwürdigen Tag des Jahres 1743, als ein blasser, kleiner und verwachsener Junge aus Dessau durch das Rosenthaler Tor nach Berlin eingelassen wurde – von einem bezopften Wachtposten, der in sein Journal zunächst die genaue Anzahl Rindvieh und Schweine notierte, die an jenem Tage in die Stadt getrieben worden waren, und erst diesem Eintrag hinzufügte: »1 Jude« – nämlich Moses Mendelssohn, der wie keine zweite Einzelpersönlichkeit dazu beigetragen hat, aus einer unbedeutenden Winterresidenz, in der Militärs und Beamte den Ton angaben, eine Stadt der Intelligenz und Kultur zu machen . . .

Von den anderen Mäzenen jüdischer Herkunft, die dem ›Ehrenausschuß‹ jener außergewöhnlichen Berliner Theateraufführung des Jahres 1929 angehörten, ist zunächst der Bankier Jakob Goldschmidt zu nennen. Goldschmidt, 1882 in dem Dorf Eldagsen bei Hannover geboren, hatte sich aus kleinsten Verhältnissen emporgearbeitet, galt als einer der gescheitesten Köpfe der deutschen Bankwelt und ist vor allem durch die Sanierung des Stinnes-Konzerns und die Fusion der Darmstädter Bank und der Nationalbank für Deutschland zur »Danat-Bank« hervorgetreten. Jakob Goldschmidt wurde von der deutschen Industrie wie ein Held verehrt und genoß höchste Autorität. Er verstarb 1955 nahezu unbemerkt in New York . . .

Ein Kunstsammler und -mäzen wie Goldschmidt, jedoch

aus sehr reicher und angesehener Familie stammend, war ein weiteres Mitglied des ›Ehrenausschusses‹: Eugen (Freiherr von) Landau, geboren 1852 in Breslau. Auf die Führung des schon seinem Vater, Jacob Landau, verliehenen Adelstitels hatten Eugen Landau und sein älterer Bruder stolz verzichtet. Sie hatten es auch abgelehnt, sich taufen zu lassen. Trotzdem hatte es Eugen Landau, ein exzellenter Reiter, bei einem feudalen Kürassierregiment zum Rittmeister gebracht – eine Seltenheit in der damaligen Zeit. Im Ersten Weltkrieg hatte er sich als Mittsechziger wieder zu den Fahnen gemeldet und war eingestellt, später noch zum Major befördert worden. Er war jahrzehntelang Aufsichtsratsvorsitzender der Nationalbank für Deutschland, stellvertretender Vorsitzender des Aufsichtsrats der Commerzbank und zählte zu den Gründern der Brauerei Patzenhofer, die sich nach ihrer Vereinigung mit Schultheiß unter seinem Vorsitz zur größten Brauerei der Welt entwickelte. Eugen Landau, auch Generalkonsul von Spanien, war führend tätig im ›Hilfsverein der deutschen Juden‹, langjähriger Vorsitzender des Vorstands und Förderer des Auerbachschen Waisenhauses, Schatzmeister des Erziehungsbeirats für schulentlassene Waisen, maßgebend bei der Stiftung ›Invalidendank‹ und bei zahlreichen weiteren philanthropischen Einrichtungen. 1933 weigerte sich der schon über Achtzigjährige, Deutschland zu verlassen. Er starb 1935 in Berlin . . .

Von den weiteren jüdischen Mitgliedern des ›Ehrenausschusses‹ aus dem Bereich der Wirtschaft seien noch erwähnt: Herbert Gutmann, in der Berliner Gesellschaft wohlbekannt, doch als Nachfolger seines Vaters, des Geheimrats Eugen Gutmann, dem die Dresdner Bank ihren Aufstieg zu einem Institut von Weltruf zu verdanken hatte, ohne Fortune; Ludwig Katzenellenbogen, der mit Tilla Durieux verheiratet war und dessen Konzerngründung, die mit der Schultheiß-Patzenhofer-Brauerei vereinigten ›Ostwerke‹, ein Opfer der Weltwirtschaftskrise wurde; der als Kunstsammler, aber auch als Mäzen bekannte Victor Hahn; Walter Sobernheim, ein Stiefsohn Eugen Landaus, Generaldirektor der Schultheiß-Patzenhofer-Brauerei, die er durch alle Krisen sicher steuerte, auch Mitglied des Vorstands des Reichsverbandes der Deutschen Industrie und des Hauptausschusses der Internationalen Handelskammer, und schließlich der Generalkonsul Dr. Paul Kempner, Schwiegersohn und Teilhaber Franz von Mendelssohns, dazu ein brillanter Jurist, der einer sehr angesehenen jüdischen Familie entstammte, aus der zahlreiche große Talente hervorgegangen sind.

Sein Vater, Geheimrat Maximilian Kempner (1854–1927) war ein sehr bekannter Rechtsanwalt und Industrieller, auch Leiter des Reichskalirats. Andere, entferntere Verwandte Kempners waren Lydia Rabinowitsch-Kempner (1871–1935), Bakteriologin, enge Mitarbeiterin von Robert Koch, erster weiblicher Universitätsprofessor in Preußen und bis 1933 Direktorin des Bakteriologischen Laboratoriums am Krankenhaus Berlin-Moabit; ihr Sohn, der Jurist Robert M. Kempner, war einer der amerikanischen Anklagevertreter bei den Nürnberger Kriegsverbrecherprozessen; Friederike Kempner (1836–1904), zu unfreiwilliger Berühmtheit gelangt durch ihre rührend komischen, aber durchaus ernstgemeinten Gedichte, dabei sehr bedeutend in ihrer Sozialarbeit, mit der sie zur Abschaffung der lebenslänglichen Einzelhaft und zu gesetzlichen Maßnahmen zur Verhinderung der Bestattung von Scheintoten maßgeblich beitrug, und schließlich deren Neffe, der berühmte Theaterkritiker und Essayist Alfred Kempner, genannt Kerr, der eigentliche Wegbereiter so bedeutender Dramatiker wie Gerhart Hauptmann und Henrik Ibsen...

Sicherlich war Alfred Kerr (1867–1948) an jenem Theaterabend im Schauspielhaus am Gendarmenmarkt ebenfalls anwesend. Doch – im Gegensatz zu Hans Lachmann-Mosse, bis 1933 Verleger des ›Berliner Tageblatts‹, in dem Kerr seine strengen Rezensionen veröffentlichte, und zu Theodor Wolff, der die Zeitung von 1906 bis 1933 als Chefredakteur leitete und Ende 1943 in Berlin an den Folgen der Haft im Konzentrationslager Sachsenhausen starb, wohin man den über Siebzigjährigen aus seinem französischen Exil deportiert hatte – saß der Kritiker nicht im ›Ehrenausschuß‹ und in einer der für dessen Mitglieder reservierten Logen. Das überließ er den Herren Chefredakteuren und Verlegern, denn Mitglieder des Ehren-Komitees waren natürlich auch die Vertreter der großen Mosse-Konkurrenz, Dr. Franz Ullstein (geboren 1868 in Berlin, gestorben 1945 in New York) und der Chefredakteur der ›Vossischen Zeitung‹, Georg Bernhard (geboren 1876 in Berlin, gestorben 1944 in New York, wohin ihm die Flucht aus Frankreich noch mit knapper Not gelang).

Nein, der teils gefürchtete, teils hochverehrte Kritiker Alfred Kerr saß natürlich im Parkett, in einer der vorderen Reihen, mit Notizblock und gespitztem Bleistift – genau wie seine Kollegen Bernhard Diebold von der ›Frankfurter Zeitung‹ und Monty Jacobs von der ›Vossischen‹, die beide gleichfalls jüdischer Herkunft waren. Und das läßt sich von beinahe allen bedeutenden Kritikern des deutschen Theaters in den Jahrzehnten vor 1933 sagen – von Siegfried Jacobsohn (1881–1926), dem Gründer der ›Schaubühne‹, dann der ›Weltbühne‹ und »glühendster Sachwalter eines von allen Schlacken befreiten Theaterlebens«, wie ihn Fritz Engel, ein anderer bekannter Bühnenkritiker, der in diese Aufzählung gehört, einmal genannt hat, über Alfred Polgar (1875–1956), Fritz Mauthner (1849–1923) und Friedrich Gundolf (1880–1931), dem großen Literaturhistoriker und Mitglied des Stefan-George-Kreises, bis zu Maximilian Harden (1861–1927), dem auch politisch so bedeutsamen Herausgeber der ›Zukunft‹, ganz zu schweigen von den Älteren wie Julius Stettenheim, Ludwig Fulda und dem großen Otto Brahm ...

Also ein Theater von Juden für Juden, mit vorwiegend jüdischen Autoren, Regisseuren, Schauspielern, Musikern, Kritikern und vermutlich auch überwiegend jüdischem Publikum ...? Dann hätte Goebbels, als er von einer ›fast totalen Verjudung‹ des deutschen Theaters sprach, ja recht gehabt ...!

Andererseits ist es bei objektiver Betrachtung einfach nicht von der Hand zu weisen, daß dieses, zwar nicht ›fast total verjudete‹, aber von einem sehr starken Einfluß führender Theaterleute und Rezensenten jüdischer Herkunft oft maßgeblich bestimmte Theater der Zeit vor 1933 zugleich diejenige Epoche der deutschen Bühnen- und auch Filmkunst war, die das höchste internationale Ansehen genossen und die Vielfalt an großen Talenten hervorgebracht hat, darunter natürlich auch viele Nichtjuden, von deren – meist bei Max Reinhardt, Victor Barnowsky oder auch dem (gleichfalls jüdischen) Gründer des Düsseldorfer Schauspielhauses, Gustav Lindemann, geschulter – Kunst das ›Dritte Reich‹ noch eine Zeitlang zehren konnte ...

Gegen solche Feststellungen pflegen auch Leute, die sich selbst niemals als Antisemiten bezeichnen, ja, ein solches Etikett weit von sich weisen würden, den Einwand zu machen, daß es – bei aller Bewunderung für die Kunst der einzelnen jüdischen Regisseure, Schauspieler oder auch Musiker – eben einfach *zu viele* Juden waren, und dann folgt meist die Bemerkung, daß die Juden sich selbst damit geschadet, sich zu sorglos vorgedrängt und so den Antisemitismus geradezu herausgefordert hätten. Man kann übrigens exakt die gleichen Thesen, fast mit denselben Worten, auch von manchen älteren deutschen Juden hören, nur werden sie davon nicht im geringsten überzeugender ...

Doch ehe wir uns näher mit diesen entscheidend wichtigen Fragen befassen und sie zu klären versuchen, wollen wir noch die letzten ›nichtarischen‹ Mitglieder des ›Ehrenausschusses‹ jener Gedächtnisfeier im Schauspielhaus am Gendarmenmarkt kurz betrachten, zunächst Dr. h. c. Georg Graf von Arco, dessen Mutter, Gertrud geborene Mossner, eine Schwester des – bereits an anderer Stelle erwähnten – ›volljüdischen‹ preußischen Generals der Kavallerie Walther von Mossner war. Graf Arco, 1869 in Groß-Gorschütz bei Ratibor geboren, war zunächst Offizier, dann Physiker und ein Pionier des Rundfunks, Erbauer des Nauener Funkturms, Erfinder der Hochfrequenzmaschine zur Erzeugung elektrischer Wellen und Gründer der ›Telefunken‹-Gesellschaft, die heute zum Siemens-Konzern gehört und die er von 1903 bis 1933 leitete. Auch er gehört zur deutschen Theatergeschichte, denn er hat stark dazu beigetragen, der Kunst und den Künstlern neue Medien zu erschließen. Er starb, als ›Halbjude‹ geächtet, 1940 in Berlin ...

Sodann ist noch Dr. Arthur Wolff zu nennen, Rechtsanwalt am Berliner Kammergericht und langjähriger geschäftsführender Direktor des deutschen Bühnenvereins, damals die Interessenvertretung der deutschen Bühnenleiter, heute die Vereinigung der Theaterträger. Übrigens ist auch der jetzige Tarifpartner des Bühnenvereins, die Genossenschaft Deutscher Bühnenangehöriger, 1871 von einem jüdischen Theatermann gegründet und zu einer für die Künstler wie für das technische und kaufmännische Personal gleichermaßen segensreichen Einrichtung gemacht worden, nämlich von dem einst sehr berühmten Schauspieler und Theaterleiter Ludwig Barnay (1842–1924) ...

Bleibt als letzter, aber wahrlich nicht geringster der zweiundzwanzig ›Nichtarier‹ unter den insgesamt vierunddreißig Mitgliedern des ›Ehrenausschusses‹ jenes Abends Professor Albert Einstein zu erwähnen, den wir jedoch hier nicht einmal als den großen Naturwissenschaftler und Philosophen, Ordinarius der Berliner Universität, Leiter des berühmten Kaiser-Wilhelm-(heute: Max-Planck-)Instituts für Physik und Nobelpreisträger, kurz, nicht als den wahrscheinlich bedeutendsten Gelehrten unserer Zeit betrachten wollen, der das Weltbild entscheidend verändert, die geistigen Grundlagen für die Erforschung des Alls gelegt und das philosophische Denken in neue Bahnen gelenkt hat, auch nicht als den großen Kunst-, vor allem Musikfreund und ausgezeichneten Violinspieler, der er war.

Vielmehr wollen wir lediglich mit einigen Vorkommnissen im Leben Einsteins, die auf die eine oder andere Weise mit dem Rassenwahn der Nationalsozialisten zusammenhängen, die Frage zu klären versuchen, ob nicht vielleicht in den Juden etwas ganz anderes getroffen und nach Möglichkeit vernichtet werden sollte als eine kleine lästige, religiöse oder auch ›rassische‹ Minderheit, von der die militanten Antisemiten sangen: »Wenn's Judenblut vom Messer spritzt, dann geht's noch mal so gut ...!«, während Leute, die sich von jedem Vorurteil frei dünkten, lediglich meinten, es wäre gut – auch im Interesse der Juden –, wenn der jüdische Einfluß zurückgedrängt würde auf ein Maß, das sie ›erträglich‹ zu nennen pflegten.

Am 10. Mai 1933 fand auf dem Berliner Opernplatz, vor dem Hauptgebäude der Universität, eine abendliche ›Feierstunde‹ besonderer Art statt: In Anwesenheit des mit der ›Reinigung der deutschen Kultur‹ von allen jüdischen und anderen ›zersetzenden‹ Einflüssen beauftragten neuen Reichsministers für Volksaufklärung und Propaganda, Dr. Joseph Goebbels, wurden auf einem riesigen Scheiterhaufen, unter dem Gejohle fanatisierter Studenten, zahlreiche Bücher und Schriften unterschiedlichster Art verbrannt, darunter auch einige kurze Aufsätze sowie das 64seitige Hauptwerk Albert Einsteins, ›Die Grundlagen der allgemeinen Relativitätstheorie‹.

Vom 23. August 1933 an veröffentlichte der ›Deutsche Reichs- und Preußische Staatsanzeiger‹ eine Reihe von Bekanntmachungen, die jeweils mit den Worten begannen: »Auf Grund des § 2 des Gesetzes über den Widerruf von Einbürgerungen und die Aberkennung der deutschen Staatsangehörigkeit vom 14. Juli 1933 (RGBl I S. 48) erkläre ich im Einvernehmen mit dem Reichsminister des Auswärtigen folgende Reichsangehörige der deutschen Staatsangehörigkeit für verlustig, weil sie durch ein Verhalten, das gegen die Pflicht zur Treue gegen Reich und Volk verstößt, die deutschen Belange geschädigt haben ...« Unter den so Ausgebürgerten befand sich auch »Einstein, Albert, geb. am 14. März 1879«.

Schließlich wurde im Herbst 1933 in Berlin eine Wanderausstellung eröffnet, die dann auf Deutschland-Tournee ging und deren Besuch allen Schulklassen zur Pflicht gemacht wurde. Es handelte sich um eine Aktion zur ›Aufklärung aller Volksgenossen über die Feinde des deutschen Volkes‹. Unter den Ausstellungsobjekten befand sich auch ein stark vergrößertes Foto des bedeutendsten deutschen Gelehrten der Neuzeit mit der Unterschrift: »Einstein. Erfand eine stark umstrittene Relativitätstheorie. Wurde von der Judenpresse und dem ahnungslosen deutschen Volk hoch gefeiert, dankte dies durch verlogene Greuelhetze gegen Adolf Hitler im Ausland. (Ungehängt)«....

Waren dies alles nur Auswüchse des Rassenwahns? Nun, gewiß nicht allein, denn unter den Autoren, deren Werke im Mai 1933 vor der Berliner Universität öffentlich verbrannt wurden, waren auch zahlreiche ›Arier‹. Schon unter den ersten Namen, die Goebbels der versammelten Menge nannte – »Gegen Frechheit und Anmaßung! Für Achtung und Ehrfurcht vor dem unsterblichen deutschen Volksgeist!

Verschlinge, Flamme, die Schriften des Tucholsky und Ossietzky!« –, bezeichnete der eine zwar in Kurt Tucholsky, dem unvergleichlichen Essayisten, Poeten und Kritiker, einen der Großen der deutschen Literatur, der jüdischer Herkunft war. Der mutige Pazifist Carl von Ossietzky indessen, dem noch in Konzentrationslagerhaft, an deren Folgen er 1938 starb, der Friedens-Nobelpreis verliehen, dessen Annahme ihm jedoch durch einen wütenden Erlaß Hitlers verboten wurde, war durchaus ›deutschblütig‹, zumindest nach den ›Rasse‹theorien der Nazis ... Ebenso waren viele andere bekannte Autoren, deren Bücher damals dem Scheiterhaufen übergeben wurden, weder Juden noch auch nur teilweise jüdischer Herkunft – Erich Kästner, zum Beispiel, oder Erich Maria Remarque, Bertolt Brecht, Klabund, Heinrich und Thomas Mann (wobei allerdings der letzte, Literatur-Nobelpreisträger des Jahres 1929, der Schwiegersohn des bekannten Münchener Mathematikers jüdischer Herkunft, Professor Alfred Pringsheim, war) oder auch Theodor Heuss, August Bebel, Friedrich Wilhelm Förster, ganz zu schweigen von den vielen ausländischen Autoren wie James Joyce, Jack London, Maxim Gorki, John Dos Passos, Ernest Hemingway, Upton Sinclair, Salvador de Madariaga oder auch Jaroslav Hašek, dem Vater des ›braven Soldaten Schwejk‹ ...

Die deutschen Juden konnten lediglich für sich in Anspruch nehmen, daß sie, eine winzige Minderheit, den Löwenanteil an bedeutenden Autoren der deutschen Literatur stellten, deren Werke damals – nicht nur auf dem Opernplatz in Berlin, sondern auch auf dem Frankfurter Römerberg, vor der Bismarcksäule zu Dresden, auf dem Münchner Königsplatz, auf dem Schloßplatz in Breslau und noch an vielen anderen Orten des Reiches – ins Feuer geworfen wurden. Und es waren darunter – von den philosophischen Schriften Moses Mendelssohns bis zu den Dramen und

Gedichten Erich Mühsams, der schon im Januar 1933 prophezeit hatte: »Wir, die wir nun ins Exil, in die Zuchthäuser, auf die Schafotte gehen ...« und der ein Jahr darauf im KZ auf sadistische Weise umgebracht wurde – nicht nur viele, viele Bücher, die den Ruhm der deutschen Literatur in der Welt verbreitet, sondern auch einige, die Goebbels und dem Autodafé zum Trotz, diese Welt verändert haben: das ›Kommunistische Manifest‹, das Karl Marx zusammen mit Friedrich Engels schrieb; Sigmund Freuds ›Zeitgemäßes über Krieg und Frieden‹ und Einsteins damals nur wenigen begreiflicher Nachweis der Identität von Masse und Energie ...

Auch die Ausbürgerungslisten enthielten, neben den Namen berühmter und weniger berühmter deutscher Juden, diejenigen zahlreicher ›Arier‹. Auf derselben Liste wie Georg Bernhard, Alfred Kerr, Ernst Toller und Kurt Tucholsky standen die Namen nichtjüdischer Pazifisten wie Friedrich Wilhelm Förster, Hellmut von Gerlach oder Otto Lehmann-Rußbüldt; zusammen mit Professor Albert Einstein wurden auch eine ganze Reihe von ›Ariern‹ ausgebürgert, zum Beispiel die Schriftsteller Frank Arnau, Theodor Plievier und Oskar Maria Graf ...

Und in der Ehrengalerie der angeblichen Feinde Deutschlands, das heißt der aufrechten Gegner des Hitler-Regimes, hing nicht nur das Foto des ›Vaters der Relativitätstheorie‹ und anderer berühmter Gelehrter jüdischer Herkunft, sondern auch eine Anzahl von Bildern, die Politiker, Wissenschaftler, Künstler und Publizisten unterschiedlichster Couleur darstellten – von Ernst Thälmann, dem populären, später im KZ, zusammen mit Rudolf Breitscheid, auf Anweisung Hitlers ermordeten, ›rein arischen‹ Führer der deutschen Kommunisten, über den Sozialdemokraten Otto Wels, der 1933 die Zustimmung der SPD zu dem von Hitler geforderten Ermächtigungsgesetz mutig verweigert – »Wir sind wehrlos, aber nicht ehrlos!« – und sich damit den Haß der Machthaber zugezogen hatte, bis zu liberalen Publizisten und christlichen Moraltheologen ...

»Die deutsche Volksseele kann nun wieder selbst zum Ausdruck kommen«, so erklärte Joseph Goebbels, der einst froh gewesen wäre, wenn der ebenso berühmte wie ›nichtarische‹ Heidelberger Literaturhistoriker Friedrich Gundolf ihn als Doktoranden angenommen hätte, den Berliner Studenten anläßlich der von ihm selbst erdachten und inszenierten Bücherverbrennung. »Diese Flammen werfen ihr Licht nicht allein auf das Ende einer vergangenen Ära, sondern auch auf den Beginn einer neuen ...« Die neue Ära, die nun begann, brachte außerordentliche Veränderungen in allen Bereichen der Kultur. Was beispielsweise die Malerei betraf, so wurden nun aus den deutschen Galerien nahezu alle modernen Bilder entfernt, Werke von Max Liebermann und Marc Chagall ebenso wie die von Paul Klee, Gauguin, Picasso, Cézanne, Matisse oder van Gogh. Eine ›artgemäße‹ Malerei wurde propagiert. Für das ›Haus der deutschen Kunst‹ wurden von rund fünfzehntausend eingereichten Werken nur neunhundert dem ›Führer‹ selbst zur endgültigen Auswahl präsentiert. Hitler war, wie Goebbels in seinem Tagebuch vermerkt hat, mit dem, was man ihm zeigte, noch keineswegs zufrieden. Er befahl nicht nur, einige wieder abzuhängen und als ›entartet‹ zu verbannen, sondern zertrat auch das eine oder andere Werk mit dem Stiefelabsatz. Was er übrigließ, hat William L. Shirer, der bei der Eröffnung des ›Hauses der deutschen Kunst‹ in München dabei war, den ›größten Kitsch‹ genannt, den er ›jemals in irgendeinem Land der Welt gesehen‹ hätte.

Auf dem Gebiet der Architektur vollzog sich Entsprechendes. Das Dessauer Bauhaus wurde geschlossen. Für die bedeutendsten Architekten, und nicht nur die Juden unter ihnen, wie Erich Mendelsohn oder Richard J. Neutra, sondern auch für ›Arier‹ wie Walter Gropius und Ludwig Mies van der Rohe, war fortan in Deutschland kein Platz mehr. Nicht einmal vor der Zerstörung von ›artfremden‹ Bauwerken machte die Barbarei halt: Das Palais Ephraim, eine Perle des Berliner Rokoko, fiel der Spitzhacke zum Opfer ...*

Und was sich im Bereich des Theaters abspielte, das hat Max Ophuels treffend skizziert: »So ging ich also am nächsten Morgen ins Theater. Es war zehn Minuten nach zehn. Traditionsgemäß trudelten die Berliner Schauspieler erst langsam und verschlafen gegen elf ein. Als ich auf die leere Bühne trat, stand am Souffleurkasten ein Mann, der mir unbekannt war. Er sah jung aus, hager, energisch, nicht gut genährt – er hätte stellungsloser Ingenieur sein können oder Zivilbeamter der Kriminalpolizei. Er sagte mit schmalen Lippen: ›Ich bin der neue Direktor. Herr Barnowsky wird dieser Tage seine Stelle niederlegen. Ich vertrete ihn, ja ich ver... Ich wollte nur eins festlegen: Von jetzt ab beginnen die Proben um zehn. Wer nach zehn – ob Talent oder nicht –, ist nicht mehr interessant. Wollen Sie das bitte Ihren Schauspielern mitteilen...? Und es gilt auch für Sie... nebenbei...‹ Ich ging zur Telefonzelle hinter den Kulissen, rief meine Frau an und sagte: ›Packen!‹ Auch die Valetti meinte: ›Wenn die Stationsvorsteher die Bühne übernehmen, dann wird's Zeit.‹...«

Nichts gegen wirkliche Stationsvorsteher am rechten Ort – aber Rosa Valetti, die große ›komische Alte‹ des Theaters und Films vor 1933, hatte den Nagel auf den Kopf getroffen: Von nun an war die Kunst wie alles andere in Deutschland

* Die Fassadenteile überdauerten den Zweiten Weltkrieg auf einem Lagerplatz im Westen der Hauptstadt, wurden von Westberlin der DDR zur Verfügung gestellt und dort dem prächtigen Neubau des ›Palais Ephraim‹ angefügt, der an der alten Stelle errichtet und 1987, rechtzeitig zum Stadtjubiläum, fertig wurde.

der Befehlsgewalt von Uniformträgern ausgeliefert, die mit hochgerecktem rechtem Arm immerzu ›Dienst‹ taten, sich mittels Trillerpfeifen artikulierten und alles ihrer eigenen Borniertheit ›gleichzuschalten‹ trachteten. An die Stelle von freien Entfaltungsmöglichkeiten, Leistung, Geist, Talent und Genie traten nun ein immer brutaler werdender Terror, ›Arier‹nachweis, dumpfe Spießermentalität, pseudeo-nationaler Kitsch und ein byzantinischer ›Führer‹kult.

Haß und Neid der Zukurzgekommenen und Gescheiterten auf die Hervorragenden und Erfolgreichen brachen sich Bahn. Ressentiments gegen alles von den Spießer-Normen Abweichende, wie sie seit eh und je in Kleinbürgerseelen schlummerten, wurden nun wachgetrommelt und aufgepeitscht, erhielten auch endlich ein einigermaßen klares Ziel: die Juden ...

Bislang hatten, zumal in der Metropole, nur gewisse Außenseitergruppen des Judentums das Mißfallen des Kleinbürgertums erregt, und sie waren nicht klar zu unterscheiden gewesen von den übrigen Angehörigen verhaßter Gruppen – etwa den protzigen Parvenüs aus dem Heer der vorwiegend nichtjüdischen Flüchtlinge, die nach 1918 aus Ost- und Südosteuropa nach Deutschland gekommen waren, oder auch denjenigen Söhnen und Töchtern aus der alteingesessenen Oberschicht, die als Linksintellektuelle, durch Promiskuität, Vorliebe für Jazz, abstrakte Malerei oder sonstwie aus dem Rahmen fielen. Nun aber verkündete eine neue, vom Herrn Feldmarschall-Reichspräsident Paul von Hindenburg legitimierte hohe Obrigkeit, es gebe einen grundsätzlichen Unterschied zwischen ›Herren‹- und ›Untermenschen‹, zwischen edlen nordischen ›Ariern‹ und ›artfremdem‹ Gesindel vorderasiatischen Ursprungs, das sich Juden nannte, sofern es sich nicht durch allerlei Tricks, zum Beispiel die Taufe, getarnt hatte.

Hitler sei Dank, die allermeisten deutschen Spießer konnten sich nun zu den Edlen zählen, und dafür nahmen sie, wenn auch mit unterschiedlichen Gefühlen, in Kauf, daß die Regierung ein paar Familien, die ihnen mehr oder weniger gut bekannt waren und an denen sie bislang kaum etwas auszusetzen hatten, zu Parias machte; daß ihr stets hilfsbereiter und tüchtiger Hausarzt keine Praxis mehr ausüben durfte; daß der schwerkriegsverletzte, strammnationale Herr Oberstudienrat aus dem ersten Stock sich das Leben nahm...

Sie fanden es nur etwas verwirrend, daß so vieles Jüdische – etwa Mendelssohn-Bartholdys Lieder oder Heines Loreley oder auch Charly Chaplin, der Clown Grock oder der populäre Heldendarsteller Conrad Veidt, ja selbst ihre Lieblingsoperette ›Im Weißen Rößl‹ – nun geächtet war, während so vieles, das ihnen hassenswert erschien, sich als ›rein arisch‹ entpuppte.

Doch Dr. Goebbels verstand es, das Dilemma zu beseitigen: Da schon alle Juden ›artfremd‹ waren, obwohl man sie häufig gar nicht so empfand, mußte das ›Artfremde‹ natürlich erst recht jüdisch sein. Die schon von Hitler behauptete Identität von Judentum und Marxismus bildete die Grundlage und das Vorbild für alle weiteren Gleichungen: Juden wirkten ›zersetzend‹, Jazz ebenfalls, also war Jazz etwas Jüdisches; Juden spekulierten, die Quantentheorie war für ›Arier‹ zu spekulativ, also waren ihre nichtjüdischen Vertreter ›Geistesjuden‹; die Juden wollten die Deutschen ›entarten‹ lassen, moderne Malerei war ›entartete Kunst‹, also jüdisches Machwerk; Wucher, Mädchenschändung, Pornografie, aber auch Schleuderpreise, Homosexualität und Freikörperkultur waren samt und sonders jüdische Mittel zum Zweck, die deutschen ›Arier‹ zu unterjochen und auszubeuten, also waren alle ›Deutschblütigen‹, die sich auf solche und andere Weise ›artfremd‹ betätigten, ›weiße Juden‹, und diejenigen Angehörigen der Hocharistokratie, die trotz

Brief von Moses Mendelssohn an »Herrn Friedrich Nicolai, Buchhändler aus Berlin jetzt in Leipzig«

». . . Ich habe Ihnen kaufmännische Commissionen aufzutragen und sinne, wie ich solche so fein, so in dem gellertschen Geschmake vor bringen möchte . . . Den Salomo habe ich mir, da meine Augen noch schwach waren, vor lesen lassen, aber, Gott weiß es! nicht verstanden, und jetzt, da ich wiederum selbst lesen kan, habe ich mich noch nicht überwinden könen, ein zweites Lesen zu wagen. Ich bin sehr begierig, Hrn. Resewitz' Anzeige davon zu lesen. Wenn ich mein Leben mit einer Recension retten könte, so wüßte ich nicht, was ich von dem Salomo sagen könte. Was Hr. Bodmer dazu sagen wird? . . . Wie Hrn. Lamberts neues Organon zu bekommen ist, – das versteht sich. Von anderen Neuigkeiten ist mir nichts zum voraus bekant. Iselins Geschichte der Menschheit hoffe ich von ihm selbst zu bekommen. Wenn Sie Anstalt machen könten, daß wir the Monthly Review wenigstens von vierteljahr zu vierteljahr bekämen, das wäre nicht übel . . . Wenn wir nicht wißen, was in England vor gehet, so glauben wir immer, wir spielten auf der Bühne der Literatur eine wichtige Rolle . . .«

M.s enger Freund Friedrich Nicolai besuchte die Leipziger Buchmesse. »Der Salomo«: Gemeint ist wohl der Lyriker und Prosaiker Salomon Gessner aus Zürich, 1730–1788, der 1749 inBerlin eine Buchhändlerlehre begonnen, sich seit 1751 auch als Dichter versucht hatte, ohne zunächst viel Beachtung zu finden.
Gellert veranstaltete damals in Leipzig stilistische Seminare.
Resewitz: Friedrich Gabriel R., 1729–1806, Theologe, Schriftsteller und Philosoph der Aufklärung, gründete dann mit M.M. und Nicolai in Berlin eine Gelehrte Gesellschaft.
Bodmer: Johann Jakob B., 1698–1783, schweizerischer Dichter und Schriftsteller, als Literaturkritiker bekannt für seine Schroffheit und harte Polemik.
Lambert: Johann Heinrich L., Philosoph und Naturwissenschaftler, 1728–1777. Der Sohn eines armen Schneiders fand als Autodidakt mit 16 Jahren bei der Berechnung des Kometen von 1744 das ›Lambertsche Theorem‹, wurde 1746 Sekretär bei Iselin in Basel, 1759 Ordinarius in München, 1765 Mitglied der Berliner Akademie der Wissenschaften. Sein philosophisches Hauptwerk, »Der neue Organon«, erschien 1764 in Leipzig (2 Bde.).
Iselin: Isaak I., philosphischer Schriftsteller in Basel, 1728–1782; von seiner »Geschichte der Menschheit« erschien der 1. Bd. im Frühjahr 1764.

»Was diese Ritter von der traurigen Gestalt anfingen, wenn sie keine Juden hätten, ist nicht auszudenken. Sie leben geradezu von ihnen. Und kein Argument stimmt . . . Politisch lenkt die Wahlparole gegen die Juden die Aufmerksamkeit eines schwer düpierten Volkes von seinen eigentlichen Verbrechern ab: . . . von den Repräsentanten eines schlechten Deutschtums, das einen zweifeln läßt, ob es ein besseres gab . . .«

KURT TUCHOLSKY *(1890–1935)*

»DIE BLONDE HE« – *so nannte man Helene Mayer, die langjährige Deutsche Meisterin im Florettfechten der Damen. Bei der Berliner Olympiade 1936 trat sie – als »rassisch« Verfolgte bereits emigriert – noch einmal für Deutschland an und gewann die Silbermedaille, im Jahr darauf – nun bereits Amerikanerin – die Weltmeisterschaft. In den USA war sie Professorin der Staatswissenschaften an der Universität von Berkeley.*

Verehrtester Freund.

Ich habe Ihr [illegible] Compliment [illegible], und [illegible]
[illegible]
[illegible]
[illegible] — [illegible]
2 [illegible] Adresse [illegible]
Moses Wessely [illegible] nach Hamburg [illegible]
[illegible] an Hr. Iselin
nach Basel [illegible]
[illegible]
[illegible]
[illegible] Salomo [illegible]
[illegible] Gott [illegible]
[illegible]
[illegible]
[illegible] Rosenthal [illegible]
[illegible] Recension
[illegible] Salomo [illegible]
[illegible]
[illegible]
[illegible]
[illegible] Magazin [illegible]
[illegible] the monthly

review [illegible]
[illegible]
[illegible] England [illegible]
[illegible] Litteratur
[illegible]
[illegible]
[illegible]
[illegible] Ich bin

Ihr

Berlin d. 15. May 1781

ergebenster Freund
Moses Mendelssohn

zweiunddreißig ›arischer‹ Ahnen nicht SS-Führer wurden, waren – so Heinrich Himmler – »nicht viel besser als die Juden«; sie sollten nach dem Endsieg von Goebbels als Spione oder Sittlichkeitsverbrecher angeprangert und im Berliner Lustgarten öffentlich gehängt werden ...*

Man war, wie die Beispiele zeigen, nicht eben wählerisch in den Mitteln, alles für jüdisch zu erklären, was hassenswert oder auch nur mißliebig war. Und erst recht nicht gerade penibel ging man bei der Definition des ›den Gegensatz zum Arier bildenden Juden‹ vor: Während man gleichzeitig predigte, die Konfession sei gleichgültig, die ›Rasse‹ allein entscheide, genügte zum ›Arier‹nachweis die Taufbescheinigung aller vier Großelternteile. Umgekehrt wurde von der mosaischen Konfession eines Ahnen, auch wenn dieser, sogar bloß vorübergehend, zum Judentum übergetreten war, »ohne weiteres«** die ›nichtarische‹ Abstammung der Nachkommen abgeleitet – mit allen mißlichen, oftmals tödlichen Folgen und ohne daß ein Gegenbeweis auch nur zulässig gewesen wäre ...! (Elizabeth Taylor, Marilyn Monroe, Norma Shearer oder auch die Schwedin May Britt, um nur vier weltbekannte Schauspielerinnen zu nennen, die zum mosaischen Glauben übertraten, hätten also im ›Dritten Reich‹ als ›Nichtarierinnen‹, ihre Nachkommen ›ohne weiteres‹ als Juden oder Mischlinge gegolten, obwohl eine ›rassische‹ Begründung dafür nicht zu erbringen wäre ...)

Umgekehrt scheute man nicht davor zurück, Persönlichkeiten, die den ›Gleichungen‹ zufolge eigentlich Juden hätten sein müssen, es aber nicht waren, einfach dazu zu

* »Die Fürsten sollten zu Fuß die Straße Unter den Linden langgeführt werden. Dabei würde die Arbeitsfront die Menschenmassen stellen, die am Wege stehen, die Fürsten bespucken und so die Volkswut zum Ausdruck bringen ...« So notierte sich Himmlers Leibarzt und Masseur Felix Kersten über eine Unterhaltung mit dem ›Reichsführer SS‹.

** Vgl. den Auszug aus dem Kommentar zu den sog. ›Blutschutz‹gesetzen von Stuckart und Globke im Dokumentenanhang.

erklären, und mitunter unternahm man auch ungemein törichte Versuche, sich ›Beweise‹ für solche Behauptungen zu beschaffen. Hitlers ›Hoffotograf‹ Heinrich Hoffmann wußte nach dem Kriege zu berichten, daß der ›Führer‹ ihn mit Außenminister Joachim von Ribbentrop zur Unterzeichnung des deutsch-sowjetischen Bündnisvertrages nach Moskau reisen ließ, damit er dort aus nächster Nähe eine Großaufnahme von Stalins Ohrläppchen mache! Hitler wollte so erfahren, ob sie nicht vielleicht doch angewachsen und ›damit jüdisch‹ wären ...

Wenn es über das rein Propagandistische hinaus irgendeinen Sinn in diesem staatlich dekretierten Judenhaß gab, der zugleich alles andere traf, was – im Guten wie im Bösen – von der spießbürgerlichen Norm abwich, so war es vor allem der Wunsch nach ›Gleichschaltung‹ nicht allein im Administrativen, sondern auch in allen geistigen, künstlerischen und sonstigen kulturellen Bereichen. Die braven jüdischen Bürger, erst recht die Masse der Kleinbürger und Proletarier mosaischen Glaubens oder bloß ›nichtarischer‹ Herkunft, hätten Hitler und seinen Kumpanen völlig gleichgültig sein können und waren es ihnen im Grunde wohl auch. Diese Menschen wurden nur Opfer des mit totalitären Mitteln vollstreckten Pauschalurteils, das sich eigentlich gegen andere, Juden wie Nichtjuden, richtete.

Umgekehrt hätte Professor Albert Einstein, auch wenn er zufällig nicht Jude gewesen wäre, geächtet und – vom Standpunkt der Nationalsozialisten aus – ›unschädlich‹ gemacht werden müssen, und mit ihm einige tausend weitere Gelehrte, Künstler, Publizisten oder auch Pädagogen. Denn um den Antisemitismus so attraktiv wie möglich zu machen, mußte er sich gegen jeden freien und fortschrittlichen Geist, gegen nahezu alles Geniale, Überragende, das Mißtrauen und vor allem den Neid des Spießers Erregende wenden.

Bleibt die Frage, wie es kam, daß es unter den deutschen Juden (und unter denen, die mit Hilfe der ›Arier‹paragraphen dazu gemacht wurden) so erstaunlich viele, auf den verschiedensten Gebieten hervorragende Persönlichkeiten gab – weit mehr, als ihrem Bevölkerungsanteil entsprochen hätte.

Viertes Kapitel
AUF WIEDERSEHEN, HERR PROFESSOR...!

Bis zum Anfang des vorigen Jahrhunderts gab es zahlreiche deutsche Städte und Zwergstaaten, die sich von jeweils Andersgläubigen freizuhalten trachteten. Das betraf keineswegs allein die Juden, sondern auch Christen eines anderen als des gerade ortsüblichen Bekenntnisses.

So durften beispielsweise in der Altstadt von Hannover seit der zwangsweisen Reformation im Jahre 1533 bis zum Beginn des 19. Jahrhunderts nur Lutheraner leben; Hugenotten, Katholiken, Juden und andere nicht ›Rechtgläubige‹ wurden nur außerhalb der Altstadt geduldet und hatten weder Zunft- noch volles Bürgerrecht, weder Ratsfähigkeit noch die Erlaubnis, den Stadtkern außerhalb genau festgelegter Stunden zu betreten.

Im Erzbistum Salzburg, einem selbständigen Staat mit rund zweihunderttausend Einwohnern, der unter dem dominierenden Einfluß der Jesuiten stand, entschloß man sich im Herbst 1731 zur Ausweisung aller Protestanten, zu deren Gemeinden vornehmlich die unter harter Fron leidenden Bauern gehörten. Wer bis zum Reformationstag jenes Jahres dem Luthertum nicht abgeschworen und sich reuig zum römisch-katholischen Glauben bekehrt hatte, mußte binnen acht Tagen das Land verlassen. Haus- und Grundbesitzern wurde, je nach dem Umfang ihrer aufzugebenden Immobilien, eine Frist bis zu drei Monaten gewährt. Wie groß die Anzahl der Vertriebenen war, läßt sich ahnen, wenn man weiß, daß allein das Königreich Preußen 15 508 Salzburger Vertriebene aufnahm, während die übrigen nach Schweden, Dänemark und Holland zogen. Bis zur Säkularisierung des Erzbistums im Jahre 1802 blieb das Aufenthaltsverbot für Nicht-Katholiken bestehen ...

In der Kurpfalz – um ein letztes von vielen hundert möglichen Beispielen zu nennen – wurden nach der Reformation und bis zum Jahre 1576 die Anhänger Calvins in jeder Weise begünstigt, Katholiken und Lutheraner dagegen ihrer Bürgerrechte beraubt und zum Teil vertrieben. Danach setzte für kurze Zeit eine Unterdrückung und Vertreibung der Calvinisten ein. Unter zwei weiteren Kurfürsten wurde dann die reformierte Lehre wieder zur Staatsreligion erhoben, Andersgläubige des Landes verwiesen. Um 1700, nach dem Ryswyker Frieden, fiel der katholischen Minderheit die Herrschaft zu, und es begann eine Verfolgung der Calvinisten wie der Anhänger Luthers. Wer nicht Katholik war, durfte kein Amt mehr bekleiden, mußte in manchen Städten sein Haus räumen und in einem nahen Dorf Zuflucht nehmen ...

In Berlin war man nach der Reformation schon bald sehr viel großzügiger vorgegangen, weniger aus Tugend denn aus Not. Zu Beginn des 17. Jahrhunderts hatte die kurbrandenburgische Metropole samt ihren Vororten immerhin rund vierzehntausend Einwohner gezählt; um die Jahrhundertmitte, nach dem Ende des Dreißigjährigen Krieges, waren es kaum noch die Hälfte. Die Vorstädte hatte man, auf Befehl des Kurfürsten und zur Verbesserung der Verteidigungsmöglichkeiten, niederlegen müssen, aber auch in der Stadt selbst standen von 874 Häusern nicht weniger als 147 leer. So hatte denn der Landesherr, den man später den ›Großen Kurfürsten‹ nannte, um den Niedergang seiner Hauptstadt aufzuhalten und die Wirtschaft wieder zu beleben, zahlreiche Fremde auch anderen als in Brandenburg ›rechtmäßigen‹ Glaubens herbeigeholt, vor allem französische Hugenotten, die in ihrer Heimat einer unerhört grausamen Verfolgung ausgesetzt waren. Die ›Kolonie‹, wie man die Neubürger aus Frankreich in Berlin nannte, erhielt zum Ärger der Alteingesessenen zahlreiche Privilegien, beispielsweise langjährige Steuerfreiheit, eigene Gerichtsbarkeit, Erlaubnis zum Bau einer großen Kirche, wo an jedem zweiten Sonntag ein reformierter Gottesdienst in französischer Sprache abgehalten werden durfte, und auch eigener Schulen.

Um 1700 zählte Berlin, das sich zu einer blühenden Stadt entwickelt hatte, bereits mehr als zwanzigtausend Einwohner, und davon waren rund achttausend, also mindestens jeder Dritte, hugenottischer Herkunft. Doch auch bei den übrigen Berlinern handelte es sich überwiegend um Zugewanderte. Vor allem vertriebene Protestanten aus der Pfalz, der Schweiz und dem Salzburgischen, Böhmische Brüder und Waldenser aus Norditalien waren aufgenommen worden, ferner zahlreiche polnische Katholiken, auch Wenden aus der Lausitz und dem Spreewald, die in den Bürgerhäusern als Hausburschen, Mägde und Ammen dienten, und schließlich noch eine weitere bedeutende Gruppe, die unsere besondere Aufmerksamkeit verdient: die Wiener.

Fünfzig Familien waren 1671 durch den Wiener Agenten des Großen Kurfürsten, Andreas Neumann, sorgfältig ausgewählt und zur Ansiedlung in Berlin empfohlen worden.

Eine Generation später zählte diese Wiener Kolonie (samt den ›Unvergleiteten‹, das heißt: mit keinem Schutzbrief versehenen Hinzugekommenen, darunter neben Dienstboten auch Hauslehrer, Geistliche, Ärzte und deren Angehörige) nahezu zweitausend Köpfe.

1705 zahlten ›die Wiener‹, wie man sie immer noch nannte, genau 117 437 Taler Akzise, wogegen die übrige, alteingesessene Berliner Kaufmannschaft zusammen nur 43 865 Taler Steueraufkommen hatte. Trotzdem gestattete man diesen aus Wien Zugewanderten zwar Haus- und Grunderwerb, die Gründung neuer Industrien und manches andere, bis 1714 aber nicht, was man den Hugenotten gnädig bewilligt hatte: ein eigenes Gotteshaus. Der Grund war einfach: Die französischen Neubürger waren immerhin Christen, die Wiener hingegen nicht. Sie hatten um ihres jüdischen Glaubens willen Österreich verlassen müssen.

Wenn Berlin und darüber hinaus der ganze brandenburgisch-preußische Staat vor dem wirtschaftlichen Ruin bewahrt blieb, wie er nach dem Dreißigjährigen Krieg und dann wieder im 18. Jahrhundert, infolge der ungemein kostspieligen Feldzüge Friedrich des Großen, gedroht hatte, so war das in erster Linie den jüdischen und hugenottischen Bürgern zu verdanken, deren Elite für Berlin und Preußen eine ähnliche Rolle spielte wie die portugiesisch-spanischen Juden für die Entwicklung Hamburgs oder die polnisch-jüdischen Pelz- und später Buchhändler für Leipzig.

In Berlin bildeten die hugenottische Kolonie und die Nachkommen der 1671 aus Wien eingewanderten Juden die wirtschaftlich und kulturell tragende Schicht. Daneben spielten nur noch die meist adligen höheren Beamten und Offiziere eine Rolle, die zunächst eine von den Juden und anfangs auch von den Hugenotten streng geschiedene Kaste bildeten. Den Adligen unter den Mitgliedern der französischen Kolonie ebenso wie später den aristokratischen Refugiés, die erst nach der Revolution von 1789 nach Berlin kamen, und auch manchen polnischen, schottischen und sonstigen Edelleuten, die in Preußen im Exil lebten, standen der Staatsdienst und der Offiziersberuf, somit auch der Eintritt in diese Kaste offen; den Juden blieb er aus religiösen Gründen noch ein halbes Jahrhundert lang verwehrt und wurde ihnen auch im Zuge der Emanzipation nur zögernd gestattet. Um so stärker konzentrierte sich das jüdische Bürgertum auf die freien Berufe, das Bankwesen, die Industrie und den Handel, pflegte daneben, da die Universitäten ihm noch verschlossen waren, im privaten Kreis die Künste und Wissenschaften.

Im Zuge der Aufklärung fielen nach und nach die gesellschaftlichen Schranken zwischen preußischem Adel und jüdischem Großbürgertum, bald auch zwischen der meist schon getauften und sehr patriotisch gesinnten jüdischen Oberschicht und den sich nicht minder als Preußen fühlenden Hugenotten. Von den Salons der Rahel, der Henriette Herz und der Dorothea Schlegel geborenen Mendelssohn und ihrem nachhaltigen Einfluß auf die Literatur und Kunst des frühen 19. Jahrhunderts ist bereits die Rede gewesen, auch von den zahlreichen Heiraten wohlerzogener und auch wohlhabender Jüdinnen mit Angehörigen des Adels. Hinzuzufügen wäre noch, daß es in Berlin und bald auch im übrigen Preußen schon um die Mitte des 19. Jahrhunderts kaum noch ein Adelsgeschlecht gab, das sich nicht auf die eine oder andere Weise mit einer jüdischen Familie verwandtschaftlich verbunden hatte, das preußische Königshaus nicht ausgenommen.

So war beispielsweise ein Neffe König Friedrich Wilhelms III., der Admiral und Oberbefehlshaber der königlichen Marine, Prinz Adalbert von Preußen, eine eheliche Verbindung mit einer Bürgerlichen jüdischer Herkunft eingegangen. Die Dame seiner Wahl, Therese Elßler, eine Schwester der gefeierten Tänzerin Fanny Elßler, wurde zwar keine Prinzessin von Preußen, denn es war eine sogenannte morganatische Ehe, die nicht den strengen Hausgesetzen entsprach, aber immerhin wurde aus Therese Elßler durch königliches Dekret eine Baronin von Barnim, und ein Sohn des Prinzen und der jüdischen Baronin konnte als Adalbert Freiherr von Barnim in das feudale Offizierskorps der Gardedragoner eintreten.

König Friedrich Wilhelm III. erhob auch die Gemahlin ›zur linken Hand‹ des Prinzen August von Preußen, die jüdische Bürgerliche Maria Arend, in den preußischen Adelsstand; sie und ihre sieben Kinder erhielten den Namen ›von Prillwitz‹. Eine der Töchter, Elise von Prillwitz, heiratete dann den Grafen Harry von Arnim; ein Sohn, Ludwig, ehelichte die Gräfin Georgine von Moltke; deren Tochter Wanda vermählte sich mit Hans von der Marwitz, und auch die zahlreichen Kinder der jüngsten Tochter, Klara von Arnim geborenen von Prillwitz, verheirateten sich sämtlich mit Angehörigen bekannter preußischer Adelsfamilien.

Verbindungen zwischen adligen Christen und jüdischen Bürgerlichen beschränkten sich in Preußen aber – wie gesagt – keineswegs auf das Königshaus. So heiratete etwa der preußische Finanzminister und spätere Oberpräsident von Schlesien, Friedrich Graf von Bülow, im Jahre 1804 die jüdische Kaufmannstochter Jeanette Schmucker. Ihre Nachkommen verbanden sich mit Angehörigen der gräflichen Familien Königsmarck, Bassewitz, Wartensleben, von der Schulenburg, Schwerin und Hardenberg … Frédéric Graf von Limburg-Stirum heiratete die 1808 in Berlin geborene jüdische Bürgerliche Johanna Ebers, eine Enkelin des Hofbankiers Veit Ephraim, Ältesten der Berliner Judenschaft und Erbauers des einst berühmten, nach ihm benannten Palais. Dieser Ehe entstammte Friedrich Graf Limburg-Stirum, der langjährige Führer der preußischen Konservativen. Weil er sich an die Spitze einer reaktionären Adelsfronde gegen die Politik Wilhelms II. gestellt hatte, meinte der Kaiser, ihn in einem wütenden Telegramm als ›Judenbengel‹ bezeichnen zu müssen ... Und als letztes von vielen hundert möglichen Beispielen seien einige der Kinder und Enkel erwähnt, die aus der Ehe des Kurfürsten Friedrich Wilhelm I. von Hessen mit der jüdischen Kaufmannstochter Gertrude Falkenstein, nachmaliger Gräfin von Schaumburg und Fürstin von Hanau, hervorgingen. Die älteste Tochter, Prinzessin Auguste von Hanau, heiratete den Fürsten Ferdinand Maximilian zu Isenburg-Büdingen, erbliches Mitglied des preußischen Herrenhauses. Beider Sohn, Erbprinz Ferdinand, verehelichte sich mit Margita Gräfin von Doenhoff. Von den weiteren Kindern vermählten sich Prinzessin Alexandrine mit dem Prinzen Felix von Hohenlohe-Oehringen, ihre Schwester, Prinzessin Gerta, mit Wilhelm Prinz zu Sachsen-Weimar-Eisenach, eine andere Schwester, Prinzessin Marie, mit dem Prinzen Wilhelm von Hessen-Philippsthal, und Prinz (später: Fürst) Wilhelm von Hanau, das siebente von insgesamt elf Kindern, die der Kurfürst mit der jüdischen Kaufmannstochter hatte, nahm nacheinander eine Prinzessin von Schaumburg-Lippe und eine Gräfin von Lippe-Weißenfeld zur Frau ...

Diese Beispiele zeigen, wie innig sich der preußische Adel und darüber hinaus fast die gesamte deutsche Hocharistokratie mit der deutsch-jüdischen Oberschicht verband – aber nicht nur mit dieser: Gräfin und erste Fürstin von Henckel-Donnersmarck wurde die aus Moskau gebürtige, weder dort noch an ihrer späteren Wirkungsstätte, Paris, zur Oberschicht zählende jüdische Flickschneidertochter Blanche Lachmann. Doch als sie 1884 auf Schloß Neudeck gestorben war, erklärte der Witwer, Guido Fürst Henckel-Donnersmarck, erbliches Mitglied des preußischen Herrenhauses, Mitglied des preußischen Staatsrates und einer der reichsten

Männer Deutschlands, daß seine Familie ihren enormen Wohlstand vornehmlich der Klugheit, dem unternehmerischen Geschick und der stets fairen Handlungsweise seiner leider so früh dahingeschiedenen, innigst geliebten Blanche zu verdanken hätte...

Drängten die Juden in die Aristokratie? Oder gelüstete es den Adel nach der oft stattlichen Mitgift jüdischer Bürgerstöchter? Beides mag in Einzelfällen sicherlich vorgekommen sein. Man erzählte sich damals in Berlin viele Anekdoten, die das eine oder auch das andere zu beweisen schienen, etwa die von einer schon ältlichen, nicht sonderlich schönen, auch sehr scharfzüngigen Tochter eines steinreichen jüdischen Kaufmanns, die auf einem Ball von adligen Gardeoffizieren umschwärmt wurde. Einer, dem es gelungen war, mit der Umworbenen zu tanzen, eröffnete nach den ersten Schritten die Konversation mit der Frage: »Haben Gnädigste noch Geschwister?« Worauf er die spitze Antwort erhielt: »Es geht leider in drei Teile, Baron!«

Wichtiger als diese Alliancen zwischen ›Vons‹ und ›Fonds‹, wie man sie witzelnd nannte, und wie es sie auch zwischen geldbedürftigen Aristokraten und Töchtern reichgewordener Kleinbürger nichtjüdischer Herkunft häufig gab, war die unverkennbare Tatsache, daß die deutschen Juden in den ersten Jahrzehnten des 19. Jahrhunderts wieder das wurden, was sie einst, vor Beginn der Kreuzzüge, an Rhein, Main und Donau, danach noch einige Jahrhunderte lang in Polen gewesen waren, nämlich ein wesentliches bürgerliches Element großer deutscher Städte, vor allem von Berlin, Wien, Prag, Frankfurt am Main, Hamburg und Breslau, und in ihren staatsbürgerlich und geistig am weitesten emanzipierten Teilen, zusammen mit vielen christlichen Bürgern und aufgeschlossenen Adligen, die eigentlich kulturtragende Schicht.

Dieser Sprung aus dem tiefsten Mittelalter in die Moderne war außerordentlich überraschend, auch für die Juden selbst. Viele konnten ihn einfach nicht begreifen, und dazu gehörten nicht nur zahlreiche Kleinbürger, einige bornierte Krautjunker und nicht zuletzt auch ein Großteil des christlichen Klerus, sondern auch viele orthodoxe Rabbiner.

Aber war diese Metamorphose unansehnlicher, verachteter, oft brutal zertretener, wie Raupen zu kriechen gewohnter Wesen, die nun plötzlich gleich bunten Schmetterlingen ans Licht kamen, wirklich so verwunderlich? Hatte nicht auch die Masse des deutschen Bürgertums gerade erst, nach der im Gefolge der großen Französischen Revolution auch in Deutschland durchgeführten Befreiung von jahrhundertelanger Unterdrückung, eine ähnliche Wandlung durchgemacht? Waren bislang nicht auch christliche Gelehrte und Künstler ›niederen Standes‹ von den Launen eines nicht immer gnädigen Herrn abhängig gewesen, dazu eingepfercht in Zunftordnungen, kleinlichste Reglementierung durch geistliche und weltliche Obrigkeiten und demütigende Beschränkungen ihres ›Untertanenverstandes‹ auf das ihnen, angeblich nach Gottes Willen, allein Geziemende?

Betrachtet man die deutschen Juden einmal nicht als exotische Lebewesen, sondern schlicht als denjenigen Teil der Bürgerschaft des Reiches, der sich als einziger der Christianisierung erfolgreich widersetzt hatte und dafür einen enormen Blutzoll entrichten, viele Leiden und Vertreibungen auf sich nehmen und jahrhundertelang ein Pariadasein führen mußte, so ist es nur logisch, daß sie nach der schließlichen Beseitigung der Ursachen ihrer Unterdrückung durch die rasch um sich greifende Aufklärung sogleich die wunderbare Chance ergriffen, endlich wieder voll teilzunehmen am Leben der Nation, und zwar in einem ihren so lange verkannten Fähigkeiten entsprechenden Umfang.

So gesehen war es weder ein Wunder noch – wie die

Reaktionäre fanden – eine dreiste Anmaßung, wenn die deutschen Bürger jüdischen Glaubens in nahezu allen Bereichen des gesellschaftlichen Lebens eine beträchtliche, nicht selten führende Rolle zu spielen begannen; sie hatten auch keineswegs einen überproportionalen Anteil an bestimmten akademischen, künstlerischen und anderen Berufen, sofern man ausnahmsweise einmal den in Westdeutschland immer noch so beliebten konfessionellen Proporz zu opfern bereit ist und bei der Berechnung der Prozentsätze nicht von der Gesamtbevölkerung ausgeht, sondern eben nur von jener intelligenten, gebildeten jahrhundertelang an der freien Entfaltung ihrer Fähigkeiten gehinderten bürgerlichen Oberschicht, deren wesentlicher Bestandteil die jüdischen Deutschen einst gewesen waren und nach dem Wegfall der schwersten Hindernisse auch wieder sein wollten.

Begreiflicherweise schlugen sie dabei – wie wir noch sehen werden – meist diejenigen Wege ein, die ihnen die besten Chancen zu bieten und die geringsten Schwierigkeiten zu machen schienen; aber sie gingen auch ohne Zögern, genau wie die anderen befreiten Bürger, jene Risiken ein, die ihnen ihr staatsbürgerliches Verantwortungsgefühl auf sich zu nehmen befahl. Das gilt sowohl für die freiwillige Meldung zu den Fahnen bei Beginn der Befreiungskriege, wovon an anderer Stelle noch die Rede sein wird, als auch für die Beteiligung an der bürgerlichen Revolution von 1848/49, die sich der Wiederherstellung der alten Verhältnisse durch die Reaktion und dem Abbau der bürgerlichen Freiheiten entgegenzustellen versuchte.

Mindestens zwanzig der insgesamt 230 Bürger Berlins, die bei dem Märzaufstand des Jahres 1848 ihr Leben lassen mußten für Recht und Freiheit, waren Juden. Alle 230 wurden öffentlich aufgebahrt; der König – »bleich stand er und beklommen«, wie es in dem Lied von Ferdinand Freiligrath heißt, das diese Szene beschreibt – wurde von der

Bevölkerung gezwungen, den Toten seine Reverenz zu erweisen, und dann wurden alle in einem gemeinsamen Grab bestattet, was auch als Symbol dafür gemeint war, daß es keinen Unterschied mehr geben sollte zwischen Bürgern verschiedenen Bekenntnisses.

Auch im wichtigsten überstaatlichen Parlament der bürgerlichen Revolution von 1848/49, der deutschen Nationalversammlung in der Frankfurter Paulskirche, waren zahlreiche Abgeordnete jüdischer Herkunft. Der in der Zeit der Weimarer Republik wirkende Historiker Johannes Hohlfeld hat zwar behauptet, in der Paulskirche wäre nur ein einziger Jude, Eduard Simson, gewesen und dieser hätte den einem so bedeutenden Manne zukommenden Präsidentensitz unangefochten behauptet; dagegen hätten in der Weimarer Nationalversammlung von 1919 mehr als ein Dutzend Juden Abgeordnetenplätze eingenommen – ein Zeichen dafür, wie sehr sich das jüdische Element damals vorgedrängt habe ...

Aber tatsächlich waren die jüdischen Bürger Deutschlands in der Frankfurter Paulskirche mit *mindestens einem Dutzend* Abgeordneten weit stärker vertreten als in späteren Parlamenten, und sie stellten dort zunächst die beiden Vizepräsidenten. Nachdem Heinrich von Gagern, der Präsident, mit der Bildung eines Reichsministeriums beauftragt worden war, übernahm der eine, Eduard Simson, das Präsidium der deutschen Nationalversammlung; der andere, Gabriel Riesser, blieb Vizepräsident. Von den übrigen dreizehn jüdischen oder als Juden geborenen, zum Christentum übergetretenen Abgeordneten gehörten die meisten, wie auch Simson und Riesser, zur gemäßigt-liberalen Mitte. Einige wie Wilhelm Stahl und der Hamburger Johann Gustav Wilhelm Moritz Heckscher waren dem äußersten rechten Flügel zuzuzählen, ebenso Johann Hermann Detmold, Sohn eines Hofarztes und selbst als Rechtsanwalt in Hannover tätig, sowie der Berliner Verleger Dr. Moritz Veit.

Zur Linken des Paulskirchen-Parlaments gehörten der brillante Jurist und glänzende Redner Heinrich Simon aus Breslau und der Advokat Ludwig Simon aus Trier, der – später als Bankier und nationalliberaler Politiker hervorgetretene – Dr. Ludwig Bamberger aus Berlin, der Schriftsteller Moritz Hartmann aus Leitmeritz, Verfasser der berühmten »Reimchronik des Pfaffen Maurizius«, der Redakteur und Direktor der Nordbahn, Ignatz Kuranda aus Prag sowie auf dem äußersten Linken Flügel der Königsberger Arzt Dr. Johann Jacoby, dessen Flugschrift, »Vier Fragen beantwortet von einem Ostpreußen«, 1841 den Kampf um die Verfassung eingeleitet hatte. Jacoby selbst hatte ein Gerichtsverfahren ›wegen Erregung von Mißvergnügen, frechen Tadels, Verspottung der Landesgesetze, Majestätsbeleidigung und Hochverrats‹ über sich ergehen lassen müssen. Erst das Kammergericht in Berlin sprach ihn schließlich frei. Als Mitglied der Paulskirchen-Deputation, die anzuhören König Friedrich Wilhelm IV. sich weigerte, rief Johann Jacoby dem Monarchen jenes bekannte Wort zu, das in den deutschen Zitatenschatz eingegangen ist: »Das eben ist das Unglück der Könige, daß sie die Wahrheit nicht hören wollen!«

Mehr als zwanzig Jahre später, während des deutsch-französischen Krieges von 1870/71, wurde Jacoby, der sich damals noch nicht der Sozialdemokratie angeschlossen hatte, aber in seiner ostpreußischen Heimat bereits die Liebe, auch des einfachen Volkes genoß, von einem übereifrigen Militär in Schutzhaft genommen, weil er sich gegen jede Annexion französischen Gebiets ausgesprochen hatte. Von einer Festung bei Lötzen aus schrieb der Gefangene an Bismarck, und – o Wunder! – der Brief erreichte den Kanzler, ja dieser fand sogar die Zeit, trotz des Krieges gegen eine Großmacht und der unmittelbar bevorstehenden Reichsgründung, Jacoby persönlich und sehr höflich zu antworten. Kurz darauf wurde der Schutzhäftling, der erklärte, die Reichspolitik weiter energisch bekämpfen zu wollen, aus dem Gefängnis entlassen ...

Indessen war Johann Jacoby, was seine freiheitliche, radikal-republikanische Haltung betraf, unter den jüdischen Abgeordneten der ersten deutschen Nationalversammlung eine Ausnahme. ›Als wir alle noch in politischer Finsternis lebten‹, schrieb der fortschrittliche Abgeordnete Franz Ziegler seinen Berliner Wählern, ›trat Johann Jacoby aus dem Dunklen hervor, fertig, klar, glänzend, kühn und ward der Schöpfer des politischen Lebens in Preußen ...!‹

Typisch für die Haltung der Juden unter den Abgeordneten des Paulskirchen-Parlaments war aber weit eher Moritz Veit, Sproß einer großbürgerlichen Berliner Familie, die unter den ersten Wienern gewesen war, die der große Kurfürst aufgenommen hatte. Veit war Verleger von Beruf, und das von ihm gegründete Verlagshaus, zu dessen Autoren neben Goethe auch der französische Refugié (und preußische Patriot) Adalbert von Chamisso gehörte, ist später in dem – noch heute bestehenden – Verlag Walter de Gruyter aufgegangen. Von Veit stammte das Wort, daß er als Jude niemals bei seinen christlichen Mitbürgern, ›aber immer wieder bei den Fürsten und ihren Dienern‹ auf Hemmnisse gestoßen sei.

»Es war daher nur zu verständlich«, so bemerkt hierzu Ernest Hamburger in seinem Werk ›Juden im öffentlichen Leben Deutschlands‹, »daß die Juden ihr Interesse in der Bekämpfung des fürstlichen Absolutismus und in der Entfaltung und Verwirklichung der liberalen Staatsauffassung sahen. Da sie Rechte zu erstreiten hatten, die wenigstens teilweise den übrigen Bürgern schon gewährt waren, war ihr Kampfwille eindeutiger und stärker. Sie traten für die Anerkennung der Menschen- und Bürgerrechte ein. Sie erwarteten von der Ausdehnung der Sphäre der persönlichen Freiheit und von der Sicherung der Preß- und Versammlungsfreiheit eine politisch-erzieherische Wirkung. Die Verteidigung der Gleichheit vor dem Gesetz war für sie lebenswichtig. Sie suchten die Bedeutung der parlamentarischen Einrichtungen gegenüber der Exekutive zu steigern; sie sahen in ihnen eine Stütze oder die Möglichkeit einer Stütze gegen obrigkeitliche Willkür.«

Andererseits waren die deutschen Juden, nicht zuletzt wegen ihrer Zugehörigkeit zum Bürgertum, in ihrer Mehrzahl allen radikalen Tendenzen abhold, als Liberale nicht für die Abschaffung der Monarchie, sondern nur für die Stärkung des Parlaments, deutsche Patrioten zudem und national, nicht international gesinnt.

»Die Juden«, so heißt es hierzu bei Ernest Hamburger, »waren nicht am einzelstaatlichen Partikularismus interessiert. Mochte dieser für viele deutsche Bürger der Ausdruck traditioneller Anhänglichkeit sein und als Schutzwall mannigfacher materieller Interessen erscheinen, den Juden hatte er viele Enttäuschungen gebracht... Sie standen daher in ihrer überwiegenden Mehrheit im Lager der Freunde der Einigung des Reichs. Sie fanden auch dadurch den Anschluß an den deutschen Liberalismus. Da dieser die kleindeutsche Lösung propagierte, konnten die Juden Preußens ihre liberale Einstellung mit der Anhänglichkeit an die Hohenzollern-Monarchie vereinbaren, in deren Schutz sie sich geborgener fühlten als in manchen anderen deutschen Staaten...«

Als sich 1861 der linke Flügel der Liberalen als Deutsche Fortschrittspartei konstituierte, einen deutschen Bundesstaat unter Führung der Hohenzollern forderte und ein gemäßigt-liberales, antirevolutionäres Programm aufstellte, bekannten sich die weitaus meisten Juden Preußens und auch der anderen deutschen Staaten zu diesen Zielen, unterstützten die ›Fortschrittler‹, wie sie kurz genannt wurden, mit ihren Wahlstimmen und stellten auch eine stattliche Reihe von Abgeordneten in den Fraktionen dieser Partei.

Wie schon in der Nationalversammlung, so waren auch unter diesen jüdischen Abgeordneten die Angehörigen freier Berufe – Ärzte, Rechtsanwälte, Schriftsteller und Journalisten – in der überwältigenden Mehrzahl; die übrigen waren meist Fabrikanten, Bankiers oder auch einfach reiche Leute, die von ihrem ererbten Vermögen lebten und sich als Privatgelehrte betätigten.

Als typisches Beispiel für die letzte Kategorie mag Wilhelm Beer dienen, ein Bruder des Dramatikers Michael Beer und des Komponisten Giacomo Meyerbeer. Er führte zwar nach dem Tode des Vaters, des als ›Krösus von Berlin‹, auch wegen seiner zahlreichen Stiftungen für wohltätige Zwecke und seines Mäzenatentums für die Künstler und Schriftsteller der Stadt berühmten Bankiers Jakob Herz Beer, die Familienunternehmen fort, nämlich das Bankhaus sowie einige Manufakturen, beschäftigte sich aber vorwiegend mit Astronomie, speziell mit der Erforschung des Mondes, und galt als einer der bedeutendsten Wissenschaftler seines Fachgebiets. Von 1846 an gehörte Wilhelm Beer der preußischen Ersten Kammer an, dem späteren Herrenhaus, wo er gelegentlich, trotz sonst fortschrittlicher Haltung, für stockreaktionäre Anträge stimmte, etwa den des konservativen Abgeordneten jüdischer Herkunft Friedrich Julius Stahl, bei allen staatlichen Schulen und ähnlichen Einrichtungen die christliche Religion zur Grundlage des Unterrichts zu machen.

Neben Beer und Stahl saßen in der preußischen Ersten Kammer noch zwei Männer jüdischer Abstammung, beide Bankiers und Rittergutsbesitzer, nämlich Siegfried Guradze und Martin Magnus. Und gerade am Beispiel der Familie Magnus (ursprünglich Meyer), die seit langem in Berlin ansässig war, läßt sich recht eindrucksvoll zeigen, was die Antisemiten meinten, wenn sie von einem ›Vordrängeln‹ der Juden, zumal in den Wissenschaften und Künsten, insbesondere aber von einer ›Überfremdung‹ der deutschen Universitäten sprachen. Zugleich wird dabei deutlich werden, daß diese judenfeindliche Meinung von einer sonderbaren, objektiver Beurteilung nicht standhaltenden Prämisse ausging, die weiter nichts war als ein kleinbürgerliches (oder auch krautjunkerliches) Vorurteil.

Der Sohn des jüdischen Bankiers, Rittergutsbesitzers und Abgeordneten der preußischen Ersten Kammer Friedrich Martin Magnus war Anton Freiherr von Magnus, geboren 1821 in Berlin. Nachdem er sich hatte taufen lassen, konnte er nach vollendetem Studium der Rechts- und Staatswissenschaften in den preußischen Auswärtigen Dienst eintreten, wurde 1853 auf Vorschlag Bismarcks geadelt und vertrat Preußen, dann das Reich, nacheinander in Den Haag, St. Petersburg, Mexiko, Wien und zuletzt in Kopenhagen.

Sein Onkel Eduard Magnus, geboren 1799 zu Berlin, war einer der beliebtesten und auch bedeutendsten Maler des Berliner Biedermeier. In einer langen Reihe handwerklich solider Arbeiten hat er die Berühmtheiten seiner Vaterstadt und zahlreiche Besucher Berlins porträtiert: Felix Mendelssohn-Bartholdy ebenso wie den alten Marschall Friedrich (›Papa‹) Wrangel, die Bildhauer Bertel Torwaldsen und Christian Daniel Rauch oder den jungen Adolf Menzel, außerdem natürlich alle preußischen Herrscher seiner Epoche. 1837 wurde er Mitglied der preußischen Akademie der Künste, 1844 ordentlicher Professor.

Ein jüngerer Bruder dieses berühmten Malers war der Chemiker und Physiker Heinrich Gustav Magnus, geboren 1802 in Berlin. Nach längerem Studium in seiner Vaterstadt sowie in Stockholm und Paris habilitierte er sich 1831 als Privatdozent für Technologie und Physik an der Berliner Universität, wurde dort 1834 Extraordinarius und 1845 ordentlicher Professor. »In einer Zeit, wo Berlin dem studierenden Chemiker ganz unzureichende Mittel für die praktische Ausbildung darbot«, so rühmte der große Naturforscher Hermann von Helmholtz dem 1870 verstorbenen Kollegen Magnus in einer Gedächtnisrede nach, »öffnete er sein Privatlaboratorium begabten Schülern und förderte sie in uneigennützigster Weise.« Als seine bedeutendste wissenschaftliche Leistung auf dem Gebiet der Physik gilt die Entdeckung und Erklärung des nach ihm benannten Magnuseffekts, der auf dem Auftreten ablenkender Kräfte bei frei rotierenden, in der Luft fortbewegten Körpern beruht, beispielsweise bei Granaten, die das Geschützrohr mit ›Drall‹ verlassen. Indessen ist Gustav Magnus auch auf dem Gebiet der Physiologie hervorgetreten. Ihm verdankt diese Wissenschaft die bedeutsame Entdeckung, daß alle Gewebe ›atmen‹, das heißt: Sauerstoff aufnehmen und Kohlensäure abgeben . . .

Ebenfalls als Physiologe, aber auch als Pharmakologe und Zoologe ist ein weiteres Mitglied dieser Berliner jüdischen Familie zu hohem wissenschaftlichem Ansehen gelangt, nämlich Rudolf Magnus, geboren 1873, der die Stell- und Haltereflexe der Wirbeltiere sowie deren Abhängigkeit von der Funktion des Ohrlabyrinths und des Kleinhirns entdeckte, also jene Tatsachen, die die Gleichgewichterhaltung der höheren Tiere erklären. Er war zuletzt Ordinarius für Physiologie an der Universität Utrecht.

Außerordentlicher Professor der Botanik an der Berliner Universität war Geheimrat Paul Wilhelm Magnus. Er hat sich speziell als Algenforscher einen Namen gemacht und auch an zahlreichen wissenschaftlichen Expeditionen teilgenommen.

Es ließen sich noch sieben weitere Universitätsprofessoren nennen, die dieser einen Berliner jüdischen Familie Magnus entstammen, ferner der bekannte Übersetzer, besonders für skandinavische Sprachen, Erwin Magnus; der Physiologe, Internist und langjährige Chefarzt des Krankenhauses am

Berliner Friedrichshain, Adolf Magnus-Levy, der wichtige Beiträge zur Erforschung der Physiologie des Stoffwechsels, insbesondere des Verhältnisses von Säuren und Basen im menschlichen Organismus, geleistet hat; der Rundfunkpionier Kurt Magnus, der zusammen mit Hans Bredow den deutschen Hörfunk aufgebaut, die ›Funkstunde‹ und die Reichsrundfunkgesellschaft mitbegründet und bis 1933 geleitet hat; der Bankier Dr. Ernst Magnus, der zweiundzwanzig Jahre lang, erst Vorstandsmitglied, dann Aufsichtsratsvorsitzender der Nationalbank für Deutschland war, als einer der besten Kenner des deutschen Eisenbahnwesens galt und als Sammler seltener Bücher, Kunstmäzen und liebenswürdiger Gastgeber europäischen Ruf genoß; sein Vater, langjähriger Vorsteher der Berliner jüdischen Gemeinde, zählte zu dem Kreis von Schöngeistern, die Kaiser Friedrich, der Vater Wilhelms II., um sich gesammelt hatte, und schließlich muß noch der Justizrat Julius Magnus genannt werden, der bis 1933 die angesehene ›Juristische Wochenschrift‹ des Deutschen Anwaltvereins geleitet hat, mit zahlreichen vielzitierten Kommentaren sowie mit wichtigen Arbeiten auf dem Gebiet des gewerblichen Rechtsschutzes und des internationalen Rechts hervorgetreten ist und den Vorständen einer Reihe von juristischen Spitzengremien angehörte.

Die Familie Magnus, die während eines Jahrhunderts so viele bedeutende Künstler, Gelehrte und Spezialisten des einen oder anderen Fachs gestellt hat, war indessen nur eine von mehreren Dutzend auf ganz ähnliche Weise hervorgetretenen Familien, die allein die alteingesessene jüdische Oberschicht Berlins aufzuweisen hatte – vom übrigen Preußen und den anderen Ländern des Bismarck-Reiches, erst recht von Wien, Prag oder auch Budapest ganz zu schweigen. Die Familien Benda, Bendemann (die ursprünglich

Bendix geheißen hatten), Veit, Beer, Borchardt, Bleichröder, Hitzig oder Mendelssohn, um nur ein paar Namen zu nennen, könnten gleichfalls höchst eindrucksvolle Bestätigungen dafür erbringen, daß sich die Juden nicht bloß ›vordrängten‹, sondern schon eine Vielzahl von Spitzenpositionen, vor allem in Wissenschaft, Kunst, Literatur und Wirtschaft sozusagen in Erbpacht genommen hatten.

Genau dies läßt sich aber auch – noch immer speziell auf Berlin bezogen – von mindestens zwei anderen Gruppen behaupten, die erst zwischen dem späten 17. und dem frühen 19. Jahrhundert als zunächst Fremde in die preußische Hauptstadt gekommen waren und dann dort, gemeinsam mit den Juden, die kulturell tragende Schicht der erst von ihnen in diesen Rang erhobenen Metropole bildeten: von den Flüchtlingen aus Frankreich, den Hugenotten wie den Refugiés von 1789 und von den preußischen, zum Teil auch schwedischen, polnischen oder schottischen Adligen, die in Berlin insofern verbürgerlichten, als sie sich von ihren traditionellen Berufen ab- und den Künsten und Wissenschaften, der Literatur oder auch dem Handel, dem Bankwesen und anderen Zweigen der Wirtschaft zuwandten.

Ihr ›Vordrängen‹ auf allen Gebieten, die sich mit der beginnenden Industrialisierung und Demokratisierung dem emanzipierten, nach Gelehrsamkeit, Entfaltung seiner Talente, politischem Einfluß oder auch einfach nach Reichtum strebenden Bürgertum erschlossen, hat indessen niemanden, auch nicht den borniertesten Spießer, zu wüstem Geschimpf auf ›Welsche‹ oder ›Junker‹ veranlaßt, nicht einmal zu der Behauptung, sie hätten allzu viele Lehrstühle, Chefarztstellen, Akademiemitgliedschaften oder Aufsichtsratsvorsitze für sich beansprucht.

Dies muß um so seltsamer erscheinen, als sich in Berlin der zum kultivierten Bürgertum gestoßene Teil des Adels mit den ›besseren Kreisen‹ der französischen ›Kolonie‹ und des Judentums nicht nur äußerlich zu einer neuen kulturtragenden Oberschicht vereinigt, sondern auch durch unzählige kreuz und quer geschlossene Ehen auf das innigste verbunden hatte.

Allein unter den Nachkommen Moses Mendelssohns und ihren Ehepartnern finden sich die Träger von mehr als vierzig Adelsnamen – die von geadelten jüdischen Familien, zum Beispiel ›von Simson‹, gar nicht mitgezählt –, darunter von Arnims, von Schwerins, von Winterfelds, von Bonins, von Raumers, von Richthofens und Kleists (die ihren Adel abgelegt hatten), außerdem die Namen von rund einem Dutzend französischer, vorwiegend hugenottischer, Geschlechter wie Dirichlet, du Bois Reymond, von Chaulin-Egersberg, Jeanrenaud, von Lassaullx, (von) Longard, Souchay, Thévoz, Cauer und Biarnez.

Natürlich haben sich die Nachfahren Moses Mendelssohns ebenso mit den meisten der alteingesessenen ›besseren‹ jüdischen Familien Berlins verbunden – mit den Veits, den Riess', den Hitzigs, den Friedländers oder Bendemanns –, aber auch mit Familien wie den Laupichlers, die von vertriebenen Salzburger Protestanten abstammten – kurz, die Mischung entsprach ziemlich genau derjenigen der Berliner Oberschicht, auch darin, daß kräftige Einschüsse aus der Provinz, zumal aus dem jüdischen wie christlichen Bürgertum von Breslau und Königsberg, zu verzeichnen waren.

Auch hinsichtlich ihrer Berufe entsprachen die Nachfahren Moses Mendelssohns und deren Ehepartner exakt dem Gesamtbild der bürgerlichen Oberschicht. Wir finden unter ihnen eine Reihe von bedeutenden Bankiers und Industriellen, einige hohe Beamte und Richter, ein Dutzend Berufsoffiziere und ebenso viele Rittergutsbesitzer, einige hervorragende Techniker, etliche Verlagsbuchhändler, namhafte Pädagogen, mehrere in der Sozialarbeit aktive Frauen, darunter drei Ordensschwestern, zahlreiche bekannte Schriftsteller, Musiker, Schauspieler und andere Künstler, viele Ärzte, mehrere Anwälte und insgesamt einunddreißig Universitätsprofessoren der verschiedensten Fachgebiete, unter ihnen mindestens sechs, die man als Gelehrte von Weltruf bezeichnen kann...

Welche Schlußfolgerungen erlaubt dieses Beispiel? Doch wohl nur eine: Daß nämlich die von den Antisemiten behauptete und gerügte ›Vordrängelei der Juden und ihres Anhangs‹, zumal an die Lehrstühle der deutschen Universitäten, zwar durchaus den Tatsachen entsprach – obwohl die Anzahl der Ordinarien rein jüdischer Herkunft oder gar mosaischer Konfession nicht ganz so hoch wie oft behauptet und schon vor 1933 im Rückgang war –, daß aber diese ›Vordrängelei‹ nichts anderes war als die Wahrung legitimer Ansprüche endlich Gleichberechtigter, die sich nun um keine Spur anders, allenfalls aus bitterer Erfahrung heraus ein wenig zurückhaltender und vorsichtiger verhielten als die übrigen Angehörigen ihrer Gesellschaftsschicht. Nur wenn man die Auffassung vertritt, daß die mit Bildungsprivilegien ausgestattete Bourgeoisie des 19. und frühen 20. Jahrhunderts in ihrer Gänze allzu ehrgeizig gewesen sei und vor allem den besonderes Prestige verschaffenden Beruf eines Hochschullehrers allzu gierig angestrebt hätte, dann kann man die Bourgeoisie jüdischer Herkunft dafür tadeln, dabei nicht zurückgestanden zu haben.

Es ließe sich nun der Einwand machen, daß sich die Juden, allen Gegenbeweisen zum Trotz, dennoch schon deshalb unklug verhalten und ›vorgedrängelt‹ hätten, weil sie, wenn sie schon keine ›Fremden‹ gewesen, so doch vom Volk als solche angesehen worden seien.

Ist dieser Einwand berechtigt?

Die Antwort lautet ja und nein, wobei sich dieser Widerspruch aus der unzulässigen Verallgemeinerung ergibt, die dem Einwand zugrunde liegt. Diejenigen deutschen Bürger jüdischer Herkunft, die im 19. Jahrhundert in Universitätslaufbahnen drängten, konnten gar nicht als fremd empfunden werden, weil sie sich in aller Regel von Bürgern nichtjüdischer Herkunft in keinerlei Hinsicht unterschieden. Der typische ›jüdische‹ Professor dieser Epoche stammte aus gutbürgerlichem Hause, war getauft, hatte häufig den alten Namen seiner Familie gegen einen anderen, der keine Erinnerung an jüdische Herkunft wachrief, vertauscht und befleißigte sich einer mindestens ebenso patriotischen Gesinnung, korrekten Kleidung, gepflegten Sprache, strengen ›Moral‹ und exakten Wahrung akademischer Umgangsformen wie seine ›arischen‹ Kollegen, ob sie nun aus uckermärkischem Adel, mecklenburgischem Pfarrhaus, rheinisch-katholischer Bourgeoisie oder französischem Hugenottengeschlecht stammten.

Dieser total assimilierte typische Professor (oder auch Arzt, Fabrikant, Rittergutsbesitzer, Ingenieur und so weiter) jüdisch-deutscher Herkunft sah auch – allen Legenden zum Trotz – keine Spur anders aus als seine ›arischen‹ Kollegen. Hätte es irgendein äußeres Merkmal gegeben, so wären die NS-›Rasse‹forscher sehr froh darüber gewesen und hätten sich eiligst solcher Unterscheidungsmöglichkeiten bedient. Statt dessen mußten auch sie auf die Konfession der Eltern und Großeltern als einzige, wenn auch absurde Definition der ›Rasse‹ zurückgreifen.

Umgekehrt erlebten sie oftmals peinliche Überraschungen, wenn sie aus einem größeren Personenkreis nach äußeren Merkmalen nordisch-germanische Prototypen auszuwählen versuchten, etwa besonders schmalschädelige, hellblonde, blauäugige, geradnasige Recken, die kühn wirkten, auch ›grenzenlos ehrlich‹ – wie Adolf Hitler in ›Mein Kampf‹ den Arier charakterisiert hatte – sowie das weibliche Pendant zu diesem maskulinen Rasseideal: eine holde Maid mit goldblonden Zöpfen, gläubigem Blick aus hellblauen Augen und einem nicht sinnlich, sondern mütterlich wirkenden Mund.

Als im Herbst 1933 im Reichspropagandaministerium aus einem Haufen von Fotografien nordisch-germanisch aussehender Jungmänner und Maiden je ein Ideal herausgesucht und beide – wenn auch nur für ein Plakat – zu einem Paar vereint werden sollten, da fiel die Wahl auf ein als technische Hilfskraft für das Ministerium arbeitendes junges Mädchen, das zwar nicht Kriemhilde, sondern Maria, mit Nachnamen aber wie einer der prominentesten Männer der nationalsozialistischen Bewegung hieß (wobei angemerkt sei, daß dieser nun wiederum gar nicht wie ein ›Arier‹ aussah), sowie auf einen sportlichen Primaner aus mecklenburgischem Adelsgeschlecht. Dr. Goebbels genehmigte die Auswahl, doch mußte man dann in letzter Minute Ersatz für beide junge Leute suchen, weil sie – jeder mit anderen Ausflüchten – die Mitwirkung verweigerten. Den wahren Grund verschwiegen sie – begreiflicherweise, denn die für die weibliche Jugend des Hitlerreiches zum Ideal bestimmte Maid war von beiden Elternteilen her jüdischer Abkunft, wenn auch selbst evangelisch getauft, der junge Mann hatte eine getaufte Jüdin zur Mutter und zudem auch väterlicherseits eine ›nichtarische‹ Großmutter …

Doch um auf den hypothetischen Einwand zurückzukommen: Natürlich wurden diese beiden und mit ihnen einige hunderttausend, zwar nur zu einem kleinen Teil so überaus nordisch-germanisch aussehende deutsche Juden, die sich aber dann wieder von anderen in der Bevölkerung vorherrschenden Typen durch nichts Augenfälliges unterschieden, von niemandem als ›Fremde‹ empfunden, jedenfalls nicht aufgrund ihres Aussehens oder Benehmens. Sie wurden von ihren Mitbürgern ebenso als Deutsche betrachtet wie etwa die Hugenotten oder die Salzburger Protestanten, und erst eine Erinnerung an die Glaubensverschiedenheit, sofern sie noch bestand und bekannt war, konnte alte Vorurteile wachrufen – nicht anders als gegenüber Protestanten in katholischen oder gegenüber Katholiken in protestantischen Kreisen.

Es gab indessen einen wichtigen Umstand, der die im allgemeinen günstige Lage der Deutschen jüdischen Glaubens nachteilig beeinflußte: Anders als etwa die Hugenotten oder auch die Salzburger Protestanten, die schon seit vielen Generationen keine Verstärkung mehr erfahren hatten, bekamen die Juden, etwa von 1870 an, die Zuwanderung von Glaubensbrüdern aus dem Osten Europas zu spüren.

Es handelte sich um die Nachkommen jener einst aus Deutschland Vertriebenen, die – zumal angesichts der endlichen Befreiung ihrer Glaubensgenossen in den westlichen Ländern – ihr Elend und die wachsende Bedrückung im Zarenreich nicht länger ertragen wollten. Für viele von ihnen, besonders die Allerärmsten, war Deutschland nur eine Zwischenstation auf dem Wege nach Amerika, in das ›Land der unbegrenzten Möglichkeiten‹, auf das sie alle ihre Hoffnungen setzten. Ein Teil jedoch, und zwar vor allem die Söhne und Töchter der Wohlhabenderen, die an den russischen Universitäten nicht oder nur unter entwürdigenden Umständen* studieren konnten, strömten zu den deutschen Universitäten; ein anderer Teil versuchte durch Handel sein Glück im aufblühenden Deutschen Reich zu machen; wieder andere verdingten sich in Industrie, Handwerk oder Landwirtschaft, und ein Bodensatz von asozialen und kriminellen Elementen spezialisierte sich auf Taschendiebstahl,

* Um die zum Studium für Juden im zaristischen Rußland nötige Aufenthaltsgenehmigung an einer außerhalb des jüdischen Wohnbezirks liegenden Universitätsstadt zu erlangen, mußten sich beispielsweise bildungsbeflissene jüdische Mädchen noch um die Jahrhundertwende bei der russischen Polizei als Prostituierte registrieren lassen.

allerlei Betrug und dunkle Geschäfte sowie Hehlerei, Kuppelei und Prostitution, wodurch die bis dahin äußerst niedrigen Anteile der deutschen Juden an der allgemeinen Kriminalität einen plötzlichen, von Juden wie Christen mit Unbehagen vermerkten Anstieg erfuhren, wobei zu bemerken ist, daß der jüdische Anteil an der Straffälligkeit der Gesamtbevölkerung auch damit nur unwesentlich von dem anderer Konfessionen abwich, ein geringes höher war als etwa bei den Protestanten, dagegen niedriger als bei den Katholiken.

Dies war jedoch nur eine der Folgen der starken Zuwanderung aus Osteuropa und bei weitem nicht die wichtigste. Denn während sich die jungen Intellektuellen unter den ostjüdischen Einwanderern sehr rasch den Verhältnissen des weit höher industrialisierten und zivilisierten Deutschen Reiches anpassen und ihre ›Fremdartigkeit‹ ablegen konnten, waren die am wenigsten Gebildeten und Ärmsten unter den Flüchtlingen dazu außerstande. Und indem sie an ihrer für reichsdeutsche Ohren recht sonderbar klingenden Sprechweise, ihrer altertümlichen Tracht und ihren religiösen und sonstigen Gewohnheiten festhielten, sorgten sie selbst dafür, daß ihre neue Umgebung sie gar nicht als das erkennen konnte, was sie doch eigentlich waren, nämlich Landsleute, einst vertriebene Bürger deutscher Städte des Mittelalters, die endlich heimgekehrt waren, allerdings in eine Heimat, die sich, zumal seit dem Ende des 18. Jahrhunderts, ganz anders entwickelt hatte als sie, die in russischen Gettos weitgehend isoliert gewesen waren vom Fortschritt der westlichen Kultur und Zivilisation. Sie hatten, als die Bürger West- und Mitteleuropas längst zu ihrem Recht gekommen waren, weiter in tiefstem Elend und grausamster Bedrückung gelebt und nur noch Halt gefunden an ihrem nicht selten schon mystisch verklärten Glauben sowie in rigoroser Befolgung üppig gewucherter Gebotsauslegungen. Auch das wirkte befremdlich, zumal für die aufgeklärten

Großstädter, die sich von kirchlichen Einmischungen in ihr Privatleben befreit hatten und häufig solche Frömmigkeit nicht für eine Tugend, sondern für praktizierten Aberglauben hielten.

Unter diesen Umständen grenzte es fast an ein Wunder, daß sich auch diese Nicht-Intellektuellen unter den Ostjuden, wenn auch meist erst in der zweiten, schon in Deutschland aufgewachsenen Generation, der für sie gänzlich neuen und mitunter unbegreiflichen Umwelt anzupassen vermochten. Aber bis dies geschehen war, wirkten sie auf ihre neue Umgebung, Christen wie Juden, absonderlich fremd – wie wenn heutzutage ein barfüßiger Eremit mit struppigem Haar und in härener, nicht sonderlich reinlicher Kutte aus einem entlegenen Hochtal der Alpen in eine moderne geschäftigte norddeutsche oder rheinische Großstadt käme, im Supermarkt Ziegenmilch und wilden Honig, dazu Flachs für sein Spinnrad verlangte, seinen gutturalen, mit altertümlichen Wendungen gespickten Dialekt für Deutsch ausgäbe und sich dann vielleicht eines Sonntags gar erdreistete, eine gebührenpflichtige Verwarnung durch einen Polizisten wegen Nichtbeachtung einer Fußgängerampel mit der Bemerkung zurückzuweisen, am Tage des Herrn rühre er als guter Christ kein Geld an, sondern denke nur an Gott und dessen Gebot, was auch er, der Schutzmann, besser täte, anstatt den Feiertag zu entheiligen ...

Tatsächlich brachte erst das neu hinzugekommene ostjüdische Element den im Deutschen Reich um 1870 nur noch von einigen sektiererischen Außenseitern aufrechterhaltenen Antisemitismus wieder in Mode, hatten doch nun die Spießer endlich wieder ein armseliges Häuflein wehrloser Fremder zu ihrem Spott und Hohn, zudem Glaubensbrüder jener, denen sie neiderfüllt Respekt zollen mußten.

Zu diesen von neuem Judenhaß erfüllten Spießern gehörten – wie hätte es anders sein können? – auch Deutsche jüdischer Herkunft, vorwiegend Kleinbürger, die um ihre Geschäfte bangten, aber auch einige sehr gebildete Leute, darunter sogar der eine oder andere Wissenschaftler von Rang. Indessen ist Engstirnigkeit bei Fachgelehrten, Juden wie Christen, keine so große Seltenheit, und vielleicht war ihr Abscheu vor den ostjüdischen Zuwanderern zu einem Teil weiter nichts als Egoismus und instinktiver Futterneid, ahnten sie doch bereits, daß gerade aus den Reihen der verachteten und gehaßten ›Spätheimkehrer‹ eine stattliche Reihe von Leuchten der Wissenschaft zu höchstem Ruhm aufsteigen würde, sowohl in Deutschland wie vor allem in Amerika, wohin die meisten ostjüdischen Flüchtlinge weiterzogen, nachdem sie gemerkt hatten, wie wenig willkommen sie in der alten Heimat waren, auch und gerade bei vielen ihrer Glaubensgenossen.

Wie enorm der Verlust war, der der deutschen Kultur dadurch entstand, daß Zigtausende von Ostjuden enttäuscht ihr Bündel schnürten und weiterwanderten, meist in die USA und andere überseeische Länder, das sollte sich erst sehr viel später zeigen, und wir werden darauf noch zurückkommen. Untersuchen wir zunächst, wie sich jener andere in der Geschichte einzigartige Prozeß auswirkte, nämlich die ›Reinigung‹ der deutschen Hochschulen von allen akademischen Bürgern jüdischer oder auch nur teilweise jüdischer Herkunft, der 1933 von einer Schar durch die Weltwirtschaftskrise, die panische Kommunistenfurcht der Bürger und andere unglückselige Umstände sowie durch die massive Förderung, die ihnen von seiten einer an der Zerschlagung der Gewerkschaften und Arbeiterparteien interessierten Schwerindustrie, aber auch von anderen republikfeindlichen, reaktionären Gruppen zuteil wurde, zur Macht gelangter Abenteurer, gescheiterter Existenzen und wildgewordener Spießer in Gang gesetzt wurde.

Zunächst trat am 7. April 1933 das ›Gesetz zur Wiederherstellung des Berufsbeamtentums‹ in Kraft, aufgrund dessen politische Gegner der Hitler-Regierung sowie ein Teil der Beamten ›nichtarischer‹ Abstammung ihrer Ämter enthoben wurden. Das Gesetz galt auch für die deutschen Hochschulen und öffentlich-rechtlichen Institute. Von der sofortigen Entlassung ausgenommen waren nur ›nichtarische‹ Frontkämpfer des Ersten Weltkrieges, ferner Beamte, die schon vor dem 1. August 1914 in den Staatsdienst getreten waren, sowie Väter und Söhne von Kriegsgefallenen.

Zwei Jahre später, am 4. November 1935, verfügte die Regierung die Entlassung aller noch im Amt verbliebenen ›Nichtarier‹ und hob die ursprünglichen Ausnahmeregelungen auf. Und wiederum zwei Jahre später, am 26. Januar 1937, wurde auch die Entlassung derjenigen Beamten angeordnet, deren Ehepartner nicht ›deutschen oder artverwandten Blutes‹ waren.

»Nach der zuverlässigsten Schätzung«, so erklärte Helge Pross im ersten Abschnitt, ›Deutsche Ausgangssituation 1933‹, ihres Werkes, ›Die Deutsche Akademische Emigration nach den Vereinigten Staaten 1933–1941‹, »betrug die Zahl der bis zum Wintersemester 1934/35 nach den neuen Gesetzen Entlassenen 1145 oder 14,34 Prozent des gesamten Lehrkörpers der Universitäten und Technischen Hochschulen vom Wintersemester 1932/33 ...

Rechnet man Assistenten, Angestellte von selbständigen wissenschaftlichen oder halbwissenschaftlichen Instituten, zum Beispiel staatlicher Bibliotheken hinzu, so erhöht sich die Zahl auf 1684. ›Natürliche‹ Abgänge wie normale Emeritierung oder Tod sind darin nicht enthalten.

Diese Zahlen geben jedoch nur ein unvollständiges Bild von der nationalsozialistischen Entlassungspolitik, soweit sie die Universitäten betraf. Auch nach dem Wintersemester 1934/35, vor allem nach Inkrafttreten der ... Verordnung vom 14. November 1935, fielen weitere Hochschullehrer ihr zum Opfer. Nach einer Schätzung vom Jahr 1938 sind ein Drittel aller Lehrkräfte an Hochschulen entlassen, zwangsweise pensioniert oder versetzt worden. Bis 1939 wurden vermutlich 45 Prozent aller Universitätsstellen neu oder anderweitig umbesetzt.«

Norman Bentwich gibt in seinem Werk ›*The Rescue and Achievement of Refugee Scholars*‹ die Anzahl der in den ersten beiden Jahren des ›Dritten Reiches‹ entlassenen Hochschullehrer mit rund 1200 an, darunter 412 Mediziner, 173 Nationalökonomen, 132 Juristen, 106 Physiker, 95 Philologen, 86 Chemiker und 85 Technologen, doch auch diese Zahlen sagen außerordentlich wenig aus. Schon der Verlust eines einzigen Lehrers von Weltruf kann das wissenschaftliche Niveau einer Universität erheblich senken; das Ausscheiden einer ganzen Reihe von Koryphäen vermag eine bis dahin in der ganzen Welt hochangesehene Fakultät zum Gespött werden oder, schlimmer noch, in Vergessenheit geraten zu lassen.

»An der Berliner Universität, wo in der Vergangenheit so viele große Wissenschaftler gelehrt hatten«, berichtet William L. Shirer, »führte der neue Rektor, ein SA-Mann und von Beruf Veterinär, 25 Vorlesungsreihen in Rassenkunde ein, und nachdem es ihm gelungen war, die Universität auf den Kopf zu stellen, enthielt das Vorlesungsverzeichnis 86 Vorlesungen, die mit seinem eigenen Fach zusammenhingen.«

»In der Naturwissenschaft, in der Deutschland seit Generationen eine so hervorragende Rolle gespielt hatte, trat ein rapider Verfall ein«, fährt Shirer fort. »Große Gelehrte, wie die Physiker Einstein und Franck, die Chemiker Haber, Willstätter und Warburg, zogen sich zurück oder wurden davongejagt. Von denen, die blieben, fiel so mancher auf die Verirrungen der Hitler-Ideologie herein und versuchte, sie auf die Wissenschaft anzuwenden ...«

Ist der entsetzliche Spuk nun vorüber?

Otto Hahn, der im »Dritten Reich« gerade noch Geduldete mit Lise Meitner, die 1938 nach Schweden fliehen konnte, bei einem der ersten Nobelpreisträger-Treffen nach dem Kriege in Lindau.

Wollte – dem Einzelnen wie den Völkern –
zum Frieden verhelfen:
Sigmund Freud *(1850–1930)*
in Deutschland gründlich mißverstandener und geschmähter Begründer der Psychoanalyse.

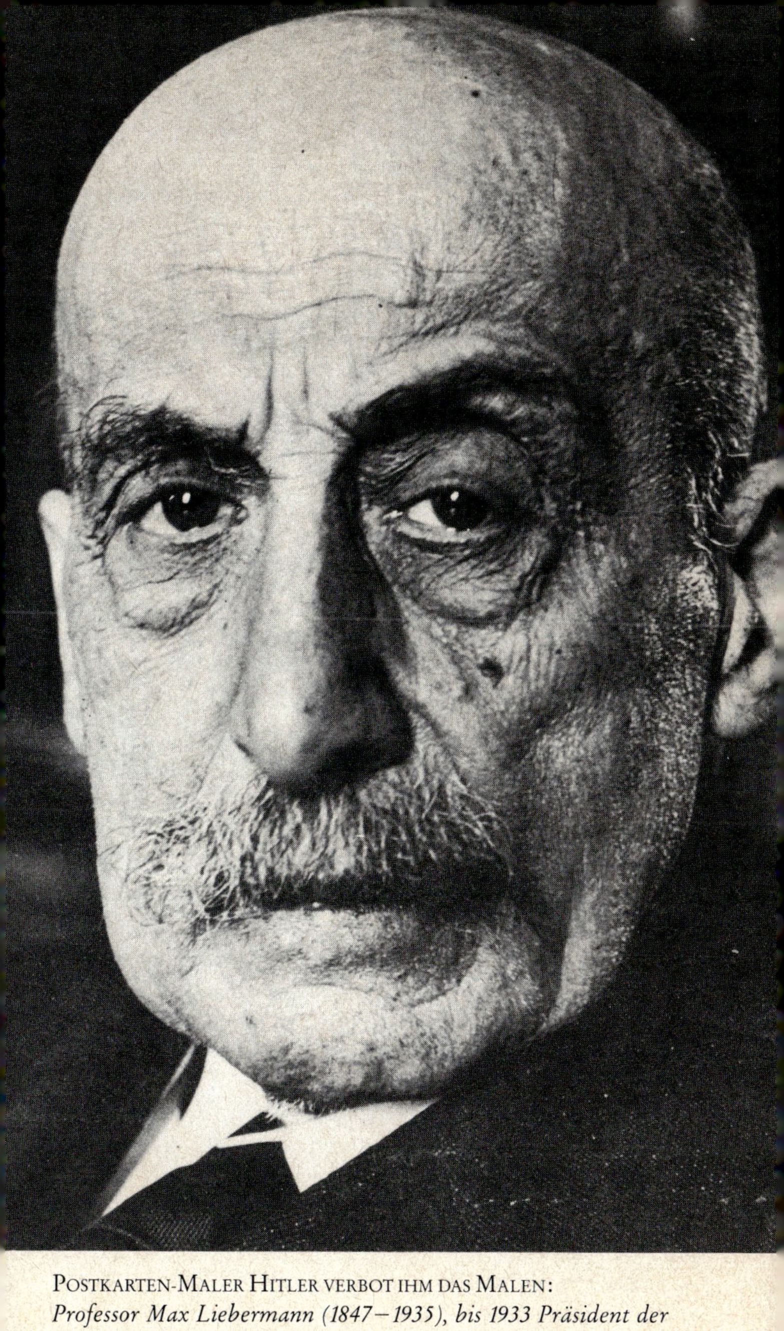

Postkarten-Maler Hitler verbot ihm das Malen:
Professor Max Liebermann (1847–1935), bis 1933 Präsident der Preußischen Akademie der Künste.

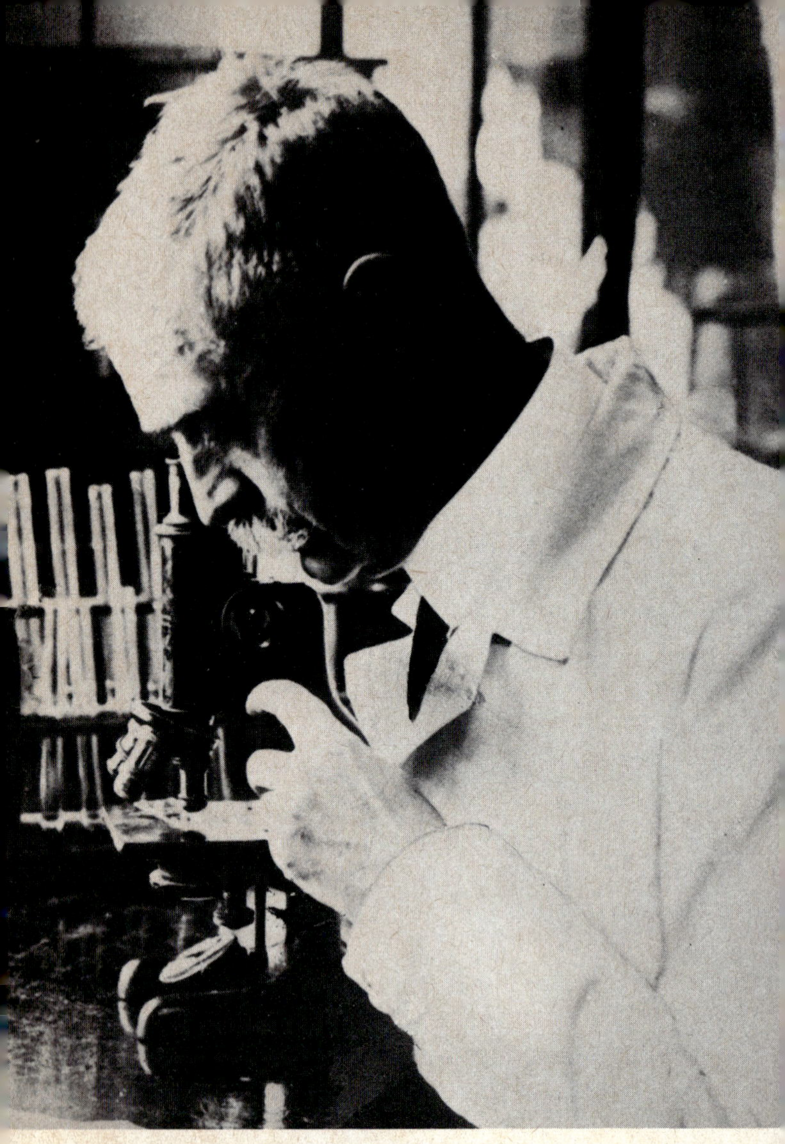

WEGEN »ARTFREMDEN BLUTES«
FÜR DIE DEUTSCHE MEDIZIN NICHT GEEIGNET:
Karl Landsteiner (1868–1943), Bakteriologe und Serologe, zuletzt am Rockefeller Institute for Medical Research in New York, für seine Entdeckung der menschlichen Blutgruppen (1901) dreißig Jahre später mit dem Medizin-Nobelpreis ausgezeichnet.

»Es war ein Akt der Prostitution«, schrieb Professor Wilhelm Röpke, der selbst 1933 von der Marburger Universität entlassen wurde, »ein Schandfleck auf der ehrenvollen Geschichte deutscher Bildung.« Und Julius Ebbinghaus meinte 1945, auf jene finstere Epoche zurückblickend: »Als es noch Zeit war, versäumten es die deutschen Universitäten, sich öffentlich mit all ihrer Macht der Zerstörung der Wissenschaft und des demokratischen Staates entgegenzustellen. Sie versäumten es, in der Nacht der Tyrannei die Flamme der Freiheit und des Rechts zu nähren ...«

Dieses Versäumnis kam sehr teuer zu stehen. Bis 1939 sank die Zahl der Studierenden von 127 920 auf 58 325. Noch stärker gingen die Einschreibungen an den Technischen Hochschulen zurück, aus denen einige der besten Ingenieure und Techniker der Welt hervorgegangen waren, nämlich von 20 474 auf 9554 ...

Doch weit plastischer als alle Statistiken zeigte ein einziger Satz eines Göttingers (›arischen‹) Mathematikers die wahre Situation der deutschen Hochschulen und Institute nach der Vertreibung der ›Juden und ihres Anhangs‹ und dem Einzug des Ungeistes. Auf die besorgte Frage des für die deutsche Wissenschaft zuständigen NS-Kultusministers Bernhard Rust anläßlich eines Festessens, das ihm die Universität Göttingen gab, ob denn das berühmte mathematische Institut unter den durch die ›Arier‹gesetzgebung bedingten personellen Veränderungen wirklich, wie man gelegentlich höre, etwas gelitten hätte, erwiderte der aus Ostpreußen stammende greise Professor David Hilbert trocken: »Jelitten? Nee, Herr Minister, dat jibt es jar nicht mehr ...«

Fünftes Kapitel
NOBELPREIS UND POUR LE MÉRITE

Was veranlaßte den Göttinger Mathematiker David Hilbert zu seiner Behauptung, seit der Vertreibung der Juden habe sein Institut praktisch aufgehört zu bestehen? Gab es denn – außer Hilbert selbst – an der ›Königin der Universitäten‹, wie Georg Christoph Lichtenberg die Göttinger Georgia Augusta einmal genannt hat, keine bedeutenden Mathematiker ›arischer‹ Abstammung?

Nun wir dürfen annehmen, daß Hilbert seine pessimistische Beurteilung des Zustandes und der Zukunft seines Instituts nicht in einem so engen Sinne verstanden wissen wollte. Zwar hatte tatsächlich aufgrund der ›Rassen‹gesetze eine stattliche Reihe sehr bedeutender Mathematiker die Göttinger Universität verlassen müssen: Paul Bernays war einem Ruf nach Zürich gefolgt; Benjamin Amira, geboren 1896 im weißrussischen Mogilew, hatte an der Universität von Jerusalem eine neue Wirkungsstätte gefunden; Otto

Blumenthal, geboren 1876 in Frankfurt, war zwar in Deutschland geblieben, durfte aber nicht mehr arbeiten und wurde 1944 ein Opfer der ›Endlösung‹; Edmund Landau, Berliner des Jahrgangs 1877 und seit 1909 Ordinarius in Göttingen, war zunächst nach Jerusalem gegangen, wo er die neue Universität gründen half, doch kehrte er später wieder nach Deutschland zurück und starb 1938 in Berlin; Emmy Noether, die 1882 in Erlangen geboren war, hatte Göttingen nicht verlassen und blieb dort bis zu ihrem Tode im Jahre 1935. Hermann Weyl, geboren 1885 in Elmshorn, ein enger Freund Einsteins und seit 1930 Ordinarius in Göttingen, wo er in Forschung und Lehre eine enge Verbindung zwischen Mathematik, theoretischer Physik und Philosophie zu verwirklichen suchte, war 1933 einem Ruf nach Princeton gefolgt, und Richard Courant, geboren 1888 im damals noch russischen Lublinitz, im Ersten Weltkrieg als deutscher Frontsoldat vor Verdun schwer verwundet, war ebenfalls in Göttingen geblieben und hatte lange gezögert, ehe er einem Ruf an die Universität von New York gefolgt war, wo er die größte und bedeutendste mathematische Abteilung der Vereinigten Staaten aufbaute. Aber es war dennoch nicht allein der hohe Verlust einer Anzahl namhafter Hochschullehrer, den Professor Hilbert meinte. Es war vielmehr die geistige Verödung, die dadurch eingetreten war, daß den Zurückgebliebenen nun der Gedankenaustausch mit langjährigen engsten Mitarbeitern und persönlichen Freunden fehlte, desgleichen die fruchtbare Anregung, die von mancher lebhaften Diskussion ausgegangen war, und nicht zuletzt auch die Verbindung zu jenem wissenschaftlich und künstlerisch interessierten Kreis aufgeschlossener Menschen in ganz Deutschland, zu dem die vertriebenen jüdischen Kollegen oftmals das einzige Bindeglied gewesen waren.

Richard Courant, beispielsweise, für dessen Verbleiben sich nicht nur Hilbert, sondern noch zahlreiche weitere namhafte Wissenschaftler energisch, aber natürlich vergebens eingesetzt hatten, war – im Widerspruch zu allen Thesen der antisemitischen ›Rassen‹fanatiker – der große Praktiker, der in Fortführung der Theorien Hilberts die direkten Methoden weiter ausgebildet hatte. Auch war Courant der eigentliche Organisator des mathematischen Unterrichts in Göttingen gewesen und hatte sich vor allem durch die stärkere Betonung der angewandten Mathematik große Verdienste erworben. Schließlich war er der Mitverfasser zweier bedeutender Lehrbücher. Das eine – Hurwitz-Courant, ›Funktionentheorie‹ – war in Zusammenarbeit mit Adolf Hurwitz (1855–1919) entstanden, dem (jüdischen) Lehrmeisters Hilberts; das andere – Hilbert-Courant, ›Methoden der mathematischen Physik‹ – war das gemeinsame Werk der beiden Freunde gewesen ...

Emmy Noether, Tochter des – von Nietzsche in seinen Briefen an Franz Overbeck gerühmten – Göttinger und später Erlanger Mathematikers Max Noether, war, über ihre eigene umfangreiche und bedeutende Arbeit hinaus, ein wichtiges Bindeglied zu anderen Fakultäten und Universitäten gewesen. Ihr Bruder Fritz lehrte an der Breslauer Technischen Hochschule außer Mathematik auch Elektrotechnik und Mechanik. Die Geschwister waren mit einer Vielzahl von Professoren und Künstlern befreundet – von Felix Hausdorff, dem (jüdischen) Ordinarius für Mathematik in Bonn, der als Philosoph unter dem Pseudonym Paul Mongré zu den Freunden und Wegbereitern Nietzsches zählte, bis zu Alfred Pringsheim, dem berühmten Sammler italienischer Majoliken, Ordinarius für Mathemathik in München und Schwiegervater Thomas Manns. Paul Bernays hatte sich in erster Linie mit der Grundlegung der Mathematik im Hilbertschen Sinne befaßt, jahrelang eng mit Hilbert zusammengearbeitet und mit einem gemeinsamen Werk – ›Grundlagen der Mathematik‹ – zur Verbreitung der Ideen des Freundes und Lehrers beigetragen.

Edmund Landau schließlich war nicht nur berühmt geworden durch sein großes, dreibändiges Werk über Zahlentheorie, das eine sechssemestrige Vorlesungsreihe umfaßte, sowie durch seine in viele Sprachen übersetzte ›Einführung in die Differentialrechnung und Integralrechnung‹, er war auch der Schwiegersohn Paul Ehrlichs und mit vielen bedeutenden Persönlichkeiten aus Wissenschaft, Kunst und Literatur gut befreundet.

Diese Beispiele, die sich beliebig fortsetzen ließen, mögen genügen, um darzulegen, was David Hilbert gemeint hatte, als er sein eigenes Institut für gar nicht mehr existent erklärte. Doch die geschilderte Verödung betraf ja nicht allein Hilberts engeres Fachgebiet, die Mathematik. Auch die bedeutendsten Physiker der Göttinger Universität waren vertrieben worden, unter ihnen James Franck, der erste Physik-Nobelpreisträger der Georgia Augusta, und Max Born, der erst in der Emigration mit dem Nobelpreis ausgezeichnet wurde und eines der Häupter der Göttinger Physiker- und Philosophen-Schule war, aus der ein halbes Dutzend Nobelpreisträger hervorgegangen ist: Wolfgang Pauli, Werner Heisenberg, Paul Dirac, Maria Goeppert-Mayer, Enrico Fermi, zuvor, während Borns Frankfurter Zeit, Otto Stern, in Göttingen auch der spätere ›Vater der Wasserstoffbombe –, Edward Teller, der bis heute im Gegensatz zu den meisten seiner Kollegen ein unbelehrbarer Verfechter der Weiterentwicklung von Massenvernichtungswaffen geblieben ist.

Durch die erzwungene Emigration Max Borns waren Göttingen und damit auch Hilbert fortan ohne Kontakt zu Albert Einstein, mit dem Born in einem außerordentlich interessanten und fruchtbaren Briefwechsel stand. Mit Einstein war auch Hilbert bis 1933 Jahr für Jahr mindestens einmal in Kontakt gewesen, nämlich jedesmal dann, wenn sich in Berlin ein erlauchter Kreis von Wissenschaftlern und

Künstlern traf: Die Mitglieder der sogenannten Friedensklasse des Ordens Pour le mérite.

Professor Albert Einstein war im Jahre 1923 – gemeinsam mit dem Maler Max Liebermann, dem Bildhauer Hugo Lederer, dem Dichter Gerhart Hauptmann und dem (1925 verstorbenen) Göttinger Mathematiker Felix Klein – in den Orden aufgenommen worden, David Hilbert im Jahre 1926. Und dies bringt uns zu der Frage, ob wenigstens diese – neben dem Adlerschild des Deutschen Reiches höchste – Auszeichnung für Gelehrte und Künstler vom ›Arier‹paragraphen verschont blieb – wenn nicht, ob sie dann vielleicht einen Anhaltspunkt liefern kann für die Schätzung des kulturellen Verlusts, den der Rassenwahn von 1933 an bewirkte.

Was den ersten Punkt betrifft, so schützte die ›Nichtarier‹ weder der Pour le mérite noch der Adlerschild, mit dem u. a. Max Liebermann, aber auch 1929 der Segelflieger Robert Kronfeld, ferner Exzellenz Theodor Lewald, ›nichtarischer‹ Reichskommissar für die Olympischen Spiele ausgezeichnet worden waren. Von Liebermanns Entlassung war bereits die Rede; Kronfeld, ebenfalls Jude, konnte nach England auswandern; Theodor Lewald, nur teilweise jüdischer Herkunft, durfte wegen des schlechten Eindrucks, den seine Entlassung im Ausland hervorgerufen hätte, bis nach der Berliner Olympiade des Jahres 1936 sein Amt behalten, wurde aber sodann eiligst daraus entfernt. Immerhin konnte er das ›Dritte Reich‹ in Deutschland überleben und starb 1947 hochbetagt in Berlin ...

Was die ›nichtarischen‹ Mitglieder des Ordens Pour le mérite für Wissenschaften und Künste betrifft, so schützte diese Auszeichnung, wie wir bereits wissen, weder Albert Einstein noch Max Liebermann vor Beschimpfung und Vertreibung aus ihren Ämtern, aber auch nicht ›Arier‹ wie beispielsweise Max Planck, Physik-Nobelpreisträger seit 1918 und Ordensmitglied seit 1915, der als Präsident der

Kaiser-Wilhelm-Gesellschaft zur Förderung der Wissenschaften 1937 zurücktreten mußte, nicht zuletzt wegen seines mutigen Eintretens für seine jüdischen Kollegen. Ein anderer großer deutscher Wissenschaftler, Richard Willstätter, Chemie-Nobelpreisträger des Jahres 1915 und seit 1924 Mitglied des Ordens Pour le mérite, war 1936 wegen der zunehmenden antisemitischen Hetze an der Münchener Universität endgültig in die Schweiz emigriert... So bleibt nur der zweite Teil der Frage: Kann uns die Mitgliederliste der 1842 gestifteten Friedensklasse des Ordens Pour le mérite Anhaltspunkte für den jüdischen Anteil am kulturellen Leben Deutschlands (oder auch nur Preußens) liefern, und können wir daraus Schlußfolgerungen ziehen, die uns bei der Schätzung der durch die Judenverfolgung entstandenen kulturellen Verluste nützlich wären?

Nun, im Stiftungsjahr 1842 wurden insgesamt 56 In- und Ausländer in die Friedensklasse des Ordens aufgenommen, darunter die Komponisten jüdischer Herkunft Felix Mendelssohn-Bartholdy und Giacomo Meyerbeer, ferner der noch junge, aber nach Karl Friedrich Gauß bedeutendste und von diesem anerkannte und geförderte Mathematiker Karl Gustav Jacobi, 1806 zu Potsdam als Sohn jüdischer Eltern geboren. Bis 1860 wurden weitere dreiundfünfzig Gelehrte und Künstler mit dem Pour le mérite für Wissenschaft und Künste ausgezeichnet und bis 1870 nochmals vierzig, darunter der deutsche Maler jüdischer Herkunft Eduard Bendemann. Der Anteil der deutschen Juden war danach – mit vier von 149 – nicht sonderlich groß, wenn auch erheblich höher als dem Bevölkerungsanteil der Juden entsprochen hätte.

Indessen täuscht dieser Eindruck, denn zunächst müßte man, um einen Vergleich durchzuführen, alle diejenigen Verleihungen unberücksichtigt lassen, die Persönlichkeiten zuteil wurden, deren Zugehörigkeit zum deutschen Kulturkreis sich auch bei großzügiger Auslegung dieses Begriffs nicht behaupten läßt, etwa den Dichter Wassilij Andrejewitsch Shukowskij in St. Petersburg, den Komponisten Gasparo Spontini in Majolati, den Naturforscher Louis Agassiz in New Cambridge bei Boston oder auch den Schriftsteller François René Vicomte de Chateaubriand in Paris.

Dann verändert sich das Bild sofort, denn dann stehen in den Jahren 1842–1870 vier deutsche Juden bloß noch äußerstenfalls hundert deutschen und österreichischen Nichtjuden gegenüber. Doch ehe wir nun eine neue Berechnung anstellen, wollen wir auch noch die Jahre 1871 bis 1918 hinzunehmen und feststellen, ob im Kaiserreich, das den deutschen Juden die völlige rechtliche Gleichstellung brachte, eine wesentliche Verschiebung eingetreten ist. Tatsächlich wurden während dieser siebenundvierzig Jahre insgesamt 186 Persönlichkeiten des In- und Auslands in die Friedensklasse des Ordens aufgenommen, und beschränken wir uns wiederum auf den deutschen Kulturkreis, so waren es zwischen 1871 und 1918 weniger als 120 Gelehrte, Künstler, Staatsmänner, Schriftsteller und Ingenieure, denen diese Auszeichnung zuteil wurde, unter ihnen nur drei, die als Juden gegolten hätten: der Geigenvirtuose und Komponist Josef Joachim, der aus Preßburg stammte und in Berlin heimisch geworden war; der ebenfalls mit eigenen Kompositionen hervorgetretene, doch vor allem als unvergleichlicher Pianist berühmte Anton Rubinstein, den man – obwohl er 1829 in Podolien geboren war – dem deutschen Kulturkreis zurechnen kann, denn er wurde nicht nur, auf Anraten Franz Liszts, von einem deutschjüdischen Kompositionslehrer und Musikwissenschaftler, Professor Siegfried Wilhelm Dehn, in Berlin ausgebildet, sondern blieb auch zeitlebens dem deutschen Musikleben eng verbunden, und schließlich Adolf Mussafia, ein Wiener Gelehrter, der sich durch seine Forschungen auf dem Gebiet der romanischen Sprachen ausgezeichnet hatte.

Es war also während der Kaiserzeit keine Vergrößerung des jüdischen Anteils eingetreten, eher ein minimaler Rückgang. Doch bevor wir zu wiederum voreiligen Schlüssen kommen, wollen wir auch noch die Jahre von 1918 bis zur Gegenwart kurz betrachten: Bis einschließlich 1933 wurde der Orden Pour le mérite für Wissenschaft und Künste nur noch dreißigmal, ausschließlich an Deutsche, verliehen, darunter an die – bereits erwähnten – drei Persönlichkeiten jüdischer Herkunft: Max Liebermann, Albert Einstein und Richard Willstätter. Dann trat im ›Dritten Reich‹ eine Pause ein, auf deren Gründe wir noch zurückkommen werden, und erst 1952 konstituierte sich der Orden in der Bundesrepublik wieder ›als eine freie, sich selbst ergänzende Gemeinschaft von hervorragenden Gelehrten und Künstlern‹, wie es in der Präambel heißt.

Seitdem sind 97 Persönlichkeiten Ordensmitglieder geworden; davon lassen sich, bei wiederum großzügiger Auslegung, 76 dem deutschen Kulturkreis zurechnen. Von ihnen sind – wenn wir denselben Maßstab wie bisher anlegen – allenfalls vier als deutsche Juden zu bezeichnen, nämlich die berühmte Kernphysikerin Lise Meitner, der Kunsthistoriker Erwin Panofsky, der Chemie-Nobelpreisträger Georg von Hevesy und der uns als Dirigent und Komponist bereits bekannte Otto Klemperer. Es scheint also ein kräftiger Anstieg des jüdischen Anteils eingetreten zu sein, vielleicht zurückzuführen auf ein gewisses Bedürfnis nach moralischer Wiedergutmachung ...

Indessen brauchen wir uns darüber nicht weiter den Kopf zu zerbrechen. Wenn wir nämlich jetzt auf die Frage nach den Gründen für die Pause zurückkommen, die während der nationalsozialistischen Gewaltherrschaft hinsichtlich der Ordensverleihungen eingetreten ist, so läßt die Antwort ein ganz anderes Bild entstehen, nämlich einen nach den Maßstäben von Hitler und Goebbels schon seit mehr als einem Jahrhundert ›total verjudeten‹ Orden Pour le mérite...!

Allein unter den zu Hohenzollern-Zeiten aufgenommenen Ordensmitgliedern sind eine stattliche Reihe von Persönlichkeiten, die im ›Dritten Reich‹ als ›jüdische Mischlinge‹ gegolten hätten, etwa der Architekt Friedrich Hitzig, der Meteorologe Heinrich Wilhelm Dove, der Kupferstecher Johann August Eberhard Mandel, der Chemie-Nobelpreisträger Adolf von Baeyer oder auch der große Astronom Johann Friedrich Wilhelm Herschel, der – wie den Mitteilungen der Gesellschaft für jüdische Familienforschung zu Berlin vom September 1931 zu entnehmen war – als Sohn des königlich-hannoverschen Militärmusikers Isaak Herschel und Enkel des königlich-sächsischen Hofgärtners Abraham Herschel von mährischen Juden abstammte. Und in demselben Heft findet sich auch der ›Nichtarier‹nachweis eines anderen Ordensmitglieds, nämlich des Begründers der deutschen Agrarchemie, Justus von Liebig, zu dessen Vorfahren der Schuhmacher Samuel Abel, verheiratet mit Elisabeth, Tochter der getauften Jüdin Sophia Darmstädter, gehörten...

Eine weitere recht beträchtliche Anzahl von Ordensmitgliedern war mit Frauen jüdischer Herkunft verheiratet – von dem Bildhauer Johann Gottfried Schadow bis zu dem erst 1915 ausgezeichneten Rechtsgelehrten Otto von Gierke. Und zu dieser Gruppe gehören mindestens drei mit dem Pour le mérite geehrte Wissenschaftler und Künstler, die sich mit Nachkommen Moses Mendelssohns vermählt hatten: der Maler Ludwig Passini, der Mathematiker Peter Gustav Lejeune Dirichlet und der Schriftsteller Werner Bergengruen.

Wieder andere Ordensmitglieder hatten ›nichtarische‹ Schwiegertöchter oder -söhne, etwa der Physiologe Emile du Bois-Reymond, dessen Sohn Alard mit Lili Hensel, ebenfalls einer Nachfahrin Moses Mendelssohns, verheiratet war, oder auch der Reichskanzler Otto Fürst von Bismarck, dessen Sohn Herbert sich 1871 mit Marguerite Gräfin Hoyos vermählt hatte. Deren Mutter, Alice Whitehead, entstammte einer wohlhabenden jüdischen Familie Englands, deren damaliges Oberhaupt, Sir James Whitehead, dem Vorstand der Londoner israelitischen Kultusgemeinde angehörte . . .

Die Beispiele ließen sich beliebig fortsetzen, wobei man dann auch noch zahlreiche Ordensmitglieder nennen müßte, deren jüdische Herkunft nicht genau feststeht und deshalb ›umstritten‹ ist – wie etwa den Komponisten Max Bruch, den sowohl die 1939–1943 in New York erschienene *Universal Jewish Encyclopedia* als auch Dr. Adolph Hohut in seinem zweibändigen, 1901 – also noch zu Lebzeiten Bruchs – erschienenen Werk, ›Berühmte israelitische Männer und Frauen in der Kulturgeschichte der Menschheit‹, den deutschen Juden zurechnet.

Erst kurze Zeit vor Beginn der Hitler-Herrschaft und fast zehn Jahre nach dem Tode Max Bruchs, der sich selbst gegen seine Einreihung unter die ›berühmten israelitischen Männer‹ keineswegs gewehrt hatte, wurde der Komponist der wahrscheinlich populärsten Synagogenmelodien, insbesonderes des berühmten, ›Kol Nidrei‹* betitelten Musikstücks für Cello und Orchester, plötzlich ›arisiert‹, und zwar durch den stramm antisemitischen ›Semi-Kürschner‹ von Ph. Stauff. Auch im ›parteiamtlichen‹, von Stengel und Gerigk zusammengestellten ›Lexikon der Juden in der Musik‹ war Max Bruch dann nicht mehr erwähnt; sogar ›Kol Nidrei‹

* Aramäisch = ›alle Gelübde‹, Gebet am Vorabend des Versöhnungsfestes der Juden.

fehlte im Titelverzeichnis der im ›Dritten Reih‹ geächteten Musikwerke. Ob es damit zusammenhing, daß Max Bruch sehr einflußreiche ›arische‹ Verwandte hatte, nämlich die Familie Krupp in Essen ...?

Wir können dies – und auch die Klärung der ›arischen‹ oder ›nichtarischen‹ Herkunft von anderthalb Dutzend weiteren Ordensmitgliedern, deren Fälle ähnlich gelagert sind – getrost dahingestellt sein lassen, denn eines sollte nun klargeworden sein: Der Orden Pour le mérite für Wissenschaft und Künste als eine von den jeweils Herrschenden ausgewählte Elite der kulturtragenden Schicht konnte in seiner Zusammensetzung gar nichts anderes sein als deren ziemlich getreues, nur stark verkleinertes Abbild. Und selbstverständlich mußte dann das jüdische Bürgertum, zumal Berlins, darin ähnlich stark vertreten sein wie auf jenem Theaterzettel aus den zwanziger Jahren, der uns bereits ein aufschlußreiches Bild von der innigen Verschmelzung geliefert hat, die jüdische (und auch hugenottische) Bürger mit Teilen des Adels und der christlich-deutschen Bourgeoisie eingegangen waren. Daß dabei das jüdische Element mindestens zehnmal, wenn nicht noch stärker vertreten war, als dem Bevölkerungsanteil der Juden entsprochen hätte, darf uns nun nicht mehr wundern, zumal dann nicht, wenn wir eingesehen haben, das die iraelitische Gemeinschaft nicht ›artfremden‹, womöglich ›minderrassigen‹ Ursprungs war, vielmehr nichts anderes als die Nachkommenschaft desjenigen Teils der gebildeten und im Vergleich zur Landbevölkerung jener Epoche weit höher zivilisierten Bürgerschaft deutscher Städte des frühen Mittelalters, der sich nicht zum Christentum bekehrte – vielleicht schon deshalb nicht, weil relativ aufgeklärte, belesene und intelligente Städter stets zögern, Dogmen zu akzeptieren oder an Wunder zu glauben, auch ihren Gott, so sie denn einen haben, weder zu vermenschlichen noch gar in Symbolen und Abbildern zu verehren bereit sind, vor allem aber nicht einzusehen vermögen, weshalb Christen das – von ihnen nur selten praktizierte – ethische Gebot ›Du sollst deinen Nächsten lieben wie dich selbst‹, als *ihren* speziellen Beitrag zum Fortschritt der Menschheit betrachten und das Alte Testament als ›noch von Haß und Rache erfüllt‹ bezeichnen, wo doch bereits im 3. Buch Mose (19,18) just diese Forderung der Nächstenliebe, mit genau denselben Worten gestellt, für jeden des Lesens Kundigen zu finden war und ist...

Ersparen wir uns also die Erörterung der Frage, wie sehr und weshalb sich die Juden auch hinsichtlich der Mitgliedschaft im Orden Pour le mérite für Wissenschaft und Künste ›vorgedrängt‹ haben. Kehren wir statt dessen zu der anderen eingangs gestellten Frage zurück, ob die Mitgliederliste dieses Ordens einen Anhaltspunkt liefern kann für die Schätzung des durch die Vertreibung und Vernichtung der deutschen Juden auf allen kulturellen Gebieten entstandenen Verlusts.

Schon eine flüchtige Betrachtung der Liste der erlauchten Ordensmitglieder zeigt uns, daß dies nur auf Teilgebieten der Fall sein könnte. Während nämlich Maler, Kupferstecher, Tonkünstler, aber auch Altertums- und Sprachforscher sowie Vertreter der mathematisch-naturwissenschaftlichen Fachrichtungen in verhältnismäßig großer Zahl vertreten sind, findet man – zumal es sich doch um eine für das ›Volk der Dichter und Denker‹ repräsentative Elite handeln soll – erstaunlich wenige deutsche Philosophen und Schriftsteller, wobei einige der bedeutendsten Namen fehlen. Es scheint, als wäre bei der Auswahl neben der individuellen Leistung auch stets das sogenannte ›höhere Staatsinteressse‹ berücksichtigt worden, das keineswegs immer übereingestimmt hat mit dem Urteil der Fachwelt oder auch des zeitgenössischen Publikums, von dem der Nachwelt ganz zu schweigen...

Die deutsche Philosophie der letzten hundertfünfundzwanzig Jahre wird von nur zwölf Ordensmitgliedern repräsentiert. Weder Hegel noch Marx, weder Nietzsche noch Max Weber, auch nicht Friedrich Julius Stahl, geschweige denn Georg Simmel, Max Scheler oder Martin Buber sind darunter, wobei die vier Letztgenannten und natürlich auch Karl Marx einen Teil des starken jüdischen Elements in der deutschen Philosophie vertreten hätten, das – nach den Maßstäben des Ordens Pour le mérite – völlig fehlt. Kein einziger ›Nichtarier‹ ist unter den dekorierten Philosophen und nur einer, Albert Schweitzer, war mit einer Jüdin verheiratet.

Noch erstaunlicher ist die Anzahl der Dichter und Schriftsteller, die sich für den Pour le mérite qualifiziert haben. Es sind – ohne die reinen Militärschriftsteller – genau dreizehn aus ebenso vielen Jahrzehnten der Ordensvergabe, so daß man folgern könnte, es hätte sich nur in jedem Dezenium ein deutscher Mann der Feder gefunden, der des Pour le mérite würdig gewesen wäre...! (Übrigens auch unter diesen Schriftstellern und Dichtern ist kein einziger deutscher Jude, auch nicht Heinrich Heine, und erst unter denen, die seit 1952 in den Orden gewählt wurden, finden wir wenigstens in der Person Carl Zuckmayers einen ›jüdischen Mischling‹, in Thomas Mann einen mit einer Jüdin verheirateten ›Arier‹...)

Diese Unterrepräsentation des sonst so stark vertretenen jüdischen Elements im Kreis der Ordensmitglieder, soweit es die Gebiete der Philosophie und der Literatur betrifft, ist keineswegs ein Zufall. Erstens sind diese Fächer ohnehin verblüffend schwach vertreten, was vielleicht auf eine gewisse Unsicherheit des für die Aufnahme zuständigen Gremiums in der Beurteilung philosophischer und literarischer Qualitäten schließen läßt, vielleicht auch nur auf bestimmte weltanschauliche und staatspolitische Rücksichten, die zu nehmen man sich veranlaßt sah; zweitens – und auf diesen Punkt werden wir noch zurückkommen – waren gerade die deutschen Schriftsteller, Dichter und Philosophen jüdischer Herkunft, von verhältnismäßig wenigen Ausnahmen abgesehen, weit eher das, was wir heute ›Nonkonformisten‹ nennen, als etwa die ›nichtarischen‹ Naturwissenschaftler, Juristen, Mediziner, Alt- und Neuphilologen oder auch Techniker.

Doch ehe wir uns dieser Frage zu- und vom Orden Pour le mérite endgültig abwenden, wollen wir uns noch kurz mit den deutschen Chemikern unter den Ordensmitgliedern befassen, von denen im Laufe von hundertfünfundzwanzig Jahren immerhin neunzehn für ihre besonderen Verdienste ausgezeichnet wurden.

Hier ist die Auswahl, so will es in der Rückschau scheinen, weitaus glücklicher erfolgt, denn es sind immerhin viele – wenn auch keineswegs alle – der großen deutschen Chemiker des 19. und der ersten drei Jahrzehnte des 20. Jahrhunderts in den Orden aufgenommen worden: Eilhard Mitscherlich, Justus von Liebig, Heinrich Rose, Robert Bunsen, Friedrich Wöhler, August Wilhelm Hofmann, Adolf von Baeyer, Richard Willstätter sowie in den letzten Jahrzehnten dann auch noch Otto Hahn, Otto Warburg, Heinrich Wieland, Georg von Hevesy, Adolf Windaus, Richard Kuhn, Adolf Butenandt und der an der Universität Halle wirkende Biochemiker Kurt Mothes.

Übrigens, fast genau ein Drittel von diesen ›Pour-le-mérite-Chemikern‹, nämlich sechs, waren jüdischer Herkunft, und das gibt uns bereits einen ersten Anhaltspunkt, was die Schätzung des durch den nationalsozialistischen Rassenwahn zumindest auf diesem einen Fachgebiet entstandenen Verlusts betrifft. Es empfiehlt sich jedoch, dieses nur auf die Auswahl für den Orden Pour le mérite gestützte Indiz zunächst noch einmal genauer zu prüfen, und ein Vergleich mit der Liste der deutschen Chemie-Nobelpreisträger bietet sich geradezu an.

Bis 1933 hielt das deutsche Reich auf dem Gebiet der Chemie den ersten Platz in der Welt, zumal was die wissenschaftliche Forschung betraf. Das kam auch in den Nobelpreisverleihungen deutlich zum Ausdruck: Von 1901 bis 1933 wurden insgesamt 31 Wissenschaftler* mit dem Nobelpreis für besonders hervorragende Leistungen auf dem Gebiet der Chmie ausgezeichnet, und zwar vierzehn Reichsdeutsche, sechs Briten, vier Franzosen, drei Schweden, ein Holländer, ein Schweizer und ein Amerikaner.

Wenn man berücksichtigt, daß der holländische Nobelpreisträger die Auszeichnung während seiner langjährigen Lehr- und Forschungstätigkeit in Deutschland erhielt; daß auch viele der übrigen nicht-deutschen Laureaten an Hochschulen des Reiches studiert und promoviert hatten – zum Beispiel der Schotte Sir William Ramsay in Tübingen –, und daß auch die ICI, die *Imperial Chemical Industries,* also jener gewaltige britische Chemie-Konzern, der Englands Forschern mancherlei Rückhalt bot, von dem Deutschen Ludwig Mond aus Kassel gegründet und zu einem Industriegiganten gemacht worden war, der noch heute von seinen Nachkommen geführt wird, dann beginnt man, die starke Vormachtstellung der Deutschen auf dem Gebiet der Chemie zumindest in Umrissen zu erkennen. Es ließe sich noch manches hinzufügen, was die behauptete einstige Stärke der Deutschen auf dem Gebiet der Chemie zu beweisen imstande wäre, doch am deutlichsten zeigte sie sich in der Tatsache, daß bis 1933 mehr als die Hälfte aller Chemie-Nobelpreise an Hochschullehrer und Forscher vergeben wurden, die in Deutschland arbeiteten.

Von 1934 bis 1969** wurden insgesamt 47 Chemie-

* Es sind auch diejenigen Laureaten mitgezählt, die sich den Preis mit einem Kollegen teilen.

** Vgl. Anmerkung von S. 77

Nobelpreise verliehen, davon vierzehn an Amerikaner, dreizehn an Briten, neun an Deutsche, je zwei an Schweden, Schweizer und Franzosen sowie je einer an Laureaten aus Finnland, Norwegen, Italien, der Tschechoslowakei und der Sowjetunion.

Das außerordentlich starke Übergewicht der angelsächsischen Länder, die jetzt dreimal soviel Preise wie Deutschland errungen hatten, und auch das stärkere Hervortreten der Skandinavier sind unverkennbar. Dabei war das Verhältnis in Wirklichkeit noch ungünstiger für das Reich, später für die Bundesrepublik, denn einer der neun deutschen Preisträger, der Holländer Petrus Debye, der 1936 die Auszeichnung erhielt, als er Direktor des Kaiser-Wilhelm-Instituts in Berlin war, emigrierte bald danach in die USA, wo er eine Professur erhielt und 1966 starb.

Berücksichtigt man dies, dann standen zwischen 1934 und 1969 insgesamt zweiunddreißig in angelsächsischen oder skandinavischen Ländern lebende Chemie-Nobelpreisträger, die zusammen rund zwei Drittel aller Laureaten dieser Fachrichtung stellten, nur noch acht Deutsche gegenüber.

So bleibt uns bloß noch zu klären, welchen Anteil die deutschen Juden an den Chemie-Nobelpreisen der Jahre vor und nach 1933 hatten, sowie eine Prüfung der Frage, ob auch das starke Anwachsen des angelsächsisch-skandinavischen Anteils mit der Judenverfolgung in Deutschland in irgendeinem Zusammenhang steht.

Tatsächlich waren vier der vierzehn deutschen Chemie-Nobelpreisträger der Jahre 1901 bis 1933 ›Nichtarier‹ gewesen, nämlich außer Adolf von Baeyer und Richard Willstätter, die wir bereits als Mitglieder der Friedensklasse des Ordens Pour le mérite kennengelernt haben, auch Otto Wallach, der den Nobelpreis im Jahre 1910 erhielt, und Fritz Haber, dem die Auszeichnung 1918 zuteil wurde.

Otto Wallach, der aus Königsberg stammte und 1931 in

Göttingen starb, war ein Schüler von Gustav Magnus und Justus von Liebig, seit 1873 Privatdozent, seit 1889 ordentlicher Professor. Der Nobelpreis wurde ihm verliehen »als Anerkennung des Verdienstes, das er sich um die Entwicklung der organischen Chemie und der chemischen Industrie durch seine bahnbrechenden Arbeiten« erworben hatte.

Wallach, ebenso wie Adolf von Baeyer, erlebte das ›Dritte Reich‹ nicht mehr; Fritz Haber starb, wie auch Willstätter, in der Emigration, nachdem er, ohne bereits dazu gezwungen worden zu sein, 1933 seine Ämter niedergelegt hatte, weil er nicht besser behandelt werden wollte als seine davongejagten jüdischen Mitarbeiter und Kollegen* ...

Die Lücken, die durch die Judenverfolgung in die Reihen der deutschen Chemiker gerissen wurden, wirkten sich bald für das Reich sehr nachteilig aus, und es wird davon in den folgenden Kapiteln noch ausführlich die Rede sein.

Auch die Stellung des Deutschen Reiches und später der Bundesrepublik in der ›Weltrangliste‹ der Chemie-Nobelpreise wäre ohne den Rassenwahn der Nationalsozialisten eine weit bessere gewesen:

Max Ferdinand Perutz beispielsweise, Professor an der Universität von Cambridge und britischer Chemie-Nobelpreisträger des Jahres 1962, war 1936 als zweiundzwanzigjähriger Chemie-Student aus seiner Heimatstadt Wien nach England emigriert. Seine Eltern hatten zwei Jahre später flüchten müssen, weil sie Juden waren, und auch sie hatten in England Aufnahme gefunden. In Wien waren sie sehr bedeutende Textilindustrielle gewesen, deren Vorfahren die

* Der Wortlaut seines Entlassungsgesuchs findet sich im Anhang, ebenso weitere Dokumente zum ›Fall Haber‹, unter anderem ein Bericht von Professor Otto Hahn über die Trauerfeier, die nach Fritz Habers Tod in Berlin unter großen Schwierigkeiten schließlich doch noch stattfinden konnte und zu einer stummen Demonstration deutscher Wissenschaftler gegen die nationalsozialistische Rassenpolitik wurde.

ersten mechanischen Spinnereien und Webstühle in Österreich eingeführt hatten. England gewährte ihnen Asyl, vielleicht nicht zuletzt deshalb, weil man sich dort erinnerte, was Großbritannien den deutschen Juden zu verdanken hatte – der Aufbau der Texilindustrie von Bradford, Leeds und Manchester war zu einem großen Teil ihr Werk gewesen, und auch der bereits erwähnte Gründer der *Imperial Chemical Industries* (ICI), Dr. Ludwig Mond aus Kassel, war ein deutscher Jude. Er richtete aus eigenen Mitteln das Davy-Faraday-Laboratorium ein, das dann zum *Royal Institute* wurde. Sein Sohn Alfred, der die Nachfolge in der ICI-Konzernleitung antrat, wurde der erste Lord Melchett. Und ein anderer deutsch-jüdischer Einwanderer, der spätere Lord Hugo Hirst, gründete die britische *General Electric Company,* und führte sie aus kleinsten Anfängen zu ihrer heutigen Bedeutung ...

Ein weiterer, diesmal schwedischer Chemie-Nobelpreisträger, Georg von Hevesy, der 1943 ausgezeichnet wurde »für seine Arbeiten über die Anwendung der Isotope als Indikatoren bei der Erforschung chemischer Prozesse«, hatte als Sohn eines k. u. k. Hofrates zunächst in Budapest, dann an der Berliner Technischen Hochschule studiert, in Freiburg seinen Doktorgrad erworben, dort sowie in Zürich und bei Fritz Haber in Berlin assistiert. Daß er im Zuge seiner Ausbildung und beginnenden Forschungs- und Lehrtätigkeit, die ihn von Deutschland nach Dänemark und nach Schweden geführt hatte, erst wenige Jahre vor seinem Tode nach Freiburg zurückgekehrt ist, wo er 1966 starb, lag nicht zuletzt daran, daß auch er jüdischer Herkunft war. Ihm wie zahlreichen anderen jüdischen Wissenschaftlern und Künstlern, die dann aus Hitlers Machtbereich flüchten mußten, wurde Schweden zur zweiten Heimat, zu deren wissenschaftlichen, künstlerischen und wirtschaftlichen Leistungen sie Wesentliches beisteuerten, und – was den NS-›Rasse‹-

theoretikern eigentlich hätte zu denken geben müssen – das deutsch-jüdische Element hatte in diesem ›nordisch-germanischen‹ Land speziell auf kulturellem Gebiet auch schon vorher sehr befruchtend gewirkt:

Der Maler Isaak Grünewald, ein Schüler von Henri Matisse, wurde in seiner Heimatstadt Stockholm zu einem der stärksten Gestalter der modernen europäischen Malerei; die Familie Josephson stellte Schweden eine stattliche Reihe von Künstlern und Gelehrten: den Maler Ernst Josephson, dessen ›Nöck‹ besonders berühmt wurde; den Komponisten Jacob und den Dramatiker Ludwig sowie die Kunsthistoriker Azel und Ragner Josephson, der 1966 als Nachfolger Ingmar Bergmans die Leitung des Königlichen Theaters in Stockholm übernommen hat; die Familie Bonnier, die im frühen 19. Jahrhundert aus Dresden nach Schweden einwanderte und den von Albert Bonnier gegründeten Verlag zum größten Unternehmen seiner Art in Skandinavien machte, aber auch namhafte Künstler, zum Beispiel die Malerin Eva Bonnier, hervorgebracht hat; Oscar Levertin hat als Dichter und Literaturhistoriker seinen Platz unter den bedeutenden Männern der schwedischen Literatur gefunden; die Schriftstellerin Sophie Elkan, Freundin Selma Lagerlöfs und Übersetzerin Pestalozzis, schrieb unter dem Pseudonym Rust-Roest eine Reihe von sehr populären Romanen; Emil Schück, jahrezehntelang Professor, zeitweise auch Präsident der Universität Uppsala, war der wohl bedeutendste schwedische Kulturhistoriker seiner Epoche und schrieb die Geschichte des schwedischen Volkes, der schwedischen Literatur (diese zusammen mit Karl Warburg), aber auch die der schwedischen Akademie, der er seit 1913 angehörte; Karl Warburg schließlich, der dem skandinavischen Zweig dieser bekannten deutsch-jüdischen Familie angehörte, war maßgeblich beteiligt am Aufbau der berühmten Nobel-Bibliothek.

Diese wenigen Beispiele aus der kleinen, bis zum Beginn der Judenverfolgung in Deutschland nur etwa sechstausend Personen umfassenden ›Stamm-Mannschaft‹ der schwedischen Juden zeigen bereits deren immense kulturelle Bedeutung für das so tolerante und hilfsbereite Land im Norden Europas, das während des Zweiten Weltkrieges nahezu sämtliche Juden Dänemarks aufnahm und so vor dem Untergang rettete. Auch aus Deutschland selbst fand eine stattliche Anzahl von Verfolgten Zuflucht in Schweden, unter ihnen – neben Lise Meitner und dem Dirigenten Leo Blech, von denen bereits die Rede gewesen ist – auch eine Reihe von deutschen Schriftstellern und Dichtern jüdischer Herkunft. Zwei prominente, wenn auch sehr gegensätzliche Persönlichkeiten seien als Beispiel herausgegriffen: Nelly Sachs und Kurt Tucholsky ... Doch ehe wir uns näher mit ihnen und mit dem Anteil des Judentums an der deutschen Literatur beschäftigen, müssen wir, um hinsichtlich der Chemiker zu einem abschließenden Urteil zu gelangen, noch einmal auf den Holländer Debye zurückkommen. Auch er hätte Deutschland nicht verlassen, wäre er, als ›Arier‹ selbst gar nicht direkt betroffen, nicht so empört gewesen über die Verfolgung seiner jüdischen Kollegen ...

Schon durch die drei bisher genannten Chemie-Nobelpreisträger – Perutz, von Hevesy und Debye –, die unter normalen Umständen nicht das angelsächsisch-skandinavische, sondern das deutsche Kontingent verstärkt hätten, wäre zumindest das Gleichgewicht wiederhergestellt worden, das sich so – als Folge des Rassenwahns – eindeutig zuungunsten des deutschen Kulturkreises verlagert hat – mit allen nachteiligen Folgen, die sich daraus auch für die Wirtschaft und damit für die Allgemeinheit ergeben haben. Doch es ließen sich auch unter den ausländischen Nobelpreisträgern der Chemie, zumal den Amerikanern, weitere Wissenschaftler deutsch-jüdischer Herkunft nennen, die sicherlich, hätte es nicht den deutschen Antisemitismus gegeben, zur Ausbildung, zur Übernahme eines Lehrauftrags oder auch zur Teilnahme an der deutschen Forschung an eine Universität der Heimat ihrer Vorfahren gekommen wären. Ein einziges Beispiel soll genügen:

Melvin Calvin, heute Professor an der Universität von Kalifornien in Berkeley, studierte zur Zeit des ›Dritten Reiches‹ in Europa, und zwar an der englischen Universität Manchester. Es sei die Behauptung gewagt, daß er, der gebürtige Amerikaner, zum Studium lieber nach Deutschland gegangen wäre, hätte damals dort nicht der Rassenwahn regiert, und vielleicht wäre er dann als Privatdozent, zumindest eine Zeitlang, in Berlin oder Göttingen geblieben. Für diese nur scheinbar kühne Annahme spricht zweierlei: Einmal ist Melvin Calvin, trotz seines sehr angelsächsisch klingenden Namens, deutsch-jüdischer Herkunft, zum anderen knüpfte er, als ihm 1961 der Chemie-Nobelpreis verliehen wurde, in seinem aus diesem Anlaß gehaltenen wissenschaftlichen Vortrag fast ausschließlich an deutsche (und zufällig auch deutsch-jüdische) Forscher an, nämlich an Justus von Liebig, Adolf von Baeyer, Richard Willstätter und Otto Warburg, deren große Tradition er nun in den USA fortsetzt...

So läßt sich abschließend nur noch die Feststellung treffen, daß, zumindest auf dem Gebiet der Chemie, die Indizien für einen sehr starken, mindestens ein Drittel der früheren Forscher-Kapazität umfassenden Verlust als direkte und indirekte Folge des deutschen Rassenwahns, wie sie uns die Prüfung der Mitgliederliste des Ordens Pour le mérite geliefert hat, voll bestätigt und sogar noch verstärkt wurden durch die Erkenntnisse, die wir durch die Analyse der Chemie-Nobelpreisverleihungen vor und nach 1933 gewinnen konnten. Es stellt sich aber die Frage, ob uns die Nobelpreisverleihungen auch dort Anhaltspunkte für unsere

Untersuchung liefern können, wo uns die Mitgliederliste des Ordens Pour le mérite so gut wie gar keinen Aufschluß zu geben vermochte, nämlich auf dem Gebiet der Literatur.

Zwischen 1901 und 1933 wurden insgesamt dreiunddreißig Dichter und Schriftsteller mit dem Nobelpreis für Literatur ausgezeichnet, und zwar je fünf Deutsche und Franzosen, je drei Schweden, Norweger und Briten, je zwei Dänen, Polen, Spanier und Italiener sowie ein Belgier, ein Schweizer, ein Ire, ein Inder, ein Bürger der USA und ein staatenloser, in Frankreich lebender Russe. Anders als bei den exakten Wissenschaften, wo die Muttersprache des Laureaten für die Beurteilung seiner Leistung so gut wie keine Rolle spielt, ist für die Wertung eines literarischen Werken die Sprache von ausschlaggebender Bedeutung. Und so erklärt es sich vielleicht, wenigstens zum Teil, warum die Literatur Skandinaviens überrepräsentiert erscheint und neben einigen Dichtern von Weltruf auch einige außerhalb der nordischen Länder nahezu unbekannte Romanciers mit dem Nobelpreis ausgezeichnet wurden. Es scheinen da bei der Stockholmer Jury ähnliche Gefühle geherrscht zu haben wie bei dem großen, in fast alle Sprachen übersetzten jiddischen Romancier und Dramatiker Schalom Asch, der dem Jiddischen den Vorzug vor jedem anderen Idiom der Welt gab und dies damit begründete, daß man da eben jedes Wort verstehe ... Schalom Asch, der den Literatur-Nobelpreis sicherlich eher verdient hätte als mancher, der damit ausgezeichnet wurde, sprach so, halb im Scherz, halb im Ernst, das Dilemma an, in das man sich begibt, wenn man Literatur beurteilen soll, die man im Original nicht oder nur mühsam zu lesen vermag. Wir wollen deshalb darauf verzichten, an der Weisheit derer zu zweifeln, die seit 1901 den Literatur-Nobelpreis gelegentlich auch an Autoren vergeben haben, deren überragende Verdienste wir vielleicht nur nicht zu erkennen in der Lage sind, und uns beschränken auf eine Prüfung der deutschen Laureaten.

Es sind dies, in der Reihenfolge, in der sie zwischen 1901 und 1933 mit der höchsten Ehrung bedacht wurden, die einem Mann der Feder zuteil werden kann: Christian Theodor Mommsen, Rudolf Christoph Eucken, Paul Johann Heyse, Gerhart Hauptmann und Thomas Mann.

Theodor Mommsen, 1817 im damals noch dänischen Garding geboren und als Fünfundachtzigjähriger 1902 mit dem Nobelpreis für Literatur ausgezeichnet, der ihm verliehen wurde »als dem größten lebenden Meister der Geschichtsschreibung in besonderer Anerkennung für seine monumentale Römische Geschichte«, war Historiker und Ordinarius an der Berliner Universität.

Rudolf Christoph Eucken, geboren 1846 in Aurich in Ostfriesland, war Professor der Philosophie in Basel, später in Jena, und – wie seine Zeitgenossen übereinstimmend versichern – ein überaus gütiger, warmherziger Mensch und idealistischer Philosoph, der uns im Rückblick etwas naivpathetisch erscheint. Ein Schriftsteller war er gewiß nicht.

Paul Heyse, Berliner des Jahrgangs 1830 und mütterlicherseits, wie wir bereits wissen, ein Nachkomme Moses Mendelssohns, studierte als Sohn eines Berliner Universitätsprofessors und berühmten Sprachforschers klassische Philologie, promovierte mit einer Arbeit ›Über den Refrain in der provenzalischen Poesie‹, wurde – mit tausend Gulden Jahresgehalt – Hofpoet bei König Maximilian II. von Bayern, schrieb im Stil der von ihm erdachten ›Falkentheorie‹ (›starke deutsche Silhouette‹) mehr als hundert Novellen, erwies sich als ein wahrhaft glänzender Übersetzer italienischer Dichtung, versuchte sich mit geringem Erfolg als Dramendichter (wobei sein patriotisches Stück ›Kolberg‹ später als Vorlage für einen ›Durchhalte‹-Propagandafilm des ›Dritten Reiches‹ diente) und wurde 1910 mit dem

Literatur-Nobelpreis ausgezeichnet als – nach Meinung des Sekretärs der Schwedischen Akademie – »Deutschlands größter Lyriker der Gegenwart« ...

Gerhart Hauptmann, 1862 im schlesischen Obersalzbrunn geboren, wollte zunächst Bildhauer werden, entdeckte dann seine wahre Berufung und wurde zu dem großen deutschen Dramatiker des späten 19. und frühen 20. Jahrhunderts, der dann 1912 mit dem Literatur-Nobelpreis geehrt worden ist. Man kann, zumal im Rahmen unserer Untersuchung, seiner nicht gedenken, ohne die Männer zu nennen, die ihm sein Werk in vielerlei Hinsicht erst ermöglicht und ihm zum Durchbruch verholfen haben, wobei an erster Stelle wohl der jüdische Dichter und Essayist aus Werder in der Mark, Max Heimann, zu nennen ist, der als Lektor des S. Fischer Verlags Gerhart Hauptmann ›entdeckte‹ und außerordentlich förderte, sein enger Freund und dann auch sein Schwager wurde. Von Max Heimann, einem Meister der deutschen Sprache und des Aphorismus, stammt übrigens ein Wort, das sich gegen die Unsinnigkeit der antisemitischen These richtete, gläubige Juden könnten nicht gleichzeitig gute Deutsche sein: »Es ist nichts Unnatürliches daran, seine Bahn mit zwei Mittelpunkten zu laufen; einige Kometen tun es und die Planeten alle ...«

Einen noch bedeutenderen Platz in Hauptmanns Leben nahm Max Pinkus ein, dessen Heimat das oberschlesische Neustadt war, wo er 1934 als fast Achtzigjähriger auch gestorben ist. Er stammte aus einer wohlhabenden Textilindustriellenfamilie und war Inhaber der berühmten Leinen- und Damastweberei S. Fränkel. Max Pinkus, der übrigens der Schwiegervater des Medizin-Nobelpreisträgers Paul Ehrlich wurde, war ein großer Freund der Künste, ein selbstloser Mäzen, vor allem aber ein Bücherfreund, der in fünfzigjähriger Freizeitarbeit die berühmte, über fünfundzwanzigtausend Bände umfassende ›Schlesierbibliothek‹

aufgebaut hat. Mit Gerhart Hauptmann verband ihn eine enge, lebenslange Freundschaft, und der Dichter widmete seinem großen Förderer nach dessen Tode sein Requiem ›Die Finsternisse‹, nachdem er ihm zuvor schon in der Gestalt des Geheimrats Clausen in ›Vor Sonnenuntergang‹ ein Denkmal gesetzt hatte.

Schließlich sei daran erinnert, daß auch Samuel Fischer, Hauptmanns Verleger, Jude war; daß der große deutschjüdische Theaterdirektor und Regisseur Otto Brahm als erster Hauptmanns Stücke aufführte und daß erst der streitbare Theaterkritiker Alfred Kerr, den wir bereits als Mitglied der deutsch-jüdischen Familie Kempner kennengelernt haben, den zunächst vom konservativen Publikum abgelehnten frühen Werken Hauptmanns zum triumphalen Durchbruch verhalf.

Bleibt als letzter der deutschen Literatur-Nobelpreisträger der Zeit vor 1933 Thomas Mann zu nennen, der 1875 in Lübeck zur Welt kam und aus einer wohlhabenden hanseatischen Kaufmannsfamilie stammte. Bereits als Fünfundzwanzigjähriger erzielte er mit seinem Roman ›Die Buddenbrooks‹ einen außerordentlichen Erfolg. Vor allem dieses Frühwerk, weniger die bis 1929 folgenden Essays, Novellen und weiteren Romane, die sich vornehmlich mit den Verfallserscheinungen der bürgerlichen Gesellschaft befaßten, trug ihm 1929 den Nobelpreis für Literatur ein.

Vier Jahre später mußte Thomas Mann, der große deutsche Erzähler, aus Deutschland flüchten, wurde ausgebürgert, seines Vermögens beraubt und mit seinen Büchern aus deutschen Bibliotheken verbannt. Er erwarb erst die tschechische, dann die amerikanische Staatsangehörigkeit, aber damit hörte er nicht auf, ein deutscher Schriftsteller zu sein, was jedem klar wird, der seinen in der Emigration entstandenen ›Doktor Faustus‹ kennt. Auch setzte er sich mit seinem ganzen internationalen Prestige für die Aufnahme der aus dem ›Dritten Reich‹ Geflüchteten ein, wurde darüber hinaus zu einem der großen geistigen Widersacher der nationalsozialistischen Gewaltherrschaft und bemühte sich nach dem Kriege, wenn auch vergeblich, um die – mindestens kulturelle und geistige – Einheit Deutschlands.

Auch Thomas Manns Beziehungen zum deutschen Judentum waren sehr eng, und sie gingen weit über die Tatsache hinaus, daß er eine Tochter des deutsch-jüdischen Mathematikers und Kunstsammlers Alfred Pringsheim geheiratet hatte. Zu seinem intimen Freundeskreis gehörten zahlreiche Künstler, Schriftsteller und andere Persönlichkeiten jüdischer Herkunft. Bruno Walter, aber auch Theodor Adorno berieten ihn in musikalischer Hinsicht bei der Abfassung schwieriger Passagen des ›Doktor Faustus‹, und die Figuren der Rosenstiel und des Breisacher in diesem Roman, erst recht die Roman-Tetralogie ›Josef und seine Brüder‹, lassen erkennen, wie sehr sich Thomas Mann mit dem deutschen Judentum verbunden fühlte.

Nichtsdestoweniger bleibt die Tatsache bestehen, daß von den fünf Deutschen, die bis 1933 mit dem Literatur-Nobelpreis ausgezeichnet wurden, nur einer, Paul Heyse, selbst jüdischer Herkunft war. Der Anteil der deutschen Juden an der Literatur ihres Kulturkreises hätte also, wenn wir die Nobelpreisverleihungen zum alleinigen Maßstab nehmen, bei höchstens zwanzig Prozent gelegen.

Doch ehe wir uns mit der Frage auseinandersetzen, ob der Nobelpreis hier wirklich als Gradmesser dienen kann und welche anderen Möglichkeiten es geben könnte, den tatsächlichen Anteil des Judentums an der deutschen Literatur zu ermitteln, wollen wir uns zunächst mit den weiteren Literatur-Nobelpreis-Verleihungen befassen.

Von 1934 bis 1969* wurden einunddreißig Autoren mit

* Vgl. Fußnote auf S. 77

dem Nobelpreis ausgezeichnet: je fünf Franzosen und Amerikaner, drei Briten, zwei Italiener, zwei Bürger der Sowjetunion, zwei Bürger Schwedens, einer der Schweiz; außerdem ging der Preis je einmal nach Irland, Island, Finnland, Dänemark, Jugoslawien, Griechenland, Japan, Chile, Guatemala und Israel.

Das Deutsche Reich und nach 1945 seine Nachfolgestaaten gehörten also seit 1929, als Thomas Mann, der kurz darauf in die Emigration ging und erst tschechoslowakischer, dann amerikanischer Staatsbürger wurde, damit geehrt wurde, vierzig Jahre lang nicht mehr zu den Ländern, von deren Autoren wenigstens einem der Literatur-Nobelpreis zuerkannt wurde, und seither, in weiteren fast zwei Jahrzehnten, ist nur ein einziger deutscher Schriftsteller, der große Erzähler, Romancier und Humanist Heinrich Böll, die hohe Auszeichnung zuteil geworden.

Das ist für das einstige ›Volk der Dichter und Denker‹ ein geradezu niederschmetterndes Ergebnis – es sei denn, man geht von dem Standpunkt aus, nicht Staatsangehörigkeit oder Wohnort entscheiden über die Zugehörigkeit zu einem Kulturkreis, sondern Herkunft, Geburtsort, Verbundenheit mit einer Heimat, geistige Wurzeln und vor allem die Muttersprache. Dann allerdings kann der deutsche Kulturkreis auch seit 1933 noch eine ganze Reihe von Literatur-Nobelpreisträgern mit mehr oder weniger gutem Recht für sich reklamieren, angefangen mit der Laureatin des Jahres 1965, Nelly Sachs. Sie, die 1970 in Schweden starb, das ihr zur zweiten Heimat geworden war, hatte als gebürtige Berlinerin aus gutsituierter deutsch-jüdischer Bürgerfamilie bis 1933 nur wenige expressionistische Gedichte in Zeitschriften veröffentlicht, außerdem einen Band »Legenden und Erzählungen«, den sie Selma Lagerlöf gewidmet hatte. Diese große schwedische Erzählerin war es dann auch, die Nelly Sachs zu weiterem dichterischen Schaffen ermutigte, und ihr war es schließlich zu verdanken, daß Nelly Sachs der Literatur erhalten blieb. Selma Lagerlöf und nach ihrem Tode im Jahre 1940 der von ihr zur Hilfe gerufene Prinz Eugen von Schweden sorgten dafür, daß Nelly Sachs und deren Mutter durch schwedische Intervention buchstäblich in letzter Minute vor dem Abtransport in ein – später vernichtetes – polnisches Getto gerettet wurden und in Schweden Asyl fanden, während alle ihre Verwandten und Freunde der ›Endlösung‹ zum Opfer fielen.

Erst die Erfahrungen der Leidensjahre in Berlin und ihre tiefe Dankbarkeit gegenüber dem schwedischen Volk machten Nelly Sachs zu der Dichterin, die dann »für ihre hervorragenden lyrischen und dramatischen Werke, die das Schicksal Israels mit ergreifender Stärke interpretieren«, 1966 mit dem Literatur-Nobelpreis ausgezeichnet wurde.

Nelly Sachs teilte sich den Preis mit einem anderen Dichter, den man ebenfalls ohne große Mühe für den deutschen Kulturkreis beanspruchen könnte, nämlich mit Samuel Josef Agnon, dem großen Dichter Israels. Agnon, der eigentlich Czaczkes hieß, war gebürtiger Österreicher, denn er war 1888 in dem damals zur k. u. k. Monarchie gehörenden galizischen Städtchen Buczacz zur Welt gekommen. Mit fünfzehn Jahren veröffentlichte er seine ersten jiddischen Verse. Über ein Jahrzehnt lang, nämlich von 1913 bis 1924, lebte er als Schriftsteller und Herausgeber in Berlin, wo er sich mit einer deutschen Jüdin, Esther Marx, verheiratete. Und er veröffentlichte sein erstes größeres Werk 1919 in deutscher Sprache unter dem Titel ›Und das Krumme wird gerade‹ – alles in allem wohl genug, ihn zu einem guten Teil der deutschen Literatur zuzurechnen, auch wenn man dagegen in Talpiot protestieren sollte, jenem Vorort von Jerusalem, wo Agnon seinen Lebensabend verbrachte. Er selbst erzählte einmal, er sei in der Synagoge gewesen, und der Rabbi hätte ihn den Anwesenden vorgestellt mit den Worten: ›Wissen Sie, wer dieser Mann ist? Dieser Mann ist der größte Dichter der Welt – nein, was sage ich? Er ist der größte Dichter in Israel! Nein, was sage ich, er ist der größte Dichter in Talpiot!‹, und die letzte Version, die bescheidenste, wäre er, Agnon, bereit zu akzeptieren. Was er nicht hinnehmen wollte, war, wenn man ihn mit Franz Kafka vergleichen wollte, der – in Prag geboren und aufgewachsen und als ein weiterer Dichter jüdischer Herkunft zu den Großen der deutschen Literatur zählend, die des Nobelpreises würdig gewesen wären – einmal von sich selbst gesagt hatte, er hätte »nicht den letzten Zipfel des davonfliegenden jüdischen Gebetsmantels noch gefangen wie die Zionisten« ...

Zu Kafkas, des Frühvollendeten, Lebzeiten erschienen nur einige seiner Novellen. Seine Hauptwerke – ›Der Prozeß‹, ›Das Schloß‹ und ›Amerika‹ – sowie seine ›Briefe und Tagebücher‹ wurden erst, nachdem er 1924 gestorben war, nach und nach herausgegeben – von Max Brod, ebenfalls gebürtig aus Prag und als Jude zu den Großen der zeitgenössischen deutschen Literatur gehörend.

Doch zurück zu denen, die den Preis erhielten und, wenn auch mit einiger Mühe und nur zum Teil, für den deutschen Kulturkreis beansprucht werden könnten. Da wäre beispielsweise Boris Pasternak, dem 1958 der Literatur-Nobelpreis zugesprochen wurde und der ihn – unter starkem Druck seiner Partei – ablehnen mußte. Pasternak war zwar in Moskau geboren, doch sein Vater, der Maler und Grafiker Leonid Pasternak, der unter anderem Albert Einstein porträtiert hat, stammte aus Odessa und gehörte zu jenen Resten des dortigen jüdischen Bürgertums im Osten, das sich seine kulturellen Bindungen an Deutschland bewahrt hatte. Das trifft auch und in noch stärkerem Maße zu für Pasternaks Mutter, die Musikerin Rose Kaufmann. Und Boris Pasternak selbst gab sein anfängliches Jura-Studium in

Moskau bald auf und ging einige Jahre vor dem Ersten Weltkrieg nach Marburg, wo er bei dem Neukantianer Hermann Cohen, dem Begründer der ›Marburger Schule‹, Philosophie studierte. (Übrigens, auch Cohen, 1842 in Coswig geboren und 1918 in Berlin gestorben, hätte sich mit seinem Hauptwerk ›Die Religion der Vernunft aus den Quellen des Judentums‹, mit mindestens demselben Recht wie sein Jenaer Kollege Eucken für den Literatur-Nobelpreis, mit dem 1916 erschienenen Werk ›Deutschtum und Judentum‹ für den Pour le mérite qualifiziert...)

Doch um zu Pasternaks Beziehungen zu Deutschland zurückzukehren, so hat er, zumal als ihm in seiner Heimat zu Stalins Zeiten zeitweise jede eigene Veröffentlichung untersagt war, nicht nur Goethes ›Faust‹ und Kleists ›Prinz von Homburg‹ ins Russische übersetzt, sondern auch die Lyrik Rainer Maria Rilkes. Und schließlich sei daran erinnert, daß Pasternaks größtes Werk, der Roman ›Doktor Schiwago‹, in Deutschland zu hohen Ehren und noch höheren Auflagen kam, während es in der Sowjetunion erst im Zeichen der Glastnost unlängst erscheinen konnte...

Ein weiterer, ausnahmsweise nichtjüdischer Literatur-Nobelpreisträger, den die deutsche Literatur für sich beanspruchen kann, war Hermann Hesse. 1877 im württembergischen Calw geboren, verbrachte er einen Teil seiner Jugend in Basel, wohin er noch häufig zurückgekehrt ist. Er heiratete eine Baselerin, und da er seit 1914 in immer schärferen Konflikt mit dem deutschen Nationalismus geraten war, gab er jeden Gedanken an eine Heimkehr nach Deutschland auf, wurde Schweizer und blieb, von 1912 bis zu seinem Tode im Jahre 1962, im Tessin. Schon aus seiner entschiedenen Gegnerschaft zum Nazifaschismus heraus war Hermann Hesse, den eine enge Freundschaft mit Romain Rolland verband und dessen ›Glasperlenspiel‹ im ›Dritten Reich‹ nicht erscheinen konnte, mit zahlreichen deutsch-jüdischen Kollegen in völliger Übereinstimmung. Und Baruch Spinoza, den großen, von den Rabbinern aus der Gemeinde ausgestoßenen jüdischen Philosophen, bezeichnete er als einen seiner geistigen Väter . . .

Da ist Elias Canetti, der Literatur-Nobelpreisträger des Jahres 1981, der auf den ersten Blick überhaupt nichts mit dem deutschen Kulturkreis zu tun zu haben scheint, denn er ist 1905 in dem bulgarischen Städtchen Rustschuk als Sohn spaniolischer Eltern zur Welt gekommen. Spaniolen, das sind die Nachfahren der im späten 15. Jahrhundert vor der Inquisition aus Spanien geflüchteten Juden, die sich – so wie Juden Osteuropas das mittelhochdeutsche Jiddisch ihrer einstigen Heimat an Rhein und Mosel – die Sprache ihrer Ahnen bis heute erhalten haben. Indessen studierte Canetti in Wien, wo er sich dann als freier – deutschsprachiger – Schriftsteller niederließ und gewiß zeitlebens geblieben wäre, hätte nicht 1938 der Terror der Nazis ihn von dort vertrieben. Seither lebt er in London, und doch ist er ein deutscher Schriftsteller geblieben . . .

Da ist Elie Wiesel, Literatur-Nobelpreisträger des Jahres 1987, der im rumänischen Szighet 1928 zur Welt kam, in Paris studiert hat und seit mehr als dreißig Jahren in New York lebt – ein deutscher Schriftsteller? Nun, auch Wiesels Eltern – wie fast alle Juden in den entlegensten Winkeln der k. u. k. Monarchie, zu der sein Geburtsort bis 1918 gehört hatte – verstanden sich als Angehörige des deutschen Kulturkreises und verteidigten auf den Außenposten des einstigen Habsburgerreiches ihr Deutschtum – bis der Naziterror, von dem Elie Wiesels Bücher vornehmlich handeln, auch sie vernichtete. Indessen versteht sich Elie Wiesel noch immer als ein jüdischer Autor deutscher Sprache, und so dürfen wir ihn getrost zu den Literatur-Nobelpreisträgern zählen, die unserer Kultur zur Ehre gereichen.

Wir könnten noch den einen oder anderen Literatur-Nobelpreisträger aus der Zeit vor und nach der Zäsur, die die Schreckensherrschaft der Nazis für die deutsche Kultur bedeutet hat, für deren Bereich reklamieren, zum Beispiel den Laureaten von 1927, Henri Bergson, stammte dieser französische Autor doch väter- und mütterlicherseits von Juden deutscher Herkunft ab, doch wären damit unsere Möglichkeiten erschöpft, zumindest soweit es sich um die Rettung der Ehre der vom Nobelpreiskomitee seit Jahrzehnten vernachlässigten deutschen Literatur handelt. Immerhin hat der Versuch gezeigt, daß der Anteil jüdischer Dichter, Schriftsteller und Philosophen am deutschen Schrifttum der ›Nobelpreisklasse‹ erheblich größer ist, als sich an den Literatur-Nobelpreisen (oder auch an der Mitgliederliste des Ordens Pour le mérite) erkennen läßt. Wir haben jedoch bisher erst, um Kafkas Ausspruch abzuwandeln, einen Zipfel dessen erfaßt, was im ›Dritten Reich‹ geächtet und verbrannt, aus öffentlichen und privaten Bibliotheken ›ausgemerzt‹ und fortan totgeschwiegen wurde; was nur zu einem geringen Teil nach dem katastrophalen Ende des braunen Spuks zu neuer und dann oft überraschender Blüte gekommen ist. Der tatsächliche Anteil des Judentums an der deutschen Literatur ist noch viel größer, als wir bereits ahnen, und er ist fast gigantisch zu nennen. Wollten wir ihn in vollem Umfange würdigen, so wie er es verdiente, dann müßten wir, schon wegen der unzähligen wechselseitigen Beziehungen, auch zu den Großen der deutschen Literatur nichtjüdischer Herkunft, dieses Kapitel auf den Umfang eines enzyklopädischen Werkes ausdehnen, und wir hätten dann eine Geschichte der deutschen Literatur des 19. und frühen 20. Jahrhunderts, in der nur sehr wenige bedeutende und etliche unbedeutende, leicht zu entbehrende Namen fehlten.

Dies kann und soll aber nicht unsere Aufgabe sein. Wir

wollen uns vielmehr damit begnügen, einmal zu versuchen, uns die Schaufenster einer großstädtischen Buchhandlung vorzustellen, wie sie noch kurz vor Beginn des ›Dritten Reiches‹ ausgesehen haben.

In Schaufenstern kann man natürlich nicht alles zeigen, aber doch eine repräsentative Auswahl. Und so fänden wir denn darin, neben Werken ausländischer und ›arischer‹ deutscher Autoren, von denen eine stattliche Reihe ebenfalls bald darauf der Ächtung anheimfiel, vorwiegend Bücher deutsch-jüdischer Autoren.

Da lägen unter den damaligen Neuerscheinungen: Alfred Döblins ›Berlin-Alexanderplatz‹, Emil Ludwigs ›Wilhelm II.‹, Vicky Baums Bestseller ›Menschen im Hotel‹, Wilhelm Speyers entzückend frivole Erzählung ›Charlott etwas verrückt‹, Lion Feuchtwangers noch heute aktueller, die klerikal-faschistischen Tendenzen im Freistaat Bayern der zwanziger Jahre schildernder Roman ›Erfolg‹, Max Brods Roman ›Eine Frau, nach der man sich sehnt‹, ›Bambi‹-Vater Felix Saltens Roman ›Simson‹, Franz Werfels ›Abituriententag‹, Gabriele Tergits damals viel Aufsehen erregender Roman ›Käsebier erobert den Kurfürstendamm‹, Arnold Zweigs ›Streit um den Sergeanten Grischa‹ und sicherlich auch seine gerade wieder neu aufgelegten ›Novellen um Claudia‹, ›Der Fall Maurizius‹ von Jakob Wassermann, Ernst Tollers ›Feuer unter den Kesseln‹, Walther Mehrings ›Gedichte, Lieder und Chansons‹, Joseph Roths ›Radetzkymarsch‹, Anna Seghers Roman ›Die Gefährten‹, Robert Neumanns ›Karriere‹, Stephan Zweigs fesselnde Biographien von ›Fouché‹ und ›Marie Antoinette‹, Friedrich Torbergs Roman ›... und glauben, es wäre die Liebe‹, Alfred Neumanns ›Narrenspiegel‹ und Erich Mühsams ›Unpolitische Erinnerungen‹.

Im nächsten Schaufenster wäre Kurt Tucholsky mit ›Lerne lachen, ohne zu weinen‹ vertreten, einem von Rowohlt herausgebrachten Sammelband von Essays, Glossen und Gedichten für die ›Weltbühne‹, sodann Egon Erwin Kisch mit dem ›Rasenden Reporter‹, Franz Molnár mit ›Spiel im Schloß‹ und Siegfried Trebitsch, der enge Freund von Bernard Shaw und Weggenosse von Rainer Maria Rilke und Hugo von Hofmannsthal, mit ›Mord im Nebel‹. Wir fänden daneben Rudolf Oldens ›Justizmord an Jakubowsky‹, Arthur Schnitzlers ›Fräulein Else‹, auch ›Die Katrin wird Soldat‹ von Adrienne Thomas, Bruno Franks ›Politische Novelle‹, Elisabeth von Castoniers ›Sardinenfischer‹, ›Wohin rollst du, Äpfelchen?‹ von Leo Perutz, Claire Golls ›Neger Neptun raubt Europa‹, ›Funkelnder Ferner Osten‹ von Richard Katz, Ludwig Wolffs berühmten ›Doktor Mabuse‹, Alfred Polgars ›Hinterland‹, den ›Scharlatan‹ von Hermann Kesten, Ferdinand Bruckners ›Marquise von O‹ und Carl Zuckmayers ›Hauptmann von Köpenick‹, vielleicht auch eine Kassette mit den Texten der Bühnenstücke von Carl Sternheim oder Roda Rodas autobiographischen Roman.

Im nächsten, der anspruchsvollen Lyrik, der Philosophie und den politischen Wissenschaften vorbehaltenen Schaufenster fänden wir Karl Wolfskehls ›Bild und Gesetz‹, Else Lasker-Schülers Erzählung ›Arthur Aronymus‹, einen Gedichtband der damals noch sehr jungen Lyrikerin Elisabeth Langgässer, die dann 1936 Schreibverbot erhielt, weil sie väterlicherseits jüdischer Herkunft war, Gedichte, Aphorismen und Essays von Karl Kraus, Rudolf Borchardt oder auch von Mascha Kaléko, die damals, mit erst zwanzig Jahen, bereits eine literarische Berühmtheit Berlins war, ihre Gedichte sowohl in der ›Vossischen Zeitung‹ wie im ›Berliner Tageblatt‹ veröffentlichen konnte und für die sich Hermann Hesse und Thomas Mann ebenso eingesetzt hatten wie Alfred Polgar und Monty Jacobs, ihr eigentlicher Entdecker.

In diesem Schaufenster hätte sich auch ›Ich und Du‹ von Martin Buber befunden, ebenso Leo Baecks ›Pharisäer‹, Max

Schelers ›Die Stellung des Menschen im Kosmos‹, Maximilian Hardens letztes Werk ›Von Versailles nach Versailles‹, Ludwig Marcuses 1929 erschienene Biographie ›Ludwig Börne, Revolutionär und Patriot‹, Max Horkheimers ›Anfänge der bürgerlichen Geschichtsphilosophie‹, Theodor W. Adornos ›Kierkegaard‹, Herbert Marcuses Erstlingswerk ›Hegels Ontologie und die Theorie der Geschichtlichkeit‹, Kurt Hillers ›Verwirklichung des Geistes im Staat‹, Julius Babs ›Goethe und die Juden‹, Ernst Blochs ›Thomas Münzer als Theologe der Revolution‹, die ›Einbahnstraße‹ von Walter Benjamin, dem Wegbereiter des großen französischen Schriftstellers von mütterlicherseits deutsch-jüdischer Herkunft, Marcel Proust, Ernst Fränkels Beitrag ›Zur Soziologie der Klassenjustiz‹, Walter Fabians ›Klassenkampf in Sachsen‹, vielleicht auch etwas surrealistische Lyrik, etwa Yvan Golls 1928 erschienener Band ›Die siebente Rose‹, gewiß aber die mehrbändige ›Kulturgeschichte der Neuzeit‹ von Egon Friedell, ›Die schönsten Geschichten der Welt‹, eine Anthologie von Emanuel bin Gorion (der eigentlich Berdyczewski hieß und aus Berlin stammte) sowie die auch von Nichtjuden viel gelesene Theodor-Herzl-Biographie von Manfred George (dem zu Beginn des ›Dritten Reiches‹ die Flucht nach Amerika gelang – über Prag, Paris, Spanien, wiederum Prag, Ungarn, Jugoslawien, Italien, die Schweiz und wiederum Frankreich... – und der von 1939 bis zu seinem Tod im Jahre 1965 in New York den ›Aufbau‹ herausgab, jene große deutschsprachige Wochenzeitung, die bis heute wie keine zweite das in alle Welt verstreute ›Andere Deutschland‹ repräsentiert und verbindet...)

Trotz dieser Fülle des Angebots samt und sonders deutsch-jüdischer Autoren haben unsere Schaufenster nur eine relativ kleine Auswahl dessen bieten können, was ›nichtarische‹ Dichter, Schriftsteller und Philosophen in den letzten Jahren vor Hitlers ›Machtergreifung‹ zur deutschen Literatur beigesteuert haben. Das ältere Schrifttum – von Moses Mendelssohn über Dorothea Schlegel, Fanny Lewald, Ludwig Börne, Michael Beer, Berthold Auerbach und Heinrich Heine bis zu Georg Hermanns und Alice Berends Romanen aus dem Berliner bürgerlichen Milieu, Paula Dehmels Kinderbüchern, Oskar A. H. Schmitz' Essays und Margarete Susmanns Lyrik – blieb, soweit wir es nicht bereits in anderem Zusammenhang erwähnt haben, unberücksichtigt. Und das trifft auch für viele zu, die damals schon schrieben, zum Teil auch schon das eine oder andere veröffentlicht hatten, aber erst später berühmt wurden: Max Tau, beispielsweise, oder auch Hilde Spiel, Balder Olden, Hannah Arendt, Hilde Domin, Marcel Reich-Ranicki, Wolfgang Hildesheimer, Hans Mayer und Erich Fried, um zwei Mitglieder der ›Gruppe 47‹ zu nennen, auch Ilse Aichinger, Ossip K. Flechtheim, Arthur Koestler, Manès Sperber (der in Wien aufwuchs und in Berlin seine literarische Tätigkeit begann), Salcia Landmann, Stephan Hermlin, Fritz Sternberg, Alfred Kantorowicz, Hans Steinitz, Peter Weiß, Hans Habe, Curt Riess und Angelika Schrobsdorff... In diese Gruppe gehört auch Willy Haas, der spätere ›Caliban‹ der ›Welt‹, Wolfgang Ebert, Peter de Mendelssohn, die Tiermalerin und Buchillustratorin Erna Pinner, die mit Gottfried Benn befreundet war, Kasimir Edschmid auf seinen Weltreisen begleitet hat und auch als Schriftstellerin bekannt wurde, und schließlich – neben Anne Frank, die mit sechzehn Jahren in Bergen-Belsen sterben mußte und deren Tagebuch zu den meistgelesenen Nachkriegsveröffentlichungen in deutscher Sprache gehört – auch Edith Stein, Schülerin von Edmund Husserl und Autorin zahlreicher philosophischer und soziologischer Werke. Die gebürtige Breslauerin war 1922 zum Katholizismus übergetreten, wurde später unter dem Namen Theresia Benedicta a Cruce Karmeliterin und

1942 aus dem holländischen Kloster, in dem sie Zuflucht gefunden hatte, nach Auschwitz deportiert und wie Millionen andere ermordet...

Wie groß der Verlust gewesen ist, der dem deutschen Kulturbereich durch die Ächtung, Vertreibung und Ermordung eines Großteils der Dichter, Schriftsteller und Philosophen deutscher Zunge entstanden ist, läßt sich nur schätzen. Dabei ist zu bedenken, daß zusammen mit denen, die um ihrer angeblich ›artfremden‹ Abstammung willen verfolgt wurden, auch sehr viele ›arische‹ Vertreter der deutschen Literatur, darunter einige der Besten, in die Emigration getrieben, mit Schreibverbot belegt, verhaftet oder auch ermordet wurden, weil sie nicht bereit waren, sich der Diktatur zu beugen, den Rassenwahn gutzuheißen und Hitlers Kriegsvorbereitungen durch ihre Arbeit womöglich noch zu unterstützen.

Man geht nicht fehl in der Annahme, daß von den Repräsentanten der deutschen Literatur, die Weltruf besaßen, mehr als vier Fünftel nach 1933 auf die eine oder andere Weise gezwungen wurden, ihre Arbeit einzustellen – nicht wenige davon für immer...

Die weitaus meisten dieser Verfemten, ins Exil, ins Gas oder – wie Kurt Tucholsky, Stephan Zweig, Walter Hasenclever, Ernst Toller, Egon Friedell, Walter Benjamin und viele andere – in den Freitod getriebenen Elite des deutschen Geisteslebens waren jüdischer Herkunft. Anders als die Naturwissenschaftler, bildenden Künstler, Architekten und Ingenieure, hatten diese Männer und Frauen, die sich der deutschen Sprache als Ausdrucksmittel bedienten, auch soweit ihnen die Flucht gelang, nur vereinzelt und sehr begrenzt die Möglichkeit zur Weiterarbeit. Und nicht wenige, insbesondere unter denen, die in Palästina eine neue Heimat fanden, schrieben fortan nicht mehr in deutscher

Sprache, ja wechselten sogar ihre Namen – wie Moshe Ja'akov ben Gavriel, der als Eugen Höflich in Wien geboren war, Schalom Ben-Chorin, der früher Fritz Rosenthal hieß und aus einer alteingesessenen bayerisch-jüdischen Familie stammt, oder auch Zvi Avneri, der einmal Hans Lichtenstein hieß. Selbst die stattliche Reihe heutiger Dichter, Schriftsteller und Publizisten jüdischer Herkunft, die – noch oder wieder – in deutscher Sprache schreiben, lebt in der überwältigenden Mehrzahl im Ausland, jedenfalls nicht in der Bundesrepublik, sondern anderswo, etwa in Basel wie Hermann Kesten, in London wie Erich Fried oder in Berlin (DDR) wie Stephan Hermlin, Stefan Heym oder auch, bis zu ihrem Tode im Jahre 1983, die große Anna Seghers.

Die Plätze der Vertriebenen, Ermordeten oder als Pionier eines neuen Staates der deutschen Kultur Verlorengegangenen nahmen nach 1933 andere ein – ›Artgemäße‹, darunter neben krassen Opportunisten sicherlich auch der eine oder andere verblendete Idealist. Den literarischen Rang, die Vielfalt und Fruchtbarkeit derer, die man geächtet und verjagt hatte, erreichte kein einziger von ihnen. Zwischen jener letzten Etappe vor Beginn des ›Dritten Reiches‹ und den späten vierziger Jahren, als sich wieder eine deutsche Literatur, würdig dieses Namens, zu regen begann, klafft eine schmerzliche Lücke.

Sechstes Kapitel
LEKTION FÜR UNENTWEGTE MILITARISTEN

Im Rahmen einer Bilanz, die Aufschluß darüber geben soll, wie sich die eventuellen Vorteile der von Hitler verfolgten Judenpolitik zu den möglichen Nachteilen verhalten, können wir nicht umhin, uns auch mit dem Verlauf des Zweiten Weltkrieges näher zu beschäftigen, besonders mit der Frage, ob sich Deutschlands *Aussichten, diesen Krieg überhaupt zu gewinnen,* durch die judenfeindlichen Maßnahmen wesentlich verbessert oder verschlechtert haben.

Dabei müssen wir – damit wir uns nicht in müßigen Spekulationen verlieren – vom tatsächlichen Verlauf des Zweiten Weltkrieges ausgehen und dürfen Änderungen nur insoweit in unsere Betrachtung einbeziehen, als sie von einem Wegfall aller gegen ›Nichtarier‹ gerichteten staatlichen Maßnahmen mit hinlänglicher Wahrscheinlichkeit bewirkt worden wären. Und wir können uns von unserem Thema nicht ablenken lassen durch grundsätzliche Erwägungen, etwa der Verwerflichkeit des Angriffskrieges im allgemeinen und der imperialistischen Pläne des Hitler-Regimes im besonderen, nicht einmal der Frage, ob ein Sieg Deutschlands und seiner Verbündeten überhaupt für irgend jemanden, das deutsche Volk eingeschlossen, hätte wünschenswert sein können.

Dies alles – und manches andere mehr – muß völlig außer Betracht bleiben. Es kann in unserer Untersuchung allein um die Frage gehen, ob und, wenn ja, inwieweit die Judenpolitik des ›Dritten Reiches‹ den Verlauf und den schließlichen Ausgang des Zweiten Weltkrieges wesentlich beeinflußt hat.

Untersuchen wir zunächst eine militärische Frage, nämlich die nach den personellen Einbußen der Streitkräfte als direkte oder indirekte Folge der ›rassischen‹ Diskriminierung.

Als Hitler am 1. September 1939 die Wehrmacht ohne vorherige Kriegserklärung in Polen einfallen ließ und damit den Zweiten Weltkrieg auslöste, zählte das Deutsche Reich – einschließlich Saargebiet, Österreich, Sudetenland, Memel und Danzig* – rund achtzig Millionen Einwohner; dazu kamen noch die Deutschen im ›Reichsprotektorat Böhmen und Mähren‹.

Die aus dieser Bevölkerung rekrutierten Streitkräfte, die im September 1939 zur Verfügung standen, umfaßten ein Feldheer von 1,4 Millionen und ein Ersatzheer von 1,2 Millionen Mann, dazu rund vierhunderttausend Mann der Luftwaffe, rund fünfzigtausend Mann der Kriegsmarine und fünfunddreißigtausend Mann der ›Waffen-SS‹ sowie etwa fünfhunderttausend zivile Wehrmachtsangehörige, darunter auch weibliches Personal. Bei Kriegsbeginn waren also fast

* Die Freie Stadt Danzig wurde mit Wirkung vom 1. September 1939 Bestandteil des Deutschen Reiches.

vier Millionen Menschen oder knapp fünf Prozent der Reichsbevölkerung zur Wehrmacht einberufen.

Im Verlaufe des Krieges schwoll der Personalstand der drei regulären Wehrmachtsteile und der ›Waffen-SS‹ gewaltig an und erreichte seinen Höchststand im Jahre 1943, als fast 9,5 Millionen Mann unter Waffen standen. Dazu kamen maximal 2,3 Millionen – männliche und weibliche – Zivilangestellte und Hilfskräfte.

Bezieht man diese Höchstzahlen von zusammen fast zwölf Millionen Einberufenen auf die Reichsbevölkerung von 1939, so ergibt sich ein Mobilisierungsgrad von maximal fünfzehn Prozent. Legt man jedoch der Berechnung die auf rund hundert Millionen Menschen angewachsene reichs- und ›volksdeutsche‹ Gesamtbevölkerung späterer Kriegsjahre zugrunde, so lag der höchste Mobilisierungsgrad bei etwa zwölf Prozent.

Auf dieser Basis wollen wir zunächst einmal prüfen, welche personellen Einbußen der deutschen Wehrmacht dadurch entstanden, daß die von einer judenfeindlichen Gesetzgebung betroffenen Teile der Reichsbevölkerung nicht zu den Waffen gerufen oder, sofern sie bereits Soldaten waren, bald entlassen wurden. Dabei müssen wir jedoch auf die Statistiken des Jahres 1932 zurückgreifen, weil die spätere jüdische Auswanderung ja zweifellos auf normaler, nicht ins Gewicht fallender Höhe geblieben wäre, hätte es keine ›rassische‹ Diskriminierung gegeben.

Vor 1933 lebten im ›Altreich‹ fünfhunderfünfundzwanzigtausend Juden, die zu etwa vier Fünfteln deutsche Staatsbürger waren, im übrigen fast ausnahmslos sofort naturalisierbar gewesen wären, in Österreich etwas über dreihunderttausend und im Saargebiet, in Danzig und Memel zusammen rund zwanzigtausend Glaubensjuden. Hinzu kamen die knapp hundertzwanzigtausend Juden überwiegend deutscher Nationalität und Muttersprache, die in den annektierten oder zum Protektorat erklärten Gebieten der Tschechoslowakei lebten, sowie mindestens fünfundzwanzigtausend Juden in den bis 1920 preußischen, dann polnischen Provinzen, die im September 1939 zum Deutschen Reich geschlagen wurden – alles in allem rund eine Million Menschen oder fast 1,2 Prozent der Reichsbevölkerung (wobei wir uns erinnern müssen, daß es sich um eine hypothetische Berechnung handelt; in Wirklichkeit hatte sich diese Zahl durch Auswanderung, Flucht und Vertreibung bereits erheblich vermindert).

Diesen durch ihre Zugehörigkeit zu Synagogengemeinden als Juden klar definierten Bürgern müssen wir indessen nun noch diejenigen hinzurechnen, die nach den ›Rasse‹gesetzen als Juden galten, ohne daß sie sich zum mosaischen Glauben bekannten, ferner die ›jüdischen Mischlinge‹ und die mit jüdischen (oder als Juden geltenden) Ehepartnern verheirateten ›Arier‹. Was die zahlenmäßige Stärke dieser Personengruppen betrifft, so sind wir weitgehend auf Schätzungen angewiesen, zumal für die Gebiete, die dem ›Altreich‹ erst nach und nach einverleibt wurden.

Das Reichsministerium des Innern bezifferte (im April 1935, also zwei Jahre nach Beginn der verstärkten Auswanderung und nur auf das damalige Reichsgebiet bezogen) den ›nichtarischen‹ Bevölkerungsanteil mit 2,3 Prozent, aufgegliedert in ›Volljuden‹ (mosaisch) 475 000, Volljuden (nichtmosaisch) 300 000, Mischlinge 1. und 2. Grades 750 000, zusammen 1 525 000‹. Doch diese Schätzung, die zudem die ›arischen‹ Ehepartner unberücksichtigt ließ, erwies sich als entschieden zu hoch, zumindest was die Anzahl der ›jüdischen Mischlinge‹ betraf.

Bei der Volkszählung von 1939, deren Ergebnisse, soweit sie uns hier interessieren, erst 1944 publiziert wurden, machte der Anteil der ›jüdischen Mischlinge‹ insgesamt nur ein Drittel des ›volljüdischen‹ Bevölkerungsanteils aus.

Indessen nützen uns auch diese genaueren Zahlen nur wenig, da sie einerseits nicht erkennen lassen, wie stark gerade die Gruppe der ›Mischlinge‹ von den bis 1939 bestehenden Auswanderungsmöglichkeiten Gebrauch gemacht hat, andererseits von der Wehrmacht bestimmte Differenzierungen vorgenommen wurden, die die Schätzung ihrer tatsächlichen Personaleinbußen weiter erschwert: Während zum Beispiel ›jüdische Mischlinge 1. Grades‹ (Halbjuden) bis auf wenige Ausnahmen aus dem aktiven Wehrdienst ausscheiden mußten, ließ man ›Mischlinge 2. Grades‹ (mit nur einem jüdischen Großelternteil) in der Regel bei der Truppe. Zu Offiziersrängen waren sie – und auch die Ehemänner ›nichtarischer‹ Frauen – jedoch nur ausnahmsweise zugelassen.

Trotz dieser zahlreichen Berechnungsschwierigkeiten und der unzulänglichen Statistik läßt sich anhand der ziemlich unzuverlässigen Angaben über die konfessionelle Gliederung der Bewohner aller Gebiete, die dann zusammen das ›Großdeutsche Reich‹ bildeten, und mit Hilfe der sich aus der Volkszählung von 1939 ergebenden Relationen eine vorsichtige Schätzung wagen: Sie ergibt, daß *ohne die judenfeindlichen Maßnahmen* und die dadurch bewirkte Massenauswanderung rund 2,8 Millionen Personen deutscher Nationalität und Muttersprache im September 1939 von der Rassendiskriminierung direkt oder, als Ehepartner von ›Nichtariern‹, indirekt betroffen gewesen wären.

Davon hätten zwölf Prozent oder 336 000 Männer und Frauen ihre Einberufung erhalten, wären sie noch in vollem Umfange verfügbar gewesen und genauso behandelt worden wie die übrige Bevölkerung. Umgekehrt scheint diese recht eindrucksvolle Zahl auch schon Auskunft über die personelle Gesamteinbuße der deutschen Streitkräfte infolge der 1933 begonnenen Judenpolitik zu geben. Dies ist jedoch ein Trugschluß.

Die ›Nichtarier‹ im Reichsgebiet waren ja keineswegs bloß vom Wehrdienst befreit; sie galten vielmehr als Gegner! Infolgedessen wurde im Verlauf des Krieges ein beträchtlicher Teil des sonst für die Wehrmacht verfügbaren Personals für ›unabkömmlich‹ erklärt oder seinen eigentlichen militärischen Aufgaben entzogen und gegen Zivilisten eingesetzt, die, objektiv gesehen, teils Mitbürger, teils harmlose Nichtkombattanten in eroberten Gebieten waren. Natürlich läßt sich nur schätzen, wie viele Soldaten aller Dienstgrade im Zuge judenfeindlicher Maßnahmen ›zweckentfremdet‹ wurden, doch gibt es zahlreiche Anhaltspunkte, die darauf schließen lassen, daß die aus der aktiven Judenverfolgung resultierende Personaleinbuße der Wehrmacht auf mindestens vierzig- bis fünfzigtausend Mann zu schätzen ist. Diese Leute waren teils Beamte der ›Juden-Dezernate‹, Transportbewacher, Getto-Posten oder auch im Verwaltungsdienst, wo sie die den Juden abgenommene Beute ordneten und registrierten, teils gehörten sie zu den SS-Totenkopfverbänden und -Einsatzgruppen, die die Massenmorde vorbereiteten und durchführten.

Zusammen mit ihren reichsdeutschen Opfern sowie mit denen, die zwar der ›Endlösung‹ entkamen, aber für unwürdig befunden wurden, Wehrdienst zu leisten, bildeten die Kontrolleure, Bewacher und Angehörigen der Exekutionskommandos ein nicht kämpfendes Heer von beinahe vierhunderttausend Mann – zahlenmäßig stärker als die gesamte Waffen-SS im Jahre 1943, fast so stark wie die ganze Bundeswehr von heute!

Ehe wir uns mit weiteren und noch bedeutenderen Nachteilen befassen, die die Judenverfolgung dem kriegführenden Deutschland gebracht hat, müssen wir uns noch mit der militärischen Qualität derer beschäftigen, die man im Jahre 1939 für unwürdig erachtete, Wehrdienst zu leisten.

Heute müssen, angesichts der Rolle Israels im Nahen

Osten, Zweifel an der militärischen Eignung der Juden – leider – ziemlich absurd erscheinen. Aber es wäre der Einwand denkbar, daß es doch etwas anderes sei, ob man für den eigenen Staat kämpft oder für ein Reich, unter dessen Bevölkerung man nur eine winzige Minderheit bildet.

Dieser mögliche Einwand ist indessen leicht zu entkräften. Ein Blick auf die Militärstatistik des Ersten Weltkrieges zeigt, daß die deutschen Juden schon damals genau die gleichen Opfer brachten wie die übrige Bevölkerung des Reiches:

Rund hunderttausend Soldaten jüdischen Glaubens, darunter sehr zahlreiche Kriegsfreiwillige, dienten in den Jahren 1914 bis 1918 in der deutschen Armee, bei der Kriegsmarine oder den Schutztruppen der damaligen deutschen Kolonialgebiete. Der Mobilisierungsgrad, der bei der Gesamtbevölkerung des Deutschen Reiches ziemlich genau siebzehn Prozent betrug, lag bei den deutschen Juden sogar noch ein wenig höher, nämlich bei 17,7 Prozent, was auf die relativ größere Anzahl jüdischer Freiwilliger der jüngsten Jahrgänge zurückzuführen war.

Der Anteil der Frontkämpfer und der Gefallenen jüdischen Glaubens entsprach exakt den Prozentzahlen vergleichbarer Gruppen, beispielsweise der Gesamtbevölkerung einer Großstadt wie München.

Beweise eines ihren militärischen Fähigkeiten durchaus entsprechenden Patriotismus hatten die deutschen Juden aber auch schon hundert Jahre früher geliefert: An den Befreiungskriegen von 1812/13 nahmen etwa dreimal mehr jüdische Freiwillige teil, als es nach dem zahlenmäßigen Verhältnis der Juden zur Gesamtbevölkerung zu erwarten gewesen wäre. Sie kämpften in Lützows Freikorps – wie beispielsweise der Maler Philipp Veit –, avancierten ›wegen besonderer Bravour‹ zu Offizieren, selbst bei den exklusivsten Regimentern – wie etwa der dann bei Groß-Görschen gefallene Gardeleutnant Meyer Hilsbach aus Breslau –, wurden in mindestens einundsiebzig namentlich bekannten Fällen mit dem Eisernen Kreuz dekoriert – wie der als ›Juden-Major‹ bekanntgewordene Meno Burg – oder sogar mit dem Orden Pour le mérite, der höchsten preußischen Tapferkeitsauszeichnung – wie Simon Kremser, Kriegskommissarius im Stabe des Marschalls Blücher, der 1806 mit großer Kaltblütigkeit den preußischen Kriegsschatz vor dem Zugriff der Franzosen gerettet hatte und später die erste Konzession für (die nach ihm benannten) Ausflugswagen erhielt.

Jüdin war auch jene junge, als ›Schwarzer Jäger Johanna‹ im ›Dritten Reich‹ glorifizierte Kriegsfreiwillige, Esther Manuel, genannt Grafemus, die – nach zweimaliger Verwundung – zum Wachtmeister befördert und mit dem Eisernen Kreuz ausgezeichnet wurde.

So war die patriotische Haltung der deutschen Juden im Ersten Weltkrieg nur die selbstverständliche Fortsetzung einer schon über hundertjährigen Tradition. 1914/18 erhielten mehr als fünfzigtausend ›Volljuden‹ – darunter rund fünfunddreißigtausend Angehörige von Synagogengemeinden – Tapferkeitsauszeichnungen, unter ihnen zwei der jüngsten Kriegsfreiwilligen überhaupt, der am 10. Juli 1899 in Mannheim geborene Josef Steinhardt, der 1917 als Unteroffizier fiel, und Richard Bing, geboren am 12. Februar 1899 in Beuthen. Der absolut jüngste deutsche Kriegsfreiwillige war der bei seiner Meldung erst vierzehnjährige Jude Eugen Scheyer. Der erste Reichstagsabgeordnete, der als Kriegsfreiwilliger bereits am 3. September 1914 bei Lunéville fiel, war der Mannheimer Rechtsanwalt Ludwig Frank, Sozialdemokrat jüdischer Herkunft. Jüdische Studentenverbindungen meldeten sich geschlossen zu den Fahnen, und es sind jüdische Familien bekannt, von denen bis zu zehn Söhne bei Kriegsbeginn einrückten.

Der Fliegerleutnant Wilhelm Frankl, gefallen 1917, wurde mit dem Orden Pour le mérite dekoriert; der Fliegerleutnant Max Pappenheimer, gefallen 1918, erhielt das Goldene Militärverdienstkreuz ›für außergewöhnliche Heldentat vor dem Feind‹, das außer ihm mindestens vier weiteren jüdischen Soldaten des Ersten Weltkrieges verliehen wurde, und der Zufall wollte es, daß der letzte preußische General, dem noch die höchste Auszeichnung der vor ihrem Ende stehenden Monarchie, der Schwarze Adlerorden, im Herbst 1918 zuteil wurde, Walther von Mossner war.

Mossner, 1846 in Berlin geboren, hatte als Jude nur gegen den heftigen Widerstand des Offizierskorps und erst, nachdem der König selbst sich für ihn eingesetzt hatte, Fahnenjunker bei einem feudalen Husarenregiment werden können. Er brachte es zum Kommandeur, zunächst der Leibgardehusaren, dann sogar der Gardekavalleriedivision, war bis zu seiner Pensionierung Gouverneur von Straßburg und ließ sich 1914 als Kommandierender General reaktivieren...

Während es sich bei diesen wenigen Beispielen ausschließlich um die militärischen Leistungen und Laufbahnen von ›Volljuden‹ im Sinne der späteren ›Rasse‹gesetze handelte, seien – mehr der Kuriosität halber – noch einige von zigtausend ›jüdischen Mischlingen‹ erwähnt, die am Ersten Weltkrieg teilnahmen und dabei auf die eine oder andere Weise hervortraten: Der preußische General der Kavallerie (und türkische Marschall) Otto Liman von Sanders beispielsweise, 1855 bei Stolp in Pommern als Sohn eines jüdischen Gutsbesitzers geboren, wurde kurz vor Kriegsbeginn Chef der deutschen Militärmission in Konstantinopel, dann als türkischer Oberbefehlshaber der siegreiche Verteidiger der Dardanellen und ›Löwe von Gallipoli‹... Oder Admiral Felix von Bendemann, Chef der Marinestation der Nordsee, der ein Sohn des jüdischen Malers Eduard Bendemann war... Oder Generalleutnant Johannes von Hahn, Enkel des Elkan Markus Hahn, der 1914 die 35. Infanteriedivision führte, 1918 Kommandeur der Festung Posen wurde und sich nach dem Kriege den Deutschnationalen anschloß... Oder Theodor Duesterberg, Enkel des Paderborner Gemeindevorsteher-Sohnes Selig Abraham Duesterberg, ein brillanter Generalstabsoffizier, der – nach einer schweren Verwundung bei Ypern – zur Obersten Heeresleitung versetzt wurde, wo er sich noch im November 1918 leidenschaftlich gegen die Annahme der Waffenstillstandsbedingungen aussprach. Duesterberg wurde bald nach dem Kriege ›Zweiter Bundesführer‹ des deutschnationalen Frontkämpferverbandes ›Stahlhelm‹ und war 1932 bei der Reichspräsidentenwahl Kandidat der Rechten gegen Paul von Hindenburg. Im April 1933 wurde er dann wegen seiner jüdischen Abstammung aller Ämter enthoben und aus dem ›Stahlhelm‹ ausgeschlossen... Oder Franz von Stephani, 1918 letzter Kommandeur des Leibbataillons im 1. preußischen Garderegiment zu Fuß, von 1933 an, obwohl ebenfalls jüdischer Abstammung, ›Bundeshauptmann‹ des nunmehr ›gleichgeschalteten‹ NS-Frontkämpferbundes ›Stahlhelm‹, auch Mitglied des Reichstages und SA-Obergruppenführer... Oder auch Erhard Milch, der es im Ersten Weltkrieg zum Fliegerhauptmann brachte und nach 1933 von seinem Kriegskameraden Hermann Göring (›Wer Jude ist, bestimme ich!‹) zum ›Arier‹ erklärt wurde. 1939, zu Beginn des Zweiten Weltkrieges, war Milch – trotz seines (von ihm verleugneten) jüdischen Vaters, eines Marine-Oberstabsapothekers – Generaloberst und Generalinspekteur der Luftwaffe. Später wurde er von Hitler sogar zum Generalfeldmarschall befördert...

Aus der Reichswehr, dem Hunderttausend-Mann-Heer der Weimarer Republik, brauchten 1934 – nach amtlichen Angaben – nur fünf Offiziere und vierunddreißig Mann, aus der Reichsmarine bloß zwei Offiziere und neun Mann wegen ›nichtarischer‹ Abstammung auszuscheiden. Indessen hatte eine Reihe von Offizieren schon vorher den Abschied genommen ...

Nicht wegen seiner teilweise jüdischen Abstammung, sondern aufgrund ›nicht standesgemäßen Verhaltens‹ bei einer Liebesaffäre mußte ein junger Marineoffizier bereits Ende 1930 die Uniform ausziehen: Reinhard Tristan Eugen Heydrich, Sohn des Musikers und Begründers des ›Ersten Hallischen Konservatoriums für Musik, Theater und Lehrberuf‹, Bruno Heydrich, der in Riemanns Musiklexikon von 1916 als ›Heydrich, Bruno, eigentlich Süß‹ aufgeführt ist.

Der 1904 zu Halle an der Saale geborene Reinhard Heydrich stieß nach seiner Entlassung aus der Reichsmarine zu den Nazis und wurde 1931 Himmlers Geheimdienst- und Sicherheitsbeauftragter.

Nach 1933 war Heydrich zunächst Chef der Politischen Polizei von Bayern, übernahm 1934 auch das preußische Geheime Staatspolizeiamt und avancierte 1936 zum ›Chef der Sicherheitspolizei‹, dem die gesamte politische und Kriminalpolizei des Reiches unterstellt waren; daneben leitete er von Anfang an den von ihm selbst aufgebauten parteiinternen ›Sicherheitsdienst‹ (SD) des ›Reichsführers SS‹, und diesem außerordentlichen Machtinstrument verdankte er auch seinen raschen Aufstieg.

Im September 1939, kurz nach Kriegsausbruch, wurden seine Funktionen in Partei und Staat zusammengelegt: Als ›Chef der Sicherheitspolizei und des SD‹ im Range eines SS-Obergruppenführers und Generals der Polizei leitete er seitdem das ›Reichssicherheitshauptamt‹ (RSHA), dem die gesamte Sicherheits- und Kriminalpolizei, die Gestapo, der SD, ein eigener Auslands-Geheimdienst sowie im Kriege auch die berüchtigten ›Einsatzgruppen‹ unterstanden.

Heydrich hatte somit eine der stärksten Machtpositionen und gebot über den gesamten Terrorapparat des ›Dritten

Reiches‹. Und da er dem ›Reichsführer SS‹ Heinrich Himmler, seinem einzigen Vorgesetzten außer dem ›Führer‹ selbst, an Energie, Intelligenz und Organisationstalent, erst recht an Brutalität, Skrupellosigkeit und Tücke überlegen war, fühlte er sich, auch schon ehe er dann noch kommissarischer ›Reichsprotektor in Böhmen und Mähren‹ wurde und auf dem Hradschin als Prokonsul residierte, zum einstigen Nachfolger Hitlers berufen.

Dem ›Führer‹ war Heydrichs jüdische Abstammung übrigens durchaus bekannt, und auch Himmler wußte davon. Robert M. W. Kempner, Vertreter der amerikanischen Anklage in den Nürnberger Kriegsverbrecherprozessen der Jahre 1945/46 berichtet darüber in seinem Werk, ›Eichmann und Komplicen‹, daß er, als diese Vermutung während der Voruntersuchung auftauchte, mehrfach Angeklagte und Zeugen darüber befragt hätte. »Das Ergebnis führte zu der Feststellung, daß Reinhard Heydrich im Sinne der Rassegesetze des Dritten Reiches keineswegs ›reinrassig‹ war ... Der für solche Rassefragen maßgebendste Beamte des Dritten Reiches, der ehemalige Staatssekretär im Reichsinnenministerium Wilhelm Stuckart*, ›federführend‹ für Rasse- und Mischlingsfragen, erklärte mir am 26. Mai 1946: › ... Ich hatte durch meinen Abteilungsleiter, den für dieses Gebiet zuständigen Ministerialdirigenten Hering erfahren, daß Heydrich, dessen Vater in Halle eine Musikschule gehabt habe, als jüdisch oder teilweise jüdisch gegolten habe. Ich ließ daher die Angelegenheit durch den Abwehrchef Admiral Canaris prüfen; diesem gelang es, die Photokopien der Abstammungsurkunde in seinen Besitz zu bringen. Sie wie-

* Gemeinsam mit Hans Maria Globke, dem späteren Staatssekretär Konrad Adenauers, verfaßte Stuckart den Kommentar zu den sogenannten ›Blutschutzgesetzen‹.

sen die nichtarische Abstammung Heydrichs aus. Canaris deponierte die Photokopien im Ausland und ließ dies Heydrich wissen. Er selbst konnte sich dadurch vor einem Zugriff Heydrichs schützen‹ ...«

Diese Aussage wurde später auf mehrfache Weise bestätigt: Wie Joachim C. Fest in ›Das Gesicht des Dritten Reiches‹ berichtet, hat ein Mitarbeiter des in scharfem Gegensatz zu Heydrich stehenden Abwehr-Chefs Canaris, der Pianist Helmut Maurer, noch 1940 auf dem Standesamt von Halle die Unterlagen über Heydrichs ›nichtarische‹ Abstammung schriftlich erhalten. Nach Maurers Erinnerungen waren Heydrichs Vorfahren väterlicherseits jüdischer Herkunft. Dieser Annahme scheint ein Dokument zu widersprechen, das in Fotokopie beim Institut für Zeitgeschichte in München vorliegt. Es handelt sich um ein Gutachten, das auf Antrag des Gauleiters von Halle-Merseburg, Jordan, 1932/33 bei der Parteileitung der NSDAP erstellt wurde. Darin wird nur Heydrichs Abstammung väterlicherseits untersucht und für unbedenklich erklärt. In der Personalakte, die Martin Bormann, Hitlers ›graubraune Eminenz‹, über Heydrich führte, befindet sich eine Ahnenliste, die Namen, Eltern und Herkunft der Muttersmutter unerwähnt läßt. Ob Heydrich väter- oder mütterlicherseits oder gar von beiden Seiten her ganz oder teilweise ›nichtarischer‹ Abstammung war, läßt sich nicht mehr sicher feststellen. An der Tatsache seiner mindestens teilweise jüdischen Herkunft kann indessen nicht mehr gezweifelt werden, weil auch zahlreiche Äußerungen Himmlers und Hitlers zu dieser Frage von mehreren glaubwürdigen Zeugen, zum Zeil nach deren Tagebuchaufzeichnungen, überliefert sind. Sie wußten zweifellos beide, daß Heydrich ›Nichtarier‹ war. Doch während der bürokratische ›Reichsführer SS‹ meinte, sich deshalb von seinem Geheimdienstchef trennen zu müssen, fand Hitler, nachdem er sich lange mit Heydrich unterhalten hatte, die ›blonde Bestie‹* sei ein hochbegabter, aber auch sehr gefährlicher Mann, dessen Gaben man der Bewegung erhalten müsse. Solche Leute könne man jedoch nur arbeiten lassen, wenn man sie fest in der Hand behielte, und dazu eigne sich seine nichtarische Abstammung ausgezeichnet ...**

Später wurde Heydrich von Hitler mit der nach dessen Ansicht ›wichtigsten Aufgabe überhaupt‹, der ›Endlösung der Judenfrage‹, beauftragt. Daß Heydrich die Ausführung dieses schauerlichen Befehls zwar noch vorbereiten und beginnen konnte, die weitere Oberleitung des organisierten Massenmordes dann aber seinem Mitarbeiter Adolf Eichmann überlassen blieb, ist nur dem Umstand zuzuschreiben, daß der ›Stellvertretende Reichsprotektor‹ am 4. Juni 1942 einem Attentat zum Opfer fiel.

Voller Erbitterung äußerte Hitler – so vermerkte Himmlers Vertrauter, Felix Kersten, in seinem Tagebuch –, Heydrichs Tod gleiche einer »verlorenen Schlacht« ...

Und mit diesem ›Führer‹wort wollen wir unsere Untersuchung, soweit sie die quantitativen und qualitativen Einbußen betrifft, die dem militärischen Potential des Nazi-Reiches durch die judenfeindliche Politik entstanden, überleiten zu einer Quelle noch weit größerer Verluste als bloß einer Schlacht oder selbst einer Streitmacht, die – wie wir errechnet haben – stärker gewesen wäre als die gesamte Waffen-SS von 1943 und von der man nur den Abhub, nämlich ein paar Halunken vom Schlage Heydrichs, voll integrierte, während

* So wurde Heydrich von seinen SD-Mitarbeitern genannt. Vgl. hierzu: Willi Frischauer, ›Himmler, The Evil Genius of the Third Reich‹, London 1953, S. 35.

** Zitiert nach Felix Kersten, ›Totenkopf und Treue. Heinrich Himmler ohne Uniform. Aus den Tagebuchblättern des finnischen Medizinalrates Felix Kersten‹, Hamburg o. J., S. 128.

man alle anderen mit sehr beträchtlichem personellem Aufwand zu vernichten trachtete.

Es liegt eine makabre Ironie darin, daß die Ursache jener noch viel gewaltigeren militärischen (und politischen) Nachteile, die dem ›Dritten Reich‹ dann entstanden, gerade in dem speziellen Auftrag zu suchen ist, den Hitler jenem modernen Torquemada erteilte, von dem Himmler später zu Kersten sagte: »Er hatte in sich den Juden rein intellektuell überwunden und war auf die andere Seite übergeschwenkt... Der Führer konnte sich im Kampf gegen die Juden wirklich keinen besseren Mann aussuchen als gerade Heydrich. Dem Juden gegenüber kannte er keine Gnade...«

Mit dem Auftrag zur ›Endlösung der Judenfrage‹, den Hitler am 24. Januar 1939 (und mit der Erweiterung für das ›deutsche Einflußgebiet in Europa‹ noch einmal am 31. Juli 1941) dem SS-Obergruppenführer und General der Polizei Reinhard Heydrich erteilte, besiegelte er nicht nur das Schicksal der meisten jüdischen Gemeinden in Europa. Er vergab damit auch einen weiteren Teil der militärischen Möglichkeiten des »Dritten Reiches«. Warum – das bedarf einiger Erläuterungen.

Als Hitler im Herbst 1939 den von ihm schon jahrelang intensiv vorbereiteten und von Anfang an gewollten Krieg begann, da war sein Hauptziel – trotz des gerade geschlossenen Freundschafts- und Nichtangriffspakts mit der Sowjetunion – die Eroberung des ganzen europäischen Ostens bis tief nach Rußland hinein. Vom Westen wollte er ernstlich gar nichts – außer bei seinem Ostlandzug in Ruhe gelassen zu werden. Die Kriegserklärungen Frankreichs, Großbritanniens und der Länder des Commonwealth, die dem Angriff auf Polen folgten, wurden von ihm nur als bedauerliche Fehleinschätzungen seiner wahren Absichten und nicht weiter ernst zu nehmende Störungen des Grundkonzepts gewertet, die sich sicherlich würden korrigieren lassen – im Falle Frankreichs durch rasche Niederwerfung noch vor dem eigentlichen Ostfeldzug, zu dem die Eroberung Westpolens nur den Auftakt bilden sollte; im Falle Englands durch Verhandlungen, bei denen er den Briten klarzumachen hoffte, daß es in Wahrheit keinerlei Interessengegensätze zwischen Berlin und London gäbe, vielmehr weitgehende Übereinstimmung, zumindest hinsichtlich der Einschätzung der ›bolschewistischen Weltgefahr‹. Gerade in London glaubte Hitler Verständnis für seine Absicht zu finden, unter Verzicht auf überseeische Kolonien, Seeherrschaft und eine Vormachtstellung im Welthandel, alle deutschen Energien auf Raumgewinn im Osten, Vernichtung der Sowjetmacht und den langsamen Aufbau eines ›auf Pflug und Schwert‹ gestützten Germanenreiches zwischen Rhein und Wolga zu richten.

Zwar war bereits die Prämisse falsch, von der Hitler ausging, nämlich daß Deutschlands ›Volk ohne Raum‹ ohne beträchtliche Gebietserweiterungen nicht lebensfähig wäre. Diese einst weitverbreitete Annahme ist durch die Entwicklung, zumal in Westdeutschland, längst *ad absurdum* geführt, denn noch nie lebten so viele Deutsche so eng und zugleich in so dauerhaftem materiellem Wohlstand beisammen. Doch das vermag nichts an der Tatsache zu ändern, daß das eigentliche Ziel Hitlers und seiner Anhänger die gewaltsame Raumgewinnung im Osten auf Kosten Rußlands, Polens und der Randstaaten war. Erst die Eroberung dieses ›Lebensraumes‹ konnte, so meinten sie, die Existenz des deutschen Volkes sichern und das Reich zu einer Weltmacht werden lassen. Dazu aber hieß es erst einmal Krieg führen, zunächst gegen Polen, dann gegen die Sowjetunion …

Die Grundzüge dieses Plans finden sich bereits in den programmatischen Kapiteln von Hitlers Buch ›Mein Kampf‹, wo es auf Seite 741 ff. heißt: »Das Recht auf Grund und

Boden kann zur Pflicht werden, wenn ohne Bodenerweiterung ein großes Volk dem Untergange geweiht erscheint... Deutschland wird entweder Weltmacht oder überhaupt nicht sein. Zur Weltmacht aber braucht es jene Größe, die ihm in der heutigen Zeit die notwendige Bedeutung und seinen Bürgern das Leben gibt.« Und nach dieser Einleitung, die die Grundthesen für alles weitere liefert, heißt es: »Damit ziehen wir Nationalsozialisten bewußt einen Strich unter die außenpolitische Richtung unserer Vorkriegszeit« – gemeint ist die Zeit vor 1914 – »Wir setzen dort an, wo man vor sechs Jahrzehnten endete. Wir stoppen den ewigen Germanenzug nach Süden und Westen und weisen den Blick nach dem Land im Osten. Wir schließen endlich ab die Kolonial- und Handelspolitik der Vorkriegszeit« – die Deutschland, wie er an anderer Stelle erläutert, in einen unbedingt zu vermeidenden Gegensatz zu England brachte – »und gehen über zur Bodenpolitik der Zukunft. Wenn wir aber heute in Europa von neuem Grund und Boden reden, können wir in erster Linie *nur an Rußland* und die ihm untertanen Randstaaten denken. Das Schicksal selbst scheint uns hier einen Fingerzeig geben zu wollen... Das Riesenreich im Osten ist reif zum Zusammenbruch. Wir sind vom Schicksal ausersehen... Unsere Aufgabe, die Mission der nationalsozialistischen Bewegung, aber ist, unser eigenes Volk zu jener politischen Einsicht zu bringen, daß es sein Zukunftsziel nicht im berauschenden Eindruck eines neuen Alexanderzuges erfüllt sieht, sondern vielmehr in der emsigen Arbeit des deutschen Pfluges, dem das Schwert nur den Boden zu geben hat.«

Wie die meisten Gedanken des ›Führers‹, so war auch die Idee einer neuen deutschen Ostkolonisation auf Kosten eines für den Zusammenbruch reifen Rußlands nicht eben neu. Schon 1914 spukte dergleichen in den Köpfen vieler, zum Teil recht einflußreicher Politiker, Beamten und Militärs, von allerlei Schwärmern ganz zu schweigen.

Damals war es natürlich noch das zaristische Rußland, das man für sturmreif hielt. Und aus der Rückschau läßt sich sagen, daß die deutschen Planer von 1914 etwas mehr Sinn für Realitäten hatten als die des Jahres 1939. Denn einmal war das Zarenreich, nach der demütigenden Niederlage im Russisch-Japanischen Krieg von 1904/05 und den zahlreichen Revolten der Arbeiter und Bauern, die nur mühsam hatten niedergeschlagen werden können, tatsächlich schon recht morsch; zum anderen konnte derjenige, der 1914 gegen Rußland mit dem Ziel ins Feld zog, die Despotie des Zarenregimes zu beseitigen, des Beifalls nicht allein des Bürgertums, sondern auch der Arbeitermassen aller westlichen Länder gewiß sein.

Was dieses letzte Argument betrifft, so ging es zwar in England und Frankreich unter, weil die Nützlichkeit des an sich widernatürlichen Bündnisses der westlichen Demokratien mit dem Zarenreich, mindestens für die Dauer der Überlegenheit der angreifenden Deutschen, klar überwog. Es spielte jedoch eine große Rolle, sowohl in Deutschland selbst, bei der Überwindung der Widerstände gegen den Krieg innerhalb der sozialistisch gesinnten Arbeiterschaft, als auch im neutralen Ausland, zumal in den USA, wo die ohnehin großen Sympathien für Deutschland durch dessen beginnenden Kampf mit dem Zarenreich beträchtliche Stärkung erfuhren.

Wer aber waren zu Beginn des Ersten Weltkrieges Deutschlands Freunde in den USA? Diese Frage ist von großer Bedeutung, nicht nur, weil der spätere Eintritt der Vereinigten Staaten in das Bündnis gegen Deutschland kriegsentscheidend war, sondern auch insofern, als sich aus der Antwort wichtige Rückschlüsse für unsere Untersuchung ziehen lassen, welche Nachteile dem Nazi-Reich im Zweiten Weltkrieg durch seine Judenpolitik erwachsen sind.

Natürlich standen bei Kriegsbeginn in erster Linie die aus

Deutschland Eingewanderten, darunter auch zahlreiche Juden, mit all ihren Sympathien auf seiten der alten Heimat. Sodann war das starke irische Element innerhalb der nordamerikanischen Bevölkerung sehr deutschfreundlich eingestellt, nicht zuletzt, weil Deutschland als mächtiger Verbündeter im irischen Freiheitskampf gegen England galt. Die dritte bedeutende Kraft in den USA, die mit Entschiedenheit für Deutschland eintrat, aber war die Masse der jüdischen Einwanderer aus Osteuropa, die schon damals allein in New York mit rund 1,3 Millionen Menschen die stärkste Bevölkerungsgruppe bildete.

Wie groß die Sympathien für Deutschland unter den Amerikanern ostjüdischer Herkunft nicht nur zu Beginn des Krieges, sondern auch noch zu Anfang 1916 waren, geht aus einem Beitrag hervor, den Dr. S. M. Melamed, New York, in den ›Süddeutschen Monatsheften‹ vom Februar desselben Jahres veröffentlichte. Darin wird unter anderem erwähnt, die Freunde der Entente wären »sehr erbost über die offen deutschfreundliche Haltung der amerikanischen Judenmassen, wie sie in der jiddischen Presse tagtäglich zum Ausdruck« käme. Zur Erklärung dieser Haltung heißt es weiter: »Die (jüdischen) Massen ... wollen diese Gesinnung nicht unterdrücken und ihre Lebensinteressen nicht aufgeben. Sie predigen heute eine sehr nüchterne Politik: ›Wir gehen mit den Deutschen, weil wir von ihnen Freiheit für unsere unterdrückten Brüder im Osten (Europas) erwarten, weil sie die Feinde unserer Feinde sind, und – was doch schließlich ein Hauptmotiv bildet – weil fünfhundertjährige kulturelle Bande uns mit Deutschland verbinden‹ ...« Auch sei Deutschland der Jungborn geblieben: »Alle großen Kulturbewegungen der jüdischen Masse in Osteuropa, von der Aufklärung ... bis zum Zionismus, haben sich an der deutschen Kultur entzündet, und trotz des dreißigjährigen Antisemitismus* in Deutschland sind die Kulturbande zwischen Deutschen und Juden nicht gelöst worden. Diese kulturelle Gemeinschaft mit den Deutschen und die erwartete politische Befreiung der osteuropäischen Juden durch Deutschland bestimmt die ausgesprochen deutschfreundliche Haltung der amerikanischen Judenmassen.«**

Wenn aber schon die nur noch aus Erinnerungen mehr oder weniger eng mit dem alten Europa verbundenen Ostjuden Amerikas so überaus deutschfreundlich fühlten und sich so viel von einem Sieg der Mittelmächte über das Zarenreich versprachen, um wieviel größer waren dann erst die Sympathien und Hoffnungen, die die noch in den osteuropäischen Gebieten lebenden Juden mit Deutschland und seinen Kriegsanstrengungen verbanden?

Auch darüber gibt die – speziell dieser Frage gewidmete – Ausgabe der ›Süddeutschen Monatshefte‹ vom Februar 1916 in zahlreichen Beiträgen namhafter Experten Auskunft.

So berichtet beispielsweise Silvio Broedrich, ein intimer Kenner der kurländischen Verhältnisse, daß die dort (im späteren Lettland) vor 1914 lebenden rund vierzigtausend Juden eine »bewußt deutsch empfindende Gesellschaft« hochdeutscher Mutter- und Umgangssprache bildeten und mit den Kurlanddeutschen politisch auf das engste zusammenarbeiteten. Die kurländischen Juden hatten deshalb schon in Friedenszeiten von russischer Seite her viel Ungemach zu erdulden, doch hielten sie weiterhin, auch nach Ausbruch des Krieges, fest zu den Deutschen. »Für sie ist der Sieg der Deutschen ebenso höchste Hoffnung auf Ver-

* Gemeint ist hier der erst in der zweiten Hälfte des 19. Jahrhunderts von Österreich ausgehende, nicht mehr allein religiös-konfessionell, sondern ›rassisch‹-politisch begründete Antisemitismus, der dann auch im Deutschen Reich Eingang fand.

** Vgl. hierzu die Faskimile-Wiedergabe des jiddischen Gedichts »Hoch der Kejser!« des in New York lebenden Dichters Morris Rosenfeld im Dokumentenanhang.

einigung mit dem Deutschen Reich wie für uns. Alle, die mit ihnen vom Kriegsbeginn bis zu ihrer Austreibung* in Kurland gelebt haben, werden das bezeugen ...«

Über die Juden Litauens berichtet ein – wegen seiner im Lande zurückgelassenen Verwandten anonym bleibender – ›ehemaliger russischer Universitätslehrer‹, daß sie einen besonderen Dialekt sprächen, der »in mancher Beziehung dem Hochdeutschen nähersteht«. Sie »tragen moderne Kleidung; europäisch gestutzte Bärte sind keine Seltenheit«.

Die ›Litwaks‹, wie die Juden der litauischen Gouvernements (Wilna, Kowno und Grodno) genannt wurden, machten etwa fünfzehn Prozent der Gesamtbevölkerung von 4,7 Millionen aus. Zusammen mit den Deutschen bildeten sie »den wesentlichen Teil der Stadtbevölkerung«. Auch die ›Litwaks‹ erwarteten sich von einem deutschen Sieg über das zaristische Rußland eine gründliche Verbesserung ihrer Lage und standen in überwältigender Mehrheit mit ihren Sympathien auf seiten der Deutschen.

Wie es um die rund zwei Millionen Juden Russisch-Polens stand, lassen Auszüge aus dem Kriegstagebuch einer gleichfalls anonymen, ›im öffentlichen Leben der polnischen Judenheit bekannten und geachteten Persönlichkeit, die Vertrauen verdient‹, deutlich erkennen:

»23. November 1914. Eine kurze Zusammenfassung der häufigsten Denunziationen ... gegen die Juden, denen von den russischen Offizieren Glauben geschenkt wird und die zu vielen ungerechten Bestrafungen und Hinrichtungen ... geführt haben:

1. Die Juden hätten einen Sarg zum Begräbnis geführt, aber im Sarg sei keine Leiche gewesen, sondern Gold für die Deutschen ...

* Rund 30 000 kurländische Juden wurden, zusammen mit den Wortführern der Deutschen, in den ersten fünfzehn Monaten des Krieges von den russischen Militärbehörden deportiert, größtenteils nach Sibirien.

2. Die Juden stopfen Gänse mit Goldstücken und bringen sie dann nach Deutschland.
3. Ein Jude hätte sich plötzlich in einem epileptischen Anfall zur Erde geworfen, in Wahrheit habe er dabei durch ein geheimes Telefon mit den Deutschen gesprochen...
5. Die Fliegeroffiziere, die Bomben auf die russischen Stellungen und Städte geworfen hatten, seien... Juden.« Eine Zeugin bekundete, daß sie durch ein Fernglas den ›Tallis‹ (Gebetsmantel) und die ›Peies‹ (Schläfenlöckchen) der Offiziere gesehen hätte.

Ergänzt werden solche und ähnliche Dokumente durch erschütternde Berichte, die erkennen lassen, wie übergroß die Hoffnungen waren, die die Ostjuden, nicht nur in Kurland, Litauen und Polen, sondern auch in den weißrussischen, ruthenischen und ukrainischen Gebieten, in einen endgültigen Sieg der deutschen Waffen setzten, wie sehr sie sich sehnten nach Befreiung von unerträglich gewordener Bedrückung, und wie stark sie vertrauten auf die Verheißung eines vom Oberkommando der vereinigten deutschen und österreichisch-ungarischen Armeen zu Beginn des Krieges erlassenen Aufrufs – in jiddischer Sprache –, worin *»Zu die Jiden in Paulen«* appelliert worden war, den Kampf gegen die Zarenherrschaft mit allen Mitteln zu unterstützen, sich zu stellen wie ein Mann, den Weg zu bahnen für Freiheit und Gerechtigkeit...*

Zugleich erinnerte man sich nun auch in Deutschland daran, daß die rund sechs Millionen Juden des Russischen Reiches in ihrer überwältigenden Mehrzahl aus dem deut-

* Es handelt sich zugleich um die einzig bekannte Äußerung des Verantwortlichen für diesen Aufruf, des Generals Erich Ludendorff, in jiddischer Sprache. Der in Wahrheit eingefleischte Antisemit und spätere Putsch-Partner Hitlers erklärte in dem Aufruf u. a.: »Wie Freind kummen mir zu eich... Die gleiche Recht far Jiden soll werin (werden) gebaut auf feste Fundamenten...!« (Siehe auch Dokumenten-Anhang.)

schen Kulturgebiet stammten, zu 97,64 Prozent einen deutschen Dialekt, nämlich Jiddisch, sprachen. Diese aus dem Mittelhochdeutschen gebildete Abart, »dem Hochdeutschen in Wortschatz, Bau und Wortklang viel ähnlicher als irgendein niederdeutscher Dialekt oder eine bayerische oder schwäbische Mundart«, enthielt ja »kaum mehr als fünf vom Hundert an Wörtern ... nichtdeutschen Ursprungs«! Auch stellte man fest, daß »das harte ›ch‹, das immer wie Nacht ausgesprochen wird, keineswegs dem Hebräischen (entstammt), vielmehr früher im Deutschen allgemein gewesen (ist) und sich in Grenzdialekten (wie dem Alemannischen und dem Holländischen) erhalten« hat.

Selbst den Kaftan, den langen Überrock der Juden des Ostens, erkannte man endlich als das, was er war: die eigentümliche Tracht der Bürger deutscher Städte des Mittelalters!

Kurzum, man war sich damals in Berlin und beim Oberkommando Ost der großartigen Chance bewußt, zu den rund 1,8 Millionen Deutschen des Russischen Reiches, deren Zuverlässigkeit vom reichsdeutschen Standpunkt aus recht unterschiedlich war, noch rund 6 Millionen treue jüdische Verbündete im Feindesland zu gewinnen. Zudem versprach man sich von der Mobilisierung ohnehin starker ostjüdischer Sympathien wertvolle Hilfe bei der Verbreitung deutscher Kultur in den okkupierten und noch zu erobernden Gebieten, nachdrückliche Förderung des deutschen Handels mit dem Nahen und Fernen Osten, auch auf dem Landwege (was angesichts der britischen Blockade aller Seeverbindungen von eminenter Bedeutung war) sowie hochwillkommene Unterstützung bei der Abwehr aller Bemühungen der Entente, die Vereinigten Staaten und andere neutrale Länder auf ihre Seite zu ziehen.

Wir wissen heute, daß sich die Hoffnungen auf einen

raschen Sieg im Osten, einen sofortigen Zusammenbruch des Zarenreiches und auch auf eine Heraushaltung der USA aus der Entente nicht erfüllten. Die militärischen Rückschläge, die die Deutschen und vor allem die Österreicher an den russischen Fronten erlitten, führten zu Pogromen unter der nun wieder den Russen ausgelieferten jüdischen Bevölkerung der geräumten Gebiete und zu Massendeportationen nach Sibirien; der Übergang der Macht im Reich von den in der Regel aufgeschlossenen Politikern auf die bornierten, nicht selten ›völkisch‹-antisemitisch eingestellten Militärs mit dem Judenhasser Ludendorff an der Spitze, ließ die Aussichten für ein festes Bündnis zwischen Deutschland und den unterdrückten Juden Rußlands dahinschwinden; wilde Annexions- und Germanisierungspläne, die nun sogar eine Ausweisung ›unerwünschter‹ Völkerschaften*, auch und besonders der Juden, nach ›Rest-Rußland‹ vorsahen, führten zu einem starken Vertrauensschwund und verwandelten die anfängliche Begeisterung der osteuropäischen Juden für die deutsche Sache in Skepsis und Resignation, was sich natürlich auch auf die Haltung der jüdischen Massen Nordamerikas in einem für Deutschland negativen Sinn auswirken mußte. Und schließlich machte die Selbstbefreiung der Völker Rußlands vom Joch des Zarentums ein deutsch-jüdisches Bündnis zu diesem Zweck illusorisch.**

* Vgl. hierzu: Fritz Fischer, ›Griff nach der Weltmacht‹, Die Kriegszielpolitik des kaiserlichen Deutschland 1914/18, Düsseldorf 1964, S. 130: »Der polnische Grenzstreifen etwa längs der Warthe-Narew-Linie bis einschließlich Suwalki sollte ... durch eine partielle Aussiedlung der polnischen Landbevölkerung sowie aller Juden ›frei von Menschen‹ gemacht werden.«

Vgl. auch: Immanuel Geiss, Der polnische Grenzstreifen 1914–1918 (Hamburg und Lübeck 1960).

** Egmont Zechlin hat in seiner ausgezeichneten und sehr gründlichen Studie ›Die deutsche Politik und die Juden im Ersten Weltkrieg‹, Göttingen 1969, den völligen Wandel im deutsch-ostjüdischen Verhältnis und die vielfältigen sich daraus ergebenden Konsequenzen ausführlich beschrieben.

Schon am 2. April 1917 – noch unter Kerenski – wurden sämtliche die Juden Rußlands diskriminierenden Bestimmungen aufgehoben. Und während die Gegner der Revolution in den zum Teil noch unter deutschem Einfluß stehenden Randgebieten des Russischen Reiches die Juden zu Sündenböcken ihrer Niederlagen machten und sie mit blutigen Pogromen für den Sturz des Zaren ›bestraften‹, wurden nun nicht Deutsche, sondern Russen zu deren Rettern und Befreiern: Die vernichtenden Schläge der Roten Armee gegen die letzten Zarenanhänger (und die ihnen zu Hilfe gekommenen Interventionstruppen der Entente) machten den Judenverfolgungen, vor allem in Weißrußland und in der Ukraine, ein Ende. Der geniale Schöpfer, Organisator und erste Oberbefehlshaber der Roten Armee aber war ein jüdischer Kleinbauernsohn aus Iwanowka, Leib Bronstein, genannt Leo Trotzki...

Als fünfundzwanzig Jahre nach dem Beginn des Ersten Weltkrieges die deutschen Armeen wiederum gen Osten marschierten, ohne Kriegserklärung erst in Polen einfielen, dann – knapp zwei Jahre später und in Verletzung des bestehenden Freundschafts- und Nichtangriffspakts – die Sowjetunion mit einem Überraschungsangriff militärisch zu vernichten und zu unterjochen trachteten, lebten dort mehr als fünf Millionen Juden, knapp die Hälfte davon in den ostgalizischen, ruthenischen, litauischen und anderen 1939 von der Sowjetunion angeschlossenen Gebieten, von den übrigen die Mehrzahl in der Ukraine und in Weißrußland, wohin die deutschen Truppen rasch vorstießen. Annähernd vier Millionen dieser größtenteils Jiddisch sprechenden,

Besonders interessant ist die von Zechlin dargestellte Haltung vieler prominenter deutscher Juden in der Frage einer Sperre der deutschen Ostgrenzen für ostjüdische Einwanderer sowie die im Herbst 1918 von deutschen Antisemiten beschlossene Taktik, ›die Juden‹ für den bevorstehenden militärischen Zusammenbruch verantwortlich zu machen.

überwiegend der deutschen näher als der russischen Kultur stehenden Menschen fielen dem organisierten Massenmord zum Opfer.

Ohne nun müßige Spekulationen darüber anzustellen, welche Möglichkeiten sich den deutschen Angreifern eröffnet hätten, wenn sie nicht als Judenschlächter, sondern als erklärte Freunde jüdischer Tradition in die eroberten Dörfer und Städte eingezogen wären, können wir zumindest feststellen, daß ein beträchtlicher Teil der deutschen Streitkräfte dadurch gebunden wurde, daß sie Millionen von möglichen Sympathisanten aufzustöbern, zusammenzutreiben und bis zu deren Ermordung zu bewachen hatten.

Während die Juden der eroberten sowjetischen Gebiete noch größtenteils an Ort und Stelle ermordet wurden, wurden sie aus den meisten anderen von den Nazis beherrschten Ländern Europas in die Vernichtungslager im ›Generalgouvernement‹ transportiert. Selbst wenn man davon ausgehen muß, daß die Todgeweihten so zusammengepfercht wurden, wie keine Armee es in noch so mißlicher Lage ertragen hätte, so waren doch viele hundert Lokomotiven und einige zigtausend Güterwagen nötig, um die Millionen Opfer über Hunderte, manchmal Tausende von Kilometern an die Laderampen von Auschwitz, Treblinka und Maidanek zu bringen. Man braucht kein Spezialist für Logistik zu sein, um sich vorstellen zu können, welche ungeheure Transportleistung die ›Endlösung‹ erfordert hat, und wie stark dadurch der Nachschub und die Beweglichkeit der in einem Mehrfrontenkrieg stehenden deutschen Armeen beeinträchtigt wurde.

Aber dies alles genügt noch längst nicht, wenn man zu einem abschließenden Urteil über die militärischen Nachteile kommen will, die sich für die zur Eroberung des ›Ostraums‹ und womöglich der halben Welt angetretene deutsche Wehrmacht aus dem ›Rassen‹wahn der Nazis ergaben. Denn es muß auch noch in Betracht gezogen werden, daß aus möglichen Freunden ja nicht bloß passive Gegner und Opfer der Ausrottungsaktionen wurden, sondern zu einem beträchtlichen Teil auch aktive Widerstandskämpfer, Partisanen oder reguläre Soldaten der gegnerischen Streitkräfte.

Die einzelnen Widerstandshandlungen mögen – von den großen Gettoaufständen in Warschau und Bialystok einmal abgesehen – militärisch bedeutungslos erscheinen; in ihrer Summe banden sie ohne Zweifel zahlreiche Divisionen, die sonst anderweitig hätten eingesetzt werden können. Das gilt in noch stärkerem Maße für die Tätigkeit der Partisanen, denen sich die den ›Einsatzgruppen‹ entkommenden Kampffähigen anschlossen.

Und natürlich wirkten sich die Massenmorde in den von den Deutschen besetzten Gebieten auf die Wehrbereitschaft der jüdischen Bevölkerung im nichtokkupierten Teil der Sowjetunion aus. Ebenso verstärkte sich die ohnehin hohe Kampfmoral der jüdischen Soldaten in der Roten Armee noch erheblich infolge der Gewißheit, bei Gefangennahme durch die Wehrmacht ermordet zu werden.

Von den 425 000 jüdischen Rotarmisten, die die amtliche Statistik der Sowjetunion als Teilnehmer am Zweiten Weltkrieg ausweist, fielen 212 000 oder nahezu fünfzig Prozent (gegenüber hunderttausend Gefallenen oder fünfzehn Prozent des jüdischen Kontingents der russischen Armeen des Ersten Weltkrieges)!

Hunderteinundzwanzig jüdische Rotarmisten erhielten die höchste Auszeichnung für Tapferkeit, die Goldmedaille ›Held der Sowjetunion‹, unter ihnen berühmte Kampfflieger wie Rudolf Korabelnik, Jakob Smuschkewitsch (der zunächst die sowjetische Luftwaffe, dann die Rote Flotte befehligte) oder Generaloberst Lew Dovator aus Witebsk, der im Dezember 1942 vor Moskau fiel, nachdem er mit seinem Kosakenkorps den deutschen Vormarsch auf die sowjetische Hauptstadt zum Stehen gebracht hatte. Vor Stalingrad zeichneten sich die Generale Moshe Weinryb und Jakob Kreyzer aus; Weinryb fiel bei der Befreiung der Ukraine. Der Ranghöchste unter den jüdischen Gefallenen aber war der Panzerführer und Marschall der Sowjetunion, Iwan Tschernjakowsky aus Kiew; sein wachsender Ruhm trug ihm schließlich den Beinahmen ›der Unbesiegbare‹ ein. Er fiel achtunddreißigjährig im April 1945 bei der Eroberung Königsbergs.

Besondere Erwähnung verdienen schließlich noch die für ihren Angriffsgeist und todesmutigen Einsatz bekannten und von der deutschen Wehrmacht und ihren Verbündeten gefürchteten ›Litvaken-Divisionen‹, vornehmlich aus litauischen Juden gebildete Eliteeinheiten, deren Lieder, Umgangs- und Kommandosprache jiddisch waren.

Diese wenigen Fakten lassen bereits erkennen, wie immens die Ausrottungspolitik der Nazis den Kampfgeist der dem Holocaust entgangenen Juden angefacht hat, und zusammenfassend läßt sich sagen, daß Deutschlands militärische Chancen, den von langer Hand vorbereiteten Krieg zur Eroberung des angeblich benötigten ›Lebensraumes im Osten‹ zu gewinnen, durch die gleichzeitige Judenverfolgung ganz erheblich vermindert wurden – teils durch den damit verbundenen Verzicht auf ›nichtarische‹ Kontingente in Stärke der heutigen Bundeswehr, teils durch Zweckentfremdung fronteinsatzfähiger Truppen und rollenden Materials in riesigen Mengen, allein für die ›Endlösung‹, vor allem aber dadurch, daß viele Millionen traditionell freundlich gesinnter, sich mit Deutschland sprachlich, kulturell, wirtschaftlich und auf manche andere Weise verbunden fühlender Menschen zu Feinden erklärt und entweder ermordet oder ins gegnerische Lager gedrängt und zu äußerstem Widerstand angestachelt wurden.

Zu diesen rein militärischen Nachteilen kamen indessen noch zahlreiche politische Auswirkungen zuungunsten Deutschlands, die dann die militärische Lage weiter verschlechterten. Es bedarf kaum der Erwähnung, daß gerade durch die Judenverfolgung auch die Aussichten für das von Hitler erhoffte und angestrebte Arrangement mit Großbritannien (oder wenigstens eine stillschweigende Duldung der deutschen Ost-Expansion durch die Westmächte) in einem für Deutschland negativen Sinne beeinflußt wurden, erst recht die Stimmung in den Vereinigten Staaten.

Anders als im Ersten Weltkrieg, konnte Deutschland 1939 nun nicht mehr auf die Sympathien der Juden Amerikas zählen. Die enorme Rüstungshilfe, die die Vereinigten Staaten lange vor ihrem schließlichen Kriegseintritt dem auf eine bewaffnete Auseinandersetzung mit Deutschland nicht vorbereiteten Großbritannien zuteil werden ließen, fand diesmal begreiflicherweise die volle Unterstützung der jüdischen Massen Nordamerikas. Und es war Bernard Mannes Baruch, Sohn deutsch-jüdischer Einwanderer aus Schwersenz in der damals preußischen Provinz Posen, der als engster Berater des Präsidenten Franklin D. Roosevelt und Freund Winston S. Churchills schon 1939 mit der Organisation und Lenkung der amerikanischen Kriegswirtschaft betraut wurde und dann im Frühjahr 1941 jenes ›Leih- und Pacht‹system einführen half, das die Basis der verstärkten Unterstützung der gegen Hitler kriegführenden Staaten, vor allem Englands, wurde.

Noch zahlreiche weitere wichtige Mitarbeiter Roosevelts waren Juden aus Deutschland oder Österreich, zum Beispiel Charles Michelson, ein führender demokratischer Politiker, ›New Deal‹-Experte und Bruder des aus Strelno in Posen stammenden großen amerikanischen Physikers und Nobelpreisträgers des Jahres 1907, Albert Michelson; oder der aus Wien gebürtige Jurist, Harvard-Professor und spätere Richter am Obersten Bundesgerichtshof der USA, Felix Frankfurter; oder auch der Bankier und langjährige Gouverneur des Staates New York, Herbert H. Lehmann, ein enger Freund Roosevelts und Sproß einer aus Bayern stammenden jüdischen Familie, dessen Sohn Peter als Kriegsfreiwilliger zur amerikanischen Luftwaffe ging und als hochdekorierter Kampfflieger 1944 über England abstürzte . . .

Daß die USA ihre Neutralität im Zweiten Weltkrieg schon sehr bald aufgaben und frühzeitig England, später auch der Sowjetunion, zu Hilfe kamen, ließ Deutschlands Chancen für einen Sieg – falls es sie je gegeben hatte – vollends zunichte werden. Denn gegen das kombinierte wirtschaftliche Potential des britischen Commonwealth und der Vereinigten Staaten konnte das Reich – von militärischen Erwägungen einmal abgesehen – den Krieg nicht mehr gewinnen, zumal man in Berlin die Stärke der Sowjetunion völlig unterschätzt und die vorhandenen Möglichkeiten, wichtige Verbündete für den Kampf gegen sie zu finden, bewußt außer acht gelassen hatte (und das betrifft nun nicht allein die Politik des Reiches gegenüber den Juden, sondern auch die schmähliche Behandlung der anderen unterworfenen und für ›rassisch minderwertig‹ gehaltenen Völker des Ostens . . .).

Zu der enormen Verschlechterung der militärischen und politischen Voraussetzungen für einen deutschen Sieg, die durch die Judenpolitik des ›Dritten Reiches‹ direkt oder indirekt bewirkt worden war, kam aber noch ein weiterer wichtiger Umstand, der die Lage für Deutschland negativ beeinflußte: Es fehlte dem Reich an allen Ecken und Enden an Spezialisten – nicht nur in den verschiedenen Zweigen der eigentlichen Rüstungsindustrie und in der kriegswichtigen wissenschaftlichen Forschung, sondern auch für die Organisation der Kriegswirtschaft, im Gesundheitsdienst oder bei den Dienststellen, die eine wirksame Auslandspropaganda zu entwickeln hatten.

Der unmittelbare Zusammenhang zwischen diesen personellen Engpässen und der Ausschaltung der ›Nichtarier‹ aus allen Bereichen mag überraschen, ist aber leicht beweisbar. So waren bis 1937 nahezu vierzig Prozent aller Hochschullehrer des ›Altreiches‹ vorwiegend aufgrund der ›Arier‹paragraphen entlassen worden; viele weitere Professoren, Assistenten und sonstige Wissenschaftler, darunter auch zahlreiche mit ihren entlassenen Kollegen sympathisierende ›Arier‹, schieden ebenfalls aus, und im ganzen verloren Deutschland, nach 1938 auch Österreich und die Tschechoslowakei etwa die Hälfte ihrer Wissenschaftler und hochspezialisierten Techniker.*

In anderen für den Krieg entscheidend wichtigen Bereichen war es ähnlich, und erst sehr spät, nämlich Mitte 1942, erkannte die Reichsführung den folgenschweren Fehler: »In einer bemerkenswerten Ansprache auf einer Geheimkonferenz über die Zukunft des Reichsforschungsrats in Berlin, an der der größte Teil der Mitglieder des Präsidialrats teilnahm« – darunter Göring, Milch, Speer, Funk, Ohnesorge und Rosenberg –, »beschrieb Göring den Ärger, den die Verfolgung der jüdischen Wissenschaftler dem Führer und ihm selbst verursachte**: ›Was der Führer ablehnt, ist eine Reglementierung der Wissenschaft als solche, daß etwas nach Grundsätzen gemacht wird: Ja, dieses Produkt ist zwar sehr wertvoll, äußerst wertvoll und würde uns sehr weit bringen. Wir können es aber nicht verwerten, weil zufällig

* Nach Dr. Helge Pross, ›Die Deutsche Akademische Emigration nach den Vereinigten Staaten 1933–1941‹, Berlin 1955, wurden bis 1938 etwa ein Drittel aller Lehrkräfte an deutschen Hochschulen entlassen, zwangsweise pensioniert oder versetzt, vorwiegend aus ›rassischen‹ oder politischen Gründen. Bis 1939 wurden vermutlich 45 Prozent aller Universitätsstellen neu besetzt.

** Nach dem stenografischen Protokoll der Sitzung vom 6. Juli 1942 im Reichsluftfahrtministerium, das in den 1945 von den Amerikanern aufgefundenen ›Milch-Dokumenten‹ (Bd. 58, S. 3640–3714) enthalten ist, zitiert nach David Irving, ›Virushouse‹, London 1967.

der Mann mit einer Jüdin verheiratet ist, oder weil er Halbjude ist ... Ich habe das jetzt selbst dem Führer vorgetragen. Wir haben jetzt einen Juden in Wien zwei Jahre lang eingespannt, einen anderen auf dem Gebiet der Fotografie, weil sie die gewissen Dinge haben, die wir brauchen und die uns in diesem Augenblick absolut voranbringen würden. Es wäre ein Wahnsinn, nun hier zu sagen: Der muß weg! Das war zwar ein ganz großer Forscher, ein phantastischer Kopf, aber er hat eine Jüdin zur Frau und kann nicht auf der Hochschule sein usw. Der Führer hat in diesem Fall auf dem Gebiet der Kunst bis zur Operette hinunter Ausnahmen zugelassen, um das zu erhalten. Um so mehr wird er die Ausnahmen dort zulassen und billigen, wo es sich um wirklich ganz große Forschungsaufgaben oder Forscher selbst handelt‹ ...«

Görings Mahnungen, die in Anbetracht dessen, was bis dahin bereits geschehen war, geradezu paradox erscheinen mußten, bezogen sich zudem – mit Ausnahme der beiden anonymen Beispiele – nur auf jüdisch Verheiratete und ›Halbjuden‹. Sie konnten auch bloß noch, gemessen am Gesamtverlust, winzige Korrekturen bewirken ...

Um Anhaltspunkte dafür zu gewinnen, was die deutschen Juden zu den Kriegsanstrengungen ihres Vaterlandes hätten beitragen können, ist es vielleicht nützlich, die Verhältnisse im Ersten Weltkrieg zum Vergleich heranzuziehen. Wir wollen uns indessen auf einige, jedoch typische Beispiele beschränken, die aus der sich anbietenden Fülle herausgegriffen sind und nur einen ungefähren, bei weitem nicht vollständigen Eindruck vermitteln können:

So organisierte und leitete Walther Rathenau, Generaldirektor des von seinem Vater, dem Ingenieur Emil Rathenau, gegründeten AEG-Konzerns, während des Ersten Weltkrieges Deutschlands gesamte Rohstoffversorgung.

Albert Ballin, Generaldirektor der HAPAG, enger Berater und Duzfreund Kaiser Wilhelms II., stellte sofort nach Kriegsausbruch den gesamten Apparat seiner internationalen Schiffahrtslinie, vor allem das Agenturnetz im neutralen Ausland, für die Maßnahmen gegen die britische Blockade zur Verfügung. Ballin wählte, als der Krieg für Deutschland verloren war, aus Verzweiflung darüber am 9. November 1918 den Freitod.*

Staatssekretär a. D. Bernhard Dernburg, bis 1909 Chef des Reichskolonialamts, übernahm 1914 die Leitung der (zunächst sehr erfolgreichen) deutschen Propagandadienste in den USA. Und Dr. Kurt Hahn, engster Mitarbeiter des späteren Reichskanzlers Prinz Max von Baden, dessen berühmte Internatsschule in Salem nach dem Kriege von Hahn mitgegründet und geleitet wurde, war wegen seiner umfassenden Kenntnis angelsächsischer Verhältnisse England-Sachverständiger in der Auslandsabteilung der Obersten Heeresleitung.

Als Mitbegründerin und Organisatorin des ›Nationalen Frauendienstes‹ trat 1914 auch die Frauenrechtlerin Josefine Levy-Rathenau hervor.

Auf dem Gebiet der Technik und der Physik leisteten deutsche und österreichische Juden ebenfalls einen erheblichen Beitrag zu den Kriegsanstrengungen: Hans Goldschmidt, beispielsweise, Sohn des Gründers der Chemischen Fabrik Theodor Goldschmidt, war ein unersetzlicher Spezialist auf dem Gebiet der Metallurgie und entwickelte im Ersten Weltkrieg auch Verfahren zur Herstellung von Bomben und Leuchtspurmunition; Chef-Elektroingenieur des Siemens-Konzerns war Professor Reinhold Rüdenberg, dem wesentliche Verbesserungen in der Ausrüstung der Pionier- und Nachrichtentruppen zu verdanken waren; Karl Redlich,

* Nach einer anderen Version erlitt er am Tage des Zusammenbruchs der Hohenzollern-Monarchie einen tödlichen Gehirnschlag.

der Erbauer des Tauern-Tunnels, war Spezialist für schwierigste Eisenbahnbauten; Max Kurrein, später Professor an der Technischen Hochschule in Charlottenburg, dann am Technikum in Haifa, war Chefkonstrukteur und technischer Leiter der Geschützfabriken des Wiener Arsenals; Siegmund Strauß, ein enger Mitarbeiter des 1913 verstorbenen jüdischen Wissenschaftlers, Erfinders der Verstärkerrohre und Begründers der modernen Radiotechnik, Robert von Lieben, war Leiter der Flieger-Versuchsabteilung und erwarb sich große Verdienste um die Weiterentwicklung der Radiotechnik; Siegfried Popper, Chefkonstrukteur der österreichischen Kriegsmarine im Admiralsrang, führte zahlreiche Neuerungen im Schlachtschiffbau und in der Konstruktion von Spezialfahrzeugen ein, und Benno Strauß, als Erfinder nichtrostender Stähle und Hartmetalle der Begründer des Weltrufs der Forschung des Krupp-Konzerns, für den er achtunddreißig Jahre lang tätig war, schuf erst die metallurgischen Voraussetzungen für den Bau moderner U-Boote. Professor Strauß wurde 1934 (mit einem hübschen Abschiedsgeschenk) in den Ruhestand versetzt und später, von der mächtigen Essener Konzernzentrale offenbar vergessen, ein Opfer der ›Endlösung‹ ...

Wichtige Beiträge zu den Kriegsanstrengungen leisteten auf dem Gebiet des Flugzeugbaus und in verwandten Bereichen beispielsweise Edmund Rumpler, der als Flugzeugkonstrukteur und Erfinder die nach ihm benannte ›Rumpler-Taube‹ in Deutschland einführte und das zweimotorige Flugzeug entwickelte, sowie sein gleichfalls jüdischer Kollege Wiener von den ›Albatros‹-Werken, der ein neues Beobachtungsflugzeug entwickelte, das er selbst einflog. Auch die jüdischen Inhaber der Raab-Katzenstein-Flugzeugwerke halfen mit beim Aufbau der Luftwaffe, und der Fluglehrer der ersten deutschen Fliegeroffiziere war Willy Rosenstein.

Der berühmte Mathematiker Richard von Mises, Begründer der Flugmathematik und im Kriege Kampfflieger, galt als der bedeutendste Theoretiker auf dem Gebiet der Flugmechanik. Karl Arnstein war Chefkonstrukteur der Zeppelin-Werke, wo er nach dem Kriege blieb und das Transatlantik-Luftschiff ›Z.R.III‹ baute. Und Hauptmann Leo Löwenstein, dem späteren Vorsitzenden des ›Reichsbundes jüdischer Frontsoldaten‹, gelang im Ersten Weltkrieg die Erfindung des für die damalige Flugabwehr entscheidend wichtigen Schallmeßverfahrens.

Überragende Verdienste errangen deutsche Juden auf dem Gebiet der Chemie: Geheimrat Professor Dr. Adolf Frank, der – zusammen mit seinem Sohn Albert und mit dem gleichfalls jüdischen Wissenschaftler Nikodem Caro – das sogenannte ›Frank-Caro-Verfahren‹ zur Gewinnung von Kalkstickstoff aus Luft entwickelte, darf als der Schöpfer der deutschen Kaliindustrie gelten, die für die deutsche Kriegswirtschaft, aber auch in Friedenszeiten, enorme Bedeutung erlangte. Ein weiteres Verfahren dieses Forscher- und Industriellen-Teams, das die Gewinnung von Wasserstoff aus Wassergas ermöglichte, lieferte während des Ersten Weltkrieges den Wasserstoff für die Luftschiffe, für die Fetthärtungsindustrie und für die Ammoniak-Synthese nach Professor Haber.

Fritz Haber schließlich, ebenfalls deutscher Jude, leistete den wahrscheinlich wichtigsten Einzelbeitrag zu den deutschen Kriegsanstrengungen. Als Leiter des – von Geheimrat Leopold Koppel gegründeten – Kaiser-Wilhelm-Instituts für Physikalische Chemie legte er die wissenschaftlichen Grundlagen für die Ammoniak-Synthese, wofür er 1919 mit dem Chemie-Nobelpreis ausgezeichnet wurde. Sein Verfahren machte Deutschland vom Chile-Salpeter unabhängig, was in Anbetracht der durch die Blockade unterbundenen Einfuhren für die deutsche Landwirtschaft und damit für die Ernährung des Volkes während der Kriegsjahre von entscheidender Bedeutung war. Habers Erfindung ermöglichte es aber auch erst der deutschen Sprengstoffindustrie, ohne Salpeter-Importe auszukommen und sicherte so – im Rückblick muß man sagen: leider, denn dann wären Abermillionen die sinnlosen Opfer erspart geblieben – die Munitionsversorgung während des Krieges, die sonst spätestens 1915/16 unweigerlich unzusammengebrochen wäre.

Überdies bildete das Verfahren – zu Professor Habers späterem Kummer – die Basis der deutschen Giftgaserzeugung im Ersten Weltkrieg. Haber selbst leitete sowohl den Gaskrieg wie die Gasabwehr der deutschen Streitkräfte.

Schon diese rund zwei Dutzend Namen, die nur eine bescheidene Auswahl darstellen und wichtige Gebiete, beispielsweise die Medizin, nicht einmal berühren, vermitteln eine ungefähre Vorstellung von der Bedeutung der Beiträge deutsch-jüdischer Forscher und Techniker im Ersten Weltkrieg und lassen ahnen, zu welchen Einbußen die ›Rassen‹politik des ›Dritten Reiches‹ im Zweiten Weltkrieg führte.

Indessen beraubte sich die deutsche Führung in den Jahren 1933 bis 1939 nicht nur selbst zahlreicher erstklassiger Fachleute, die für die militärische Forschung und Entwicklung zur Verfügung gestanden hätten; sie trieb sie vielmehr auch noch ins gegnerische Lager:

Reinhold Rüdenberg, beispielsweise, einer der bedeutendsten Elektromechaniker unserer Zeit, auch Erfinder des selbstanlaufenden Wirbelstrom-Induktionsmotors und des Elektronenmikroskops, mußte 1933 seine Professur an der Technischen Hochschule Charlottenburg aufgeben, verlor dann auch seinen Posten als Chef-Elektroingenieur des Siemens-Konzerns, flüchtete 1936 nach London, erhielt bald darauf einen Lehrstuhl an der amerikanischen Universität von Harvard und bereicherte die Elektroindustrie der USA durch zahlreiche wichtige Erfindungen, für die er insgesamt mehr als dreihundert Patente erhielt. Nach dem Kriege gelang ihm die direkte Umwandlung von Atomkraft in Wechselstrom.

Auch Georg Schlesinger, Deutschlands führender Maschinenbauer, bis 1933 Ordinarius an der Technischen Hochschule Charlottenburg, wo er – unter dem Einfluß des Psychologen Hugo Münsterberg aus Danzig, später Professor an der Harvard-Universität – für die Anwendung der Psychologie in der Technik eingetreten war und die Psychotechnik begründet hatte, ging bald nach seiner Entlassung ins Exil und wurde im Zweiten Weltkrieg Direktor der Forschungsabteilung des britischen Instituts der Produktionsingenieure.

Paul Schwarzkopf schließlich, aus Prag gebürtiger Metallurge, der im Ersten Weltkrieg das Berliner Wolfram-Laboratorium, dann die Deutsche Glühfadenfabrik, später das Metallwerk Plansee geleitet hatte, war 1936 zur Emigration gezwungen und leistete in den USA als Erfinder der sogenannten ›*powder metallurgy*‹ und Chefmetallurge der *American Electro Metal Corporation* wichtige Beiträge zu den Kriegsanstrengungen der Alliierten.

»Die Forschungsarbeiten anderer, nach England geflüchteter Wissenschaftler, die zur Unterstützung der Kriegsanstrengungen herangezogen wurden, waren weniger sensationell, aber nicht weniger wichtig«, so berichtet Norman Bentwich in seiner Studie ›*The Rescue and Achievement of Refugee Scholars*‹. »Drei von ihnen, Dr. H. R. Fehling, Dr. J. Mazur und Dr. P. O. Rosin, gehörten zu dem Team, das ein Verfahren zur Auflösung von Nebel entwickelte, durch das die Sicherheit der Luftwaffen-Geschwader außerordentlich erhöht wurde. Zwei von ihnen erhielten die von der britischen Regierung ausgesetzte Prämie ... Andere Flüchtlinge aus Deutschland waren an dem Projekt ›PLUTO‹ (*Pipeline Under The Ocean* = die durch den Ärmelkanal gelegte unterseeische Rohrleitung, die die Treibstoffversorgung der Invasionstruppen des Sommers 1944 entscheidend verbesserte) maßgeblich beteiligt. Und ein Spezialist auf dem Gebiet der Gletscherforschung, Dr. M. F. Perutz (aus Wien, 1962 mit dem Chemie-Nobelpreis ausgezeichnet, dies jedoch für seine bahnbrechenden Arbeiten über Proteine und Nukleinsäuren), nahm an der ›Operation Habakkuk‹ teil, die auf hoher See im Atlantik künstliche Flugbasen auf Eisflächen anzulegen erprobte...«

Diese wenigen – aus vielen Hunderten willkürlich herausgegriffenen – Beispiele mögen genügen. Eine exakte Berechnung der Deutschlands Kriegswirtschaft infolge der ›Ausschaltung‹ jüdischer Forscher und Techniker entstandenen Verluste ist ohnehin nicht möglich – sowenig wie die genaue Kalkulation des Gewinns, der der alliierten Kriegführung durch das zusätzliche Wissen und Können der aus dem Machtbereich Hitlers geflohenen Emigranten zugewachsen ist.

Immerhin läßt sich aber mehr sagen als bloß, daß Deutschlands Einbußen (und die entsprechenden Gewinne seiner Gegner) erheblich gewesen sein müßten. Wie sehr sie zu Buche schlugen, sei an einem letzten Beispiel erläutert, dem deshalb besondere Bedeutung zukommt, weil die spezielle Technik, um die es dabei geht, in ganz entscheidendem Maße beigetragen hat zu jener großen Wende des Kriegsglücks zugunsten der Alliierten, die etwa 1942/43 eintrat.

Es handelt sich um die Funkmeßtechnik, genauer: um jenes in englischer Abkürzung ›Radar‹ genannte Verfahren, das nicht nur die Wirksamkeit der Luftangriffe auf Deutschland stark erhöhte, sondern den Alliierten auch den siegreichen Vormarsch durch die nordafrikanische Wüste, die erfolgreiche Landung in der Normandie und die Vertreibung der U-Boote aus dem Atlantik erst ermöglichte.

Radar war kein amerikanisch-britisches Monopol; auch die Deutschen hatten entsprechende Geräte entwickelt.

Indessen arbeiteten die deutschen Radar-Systeme mit längeren Wellen und reichten nicht ganz so weit wie die der Alliierten. Diese geringe, aber entscheidende Unterlegenheit hat nach Meinung der Fachleute beider Seiten stärker als jeder andere technische Faktor zum Sieg der Alliierten über Deutschland beigetragen.

Es wäre nun höchst interessant für unsere Untersuchung, könnten wir mit Bestimmtheit sagen, in wie starkem Maße die aus Hitlers Machtbereich vertriebenen jüdischen Physiker und Techniker zur Verbesserung des alliierten Radar-Systems beigetragen haben, und wie sehr sich umgekehrt ihr Fehlen auf die deutsche Entwicklung ausgewirkt hat.

Natürlich gibt es solche Berechnung nicht. Wie sollte man sie auch anstellen? Qualitative Messungen im Bereich wissenschaftlich-technischer Leistung sind, zumal bei großen Arbeitsteams, ohnehin höchst fragwürdig.

Indessen gibt es einen anderen Anhaltspunkt, der uns Rückschlüsse gestattet: Nach offiziellen Angaben waren von den führenden Wissenschaftlern, die in den USA Radar-Systeme entwickelten, ›nur‹ etwa zehn Prozent Europäer, die vor dem Antisemitismus nach Amerika geflüchtet waren, unter ihnen Hans Bethe, Physik-Nobelpreisträger des Jahres 1967, und Felix Bloch, der diese Auszeichnung bereits 1952 erhielt. Beide hatten Deutschland 1933 verlassen, um der ›Rassen‹-verfolgung zu entgehen. Den wohl bedeutendsten Beitrag zur amerikanischen Radar-Entwicklung leistete der holländisch-jüdische Physiker Samuel Goudsmit, dem wir im nächsten Kapitel noch begegnen werden.

Diese Fakten, die sich vielfältig ergänzen ließen, bieten einigen Stoff zum Nachdenken, und es sollte zumindest die Frage gestattet sein, ob die Abwanderung so namhafter Physiker im Zusammenhang stehen könnte mit der zwar nicht sehr großen, aber entscheidenden Unterlegenheit Deutschlands und Überlegenheit der Alliierten just auf jenem Gebiet, auf dem sich diese Wissenschaftler dann als Spezialisten erwiesen...

Fassen wir die Ergebnisse unserer Untersuchung der möglichen Auswirkungen des deutschen Antisemitismus auf den Ausgang des Zweiten Weltkrieges zusammen, so ergibt sich, daß die Judenpolitik dem ›Dritten Reich‹ militärische, politische, wirtschaftliche und wissenschaftlich-technische Nachteile brachte, die schon einzeln stark, wenn nicht gar entscheidend ins Gewicht fielen. Ob sie zusammen den Unterschied zwischen Sieg und Niederlage ausmachten, läßt sich nur vermuten. Immerhin: »Seit die Deutschen die Juden aus Deutschland vertrieben haben und dabei ihr eigenes technologisches Niveau gesenkt haben, sind wir ihnen wissenschaftlich voraus«, meinte Winston Churchill bereits im Jahre 1940. Und Admiral Dönitz klagte 1943 in einem Schreiben an den Forschungsrat, daß »der Feind den U-Boot-Krieg durch seine wissenschaftliche Überlegenheit unwirksam gemacht« hätte. Diese und ähnliche Urteile schienen die Richtigkeit der Vermutung zu bestätigen, daß die Vertreibung der »nichtarischen« Forscher nicht ohne – für Hitler-Deutschland sehr nachteilige – Auswirkungen auf die Kriegführung geblieben ist.

Es gibt indessen einen Faktor, der alle Spekulationen darüber, ob Deutschland den Krieg ohne seine judenfeindliche Politik hätte gewinnen können, müßig erscheinen läßt: jene Bombe, die am 6. August 1945 die japanische Stadt Hiroshima vernichtete und zugleich die Machtverhältnisse in der Welt eindeutig zugunsten derer veränderte, die sich in den Besitz einsatzfähiger Kernwaffen gebracht hatten.

Siebentes Kapitel
DIE EMIGRIERTE BOMBE

Was hat die in Los Alamos im US-Bundesstaat Nevada entwickelte, erstmals am 6. August 1945, also ein Vierteljahr *nach* der bedingungslosen Kapitulation der Nazidiktatur, gegen die unverteidigte japanische Stadt Hiroshima eingesetzte neue Massenvernichtungswaffe, die Atombombe, mit der Judenverfolgung durch die Nazis zu tun, erst recht mit der Frage, ob sich Hitler, seine Hintermänner und sein Anhang mit ihrem ›Rassen‹wahn und der daraus resultierenden barbarischen Judenverfolgung nicht selbst – und dann höchst verdientermaßen – jeder Chance beraubt haben, den von ihnen angezettelten Zweiten Weltkrieg jemals zu gewinnen?

Der Krieg in Europa war ja längst – ohne Atombomben – entschieden, die Nazidiktatur in Schande untergegangen, ganz Deutschland von den Siegermächten besetzt und das Judentum Deutschlands, ja fast ganz Europas, dem Holocaust zum Opfer gefallen, der entflohene Rest über die ganze Erde verstreut, noch ehe das ›Manhattan Project‹ eine kriegsentscheidende Bedeutung erlangte, wozu angemerkt sei, daß auch Japan schon militärisch am Ende und zur Kapitulation bereit war, so daß die Vernichtung von Hiroshima und Nagasaki den Krieg in Asien allenfalls um ein paar Tage verkürzt hat.

Trotz solcher an sich berechtigter Einwände soll hier die Behauptung gewagt und auch, soweit dies überhaupt möglich ist, bewiesen werden, daß es im Zweiten Weltkrieg ohne die judenfeindliche Politik der Hitlerregierung gar kein ›Manhattan Project‹ und folglich auch keine amerikanische Atombombe gegeben hätte, dagegen mit hoher Wahrscheinlichkeit eine solche ›Wunderwaffe‹ auf deutscher Seite, die dann, schon durch ihr bloßes Vorhandensein kriegsentscheidend gewesen wäre. Wir wollen uns nicht in Spekulationen darüber verlieren, welchen ganz anderen, entsetzlichen Verlauf die Weltgeschichte unter solchen Umständen hätte nehmen können. Beschränken wir uns vielmehr darauf, einen möglichst lückenlosen Indizienbeweis für unsere Thesen zu führen, zunächst für den ersten Teil der Behauptung, wonach es ohne die Judenverfolgung in Europa mindestens bis 1946 keine amerikanische Atombombe gegeben hätte.

Was den Anstoß dazu gab, daß sich die Vereinigten Staaten mit den militärischen Möglichkeiten der Kernspaltung überhaupt befaßten, ehe es für eine Entwicklung der Atombombe noch während des Zweiten Weltkrieges endgültig zu spät gewesen wäre, ist bekannt:

Am 11. Oktober 1939, wenige Wochen nach Beginn des deutschen Überfalls auf Polen, empfing Präsident Franklin D. Roosevelt einen alten Freund und Berater, Alexander Sachs, der ihm eine Denkschrift überreichte, nachdem er sie dem Präsidenten vorgelesen hatte. Das Memorandum, das auf ein neuerdings festzustellendes Interesse Deutschlands an Uranium hinwies, eine sofortige Intervention der USA bei der belgischen Regierung zur Sicherstellung des Kongo-Urans empfahl und die finanzielle Unterstützung und Beschleunigung der amerikanischen Atomforschung anregte, verfehlte zunächst die erhoffte Wirkung. Roosevelt erklärte zwar, daß er die von Sachs angeschnittenen Themen ›recht interessant‹ fände, hielt aber eine Intervention wegen des Schutzes der Uranvorkommen in Belgisch-Kongo offenbar für verfrüht. Auf den Wunsch nach Förderung der amerikanischen Atomforschung ging er gar nicht ein.

Alexander Sachs war sehr enttäuscht. Doch er gab die Hoffnung, den Präsidenten dennoch für die Vorschläge zu gewinnen, keineswegs auf, zumal es ihm gelungen war, für den nächsten Morgen von Roosevelt zum Frühstück eingeladen zu werden.

»In dieser Nacht schloß ich kein Auge«, so schilderte es Alexander Sachs dem Autor in einem dreistündigen Interview. »Ich wohnte im Hotel Carlton. Ich ging unruhig in meinem Zimmer auf und ab oder versuchte, auf einem Stuhl sitzend, einzuschlafen. Ganz in der Nähe des Hotels war ein kleiner Park. Ich habe wohl drei- oder viermal zwischen elf Uhr abends und sieben Uhr früh zum Erstaunen des Portiers das Hotel verlassen und bin hinüber in diesen Park gegangen. Dort saß ich auf einer Bank und dachte nach. Was konnte ich sagen, um den Präsidenten doch noch für diese schon fast verlorene Sache zu gewinnen? Endlich kam mir ganz plötzlich wie eine Eingebung die rettende Idee. Ich ging zurück, duschte und war bald darauf wieder im Weißen Haus.«

Roosevelt saß im Rollstuhl allein am Frühstückstisch, als Alexander Sachs eintrat. Mit ironischem Unterton erkundigte sich der Präsident, welche blendende Idee der Freund diesmal für ihn bereit hätte und wie lange er wohl heute brauchte, sie ihm zu erklären. Sachs erwiderte, daß er eigentlich nur eine Anekdote zu erzählen gedächte, und dann berichtete er von Robert Fulton aus Pennsylvanien, der sich 1806 erboten hatte, dem Franzosenkaiser Napoleon I. eine Flotte von Dampfschiffen für den Krieg gegen England zu bauen, jedoch als Phantast verlacht worden war, weil sich damals selbst ein Bonaparte Schiffe ohne Segel nicht vorzustellen vermochte . . .

»Dies ist nach Ansicht des englischen Historikers Lord Acton ein Beispiel dafür, wie England durch die Kurzsichtigkeit eines Gegners gerettet wurde«, schloß Sachs seine Erzählung, und er fügte hinzu: »Hätte Napoleon damals mehr Phantasie und Bescheidenheit besessen – die Geschichte des neunzehnten Jahrhunderts wäre ganz anders verlaufen!«

Präsident Roosevelt zeigte sich sehr beeindruckt. Minutenlang schwieg er. Dann ließ er den Diener, der das Frühstück serviert hatte, eine Flasche uralten Cognacs holen und öffnen, und erst nachdem eingeschenkt worden war und er mit Alexander Sachs ein Glas auf dessen Wohl geleert hatte, rief er seinen engsten Mitarbeiter, General ›Pa‹ Watson, herein und sprach unter Hinweis auf die von ihm noch am Tag zuvor in ihrer Bedeutung verkannte Denkschrift die so berühmt gewordenen Worte: »Pa, das hier bedeutet: Wir müssen handeln!«

Soweit der eigentliche Beginn dessen, was zum größten wissenschaftlich-technischen Unternehmen der Weltgeschichte wurde, dem ›Manhattan Project‹. Doch die Denkschrift, die Alexander Sachs dem Präsidenten überreichte, hat eine Vorgeschichte. Und von Roosevelts Aufforderung zum Handeln bis zu den ersten wirklichen finanziellen und technischen Anstrengungen zum Bau einer amerikanischen Atombombe vergingen mehr als zwei Jahre, in denen es höchst ungewiß blieb, ob sich die Befürworter des Projekts würden durchsetzen und zum Ziel gelangen können. Es gab Widerstände aller Art auf der einen, Fehler und Irrtümer auf der anderen Seite.

Doch untersuchen wir zunächst die Vorgeschichte der Denkschrift, die den Anstoß zu Präsident Roosevelts Entschluß gab:

Im Sommer 1939, als sich über Europa die Kriegswolken schon zusammenbrauten, ohne daß die seit dem Münchner Abkommen und Hitlers heuchlerischen Beteuerungen, er wolle keinen Krieg, wieder auf eine friedliche Entwicklung vertrauenden Völker etwas davon ahnten, erreichten einige in den USA lebende Physiker sehr beunruhigende Nachrichten aus Deutschland: In Berlin war erstmals eine Kernphysiker-Konferenz vom Leiter der Forschungsabteilung beim Heereswaffenamt einberufen worden, was darauf schließen ließ, daß man dort zumindest prüfte, welche militärischen Möglichkeiten die Kernphysik bieten könnte. Auch hörte man aus Berlin, daß der Hamburger Physiker Paul Harteck ein paar Wochen zuvor auf die ›grundsätzliche Möglichkeit der Auslösung einer Kettenreaktion im Uran‹ hingewiesen und, wie sich später ergab, ›deren Verfolgung beim Reichskriegsministerium angeraten‹ hätte. Besonders beunruhigend aber war eine dritte Nachricht aus Deutschland: Die Reichsregierung hatte plötzlich jede Ausfuhr von Uranerz aus den im Jahr zuvor annektierten sudetendeutschen Gebieten gesperrt . . . !

Alle diese Meldungen, die auf allerlei Wegen, über die noch zu reden sein wird, nach Amerika gelangten, schienen deutlich zu zeigen, daß sich die politische und militärische Führung in Berlin bereits über etwas Gedanken machte, was in der ganzen übrigen Welt bislang nur einige Wissenschaftler beschäftigte: die schier unglaublichen Möglichkeiten, die die riesigen, bei einer Kernspaltungs-Kettenreaktion im Uran freiwerdenden Energiemengen boten . . . !

Einer dieser in den USA lebenden Wissenschaftler, dem die Nachrichten aus Deutschland den Schlaf raubten, war Leo Szilard. Er hatte – als Sohn jüdischer Eltern 1898 in Budapest geboren – bis 1933 in Berlin gelebt, zuletzt als Privatdozent, war über Wien, wo er sich aber nur wenige Wochen aufhielt, nach England geflüchtet, nach einigen Jahren der Lehr- und Forschungstätigkeit in Oxford schließlich nach Amerika gegangen. Im Sommer 1939, als ihn die beunruhigenden Nachrichten aus Berlin erreichten, war Leo Szilard noch ohne feste Anstellung; er arbeitete als bloßer Hospitant im physikalischen Laboratorium der New Yorker Columbia-Universität. Immerhin hatte er sich seine in Oxford zurückgelassenen Apparaturen nachschicken lassen und – gegen eine Kaution von zweitausend Dollar, die ihm der New Yorker jüdische Fabrikant Liebowitz borgte – ein Gramm Radium ausgeliehen. Damit war im März 1939 ein entscheidender Versuch geglückt, über dessen Verlauf er selbst später berichtete:

»Alles war nun soweit, wir mußten nur noch auf den Knopf drücken und die Bildfläche des Fernsehschirms beobachten. Wenn dort Lichtzeichen auftauchten, dann bedeutete es, daß bei der Spaltung des Urans Neutronen ausgestoßen würden. Das aber würde anzeigen, daß die Befreiung der Atomenergie noch zu unseren Lebzeiten möglich wäre. Wir drückten auf den Knopf. Wir sahen Lichtzeichen. Wir beobachteten sie wie gebannt etwa zehn Minuten lang. Und dann drehten wir ab. In dieser Nacht war es mir klar, daß die Welt einen Weg voller Sorgen angetreten hatte . . . «

Szilard hatte sich indessen nicht damit begnügt, pessimistische Betrachtungen anzustellen. Er war vielmehr aktiv geworden. Einer der ersten, mit denen er sich in Verbindung setzte, war der italienische Atomforscher und Nobelpreisträger des Jahres 1938, Enrico Fermi, der, voller Sorge um seine jüdische Frau Laura und die Ereignisse in Europa,

Italien verlassen hatte und nun an der New Yorker Columbia-Universität im selben Gebäude wie Szilard arbeitete. Fermi hörte sich den Vorschlag, den Szilard ihm machte, nämlich keinerlei Ergebnisse eigener Forschungen mehr zu veröffentlichen, um so den europäischen Diktaturen, vor allem Hitlers ›Drittem Reich‹, die Gewinnung wichtiger Erkenntnisse auf dem Gebiet der Kernforschung nicht noch zu erleichtern, zunächst etwas skeptisch an. Erst einige Wochen später ließ er sich überzeugen und unterstützte Szilards Vorschläge nachdrücklich.

Auch bei anderen Atomforschern, zumal bei solchen, die nicht erst gerade aus Europa gekommen waren, stieß Szilard auf Unverständnis und Ablehung. Zu seltsam erschien es den Wissenschaftlern, daß sie aus bloßen politischen Rücksichten auf die seit Jahrhunderten gepflegte internationale Zusammenarbeit, womöglich sogar auf – nach altem Brauch erst durch Veröffentlichungen gewonnene – Prioritätsansprüche und den damit verbundenen Ruhm verzichten, sich einer unbequemen Selbstzensur unterwerfen sollten . . . !

Nur drei der in Amerika lebenden Kernforscher von Rang begriffen Szilard sofort und setzten sich mit aller Energie für seinen Vorschlag ein: Eugen Wigner, Victor Weißkopf und Eduard Teller.

Wigner, 1902 als Sohn deutschsprachiger Eltern in Budapest geboren, hatte in Berlin studiert, war frühzeitig nach Amerika ausgewandert und bereits seit 1938 Professor an der Universität von Princeton.

Weißkopf, Wiener vom Jahrgang 1908, hatte seine wissenschaftliche Ausbildung zunächst in Göttingen erhalten, war bald nach Kopenhagen gegangen, wo er bei Niels Bohr, dem berühmten dänischen Forscher, gearbeitet hatte, und war dann einem Ruf an die Universität von Rochester im Staate New York gefolgt.

Teller schließlich, 1908 in Budapest geboren, hatte nach

einem Studium in Karlsruhe, München, Leipzig und Göttingen, wo er mit Max Born eine Arbeit über ›Optik‹ schrieb, Deutschland 1933 verlassen. Auch er war zunächst nach Kopenhagen gegangen, hatte dort zu den begabtesten Schülern von Niels Bohr gezählt und mit einem anderen Bohr-Schüler, Carl Friedrich von Weizsäcker, dem er schon bei Heisenberg in Leipzig begegnet war, enge Freundschaft geschlossen. Schließlich war er 1935 einem Ruf nach Washington gefolgt und hatte einen Lehrstuhl an der dortigen George-Washington-Universität übernommen.

Alle drei jungen, aus der k. u. k. Monarchie stammenden und an den Hochschulen Deutschlands ausgebildeten amerikanischen Atomforscher, die sich im Sommer 1939 mit Leo Szilard verbündeten und schließlich auch Enrico Fermi auf ihre Seite zogen, waren jüdischer Herkunft und nur wegen der antisemitischen Hetze, die 1933 auch die deutschen Universitäten erfaßte, aus dem Land geflüchtet, das sie als ihre mindestens geistige Heimat betrachtet hatten. Zusammen erreichten die fünf durch die judenfeindliche Rassengesetzgebung aus Europa vertriebenen Forscher wenn schon keinen vollständigen und dauerhaften Veröffentlichungsstopp auf ihrem Fachgebiet, der Kernphysik, so doch zumindest eine Weckung des Bewußtseins für die Gefahren und die wachsende Erkenntnis, daß es verhängnisvoll wäre, die Achsenmächte nicht auf ihren eventuellen Vorsprung auf dem Gebiet der Kernspaltung hin genauestens zu überwachen.

Weit schwieriger als in den USA hatte es die ›Szilard-Gruppe‹, wie sie genannt wurde, als sie ihren Vorschlag, alle Veröffentlichungen auf kernphysikalischem Gebiet zu stoppen, auch den Atomforschern der anderen westlichen Länder unterbreitete. Schon Anfang Februar 1939 hatte sich Szilard an den berühmten französischen Forscher Frédéric

Joliot-Curie gewandt, ihn auf die Möglichkeit einer Kettenreaktion hingewiesen und hinzugefügt: »Unter Umständen könnte das zum Bau von Bomben führen, die ganz allgemein sehr gefährlich wären, besonders aber in den Händen gewisser Regierungen . . . «

Joliot-Curie reagierte zunächst nicht. Und als er schließlich nach Amerika kabelte, er fände Szilards Vorschlag ›sehr vernünftig‹, fügte er hinzu: ›Aber kommt zu spät‹, wobei er auf jüngste Presseveröffentlichungen hinwies, die sich mit Fortschritten auf dem Gebiet der Atomforschung beschäftigten.

Es war indessen noch keineswegs zu spät. Die Zeitungsnotizen, auf die sich der große französische Gelehrte berief, waren viel zu allgemein gehalten, als daß sie den von Szilard befürchteten Schaden hätten anrichten können. In Wahrheit nahm Joliot-Curie die Dinge damals noch nicht so ernst, wollte sich vor allem nicht davon abhalten lassen, eine wichtige Arbeit, die er selbst gerde fertiggestellt hatte, noch zu veröffentlichen.

Joliot-Curies Publikation, die experimentelle Verwirklichung just jener atomaren Kettenreaktion betreffend, die Szilard und seine Freunde vor den Wissenschaftlern der Achsenmächte hatten verheimlichen wollen, machte alle Anstrengungen wieder zunichte, einen amerikanisch-britisch-französischen Veröffentlichungsstopp herbeizuführen, nachdem sich Amerikaner und Engländer gerade einig geworden waren, nichts mehr zu publizieren.

Szilard konnte es nicht einmal verhindern, daß seine eigene bahnbrechende Arbeit über die ›Kettenreaktion im Uran‹ nun veröffentlicht wurde. Man deutete ihm an, daß er seinen Arbeitsplatz als Hospitant der Columbia-Universität verlieren könnte, falls er sich weiterhin ›unkooperativ‹ zeigte.

Die Auseinandersetzungen um das Für und Wider eines Veröffentlichungsstopps, die zunächst mit einer Niederlage der ›Szilard-Gruppe‹ endeten, bewirkten indessen, daß sich Leo Szilard und seine Freunde nun in verstärktem Maße um Ersatzlösungen bemühten. Eugen Wigner schlug vor, man sollte zunächst alles daransetzen, das Interesse der höchsten Stellen Washingtons zu wecken und ihre Aufmerksamkeit auf die jüngsten Ergebnisse der Kernforschung zu lenken, vor allem auf die ›mögliche plötzliche Drohung‹, die der vermutete Vorsprung Deutschlands bedeutete.

Wigners Vorschlag fand die volle Zustimmung der Gruppe, aber man war sich auch darüber im klaren, wie außerordentlich schwierig es sein würde, dafür in Washington Interesse zu finden. Das hört sich in Kenntnis der weiteren Entwicklung seltsam an, aber tatsächlich ahnte ja damals außerhalb eines kleinen Kreises hochspezialisierter Wissenschaftler noch niemand etwas von den furchtbaren kriegstechnischen Möglichkeiten, die sich aus den neuesten Erkenntnissen der Kernforschung ergaben.

Man wußte nicht einmal, daß Uranerze in Kürze strategische Bedeutung erlangen könnten – das seltene Metall wurde ja bislang nur in ganz geringfügigem Maße verwertet, beispielsweise in der Uhrenindustrie zur Herstellung von Leuchtziffern. Infolgedessen hätte die bloße Aufforderung, die Uranvorkommen von Belgisch-Kongo vor einem möglichen Zugriff der Achsenmächte zu schützen, in Washington allenfalls ein mitleidiges Lächeln hervorrufen können.

Selbst Enrico Fermi, der bereits im März 1939 maßgebenden amerikanischen Militärs klarzumachen versucht hatte, welche umwälzenden militärischen Möglichkeiten sich mit der ›Kettenreaktion im Uran‹ eröffneten, war auf taube Ohren gestoßen. Und auch Niels Bohr, der kurz darauf anläßlich einer Tagung der ›Amerikanischen Physikalischen Gesellschaft‹ eine ähnliche Warnung ausgesprochen hatte, war in Washington unbeachtet geblieben.

Wenn aber schon internationale Berühmtheiten wie die

Nobelpreisträger Fermi und Bohr mit ihren Warnungen keine Beachtung gefunden hatten, um wieviel geringer waren dann erst die Chancen für die in der Öffentlichkeit noch unbekannten Wissenschaftler aus Mitteleuropa, von denen nur Wigner bereits naturalisierter Amerikaner war, während Szilard, Teller und Weißkopf noch den Status ausländischer Flüchtlinge hatten!

In dieser ziemlich hoffnungslosen Situation kam Szilard der Einfall, daß vielleicht ein noch berühmterer Wissenschaftler helfen könnte: Albert Einstein, der seit 1933 in Princeton lehrte. Für Wigner, der dort ebenfalls Professor war, mußte es möglich sein, mit dem ›Vater der Relativitätstheorie‹ in Verbindung zu treten und ihn für die Pläne der ›Szilard-Gruppe‹ zu gewinnen . . .

Zunächst war nur daran gedacht, Einsteins ausgezeichnete Beziehungen zum belgischen Königshof dazu zu benutzen, die Regierung in Brüssel auf die Bedeutung der Uran-Vorkommen in Belgisch-Kongo hinzuweisen und für ihren Schutz vor einem Zugriff der Achsenmächte zu sorgen. Wie indessen schon der erste Kontakt Szilards mit dem hochberühmten Kollegen den Dingen rasch eine andere, entscheidende Wendung gab, das hat Robert Jungk in seiner brillanten Studie, ›Heller als tausend Sonnen‹, ebenso amüsant wie eindrucksvoll beschrieben:

»Einstein stand zwar kurz vor der Abreise zum Urlaub auf Long Island (der New York vorgelagerten Insel), er hatte aber nichts dagegen, daß die beiden Kollegen ihn mit ihrem wichtigen Anliegen dort aufsuchten. So geschah es, daß Wigner und Szilard an einem heißen Julitag des Jahres 1939 zum Seebad Patchogue aufbrachen. Als sie dort nach zweistündiger Autofahrt angekommen waren, stellte sich bald heraus, daß die Adresse anscheinend nicht stimmte.

›Vielleicht habe ich den Ortsnamen telefonisch falsch verstanden‹, meinte Wigner, ›suchen wir einmal auf der

Karte nach einem ähnlichen Namen‹. – ›Peconic? Wie wäre das?‹ fragte Szilard. – ›Das war es‹, sagte Wigner sofort, ›jetzt erinnere ich mich genau.‹

In Peconic angelangt, fragten die beiden Autofahrer überall nach der ›Cabin‹ von Dr. Moore, so hieß nämlich der Besitzer des Häuschens, das Einstein gemietet hatte. Eine Gruppe von Sommergästen in Shorts und bunten Badekostümen kam vorbeigeschlendert. ›Doctor Moore's Cabin? Kennen wir nicht‹, hieß die Antwort. Ortsansässige schienen nicht besser Bescheid zu wissen.

Die Fahrerei ging weiter und wurde immer hoffnungsloser. Plötzlich sagte Szilard zu seinem Gefährten: ›Geben wir es doch auf und fahren nach Hause! Vielleicht soll es nicht sein. Vermutlich würden wir einen schrecklichen Fehler begehen, wenn wir uns in dieser Sache mit Einsteins Hilfe an irgendwelche Behörden wenden. Was der Staat einmal hat, läßt er nicht mehr los . . . ‹

›Es ist unsere Pflicht, so zu handeln‹, entgegnete Wigner. ›Das muß unser Beitrag zur Verhinderung eines furchtbaren Unglücks sein.‹

So wurde die Suche also fortgesetzt.

›Wie wäre es, wenn wir einfach fragten: Wo wohnt hier Einstein? Den kennt doch jedes Kind‹, schlug Szilard vor. Man machte sofort die Probe aufs Exempel. Ein sonnenverbrannter Junge stand an der Straßenecke und bastelte an seiner Angel.

›Weißt du, wo Einstein wohnt?‹ fragte Szilard, mehr im Scherz als im Ernst.

›Klar‹, sagte der Bub. ›Ich kann Sie hinführen.‹

So nahm das Schicksal, geleitet von der Unschuld, weiter seinen Lauf.«

Die Besucher mußten kurze Zeit auf der offenen Veranda des Häuschens warten. Dann kam Einstein in Hausschuhen heraus und führte sie in sein Arbeitszimmer.

Über den Inhalt dieser ersten wichtigen Unterredung berichtet Szilard:

»Einstein hatte die Möglichkeit einer Kettenreaktion im Uran nicht wahrgenommen. Aber kaum hatte er mich angehört, als er schon die Folgerungen begriff und sofort bereit war, uns zu helfen und wenn nötig den Hals hinzuhalten, wie man so sagt. Doch vorgängig der Kontaktnahme mit der belgischen Regierung schien es wünschenswert, das State Department – das Auswärtige Amt der Vereinigten Staaten in Washington – von dem geplanten Schritt zu unterrichten. Wigner schlug vor, wir sollten einen Brief an die belgische Regierung entwerfen, eine Kopie ans State Department schicken und ihm eine Frist von zwei Wochen setzen, um Einspruch zu erheben, falls es der Meinung war, daß Einstein ein solches Schreiben unterlassen sollte. So standen die Dinge, als Wigner und ich Einsteins Haus auf Long Island verließen . . . «

Professor Albert Einstein als Verbündeten gewonnen zu haben, war zwar ein bedeutsamer Fortschritt, aber Szilard war sich darüber im klaren, daß ein Brief selbst dieses Gelehrten beim State Department vielleicht nicht die richtige Stelle erreichen oder auch ungenügende Beachtung finden könnte. Er erörterte dieses Problem mit einigen engen Freunden, auch solchen, die nicht Kernphysiker waren, und einer von ihnen, Gustav Stolper, wußte Rat.

Stolper, 1888 in Wien geboren, war dort in jungen Jahren Professor der Nationalökonomie, zugleich ein vielbeachteter Publizist geworden, hatte später in Berlin erst den ›Börsenkurier‹, dann die von ihm gegründete, sehr angesehene Wochenzeitschrift ›Der deutsche Volkswirt‹ herausgegeben, außerdem als Korrespondent des Londoner ›Economist‹ gewirkt und dem Reichstag als Abgeordneter der Deutschen Staatspartei angehört, einer Vorläuferin der heutigen F.D.P., auf deren Wirtschaftspolitik er maßgebenden Einfluß nahm.

1933 war Stolper dann nach New York emigriert, wo er einflußreiche Freunde hatte.

Einer dieser Freunde Gustav Stolpers war der Bankier und Privatgelehrte Alexander Sachs, der durch seine exakten Konjunkturprognosen die besondere Wertschätzung Roosevelts gewonnen hatte und zu den engsten Ratgebern des Präsidenten zählte, jenem ›Brain Trust‹, dessen Mitglieder jederzeit Zutritt zum Weißen Haus fanden.

Stolper arrangierte also ein Gespräch zwischen Szilard und Sachs, und da der Bankier sofort bereit war, den geplanten Brief Einsteins an Roosevelt selbst weiterzuleiten, machte man sich nun an die Ausarbeitung des Schreibens. Die schließlichen Fassungen, eine kürzere und eine längere, gingen in ihrem Inhalt weit über das hinaus, was Einstein ursprünglich gutgeheißen hatte.

Da man nun über einen direkten Draht zum Präsidenten der Vereinigten Staaten verfügte, beschränkte man sich nicht allein auf den mit Einstein abgesprochenen Vorschlag einer amerikanischen Intervention in Brüssel zur Sicherstellung der Uranerze Belgisch-Kongos. Vielmehr riet man auch noch – unter Hinweis auf die sich mehrenden, sehr ernst zu nehmenden Anzeichen für eine deutsche Aktivität auf diesem Gebiet – zu einer Intensivierung und Förderung der amerikanischen Atomforschung, nicht etwa, wie ausdrücklich betont wurde, durch staatliche Stellen und aus öffentlichen Mitteln, sondern durch Privatleute und Firmen, die zur Unterstützung der streng geheimzuhaltenden Forschungsarbeiten durch eine vom Weißen Haus zu bestellende Vertrauensperson gewonnen werden sollten. Noch hütete man sich, die Kernforschung staatlicher Einmischung auszusetzen, die Militärs mit allen Möglichkeiten einer neuen nuklearen Waffentechnik vertraut zu machen oder gar den Bau einer Atombombe zu fordern. Man wollte nur verhindern, daß die Achsenmächte einen Vorsprung gewinnen und eines Tages einer gänzlich unvorbereiteten Welt mit einer furchtbaren Vernichtungswaffe jedwedes Zugeständnis abpressen könnten ...

Am 2. August 1939 fuhr Szilard mit den fertigen Entwürfen zum zweitenmal hinaus nach Long Island, diesmal in Begleitung von Teller, da Eugen Wigner nach Kalifornien verreist war. Einstein gab seine Unterschrift, wobei er sich für die ausführlichere Fassung entschied, und zusammen mit einem Memorandum, das Szilard verfaßte und dem von Einstein unterzeichneten Schreiben beifügte*, wurde das so folgenschwere Dossier von Alexander Sachs dem Präsidenten Franklin D. Roosevelt am 6. Oktober 1939, fünf Wochen nach Ausbruch des Krieges in Europa, im Weißen Haus übergeben.

Und am nächsten Morgen sprach Roosevelt, von Sachs endlich überzeugt, die so folgenschweren Worte: » ... Wir müssen handeln.«

Halten wir einen Augenblick inne, diese dramatische Entwicklung vom Standpunkt unserer Untersuchung aus zu überdenken: Ohne Zweifel bewirkten die Anstrengungen der ›Szilard-Gruppe‹ und ihrer Freunde, daß sich die amerikanische Führung erstmals mit der strategischen Bedeutung der Atomforschungsergebnisse befaßte und zu jenen Schlußfolgerungen kam, die letztlich zum ›Manhattan Project‹ führten. Umgekehrt wäre es den Amerikanern mit Sicherheit nicht mehr binnen einer den Ausgang des Zweiten Weltkrieges noch beeinflussenden Frist gelungen, kriegsentscheidende nukleare Waffen einsatzbereit in die Hand zu bekommen, hätten die aus der ›Szilard-Gruppe‹ stammenden War-

* Der englische Originaltext des Memorandums sowie des Begleitschreibens Szilards an Alexander Sachs findet sich im Dokumentenanhang.

nungen und Anregungen bei Roosevelt nicht schon so frühzeitig ihre Wirkung erzielt.

So bliebe denn, um den kausalen Zusammenhang zwischen dem Anstoß zu Amerikas Atomrüstung und der Judenverfolgung in Europa zweifelsfrei nachzuweisen, nur noch zu erwähnen, daß alle Warnungen und Anregungen, die zu Roosevelts Entscheidung führten, ausnahmslos von Personen stammten oder dem Präsidenten zugeleitet wurden, die von der Judenverfolgung in Europa direkt oder indirekt betroffen waren, ja meist ohne den vom ›Dritten Reich‹ propagierten Antisemitismus gar nicht nach Amerika geflüchtet, sondern in Europa, vornehmlich in Deutschland, geblieben wären.

Von den Wissenschaftlern der ›Szilard-Gruppe‹ wissen wir bereits, daß sie sämtlich jüdischer Herkunft waren und ihre Arbeit in Deutschland wegen des wachsenden Antisemitismus hatten aufgeben müssen. Auch das Enrico Fermi, der italienische Nobelpreisträger, aus Sorge um seine jüdische Frau nach Amerika emigriert war, nachdem Mussolini, von Hitler bedrängt, 1938 ebenfalls mit judenfeindlichen Maßnahmen begonnen hatte, wurde bereits erwähnt. Bleibt hinzuzufügen, daß Niels Bohr, der dänische Atomforscher und Nobelpreisträger, dessen Warnungen vom Frühjahr 1939 in New York zunächst keinen Eindruck gemacht hatten, Sohn einer deutsch-jüdischen Mutter, zudem mit einer Jüdin verheiratet war; daß Gustav Stolper, der die Verbindung zwischen Szilard und Sachs herstellte, ebenfalls Jude war, genau wie Alexander Sachs selbst, der, 1893 in Rossigen im damals russischen Litauen geboren, als Elfjähriger Europa verlassen hatte. Und natürlich war – wie wir bereits wissen – auch der große Albert Einstein, der mit seiner Unterschrift dem Schreiben an den Präsidenten der Vereinigten Staaten das nötige Gewicht verliehen hatte, ein aus Ulm gebürtiger deutscher Jude. Er hatte in Berlin von 1914 bis 1933 das Kaiser-Wilhelm-Institut für Physik geleitet, daneben an der Universität Vorlesungen gehalten, war zudem 1921 mit dem Nobelpreis ausgezeichnet worden und erst nach Hitlers Regierungsantritt und seiner eigenen Absetzung in die Vereinigten Staaten ausgewandert, wo für ihn ein Lehrstuhl an der Universität von Princeton geschaffen worden war.

Es ist eine bittere Ironie der Geschichte, daß ausgerechnet ein so gütiger, friedliebender und jedwede Brutalität verabscheuender Mann wie Albert Einstein den Bemühungen, die dann zur Herstellung der furchtbaren Vernichtungswaffen führten, mit seiner hohen wissenschaftlichen und moralischen Autorität Nachdruck verlieh.

Einstein war damals fest davon überzeugt, daß der amerikanische Präsident, dem er so dringlich riet, den schrecklichen Möglichkeiten der ›Kettenreaktion im Uran‹ die nötige Aufmerksamkeit zu schenken, einerseits unbedingt gewarnt werden mußte vor dem, was sich im Machtbereich Hitlers schon zu einer konkreten Gefahr zu verdichten schien, andererseits niemals selbst die Entfesselung der entsetzlichen Zerstörungskräfte zulassen würde, es sei denn, sein eigenes Land wäre mit ähnlichen Waffen angegriffen worden und befände sich in äußerster Gefahr, einem skrupellosen Feind zu erliegen.

Später, nach dem Einsatz von Atombomben gegen kaum verteidigte Städte des bereits zusammenbrechenden, dicht vor der Kapitulation stehenden Japan, bemerkte Albert Einstein, als ihm die Umstände in vollem Umfange bekanntgeworden waren, daß man ihn und die anderen am Zustandekommen und an der erfolgreichen Durchführung des ›Manhattan Project‹ beteiligten Wissenschaftler schmählich getäuscht hätte . . .

Indessen sind diese Erwägungen, die nur die letzte Phase

des ›Manhattan Project‹ und den Einsatz der fertigen Bomben betreffen, für unsere Untersuchung von nur sekundärem Interesse, greifen zudem der Entwicklung weit voraus und werden schließlich im Zusammenhang mit den moralischen Aspekten der ganzen Angelegenheit noch einmal behandelt werden.

Weit wichtiger ist, daß von Anfang an eine von niemandem gewollte und deshalb um so tragischere Täuschung vorlag, der alle die zur Wachsamkeit auf dem Gebiet der Kernforschung rieten und später das ›Manhattan Project‹ in Gang setzten, samt und sonders erlagen: Es war die (nicht allein von Einstein, sondern auch von Fermi und Bohr, Szilard, Wigner, Teller und Weißkopf, nicht minder von allen anderen, die sich später damit befaßten) unzweifelhaft für real gehaltene, höchste Besorgnis auslösende Gefahr einer deutschen Atombombe, die in Wirklichkeit, wie sich später erwies, überhaupt nicht bestand, sondern nichts als ein Schreckgespenst war . . . !

Um zu begreifen, wie es zu dieser folgenschweren Fehleinschätzung kommen konnte, müssen wir uns, ehe wir zu der weiteren Entwicklung in den USA nach Roosevelts historischer Entscheidung vom Oktober 1939 und damit zum eigentlichen ›Manhattan Project‹ zurückkehren, mit einigen wichtigen Vorkommnissen in Europa beschäftigen. Sie erklären nicht nur, warum man die Gefahr einer deutschen Atombombe für echt hielt, sondern liefern uns auch wichtige Anhaltspunkte für unsere Untersuchung der Frage, ob die ganze, aus der Erfindung der furchtbaren neuen Waffe resultierende politische und militärische Entwicklung in ursächlichem Zusammenhang mit der Judenverfolgung steht, die von der deutschen Regierung in ihrem gesamten europäischen Machtbereich betrieben wurde.

Um diese Teiluntersuchung, die Gründe für die Täuschung hinsichtlich der Gefahr einer deutschen Atombombe betreffend, systematisch durchführen zu können, müssen wir uns zunächst einmal, wenn auch nur kurz und skizzenhaft, mit der Frage beschäftigen, wo unmittelbar vor Ausbruch des Zweiten Weltkrieges und in seinem Verlauf eine militärische Verwertung der bis dahin erzielten Kernforschungsergebnisse überhaupt denkbar war.

Außerhalb Europas und Amerikas gab es nur ein einziges Land, dessen industrielle Kapazität und wissenschaftlicher Leistungsstand den Versuch eines Atombombenbaus in den Bereich des Möglichen rückten: Japan. Als indessen, wenige Stunden nach dem Abwurf der Bombe auf Hiroshima, höchste japanische Militärs dem bedeutendsten Kernphysiker ihres Landes, Professor Yoshio Nishina, einstigem Schüler von Niels Bohr, just diese Frage, ›Wären Sie imstande, eine Atombombe zu bauen?‹, erstmals vorlegten, mußte der Gelehrte bekennen, dazu außerstande zu sein. »Unter den jetzigen Umständen«, sagte er damals, als der Zweite Weltkrieg auch in Asien bereits seinem Ende zuging, »würden nicht einmal sechs Jahre genügen, eine solche Bombe in Japan herzustellen. Außerdem haben wir kein Uran . . . «

Da auch niemand außerhalb Japans eine Bedrohung durch Atomwaffen von dieser Seite her ernstlich in Betracht gezogen hatte, können wir uns in unseren weiteren Betrachtungen auf die Lage in Europa konzentrieren. Dort kamen, was den wissenschaftlichen Leistungsstand in der Vorkriegszeit betraf, mehrere Länder in Frage, in denen die – mindestens theoretische – Entwicklung nuklearer Waffen denkbar gewesen wäre. Aber die Politik der Achsenmächte, vor allem der auf Betreiben Hitlers auch außerhalb Deutschlands propagierte Antisemitismus, hatte zu bedeutsamen Veränderungen geführt:

In Italien, dessen Physiker zeitweise an der Spitze der internationalen Atomforschung gestanden hatten, waren durch die von Hitler geforderten, von Mussolini widerstrebend erlassenen judenfeindlichen Gesetze und Verordnungen gerade diejenigen Wissenschaftler ins Exil getrieben worden, die für einen möglichen italienischen Beitrag zur Entwicklung einer Atombombe der Achsenmächte unentbehrlich gewesen wären.

Neben Enrico Fermi, der wegen seiner jüdischen Frau betroffen war und mit ihr nach Amerika emigrierte, ist hier an erster Stelle sein bedeutendster Schüler, Emilio Gino Segré zu nennen. Er wanderte, da er jüdischer Herkunft war, 1938 ebenfalls in die Vereinigten Staaten aus, wurde zunächst Professor in Berkeley, später Chef einer wichtigen Arbeitsgruppe in Los Alamos und damit einer der Väter der im ›Manhattan Project‹ entwickelten amerkianischen Atombombe. Im Jahre 1959 wurde ihm der Nobelpreis für Physik verliehen, und es ist in diesem Zusammenhang bemerkenswert, daß seit Marconi bis heute überhaupt nur noch zwei italienische Physiker dieser höchsten wissenschaftlichen Auszeichnung würdig befunden worden sind: Fermi und Segré . . .

Weitere bedeutende Wissenschaftler auf dem Gebiet der Atomforschung, die wegen ihrer jüdischen Abstammung 1938 die Arbeit in Italien abbrechen und ins Exil gehen mußten, waren Bruno Rossi und Bruno Pontecorvo. Während Rossi an prominenter Stelle am ›Manhattan Project‹ mitwirkte, wurde Pontecorvo, der nach England ausgewandert war, Mitglied des ›Anglo-Canadian Atomic Energy Team‹, später – ehe er 1950 unter mysteriösen Umständen verschwand und schließlich in der Sowjetunion wieder auftauchte – Leiter der kernphysikalischen Abteilung des britischen Atomforschungszentrums Harwell.

Insgesamt brachte die Judenverfolgung die bis dahin hoffnungsvolle italienische Kernforschung binnen kürzester Zeit zum Erliegen, und im Zuge der Teiluntersuchung, wo eine Entwicklung von Kernwaffen während des Zweiten Weltkriegs möglich gewesen wäre, brauchen wir Deutschlands südlichem Achsenpartner keine weitere Aufmerksamkeit zu schenken.

Anders war die Lage in Frankreich, das im Sommer 1940 von der deutschen Wehrmacht überrannt, zur Kapitulation gezwungen und großenteils besetzt worden war. Dort bestand, wie wir bereits wissen, ein bedeutendes Atomforschungszentrum unter Leitung von Frédéric Joliot-Curie. Gerade um die Zeit, da Szilard und seine Freunde von Amerika aus einen gegen die Achsenmächte gerichteten Veröffentlichungsstopp auf dem Gebiet der Kernphysik durchzusetzen versucht hatten, war Joliot-Curie und seinen engsten Mitarbeitern, Hans von Halban und Leo Kowarski, das für die Entwicklung von Kernwaffen entscheidend wichtige Experiment einer ›Kettenreaktion im Uran‹ im Laborversuch gelungen. Sie hatten die Ergebnisse, allen Warnungen zum Trotz, sofort veröffentlicht, vermutlich weil ihr wissenschaftlicher Ehrgeiz zu dieser Zeit noch größer war als ihre Einsicht, daß sie damit gefährliche Geheimnisse auch den potentiellen Feinden Frankreichs zugänglich machten.

Um so nachdrücklicher war Joliot-Curie dann nach Kriegsausbruch für strikte Geheimhaltung auf dem Gebiet der Atomforschung eingetreten, hatte sich auch beim französischen Kriegsminister für die eilige Bildung größerer Vorräte an Uranerz und schwerem Wasser eingesetzt und war sogar bereit gewesen, die Militärs über den neuesten Forschungsstand und die sich daraus ergebenden waffentechnischen Möglichkeiten eingehend zu unterrichten.

Dieser patriotische Eifer hätte sich für die Verbündeten Frankreichs verhängnisvoll auswirken können, als Mitte Mai 1940 die französische Front bei Sedan zusammenbrach und die deutsche Wehrmacht zum Vorstoß auf Paris ansetzte. Denn dort hatte Joliot-Curie nicht nur ein hochqualifiziertes Team von Atomwissenschaftlern zusammengestellt, modernste Apparaturen angeschafft und seine Pläne für den Bau nuklearer Waffen weiterentwickelt, sondern war auch im Besitz der gesamten damals in Europa verfügbaren Vorräte an schwerem Wasser (Deuterium). Dieser kostbare Rohstoff, insgesamt 183 Kilogramm, war auf Drängen Joliot-Curies aufgekauft und mit einem Sonderflugzeug aus Norwegen herangeschafft worden, ehe die deutschen Truppen im April 1940 dort landeten.

Pläne, Rohstoffe, Apparaturen und nicht zuletzt auch das wissenschaftliche Personal für die Entwicklung einer Atombombe waren also im Mai 1940 vor dem Zugriff der Deutschen nur noch durch eine bereits zusammenbrechende Front notdürftig für absehbar kurze Zeit geschützt . . . !

In dieser Situation übernahmen es Hans von Halban und Leo Kowarski, die Deuterium-Vorräte in Sicherheit zu bringen. Auf abenteuerlichen Wegen schafften sie die Schwerwasser-Behälter zunächst nach Clermont-Ferrand, dann nach Bordeaux und schließlich auf einem Kohlendampfer nach England. Sie retteten auch noch andere kriegswichtige Rohstoffe, beispielsweise den Großteil des französischen Vorrats an Industriediamanten; aber das mit Abstand Wichtigste, das sie nach England brachten, war ihr eigenes Wissen . . .

Noch weitere enge Mitarbeiter Joliot-Curies setzten sich mit dessen Einverständnis nach England ab, ehe die Deutschen in Paris einmarschierten, unter ihnen Bertrand Leopold Goldschmidt, der dann Gruppenleiter beim Anglo-Kanadischen Atomprojekt wurde, und Jules Gueron, später in Cambridge, dann in Montreal ebenfalls Gruppenleiter desselben Projekts. Doch während Goldschmidt und Gueron in Frankreich geborene Juden waren, hatte Hans von Halban, gebürtiger Leipziger, seine wissenschaftliche Arbeit in Deutschland nur wegen seiner jüdischen Abstammung aufgeben müssen. Er war zunächst nach Kopenhagen emigriert, wo er bei Niels Bohr eine Anstellung gefunden hatte, und dann erst zu Joliot-Curie nach Paris gegangen. Und auch Leo Kowarski war ein nach Frankreich geflüchteter Jude aus dem deutsch-litauischen Grenzgebiet, der, wären nicht die wissenschaftlichen Arbeitsbedingungen für einen Ostjuden in Deutschland schon vor 1933 so schlecht gewesen, lieber in Berlin als in Paris seine Studien beendet hätte . . .

Diese Umstände, die zum Exodus der Hauptmitarbeiter des französischen Atomforschungszentrums führten, und die Loyalität Joliot-Curies, der zwar in Paris blieb, weil er sein Institut und seine wertvollen Instrumente nicht im Stich lassen wollte, aber noch vor dem Einmarsch der Deutschen alle Aufzeichnungen über den Stand seiner Forschungen vernichtete und alsdann dafür sorgte, daß in seinem Laboratorium jegliche Arbeit von militärischem Interesse unterblieb*, bewirkten zusammen ein Ausscheiden Frankreichs aus dem Kreis der Länder, in denen noch während des Krieges die Entwicklung einer Atombombe möglich gewesen wäre.

In Dänemark, dem nächsten Land, dem wir einige Aufmerksamkeit schenken müssen und das im April 1940 von den Deutschen besetzt worden war, hatte man zwar niemals militärische Kernforschung betrieben, wohl aber verfügte man über wichtige theoretische und experimentelle Forschungsergebnisse, zahlreiche Informationen über den Stand und die Ziele der Arbeiten in anderen Ländern sowie über ein Team hochqualifizierter Wissenschaftler unter Führung von Niels Bohr. Dieser hochangesehene Gelehrte blieb, trotz seiner Gefährdung, auch nach der Besetzung Däne-

* Der Beauftragte der deutschen Wehrmacht für das Institut Joliot-Curies war dessen früherer Schüler Wolfgang Gentner. Mit ihm schloß Joliot-Curie ein *gentlemen's agreement,* das eine Benutzung des Instituts für Zwecke der Kriegsforschung ausschloß.

marks durch die Deutschen in Kopenhagen. Er war sich bewußt, daß seine Anwesenheit einen wirksamen Schutz für die zahlreichen jüdischen Mitarbeiter seines Instituts bildete, denn seine große Popularität und sein internationaler Ruf hinderten die Gestapo zunächst daran, gegen ihn vorzugehen. Im Herbst 1943 erfuhr der damalige Schiffahrtssachverständige bei der deutschen Gesandtschaft in Kopenhagen, Georg Duckwitz, daß in der Nacht vom 1. zum 2. Oktober sämtliche Juden Dänemarks auf einen Schlag festgenommen und deportiert werden sollten. Auch für Niels Bohr und seine Frau war die ›Endlösung‹ vorgesehen. Duckwitz – er wurde nach dem Kriege Botschafter der Bundesrepublik in Dänemark, 1967 Willy Brandts erster Staatssekretär im Auswärtigen Amt – gelang es, dem dänischen Hof eine Warnung zukommen zu lassen, die die geplante Gestapo-Aktion scheitern ließ.

Erst nachdem, unter Führung König Christians X. und tatkräftiger Mitwirkung der christlichen Bevölkerung, nahezu sämtliche Juden Dänemarks heimlich nach Schweden evakuiert und so vor der Deportation gerettet worden waren, ließ sich Niels Bohr, kurz bevor die Gestapo sein Institut besetzen und ihn selbst in ›Schutzhaft‹ nehmen konnte, in einem Fischerboot ebenfalls nach Schweden bringen. Von dort holten ihn die Engländer mit einer kleinen Jagdbomber-Maschine nach Schottland, und kurze Zeit später, noch vor Ende des Jahres 1943, war Niels Bohr – nun unter dem Tarnnamen ›Nicholaus Baker‹ – in den USA gelandet, wo er alsbald am ›Manhattan Project‹ mitarbeitete und an der Entwicklung der ersten Atombombe teilnahm.

Gerade die Nachrichten, die er soeben erst aus der deutschen Machtsphäre entflohene ›Mr. Baker‹ über den Stand der Atomforschung in Berlin nach Amerika mitbrachte, bestärkten Wissenschaftler und Militärs gleichermaßen in der Annahme, die Deutschen könnten schon einen beträchtlichen Vorsprung in der Entwicklung nuklearer Vernichtungswaffen haben. Und aus dieser – wie sich zeigen sollte: unbegründeten – Befürchtung heraus vermehrten sie ihre Anstrengungen, Hitler doch noch zuvorzukommen, um ein Vielfaches . . .

Ehe wir auf die für unser Gesamtproblem höchst bedeutsamen Gründe für diese Fehleinschätzung der deutschen Möglichkeiten eingehen, wollen wir zunächst unsere Teiluntersuchung mit einer Betrachtung der Lage in England und dem britischen Commonwealth abschließen. Denn tatsächlich war, außer in den USA, nur im britischen Machtbereich eine noch für den Ausgang des Zweiten Weltkrieges wesentliche Entwicklung nuklearer Waffen denkbar und auch wirklich im Gange.*

Die britischen Atomforscher, an ihrer Spitze der aus Neuseeland stammende Ernest Rutherford, hatten schon im Ersten Weltkrieg dem Problem der Kernspaltung ihre besondere Aufmerksamkeit zugewandt und wissenschaftliche Pionierarbeit geleistet. Nach Rutherfords Tod war es vor allem James Chadwick, Physik-Nobelpreisträger des Jahres 1935, der dieses Werk fortgesetzt hatte, das indessen keineswegs auf die Nutzbarmachung von Atomenergie oder gar die Herstellung von Kernwaffen abzielte. Man betrieb vielmehr reine Wissenschaft.

Das änderte sich erst, als sich im Frühjahr 1939 die Anzeichen für eine militärische Auseinandersetzung mit Deutschland mehrten. Damals machte ein britischer Physiker, George P. Thomson, der die gerade veröffentlichten Arbeiten Joliot-Curies und seiner Mitarbeiter gelesen hatte, die *Royal Air Force* auf die außerordentliche energie- und waffentechnische Bedeutung dieser jüngsten kernphysikalischen Entdeckung aufmerksam.

* Die sowjetische Forschung war aus diversen Gründen noch weit davon entfernt, an den Bau von Atombomben denken zu können.

Erstaunlicherweise nahm man Thomsons Mitteilungen zumindest so ernst, daß man ihm eine bescheidene finanzielle Förderung sowie Hilfe bei der Beschaffung bestimmter Rohstoffe zusagte. Doch als einige Monate später der Zweite Weltkrieg ausbrach, erklärten die Militärs, daß die Kernforschung keine Prioritäten erhalten könnte, da sie nicht kriegswichtig wäre und infolgedessen zurückstehen müsse hinter anderen, militärisch wirklich bedeutsamen Rüstungs-, Versorgungs- und Forschungsaufgaben.

Diese seltsame Entscheidung hatte eine noch seltsamere Folge, denn nachdem nun feststand, daß die Atomforschung von der britischen Führung als ›für die Kriegsanstrengungen ziemlich unwichtig‹ angesehen wurde, überließ man sie weitgehend den *›refugees‹*, den vor Englands Kriegsgegnern geflüchteten, vornehmlich deutsch-jüdischen Kontinentaleuropäern. Und mit der rapiden Zunahme an Bedeutung, die die Atomforschung bald erfuhr, stieg auch der Einfluß und das – ihnen nun auch von den Militärs zugebilligte – *standing* der Atomforscher vom Festland.

Manche der in die USA emigrierten Wissenschaftler beobachteten mit leisem Neid, wieviel besser ihre Kollegen in England von den Bürokraten und Militärs behandelt wurden. Und Weißkopf erinnert sich – so weiß Robert Jungk zu berichten –, »daß er als früherer Österreicher von den amerikanischen Behörden nur mit Schwierigkeiten Erlaubnis erhielt, einmal an einer Spezialkonferenz mit ›drei englischen Herren‹ teilzunehmen, die (zu Besprechungen über das ›Manhattan Project‹), aus London erwartet wurden. Als die drei Briten ankamen, stellte es sich heraus, daß es . . . Halban, Peierls und Simon waren . . . !«

Über Hans von Halban wurde bereits berichtet. Rudolf Ernst Peierls, gebürtiger Berliner vom Jahrgang 1907, hatte in Berlin, München und Leipzig studiert, dann dem Forschungsstab der AEG angehört und als Jude 1935 Deutschland verlassen. Seit 1937 hatte er einen Lehrstuhl für mathematische Physik an der Universität Birmingham, befaßte sich vorwiegend mit den Problemen der Atomenergie und arbeitete von 1943 an in New York und Los Alamos am ›Manhattan Project‹ mit. Franz Eugen Simon, Jahrgang 1893 und ebenfalls in Berlin geboren, war Professor in Breslau, dann in Berlin, ehe er als Jude aus Deutschland flüchten mußte. Im englischen Exil wurde er bald Professor in Oxford, später aufgrund seiner für die Atomphysik grundlegenden Arbeiten, vor allem auf dem Gebiet der niedrigen Temperaturen, einer der Gründer und Leiter des britischen Atomenergie-Projekts. Er starb 1956 – als Sir Francis Simon – in Oxford.

Nach diesem kurzen Überblick über die Lage in den außeramerikanischen Ländern, der nur die für unsere Untersuchung wichtigsten Teilaspekte skizzieren sollte und sonst keinerlei Anspruch auf Vollständigkeit erheben kann, wird bereits in Umrissen klar, daß im Zweiten Weltkrieg außerhalb Deutschlands nirgendwo anders als in den angelsächsischen Ländern, die ihre Anstrengungen auf diesem Gebiet alsbald weitgehend koppelten und dem ›Manhattan Project‹ Priorität einräumten, an den Bau einer Atombombe auch nur zu denken war. Es fehlten teils der Wille, teils die materiellen und personellen Möglichkeiten, teils wohl auch die Erkenntnis der militärischen Bedeutung kernphysikalischer Forschungsergebnisse. Vor allem aber war man sich nur in den hochindustrialisierten, in den Ballungsgebieten höchste Bevölkerungsdichte aufweisenden und deshalb von einem eventuellen Atombombenangriff auf das Äußerste bedrohten angelsächsischen Ländern der ungeheuren Gefahr bewußt, die ein feindlicher Vorsprung in der Entwicklung von Kernwaffen bedeutet hätte, und weil man – irrigerweise – einen solchen Vorsprung des Gegners als gegeben ansah, unternahm man äußerste Anstrengungen, ihm doch noch zuvorzukommen oder wenigstens mit ihm gleichzuziehen.

Mit einem Kostenaufwand von mehreren Milliarden Dollar, dem Einsatz von über dreihunderttausend Menschen von unterschiedlichsten Fähigkeiten und einem Arbeitstempo, wie es in der Geschichte der Wissenschaft und Technik ohne Beispiel ist, wurde das ›Manhattan Project‹ zur größten einzelnen Kriegsanstrengung aller Zeiten. Wegen der kritischen Größe konnte man die Atombombe nicht in verkleinerten Modellversuchen erproben. Der allein mit theoretischen Berechnungen begründete Aufwand zur Herstellung der ersten Bombe umfaßte die mehrjährige Arbeit großer Stäbe unterschiedlich hoch qualifizierter Wissenschaftler aus vielen Bereichen. Strikteste Geheimhaltung machte eine Aufteilung des Gesamtprojekts in Hunderte von Einzelprojekten erforderlich, dazu eine exakte Koordinierung und einen riesigen Verwaltungsaufwand. Vor allem aber brauchte man den Großteil der Weltelite verschiedener Wissenschaftsbereiche, insbesondere Koryphäen der Physik, Mathematik und Chemie, sowie eine möglichst große Anzahl von Spezialisten auf dem Gebiet der Kernphysik.

Spätestens nach Anlaufen des ›Manhattan Project‹, als man sich der ungeheuren Schwierigkeiten, die es zu überwinden galt, in noch stärkerem Maße bewußt war als in der Phase der Vorplanung, hätte man auf angelsächsischer Seite eigentlich erkennen müssen, daß man sich vor einer deutschen Atombombe nicht zu fürchten brauchte, weil das Hitler-Reich zu ähnlichen Anstrengungen, wie sie Amerika machte, gar nicht mehr fähig war. Man glaubte indessen an einen zeitlichen Vorsprung der Deutschen, den es aufzuholen galt.

Wie konnte es zu dieser Annahme kommen?

Was ließ selbst die späten Emigranten an die Realität der Gefahr einer deutschen Atombombe glauben?

Und was hat, sofern die Möglichkeit überhaupt vorhanden war, den Bau einer deutschen Atombombe verhindert? Erst nach Beantwortung auch dieser Fragen können wir uns eine Meinung darüber bilden, ob es auch einen ursächlichen Zusammenhang zwischen der Judenpolitik des Dritten Reiches und der deutschen Abstinenz auf dem Gebiet der Entwicklung nuklearer Waffen gegeben hat.

Eine außerordentlich wichtige, wenn nicht gar die wichtigste Voraussetzung für den Bau einer Atombombe in Deutschland, die den Zweiten Weltkrieg noch hätte entscheiden können, wäre – das läßt sich heute aufgrund der Erfahrungen der Amerikaner mit dem ›Manhattan Project‹ sagen – das Vorhandensein eines Teams von hochqualifizierten, zu enger Zusammenarbeit bereiten und von der Notwendigkeit äußerster Anstrengung überzeugten Kernphysikern gewesen. Untersuchen wir zunächst, ob diese Voraussetzung überhaupt gegeben war.

Vor 1933 hatte Deutschland unzweifelhaft gerade auf naturwissenschaftlichem Gebiet eine führende Stellung. Im internationalen ›Atom-Club‹, wie man die eng zusammenarbeitende, durch Schüler-Lehrer-Verhältnisse und persönliche Freundschaften miteinander verflochtene Spitzengruppe der Kernphysiker aus den verschiedensten Ländern nannte, waren die Deutschen weit stärker vertreten als jede andere Nation. Und unter den sechsundvierzig Physik-Nobelpreisträgern der Jahre 1901 bis 1939 befanden sich immerhin vierzehn (oder mehr als dreißig Prozent!), die aus dem deutschen Kulturbereich stammten.

Von diesen vierzehn deutschen oder deutsch-österreichischen Nobelpreisträgern der Physik (einschließlich derjenigen, die es bis 1939 werden sollten), waren bis 1933 bereits vier verstorben; die übrigen zehn lebten und arbeiteten in ihrem Heimatland, ohne an Auswanderung auch nur zu denken.

Um das Bild abzurunden, müssen wir diesen zehn Physikern der Nobelpreisklasse noch diejenigen hinzurechnen, die vor 1933 ebenfalls in ihrer deutschen Heimat lebten und arbeiteten, bereits zum wissenschaftlichen Spitzennachwuchs zählten und in späteren Jahren mit dem Physik-Nobelpreis ausgezeichnet wurden (wobei wir jedoch die Jüngeren, zum Beispiel schon den 1926 geborenen Preisträger des Jahres 1961, Rudolf Mößbauer, als für unsere Untersuchung irrelevant in diese Berechnung nicht mit einbeziehen). Dann erhöht sich die Anzahl der 1933 in Deutschland und Österreich wirkenden, durch frühere oder spätere Auszeichnung mit dem Nobelpreis für Physik qualifizierten Spitzenkräfte auf achtzehn, nämlich – in der Reihenfolge, in der sie den Preis erhielten:

Philipp von Lenard, Max von Laue, Max Planck, Johannes Stark, Albert Einstein, James Franck, Gustav Hertz, Werner Heisenberg, Erwin Schrödinger, Victor Franz Hess, Otto Stern, Wolfgang Pauli, Felix Bloch, Max Born, Walther Bothe, Eugen Wigner, Hans D. Jensen und Hans Bethe.

Von diesen achtzehn waren neun – Einstein, Franck, Hertz, Stern, Pauli, Bloch, Born, Wigner und Bethe – von der nach 1933 einsetzenden Judenverfolgung direkt betroffen und zur Auswanderung gezwungen; einer, Victor Franz Hess, ging seiner jüdischen Frau wegen in die Emigration, und ein weiterer, Schrödinger, verzichtete aus Abneigung gegen die Nazis, insbesondere dessen Rassenpolitik, auf seinen Lehrstuhl an der Berliner Universität, ging zunächst nach Graz, dann nach Amerika und schließlich nach Irland.

Es zeigt sich also, daß von denen, die früher oder später den Physik-Nobelpreis erhielten, mehr als sechzig Prozent dem wissenschaftlichen Potential Deutschlands verlorengingen, und zwar meist als unmittelbare, seltener als mittelbare Folge der Judenpolitik des Dritten Reiches.

Natürlich kann diese nur auf ein Indiz, den Physik-

Nobelpreis, abgestellte Berechnung nicht exakt belegen, welcher tatsächliche Gesamtverlust an wissenschaftlichen Kapazitäten speziell auf dem Gebiet der Atomforschung eingetreten ist. Denn einerseits sind mehrere der genannten Physik-Nobelpreisträger an der Kernforschung wenig oder gar nicht beteiligt gewesen, und andererseits vermißt man unter den früher oder später mit dem Physik-Nobelpreis ausgezeichneten Wissenschaftlern gerade einige der für die Atomphysik bedeutendsten Forscher und Lehrer: Otto Hahn, zum Beispiel (der 1944 mit dem Chemie-Nobelpreis ausgezeichnet wurde), desgleichen seine kongeniale langjährige engste Mitarbeiterin (und später Enrico-Fermi-Preisträgerin) Lise Meitner oder auch deren Neffen, Otto Frisch, mit dem sie zusammen den Nachweis erbrachte, daß sich Uranium-Atome unter langsamen Neutronen-Beschuß in zwei große Fragmente spalten . . . Oder Carl Friedrich von Weizsäcker, den bedeutenden Atomphysiker und Philosophen . . . Oder Arnold Sommerfeld, den Pionier der Kernforschung und genialen Lehrer zahlreicher späterer Nobelpreisträger . . .

Die Liste ließe sich beliebig fortsetzen, doch so lang sie auch würde – am Resultat unserer ursprünglichen Berechnung änderte sich wenig oder nichts: Denn auch Lise Meitner und Otto Frisch mußten Deutschland verlassen, weil sie Juden waren, und Arnold Sommerfeld war 1938 aus ›rassischen‹ Gründen zur Aufgabe seiner Lehrtätigkeit in München gezwungen.

Indessen ist der – auf etwa sechzig Prozent zu schätzende – Gesamtverlust an hochqualifizierten Atomforschern, den die Judenverfolgung für Deutschland dadurch bewirkte, daß so zahlreiche Wissenschaftler ins Exil gingen, in unserer Untersuchung nur ein Faktor neben anderen, und erst das Zusammenwirken dieser Faktoren hatte zum Resultat, daß während des Zweiten Weltkriegs der Bau nuklearer Waffen

in Deutschland unterblieb, wenngleich die gerade von den Emigranten gehegte gegenteilige Vermutung für die Ingangsetzung und beschleunigte Durchführung des ›Manhattan Project‹ eine ausschlaggebende Rolle spielte.
Mit dem Beginn der Judenverfolgung in Deutschland, die schon in den ersten Wochen nach dem 30. Januar im Bereich der Wissenschaften zur Suspendierung zahlreicher jüdischer Professoren führte, setzte auch ein anderer, davon ausgelöster Prozeß ein, dem meist zuwenig Beachtung geschenkt wird:

Zahlreiche ›arische‹ Wissenschaftler, die sich bis dahin um Politik wenig gekümmert, ihr jedenfalls keinen Einfluß auf ihr eigenes Verhalten als Lehrer und Forscher zugebilligt hatten, erkannten nun – die einen sofort, die anderen erst allmählich –, daß solche Haltung nicht länger möglich war.

Zunächst setzten sich einige sehr namhafte Naturwissenschaftler mutig (und natürlich vergeblich) gegen die Vertreibung ihrer jüdischen Freunde und Kollegen ein. Zweiundzwanzig Professoren, darunter Heisenberg, von Laue, Planck, Hilbert und Prandtl, protestierten beispielsweise gegen die Entlassung des schwerkriegsverletzten jüdischen Mathematikprofessors Courant. Und noch 1938, als Lise Meitner, die bis dahin als Österreicherin von den Rassegesetzen unbehelligt am Berliner Kaiser-Wilhelm-Institut hatte weiterarbeiten dürfen, entlassen werden sollte, intervenierten nicht nur Otto Hahn, dessen engste Mitarbeiterin die ›Meitnerin‹ ein Vierteljahrhundert lang gewesen war, sondern auch Max Planck.* Beide versuchten, und zwar bei

* Max Planck (1858–1947) mußte das Präsidium der Kaiser-Wilhelm-Gesellschaft zur Förderung der Wissenschaften, das er seit 1930 innehatte, 1937 niederlegen. Er hatte sich durch sein mutiges Eintreten für entlassene und verfolgte jüdische Kollegen sowie durch eine streng wissenschaftliche Haltung zu der von ihm ausgebauten Einsteinschen Relativitätstheorie bei Hitler höchst mißliebig gemacht. Sein Sohn Erwin, geboren 1893, wurde später wegen Beteiligung am aktiven Widerstand gegen die Nazis zum Tode verurteilt und noch 1945 hingerichtet.

Hitler selbst, für Fräulein Meitner und die anderen jüdischen Mitarbeiter des Kaiser-Wilhelm-Instituts mindestens Aufschub zu erlangen. Es nützte selbstverständlich nichts – sowenig wie all die anderen Proteste und Bittgänge namhafter Wissenschaftler in den Jahren zuvor etwas am Schicksal ihrer jüdischen Kollegen hatten ändern können . . .

Aber, auch wenn das eigentliche Ziel – eine Mäßigung der Judenpolitik, mindestens in einigen Ausnahmefällen – nirgendwo erreicht wurde, so bewirkten die Beschäftigung mit dem Problem und die deprimierende Vergeblichkeit aller Bemühungen doch etwas anderes, nämlich die Weckung des staats- und weltbürgerlichen Gewissens, zumindest bei einigen und gerade bei solchen, auf die es entscheidend ankam. Sie erkannten, daß die Regierung Hitler anders war als alle früheren Regierungen: skrupellos, amoralisch, ja verbrecherisch! Und aus dieser endlichen Erkenntnis heraus zogen einige der bedeutendsten deutschen Atomwissenschaftler den für unsere Untersuchung höchst bedeutsamen Schluß, daß dem Hitler-Regime keine Gelegenheit gegeben werden dürfte, die neuesten Erkenntnisse der Kernforschung militärisch zu verwerten.

Welchen starken seelischen Belastungen die für die deutsche Atomforschung maßgebenden Wissenschaftler ausgesetzt waren, dafür liefert Otto Hahn ein geradezu klassisches Beispiel:

Sein berühmtes, Ende 1938 zusammen mit Fritz Straßmann durchgeführtes und später mit dem Nobelpreis ausgezeichnetes Experiment, bei dem erstmals die Spaltung eines Uran-Atomkerns unter Neutronenbeschuß gelang, spielte sich unter Umständen ab, von denen in den wissenschaftlichen Veröffentlichungen naturgemäß nichts erkennbar wurde.

Da war zunächst die allgemeine Lage im Berlin jener Wochen, wo man noch ganz unter dem Eindruck des –

euphemistisch noch heute als ›Reichskristallnacht‹ bezeichneten – Pogroms vom 9./10. November stand. Zahlreiche Menschen, die den am Experiment Beteiligten – Hahn, Straßmann und die Assistentinnen Lieber und Bohne – nahestanden, waren dabei geschmäht, mißhandelt, ihrer Habe beraubt, in ein Konzentrationslager verschleppt oder zum Selbstmord getrieben worden.

Da war die Lücke, die Lise Meitners erzwungener Weggang wissenschaftlich und menschlich gerissen hatte. Es ergaben sich daraus für Otto Hahn auch Freundespflichten, die einer konzentrierten Arbeit nicht eben förderlich waren. So mußte er sich beispielsweise an jenem 17. Dezember 1938, an dem er in sein Tagebuch notieren konnte: »Aufregende Ra(dium)-Ba(rium)-Msth (=Mesothorium)-Fraktionierung!« auch mit einem zweiten Eintrag – »Finanzamt wegen Lise Meitner« – befassen: Der Staat forderte ja von allen Juden, daß sie den Gesamtschaden, der ihnen durch die Verwüstungen ihrer Wohnungen und Geschäfte entstanden war, auch noch selbst – in Form einer Abgabe an die Organisatoren des Pogroms – ›ersetzten‹ . . . Zur gleichen Zeit, da der Beweis für die Uranspaltung erbracht war, hatte sich Otto Hahn um die Weitervermietung der von Lise Meitner zurückgelassenen Wohnung kümmern müssen – das Geld für die ›Judenabgabe‹ mußte ja aufgetrieben werden!

Dazu kamen auch noch persönliche Sorgen, die ebenfalls mit der Judenverfolgung zusammenhingen: In Berlin war eine antisemitische Ausstellung, ›Der ewige Jude‹, eröffnet worden, und zu den dort – zur Anstachelung des im Volke offenbar nur ungenügend vorhandenen Judenhasses – mit häufig stark retuschierten Porträts Angeprangerten gehörte, neben seiner engsten Mitarbeiterin und Freundin Lise Meitner, auch – Hahn selbst!

Das ›Versehen‹ wurde erst nach einem eiligen Gespräch Hahns mit Carl Bosch, dem Präsidenten der Kaiser-Wilhelm-Gesellschaft, und nach dessen sofortiger Intervention von der Ausstellungsleitung korrigiert . . . *

»Zwischendurch arbeite ich, soweit ich dazu komme, und arbeitet Straßmann unermüdlich an den Urankörpern«, schrieb Otto Hahn am Abend dieses aufregenden 19. Dezember 1938 noch aus dem Labor in seinem Weihnachtsbrief an Lise Meitner, »unterstützt von Lieber** und Bohne. Es ist gleich 11 Uhr abends; um ein Viertel 12 will Straßmann wiederkommen, so daß ich nach Hause kann allmählich. Es ist nämlich etwas bei den ›Radiumisotopen‹, was so merkwürdig ist, daß wir es vorerst nur Dir sagen . . . «

Es war ein sehr folgenschwerer Brief. Er erreichte Lise Meitner, als sie gerade Weihnachtsbesuch von ihrem Neffen, dem nach Kopenhagen geflüchteten Physiker Otto Frisch, erhalten hatte. In einem kleinen, zur Winterzeit wie ausgestorbenen Seebad, Kungelv bei Göteborg, diskutierten nun Tante und Neffe, was die beiden befreundeten Kern-Chemiker in Berlin herausgefunden hatten.

»Kaum waren die Weihnachtstage vorüber«, so beschreibt David Irving*** die weitere Entwicklung, »kehrte Lise Meitner nach Stockholm zurück, während Dr. Otto Frisch wieder nach Kopenhagen reiste, wo er Niels Bohr über die – in Berlin immer noch nicht veröffentlichte – Entdeckung Hahns berichtete; außerdem erklärte er Bohr, zu welchen

* Otto Hahn wurde wegen seines ›jüdisch klingenden‹ Familiennamens häufig für ›nichtarisch‹ gehalten. Tatsächlich hatte er, was ein ängstlich gehütetes Geheimnis war, *mütter*licherseits jüdische Vorfahren. Doch da sich die deutsche Wissenschaft den Verlust auch noch dieses Forschers von hohem internationalem Ruf nicht leisten konnte, vertuschte man die Angelegenheit.

** Clara Lieber, ebenfalls jüdischer Abstammung, emigrierte bald darauf nach Amerika.

*** David Irving, ›The Virushouse‹, London 1967; in deutscher Übersetzung ›Der Traum von der deutschen Atombombe‹, Gütersloh, 1967 erschienen.

Folgerungen er und seine Tante im Hinblick auf die freigesetzten Energiemengen gelangt seien. Kurz darauf fuhr Bohr in die Vereinigten Staaten, wo er mehrere Monate blieb. Das Geheimnis reiste mit ihm über den Atlantik . . . « Inzwischen war auch Otto Hahn, den Lise Meitner über die Resultate ihrer Überlegungen natürlich sofort unterrichtet hatte, zur vollen Erkenntnis dessen gelangt, was sein gelungenes Experiment für Folgen haben könnte. Was er dachte, sprach er im Februar 1939 offen aus gegenüber einem jungen Kollegen, Carl Friedrich von Weizsäcker: »Wenn meine Entdeckung dazu führen sollte, daß Hitler eine Atombombe bekommt, begehe ich Selbstmord!«

Ähnlich wie Hahn dachten auch andere in Deutschland noch verbliebene Mitglieder des internationalen ›Atom-Clubs‹, und viele waren es ohnehin nicht mehr . . .

Der seit über drei Jahrzehnten in Deutschland lebende Holländer Pieter Debye, Chemie-Nobelpreisträger des Jahres 1936 und zuletzt Direktor des Kaiser-Wilhelm-Instituts für Physik, weigerte sich standhaft, als man ihn nach Kriegsausbruch dazu aufforderte, die deutsche Staatsangehörigkeit anzunehmen oder doch wenigstens eine deutliche Sympathieerklärung für Hitler, das Reich und die ›Deutsche Physik‹ abzugeben; er zog es vor, Berlin zu verlassen und eine Professur in den USA anzunehmen.

Robert Jungk nennt als wichtigste Ursache für die Vereitelung des Baus einer deutschen Atombombe »die persönliche Haltung der wichtigsten deutschen Atomforscher, die glücklicherweise nichts taten, um den Bau einer solchen Bombe gegen behördliches Unverständnis und technische Unzulänglichkeiten durchzusetzen, sondern mit Erfolg die nationalsozialistischen Amtsstellen von dem Gedanken an eine so unmenschliche Waffe ablenkten«.

Zu gegenteiligen Vermutungen, die nach dem Kriege von amerikanischer Seite geäußert wurden, nahm Carl Friedrich von Weizsäcker, engster Mitarbeiter Heisenbergs, nur in einem Privatbrief (an Max Himmelhuber), worin er auch diese Zurückhaltung begründete, einmal Stellung:

»Man muß verstehen«, heißt es in diesem Schreiben, »daß es für die amerikanischen Physiker, die sich vielfach durch die Atombombe selbst in ihrem Gewissen bedrängt fühlen, eine zu große Anforderung ist, öffentlich (in vielen Fällen auch nur vor dem eigenen Bewußtsein) zuzugeben, daß die deutschen Physiker sich über die moralische Seite der Sache schon früher ausführliche Gedanken gemacht haben als die meisten von ihnen. Auch finde ich uns Deutsche nicht in einer Lage, die uns das Recht geben könnte, irgendeinen Anspruch dieser Art öffentlich zu erheben. Während ich in der Tat meine, daß wir schon sehr früh über das moralische Problem der Atombombe nachgedacht und daß wir in dieser Hinsicht im Krieg jedenfalls nichts getan haben, was wir uns heute vorwerfen müßten, finde ich, daß wir als Nation und im allgemeinen auch als Einzelperson das moralische Problem des Nationalsozialismus zu wenig gemeistert haben, als daß wir uns jetzt aufs hohe Roß setzen könnten . . . Deshalb haben Heisenberg und ich immer die Form gewählt, öffentlich nur zu sagen, daß wir die Bomben nicht machen konnten und daß wir darüber froh waren.«

Warum man ›die Bomben nicht machen‹ konnte, darüber äußerte sich ein anderer berühmter, in Deutschland gebliebener Atomwissenschaftler, der Nobelpreisträger Max von Laue, im Frühjahr 1940 gegenüber einem gleichfalls antinazistisch eingestellten und deshalb sehr besorgten Kollegen, dem mit Billigung Stalins, zusammen mit anderen westlichen Antifaschisten, von der Sowjetunion an die Gestapo ausgelieferten, später bedingt freigelassenen Physiker Fritz Houtermans:

»Herr Kollege«, erklärte Max von Laue unverblümt, »eine Erfindung, die man nicht machen will, macht man auch nicht!«

Wenn die Judenverfolgung des Hitler-Reiches einerseits die Abwanderung einer Vielzahl von Wissenschaftlern bewirkte, die für eine erfolgreiche Weiterentwicklung der deutschen Kernforschung kaum oder gar nicht entbehrlich waren, andererseits die Gewissen gerade der bedeutendsten noch verbliebenen Atomphysiker weckte und sie zum passiven Widerstand, mindestens gegen die militärische Verwendung kernphysikalischer Entdeckungen trieb, so darf uns doch beides nicht darüber hinwegtäuschen, daß dem Nazi-Regime noch ein Rest von älteren und jüngeren Spezialisten verblieb, die fachlich qualifiziert und möglicherweise imstande gewesen wären, einen etwaigen Befehl Hitlers, unverzüglich eine deutsche Atombombe zu bauen, binnen weniger Jahre und, bei sehr frühem Beginn, eben noch rechtzeitig für eine entscheidende Beeinflussung des Kriegsausgangs auszuführen, ja, die auch keine nennenswerten Skrupel gezeigt hätten, dem ›Führer‹ eine solche Vernichtungswaffe in die Hand zu geben. Es gab eben unter den deutschen Atomphysikern – wie unter den Intellektuellen anderer Bereiche – auch einige überzeugte Hitleranhänger, ein paar ehrgeizige Opportunisten sowie nicht eben wenige Charakterschwache, die gegen ihre bessere Einsicht alles taten, was man von ihnen verlangte.

Indessen – und das ist die vielleicht seltsamte Folge des fanatischen Judenhasses, von dem Hitler geradezu besessen war – erkannte der ›Führer‹, der sich so gern als den ›größten Feldherrn aller Zeiten‹ bezeichnen ließ, die militärischen Möglichkeiten, die die Kernforschung bot, überhaupt nicht, ja, verlachte schon den Gedanken, daß physikalische Theoretiker imstande sein könnten, irgend etwas Nützliches oder gar für den Kriegsausgang Entscheidendes zu ersinnen.

Solche Fähigkeiten billigte Hitler allenfalls den Vertretern einer ›Deutschen Physik‹ zu, die gleich ihm Einsteins Relativitätstheorien als ›jüdischen Bluff‹, die darauf und auf den

Theorien von Niels Bohr beruhrenden Arbeiten pauschal als ›jüdische Spekulationen‹ abqualifizierten. Da aber die moderne Physik nun einmal vornehmlich auf den theoretischen Erkenntnissen jüdischer Gelehrter fußte, wurden auch alle ›Arier‹, die sich darauf stützten, zu ›Geistesjuden‹ erklärt. Bestätigung für solchen Unsinn fand Hitler bei zwei deutschen Nobelpreisträgern der Physik, dem aus Preßburg gebürtigen, schon 1931 mit knapp siebzig Jahren emeritierten Professor Philipp von Lenard, einem geradzu manischen Judenhasser*, und bei Johannes Stark, der 1919 den Phyik-Nobelpreis erhalten, das Geld zum Kauf einer Porzellanfabrik verwendet und seine Professur verloren hatte, was er ›jüdischen Intrigen‹ zuzuschreiben beliebte.

Dieser Johannes Stark war es auch, der – für seine ›Verdienste‹ um den Nationalsozialismus nach Einsteins Entlassung zum Präsidenten der Physikalisch-technischen Reichsanstalt ernannt – einem 1937 im ›Schwarzen Korps‹, dem offiziellen Organ der SS, mit der Überschrift »Weiße Juden in der Wissenschaft«, erschienenen Artikel scheinbar wissenschaftliche Autorität verlieh.

»Der politische Einfluß des jüdischen Geistes an den Universitäten war offenkundig«, heißt es in dem Artikel des SS-Organs**, »weniger offenkundig, aber ebenso schädlich war sein Einfluß in wissenschaftlicher Hinsicht, indem er die auf die Wirklichkeit eingestellte germanische Forschung durch den jüdischen Intellektualismus, dogmatischen Formalismus und propagandistischen Geschäftsbetrieb lähmte

* Philipp von Lenard, NSDAP-Mitglied seit 1924, soll übrigens – nach im allgemeinen stets zuverlässigen Quellen – selbst ›nichtarischer‹ Abstammung, nämlich der Sohn des Preßburger jüdischen Kaufmanns David Lenard, gewesen sein. Auf jeden Fall hatte er bei einem ›Nichtarier‹, dem Physiker Heinrich Hertz, seine wissenschaftliche Ausbildung erhalten.

** Der volle Wortlaut dieses in vielerei Hinsicht sehr aufschlußreichen Artikels findet sich im Dokumentenanhang.

und die Studentenschaft sowie vor allem den akademischen Nachwuchs zu jüdischer Denkweise zu erziehen suchte.

Nun mußten zwar die rassejüdischen Dozenten und Assistenten im Jahre 1933 aus ihren Stellungen ausscheiden; auch werden gegenwärtig die arischen Professoren, die mit Jüdinnen verheiratet sind, abgebaut; aber die große Zahl der arischen Judengenossen und Judenzöglinge, welche früher offen oder versteckt die jüdische Macht in der deutschen Wissenschaft stützten, sind in ihren Stellungen geblieben und halten den Einfluß des jüdischen Geistes an den deutschen Universitäten aufrecht . . . «

Der in vieler Hinsicht sehr bemerkenswerte Artikel, in dem die Nobelpreisträger Heisenberg, Schrödinger und Dirac als ›Einstein-Jünger‹, Heisenberg selbst als ›Statthalter des Judentums‹ bezeichnet und Forderungen nach ihrem ›Verschwinden‹ erhoben wurden, hätte niemals erscheinen können, wäre nicht die nationalsozialistische Führung, vor allem aber Hitler selbst, mindestens ähnlicher Meinung gewesen.

Tatsächlich sah Hitler, wie wir heute wissen, in jenen führenden Naturwissenschaftlern, die eine Unterscheidung zwischen deutscher und jüdischer Physik als Unfug abtaten und nur richtige oder falsche Physik gelten lassen wollten, seine mehr oder weniger gefährlichen Gegner, denen er teils mit Mißtrauen, teils mit Hohn begegnete. Und so beraubte sich der ›Führer‹ des Reiches selbst der letzten Möglichkeiten, die der Exodus eines Großteils der Forscher-Elite und der dadurch hervorgerufene passive Widerstand vieler Verbliebener noch gelassen hatten, und er und seine Satrapen verzichteten in blinder Überschätzung der eigenen Stärke auf jede ernstliche Prüfung dessen, was die Atomforschung auf waffen- und energietechnischem Gebiet beizusteuern imstande gewesen wäre.

David Irving, der in seinem Bericht über den vermeintlichen Wettlauf der Amerikaner mit den Deutschen um die Atombombe zu der Feststellung kommt, daß »1942 – vier Jahre nach der Entdeckung der Kernspaltung durch Otto Hahn – die deutsche Atomforschung mit der britischen und amerikanischen auf gleicher Höhe« war, fügt – mit spürbarer Verwunderung – hinzu:

»Bei Kriegsende 1945 waren die deutschen Wissenschaftler aber nicht wesentlich über die Ergebnisse des Jahres 1942 hinausgekommen, während die USA die gigantische industrielle Produktion abgeschlossen, die erste Plutoniumbombe erfolgreich gezündet und wenig später die einsatzreifen Bomben auf Hiroshima und Nagasaki abgeworfen hatten.«

Irving kommt zu dem Ergebnis: »Die größte Behinderung für das Tempo der deutschen Forschung war die Einstellung der Regierung zur Naturwissenschaft.«

Das nahezu völlige Desinteresse der obersten Führung an der Kernphysik bedeutete nun aber nicht, daß sich in Deutschland niemand mehr mit Atomforschung beschäftigte. Tatsächlich entstanden drei Forschungsgruppen, die sich unterschiedlicher Sympathien und Förderung erfreuten. Irving hat ihre Tätigkeit detalliert und auch anhand bislang fehlender Dokumente, die in einem Speicher der US-Atomenergiekommission in Oak Ridge, Tennessee, lagerten, mit Sachkenntnis und viel Einfühlungsvermögen beschrieben. Er hat den Mangel an Koordinierung, zentraler Lenkung, Dringlichkeit und entsprechender Einstufung vermerkt.

Was seiner Untersuchung teilweise entgangen ist – und wohl auch entgehen mußte –, waren gewisse Zwischentöne und Unwägbarkeiten, die nun einmal in Dokumenten selten zum Ausdruck kommen, etwa der fehlende Wille gerade der bedeutendsten Forscher, militärisch verwertbare Erkenntnisse preiszugeben oder sie einer verhaßten Regierung gar noch aufzudrängen.

So bleiben denn die nackten Tatsachen:

Am 4. (nach anderer Version am 6.) Juni 1942 ließ sich Rüstungsminister Albert Speer von Heisenberg über den Stand der deutschen Atomforschung unterrichten. Es war damals, wie sich Heisenberg erinnert, bereits »der sichere Nachweis vorhanden, daß die technische Ausnützung der Atomenergie in einem Uranbrenner möglich ist. Ferner war zu erwarten, daß man in einem Uranbrenner Sprengstoff für Atombomben herstellen kann. Jedoch waren noch keine Untersuchungen über die technische Seite des Atombombenproblems, zum Beispiel über die Mindestgröße der Bombe, angestellt worden. Es wurde mehr Wert auf die Feststellung gelegt, daß man die im Uranbrenner entwickelte Energie zum Betrieb von Maschinen benutzen kann, da dieses Ziel leichter und mit geringeren Mitteln erreichbar schien . . . «

Das schließliche Ergebnis war – zur großen Erleichterung derjenigen, die Hitler keine Atombombe bauen wollten – eine Entscheidung Speers, wonach »im bisherigen kleinen Stil« weitergearbeitet werden sollte, und damit schwand auch die ohnehin schon sehr geringe Aussicht für das Reich, noch während des Krieges nukleare Waffen in die Hand zu bekommen, endgültig dahin.

Nur noch der Kuriosität halber sei erwähnt, daß das mächtige Hitler-Reich, von dem alle Welt befürchtete, es könnte noch verborgene Trümpfe in Gestalt fertiger ›Wunderwaffen‹ haben, selbst im Frühjahr 1945, kurz vor dem Zusammenbruch, technisch nicht einmal so weit war wie Amerika mehrere Jahre zuvor. Es gab weder Anlagen zur Gewinnung des für eine Kettenreaktion in einer Atombombe nötigen U 235 oder U 239 noch einen mit den angelsächsischen *›piles‹* auch nur annähernd vergleichbaren Uranbrenner. Erst im Februar 1945 begann man – in einem Felsenkeller bei Haigerloch, der dem Wirt des ›Schwanen‹

gehörte – mit dem Bau eines etwas größeren Brenners, der dann bei Kriegsende unfertig in die Hände der Amerikaner fiel.

Nein, die deutschen Wissenschaftler hatten sich wahrlich nicht beeilt, und sie waren auch nicht gerade zur Eile angetrieben worden. Für das, womit sich die oberste Führung im Zusammenhang mit der Atomforschung beschäftigte, ist ein Memorandum typisch, das sich in den Akten des Reichsmarschalls Hermann Göring fand. Darin heißt es, Heisenberg sei »Chef dieser theoretisierenden Richtung« und feiere »heute noch, 1942, in einer Schrift den dänischen Halbjuden Niels Bohr als größtes Genie«!

So bleibt nur die Frage übrig, ob – außer der Judenverfolgung, die nahezu sämtliche bedeutenden deutschen Atomforscher entweder als Betroffene in die Emigration oder als mit den Verfolgten Sympathisierende, teils in die Isolierung, teils zu passivem Widerstand trieb – noch andere Ursachen entscheidend mit dazu beigetragen haben könnten, daß Deutschland seinen ursprünglichen Vorsprung in der Atomforschung schon bald verlor und bei dem vermeintlichen Wettlauf um die Bombe in Wirklichkeit zum Endspurt gar nicht erst gestartet war.

Hat es vielleicht auch an der Verblendung und dem Größenwahn Hitlers gelegen, der meinte, allein mit den bei Kriegsausbruch vorhandenen Waffen einen raschen Endsieg erringen zu können? Dafür spräche immerhin, daß tatsächlich mehrere Versuche unternommen wurden, den ›Führer‹ für den Bau von Atombomben zu interessieren, so noch 1944 – als es ohnehin bereits zu spät war – von Paul Harteck, der den Leiter der Forschungsabteilung beim Heereswaffenamt, Oberst Schumann, zu einem Vorstoß ›an höchster Stelle‹ bewegen wollte. Der Oberst winkte indessen ab, und Carl Friedrich von Weizsäcker, der dabei war, hat dafür eine plausible Erklärung: »Ich erinnere mich, daß Schumann, der zwar ein schlechter Physiker, aber ein sehr gewandter Taktiker war, einmal dringend riet, an höchsten Stellen von Atombomben möglichst nichts zu sagen. Er meinte: ›Wenn der Führer davon hört, fragt er: Wie lange braucht ihr? Ein halbes Jahr?, und wenn wir dann die Atombombe in einem halben Jahr nicht haben, ist der Teufel los . . . «

Ein anderer, direkter Versuch, Hitler auf die Möglichkeit eines Atombombenbaues hinzuweisen, wurde von Dr. Wilhelm Ohnesorge, dem langjährigen Reichspostminister, unternommen. Dessen Ehrgeiz, den ›Führer‹ eines Tages mit einer ›Wunderwaffe‹ oder doch wenigstens mit einem nagelneuen Verfahren zur Energiegewinnung zu beglücken, hatte ihn zur Förderung eines von den offiziellen Gremien unabhängigen, privaten Instituts bewogen, das unter Leitung des Erfinders Manfred von Ardenne stand und an dem der einst aus Nazi-Deutschland geflüchtete Atomphysiker Fritz Houtermans arbeitete. Houtermans war bereits im Sommer 1941 auf ähnliche Gedanken gekommen wie später Harteck, doch hatte er sich gehütet, seine Idee zu propagieren oder auch nur die Niederschrift aus dem Haus zu geben.* Erst als Hartecks auf unabhängigen Überlegungen beruhender Vorschlag im Kreis der Atomphysiker bekannt wurde, gab Houtermans zögernd sein Geheimnis preis, zumal es den Kriegsausgang nun nicht mehr beeinflussen konnte. Sein im August 1944 nur noch leicht überarbeiteter Aufsatz war überschrieben ›Zur Frage der Auslösung von Kern-Kettenreaktionen‹.

Hitler selbst war von seinem Postminister schon Ende 1940 von der ›Uranbombenforschung‹ seines sonst so friedlichen Ressorts informiert worden. Doch als Dr. Ohnesorge,

* Irving berichtet – im Gegensatz zu Jungk –, daß Houtermans mindestens Heisenberg und einige weitere Physiker eingeweiht habe.

berstend vor Stolz, dem ›Führer‹ ausführlich berichten wollte, was Manfred von Ardenne an waffentechnischen Möglichkeiten entdeckt zu haben meinte, wies Hitler ihn höhnisch ab. Nein, von ›posteignen‹ Wunderwaffen, deren Entwicklung zudem noch im theoretischen Vorbereitungsstadium zu stecken schien, wollte der von ›Blitzsiegen‹ verwöhnte ›Führer‹ nun schon gar nichts mehr hören, hatte er doch an die Nützlichkeit ›rein spekulativer‹ Forschung ohnehin nie geglaubt und sie stets für eine ›Schaumschlägerei‹ jüdischer Intellektueller gehalten, die leider auch von einigen ›arischen‹ Wissenschaftlern, typischen ›Geistesjuden‹ und ›Einsteinjüngern‹ mitgemacht worden war . . .

Wem diese Erklärung allzu phantastisch vorkommt, weil es ja wirklich kaum faßbar ist, daß der Mann, dessen Führung sich eine große Nation anvertraut hatte, so haarsträubend borniert und verblendet gewesen sein soll, der lasse es sich noch einmal bestätigen von dem damals zuständigen engsten Mitarbeiter Hitlers auf dem Gebiet der Rüstung, dem Reichsminister für die Kriegserzeugung Albert Speer: »Auf Vorschlag der Kernphysiker verzichteten wir schon im Herbst 1942 auf die Entwicklung der Atombombe, nachdem mir auf meine erneute Frage nach den Fristen erklärt worden war, daß nicht vor drei bis vier Jahren damit zu rechnen sei«, bemerkt Speer in seinen ›Erinnerungen‹, und er fügt hinzu, was ihm Professor Werner Heisenberg zuvor als Grund für diesen Rückstand angegeben hatte: »Uns fehlte die technische Erfahrung« . . . !

»Vielleicht wäre es gelungen, im Jahre 1945 die Atombombe einsatzbereit zu haben«, fährt Speer fort. »Voraussetzung dafür wäre aber gewesen, daß frühzeitig alle technischen, personellen und finanziellen Mittel, etwa diejenigen für die Entwicklung der Fernrakete, bereitgestellt worden wären. Auch von diesem Blickpunkt war Peenemünde nicht nur unser größtes, sondern auch unser verfehltestes Projekt.

Daß der ›Totale Krieg‹ innerhalb dieses Bereiches unterblieb, hatte allerdings auch mit ideologischer Verfangenheit zu tun. Hitler verehrte den Physiker Philipp Lenard, der 1920 den Nobelpreis erhalten hatte und eine der wenigen frühen Anhänger Hitlers aus den Kreisen der Wissenschaft war. Lenard hatte Hitler belehrt, *daß die Juden auf dem Wege über die Kernphysik und Relativitätstheorie einen zersetzenden Einfluß ausübten.** Vor seiner Tafelrunde bezeichnete Hitler gelegentlich, unter Berufung auf seine illustren Parteigenossen, *die Kernphysik als ›jüdische Physik‹* – was dann nicht nur von Rosenberg aufgegriffen wurde, sondern offenbar auch den Erziehungsminister (Rust, dem die Universitäten, Kaiser-Wilhelm- und sonstigen Institute unterstanden) zögern ließ, die Kernforschung zu unterstützen . . . «**

Ein weiteres eindrucksvolles Zeugnis, sowohl für Hitlers Borniertheit als auch dafür, daß der Judenhaß bei ihm Vorrang vor allem und jedem hatte, auch wenn Deutschland darüber zugrunde ging, ist in den Erinnerungen Professor Richard Willstätters enthalten:

»Als die Säuberung der Kaiser-Wilhelm-Institute wie der Universitäten schon sehr weit fortgeschritten war«, so berichtet er in seinem Werk ›Aus meinem Leben‹, »erbat Geheimrat Carl Bosch eine Audienz beim Führer, um vor der weitgehenden Entlassung nichtarischer Forscher zu warnen. Aber der Führer bestand auf der schärfsten Durchführung der eingeleiteten Maßnahmen. Darauf wies Bosch auf

* »Nach L. W. Helwig: Persönlichkeiten der Gegenwart, 1940« – so erläutert Speer in einer Anmerkung –, »bekämpfte Lenard die ›fremdgeistigen Relativitätstheorien‹. In seinem vierbändigen Werk ›Die Deutsche Physik‹ (1935) findet sich nach Helwig ›die Physik von den Auswüchsen gereinigt, die nach den jetzt schon geläufig gewordenen Ergebnissen der Rassenkunde allesamt als Erzeugnisse des Judengeistes erkennbar geworden sind, der vom deutschen Volk, als ihm nicht artgemäß, zu meiden ist‹.«

** Albert Speer, ›Erinnerungen‹, Frankfurt/Berlin 1969. Die obigen eigenen Hervorhebungen finden sich nicht im Original.

die schwere Beeinträchtigung hin, die der Pflege von Chemie und Physik in Deutschland drohe. ›*Dann arbeiten wir eben einmal hundert Jahre ohne Physik und Chemie!*‹, war nach Boschs Erzählung die Antwort des Führers . . . «

Es bleibt indessen immer noch die Frage, ob es denn, außer den Emigranten und den mit ihnen mehr oder weniger sympathisierenden, einem deutschen Atombombenbau jedenfalls entschieden abgeneigten Forschern, im Großdeutschen Reich der frühen vierziger Jahre überhaupt keine tüchtigen Kernphysiker mehr gab, die willens und imstande gewesen wären, Kernwaffen herzustellen.

Nun, es gab zweifellos einige, die dazu bereit waren, und David Irving hat viel Material darüber zusammengetragen. Doch wir wollen es jenen Wissenschaftlern und auch uns ersparen, darauf namentlich und im einzelnen einzugehen. Denn das Fazit lautet ganz schlicht: Die es gekonnt hätten, wollten nicht, und die es wollten, konnten es nicht – es sei, daß ihnen das Genie, die Erfahrung oder auch nur der für wichtige Impulse so nötige Gedankenaustausch mit genialen Kollegen fehlte, sei es, daß sie eben nur ganz unzureichend gefördert und ermutigt wurden.

Zurückhaltung aus politisch-moralischen Erwägungen bescheinigt Irving ausdrücklich ›vielen Physikern‹ des Reiches, wobei er die Frage der Fähigkeit offenläßt. Namentlich nennt er Heisenberg, von Weizsäcker und Fritz Houtermans, die »von ernsten Besorgnissen bedrängt« gewesen wären, »ob es sittlich zu rechtfertigen sei, an dem Uranvorhaben zu arbeiten.«

Ein anderer Experte von beachtlicher Kompetenz ging so weit, nur einen einzigen der in Deutschland zurückgebliebenen Kernforscher für so fähig zu halten, daß er der ›Kopf des deutschen Atombomben-Vorhabens‹ hätte sein können. Dieser Fachmann, Professor Samuel Goudsmit, selbst ein

Mitglied des internationalen ›Atom-Clubs‹ von hohem Rang, hatte 1944/45 die wissenschaftliche Leitung der sogenannten ›Alsos‹-Mission, eines Sonderkommandos, das im Auftrage Washingtons einen etwaigen Vorsprung Hitler-Deutschlands auf dem Gebiet der Atomwaffen erkunden und gegebenenfalls durch ›geeignete Maßnahmen‹ beseitigen sollte.

Goudsmit fand ziemlich schnell heraus, nämlich bereits im November 1944, als ihm im eroberten Straßburg die Akten über das deutsche Atomprojekt, die Professor von Weizsäcker dort zurückgelassen hatte, in die Hände fielen, daß von einem deutschen Vorsprung auf dem Gebiet des Atombombenbaus überhaupt nicht die Rede sein konnte; daß vielmehr die deutsche Entwicklung um mindestens zwei Jahre hinter der in den USA zurücklag.

»Die ›Alsos‹-Mission konnte sich nicht mit der Auffindung der Papiere Weizsäckers zufriedengeben«, berichtet darüber Robert Jungk, »denn in Washington dachte man, die Zurücklassung der Akten sei vielleicht eine deutsche Kriegslist gewesen. Zweifel, ob nicht vielleicht doch irgendwo in Deutschland an der Fertigstellung einer Atombombe gearbeitet würde, mußten bestehen bleiben, solange nicht alle wichtigen Physiker verhaftet und alle Laboratorien besetzt waren.

Goudsmit bestand stets darauf, daß *nur Heisenberg das ›Gehirn‹ des deutschen Uranvorhabens* sein könne. Die Skepsis der amerikanischen Militärbehörden, die meinten, es könnten doch vielleicht andere deutsche Physiker, von denen Goudsmit noch nie etwas gehört habe, heimlich an einer solchen Waffe arbeiten, wies er spöttisch zurück:

›Vielleicht kann ein Tapezierer‹ – gemeint war Hitler – ›sich einbilden –, über Nacht ein militärisches Genie geworden zu sein, und ein Sektreisender‹ – gemeint war Joachim von Ribbentrop –, ›sich als Diplomat verkleiden, aber solche

Außenseiter könnten niemals rasch genug wissenschaftliche Kenntnisse erworben haben, um eine Atombombe zu bauen‹ . . . «

Übrigens, als Sam Goudsmit, dessen greise, in Holland lebende Eltern als Juden von der SS deportiert und vergast worden waren, schließlich das Versteck des deutschen Uranprojekts in Haigerloch entdeckte, fand er zwar nicht Heisenberg, der sich zu seiner Familie nach Bayern abgesetzt hatte, wohl aber auf dessen Schreibtisch ein gerahmtes Foto. Auf dem Bild waren zwei Männer zu sehen, die sich in herzlichem Einvernehmen die Hände schüttelten: Professor Werner Heisenberg und sein Gastgeber anläßlich eines Amerika-Besuchs im Jahre 1939 – Sam Goudsmit . . . !

Fassen wir die Ergebnisse unserer Teiluntersuchung, die Chancen für den Bau einer deutschen Atombombe noch während des Krieges betreffend, kurz zusammen, so ergibt sich, daß sie schon durch den Exodus zahlreicher hervorragender Kernphysiker stark zusammengeschrumpft, durch den Widerstand der verbliebenen ›arischen‹ Koryphäen weiter vermindert worden waren und daß die – im Antisemitismus wurzelnde – Geistesfeindlichkeit Hitlers und seiner Clique ein Erkennen eventueller letzter Möglichkeiten verhindert hat.

Wie aber kam es zu der so folgenschweren Fehleinschätzung der Situation in Deutschland gerade durch diejenigen, deren Vertreibung die Chancen Hitlers, Kernwaffen in die Hand zu bekommen, so stark reduziert hatte? Wie konnten die emigrierten Fachleute ernstlich an einen deutschen Vorsprung in der Atomforschung glauben?

Nun, da war zunächst die zwischen 1933 und 1938 gewonnene, für die Emigranten sehr bittere Erkenntnis, daß alle Prognosen, eine Schwächung Deutschlands als Folge der Judenvertreibung betreffend, ganz offenbar falsch gewesen waren. Das Hitler-Regime hatte alle Krisen glänzend überstanden und wirkte im Sommer 1939 stärker und gesicherter als je zuvor. Die tatsächlichen Mängel, gerade auf dem Gebiet der naturwissenschaftlichen Forschung und der Bereitschaft zur Zusammenarbeit zwischen den Koryphäen der Kernphysik und dem Staatsapparat, verbargen sich hinter einer höchst eindrucksvollen Fassade und wurden zudem noch verschleiert durch allerlei aus unterschiedlichen Motiven heraus abgegebene Erklärungen, die das genaue Gegenteil zu bekunden schienen.

Das Tempo, der Umfang und die Präzision der deutschen Kriegsvorbereitungen sowie die kühnen, herausfordernden Reden, die sie begleiteten, ließen befürchten, daß Hitler, der ›jegliches Risiko einkalkuliert‹ zu haben behauptete, noch einen verborgenen Trumpf bereit hielt, von dem gerade die aus Deutschland geflüchteten Kernphysiker annehmen mußten, daß es sich um eine atomare Waffe handeln könnte. Denn sie wußten ja, daß man in Deutschland auf dem Gebiet der Kernspaltung theoretisch mindestens ebensoweit war wie sie selbst, zudem technisch durchaus fähig, aus den jüngsten Erkenntnissen praktischen Nutzen zu ziehen. Und moralische Skrupel, die neu entdeckten Energien als Vernichtungswaffe zu verwenden, konnten, nach allem, was vorgefallen war, von der Führung des Reiches weniger erwartet werden als von irgendeiner anderen Regierung.

Die Berichte, die – anfangs häufiger, dann spärlicher – aus Deutschland kamen, sei es auf dem Umweg über Niels Bohr in Kopenhagen oder Lise Meitner in Stockholm, sei es über diplomatische oder geheimdienstliche Kanäle, bestärkten die emigrierten Kernphysiker noch in ihrer Furcht, weil sie sie aus ihrem nur allzu begreiflichen Mißtrauen heraus stets mißdeuteten: Daß im Hitlerreich noch kurz vor Kriegsausbruch wissenschaftliche Arbeiten über Uran-Kettenreaktionen – wie beispielsweise die von Siegfried Flügge, eines engen Mitarbeiters von Otto Hahn – veröffentlicht werden konnten, verleitete die Emigranten zu dem irrigen Schluß, daß man in Berlin in Wirklichkeit bereits viel weiter wäre. Die überaus vorsichtigen Andeutungen, die deutsche Kernphysiker bei Begegnungen mit Kollegen im Ausland gelegentlich machten, um darzutun, daß sie sich einerseits der Gefahr eines Atombombenbaus bewußt wären, andererseits selbst nichts tun würden, ihn zu fördern oder gar anzuregen, wurden dahingehend mißverstanden, daß es sich entweder um wohlgemeinte Warnungen oder um listige Finten handeln müßte. Von der Vermutung eines deutschen Vorsprungs brachten diese heimlichen Winke die Emigranten nicht ab, sondern bestärkten sie nur noch darin. Und als die Reichsregierung 1939 eine Ausfuhrsperre für böhmische Pechblende verfügte, erinnerte man sich, daß der Vater des Heisenberg-Schülers von Weizsäcker den Posten eines Staatssekretärs im Auswärtigen Amt bekleidete, also vermutlich eine Empfehlung seines Sohnes an Hitler weitergegeben hätte . . . Daß in Wirklichkeit eine über die Möglichkeit eines Atombombenbaus völlig uninformierte Forschungsabteilung der Wehrmacht alles verfügbare Uranoxyd aufkaufen ließ, um damit Metall-Legierungen für panzerbrechende Geschosse herzustellen und zu erproben, konnten die emigrierten Kernphysiker nicht ahnen.

Es gab noch eine ganze Reihe weiterer – scheinbarer wie wirklicher – Indizien, aus denen die aus Deutschland geflüchteten Atomforscher schlossen, Hitler werde in Kürze über Kernwaffen verfügen können. Doch am meisten wurden sie in dieser irrigen Annahme dadurch bestärkt, daß es ja tatsächlich in Deutschland Atombombenprojekte gab, über die sie durch erst nach Kriegsausbruch geflüchtete Physiker gerade so viel beunruhigende Einzelheiten erfuhren, daß auch die letzten Zweifel an der Realität der Gefahr schwanden. Niemand konnte sich vorstellen, daß der scheinbar so perfekte deutsche Staatsapparat eine einmal erkannte Möglichkeit nicht unverzüglich und mit gewohnter Tüchtigkeit realisieren würde. Daß aber die oberste Führung gerade für die Atomphysik, nur weil sie auf vornehmlich ›jüdischen Spekulationen‹ beruhte, nichts als Verachtung hatte, auch gar nicht in Erwägung zog, daß die vielgeschmähten Emigranten nun ihrerseits eine Atombombe würden bauen können, das hätte ein erheblich größeres Einfühlungsvermögen in primitive Denkweisen erfordert, als es die ›Einstein-Jünger‹ hatten.

So bleibt eigentlich nur noch die Frage, ob die aus Europa wegen der Judenverfolgung geflüchteten Forscher wirklich so befähigt waren, daß sie unter anderen Umständen in ihrem Heimatland eine Atombombe hätten bauen können. Diese Frage steht in engstem Zusammenhang mit derjenigen, die wir eingangs gestellt, aber noch nicht beantwortet haben: Hätte es ohne die judenfeindliche Politik Hitlers kein ›Manhattan Project‹ und damit auch keine noch für den Ausgang des Zweiten Weltkrieges bedeutsame amerikanische Atombombe gegeben?

Wir wissen bereits, daß der Anstoß zum Handeln des amerikanischen Präsidenten Franklin D. Roosevelt in Richtung auf das spätere ›Manhattan Project‹ von seiten einer Gruppe kam, die sich aus Personen zusammensetzte, denen die Judenpolitik Hitlers teils die Heimat genommen, teils die Augen geöffnet hatte. Nun gilt es noch, den Anteil der von der Rassenpolitik des ›Dritten Reiches‹ direkt oder indirekt Betroffenen am eigentlichen ›Manhattan Project‹ zu prüfen, und damit werden wir zugleich die Frage nach der Fähigkeit der Emigranten, eine Atombombe zu bauen, eindeutig beantworten können.

Von Franklin Delano Roosevelts am 12. Oktober 1939 aufgrund des Einstein-Briefes, des Memorandums der ›Szilard-

Gruppe‹ und der beredten Darstellung der Gefahren durch Alexander Sachs getroffenen Entscheidung bis zur tatsächlichen Inangriffnahme des Atombombenbau-Projekts am 6. Dezember 1941 – zufällig einen Tag vor dem japanischen Überfall auf Pearl Harbor, mit dem der Krieg im Pazifik und in Südostasien begann, was Hitler dazu veranlaßte, in völliger Überschätzung der Kräfteverhältnisse den USA seinerseits den Krieg zu erklären! – vergingen fast sechsundzwanzig Monate, in denen sich die Angelegenheit dahinschleppte.

Natürlich konnte auch ein so mächtiger Mann wie der Präsident der Vereinigten Staaten keine Wunder bewirken; eine Verzögerung von mehr als zwei Jahren war indessen recht ungewöhnlich. Offenbar waren die diversen Bürokratien und parlamentarischen Kontrollinstanzen, die sich mit dem Projekt zunächst zu befassen hatten, längst nicht so überzeugt von der Eilbedürftigkeit und Bedeutung der ganzen Angelegenheit wie etwa die Initiatoren oder auch Roosevelt selbst. Szilard meinte dazu nach dem Kriege, das ›Manhattan Project‹ wäre durch die Schwerfälligkeit der Behörden und die Kurzsichtigkeit der Militärs um mindestens ein Jahr verzögert worden. Immerhin ist es bemerkenswert, daß zumindest noch vor Pearl Harbor und dem folgenden Kriegseintritt der USA der Startschuß bereits gefallen war.

Dafür, daß schon einige Tage *vor* der ja gar nicht erwarteten deutschen Kriegserklärung der endgültige Entschluß gefaßt wurde, nun endlich ernst zu machen mit dem so unerhörte finanzielle und technische Anstrengungen erfordernden Bau von Atombomben, waren im wesentlichen drei Faktoren maßgebend:

Da war, erstens, die nicht nachlassende Aktivität der ›Szilard-Gruppe‹ und ihrer wachsenden Schar von Freunden sowie ein zweiter Brief Albert Einsteins an Präsident Roosevelt vom 7. März 1940, worin der Gelehrte noch einmal nachdrücklich auf die ›Intensivierung des Interesses für Uranium in Deutschland seit Beginn des Krieges‹ hinwies und dringend riet, der sich hier abzeichnenden furchtbaren Drohung rechtzeitig und wirksam zu begegnen; da war, zweitens, Amerikas wachsende Sympathie für und Sorge um Großbritannien, woher im Sommer 1941 die überraschende Nachricht kam, es wäre ›ziemlich wahrscheinlich, daß die Atombombe noch vor Ende des Krieges fertiggestellt werden‹ könnte (was wiederum ursächlich zusammenhing mit den von Simon, Peierls, Halban, Frisch und anderen *›refugee scientists‹* erzielten Forschungsergebnissen sowie mit den Vorstößen, die namentlich Peierls und Frisch, ähnlich wie die ›Szilard-Gruppe‹ in den USA, zur Warnung höchster britischer Stellen unternommen hatten, um sie auf die Gefahren eines vermuteten deutschen Vorsprungs bei der Entwicklung von Kernwaffen aufmerksam zu machen), und da war, drittens, das in Amerika zu verzeichnende Nachlassen isolationistischer Widerstände gegen ein stärkeres Engagement der USA in Europa und die zunehmende Bereitschaft, in den Krieg gegen die Achsenmächte einzutreten, um Hitlers Gewaltherrschaft zu beenden. Zu diesem Stimmungswechsel trugen ganz besonders die bestürzenden, zunächst kaum glaubhaften Meldungen bei, die in Amerika eintrafen und über Art und Umfang der im Machtbereich Hitlers an der Zivilbevölkerung, vornehmlich den Juden, verübten Greuel berichteten.

Wir haben bereits an anderer Stelle darauf hingewiesen, welche starken kulturellen und sentimentalen Bindungen gerade zwischen den einflußreichsten jüdischen Kreisen Amerikas und dem Deutschland, aus dem sie selbst oder ihre Eltern gekommen waren, stets bestanden hatten. Schon die ersten judenfeindlichen Maßnahmen nach 1933 waren deshalb mit Entsetzen aufgenommen worden und hatten die ursprünglichen Sympathien in wachsenden Abscheu gewandelt. Nun aber, nach den ersten zuverlässigen Nachrichten über Massendeportationen und Ausrottungen ganzer Gemeinden, war die Empörung so groß, daß bald auch die bis dahin zurückhaltendsten Berater des Weißen Hauses zu eifrigen Befürwortern jedweder zur Beendigung dieser Barbarei erforderlichen Maßnahmen wurden. Und dazu gehörte auch die endliche Inangriffnahme des Atombombenprojekts, dessen voraussehbarer immenser finanzieller und technischer Aufwand zunächst viele hatte zögern lassen.

So hat die nationalsozialistische Judenverfolgung unzweifelhaft in mehrfacher Weise, teils direkt, teils indirekt, entscheidend dazu beigetragen, daß die erforderlichen Mittel bewilligt und die umfangreichen Vorarbeiten für das eigentliche ›Manhattan Project‹ bereits gestartet wurden, noch bevor Amerika in den Krieg eingetreten war.

Die militärische Gesamtleitung des mit dem Tarnnamen ›Manhattan Project‹ versehenen Kernwaffenbau-Vorhabens übernahm ein Berufssoldat, Brigadegeneral Richard Groves. Als er am 17. September 1942 mit seiner neuen, höchst verantwortungsvollen Aufgabe betraut wurde, für die er sich durch die erfolgreiche Bauüberwachung bei anderen großen Projekten, insbesondere des Pentagon-Baus in Washington, qualifiziert hatte, erklärte er seinen Verbindungs- und Sicherheits-Offizieren: »Sie werden es hier nicht leicht haben, denn Sie müssen hier auf die größte Ansammlung von unberechenbaren, närrischen Käuzen aufpassen, die es je gab!«

Und wer waren diese ›närrischen Käuze‹, diese ›*crackpots*‹, wie Groves sie nannte?

Nun, natürlich gehörten zu ihnen die Pioniere des Projekts: Wigner, Teller, Weißkopf und nicht zuletzt Szilard, mit dem Brigadier Groves sogleich ›Erziehungsversuche‹ unternahm, weil ausgerechnet Leo Szilard, der Mann, der als erster für strenge Geheimhaltung aller Kernforschungsergebnisse eingetreten war, nun die weit über jedes vernünftige Maß hinausgehenden militärischen Sicherheits- und Zensurvorschriften in Gesprächen mit seinen engsten Kollegen mißachtet hatte. Groves meinte dazu später:

»Na ja, gewiß, ohne Szilards Hartnäckigkeit während der ersten Kriegsjahre hätten wir nie eine Atombombe gehabt, aber sobald die Sache lief, hätte er von mir aus ruhig in der Versenkung verschwinden können . . . «

Diesen Gefallen tat Szilard dem General indessen nicht. Er und die anderen ›crackpots‹ wären auch gar nicht entbehrlich gewesen, und sie fuhren fort, die Berufssoldaten durch Mißachtung militärischer Konventionen, geistreiche Späße und unbändige Intelligenz zu verwirren und oftmals zu entsetzen, wobei sich vor allem ein noch sehr junger Mann, Professor Richard Feynman, hervortrat. Er war 1918 in New York als Sohn jüdischer Einwanderer aus Osteuropa geboren, wurde später mit dem Einstein- und 1965 mit dem Nobelpreis ausgezeichnet und galt damals schon als brillanter physikalischer Theoretiker. Feynman brachte es einmal fertig, General Groves' streng bewachten und durch supermoderne Kombinationsschlösser gesicherten Panzerschrank, in dem die ängstlich gehüteten, allergeheimsten Forschungsergebnisse verwahrt wurden, gewaltlos zu öffnen und einen Zettel einzuschmuggeln. Darauf stand nur: ›Rat' mal, wer das wohl war?‹

Dieser ebenso kühne wie scheinbar bloß aus Übermut begangene Streich hatte eine tiefere Bedeutung: Feynman wollte damit die übertriebenen, der Zusammenarbeit und dem ›Betriebsklima‹ abträglichen Sicherheitsvorkehrungen *ad absurdum* führen. »Die zahllosen administrativen und technischen Klippen, die auf dem Weg zur Befreiung der Atomenergie lagen, wurden« – so bemerkt dazu Robert

Jungk – »schließlich einzig und allein durch die Entschlossenheit und Hartnäckigkeit der Wissenschaftler . . . überwunden. Sie ergriffen selbst wieder und wieder die Initiative, um diese schreckliche Waffe in die Welt zu setzen. Was viele von ihnen damals vor allem antrieb, war die ehrliche Überzeugung, daß dies der beste, ja der einzige Weg sei, den Gebrauch der Atomwaffe in diesem Krieg zu verhindern. ›Wir mußten im Fall einer deutschen Atomdrohung ein Gegenmittel in der Hand haben. Wenn dieses Gleichgewicht einmal vorhanden war, dann würde Hitler ebenso wie wir auf den Gebrauch eines solchen Monstrums verzichten‹, hieß es. Die Vorstellung aber, daß die Deutschen . . . bereits einen gefährlichen Vorsprung besaßen, war damals so verankert, daß sie wie eine Gewißheit behandelt wurde . . . An dieser Voraussetzung, die alle wohl gelegentlich doch einmal auftauchenden Bedenken beruhigte, wurde nie gezweifelt. 1941 kam der erst einige Wochen zuvor aus Deutschland geflüchtete Chemiker Reiche in Princeton an und berichtete, daß die deutschen Physiker bisher nicht an der Bombe gearbeitet hätten und auch so lange wie möglich versuchen würden, die deutschen Militärbehörden von dieser Möglichkeit abzulenken. Diese Botschaft wurde von einem anderen nach Amerika emigrierten Forscher, dem Physiker Rudolf Ladenburg, nach Washington weitergegeben. Die am Atomprojekt arbeitenden Wissenschaftler scheint sie aber nie erreicht zu haben . . . « Das war kein Wunder, denn die in Los Alamos (wie auch in Oak Ridge oder Hanford, den beiden anderen geheimen Forschungszentren) lebenden Atomwissenschaftler arbeiteten nahezu völlig isoliert von der Außenwelt. Daß sie sich einer Postzensur unterwerfen mußten, begriffen sie, auch, daß sie jedem Außenstehenden gegenüber zu strengstem Stillschweigen über Art und Ziel ihrer Arbeit verpflichtet waren. Und es war ihnen selbstverständlich, daß sie ihre Forschungsergebnisse vor Kriegsende nicht veröffentlichen durften; schließlich hatten das ja einige von ihnen selbst angeregt, sogar schon Jahre vor dem Kriegseintritt der USA.

Aber die Militärs verlangten von ihnen auch strengste Geheimhaltung *innerhalb* des Gesamtprojekts: Keine Abteilung sollte wissen, woran die andere arbeitete, und nur eine kleine auserlesene Schar von Spitzenkräften sollte, im Gegensatz zu der Masse ihrer wissenschaftlichen und technischen Mitarbeiter, in das Geheimnis eingeweiht werden, welchem Ziel alle Anstrengungen eigentlich dienten. Das aber, so fanden die Wissenschaftler, ging entschieden zu weit, störte zudem die reibungslose Zusammenarbeit und verhinderte den unerläßlichen Gedankenaustausch von Forschern verschiedener Fachrichtungen. Außerdem mußte sich diese Geheimniskrämerei nachteilig auswirken, wenn bestimmte langwierige Routinearbeiten für die Ausführenden ohne erkennbaren Sinn blieben.

So war beispielsweise das Heer von Mathematikern und Technikern des Rechenzentrums von Los Alamos lange Zeit hindurch völlig im unklaren darüber gelassen worden, was die komplizierten Berechnungen, die Tag für Tag auszuführen waren, eigentlich bezweckten. Infolgedessen arbeiteten sie lustlos, ohne Interesse. »Erst Feynman« – so berichtete Laura Fermi und bestätigte es noch einmal in einem Gespräch, das der Autor 1970 mit ihr führte – »setzte schließlich durch, daß er diesen Leuten sagen durfte, was in Los Alamos hergestellt werden sollte. Daraufhin stiegen die Leistungen der Abteilung beträchtlich, und einige Leute machten sogar freiwillig Überstunden . . . «

Nur ein knappes Dutzend der höchstqualifizierten Wissenschaftler gehörte zum ›innersten Kreis‹ der völlig Eingeweihten. Ihre allerengsten Mitarbeiter sowie die Arbeitsgruppenleiter der wichtigsten Teilbereiche samt deren Assistenten wußten mindestens über Ziel und Zweck des ganzen

Unternehmens Bescheid, in groben Zügen auch über seinen Fortgang und den ungefähren Stand der Entwicklung in den anderen Ressorts.

Diese beiden Spitzengruppen der völlig und der beinahe ganz Eingeweihten mit den wichtigsten Leitungs-, Forschungs-, Beratungs-, Koordinierungs- und Kontrollaufgaben bildeten das Gehirn und Rückgrat des ganzen Projekts, das ohne sie niemals durchzuführen gewesen wäre. Allein ihre hohe Intelligenz, ihre weit überdurchschnittlichen wissenschaftlichen Qualitäten, ihr enormer Fleiß, ihr Enthusiasmus und ihre vorbildliche Zusammenarbeit unter der Führung eines einzelnen, dessen Auswahl sie respektierten, obwohl sie ihm auf ihrem jeweiligen Fachgebiet an Erfahrung und wissenschaftlichem Ruf meist gleichwertig, in einigen Fällen sogar weit überlegen waren, bewirkten den schließlichen Erfolg der Anstrengungen einer ganzen Armee von wissenschaftlichen, technischen, administrativen und sonstigen Hilfskräften. Und kaum einer aus diesen beiden Spitzengruppen wäre dabei entbehrlich gewesen.

Diese letzte Feststellung ist von entscheidender Bedeutung für den Schluß unserer Untersuchung, der den Anteil derer am Personal der Spitzengruppe betrifft, die von der Judenverfolgung in Europa direkt oder indirekt betroffen waren. Einige davon sind uns schon bekannt: Eduard Teller, zum Beispiel, der spätere ›Vater der Wasserstoffbombe‹, der künftige Nobelpreisträger Eugen Wigner, Victor Weißkopf oder auch Leo Szilard. Wir wissen schon, daß Otto Frisch, Rudolf Peierls und Hans von Halban aus England herüberkamen und am ›Manhattan Project‹ an verantwortlicher Stelle mitarbeiteten, ebenso wie später Niels Bohr. Auch die aus Italien vertriebenen jüdischen Forscher, wie der spätere Nobelpreisträger Emilio Gino Segré und Professor Bruno Rossi, die beide nach Los Alamos berufen wurden, fanden bereits Erwähnung, desgleichen Enrico Fermi.

Andere Forscher von Weltrang, die aus Deutschland hatten emigrieren müssen und dann maßgeblich am ›Manhattan Project‹ mitarbeiteten, waren James Franck, Nobelpreisträger des Jahres 1925 und bis 1933 Professor in Göttingen; Felix Bloch, Schüler von Heisenberg und Niels Bohr, mit siebenundzwanzig Jahren bereits Privatdozent für theoretische Physik an der Universität Leipzig und 1952 mit dem Physik-Nobelpreis ausgezeichnet; Hans Bethe, Meisterschüler von Arnold Sommerfeld und vor seiner Auswanderung nach Amerika Privatdozent für theoretische Physik an der Universität München, später ebenfalls Phyik-Nobelpreisträger, oder der Spezialist für Niedrigtemperaturphysik, Immanuel Estermann, gebürtiger Berliner, seit 1933 am Carnegie-Institut tätig.

Schon diese fünfzehn nur als Beispiele angeführten Namen, denen noch zahlreiche weitere hinzuzufügen wären, zeigen deutlich, daß ohne die Judenverfolgung in Europa und die daraus resultierende Flucht führender Atomphysiker nach Amerika das ›Manhattan Project‹ gar nicht zustande gekommen wäre. Hinzu kommt, daß unter den übrigen Wissenschaftlern der Spitzengruppe ein ungewöhnlich hoher Prozentsatz Juden mittel- oder osteuropäischer Herkunft waren, die zwar schon vor 1933 in Amerika gelebt hatten, doch von den Vorgängen im Machtbereich Hitlers begreiflicherweise weit stärker berührt wurden als diejenigen, die keine nahen Verwandten, Lehrer und Studienfreunde unter den Opfern der Gaskammern wußten. Natürlich ist es nicht meßbar, inwieweit diese Umstände die einzelnen davon betroffenen Wissenschaftler zu höchstem Arbeitstempo angespornt und damit auch das ganze ›Manhattan Project‹ beschleunigt haben. Aber es darf zumindest vermutet werden, daß dies der Fall war.

Isidor Isaac Rabi, beispielsweise, einer der wissenschaftlichen Berater, die in Los Alamos ganz wesentlich zum Erfolg der Anstrengungen beigetragen haben, war noch in Rymanów im ehemals österreichischen Galizien geboren, aber bereits als Kind mit seinen Eltern nach New York gekommen, wo sein Vater dann ein kleines Lebensmittelgeschäft betrieb. Zwei Stipendien ermöglichten es dem hochbegabten jungen Mann, der an der Cornell-Universität Chemie und Physik studiert und seine Examen mit Auszeichnung bestanden hatte, sein Studium in Europa fortzusetzen, wo er bei Niels Bohr in Kopenhagen und Arnold Sommerfeld in München, aber auch in Hamburg und Leipzig an Vorlesungen und Seminaren teilnahm. Er wurde dann, kurz bevor in Deutschland die Hitlerpartei die ersten Machtpositionen erobern konnte, als Dozent an die Columbia-Universität berufen, erhielt bald darauf einen Lehrstuhl für Physik und trat mit Forschungen über die magnetischen Verhältnisse im Atomkern hervor, die ihm den Physik-Nobelpreis des Jahres 1944 eintrugen. Später wurde er Vorsitzender des Komitees der wissenschaftlichen Berater des Weißen Hauses . . .

Von den sechs wissenschaftlichen Hauptabteilungsleitern, die im ›Manhattan Project‹, zusammen mit dem wissenschaftlichen Direktor, die oberste Führungsgruppe bildeten, waren im Frühjahr 1945 zwei, nämlich der für ›fortgeschrittene Entwicklungsarbeit‹ zuständige Enrico Fermi und der Hauptabteilungsleiter für theoretische Physik, Hans Bethe, wegen der Judenverfolgung aus Europa geflüchtet. Von den übrigen vier waren nur zwei, nämlich die beiden gemeinsam das Ressort ›Experimentelle Physik‹ leitenden Wissenschaftler, J. W. Kennedy und C. S. Smith, gebürtige Amerikaner nichtjüdischer Herkunft. Die beiden anderen, G. B. Kistiakowsky und R. F. Bacher, waren aus Europa stammende Juden.

Professor George B. Kistiakowsky, Chef der Hauptabteilung, die das Detonationssystem der Bombe zu entwickeln hatte, war 1900 in Kiew geboren, hatte nach der Oktoberrevolution als junger Freiwilliger auf weißrussischer Seite gekämpft, nach dem Sieg der Roten Armee Zuflucht in Deutschland gefunden, in Berlin studiert und dort auch seinen Doktorgrad erworben, ehe er einem Ruf an die Universität von Harvard folgte und dort den Lehrstuhl für physikalische Chemie übernahm*; Dr. Robert Bacher, Chef der für die ›Physik der Bombe‹ zuständigen Hauptabteilung, Jahrgang 1905 und bereits gebürtiger Amerikaner aus Londonville, Ohio, stammte aus einer jüdischen Familie, die aus Österreich eingewandert war und in der alten Heimat zahlreiche Verwandte und Freunde zurückgelassen hatte . . .

Mindestens drei weitere Wissenschaftler von besonderer Bedeutung für das ›Manhattan Project‹, die als Juden aus Europa geflüchtet waren, müssen an dieser Stelle erwähnt werden: der für die ›Chemie der Bombe‹ zuständige, 1905 in St. Petersburg geborene und bis 1933 in Deutschland tätige Forscher Eugen Rabinowitch; der aus Budapest gebürtige, vor 1933 als Professor an der Berliner Universität lehrende ›Chef-Mathematiker‹ und ›Computer-Vater von Los Alamos‹, Hans von Neumann, und Georg Placzek, ein aus Prag stammender Kernphysiker von Rang, Niels-Bohr-Schüler und enger Freund von Bethe und Weißkopf, der auch in Wien, Berlin und Göttingen studiert und hohen Respekt genossen hatte, in Los Alamos aber als vielsprachiger und vielseitig gebildeter Kosmopolit eine wichtige Rolle als Bindeglied in den wissenschaftlichen und zwischenmenschlichen Beziehungen des internationalen Forscher-Teams spielte . . .

Der Mann schließlich, der als Direktor des gesamten ›Manhattan Project‹ die Arbeit der verschiedenen Hauptab-

* Professor Kistiakowsky wurde nach dem Kriege einer der engsten Berater des Präsidenten Dwight D. Eisenhower und dessen Außerordentlicher Assistent für Wissenschaft und Technologie.

teilungen koordinierte, zum Motor des ganzen Unternehmens und damit zum ›Vater der Atombombe‹ wurde, war Robert Oppenheimer.

Als Sohn deutsch-jüdischer Einwanderer 1904 in New York geboren, hatte Oppenheimer nach beendeter Schulzeit in Göttingen studiert und bei Max Born *›cum laude‹* promoviert, war dann noch zwei Jahre in Europa geblieben und hatte schließlich einen Ruf an die Universität von Kalifornien in Berkeley angenommen, daneben auch noch am ›California Institute of Technology‹ in Pasadena Vorlesungen gehalten.

Der brillante junge Physiker, der bereits als hoffnungsvoller Nachwuchs für den internationalen ›Atom-Club‹ galt, war ein vielseitig interessierter Schöngeist von hoher Bildung. Indessen hatte er sich um das politische Geschehen so gut wie gar nicht gekümmert, bis ihn die Ereignisse, die sich im Frühjahr 1933 in Deutschland abspielten, aus seinem Gelehrtendasein aufschreckten. Als nahe Verwandte und enge Studienfreunde von ihm Opfer der in seiner geistigen Heimat einsetzenden Rassenverfolgung wurden, begann Robert Oppenheimer leidenschaftlich Anteil zu nehmen an dem für ihn zunächst kaum faßbaren Geschehen. Und seit er durch den Vortrag, den Niels Bohr 1939 vor den führenden Physikern Amerikas hielt, auf die Möglichkeit der Atomspaltung und die riesigen, dabei freiwerdenden Energiemengen aufmerksam geworden war, hatte er mit gleicher Sorge an einen wahrscheinlichen deutschen Vorsprung in der Entwicklung von Kernwaffen und die sich daraus ergebende Gefahr einer Weltherrschaft Hitlers gedacht wie Szilard, Wigner, Teller, Weißkopf, Fermi, Bethe, Franck, Segré, von Halban, Rossi, Peierls, Frisch, von Neumann, Rabinowitch, Placzek und alle die anderen namhaften Wissenschaftler, die aus dem deutschen Machtbereich geflüchtet waren und später unter seiner Leitung am ›Manhattan Project‹ so entscheidend mitwirkten . . .

Robert Oppenheimer blieb der Nobelpreis versagt. Doch wie Laura Fermi, die Witwe Enrico Fermis, in ihrem 1968 im Verlag der Universität von Chicago veröffentlichten Buch, ›Illustrious Immigrants‹, sehr richtig bemerkt, läßt der Glanz des Nobelpreises mitunter andere hohe wissenschaftliche Auszeichnungen übersehen, die ähnliche Beachtung verdienten, etwa den von der amerikanischen Atomenergie-Kommission gestifteten und nach dem ersten Preisträger benannten ›Enrico Fermi Award‹. Die Autorin schreibt dazu:

»Bis 1963, das heißt, solange es der Kommission darum ging, nur wissenschaftlichen Leistungen (auf dem Gebiet der Atomforschung, ohne Berücksichtigung technischer und administrativer Verdienste) Anerkennung zuteil werden zu lassen, wurden acht Männer mit dem Enrico-Fermi-Preis ausgezeichnet: Fermi, Hans von Neumann, Eugen Wigner, Hans Bethe und Eduard Teller, Ernest Lawrence, Glenn Seaborg und Robert Oppenheimer . . . «

Und in der offiziellen Geschichte des amerikanischen Atomprojekts, ›The New World, 1939–1946‹, findet sich eine Bildserie mit der schlichten Unterzeile: ›Vier Wissenschaftler von Los Alamos‹. Die Abgebildeten aber sind – gewiß nicht rein zufällig so ausgewählt – vier von der Judenverfolgung betroffene Emigranten aus Europa: Hans Bethe, Enrico Fermi, Hans von Neumann und Georg Kistiakowsky . . .

So läßt sich denn zusammenfassend sagen, daß sowohl das Vorhandensein einsatzbereiter Atombomben in Amerika noch vor dem Ende des Zweiten Weltkrieges wie die unterbliebene Entwicklung von Kernwaffen im Machtbereich Hitlers als unausweichliche, teils direkte, teils indirekte Folge des nationalsozialistischen Rassenwahns gelten muß.

Wenn es aber noch eines Arguments bedurft hatte, jedermann einleuchtend darzutun, daß Deutschland schon allein aufgrund seiner Judenpolitik den Krieg niemals hätte gewinnen können, so wurde es uns aus den Laboratorien von Los Alamos in Form jener schrecklichen Vernichtungswaffe geliefert, deren Bau, wie wir gesehen haben, vornehmlich auf die rasche Initiative, die unermüdlichen Anstrengungen und die überragenden Fähigkeiten jener zurückzuführen ist, die Deutschland als ihre – mindestens geistige – Heimat angesehen hatten und daraus vertrieben worden waren.

Achtes Kapitel
POLITIK UND MORAL

Es ist kein Zweifel möglich: Es waren vornehmlich Juden, und zwar zumeist und in erster Linie jüdische Wissenschaftler aus Deutschland, die den USA zu der fürchterlichsten Waffe der Kriegsgeschichte, zur ersten Atombombe, verhalfen. Ohne die jüdischen Flüchtlinge aus dem Machtbereich Hitlers wären die Vereinigten Staaten nicht bereits im Jahre 1945 zur – damals einzigen – Atommacht geworden.

Für eingefleischte Antisemiten mag in dieser Tatsache ein gewisser Trost liegen, womöglich eine nachträgliche Rechtfertigung für den infernalischen Haß ihres ›Führers‹ auf die Juden und seine starke instinktive Abneigung gegen die ›jüdische Physik‹. Indessen verwechselten sie dabei Ursache und Wirkung. Keiner der Kernphysiker und auch keiner der anderen beteiligten Wissenschaftler aus Deutschland und den anderen Ländern, auf die die deutsche Judenpolitik ausgedehnt wurde, wäre aus dem Machtbereich Hitlers geflüchtet oder hätte sich gar veranlaßt gesehen, dem Präsidenten der USA oder einer anderen Regierung zum Bau einer Atombombe zu raten und dabei mit allen Kräften mitzuhelfen, wäre nicht jener von niemandem in solchem Ausmaß erwartete Terror ausgebrochen, der das hochzivilisierte Deutsche Reich ins finsterste Mittelalter zurückwarf und die ganze Welt in Angst versetzte durch die Vehemenz und die Rücksichtslosigkeit, mit denen ein Nachbarland nach dem anderen überfallen und dem System des Schrekkens ›eingegliedert‹ wurde. Erst durch diese Umstände und aus der zunächst nur den wenigen Spezialisten begreiflichen Sorge heraus, daß sich Hitler mit Hilfe deutscher Kernwaffen auch noch die übrige Welt unterwerfen könnte, kam es dazu, daß friedliche Wissenschaftler den Anstoß zum Bau einer Vernichtungsmaschine gaben und dann mit äußerster Energie an deren Fertigstellung mitarbeiteten.

Kaum aber war die Gefahr einer Weltherrschaft der Nazis gebannt, da bemühten sich viele derselben Wissenschaftler sogleich und mit allem Nachdruck darum, den nunmehr unnötigen Einsatz der neuen Waffe zu verhindern. Ein besonders eindrucksvolles Dokument hierfür, das auch die Unterschrift Leo Szilards trägt, ist der sogenannte ›Franck-Report‹*, so benannt nach seinem Initiator, dem einstigen Göttinger Professor und Physik-Nobelpreisträger des Jahres 1925, James Franck.

Gemeinsam mit Gustav Hertz, einem anderen berühmten deutsch-jüdischen Physiker und Neffen des Entdeckers der drahtlosen Wellen, Heinrich Hertz, nach dem die physikalische Maßeinheit der Frequenz benannt wurde, war James Franck mit dem Nobelpreis ausgezeichnet worden »für die Entdeckung der Gesetze, die bei dem Zusammenstoß eines

* Der volle Wortlaut des ›Franck-Reports‹ befindet sich im Dokumentenanhang.

Elektrons mit einem Atom herrschen«. Wegen seines wissenschaftlichen Weltrufs (und wohl auch, weil er ein hanseatischer Gentleman war, halb liberal, halb konservativ eingestellt, jedenfalls kein ›Linker‹) hatte man Franck nach Beginn der Nazi-Herrschaft nicht wie andere jüdische Hochschullehrer sofort davongejagt. Doch er war zu vornehm, solche ›Gnadenerweise‹ anzunehmen. Am 17. April 1933 hatte er seine Entlassung erbeten, und zwei Tage später war er noch einen Schritt weitergegangen: Er hatte den wenigen Zeitungen, die damals noch nicht ›gleichgeschaltet‹ waren, eine Erklärung zur Veröffentlichung zugeleitet, in der es hieß, sein Rücktritt wäre nur ein Akt der Solidarität mit seinen hinausgeworfenen jüdischen Kollegen. »Wir Deutsche jüdischer Herkunft werden wie Fremde und Feinde des Vaterlands behandelt«, hatte er voll Bitterkeit erklärt und hinzugefügt, daß er unter diesen Umständen keine Vorzugsstellung genießen wollte.

Diese so würdige Haltung war Franck von einer Reihe ›arischer‹ Kollegen sehr verübelt worden. Sie wandten sich – und das ist ein Beispiel dafür, daß sich Leuchten der Wissenschaft keineswegs immer so benehmen, wie man es von ihnen erwarten zu können meint – voller Empörung gegen den nach ihrer Meinung ›grob undankbaren‹ Juden Franck. Zweiundvierzig Professoren und Dozenten der Göttinger Universität unterzeichneten ein Schreiben an die örtliche Nazi-Parteileitung, worin sie Francks Verhalten ›schärfstens‹ verurteilten, weil es der ›Greuelpropaganda‹ des Auslands direkt in die Hände spiele . . . Nur ein einzelner Naturwissenschaftler fand den Mut, sich James Franck sofort anzuschließen und öffentlich gegen die Entlassung der jüdischen Kollegen zu protestieren: Der Physiologe und Pharmakologe Otto H. Krayer, der sich auch nicht einschüchtern ließ, seine Entlassung erhielt und bald darauf in die Emigration ging . . .

Dieser Rückgriff auf das Jahr 1933 sollte verdeutlichen, daß der Protest eines Wissenschaftlers gegen ein Vorgehen des Staates, das ihm unmoralisch erscheint, zu allen Zeiten Mut erfordert hat. Den Emigranten unter den Atomforschern von Los Alamos, die sich gegen einen Einsatz der von ihnen selbst konstruierten und unter enormen finanziellen Opfern ihres Gastlandes fertiggestellten Bombe wandten, drohte zwar kein Konzentrationslager, doch immerhin Kaltstellung und der Vorwurf groben Undanks.

Es verdient deshalb hervorgehoben zu werden, daß an dem ›Franck-Report‹, der den Einsatz der Atombombe verhindern sollte, neben James Franck selbst vor allem zwei bis 1933 in Deutschland tätig gewesene jüdische Wissenschaftler mitgearbeitet haben, die als *›refugees‹* nach Amerika gekommen waren: Eugen Rabinowitch und Leo Szilard. Und Leo Szilard, der eigentliche Initiator des ›Manhattan Project‹, war es, der im Frühjahr 1945 den schon fast verzweifelten Versuch unternahm, »den unheimlichen ›Dschinn‹, den wir, wie der Fischer in Tausendundeiner Nacht, aus der Flasche herausgelassen hatten, wieder einzufangen und einzusperren, ehe er Unheil anrichten konnte«.

»Während des ganzen Jahres 1943 und eines Teils von 1944 war es unsere größte Sorge, daß die Deutschen eine Atombombe vor der (alliierten) Landung in Europa fertigstellen könnten . . . 1945 aber, als wir aufhörten, uns Sorgen darüber zu machen, was die Deutschen uns antun könnten«, so schilderte es Leo Szilard später mit erstaunlichem Freimut, »da begannen wir uns besorgt zu fragen, was die Regierung der Vereinigten Staaten wohl anderen Ländern antun könnte.«

Wieder war es Albert Einstein, an den Leo Szilard sich wandte, damit er durch sein immenses Ansehen einem Appell an den Präsidenten der Vereinigten Staaten, keine Atombomben einzusetzen, den erforderlichen Nachdruck verliehe. Und wieder unterzeichnete Einstein den vorbereiteten Brief, der dann zusammen mit einem Memorandum der Wissenschaftler von Los Alamos dem Präsidenten Roosevelt zugeleitet wurde. Doch ehe Roosevelt Zeit fand, die Schriftstücke zu lesen, ereilte ihn am 12. April 1945 der Tod. Einsteins Brief nebst den Anlagen fanden sich unter seinen unerledigten Papieren, und sein Nachfolger, Harry S. Truman, war nicht der Mann, auf den dringenden Appell einiger als Flüchtlinge ins Land gekommener ›Eierköpfe‹ (*egg heads* – so die spöttische Bezeichnung für Intellektuelle, wie sie engstirnige Militärs vom Schlage des Generals Grove benutzten) etwas zu geben. Truman stimmte dem geplanten Einsatz der ersten Atombomben gegen das militärisch schon geschlagene, kapitulationsreife Japan zu – wie wir heute wissen, vornehmlich zu dem Zweck, der Sowjetunion die militärische Überlegenheit der USA zu demonstrieren und den bisherigen Verbündeten, der im Kampf gegen den Nazifaschismus die allergrößten Opfer gebracht hatte, »in seine Schranken zu weisen« (so John F. Dulles, US-Außenminister unter Präsident Eisenhower). Es war gewissermaßen schon der Beginn des Kalten Krieges . . .

Mit welchen Gefühlen die vor der Barbarei des ›Dritten Reiches‹ in die USA geflüchteten Wissenschaftler diesen äußerst brutalen und – wie wir heute wissen – gänzlich überflüssigen Atomwaffeneinsatz des Landes aufnahmen, auf dessen hohen ethischen Standard sie vertraut hatten, läßt sich nur ahnen. Immerhin wissen wir von einigen, wie es sie traf.

Norbert Wiener, der berühmte Mathemathiker, Philosoph und Begründer der Kybernetik, der – als Sohn eines ostjüdischen Einwanderers, der es zum Harvard-Professor brachte – schon mit achtzehn Jahren Universitätsdozent wurde und während des Krieges einen erheblichen Beitrag zu den Kriegsanstrengungen der USA lieferte, lehnte unter dem Eindruck von Hiroshima die Herausgabe einer Kopie des Berichts, den er im Auftrage des Pentagons erstellt hatte, an eine ihn darum ersuchende Rüstungsfirma mit folgender Begründung ab: »Die Erfahrung der Wissenschaftler, die an der Atombombe arbeiteten, hat gezeigt, daß sie bei jeder Forschungsarbeit dieser Art schließlich unbegrenzte Macht in die Hände gerade jener Leute legen, denen sie ihren Gebrauch am wenigsten gerne anvertrauen möchten . . . Ich will nicht am Bombardement und an der Vergiftung schutzloser Menschen teilnehmen. Ich habe daher nicht die Absicht, irgendeine künftige Arbeit von mir zu veröffentlichen, die in den Händen unverantwortlicher Militaristen Schaden anrichten könnte . . . «

»Nicht lange nach Hiroshima«, so erinnert sich Leo Szilard, »besuchte ich Einstein. Als ich in sein Arbeitszimmer trat, schaute er mich traurig an und sagte: ›Da haben Sie es nun. Die alten Chinesen haben schon recht gehabt. Am besten ist es, überhaupt nicht zu handeln . . . ‹«

Einstein zog auch Konsequenzen aus der tiefen Enttäuschung, die ihm der Mißbrauch einer nur für einen ganz bestimmten Notfall gedachten Verteidigungsmöglichkeit durch eine Regierung, der er vertrauen zu können glaubte, bereitet hatte. Wie sein Neffe, Dr. Josef Spier, Jahre später in einem Interview mit dem Südwestfunk berichtete, hatten ihn die Nachrichten von den amerikanischen Atombombenangriffen auf kaum noch verteidigte japanische Städte äußerst hart getroffen. »Zum Schluß seines Lebens«, so erklärte Dr. Spier, »war er der unglücklichste Mensch. Und ich verrate Ihnen jetzt ein Geheimnis, das er mir damals, 1954, offenbarte. Er verpflichtete mich, es nie zu sagen, bevor er das Zeitliche gesegnet habe, und ich habe dieses Versprechen gehalten. An diesem Tage, an dem ich ihn zum letztenmal lebend sah, sagte er zu mir: ›Weißt du, mein Sohn, ich habe noch etwas gefunden, auf dem Grenzgebiet der Mathematik und der Astronomie. Das habe ich jüngstens kaputtgemacht. Einmal ein Verbrecher an der Menschheit geworden zu sein, genügt mir. Das zweite Mal wird mir das nicht passieren‹ . . .«

Auch andere bedeutende Physiker wie Victor Weißkopf, Hans Bethe und Georg Placzek kamen zu dem Entschluß, jede Mitarbeit an der weiteren Entwicklung von Kernwaffen zu verweigern, trotz der sich dabei für einen Wissenschaftler bietenden, sehr verlockenden Möglichkeit, mit modernsten Hilfsmitteln und ohne nennenswerte Rücksicht auf die Kosten, Forschungen auf dem eigenen Spezialgebiet zu betreiben. Sie wurden sich darüber einig, daß – wie Bethe es später formuliert hat – »die Welt nach einem solchen Krieg (mit weiterentwickelten Kernwaffen), selbst wenn wir ihn gewinnen sollten, nicht mehr sein würde . . . wie die Welt, die wir erhalten wollen. Wir würden gerade die Dinge verlieren, für die wir kämpften . . . «

Der Physik-Nobelpreisträger und Philosoph Max Born, der aus Göttingen nach England emigriert war, hatte es von Anfang an abgelehnt, an der Entwicklung von nuklearen Waffen mitzuarbeiten. Born, der – wie zuvor Sigmund Freud – in einem jahrelangen Briefwechsel mit Albert Einstein nach Möglichkeiten gesucht hatte, den Mißbrauch wissenschaftlicher Erkenntnisse wie den Krieg überhaupt wirksam zu verhindern, war zu einer Überzeugung gelangt, die seine englische Kollegin Kathleen Lonsdale einmal so ausgedrückt hat: »Das Risiko, daß eines Menschen Arbeit, die an sich gut ist, später einmal mißbraucht wird, muß man immer auf sich nehmen. Aber wenn es bereits bekannt ist, daß der Zweck der Arbeit verbrecherisch und böse sein soll, kann die persönliche Verantwortung nicht umgangen werden!«

Aus einer solchen Erkenntnis heraus wurde ein Schüler Max Borns zum Verräter der amerikanischen Atomgeheimnisse an die Sowjetunion: Klaus Fuchs. Dieser Sohn eines evangelischen Theologen, der sich zu den Lehren der Quäker und religiösen Sozialisten bekannte, hatte dem ›Dritten Reich‹ ohne Zwang den Rücken gekehrt, in Birmingham die Vorlesungen Max Borns gehört, dann bei Rudolf Peierls assistiert und war 1943 als eines der wichtigsten Mitglieder des britischen Kernforscher-Teams in die Vereinigten Staaten gekommen. Von Dezember 1944 an arbeitete er in Los Alamos, und er galt dort nicht nur als ein außerordentlich fähiger Wissenschaftler, sondern auch als vorbildlich hilfsbereiter Kollege, der es mit dem Gebot der Nächstenliebe sehr ernst nahm.

Sein Vater, Professor Emil Fuchs, der mit seinem Sohn nach dessen Verurteilung durch ein englisches Gericht ein Gespräch unter vier Augen führen konnte, äußerte sich im Anschluß daran folgendermaßen über die Motive, die den brillanten jungen Wissenschaftler zum Verrat veranlaßt hatten:

»Ich als Vater sehe seine große innere Not in dem Augenblick, wo er entdeckte, daß er für die Bombe arbeitete. Sagte er: Ich tue es nicht, so ging es eben doch weiter in der vollen Gefahr für die Menschheit. So fand er den Ausweg aus einer ausweglosen Lage. Weder er noch ich haben es jemals dem englischen Volke verdacht, daß man ihn verurteilte. Er trägt sein Los tapfer, entschlossen und klar. Nach englischem Gesetz ist er zu Recht verurteilt. Aber es muß ja immer wieder Menschen geben, die solche Schuld auf sich nehmen – wie York bei Tauroggen – und die Folgen starken Willens tragen, weil sie meinen, daß sie klarer sehen als die Machthaber, die in diesem Augenblick entscheiden . . . Dabei riskierte er eine glänzende, hochbezahlte Stellung und eine noch glänzendere Zukunft. Ich kann nur in Ehrfurcht mich seiner Entscheidung beugen. Wer kann wissen, wie er entschieden hätte in solcher Lage?«

Klaus Fuchs war einer der ganz wenigen nichtjüdischen deutschen Emigranten unter den Atomforschern. Wäre er Jude gewesen wie seine Lehrer und die meisten seiner Kollegen, dann hätte dieser Umstand dem Antisemitismus neue Nahrung gegeben. So war er eben nur ein Emigrant, ein *refugee,* ein ›vaterlandsloser Geselle‹, der Deutschland – das ›Dritte Reich‹ ebenso wie die zum Zeitpunkt seiner Verurteilung bereits eine Front des Kalten Krieges bildende Bundesrepublik – ebenso verraten hatte wie England und die USA, denen er Dank geschuldet hatte. (Von einer Dankesschuld Deutschlands wie der Alliierten gegenüber den deutschen Emigranten, die Wesentliches dazu beitrugen, Hitlers Schreckensherrschaft zu beenden und die noch einiges von der verlorenen Ehre ihres Vaterlandes retteten, ist kaum je die Rede . . .) Und natürlich war Klaus Fuchs, der Sowjetspion, ein Kommunist, schlimmer noch: ein ›Salon-Bolschewist‹, einer, der es materiell gar nicht nötig gehabt hatte, sich sozialistischen Ideen zu verschreiben, ein typischer ›Linksintellektueller‹ (was ein von Pseudo-Intellektuellen gern als Schimpfwort benutzter Beinahe-Pleonasmus ist), für jeden Antisemiten zudem als der Born- und Peierls-Schüler, Einstein-Bewunderer und Oppenheimer-Jünger, der er war, ein ›weißer‹ oder ›Geistes Jude‹ . . .

Damit wollen wir Klaus Fuchs, den Verräter aus Verantwortungsgefühl, der, da er schon nicht die Kernwaffen wieder aus der Welt schaffen konnte, wenigstens ein atomares Patt zwischen den Führungsmächten der großen Blöcke herstellen zu müssen meinte, dem gewiß besseren Urteil kommender Generationen überlassen. In unserer Untersuchung scheint er, der nichtjüdische Emigrant aus protestantischem Pfarrhaus, ohnehin fehl am Platz, es sei denn, wir erinnern uns, daß auch Max Planck, Werner Heisenberg, Paul Dirac und Erwin Schrödinger öffentlich als ›Einstein-Jünger‹ und ›Weiße Juden‹ bezeichnet worden waren. Auch das war als Beschimpfung gemeint gewesen . . .

Tatsächlich hatte das ›gesunde Volksempfinden‹, das hierzu von den Nazis bemüht worden war, weder auf dem Gebiet der theoretischen Physik noch auf dem der modernen Kunst zwischen ›arischen‹ und ›nichtarischen‹ Gelehrten oder Künstlern unterscheiden können. Und noch auf einem anderen Sektor, dem wir uns jetzt zuwenden wollen, wurden Bürger mit jüdischen und solche mit christlichen Vorfahren ohne die sonstigen ›rassischen‹ Bedenken stets in einen Topf geworfen.

Es handelte sich dabei um die von der Nazi-Terminologie schlicht unter dem Begriff ›Novemberverbrecher‹ zusammengefaßte Gruppe von Politikern und Intellektuellen der deutschen Linken. Doch ehe wir uns damit näher befassen und untersuchen, wie es kam, daß auch unter den sozialistischen und pazifistischen Führern die deutschen Juden weit stärker vertreten waren, als ihrem Bevölkerungsanteil entsprochen hätte, müssen wir uns noch einmal daran erinnern, was die deutschen Juden waren: Bürger, die sich nicht zum Christentum bekehrt hatten und dafür jahrhundertelang grausame Unterdrückung und Verfolgung auf sich genommen hatten . . .

Dieses Gruppenschicksal prädestinierte sie dazu, sich – zumal nach ihrer eigenen Emanzipation – anderer Verfolgter, Unterdrückter und Ausgebeuteter anzunehmen, für die Menschenrechte stärker einzutreten als andere, die weniger davon profitiert hatten, und ihre während eines langen Ausleseprozesses entwickelten Fähigkeiten einzusetzen, auch und gerade für diejenigen, denen Bildung und Information ebenso vorenthalten wurden wie andere Voraussetzungen eines menschenwürdigen Daseins.

Natürlich nahmen beileibe nicht alle deutschen Juden in so starkem Maße Anteil am Schicksal der ausgebeuteten, weitgehend rechtlosen Masse, und nur eine relativ kleine Elite setzte sich mit allen Kräften ein für die Unterdrückten (so wie auch nur ein winziger Teil der aufgeklärten französischen Aristokratie an der Befreiung des ›dritten Standes‹ aktiv mitwirkte und die Revolution von 1789 mit anführte). Immerhin war die Beteiligung der deutschen Juden an der Entwicklung der Theorie des Sozialismus und an der Führung der Arbeiterbewegung weit größer, als es dem jüdischen Bevölkerungsanteil entsprochen hätte, von der Klassenlage der meist einer begüterten Bourgeoisie entstammenden jüdischen Sozialisten ganz zu schweigen.

Auf die Tatsache, daß diesen mehr als nur vereinzelt vorhandenen deutsch-jüdischen Sympathien für die Sache der Linken eine Masse indifferenter, allenfalls mäßig liberaler Bürger jüdischer Herkunft und einige jüdische Vertreter der Rechten gegenüberstanden, werden wir in anderem Zusammenhang noch zurückkommen. Um was es uns hier gehen soll, ist die Frage, welcher Art die Impulse waren, die von Teilen der deutsch-jüdischen Intelligenz ausgingen und in starkem Maße dazu beitrugen, eine spezifisch deutsche – wenn man will: deutsch-jüdische – Form des Kommunismus zu entwickeln.

Da war zunächst Ludwig Börne, einer der Führer des ›Jungen Deutschland‹, der im 74. seiner ›Briefe aus Paris‹ vom 7. Februar 1832 die Ausgangssituation treffend beschrieben hat: »Es ist wie ein Wunder! Tausend Male habe ich es erfahren, und doch bleibt es mir ewig neu. Die einen werfen es mir vor, daß ich ein Jude sei, die anderen verzeihen mir es; der dritte lobt mich gar dafür; aber alle denken daran . . . Die armen Deutschen! Im untersten Geschosse wohnend, gedrückt von den sieben Stockwerken der höheren Stände, erleichtert es ihr ängstliches Gefühl, von Menschen zu sprechen, die noch tiefer als sie selbst, die im Keller wohnen. Kein Jude zu sein, tröstet sie dafür, daß sie nicht einmal Hofräte sind . . . Ich weiß das unverdiente Glück zu schätzen, ein Deutscher und ein Jude zu sein . . . Ja, weil ich als Knecht geboren, darum liebe ich die Freiheit mehr als Ihr. Ja, weil ich die Sklaverei gelernt, darum verstehe ich die Freiheit mehr als Ihr . . . !«

Ähnlich wie Börne mögen viele der jungen deutsch-jüdischen Intellektuellen aus der ersten Hälfte des 19. Jahrhunderts empfunden haben, doch wahrscheinlich am wenigsten und wenn, nur unterbewußt, Karl Marx, der ›Vater des Sozialismus‹, der sich – wie Hans Lamm in seiner scharfsinnigen Studie* nachgewiesen hat, »subjektiv in so geringem (praktisch keinem) Maß an die Ahnengemeinschaft gebunden fühlte«; am meisten dagegen Moses Hess, der 1812 in Bonn geborene Philosoph, der den modernen, humanen Sozialismus auf ethischer Grundlage schuf, mit seinen Schülern Marx und Engels wegen deren rein materialistischer Auffassung brach und von diesen dafür als ›alter Esel‹ verspottet wurde.

Doch verlassen wir die kleinen und großen Propheten des Sozialismus und wenden wir uns denen zu, die im frühen 20. Jahrhundert als ›Kommunisten‹ verketzert, ja, den erschrockenen Bürgern mindestens als ›Wegbereiter des Bolschewismus‹, oft auch als ›Teufel in Menschengestalt‹, als blutgierige Bestien und ›von satanischer Zerstörungswut erfüllt‹ hingestellt wurden.

Was waren das für seltsame Menschen (falls es überhaupt noch Menschen waren) . . . ?, so fragten sich die Spießer, Christen wie auch Juden. Diese schrecklichen Roten, die aus

* Hans Lamm, ›Karl Marx und die Juden‹, München 1969

so ordentlichen Verhältnissen stammten, riefen zum Kampf gegen ihre eigene Klasse, die Bourgeoisie auf! Selbst beileibe keine Proletarier, setzten sie sich in Wort, Schrift und mitunter auch Tat für diese ein, sahen in der Revolution – ein in den Ohren ordnungsliebender, auf ihre Privilegien bedachter Besitzbürger entsetzlich klingendes Wort! – eine Notwendigkeit und schürten, zumindest durch herbe Kritik an den Besitzenden und Mächtigen sowie an den Verhältnissen, die zu der angeblich ungerechten Verteilung von Besitz und Macht geführt hatten, den Haß der Unterdrückten auf die Unterdrücker.

Hier muß an erster Stelle Rosa Luxemburg genannt werden, Tochter eines polnisch-jüdischen Kaufmanns, der in Deutschland die Schule besucht hatte und zu jener kultivierten bürgerlichen Oberschicht gehörte, die für die deutsche Romantik schwärmte und ihre Kinder auf deutsche Gymnasien und Universitäten schickte, nicht zuletzt im Bewußtsein der Herkunft ihrer Vorfahren aus dem Westen des Reiches, im Falle der Familie Luxemburg natürlich aus jener gleichnamigen Stadt, die im 13. Jahrhundert ihre jüdischen Bürger vertrieben hatte.

Die Briefe Rosa Luxemburgs aus dem Gefängnis lösten, wie ihr Biograph Peter Nettl vermerkt, sehr verschiedenartige Reaktionen aus. »Typisch für die konzessionslose Feindseligkeit und Verständnislosigkeit bürgerlicher Zuschauer der Nachkriegswirren war ein Brief aus Innsbruck – Bollwerk der katholischen Reaktion und Gegenpol des ›roten‹ Wien – an ›Die Fackel‹, eine literarisch-politische Zeitschrift, die damals intellektuelle Sympathie für linksrevolutionäre Ziele bekundete. Die anonyme Briefschreiberin, die nach eigener Angabe auf einem großen ungarischen Gut aufgewachsen war, nahm Anstoß an Rosa Luxemburgs mitleidiger Schilderung der Mißhandlungen erbeuteter Büffel in Deutschland während des Krieges. Der Brief an Sonja Liebknecht, in dem diese Schilderung enthalten ist*, war in der ›Fackel‹ abgedruckt worden. Die Briefschreiberin erklärte, daß Büffel stumpfe, kaum eines Gefühls fähige Tiere seien und von jeher als Zugvieh für schwere Lasten verwendet würden. ›Die Luxemburg hätte gewiß gerne, wenn es ihr möglich gewesen wäre, den Büffeln Revolution gepredigt und ihnen eine Büffelrepublik gegründet . . . Es gibt eben viele hysterische Frauen, die sich gern in alles hineinmischen und immer einen gegen den anderen hetzen möchten; sie werden, wenn sie Geist und guten Stil haben, von der Menge willig gehört und stiften viel Unheil in der Welt, so daß man nicht zu sehr erstaunt zu sein braucht, wenn eine solche, die so oft Gewalt gepredigt hat, auch ein gewaltsames Ende nimmt‹ . . . «

Karl Kraus, der Herausgeber der ›Fackel‹, jüdischer Herkunft und voller Sympathie für die revolutionäre Linke, soweit sie humanitäre Ziele verfolgte und nicht in Terrorismus entartet war, aber beileibe kein Marxist, antwortete der Briefschreiberin mit einer glühenden Sympathieerklärung für Rosa Luxemburg und ihre Art des Kommunismus, und er erwies sich dabei, selbst in hellster Empörung, als der große Meister der deutschen Sprache, der er war.

»Der Kommunismus . . . – der Teufel hole seine Praxis«, begann sein leidenschaftliches, *Credo* überschriebenes Bekenntnis, »aber Gott erhalte ihn uns als konstante Drohung über den Häuptern jener, so da Güter besitzen und alle anderen zu deren Bewahrung und mit dem Trost, daß das Leben der Güter höchstes nicht sei, an die Fronten des Hungers und der vaterländischen Ehre treiben möchten. Gott erhalte ihn uns, damit dieses Gesindel, das schon nicht mehr ein und aus weiß vor Frechheit, nicht noch frecher

* Vgl. Rosa Luxemburg, Briefe aus dem Gefängnis, 5. Aufl., Berlin 1961, S. 57–59. Die Briefstelle ist wiedergegeben im Dokumentenanhang.

werde, damit die Gesellschaft der ausschließlich Genußberechtigten . . . wenigstens doch auch mit einem Alpdruck zu Bett gehe! Damit ihnen wenigstens die Lust vergehe, ihren Opfern Moral zu predigen, und der Humor, über sie Witze zu machen!«

Es wäre verfehlt, in Rosa Luxemburg nur eine mitfühlende Frau zu sehen, die sich empörte über die Quälerei einer Kreatur, gleich ob Mensch oder Tier. Sie war auch eine brillante Theoretikerin des Sozialismus, verfügte über eine außerordentliche Intelligenz und wußte eine scharfe Klinge zu führen.

Sosehr sie selbst das Blutvergießen und den Terror mißbilligte, die Mittel verurteilte, mit denen die Bolschewiki die einmal errungene Macht verteidigten, und dies auch Lenin gegenüber aussprach, so wenig ließ sie Kritik daran von seiten derer zu, die einst mit Strömen von Blut an die Macht gelangt waren und sie stets mit grausamsten Mitteln verteidigt hatten. »Die Reventlow, Friedberg, Erzberger, die ohne mit der Wimper zu zucken Millionen deutscher Männer und Jünglinge zur Schlachtbank getrieben – um Longwy und Brie, um neuer Kolonien willen, die Scheidemann-Ebert, die vier Jahre lang für den größten Aderlaß, den die Menschheit erlebt, alle Mittel bewilligten – sie schreien jetzt im heiseren Chor über den ›Terror‹, über die angebliche ›Schreckensherrschaft‹, die von der Diktatur des Proletariats drohe! Die Herrschaften mögen in ihrer eigenen Geschichte nachblättern . . . «

Und sie goß Hohn und Spott über die Gerüchtemacher:

»Klirrt irgendwo eine Fensterscheibe, platzt an der Ecke ein Pneumatik mit lautem Knall, gleich schaut sich der Philister mit gesträubten Haaren und einer Gänsehaut auf dem Rücken um: Aha, sicher ›kommen die Spartakusleute‹! . . . Verschiedene Personen haben sich an Liebknecht mit der rührenden Bitte gewandt, ihre Gatten, Neffen oder Tanten von dem beabsichtigten bethlehemitischen Kindermord, den die Spartakusse planen, ausnehmen zu wollen. So geschehen wahr und wahrhaftig im ersten Jahr und Monat der glorreichen deutschen Revolution! . . . Hinter allen diesen schwirrenden Gerüchten, lächerlichen Phantasien, wahnwitzigen Räubergeschichten und schamlosen Lügen steckt ein sehr ernster Vorgang: es liegt System darin . . . Die Gerüchte werden zielbewußt fabriziert und ins Publikum lanciert, . . . um eine Pogromatmosphäre zu schaffen . . . Gegen Morde, Putsche und ähnlichen Blödsinn schreit man, und den Sozialismus meint man . . . «

Rosa Luxemburg wurde, zusammen mit Karl Liebknecht, am 15. Januar 1919 in Berlin von Angehörigen der exklusiven Gardekavallerie-Schützendivision ermordet, »im Dienst an Deutschland«, wie der Initiator des Anschlags, Major a. D. Pabst, noch ein halbes Jahrhundert später behauptete. »Rosa Luxemburg gehört uns«, erklärte zu ihrem 80. Geburtstag die Sozialistische Einheitspartei der DDR. »Rosa Luxemburg gehört zu uns«, so ließ die Sozialdemokratische Partei der Bundesrepublik zu ihrem 40. Todestag wissen. Beide beanspruchen sie Rosa Luxemburg im Namen der Humanitas, gestützt auf einen Satz, den die große Kämpferin für einen humanen Sozialismus einst ausgesprochen hat: »Eine Welt muß gestürzt werden. Aber jede Träne, die geflossen ist, ist eine Anklage . . .«

»Andere wieder begeistern sich an ihrer Theorie von der revolutionären Spotaneität der Massen«, schrieb Manfred Grunert zu Rosa Luxemburgs 100. Geburtstag in der Münchener ›Abendzeitung‹. »Die einen fasziniert die Tragik der Politikerin, in der sie eine gescheiterte Moralistin sehen. Andere erblicken in ihr einen Kronzeugen linksliberaler Gesinnung, den Satz zitierend: ›Freiheit ist immer die Freiheit der Andersdenkenden‹. Eine Gestalt wie Rosa Luxemburg aber läßt sich nicht in ein wie auch immer etikettiertes Schublädchen stecken. Sie gehörte der Partei der Arbeiterklasse, deren Sache sie bewußt ihr Leben verschrieben hatte – ohne daß dadurch der andere, der ›private‹ Mensch in ihr verkümmert wäre. Im Gegenteil.«

In einem Brief (vom 2. Mai 1917) an Sonja Liebknecht gibt sie von sich selbst die unübertreffbare Selbstcharakteristik: »Ich habe manchmal das Gefühl, ich bin kein richtiger Mensch, sondern auch irgend ein Vogel oder ein anderes Tier in Menschengestalt. Sie wissen, ich werde trotzdem hoffentlich auf dem Posten sterben: in einer Straßenschlacht oder im Zuchthaus. Aber mein Innerstes Ich gehört mehr meinen Kohlmeisen als den ›Genossen‹. Und nicht etwa, weil ich in der Natur, wie so viele innerlich bankerotte Politiker, ein Refugium, ein Ausruhen finde. Im Gegenteil. Ich finde auch in der Natur auf Schritt und Tritt so viel Grausames, daß ich sehr leide . . . «

Rosa Luxemburg war sicherlich die größte, aber beileibe nicht die einzige von Humanismus erfüllte Persönlichkeit unter den verteufelten jüdischen Theoretikern, Führern und Publizisten der deutschen Linken.

Gustav Landauer, der Gelehrte, der Dichter, der Schriftsteller, der eines der schönsten Bücher über Shakespeare verfaßt hatte, war ein weiteres Mitglied dieser Gruppe von bedeutenden Menschen, auf die sich der Haß der Mächtigen und Besitzenden konzentrierte, vielleicht gerade weil sie nicht nur ›Klassenverräter‹, aus dem Bürgertum hervorgegangene Führer des erwachenden Proletariats waren, sondern auch wegen ihrer Anständigkeit, ihrer Abneigung gegen jede Art von Brutalität, ihrer Menschlichkeit, mit der sie ihre Verleumder Lügen straften.

»Landauer verteidigt 1916 die nach dem Westen strömenden Ostjuden, die von den eingesessenen deutschen Juden mit Angst, Bestürzung und Abwehr empfangen werden . . . «, schreibt Friedrich Heer über ihn. »Der Internationalist Gustav Landauer sieht in seinen Visionen ein verjüngtes Deutschland, eine verjüngte Judenschaft – durch die Begegnung von Ost- und Westjuden –, eine erneuerte Menschheit.

›Schmutziger Bolschewik! Macht ein Ende mit ihm!‹ Soldaten schießen ihn an, schlagen ihn nieder. Blutüberströmt sagt er ihnen: ›Ich habe euch nicht betrogen. Ihr wißt selbst nicht, wie furchtbar ihr betrogen worden seid.‹ Ein Freiherr von Gagern schlägt ihn endgültig nieder. Gustav Landauer, der Apostel der wiedergeborenen Menschheit, hat die Fragen des Judentums tiefer durchdacht als viele vor ihm. Er beeinfluß stark seinen Freund, der seine Schriften sammelt: Martin Buber. Martin Buber ist der Zeuge für die reine Menschlichkeit des Blutzeugen Gustav Landauer, des ›jüdischen Bolschewiken‹ . . . «

Warum mußte auch Landauer sterben? Er hatte sich der ersten bayerischen Revolutionsregierung des deutsch-jüdischen Arbeiterführers und glühenden Idealisten Kurt Eisner zur Verfügung gestellt, war für kurze Zeit Kultusminister der Räteregierung gewesen. Erst nach Eisners Ermordung kam es zu jenen Geiselerschießungen in München, die von allen anständigen Sozialisten als feiges und sinnloses Blutvergießen verurteilt worden sind. Weder hätte Eisner eine solche Rache gebilligt noch war Gustav Landauer, der Gelehrte, Schöngeist und Humanist, auch nur indirekt daran beteiligt gewesen . . .

»Eines Morgens wachten die Münchner Bürger auf und entdeckten zu ihrem Erstaunen, daß sie in einer Räterepublik waren, noch dazu in einer, gegründet von ›Schlawinern‹, von ›landfremden Elementen‹ (wie heute jeder Bauer jeden Mann nennt, der da geboren ist, wohin er nicht mehr spucken kann) – da saßen sie hinter Maßkrügen und staunten in die Welt. Es war eine bittere Zeit. Wenn man die Leute heute fragt, was sie eigentlich damals auszustehen gehabt hatten, dann sagen sie alle dasselbe: nämlich im Grunde gar nichts. Die Münchner Räterepublik hat im ganzen vierzehn Menschen das Leben gekostet – es waren das jene zehn Geiseln im Luitpoldgymnasium (ein Mord, für den es mancherlei Erklärungen, aber keine Entschuldigung gibt) –, dazu kommen, wenn man sehr gewissenhaft rechnet, noch vier Menschenleben, die auf das gleiche Konto zu setzen sind. Soweit diese Revolutionäre.

Als man die Münchner Spießer von außen her befreit hatte, zogen die ›siegreichen‹ Truppen in die bayerische Residenz ein – und zur gleichen Zeit büßten einhundertvierundachtzig* Menschen der Gegenseite ihr Leben auf die mannigfaltigste Weise ein: durch ein willkürlich gehandhabtes Standrecht, durch viehische Ermordungen (Landauer wurde von den Uniformierten erschlagen, wie man keinen Hund erschlägt; die Leiche wurde gefleddert) – Rache! Rache!

Die Hauptrache genoß man kalt. Die ›Schlawiner‹ wurden vor Volksgerichte gestellt, es waren Ausnahmegerichte – und die Räteregierung Münchens büßte ihr Verbrechen mit 519 Jahren 9 Monaten Freiheitsstrafen; ein Todesurteil wurde gefällt (Leviné); drei Führer wurden von den Soldaten ermordet. (Die Anhänger der Kapp-Regierung befinden sich sämtlich in Freiheit.) . . . «

Der Mann, der 1921 diese Schilderung des Münchener Geschehens gab und sich dann scharf gegen jene ›Demokraten‹ wandte, die noch ein Mittelchen fanden, die nun wehrlosen Verurteilten zu quälen, indem sie auf dem Verord-

* Tatsächlich wurden mindestens zehnmal so viele Münchner Arbeiter von den »Ordnungstruppen« ermordet; die genaue Anzahl wird bis heute geheimgehalten.

nungswege die milde Festungshaft in verschärften Kerker und Zwangsarbeit verwandelten, war Kurt Tucholsky.

Auch er, der Bürgersohn und promovierte Jurist, gehörte zu jenen Intellektuellen jüdischer Herkunft, deren Gerechtigkeitssinn sich empörte angesichts des schreienden Unrechts, der unmenschlichen Brutalität und des Verrats an den Idealen, auch der Selbstgefälligkeit, mit der die Sieger über die Revolution sich die Hände rieben und die kurz unterbrochenen Geschäfte wiederaufnahmen.

» . . . Ludendorff kann zufrieden sein«, hatte er schon 1919 geschrieben. »Die Revolution. Man spricht ungern von ihr. Und wenn, mit unverhohlener Verachtung. Sie ist selber daran schuld – denn sie ist keinem ernstlich zu Leibe gegangen. Kämen ihre Gegner heute ans Ruder: wir erlebten in Deutschland eine Menschenschlächterei . . . Der Haß der besitzenden Schichten gegen den Arbeiter ist ins Grenzenlose, ins Erschreckende gewachsen . . . «

Sie haßten auch ihn, ihren Mit-Bürger, nannten ihn einen ›Salon-Bolschewisten‹ und hätten ihn 1933 gewiß genauso brutal erschlagen wie zuvor Rosa Luxemburg oder Gustav Landauer, wäre er noch in Deutschland gewesen, und wiederum mit dem Ruf: ›Schmutziger Bolschewik! Saujud! Macht ein Ende mit ihm!‹

War Kurt Tucholsky ein Kommunist?

»Trotz aller durch die Umstände bedingten Sympathien für den Kommunismus«, bemerkt dazu sein Biograph Klaus-Peter Schulz, »ist Tucholsky niemals Kommunist gewesen, nicht einmal dem innersten Bekenntnis nach. Die Kommunisten selbst wußten das am besten . . . Der ›Schnipsel‹ Peter Panters über die KPD: ›Schade, daß Sie nicht in der Partei sind – dann könnte man Sie jetzt ausschließen‹, könnte durchaus in etwas veränderter Form ein Kulissengeflüster wiedergeben, das Tucholsky in den Reihen der KPD über seine eigene Person vernommen hat . . . An der ›grandiosen Tatsache der Sowjetunion‹ hat er schon im Jahre 1928 den dreisten Opportunismus zu bemängeln, mit der eine sowjetamtliche Darstellung über ›Die ersten Tage der Roten Armee‹ den Namen Trotzkis einfach unterschlägt . . . « – » . . . eines weiß ich«, hatte der Unbestechliche geschrieben, »daß es ein Zeichen von tiefster Schwäche, von Angst und von Mamelukenhaftigkeit ist, des Mannes nicht zu gedenken, der soviel für Rußland getan hat. Wenn der ganze ›Wochenbericht‹ auf solch unvollständigen Angaben, auf so verfälschten Berichten aufgebaut ist, dann taugt er nicht. Und verdient keinerlei Glauben.«

Tucholsky hat die materialistische Geschichtsauffassung gelegentlich selbst angewandt, sicherlich auch viel aus ihr gelernt. Aber er hat dabei sein kritisches Denken nicht aufgegeben, hätte nie ein Dogma daraus gemacht. »Es ist die Aufgabe des historischen Materialismus, zu zeigen, wie alles kommen muß«, hat er einmal in seinen ›Schnipseln‹ vermerkt, doch mit dem ironischen Zusatz: »– und wenn es dann nicht so kommt, zu zeigen, warum es nicht so kommen konnte.«

Und am deutlichsten hat sich Kurt Tucholsky Anfang 1931 geäußert, nur zunächst verblüffenderweise in einer äußerst scharfen Polemik gegen eine päpstliche Enzyklika, worin vom Heiligen Sakrament der Ehe die Rede war und die Abtreibung verdammt wurde.

»Ich wünschte, die Töchter der Arbeiter wären frei und könnten sich Blumen ins Haar winden, frei von Kirche und wirtschaftlicher Sklaverei. Frei auch von kommunistischer Theologie, die drauf und dran ist, den Sinn ihrer Anhänger erst so zu erweitern, und dann so zu verengen, wie es die katholische mit ihren Leuten schon getan hat . . . «

Ein jüdischer Katholikenfresser, so mag man in Paderborn und Fulda gedacht haben und denkt vielleicht noch heute so, wenn man Kurt Tucholskys erst Anfang 1970 erstmals veröffentlichte ›Briefe an eine Katholikin‹ nicht kennt. Daß er auch mit nicht-katholischen Spießern, und dies ebenfalls niemals des Glaubens wegen, scharf ins Gericht ging, zeigt sein in einem dieser Briefe enthaltenes Urteil über jenen Teil des deutsch-jüdischen Bürgertums, den er verlassen hatte: » . . . Hätten die deutschen Nationalisten nicht diese fast tierische Stalldumpfheit von pommerschen Bereitern aus dem vorigen Jahrhundert: sie hätten längst auf die allerdings zugkräftige Volksparole ›Haut die Juden!‹ verzichtet – und drei Viertel der deutschen Juden säßen heute da, wo sie klassenmäßig hingehören: bei der Deutschen Volkspartei. Sie tun es nicht, weil sie der Antisemitismus abstößt. Sie tun es zum Teil doch, weil ihnen ihr Bankkonto lieber ist als eine Religion, von der sie nur noch das Weihnachtsfest und die ›Frankfurter Zeitung‹ halten . . . Diese Leute sollen dem deutschen Volk das rituelle Schächtmesser in den Rücken gestoßen haben? Dazu sind sie viel zu feige. Nie täten sie das!«

Ein jüdischer Antisemit, werden vielleicht einige deutsche Juden meinen und etwas von ›Selbsthaß‹ murmeln. Aber auch das trifft keineswegs zu. Der Herr Wendriner, den Tucholsky karikierte, war ein großstädtischer Spießer. Diese feigen, ressentimentgeladenen und neue Ressentiments erzeugenden Spießer, gleich ob sie sich Christen oder Juden nannten, nur die meinte er . . .

Die rechten Sozialdemokraten nannten Tucholsky einen ›Salon-Bolschewisten‹, dessen ›zersetzende Kritik‹ ihre Republik samt dem aus der kaiserlichen Mottenkiste hervorgeholten Feldmarschall-Reichspräsident unterhöhle – als ob diese Republik noch zu retten gewesen wäre durch Unterlassung jeder Kritik!

Die linientreuen Anhänger der KPD wußten mit dem ›großen Freund der Arbeiterklasse‹, wie sie Tucholsky, wenn sie ihn gerade vor ihren Karren spannen zu können meinten, etwas verlegen nannten, auch nichts anzufangen. Ihn des Trotzkismus zu verdächtigen, wäre zu absurd gewesen . . .

»Ein kleiner dicker Berliner wollte mit der Schreibmaschine eine Katastrophe aufhalten«, so hat es einmal Erich Kästner mit leisen, liebevollem Spott umschrieben.

»Er hat oft über dieses Problem nachgedacht«, meint Fritz J. Raddatz in seiner Bild-Biographie Tucholskys. »Wenn wir versuchen wollen, die verwirrend vielen Tucholskys auseinanderzuzwirnen und den Journalisten, den Polemiker für Tag und Stunde betrachten, wird eines deutlich: Mehr und mehr verzichtet er auf Scherz, Satire, Ironie – und entscheidet sich für die tiefere Bedeutung. Gewiß, seine schriftstellerischen Arbeiten, seine Feuilletons bleiben die des Satirikers, des lachenden Spötters. Aber sein Kampf für die Reinhaltung der politischen Bühne, für den letzten Rest an Anstand in dieser zerbröckelnden Republik wird sehr direkt geführt. Längst sieht er, wohin der Kurs steuert. Die Verquickung des Geisteslebens, die Herren Nagel oder Soergel oder Herr Stauff gar, der einen antisemitischen Semi-Kürschner herausgab mit ›Statistiken der Juden sowie ihrer Gaunersprache, Trugnamen und Geheimbünde etc.‹ – es sind nicht mehr die wichtigsten Feinde. Die Generalanzeigerpresse, ›mit bezahlter Vorderseite‹ – das alles wird zwar ›besorgt‹, doch nicht mehr. Hauptfeind Nr. 1 ist die deutsche Justiz. Immer und immer wieder hämmert Tucholsky seinen Lesern ein: Diese Richter sprechen doppeltes Recht, diese Richter beugen das Recht, versagen als soziales Instrument, als Kaste, als Menschen. In seinem Gedicht ›Deutsche Richter 1940‹ in der AIZ zu einer Fotografie von Studenten bei der Mensur geschrieben, heißt es: ›Dies werden eure Richter 1940 sein‹. Es war fürchterlich wahr.«

Nein, sie waren keineswegs alle wie Kurt Tucholsky oder

wie Rosa Luxemburg, die deutsch-jüdischen Bürger, so wie sie auch beileibe nicht alle Universitätsprofessoren oder gar Nobelpreisträger oder auch nur sehr intelligent waren. Doch, wie diese und jene, wurden sie samt und sonders geächtet, vertrieben und grausam ermordet. Die wenigen von ihnen, die so dachten und handelten wie Kurt Tucholsky oder Rosa Luxemburg oder auch Gustav Landauer, waren nur eine kleine verfemte Minderheit innerhalb einer nur wenig größeren, sich den übrigen deutschen Bürgern konform verhaltenden, aber nicht minder verfemten Minorität. Trotzdem durften, wenn wir den Versuch unternehmen, die schwersten Verluste zu ermitteln, die die nationalsozialistische Judenverfolgung Deutschland zugefügt hat, diese wenigen nicht fehlen.

Neuntes Kapitel
TRÄUMEREIEN AN ANTISEMITISCHEN KAMINEN

Es steht nach dem bisherigen Stand unserer Untersuchung außer Zweifel, daß die Judenverfolgung *für Deutschland und das deutsche Volk* eine ganze Reihe sehr beachtlicher Nachteile gebracht hat. Wie aber steht es mit dem Nutzen, der sich daneben ja auch noch ergeben haben könnte?

Die Frage mag frivol erscheinen, zumal wenn wir uns der Hekatomben von Blut und Tränen erinnern, die geflossen sind, erst recht der unzähligen grauenerregenden, selbst eines letzten Funkens von Menschlichkeit entbehrenden Einzelheiten jenes Geschehens, das den Untergang der Juden im deutschen Machtbereich bewirkt hat. Indessen ist diese Untersuchung ja gerade mit dem Vorsatz begonnen worden, daß wir uns davon den Blick nicht trüben lassen wollen. Und so muß denn auch die Frage gestattet sein, ob sich aus der Vernichtung des mit der deutschen Kultur aufs engste verbundenen Judentums nicht auch, außer den ermittelten Nachteilen, irgendwelche Vorteile ergeben haben.

Dabei denken wir nicht an den privaten Nutzen aller jener, die von der Judenverfolgung individuell profitiert haben, sei es passiv, weil ihre Konkurrenz ausgeschaltet wurde, sei es aktiv, etwa durch Übernahme jüdischen Besitzes zu Schleuderpreisen oder auch durch Raub, Plünderung, Leichenfledderei und schamlose Ausbeutung von Sklavenarbeitern.

Wir denken auch nicht an ein für die überlebenden Juden – soweit sie Zionisten waren oder wurden – möglicherweise positives Ergebnis der Judenverfolgung in Europa, nämlich die davon entscheidend beeinflußte, sehr beschleunigte und durch die Kraft der Verzweiflung gestärkte Staatwerdung Israels.

Nein, was wir vielmehr prüfen wollen, ist die sich ja eigentlich geradezu aufdrängende, jedoch infolge der Tabuierung des Problems, zumindest in der Bundesrepublik, als unziemlich oder gar gefährlich empfundene Frage, ob die Tatsache, daß Deutschland heute nahezu ›judenrein‹ ist, nun wenigstens die Erfüllung aller jener Hoffnungen gebracht hat, die die Antisemiten selbst an die Erreichung ihres Ziels knüpften . . . !

Die Antwort, die es zu finden gilt, erfordert eine gründliche Untersuchung, wird uns das Resultat doch zugleich den Prüfstein liefern für den Wert oder Unwert einer Vielzahl von Thesen, Theorien oder auch bloßen Vorurteilen, mit deren Hilfe die Judenverfolgung zu begründen versucht wurde und nicht selten auch heute noch ›begreiflich‹ gemacht zu werden pflegt.

Einige dieser Thesen muten auf den ersten Blick recht harmlos an, mitunter auch plausibel; andere wirken, zumal im Lichte der inzwischen gemachten Erfahrungen, ein wenig bizarr, ja teilweise grotesk, weshalb er ratsam schien, sie durch wörtliche Zitate aus den Schriften führender Antisemiten und einst anerkannter Autoritäten auf dem Gebiet der

›Rassenkunde‹ zu belegen. Und wenn mancherlei davon uns so phantastisch und von krausem Aberglauben erfüllt dünkt, als stamme es aus dem mittelalterlichen Hexenhammer, so sei daran erinnert, daß erst knapp *50 Jahre* vergangen sind, seit diese Thesen zuletzt von Ministern, Professoren und einflußreichen Publizisten aufgestellt, mit obrigkeitlichem Segen verkündet und an deutschen Schulen und Universitäten gelehrt wurden . . .

Ein Hauptvorwurf, der speziell in Deutschland gegen die Juden erhoben wurde, betraf ihre angebliche Beherrschung des Handels. Adolf Hitler hat in seinem zweibändigen Werk, ›Mein Kampf‹, ausführlich beschrieben, wie es – seiner Ansicht nach – dazu gekommen wäre:

»Mit dem Entstehen der ersten festen Siedlungen ist der Jude plötzlich ›da‹. Er kommt als Händler . . . Allmählich beginnt er sich langsam in der Wirtschaft zu betätigen, nicht als Produzent, sondern ausschließlich als Zwischenglied. In seiner tausendjährigen händlerischen Gewandtheit ist er den noch unbeholfenen, besonders aber grenzenlos ehrlichen Ariern weit überlegen, so daß schon in kurzer Zeit der Handel sein Monopol zu werden droht . . . «

Otto Kernhold, Verfasser des antisemitischen Werkes »Vom Getto zur Macht«, unterscheidet darin zwischen »deutscher Werterzeugung« und »jüdischer Wertvermittlung«. Da der Jude »im allgemeinen der Schöpferkraft entbehrt«, außerdem »Abneigung gegen die mit körperlicher Mühsal verbundene Werterzeugung« zu haben scheine, finde man ihn »fast ausschließlich dem Handel ergeben«, was für den Verfasser gleichbedeutend ist mit einem »schmarotzenden Dasein im Körper eines hart arbeitenden Volkes«.

Theodor Fritsch, Herausgeber des (im ›Dritten Reich‹ als ›Leitfaden für den rassekundlichen Unterricht‹ empfohlenen) ›Handbuchs der Judenfrage‹, das bereits 1933 in 32. Auflage das 104. Tausend erreicht hatte, lieferte alsdann die ›Beweise‹ für das jüdische Monopol im deutschen Handel, und zwar mit einer »jüdischen Statistik für unbelehrbare Deutsche«.

Danach sollten (1925) im Lande Preußens 49,7 Prozent der Einwohner jüdischen Glaubens im Bereich von ›Handel und Verkehr‹ erwerbstätig gewesen sein, was auch die Tätigkeit im Gaststättengewerbe sowie im Bank- und Versicherungswesen einschloß.

»Was ergibt sich daraus? Daß die Juden herrschen im Handel mit 49,7 Prozent . . . !« So wenigstens lautet der in Syntax und Logik gleichermaßen falsche Schluß, den das ›Handbuch der Judenfrage‹ aus einer Angabe zieht, die sich allenfalls auf die Berufsstruktur der Juden in Preußen, jedoch beileibe nicht auf den Anteil der jüdischen Erwerbstätigen am deutschen Handel bezog. (Die in Handel und Verkehr, Gaststättengewerbe, Bank- und Versicherungswesen tätigen Juden Preußens machten 1925 nur 0,52 Prozent der Gesamtbevölkerung und etwas über drei Prozent aller im Handel und Verkehr Erwerbstätigen des Landes aus! Die relativ erheblich stärkere Beteiligung der Juden an ›Handel und Verkehr‹ erklärt sich auf einfachste Weise, nämlich aus der Tatsache, daß sie überwiegend in den Großstädten des Landes, vor allem in Berlin, ansässig waren und dem bürgerlichen Mittelstand angehörten. Bei einem Vergleich, der diese Tatsachen berücksichtigt, wäre die prozentuale Beteiligung der Juden am Handel kaum höher gewesen als die der Nichtjuden. Man findet nun einmal unter Großstädtern nur wenige Landwirte, unter Angehörigen einer bürgerlichen Schicht mehr Kaufleute als Handarbeiter, ganz abgesehen von den historischen Voraussetzungen, die bei den deutschen Juden jahrhundertelange, sehr weitgehende Beschränkungen in der Berufswahl bewirkt hatten.)

Doch unterstellen wie einmal, Hitler und auch Fritschs ›Handbuch der Judenfrage‹ hätten recht gehabt und die

Juden wären tatsächlich im Besitz einer Monopolstellung im deutschen Handel gewesen; unterstellen wir weiter, was die antisemitischen Behauptungen zu implizieren scheinen, nämlich daß der Handel etwas Ungesundes, weitgehend Unerwünschtes sei und daß durch die Ausschaltung und Vertreibung der Juden eine Rückführung händlerischer Tätigkeit auf ein erheblich geringeres Maß herbeigeführt werden könnte und müßte.

Wie vertragen sich solche auf den antisemitischen Thesen der zwanziger Jahre beruhenden Vermutungen mit der Wirklichkeit in den nahezu ›judenreinen‹ deutschen Staaten von heute?

Nun, der Handel hat dort, seit die Juden daran kaum noch einen Anteil haben, keineswegs abgenommen, vielmehr eine enorme Zunahme erfahren.

Die Bundesrepublik, die allein ein weit größeres Handelsvolumen hat als das Deutsche Reich vor 1933, gehört heute zu den führenden Handelsmächten der Welt, ja, sie nimmt sogar, wenn man im internationalen Vergleich den Umfang des Handels in Relation zur Bevölkerungszahl setzt, den ersten Platz ein (und innerhalb des sozialistischen Lagers gilt ähnliches für die DDR, die in der Weltrangliste ebenfalls weit nach vorn aufgerückt ist) . . .

Die Vertreibung und Ausrottung der Juden hat also zweifellos nicht das bewirkt, was sich die Antisemiten, allen voran Adolf Hitler, gewünscht hatten: Deutschlands Abkehr vom Handel und die Besinnung auf ›höhere Werte‹, insbesondere auf ›Schwert und Pflug‹, ›Blut und Boden‹, wobei der letzte auch ›Scholle‹ genannt zu werden pflegte.

Es wäre nun der Einwand denkbar, daß sich der Antisemitismus nicht gegen den Handel schlechthin, sondern nur gegen gewisse, als spezifisch jüdisch angesehene Auswüchse des Handels gewandt habe, und tatsächlich finden sich Hinweise auf eine solche Differenzierung, beispielsweise in einem Aufsatz von Arno Franke, der im ›Handbuch der Judenfrage‹ Aufnahme fand. Sein Titel, ›Die Warenhäuser‹, läßt bereits erkennen, was als Mißstand angesehen wurde, und es heißt dann auch im Text, daß die jüdischen Warenhäuser »eine ungeheure Gefahr für den deutschen Mittelstand geworden« seien, »jene wertvolle Schicht des deutschen Volkes, die in den sozialen Kämpfen der Gegenwart eine ausgleichende Rolle spielt und die noch jenes gesunde Wirtschaftsgebiet darstellt, auf dem es auch der intelligente und strebsame Mensch mit bescheidenem Vermögen, ja sogar der Mittellose noch zu wirtschaftlicher Selbständigkeit bringen kann.« Und an anderer Stelle erläutert der Verfasser, worin er die Gefahr erblickt, die die Warenhäuser für den gewerblichen Mittelstand darstellen sollen: »Es kann keinem Beobachter entgehen, wie sich von einem neuerrichteten Warenhause strahlenförmig die Vernichtung selbständiger Geschäftsexistenzen ausbreitet.«

Hier wird also klar unterschieden zwischen einer schädlichen Form des Handels, den Warenhäusern, von denen es heißt, daß sie sich »so gut wie ausschließlich in Judenhänden« befänden, und den mittelständischen Ladengeschäften, die »ein gesundes Wirtschaftsgebiet« darstellten, dessen »Ausdehnung über die Gesundheit und Stabilität eines Volkskörpers entscheidet, also bevölkerungspolitisch außerordentlich wichtig« wäre.

Nun, die deutschen Warenhäuser waren tatsächlich zu einem sehr beträchtlichen Teil jüdische Gründungen, wenn sie sich auch keineswegs ›so gut wie ausschließlich in Judenhänden‹ befanden. So war beispielsweise der Karstadt-Konzern, auch heute noch das größte westdeutsche Warenhausunternehmen, eine Gründung des (fälschlicherweise oft als Juden bezeichneten) Wismarer Kaufmanns Rudolf Karstadt, der 1881 in seiner Heimatstadt ein ›Tuch-, Manufactur- und Confections-Geschäft‹ eröffnet hatte, das ›nur in bar und zu festen, niedrigen Preisen‹ Einzelhandel betrieb. Filialgründungen, die nach und nach ganz Deutschland mit Karstadt-Warenhäusern überzogen, ließen bald einen mächtigen Konzern entstehen. 1920 vereinigte er sich mit dem (gleichfalls nichtjüdischen) 1885 in Münster gegründeten Warenhauskonzern von Theodor Althoff, der selbst fünfzehn Filialen unterhielt; 1926 übernahm Karstadt auch die (jüdische) Firma M. I. Emden Söhne, Hamburg, mit neunzehn Filialen, darunter ›Oberpollinger‹ in München; 1929 wurde der (jüdische) Warenhauskonzern Lindemann & Co. in Berlin mit fünfzehn Filialen übernommen, und 1932 verfügte Karstadt über insgesamt 89 große Warenhäuser in allen Teilen des Reiches. Schließlich war auch die – im Wettbewerb zu den (nichtjüdischen) Einheitspreisgeschäften der amerikanischen Firma F. W. Woolworth entstandene – »Epa Einheitspreis-AG« eine Karstadt-Gründung.

Schon dieses eine Beispiel zeigt, daß die ›ungeheure Gefahr für den deutschen Mittelstand‹, wenn überhaupt, so jedenfalls weder zuerst noch gar ausschließlich von jüdischen Unternehmen ausging. Zudem können die Warenhäuser für sich in Anspruch nehmen, daß sie durch ihr System der festen Preise dem früher üblichen Feilschen zwischen Kunden und Verkäufer ein Ende gemacht haben, und ihr Prinzip ›Großer Umsatz, kleiner Nutzen‹, hat sich zum Vorteil der Allgemeinheit durchgesetzt.

Doch unterstellen wir trotzdem einmal, die antisemitische These von der Schädlichkeit, zumindest der jüdischen Waren-, Kauf- und Versandhäuser, wäre richtig gewesen, auch daß – was der Wahrheit wirklich nicht allzu fern ist – Karstadt, Althoff, Woolworth und Epa die (rühmlichen?) ›arischen‹ Ausnahmen gebildet hätten, während die allermeisten großen und kleinen Konkurrenzunternehmen des gewerblichen Mittelstandes in jüdischem Besitz gewesen seien – angefangen von den Warenhauskonzernen Hermann

Tietz und Leonhard Tietz, der Berliner Firma Wertheim und dem ›KaDeWe‹ (Kaufhaus des Westens), einer Gründung des Kommerzienrats Adolf Jandorf, bis zu den rund dreißig Warenhäusern von Salman Schocken mit Hauptsitz in Zwikkau oder dem Köster-Defeka-Konzern des Jacob Michael, den dieser allerdings nicht selbst aufgebaut, sondern erst in den zwanziger Jahren an der Börse zusammengekauft hatte . . .

Wenn wir von dieser auf den antisemitischen Thesen der Vor-Hitler-Zeit beruhenden Annahme ausgehen, so hätte sich im ›Dritten Reich‹ eine glänzende Gelegenheit geboten, die ›unermeßlichen volkswirtschaftlichen Schäden‹, die – nach dem ›Handbuch der Judenfrage‹ – ›vom Warenhause ausgehen‹, binnen kürzester Zeit zu beheben, und heute, da es kaum noch Juden in Deutschland gibt, müßten die Waren-, Kauf- und Versandhäuser endgültig verschwunden sein, die kleinen Ladenbesitzer, zumindest die im kapitalistischen Gesellschaftssystem, also in der Bundesrepublik Deutschland und in Österreich, triumphieren können.

Wir wissen natürlich, daß das Gegenteil eingetreten ist: Unter Bruch ihrer Versprechungen, mit denen sie sich die Sympathien des gewerblichen Mittelstandes errangen, machten die Nazis, nachdem sie an der Macht waren, weder den Warenhäusern den Garaus noch verpachteten sie die Verkaufsflächen an kleine Gewerbetreibende.*

Nur die jüdischen Unternehmer wurden gezwungen, ihre Betriebe zu verkaufen – meist weit unter dem wahren Preis und nicht selten an Branchenfremde mit guten Beziehungen zu den neuen Machthabern. Und heute, fast ein halbes

* Im Programm der NSDAP, das im vollen Wortlaut im Dokumentenanhang zu finden ist, heißt es unter Punkt 16: »Wir fordern die Schaffung eines gesunden Mittelstandes und seine Erhaltung, sofortige Kommunalisierung der Groß-Warenhäuser und ihre Vermietung zu billigen Preisen an kleine Gewerbetreibende . . . «

Jahrhundert nach dem Ende des ›Dritten Reiches‹, ist die konsumfreudige Bundesrepublik reicher an mächtigen Waren-, Kauf- und Versandhaus-Konzernen denn je zuvor, Österreich nicht minder, und den kleinen Einzelhandeslgeschäften ist darüber hinaus noch eine weit härtere Konkurrenz durch Supermarkt-Ketten entstanden.

In der Liste der fünfzig größten Unternehmen der Bundesrepublik finden wir gleich fünfzehn Mammutkonzerne dieser Branche, gleichrangig neben den Giganten der Stahl-, Chemie- oder Elektroindustrie: Karstadt, Kaufhof, Hertie, Horten, Quelle, Neckermann, Otto-Versand, C & A Brenninckmeyer, Aldi, Metro, Tengelmann, die Massa-, die Kipp-, die Wehrhahn- und Wertkauf-Gruppe mit zusammen weit über 100 Milliarden DM Jahresumsatz und mehr als einer halben Million Beschäftigten!

Vier dieser Konzerne waren vormals in jüdischem Besitz: Die Kaufhof AG (früher Leonhard Tietz) samt ihrer Tochterfirma ›Kaufhalle GmbH‹ gehören heute mehrheitlich der Dresdner Bank und der Commerzbank; beide Großbanken halten zudem die Aktienmehrheit der Rudolf Karstadt AG, zu der auch die Carl Peters- und die KEPA-Kaufhäuser gehören, und weitere dreißig Prozent der Karstadt-Aktien sind in den Händen von Georg und Fritz von Opel.

›Hertie‹ (früher Hermann Tietz) samt ›KaDeWe‹ in Berlin, ›Alsterhaus‹ in Hamburg und der ›Wertheim‹-Mehrheit wurde von Georg Karg, früher Einkäufer bei Jandorfs ›KaDeWe‹, im Jahre 1933, zunächst im Auftrage eines Bankenkonsortiums, ›arisiert‹, später in eigenen Besitz übernommen und weiter ausgebaut. Der ›Hertie‹-Konzern, zu dem inzwischen auch die ›bilka‹-Gruppe gehört, ist noch heute Eigentum der Familie Karg.

Der vierte Kauf- und Warenhaus-Riese, der Horten-Konzern, wurde von dem einstigen Leonhard-Tietz-Lehrling und späteren Einkäufer Helmut Horten aufgebaut, der 1936, ebenfalls mit Bankenhilfe, das jüdische Kaufhaus Alsberg in Duisburg ›übernehmen‹ konnte, zahlreiche weitere Kauf- und Warenhäuser ›arisierte‹, von denen er die meisten 1945 verlor, weil sie in der sowjetischen Besatzungszone, in den nunmehr polnischen Gebieten und im sowjetischen Teil Ostpreußens als ›Arisierungs-‹ und Kriegsgewinn beschlagnahmt und in Volkseigentum übergeführt wurden. Horten selbst wurde von den Briten als Nazi-Funktionär und Nutznießer bis 1948 interniert. Dann konnte er, zusammen mit seinem neuen Generalbevollmächtigten, den er im Internierungslager kennengelernt hatte – es war der ehemalige SS-Obersturmbannführer Rudolf Tesmann – von neuem darangehen, einen Kaufhauskonzern aufzubauen. Mit einem Haus in Duisburg fing er 1948 an. Einige Jahre später konnte er von Salman Schocken, der mit seinen Söhnen 1938 nach Amerika ausgewandert war, dessen ›Merkur‹-Kaufhäuser, an denen die Familie nach der Rückgabe nicht mehr interessiert war, günstig übernehmen. Achtzehn Monate später wurden Horten die Aktien des Köster-Defaka-Konzerns zum Kauf angeboten, und er erwarb sie zum etwa Siebeneinhalbfachen ihres Nennwerts. Köster-Defaka war bis dahin in jüdischem Besitz gewesen, aber im ›Dritten Reich‹ der ›Arisierung‹ entgangen, weil der Inhaber, Jacob Michael, bereits 1932 in die USA emigriert war und seine Aktien dort in eine amerikanische Gesellschaft eingebracht hatte. 1969 wandelte Helmut Horten seine Kaufhausgruppe in eine Aktiengesellschaft um, und dann trennte er sich auf dem Höhepunkt einer Börsenhausse von drei Vierteln des Aktienkapitals, wobei er rund 800 Millionen DM seinem Privatkonto gutschreiben konnte. Von der Schweiz aus, wohin er bald darauf seinen Wohnsitz verlegte, verkaufte er auch noch den Rest seiner Aktien, wozu angemerkt sei, daß dem bundesdeutschen Fiskus etliche hundert Millionen Mark an Steuern entgingen, weil Horten sein Milliardenvermögen am Finanzamt vorbei ins sonnige Tessins transferiert hatte, wo ihm bei Lugano ein 160.000 Quadratmeter großer ›Ruhesitz‹ bis zu seinem Tode im Jahre 1987 ein unbehelligtes Genießen seines Reichtums ermöglichte.

Von den übrigen Kauf- und Warenhauskonzernen, Versandhäusern und Supermarkt-Ketten ist zu sagen, daß sie sich ausnahmslos in nichtjüdischem Privateigentum befinden. Mindestens eins dieser Großunternehmen des Einzelhandels, die Neckermann Versand AG samt NUR-Touristik, die heute zum Karstadt-Konzern gehört, geht zurück auf die ›Arisierung‹ des Nürnberger Versandhauses Carl Joel durch einen jungen Mann in brauner Uniform, den späteren Turnierreiter und Konzernchef Josef Neckermann.

Zusammenfassend läßt sich sagen, daß der immer weiter fortschreitende Konzentrationsprozeß im Einzelhandel, der vor knapp hundert Jahren begann, erhebliche Strukturveränderungen bewirkt und eine Vielzahl von kleinen Gewerbetreibenden um ihre Selbständigkeit, mindestens aber in eine existenzbedrohende Wettbewerbslage gebracht hat, wobei wir es dahingestellt sein lassen können, ob dies dem Verbraucher zum Vorteil oder zum Nachteil gereicht; daß jedoch dieser Prozeß durch den Übergang einiger großer Waren- und Versandhauskonzerne aus jüdischem in nichtjüdischen Besitz keineswegs, wie von den Antisemiten erhofft, verlangsamt oder gar beendet wurde, ja, daß er sich vielmehr, gleich aus welchen Gründen, ohne nennenswerte jüdische Mitwirkung noch ganz erheblich verstärkt hat.

Ähnliches können wir bei der Reklame feststellen, von der früher behauptet wurde, sie sei eine ›typisch jüdische‹ Erfindung. Die antisemitische Argumentation lautete, daß der jüdische Fabrikant oder Händler »durch tausend Schliche und Kniffe« den Käufer zu täuschen suche. »Deshalb«, so folgerte das ›Handbuch der Judenfrage‹, »kommt der Deutsche mit einer bescheidenen Werbung aus, während bei dem

Juden die ›Propaganda‹ die Hauptsache ist, für die er Unsummen ausgibt.«

Selbst wenn wir einmal unterstellen, daß vorwiegend jüdische Kaufleute die Reklame großen Stils und Umfangs in Deutschland eingeführt hätten, was keineswegs der Fall war, so trifft eines jedenfalls nicht zu, nämlich daß die kommerzielle Werbung in der Bundesrepublik Deutschland oder in Österreich zurückgegangen wäre, seit es dort kaum noch Juden gibt. Genau das Gegenteil ist eingetreten! Der Werbeaufwand hat enorm zugenommen: Von etwas mehr als einer Milliarde Mark im ganzen Deutschen Reich des Jahres 1925 stieg er auf rund 2,5 Milliarden Mark im Jahre 1955 und auf über 8 Milliarden Mark im Jahre 1965, allein in der Bundesrepublik, und heute hat er die 20-Milliarden-DM-Grenze längst überschritten!

Auch läßt sich wahrlich nicht behaupten, daß die Werbung seit dem Ausscheiden der Juden weniger aggressiv oder auch nur um eine Spur zimperlicher in den Methoden geworden wäre – im Gegenteil! Denn ein Element, das heute in der bundesdeutschen Reklame eine dominierende Rolle spielt, war zu der Zeit, als noch zahlreiche Unternehmen in jüdischem Besitz ihre angeblich so zügellose, vor nichts zurückschreckende Werbung betrieben, zwar nicht völlig unbekannt, jedoch nur in dezentesten Ansätzen bemerkbar: der Sex.

Und das führt uns zur Untersuchung eines Gebiets, auf dem der deutsche Antisemitismus geradezu Orgien gefeiert hat. In nahezu allen judenfeindlichen Schriften nimmt die These von der ›ungezügelten Geschlechtlichkeit‹, ›völligen Schamlosigkeit‹ und die (›arische‹) ›Rasse verderbenden Geilheit der Juden‹ breiten Raum ein.

»Ein Volk, das keine Ehrfurcht mehr hat, ist wie ein gefallenes Weib: es hat *alles* verloren. Die Entseelung führt zwangsläufig auch zur körperlichen Auflösung«, heißt es in ›Judas Schuldbuch‹*, und der Verfasser meint: »Den geschilderten Weg hat Juda beim deutschen Volk mit Erfolg eingeschlagen. Es hat ihm seine eigene historische Sünde eingeimpft, indem es ihm das *Schamgefühl* entzogen hat . . . «

»Wenn eine auf das Geschlechtliche gerichtete Anschauung bei uns deutschen, arisch gerichteten und geachteten Menschen nur als Zersetzung und Verfall gewertet werden kann«, schrieb Herwig Hartner in seinem 1925 erschienenen Werk ›Erotik und Rasse‹, »so ist sie bei dem Juden nur als der Ausdruck der ungleich stärkeren Rolle zu verstehen, die das Geschlechtliche in seinem Wesen einnimmt . . . « Und an anderer Stelle dieses Werkes heißt es: »Einer der wesentlichen Züge der jüdischen Geschlechtlichkeit besteht darin, daß der Jude im Weibe zuerst das Geschlecht sieht«, was den Verfasser dann zu der Frage bringt, »wieso die Juden gerade ihnen rassisch entgegengesetzte Frauen, wie es die Deutschen sind, so leicht unter ihren Einfluß zu bringen verstehen, wieso oft gerade abstoßende, kulturlose Juden hübsche, gute deutsche Mädchen zu gewinnen wissen.« Er sieht die Antwort darin, daß die unerhörte Sinnlichkeit – »das sinnlich Glühende« – des Juden »in dem Weibe vor allem auch das Sinnliche erregen« könne, »wobei die fremde Rasse, ja vielleicht auch eine irgendwie an Tierisches gemahnende Häßlichkeit und Kulturlosigkeit eine teils erregende Wirkung erzielt, teils den Willen bannt wie der Blick einer Schlange das zu Tode erschrockene wehrlose Tier. Eine wichtige Rolle spielt dabei das rasche leidenschaftliche oder brutale Zugreifen . . . «

Otto Kernholt, Verfasser des 1923 erschienenen antise-

* »Judas Schuldbuch«, Eine deutsche Abrechnung, von Wilhelm Meister, herausgegeben vom Deutschen Schutz- und Trutzbund, München, 1919.

mitischen Werkes ›Vom Getto zur Macht‹, kritisierte zunächst ganz allgemein »die Seelenvergiftung unserer Jugend« durch die Juden, bezeichnete den Einfluß jüdischer Schriftsteller als »schlechthin verderblich und vielfach verwerflich«, als »wahrhaft entsittlichend« und deshalb »unheilvoll«. An anderer Stelle bedauert er dann »eine auffallende Tatsache, die gewiß mit der jüdischen Natur zusammenhängt«, nämlich daß die jüdischen Mediziner »diejenigen Gebiete der Heilkunde besonders bevorzugen, die irgendwie mit geschlechtlichen Dingen zusammenhängen. Weininger* meint, ›das unkeusche Anpacken jener Dinge, die der Arier im Grunde seiner Seele immer als Schickung empfindet, ist erst durch den Juden in die Naturwissenschaft gekommen‹ . . . «

Im ›Handbuch der Judenfrage‹ bemerkt M. Staemmler: »Der Jude hat nun einmal eine andere Sexualität als der Germane; er wird und kann ihn nicht verstehen. Und wenn er versucht, seine eigene Einstellung auf den Deutschen zu übertragen, so kann daraus nur eine Zerstörung der deutschen Seele entstehen. Ob der Jude sie will oder ob er sie unbewußt betreibt, soll hier einmal ganz offen gelassen werden . . . «

Derselbe Verfasser meint dann allerdings, wenn ein jüdischer Sexualwissenschaftler sich erdreiste, zu erklären: ›Ein natürlicher Geschlechtsverkehr der Jugend sei, wenn kein Zwang auf den andern ausgeübt wird, keine Sünde und nichts Unehrenhaftes‹, daß man sich nur wundern könnte, weshalb sich kein Vater fände, »der diesem jüdischen Jugendverderber mit der Reitpeitsche zeigt, wo der Weg für ihn ist.«

* Otto Weininger, dessen Hauptwerk ›Geschlecht und Charakter‹ das Zitat entnommen ist, war ironischerweise als Jude geboren. Sein Renegatentum beendete er früh durch Selbstmord.

Schließlich hat sich auch Adolf Hitler eingehend mit der jüdischen Gefahr auf dem Gebiet der Sexualität beschäftigt. Er sah sie in zweierlei Hinsicht gegeben: In der ›Rassenschande‹ und der sich daraus ergebenden ›Bastardierung‹ sowie in der kulturellen ›Zersetzung‹, die sich aus der ›Entheiligung‹ des Geschlechtlichen ›zwangsläufig‹ ergeben müsse.

Die »furchtbare Art, die ihr« – der Juden – »Verkehr mit den Angehörigen der anderen Völker annimmt«, wird von Hitler in seinem Buch, ›Mein Kampf‹, auf recht melodramatische Weise beschrieben:

»Der schwarzhaarige Judenjunge lauert stundenlang, satanische Freude in seinem Gesicht, auf das ahnungslose Mädchen, das er mit seinem Blute schändet und damit seinem, des Mädchens Volke raubt. Mit allen Mitteln versucht er die rassischen Grundlagen des zu unterjochenden Volkes zu verderben. So wie er selber planmäßig Frauen und Mädchen verdirbt, so schreckt er auch nicht davor zurück, selbst in größerem Umfange die Blutschranken für andere einzureißen. Juden waren es und sind es, die den Neger an den Rhein bringen . . . So versucht er planmäßig, das Rassenniveau durch eine dauernde Vergiftung der einzelnen zu senken.«

Und über seine ›Wandlung zum Antisemiten‹ schrieb Hitler an anderer Stelle seines Buches: »Nichts hatte mich in kurzer Zeit so nachdenklich gestimmt, als die langsam aufsteigende Einsicht in die Art der Betätigung der Juden auf gewissen Gebieten. Gab es denn da einen Unrat, eine Schamlosigkeit in irgendeiner Form, vor allem des kulturellen Lebens, an der nicht *wenigstens ein* Jude beteiligt gewesen wäre? . . . Es genügte schon, eine der Anschlagsäulen zu betrachten, die Namen der geistigen Erzeuger dieser gräßlichen Machwerke für Kino und Theater, die da angepriesen wurden, zu studieren, um auf längere Zeit hart zu werden. Das war die Pestilenz, geistige Pestilenz, schlimmer als der schwarze Tod von einst, mit der man da das Volk infizierte . . . !«

Zwar geht schon aus dem letzten Zitat indirekt hervor, daß sich selbst nach des ›Führers‹ Meinung, auch viele Nichtjuden an den ›Schamlosigkeiten‹ im kulturellen Leben beteiligt hätten – wie sonst wäre seine Einschränkung, »wenigstens ein Jude«, zu verstehen?

Aber unterstellen wir ruhig einmal, es seien fast ausschließlich Juden gewesen, die eine starke Erotisierung oder Sexualisierung der diversen, von den Antisemiten als Beispiel erwähnten Bereiche bewirkt, christlich-germanische Tabus durchbrochen und alle jene Dinge unkeusch angepackt hätten, »die der Arier im Grunde seiner Seele immer als Schickung empfindet«. Versagen wir uns auch eine eigene Wertung dieses Verhaltens und akzeptieren wir ohne Widerspruch die Ansicht, die den Ausführungen aller antisemitischen Verfasser zugrunde zu liegen scheint, nämlich, daß besagtes Verhalten höchst widerwärtig, äußerst schädlich, ja existenzbedrohend gewesen wäre, zumal in Verbindung mit der planmäßigen ›Bastardierung‹, die die Juden angeblich betrieben.

Dann müßte, seit die Juden aus dem öffentlichen Leben Deutschlands fast völlig verschwunden sind, doch eine merkliche Besserung eingetreten sein, vielleicht nicht schon über Nacht, so aber immerhin im Verlaufe von mehr als vierzig Jahren.

Nun, wir wissen, daß die Erotisierung und Sexualisierung in dieser Zeit außerordentlich stark zugenommen hat; daß die Durchbrechung traditioneller ›Schamschranken‹ in der kapitalistischen Bundesrepublik geradezu zum täglichen Geschäft, nicht nur der Unterhaltungsmedien oder der Werbebranche, sondern auch zahlreicher Wissenschaften gehört, und daß die Entwicklung auf dem Gebiet der Beseitigung sexueller Tabus fast explosiv zu nennen ist. Von einer ›Besserung‹ im Sinne der Äußerungen jener um die ›arische‹ Sitte und Moral besorgten Antisemiten der zwanziger Jahre kann also keine Rede sein.

Ähnliches läßt sich von der ›Bastardierung‹ sagen, die ja nach gründlicher ›rassehygienischer‹ Aufklärung im ›Dritten Reich‹, einem Jahrzehnt strengster Handhabung der sogenannten ›Blutschutzgesetze‹ und der nahezu vollständigen Vernichtung der die ›Rassenschande‹ angeblich planmäßig betreibenden Juden mindestens zum Stillstand gekommen sein müßte. Das Gegenteil ist jedoch der Fall:

Ohne daß wir uns hier auf eine Erörterung der absurden ›Rasse‹theorien der Nazis einzulassen brauchen, läßt sich feststellen, daß in der BRD, der DDR und in Österreich die Eheschließungen von Deutschen mit Angehörigen solcher Völker, die den Nazis als ›fremdrassisch‹ galten, beträchtlich zugenommen haben, zumal wenn man die Entwicklung seit 1945 mit derjenigen vor 1914 und zwischen den beiden Weltkriegen vergleicht, ganz zu schweigen von den sexuellen Beziehungen ohne vorherige Heirat, für die es keine Statistik gibt, wohl aber eine Fülle von Indizien, die die besorgten ›Rassehygieniker‹ von einst erbleichen ließen.

Die am Konsum interessierte Wirtschaft Westdeutschlands und Österreichs samt den Massenmedien betreibt eine kommerzielle Ausschlachtung des gestiegenen Sex-Interesses, die den Trend noch verstärkt, und in der gesamten westdeutschen Publizistik findet sich kaum eine Stimme, die das verurteilt, was Hitler einst als »die Pestilenz, die geistige Pestilenz, schlimmer als der schwarze Tod von einst, mit der man das Volk infizierte«, bezeichnet hat.

Zu den ganz wenigen Ausnahmen gehörten zwei namhafte deutsche, inzwischen verstorbene Publizisten, die sich – ähnlich wie einst Hitler – nicht aus Prüderie, sondern aus politischer Sorge um das angeblich in seiner Existenz bedrohte deutsche Volk, scharf gegen das wandten, was der eine von ihnen, William S. Schlamm, als die »gassenübliche Libertinage« bezeichnete, während der andere, Hans Habe, vor einer »Zeitbombe des Sexus« warnen zu müssen glaubte, die schon »im Kinderzimmer tickt; auf den Spielplätzen der Jugend ist sie schon explodiert . . .«

Allerdings sahen sie beide, Schlamm wie Habe, in der ›Vergiftung durch den Sex‹ kein ›Werk Alljudas‹ und zogen infolgedessen aus ihren düsteren Beobachtungen auch keine antisemitischen Schlüsse, wohl aber fand Schlamm, daß solche ›Zersetzung‹ unweigerlich zur Schwächung dessen führe, was er ›den freien Westen‹ zu nennen beliebte, infolgedessen »für Moskau«, ja, »den Herren im Kreml direkt in die Hände« arbeite.

Hans Habe ging noch einen Schritt weiter: Er sah in den sich lockernden Sitten nicht bloß den Vorteil, sondern das Werk Moskaus. »Die Formel ist im Grunde ganz einfach«, meinte er, »dem Osten ist es nicht gelungen, den Westen von außen zu unterwerfen. Der Versuch wird jetzt von innen unternommen!« Seine Beweise: »Wer in der Sowjetunion pornografische Schriften verbreitet, wird nach Sibirien deportiert . . . Auf Rauschgiftgenuß steht in China die Todesstrafe, . . .« Aber: »im oberbayerischen Oberwarmensteinach demonstrieren Jungen und Mädchen zwischen zwölf und vierzehn Jahren ›Liebesspiele‹; als man sie ertappte, skandierten sie Ho-Ho-Ho-Tschi-minh . . . ! Die Berliner Kommunarden predigen die Lehren Maos und üben Gruppensex. Achtzig Prozent des Rauschgifts, das in Kalifornien ›genossen‹ wird, gelangt – zum Teil unter dem ›Selbstkostenpreis‹ – aus China nach den USA . . . «

Diese Art der Argumentation, die auffällig an Adolf Hitlers lauernden ›schwarzen Judenjungen‹ gemahnt, der sich ja auch nicht bloß Lustgewinn, sondern Triumpf über die auf andere Weise nicht zu besiegende ›arische Rasse‹ durch bewußt betriebene ›Bastardierung‹ verschaffen wollte, könnte den Antisemiten in einer ansonsten von Sex, ›Zersetzung‹ und allgemeinem Beifall für beides erfüllten Welt einen wenn auch schwachen Trost bieten, wären nicht Hans Habe und der ihn mit deutschem Nationalismus und aggressivem Antikommunismus noch übertrumpfende William S. Schlamm beide Juden gewesen – was unserer These, daß ›Deutschland ohne Juden‹ sei, übrigens nicht widerspricht: Willy Schlamm stammte aus Przemysl und kam als Amerikaner aus der Emigration zurück nach Europa; Habe, ein Sohn des Verlegers Imre Békessy, war in Budapest geboren, wurde als Emigrant ebenfalls Amerikaner und lebte im italienischen Teil der Schweiz.

Indessen führt uns ihre stramm deutschnationale Einstellung und ihr vehementer, auch nach Beginn des ›Tauwetters‹ im Kalten Krieg zwischen Ost und West nicht nachlassender Antikommunismus zu einer anderen antisemitischen These, die im ›Dritten Reich‹ eine zentrale Bedeutung gewann: Die angeblich stets linksgerichtete politische Einstellung der deutschen Juden, die das Kaisertum unterhöhlt und vernichtet, die Revolution von 1918 verursacht und gelenkt und – wie in Rußland – das Deutsche Reich zu bolschewisieren versucht haben sollten.

Im ›Handbuch der Judenfrage‹ heißt es schlicht, daß Judentum und Marxismus identisch seien, ebenso Sozialdemokratie und Kommunismus – Thesen, die so absurd sind, daß sie wahrlich keiner ausführlichen Widerlegung bedürfen.

Tatsächlich war vor 1933 die Masse der deutschen Staatsbürger jüdischen Glaubens (oder jüdischer Herkunft) von meist bürgerlich-liberaler, treudeutscher Gesinnung, dem Sozialismus eher abhold und den gemäßigt linken Parteien oft nur deshalb ein wenig mehr zugetan als denen der Rechten, weil der wachsende Antisemitismus, auch der bürgerlichen Rechtsparteien, der vollen deutsch-jüdischen Sympathie für sie im Wege war. Doch einige stießen sich nicht einmal an der offenen Judenfeindschaft der Deutschnationalen und Rechtsextremisten, weil sie den Antisemitismus gar nicht auf sich selbst bezogen, sondern allenfalls auf einzelne ihrer Glaubensgenossen, die sich mißliebig gemacht hatten. Bewußt oder unbewußt versuchten sie, die angeblichen oder wirklichen Ärgernisse, die andere, insbesondere aus dem Osten zugewanderte Juden, der deutschen Rechten boten, durch eine betont nationale Haltung, gelegentlich auch durch extremen Nationalismus und Antisozialismus, zu kompensieren. Und in Ausnahmefällen wurden sie sogar zu militanten Antisemiten!

So kam es, daß es in den ersten Jahren der Weimarer Republik zwar wirklich, wie es die Antisemiten behaupteten, unter den Führern der revolutionären Linken eine Reihe von Persönlichkeiten jüdischer Herkunft gegeben hatte, doch mindestens ebenso viele auf seiten der Konterrevolution. Die große Mehrzahl der jüdischen Deutschen stand indessen als gemäßigte Republikaner zwischen diesen Extremen.

Doch auf die Wahrheit kam es den Antisemiten nicht an. Sie taten so, als seien Revolution und Judentum identisch, und ihr fanatischer Haß ließ sie eine solche Hetze gegen die wenigen revolutionären Führer jüdischer Abstammung betreiben, daß keiner von diesen das Kesseltreiben überlebte.

Als ein typisches Beispiel hierfür kann der Mord an Rosa Luxemburg gelten. Im Januar 1919 wurde sie in Berlin, zusammen mit Karl Liebknecht, von den ›Ordnungskräften‹, die zum Schutz gegen einen ›Spartakus‹-Aufstand herbeigeholt worden waren, verhaftet, brutal zusammengeschlagen und erschossen. Ihre Leiche fand man später im Landwehrkanal . . .

Den Mord planten und befahlen einige Offiziere der

Gardekavallerieschützendivision, darunter zwei jüdischer Herkunft, Liepmann und Grabowsky. Der eigentliche Drahtzieher, der Major Waldemar Pabst, war allerdings kein Jude, doch gibt es noch einen Mann hinter den Kulissen: Ein jüdisches Hauptvorstandsmitglied der Deutschnationalen Partei, Konsul Salomon Marx, hatte Anfang 1919 als Vorsitzender des ›Berliner Bürgerrates‹ zum Kampf gegen ›Spartakus‹ aufgerufen und, teils aus eigener Tasche, teils mit von ihm gesammelten Spenden, Propaganda- und Anwerbungsaktionen finanziert. Hier eine Probe der auf diese Weise ermöglichten Mordhetze, der Text eines in Berlin verbreiteten Plakats: »Arbeiter, Bürger! Das Vaterland ist bedroht! Rettet es! Es wird nicht bedroht von außen, sondern von innen: Von der Spartakus-Gruppe! Schlagt ihre Führer tot! Tötet Liebknecht! Dann werdet ihr Frieden, Arbeit und Brot haben!«

Die Deutschnationalen, die sich den Wahlkampf des Jahres 1919 auch von der Baronin Mathilde von Rothschild und dem gleichfalls jüdischen Chemie-Industriellen und Rennstallbesitzer Arthur von Weinberg, der im Kriege als Kavallerie-Major an der Front, dann im Kriegsministerium gewesen war, hatten bezahlen lassen, zwangen Konsul Marx bald darauf zum Rücktritt von seinen Parteivorstandsämtern – weil er Jude war . . .

Andere führende Deutschnationale jüdischer Abstammung waren der ›Stahlhelm‹-Führer und spätere Kandidat der Rechten bei den Reichspräsidenten-Wahlen des Jahres 1932, Theodor Düsterberg, der bereits an anderer Stelle erwähnt wurde, und auch der besondere Vertrauensmann des Parteiführers Hugenberg, Reinhold Georg Quaatz. Quaatz, bis 1933 Vorstandsmitglied der Dresdner Bank, wurde erst ›kaltgestellt‹, nachdem Geheimrat Alfred Hugenberg Wirtschaftsminister im ersten Kabinett Hitler geworden war.

Ein anderer hoher Staatsbeamter jüdischer Abstammung, Heinrich von Kaufmann-Asser, war der Vertrauensmann Franz von Papens und rückte 1932 zum Ministerialdirektor und Leiter der Presseabteilung der Reichsregierung auf. Nachdem Hitler Kanzler geworden war, wurde Kaufmann-Asser zum deutschen Gesandten in Buenos Aires ernannt, bald darauf aber in den Ruhestand versetzt.

Der konservativen Rechten müssen schließlich auch einige Männer jüdischer Herkunft zugerechnet werden, die scheinbar unpolitische Funktionen hatten, beispielsweise der Staatssekretär Theodor Lewald, von 1919 bis 1933 Präsident des Deutschen Reichsausschusses für Leibesübungen und Reichskommissar für die Olympischen Spiele. Lewald, von Reichspräsident Paul von Hindenburg mit dem ›Adlerschild des Deutschen Reiches‹ ausgezeichnet, der höchsten Ehrung, die die Weimarer Republik zu vergeben hatte, wurde von Hitler nicht entlassen, weil sonst die für das internationale Prestige des ›Dritten Reiches‹ so überaus wichtige Berliner Olympiade des Jahres 1936 gefährdet gewesen wäre. So konnte Hitler – nicht zuletzt mit Lewalds Hilfe – die Welt über das wahre Ausmaß der Judenverfolgung täuschen . . . Oder Curt Walter Joel, zunächst Staatssekretär, dann bis 1932 Reichsjustizminister im Kabinett Brüning und dessen Notverordnungsspezialist . . . Oder auch Adolf Grabowsky, Schöpfer der 1917 gegründeten Sammelorganisation »Volksbund für Vaterland und Freiheit« und Herausgeber der Zeitschrift ›Das Neue Deutschland‹, die die deutsche Intelligenz für die Rechtsparteien zu gewinnen trachtete . . .

Politisch noch weiter rechts stand ein berühmter Mediziner, Professor Otto Lubarsch, der ein sehr aktiver Deutschnationaler war und, obwohl Volljude, den antisemitischen ›Alldeutschen Verband‹ mitbegründet hatte.

Der langjährige engste Mitarbeiter Professor Sauerbruchs und Präsident der Deutschen Chirurgischen Gesellschaft,

Professor Rudolf Nissen, der – selber jüdischer Flüchtling vor Hitler – in seinen Erinnerungen von Lubarsch mit großer Objektivität schreibt, dessen berufliche Eigenschaften seien »so überragend gewesen, daß man ihn als einen würdigen Nachfolger Virchows, dieses größten Vertreters der modernen pathologischen Anatomie, bezeichnen darf«, berichtet weiter über diesen »jüdischen Antisemiten«, daß er »einer der Initiatoren der Harzburger Front« gewesen sei.

»Während der entscheidenden Tagung dieser ›Front‹ hat er durch Anwesenheit und Beifall die Verbindung von deutschnationaler und nationalsozialistischer Partei zum gemeinsamen Programm begeistert begrüßt. Eine politisch untermalte Affäre wurde sein den Studenten vorgetragener Bericht über das Sektionsergebnis eines vom Osten eingewanderten jüdischen Kaufmanns, dessen Geschäftsverbindungen bis in höhere Regierungskreise reichten. Lubarsch nannte Namen, Konfession und luetische Infektion des Verstorbenen . . . Ich erinnere mich, daß Sauerbruch . . . sich voll Abscheu über den Inhalt der Zeitungsnotiz äußerte, welche die Nachricht brachte . . . ›Den Tag von Potsdam‹ – an dem die Reichswehr und das traditionelle preußische Junkertum Hitler huldigten – hat Lurbarsch . . . noch mit Genugtuung erlebt. Am 1. April 1933 starb er . . . «

Kurt Tucholsky hat Lubarschs Verhalten anläßlich der von Nissen erwähnten Sektion eines im Ruch der Korruption stehenden jüdischen Geschäftsmannes in bissigen Versen glossiert, die mit den Zeilen enden: »Laßt uns die Zähne zusammenbeißen: es kann nicht jeder Lubarsch heißen!«

Zu den engsten Vertrauten und wichtigsten Ratgebern des Alldeutschen-Führers gehörte neben Lubarsch auch der – gleichfalls volljüdische – Berliner Nationalökonom Professor Ludwig Bernhard . . . Und Presse-Chef der ultrarechten Kapp-Putschisten war der aus Budapest stammende jüdische Abenteurer Ignatz Trebitsch-Lincoln.

Es waren indessen nicht bloß einige Intellektuelle jüdischer Abstammung, die sich den Rechtsparteien anschlossen: Es gab auch eine Vielzahl von jüdischen Freikorps-Kämpfern, die sich im Baltikum, in Oberschlesien und an der Ruhr den deutschnationalen und konterrevolutionären Kampforganisationen anschlossen; es gab sogar einen jüdischen Freikorpsführer in Oberschlesien, Oberleutnant Alwin Lippman, und der Fahnenträger des – im ›Dritten Reich‹ dann zu legendärem Ruhm gekommenen – Freikorpsführers Albert Leo Schlageter, Alfred Badrian, war ebenfalls Jude . . .

Jüdischer Herkunft war nicht nur, wie von den Antisemiten weidlich ausgeschlachtet, der Führer der bayerischen Revolution vom 7. November 1918, Kurt Eisner, der dann erster Ministerpräsident des neuen Freistaats wurde, sondern auch sein Mörder, der Ex-Leutnant im Schwere-Reiter-Regiment und Angehörige einer rechtsextremistischen Studentenverbindung, Anton Graf von Arco auf Valley, ein Enkel des zum Protestantismus übergetretenen Kölner jüdischen Bankiers Eduard Salomon Freiherrn von Oppenheim. Graf Arco erschoß Kurt Eisner am 21. Februar 1919, just als der von der Münchener Arbeiterschaft hochverehrte, jeder Gewalttätigkeit abholde Ministerpräsident dem neugewählten Landtag sein Amt zur Verfügung stellen wollte . . .

Gegen Eisners Privatsekretär Felix Fechenbach, der gleichfalls Jude war, wurde bald darauf von alldeutscher Seite ein Verleumdungsfeldzug geführt, Anzeige wegen angeblichen Landesverrats erstattet und ein Strafprozeß erzwungen, der in der deutschen Justizgeschichte ohne Beispiel ist. Er erinnert an den Fall Dreyfus:

Auch Fechenbach wurde, völlig unschuldig, zu elf Jahren Zuchthaus verurteilt. Angeblich hatte er ›ein hochpolitisches Staatsgeheimnis dem Ausland preisgegeben‹. Tatsächlich handelte es sich um Dokumente von nur noch historischem

». . . KNALLT AB DEN WALTHER RATHENAU, DIE GOTTVERDAMMTE JUDENSAU!« – *so sangen deutsche Offiziere, die den damaligen Reichsaußenminister 1922 ermordeten.*

Ich hatte einst ein schönes Vaterland.
Der Eichenbaum
wuchs dort so hoch, die Veilchen nickten sanft.
Es war ein Traum.
Das küßte mich auf deutsch und sprach auf deutsch
(Man glaubt es kaum,
Wie gut es klang) das Wort: »Ich liebe dich!«
Es war ein Traum.
HEINRICH HEINE

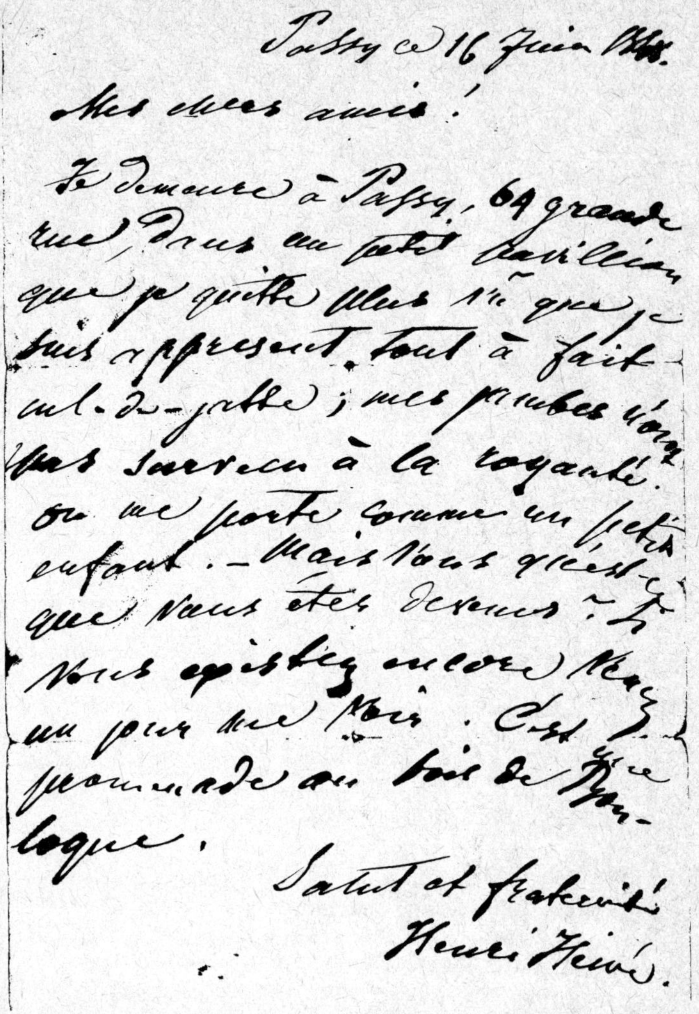
Passy le 16 Juin 1848.

Mes chers amis!

Je demeure à Passy, 64 grande rue, dans un petit pavillon que je quitte plus parce que je suis à présent tout à fait cul-de-jatte; mes jambes n'ont pas survécu à la royauté. On me porte comme un petit enfant. – Mais vous qu'est-ce que vous êtes devenus? Si vous existez encore venez un peu me voir. C'est une promenade au bois de Boulogne.

Salut et fraternité!
Henri Heine.

EIGENHÄNDIGER BRIEF HEINRICH HEINES AUS DEM REVOLUTIONSJAHR 1848

Meine lieben Freunde!
Ich lebe in Passy, 64 grande rue, in einem kleinem Pavillon, den ich nicht mehr verlasse, weil ich gegenwärtig ganz und gar wie ein Krüppel ohne Beine bin; meine Beine haben das Königtum nicht überlebt. Man trägt mich wie ein kleines Kind. – Aber was ist aus Ihnen geworden? Wenn Sie noch existieren, kommen Sie mich ein wenig sehen. Es ist ein Spaziergang durch den Bois de Boulogne.

Gruß und Brüderlichkeit
Heinrich Heine

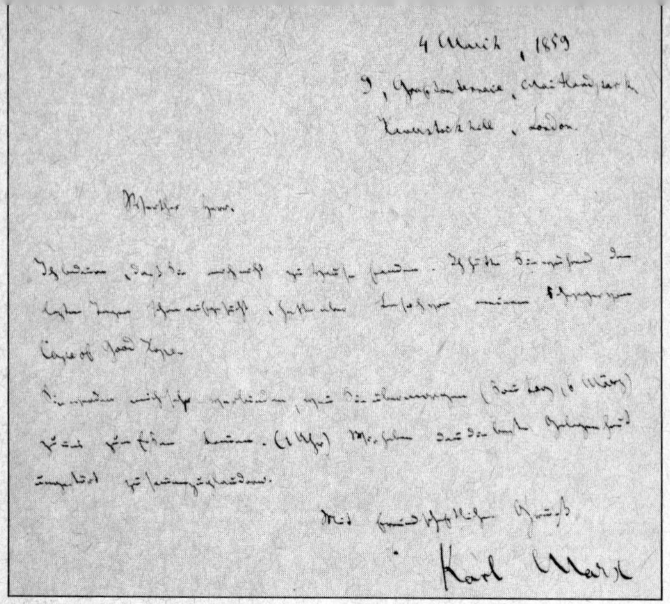
4 March, 1859

Karl Marx

KARL MARX AN GEORG FRIEDRICH RHEINLÄNDER IN LONDON
(in den Gesamtausgaben nicht gedruckt)

Werther Herr,
Ich bedauere, daß Sie mich nicht zu Hause fanden. Ich hätte Sie während der letzten Tage schon aufgesucht, hatte aber Besuch von meinem Schwager vom Cape of Good Hope. Sie werden mich sehr verbinden, wenn Sie übermorgen (Sonntag 6. März) zu uns zum Essen kommen. (1 Uhr) Wir haben dann beste Gelegenheit ungestört zusammenzuplaudern.

Mit freundschaftlichem Gruß *Karl Marx*

Empfänger dieses Briefs war G. F. Rheinländer, der – zuvor Mitglied des Bundes der Geächteten in Paris – als Emigrant in London lebte und der dortigen Gruppe des Deutschen Nationalvereins beigetreten war. Er stand in freundschaftlichen Beziehungen zu Familie M. und galt – zumal um 1859/60 – als M.s enger Mitarbeiter, zeitweiser Sekretär und – wegen seiner Verbindung zu Schily in Paris – als zuverlässige Quelle, die Verhältnisse in Frankreich betreffend. Der von M. erwähnte Schwager vom »Cape of Good Hope«, in einem Brief an Engels als »der Cape man« angekündigt, war Johan Karel Juta, ein in der Kapkolonie lebender holländischer Kaufmann, der M.s Schwester Louise geheiratet hatte. Juta war indessen nur vom 16. bis 22. II. 1859 in London gewesen, dann nach Manchester weitergereist. Marx hatte zuvor den »letzten freien Rock« versetzen lassen, weil er dem sterbenden Freund Eccarius »some comforts« hatte zukommen lassen wollen und war »sans sou«, wie er Engels schrieb, von dem er sich zugleich »at least 1 £« erbat, um den Schwager bewirten zu können.

Interesse, die Fechenbach, gedeckt durch eine Freigabeerklärung sowohl der Reichsregierung als auch seines Chefs, dem jungen schweizerischen Publizisten Frank Arnau abschriftlich überlassen hatte. Das Gericht stützte sich bei Fechenbachs Verurteilung auf ein Gutachten, das es – so der Gutachter – ›im entgegengesetzten Sinne‹, also wohl bewußt falsch, auslegte. Später sah sich das Oberste Landesgericht in München auf starken Druck der Reichstagsmehrheit hin veranlaßt, das Urteil nachzuprüfen und – zu bestätigen! Der bayerische Justizminister setzte dann, um dem Skandal ein Ende zu machen, die Strafe auf ein Drittel herab, und nach zwei Jahren und vier Monaten unschuldig erlittener Haft wurde Fechenbach – gleichzeitig mit Adolf Hitler – auf freiem Fuß gesetzt. Nach 1933 wurde er sofort wieder verhaftet, gefoltert und schließlich auf einem Transport ermordet . . .

Der Fall Fechenbach hat aber noch einen wenig bekannten Hintergrund: Der Anführer des Kesseltreibens gegen den Eisner-Mitarbeiter war der den Alldeutschen nahestehende Herausgeber der ›Süddeutschen Monatshefte‹, Paul Nikolaus Cossmann, der – obwohl selbst Jude – es für richtig hielt, den Antisemitismus weiter zu schüren!

Angesichts dieser Beispiele, die natürlich nur für einen kleinen Teil der jüdischen Deutschen jener Jahre typisch sind, kann es kaum noch überraschen, daß sich auch noch nach Hitlers ›Machtergreifung‹ und dem Beginn des offenen Terrors einige politisch weit rechtsstehende deutsche Juden ernsthaft um ein Bündnis mit den Nazis bemühten, allen voran der Berliner Rechtsanwalt und Führer des von ihm gegründeten ›Verbandes national-deutscher Juden‹, Max Naumann. Daneben gab es den erst im Frühjahr 1933 von Hans Joachim Schoeps ins Leben gerufenen ›Deutschen Vortrupp, Gefolgschaft deutscher Juden‹.

Schoeps hielt es – wie er sogar noch in seinem 1963 erschienenen ›Rückblicken‹ versichern zu müssen meint –

damals »für die geforderte Aufgabe, eine generationsmäßige Ablösung der bisherigen liberalen Führergarnitur im deutschen Judentum durch bündisch-soldatische Kräfte zu versuchen, die den Nationalsozialisten vielleicht eher als Verhandlungspartner erscheinen« konnten. Was ihm vorschwebte, war die Eingliederung eines Teils der alteingesessenen »Judenschaft in einen ständischen Reichsaufbau« – auf Kosten der »nach 1918 eingewanderten Ostjuden« und der »Zionisten, soweit sie sich nach ihrem eigenen Bekenntnis nicht als Deutsche, sondern als Auslandspalästinenser« fühlten. Diese Gruppen sollten raschestens abgeschoben und »bis zu ihrer Auswanderung unter den Schutz des Minderheitenrechtes« gestellt werden. Eine entsprechende Denkschrift reichte Hans Joachim Schoeps »zunächst einmal der Reichskanzlei ein und bat um eine persönliche Unterredung mit Hitler« natürlich vergeblich!

(Noch heute findet sich in der Bundesrepublik, neben dem aus später Emigration heimgekehrten und von der bayerischen Staatsregierung als Extraordinarius an die Universität Erlangen berufenen einstigen ›Vortrupp‹-Führer Schoeps, eine Anzahl von Juden bereit, an Aktivitäten der äußersten Rechten mitzuwirken und dabei Alibi-Funktionen zu erfüllen. So akzeptierte neben Schoeps auch der aus amerikanischem Exil zurückgekehrte Soziologe Ludwig Freund den sogenannten ›Adenauer-Preis‹ der ›Deutschland-Stiftung E.V.‹ (laut *Frankfurter Allgemeine Zeitung:* ›Ein Preis von rechtsradikalen Sektierern, erfunden für drittklassige Schriftsteller und abseitige Ideologen‹). Beide sowie auch andere Publizisten jüdischer Herkunft schreiben für das ›Deutschland-Magazin‹ besagter ›Deutschland-Stiftung‹, zu deren Vorstandschaft, um nur ein Beispiel zu nennen, Erich Maier gehört, im ›Dritten Reich‹ verantwortlicher Redakteur eines NS-Gauorgans und Verfasser zahlreicher im ›Stürmer‹-Jargon verfaßter antisemitischer Hetzartikel.

Immerhin sind die jüdischen Professoren Schoeps und Freund – im Gegensatz zu anderen ›Adenauer-Preis‹-Trägern und -Verleihern – bislang noch nicht als Autoren auch der ›Deutschen National-Zeitung‹ aufgetreten. Dafür hat dieses ultrarechte Hetzblatt andere jüdische Mitarbeiter, u. a. Moshe Menuhin und den unter dem Pseudonym Josef Burg auch für neonazistische Buchverlage tätigen Autor Josef Ginsburg).

Zu der antisemitischen These, daß Judentum und Marxismus identisch wären, gehörte auch die kühne Behauptung, daß sich unter jüdisch-marxistischem Einfluß die deutsche ›Wehrkraft‹ vermindert hätte.

»Während das Judentum . . . die Lüge vom deutschen ›Militarismus‹ in die Welt hinausrief und Deutschland so mit allen Mitteln zu belasten trachtete, verweigerten (jüdisch geführte) marxistische und demokratische Parteien jede umfassende Ausbildung der deutschen Volkskraft«, schrieb Hitler in ›Mein Kampf‹, und in ›Judas Schuldbuch‹ meinte Wilhelm Meister zur Situation des Jahres 1918: »Bismarck wird erneut verraten, Kaiser Weißbart mit seinen Paladinen schläft wieder zutiefst im Kyffhäuser, das Reich ist zertrümmert, die deutsche Volkswirtschaft ist zerstört, und was tausendmal schlimmer ist als alles dies: der deutsche Idealismus und die deutsche Ehre sind zerbrochen. Juda hat uns nicht nur zum Krüppel am Leibe, sondern auch an der Seele, zum Aussätzigen gemacht . . . « Herwig Hartner schließlich erklärte einige Jahre später, als sich die ›Wehrkraft‹ der Deutschen wieder zu regen begann: »Gegen diese späte Selbstbesinnung unseres deutschen Volkes, gegen diesen Willen zur Selbstbehauptung richtet sich nun der Kampf der jüdischen und jüdisch-marxistischen Kreise . . .«

Wären diese Behauptungen richtig gewesen, daß nämlich nur oder doch vornehmlich die Juden den ›Wehrwillen‹ der deutschen Jugend gelähmt und die ›Wehrkraft‹ zu zersetzen versucht hätten, beispielsweise durch pazifistische Propaganda oder allgemeine Angriffe gegen Rüstung und Militär, so müßte logischerweise heute, wo es in Deutschland kaum noch Juden und keinen nennenswerten jüdischen Einfluß mehr gibt, der ›Wehrwillen‹ der jungen Deutschen kaum noch zu zügeln, die Begeisterung, dem Vaterlande zu dienen, ungeheuer sein. Nun, auch hier ist das Gegenteil eingetreten, zumindest in der Bundesrepublik: Nirgendwo in der Welt gibt es so viele Kriegsdienstverweigerer wie in der westlichen Hälfte Deutschlands seit Beginn der Wiederaufrüstung! Und ihre Anzahl wächst noch ständig: Bis zum 31. März 1969 wurden 55 842 Anträge auf Anerkennung als Kriegsdienstverweigerer gestellt; rund dreißigtausend davon mußten anerkannt werden. Doch während die monatliche Zuwachsrate bis 1968 bei maximal elfhundert lag, stieg sie bereits im ersten Halbjahr 1969 auf über fünfzehnhundert. In den 1970er Jahren hat sich die Anzahl der Kriegsdienstverweigerer mehr als verdoppelt; bis 1975 wurden Jahr für Jahr 33 000 bis 35 000 Kriegsdienstverweigerer gezählt. 1977 waren es sogar fast 70 000, und von 1978 bis 1987 kamen insgesamt rund 600 000 hinzu! Jüdische Einflüsse waren dabei nicht festzustellen . . .

Für die Art und Weise, in der jüdischer Einfluß in Deutschland vor 1933 ausgeübt wurde, nannten die antisemitischen Schriftsteller vornehmlich drei Kategorien: ›Alljudas Finanzmacht‹, nach Bedarf auch ausgeweitet zu ›jüdischer Weltfinanz‹, für das Deutsche Reich unterteilt in ›ungeheuren persönlichen Reichtum‹ der meisten Juden sowie in ›Bank- und Börsenmacht‹, mittels derer die Juden als Gruppte teils ihre deutschen Opfer in ›Zinsknechtschaft‹ hielten, teils ›die Wirtschaft auspowerten‹; zweitens, die völlige ›Verjudung‹ von Parlament und Regierung, die für die Ministerposten so hoch veranschlagt wurde, daß man den Weimarer Staat schlicht als ›Judenrepublik‹ bezeichnen zu können meinte, und drittens die ›jüdische Presse-Allmacht‹, deren Vorhandensein man weniger der personellen Besetzung der Redaktionen als vielmehr jüdischen Zeitungsverlegern zuschrieb, die sich ein ›Pressemonopol‹ geschaffen haben sollten.

Untersuchen wir kurz die Stichhaltigkeit der Argumente, so ist zum ersten, den individuellen Reichtum der deutschen Juden betreffend, zu bemerken, daß hier die Mutmaßungen, von kühner Phantasie oder bloßem Neid beflügelt, so weit über das Ziel hinausschossen, daß sie jede Ähnlichkeit mit der Realität verloren. Gewiß, es gab eine breite Schicht wohlhabender jüdischer Bürgerfamilien, darunter auch einige sehr reiche, doch die Masse der Juden Deutschlands lebte in bescheidenen, dem Niveau des unteren Mittelstandes angeglichenen Verhältnissen, ein sehr beachtlicher Teil sogar in Armut und Elend. So hatte beispielsweise 1932 ein Drittel aller jüdischen Steuerzahler im Deutschen Reich ein Jahreseinkommen von weniger als 2400 Reichsmark, und allein in Berlin zählte man im Winter 1923/33 rund 31 000 jüdische Wohlfahrtsempfänger . . . !

Wenn wir uns zunächst mit den Allerreichsten befassen, so fällt uns bei einer Untersuchung der reichsdeutschen Spitzenvermögen vor 1914 auf, daß sie sich ganz anders verteilten, als es die Antisemiten wahrhaben wollten. Es gab nämlich im letzten Friedensjahr (nach Regierungsrat Rudolf Martins aufgrund der Steuerlisten angefertigten ›Jahrbüchern der Millionäre‹) nur zehn Personen, die mit mehr als hundert Millionen Mark Vermögen steuerlich veranlagt worden waren:

		Millionen Mark
1.	Kaiser Wilhelm II., König von Preußen	mit 394
2.	Großherzog Adolf Friedrich von Mecklenburg-Strelitz	mit 355
3.	Frau Bertha Krupp von Bohlen und Halbach	mit 320
4.	Ludwig III., König von Bayern	mit 300
5.	Guido Fürst Henckel-Donnersmarck	mit 290
6.	Adalbert Fürst von Thurn und Taxis	mit 270
7.	Freifrau Mathilde verwitwete von Rothschild	mit 163
8.	Fürst Hohenlohe-Öhringen, Herzog von Ujest	mit 154
9.	Adolf Josef Fürst von Schwarzenberg	mit 119
10.	Max Egon Fürst zu Fürstenberg	mit 110

Es waren also rund 2,5 Milliarden Goldmark in den Händen von zehn Personen, und dabei ist weder berücksichtigt, daß sich die regierenden Fürsten besonders niedrig einzuschätzen pflegten – weshalb beispielsweise der steinreiche König von Sachsen in der Aufstellung fehlt – noch sind die geradezu lächerlich geringen Einheitswerte des hocharistokratischen Großgrundbesitzers durch die wahren Verkehrswerte ersetzt worden, in welchem Falle noch weitere drei Dutzend Fürsten und Prinzen in die Liste der mehr als hundertfachen Millionäre hätten aufgenommen werden müssen, etwa Fürst Hans-Heinrich XV. von Pleß (99 Millionen Mark Einheitswert), Franz-Hubert Graf Thiele-Winckler (87 Millionen) oder Engelbert Herzog von Arenberg (63 Millionen).

In diese Spitzengruppe der Mammutvermögen ragte nur ein einziges auf, das in jüdischen Händen war, nämlich das der Rothschilds, vertreten durch eben jene Dame, die dann vier Jahre später die republik- und judenfeindlichen Deutschnationalen so freigebig unterstützte . . .

Die Untersuchung ließe sich beliebig fortsetzen, doch auch unter den weiteren rund zweihundert Multimillionären, die vor 1914 Vermögen über zwanzig Millionen Mark versteuerten, finden sich mehr als neunzig Prozent Nichtjuden, vorwiegend hochadlige Latifundienbesitzer und großbürgerliche, meist rheinische oder hanseatische Kaufleute und Industrielle. Bei den rund anderthalb Dutzend ähnlich reichen Familien jüdischer Herkunft handelt es sich durchweg um (meist getaufte und geadelte) Bankiers, zum Beispiel die Freiherren von Oppenheim oder Beit von Speyer, von Mendelssohn oder von Bleichröder, oder um erfolgreiche Industrielle wie die (stramm deutschnationalen) von Weinbergs oder von Friedländer-Fuld.

Von einer Konzentration des deutschen Reichtums in jüdischen Händen konnte also vor 1914 wahrlich nicht die Rede sein, und in der Weimarer Republik veränderte sich das Bild nur insofern, als die Inflation den bürgerlichen Mittelstand – und damit die meisten Juden – um die Ersparnisse brachte, während die Großagrarier auf Kosten des hungernden Volkes noch reicher wurden und die durch den Krieg aufgeblähte Schwerindustrie einen unerhörten Aufschwung nahm, aus der Geldentwertung ebenfalls enormen Nutzen zog und die Vermögen der ›Schlotbarone‹ ins Unermeßliche steigerte. Damals vermehrte sich die Spitzengruppe deutschen Reichtums um drei mehrhundertfache Goldmark-Millionäre: Fritz Thyssen, die Erben des saarländischen Montanindustriellen von Stumm und Hugo Stinnes – alle drei Nichtjuden.

Stinnes stieg als erfolgreichster Inflationsgewinnler zum reichsten Mann Deutschlands auf, nach zeitgenössischen Quellen sogar zum fünftreichsten Mann der Welt. Als sein Stern zu sinken begann, wurde er abgelöst von einem noch geschickteren Börsen-Hai und Konzern-Erbauer: Friedrich Flick. Und der, ebenfalls Nichtjude, auch Mitglied des

»Freundeskreises des Reichsführers SS Heinrich Himmler«, gehörte zu denen, die von der Gewaltherrschaft der Nazis durch ›Arisierungen‹, enorme Rüstungsgewinne und massenhafte Ausbeutung von Sklavenarbeitern am meisten profitierten. Und von 1950, als er aus kurzer Kriegsverbrecherhaft entlassen wurde, bis zu seinem Tod im Jahre 1972 wurde er zu einem der reichsten Männer der Welt, der einige der größten und profitabelsten Konzerne der Bundesrepublik als Alleineigentümer oder Großaktionär beherrschte.

Daneben stiegen in den zwanziger und dreißiger Jahren zu vielhundertfachen Millionären auf: der Münchner Bankier und Großgrundbesitzer August von Finck, die Familien Bosch, von Opel und von Siemens; die Nährmittelfabrikanten Oetker und die Waschmittelproduzenten Henkel, die Neußer Werhahns und die aus der Uckermarck stammenden Quandts sowie zwei Dutzend weitere Großindustrielle, die nur eines gemeinsam hatten: Sie waren samt und sonders keine Juden . . .

Was den zweiten Teil des antisemitischen Arguments von der Finanzmacht der Juden betrifft, nämlich ihre angebliche Monopolstellung im Bank- und Börsenwesen, mit deren Hilfe sie die gesamte Wirtschaft unterjocht und die »grenzenlos ehrlichen Arier« in »Zinsknechtschaft« gebracht hätten, so ist dazu zweierlei zu bemerken:

Einmal ist es richtig, daß Juden eine wichtige Rolle im deutschen Bankwesen gespielt, bei der Gründung der heutigen westdeutschen Großbanken maßgebend mitgewirkt und wesentlich dazu beigetragen haben, Deutschland zu einer Industriemacht ersten Ranges zu machen.

Geht man indessen, wie die meisten antisemitischen Autoren, davon aus, daß das Bankiersgewerbe, erst recht die Tätigkeit an der Börse, schon als solche höchst anrüchig, verwerflich, dem Volke schädlich, daher typisch jüdisch und jedenfalls eines ›Ariers‹ unwürdig sei, so wäre eigentlich zu erwarten gewesen, daß sich, nachdem die Juden im ›Dritten Reich‹ aus der Bankwelt ausgeschlossen wurden und es – von wenigen Ausnahmen abgesehen – bis heute geblieben sind, nun vom antisemitischen Standpunkt aus geradezu paradiesische Zustände eingestellt haben müßten: Eine ›gediegene‹, für jedermann überschaubare Wirtschaft; das Ende des Spekulanten- und Jobber-Unwesens; ein dem germanischen Charakter entsprechender Geldverkehr ohne ›jüdische Hast‹, faule Tricks und unwürdiges Feilschen, vor allem aber ohne jegliche ›Zinsknechtschaft‹, was immer man darunter verstehen mag.

Nun, wir wissen, daß sich im kapitalistischen Teil Deutschlands just das Gegenteil dessen ereignet hat, was sich die Antisemiten von der Austreibung der Juden erwartet hatten: Die Macht der – nunmehr ›judenreinen‹ – Großbanken ist ins Gigantische gewachsen; die Aktienspekulation und das Investmentgeschäft haben sogar schon die mittelständischen Hausfrauen und den gutverdienenden Teil der Arbeiterschaft erfaßt; Bundesdeutschland ist nicht nur eine Finanzmacht ersten Ranges, sondern bis in den letzten Winkel hinein vom Profitstreben erfüllt und auf schnelles und leichtes Geldverdienen aus, ganz zu schweigen davon, daß noch niemals so viele Deutsche so gewaltige Schulden und damit verbundene Zinsverpflichtungen hatten wie die heutigen, an jeder Straßenecke zu Ratenkäufen, Kreditaufnahmen, Beleihungen und Kontoüberziehungen ermutigten Bürger der Bundesrepublik.

Und das alles hat sich vollzogen und breitet sich weiter aus, ohne daß es noch mehr als eine Handvoll Banken gibt, an denen Juden beteiligt sind, wobei ihr Einfluß auf die Großbanken gleich null, ihr Anteil am Geschäft der Wertpapierbörsen minimal ist . . .

Aber wenn die Juden wirklich einst Macht ausgeübt hätten oder gar noch ausübten, was nun wahrlich nicht der Fall ist – wie hätten sie sie dann benutzt? Gegen die Antisemiten der ›nationalen Rechten‹ . . . ? Im Sinne und Interesse der ihnen gegenüber toleranten Sozialdemokratie? Oder gar zur ›Bolschewisierung‹ Deutschlands?

Nun, wir haben bereits an einer Reihe von Beispielen gesehen, daß es zumindest auch eine Anzahl deutschnational gesinnter Juden gab, gerade unter denen die – wie die Baronin Rothschild oder Herr von Weinberg – kraft ihres Reichtums am ehesten hätten Macht ausüben können. Aber waren diese Wahlhelfer der Alldeutschen vielleicht nur Ausnahmen von der Regel, während in Wirklichkeit das von den Antisemiten stets behauptete alljüdische Bündnis zwischen Finanzkapital, Pressemonopol und marxistischen Parteien bestand?

Lassen wir die Frage eines jüdischen Pressemonopols noch für einen Augenblick beiseite und befassen wir uns kurz mit der – an sich recht absurd klingenden – Behauptung jüdisch-kapitalistischer Sympathien für jüdisch-marxistische Parteien. Diese eigentlich widernatürlichen Neigungen sollten 1918 zur Kopulation geführt und das erzeugt haben, was die gemäßigte und extreme Rechte in trauter Harmonie als ›Judenrepublik‹ zu bezeichnen pflegte.

War der Weimarer Staat wirklich ein von Juden geschaffenes und total beherrschtes Gebilde? Und, falls ja, betrieben die jüdischen Machthaber eine »Bolschewisierung« Deutschlands, seine Entwicklung zum Sozialismus hin?

Die erste deutsche Republik, ein Ergebnis der militärischen Niederlage des Reiches im Westen, der Forderung Ludendorffs und Hindenburgs nach sofortiger Annahme der alliierten Waffenstillstandsbedingungen, der feigen Flucht, erst des Kaisers, dann auch Ludendorffs, ins neutrale Ausland und der Verzweiflung des jahrelang getäuschten Volkes, das nun die Vergeblichkeit seiner ungeheuren Opfer, Entbehrungen und Anstrengungen erkennen mußte, diese erste deutsche Republik war der Versuch, das von der zusammengebrochenen Monarchie zurückgelassene Chaos zu ordnen, das auseinanderbrechende Reich zu retten und den sinnlosen Krieg, den das kaiserliche Deutschland begonnen und verloren hatte, zu beenden.

Zwei Möglichkeiten boten sich an: Entweder hätte die deutsche Sozialdemokratie als die stärkste und am wenigsten kompromittierte politische Gruppe der vergangenen Ära nun im Bündnis mit der extremen Linken einen sozialistischen Staat zu schaffen versuchen können; die Erfolgsaussichten dafür wären nicht schlechter gewesen als etwa in Rußland, doch hätten sie, wie dort, revolutionären Willen, radikalen Bruch mit der Vergangenheit, harte Maßnahmen zur Enteignung und Entmachtung aller potentiellen Konterrevolutionäre, die Niederwerfung des zu erwartenden Widerstands im Innern und jahrelange Abwehr amerikanisch-britisch-französischer Interventionsversuche erfordert.

Die andere Möglichkeit, zu der sich die Sozialdemokraten dann entschlossen, war das Bündnis mit dem Bürgertum und den alten Mächten, die Erhaltung und gelinde Reform der vorhandenen Strukturen, damit auch die Übernahme der Verantwortung für die Abwicklung des nicht selbst verschuldeten Konkurses mit allen Folgen, die sich daraus ergeben mußten, ferner der – zur Gewinnung von Glaubwürdigkeit bei den mißtrauischen, im Grunde republikfeindlichen Bürgern – mit aller Schärfe geführte Kampf gegen die revolutionäre Linke und die milde Abwehr rechtsextremer Störversuche.

Den Entschluß, das Bündnis mit dem Bürgertum zu wählen, nennt Friedrich Stampfer, Chronist der Weimarer Republik, langjähriger Chefredakteur des SPD-Zentralorgans ›Vorwärts‹ und selbst jüdischer Herkunft, »eigentlich eine Selbstverständlichkeit«. Die radikalen Linken sprachen indessen von einem ›Verrat durch die Mehrheitssozialdemokratie‹ und gaben, neben Ebert, vor allem Otto Landsberg die Schuld daran.

Über Landsberg, der jüdischer Herkunft war, schreibt Friedrich Stampfer in seinem Werk, ›Die vierzehn Jahre der ersten deutschen Republik‹: »Er genoß dank seiner Leistungen als Jurist, seiner enzyklopädischen Bildung und seiner jahrzehntelangen aktiven Arbeit für die Partei das höchste Ansehen. Der radikalen Linken war er wegen seiner betont nationalen Haltung während des Krieges um so verdächtiger . . . «

Tatsächlich wurde Landsberg von den Führern der Linken als Eberts ›graue Eminenz‹ und als ›Mephisto der Revolution‹ geschmäht – von ihrem Standpunkt aus gesehen gewiß mit Recht, denn er war ein überzeugter Anhänger der parlamentarischen Demokratie und der Zusammenarbeit mit den bürgerlichen Parteien, ein Gegner jedes gewaltsamen Umsturzes, jeder radikalen Veränderung und besonders jedes Versuchs einer Verwirklichung des Sozialismus mit Hilfe einer »Diktatur des Proletariats«.

Im ersten Kabinett der Republik, der im Februar 1919 gebildeten Regierung des Ministerpräsidenten Philipp Scheidemann, übernahm Dr. Otto Landsberg das Justizministerium, nachdem er zuvor mit Ebert und Scheidemann zusammen jener provisorischen Regierung angehört hatte, die sich ›Rat der Volksbeauftragten‹ nannte.

Diese am 9. November 1918 geschaffene Zwischenlösung verdankte ihr Zustandekommen einem anderen sozialdemokratischen Juristen jüdischer Abstammung, dem Königsberger Rechtsanwalt Dr. Hugo Haase. Zusammen mit Ebert hatte er vor 1914 den Vorsitz im Parteivorstand der SPD gehabt, war außerdem Vorsitzender der SPD-Reichstagsfraktion gewesen. Er hatte sich dann, als überzeugter Kriegsgegner, von der SPD getrennt und war Führer der 1917 gegründeten Unabhängigen Sozialdemokratischen Partei (USPD) geworden.

Am kritischen 9. November 1918 führte Haase nun die große Mehrheit der USDP in die Koalition mit der – gegen sozialistische Experimente und für eine Zusammenarbeit mit den bürgerlichen Parteien eingestellten – SPD, und zwar gegen den erbitterten Widerstand des linken Flügels der Unabhängigen, insbesondere aber der Spartakisten, an deren Spitze Rosa Luxemburg und Karl Liebknecht standen. Die Koalition hielt nur sieben Wochen lang und endete mit der Demission Haases und seiner Freunde, weil Ebert und Landsberg neben dem ›rein sozialistischen‹ Rat der Volksbeauftragten die alten Fachressorts beibehalten und teils mit bürgerlichen Politikern, teils mit den bisherigen Chefs besetzt, außerdem ›reguläre‹ Truppen unter dem Kommando eines kaisertreuen adligen Generals nach Berlin gerufen und gegen Linksradikale eingesetzt hatten.

Immerhin, in den sieben Wochen des ›Burgfriedens‹ und der Koalition zwischen SPD und USPD waren die Weichen bereits gestellt worden – *für* eine Zusammenarbeit mit den Bürgerlichen aller Schattierungen sowie mit den Militärs und *gegen* einen sozialistischen Umsturz. Das wäre ohne Haases Mitwirkung nicht so leicht möglich gewesen, doch die deutsche Rechte dankte ihm sein Eintreten für Ruhe und Ordnung schlecht: Hugo Haase wurde noch 1919 das Opfer eines von einem aufgehetzten Geisteskranken verübten Attentats. Seine USPD aber spaltete sich 1920: Der kleinere Teil unter Führung Rudolf Hilferdings, eines bedeutenden Nationalökonomen ebenfalls jüdischer Herkunft, fand zurück in die SPD; der größere schloß sich den Kommunisten an.

Unter den bürgerlichen Politikern, die noch zur Zeit des Rates der Volksbeauftragten mit der Leitung der Fachressorts betraut wurden, und auch in der Regierung Scheidemann, die nach den Wahlen zur Nationalversammlung gebildet wurde und bis Mitte 1919 amtierte, waren eine ganze Reihe von Persönlichkeiten jüdischer Herkunft: Neben dem Justizminister Dr. Otto Landsberg (SPD) auch die Demokraten Dr. Hugo Preuß, Dr. Eugen Schiffer und Dr. Georg Gothein, und im April 1919 wurde Schiffer von seinem Parteifreund Dr. Bernhard Dernburg abgelöst.

Wer waren diese Männer, die Hitler und seine Anhänger später ganz pauschal als ›jüdisch-marxistische Novemberverbrecher‹ zu schmähen pflegten?

Nun, um mit dem letzten zu beginnen: Dr. Bernhard Dernburgs Vater war der in der Ära Bismarcks berühmte Leitartikler der ›National-Zeitung‹ und nationalliberale Reichstagsabgeordnete Friedrich Dernburg. Der Sohn hatte sich zunächst im Bankfach betätigt und war bereits Direktor einer Großbank, als ihn der kaiserliche Reichskanzler Fürst Bülow 1907 zum Chef der Kolonialabteilung des Auswärtigen Amtes berief, um gegen den Willen des Reichstages eine energische Kolonialpolitik, wie der Kaiser sie wünschte, durchzusetzen. Nach Parlamentauflösung, einem Wahlsieg der Regierung, zu dem Dernburg erheblich beigetragen hatte, und der Schaffung eines selbständigen Reichskolonialamts wurde er dessen erster Chef. 1909, nachdem er den Kolonialgedanken in Deutschland populär gemacht hatte, schied er wieder aus dem Amt; er organisierte 1914 – wie schon an anderer Stelle kurz erwähnt – die deutsche Kriegspropaganda in den USA. Ende 1918 schloß er sich dem rechten Flügel der neugegründeten Demokratischen Partei an, wurde in die Nationalversammlung gewählt und war von April bis Juni 1919 Reichsfinanzminister als Nachfolger seines zurückgetretenen Parteifreundes Eugen Schiffer. Dernburg weigerte sich, der Unterzeichnung des Versailler Vertrages zuzustimmen und trat deshalb ebenfalls zurück. Dr. Eugen Schiffer, gebürtiger Breslauer, war Jurist und hatte zunächst die

Richterlaufbahn eingeschlagen, war in der Monarchie Kammergerichtsrat in Berlin, dann Richter am Königlich Preußischen Oberverwaltungsgericht geworden. Bereits 1917, also noch zu Kaisers Zeiten, wurde er Unterstaatssekretär im Reichsschatzamt, dessen Leitung er 1918 übernahm und als Reichsfinanzminister im Kabinett Scheidemann weiterführte. Auch er gehörte zu den Nationalliberalen, später zum rechten Flügel der bürgerlich-liberalen Demokratischen Partei. Von Oktober 1919 bis zum März 1920 und wieder vom Mai 1920 bis zum Oktober 1921 war er Reichsjustizminister; dann leitete er die deutsche Delegation bei den Oberschlesien-Verhandlungen mit den Alliierten in Genf und erreichte dort das Äußerste für die deutschen Interessen, was nach den Umständen herauszuholen war.

Dr. Georg Gothein, der dritte Minister jüdischer Herkunft in der ersten aus Wahlen hervorgegangenen Reichsregierung der Weimarer Republik, leitete im Kabinett Scheidemann das Reichsschatzministerium. Gebürtiger Schlesier aus Neumarkt, hatte er seine Laufbahn als Generalsekretär der Oberschlesischen Berg- und Hüttenvereinigung in Kattowitz begonnen, war dann Revierbeamter, Bergrat und Syndikus der Handelskammer zu Breslau geworden. Als freisinniger Politiker hatte er schon in der Monarchie dem Reichstag und dem preußischen Abgeordnetenhaus angehört, war 1918 Mitglied der Demokratischen Partei geworden und 1919 von seinem Ministeramt zurückgetreten, weil er der Unterzeichnung des Versailler Friedensvertrages nicht zustimmen wollte.

Dr. Hugo Preuß schließlich, der 1918 erst Staatsekretär des Reichsamts des Innern, dann erster Reichsinnenminister wurde, war gebürtiger Berliner und ein bedeutender Jurist, Schüler Otto von Gierkes, darüber hinaus Staatsphilosoph und Historiker. Politisch widmete er sich zunächst den kommunalen Angelegenheiten als Stadtverordneter, seit

1900 als unbesoldeter Stadtrat von Berlin. Im Ersten Weltkrieg folgte er einer Anregung des Großen Hauptquartiers und entwarf eine liberale Reichsverfassung, deren Text zwar vor der Öffentlichkeit geheimgehalten, aber in politischen Zirkeln viel diskutiert wurde. Als im November 1918 der Rat der Volksbeauftragten die Monarchie ablöste, wandte sich Preuß in einem aufsehenerregenden Leitartikel im ›Berliner Tageblatt‹ gegen jede Art von Diktatur, forderte die Herstellung demokratischer Verhältnisse und bot den Sozialdemokraten die gleichberechtigte Mitarbeit des liberalen Bürgertums an. Noch am selben Tage rief Ebert ihn zu sich. Resultat dieses Gesprächs, an dem auch Landsberg teilnahm, war die Berufung bürgerlicher Experten aus dem liberalen Lager an die Spitze der Reichsressorts. Preuß selbst übernahm das Reichsamt des Innern und den Auftrag, eine Verfassung für die künftige demokratische Republik auszuarbeiten, über die die noch zu wählende Nationalversammlung beschließen sollte. Er wurde somit zum Vater der Weimarer Verfassung, trat aber als Minister bald wieder zurück – aus Protest gegen den von ihm bekämpften Friedensvertrag von Versailles, nicht zuletzt auch wegen des darin ausgesprochenen Verbots eines Anschlusses der Republik Deutsch-Österreich an das Reich . . . In diesem Zusammenhang verdient ein weiterer jüdischer Politiker Erwähnung: der erste Gesandte Österreichs in Berlin seit dem Ende der Monarchie, Ludo Hartmann. Er nahm beratend teil an den Vorbereitungen der Verfassunggebenden Nationalversammlung, bemühte sich – wie einst sein Vater, Moritz Hartmann, in der Frankfurter Nationalversammlung von 1848 – bis zuletzt energisch um die Einbeziehung Deutsch-Österreichs in die Weimarer Republik und darf als Hauptinitiator dafür gelten, daß man sich, als Symbol der großdeutschen Idee, für die Wiedereinführung der alten Reichsfarben Schwarz-Rot-Gold entschied . . .

Alles in allem läßt sich also sagen, daß in der Gründungsphase der Weimarer Republik einige deutsche Politiker jüdischer Abstammung einen starken, zum Teil entscheidenden Einfluß auf das Geschehen hatten, aber keineswegs in dem von den Ultrarechten behaupteten Sinne, vielmehr im Gegenteil: Alle die Genannten wirkten einer sozialistischen oder gar marxistisch-leninistischen Entwicklung entgegen und förderten das schon während des Ersten Weltkriegs von den rechten SPD-Führern angestrebte Bündnis zwischen katholischem Zentrum, nationalliberalen Demokraten und der sehr gemäßigten, nur gegen ihren einstigen linken Flügel, die USPD, den Spartakus-Bund und die aus beiden hervorgegangene KPD, rücksichtslos harte Sozialdemokratie. Dieses Bündnis, die sogenannte Weimarer Koalition, stellte dann die Weichen gegen den Sozialismus, für den bürgerlich-demokratischen Reformkurs, zunächst unter Führung rechter Sozialdemokraten. Das änderte sich aber bald, und in den auf die Regierung Scheidemann folgenden insgesamt neunzehn Kabinetten, in denen weit über zweihundert Ministerposten zu besetzen waren, gab es kaum noch sozialdemokratische Einflüsse und nur noch ganz wenige Ressortchefs jüdischer Herkunft.

Der schon kurz erwähnte Sozialdemokrat Dr. Rudolf Hilferding, der 1920 die USDP zurück in die SPD führte, wurde 1923 für einige Monate Reichsfinanzminister im ersten Kabinett Stresemann und übernahm später noch einmal, im zweiten Kabinett Hermann Müller, dasselbe Ressort, trat aber 1929 zurück unter dem Druck einer gegen ihn höchst unsachlich geführten Hetzkampagne, an der der deutschnationale Reichsbankpräsident Hjalmar Schacht maßgeblich beteiligt war. Hilferding endete 1941 durch Selbstmord im Gefängnis, nachdem ihn die französische Regierung des Marschalls Pétain unter Bruch des Asylrechts an die Gestapo ausgeliefert hatte.

Vizekanzler und Innenminister im ersten Kabinett Hermann Müller wurde 1920 für einige Monate der langjährige demokratische Parteivorsitzende Dr. Erich Koch-Weser. Er war im Kaiserreich nacheinander Bürgermeister von Delmenhorst, Bremerhaven und Kassel gewesen, galt als ausgezeichneter Verwaltungsjurist und hatte bereits im Oktober 1919 den (nichtjüdischen) Sozialdemokraten Dr. Eduard David als Innenminister in der Regierung Bauer abgelöst. Dr. Erich Koch-Weser war dann noch einmal unter Reichskanzler Hermann Müller Justizminister in der letzten sozialdemokratisch geführten Koalitionsregierung, die im März 1930 stürzte. Im August desselben Jahres führte er noch die kurzlebige Vereinigung der Demokratischen Partei mit dem Jungdeutschen Orden zur Deutschen Staatspartei durch und schied dann aus der aktiven Politik aus. Im April 1933 wurde ihm aufgrund des ›Arier‹paragraphen die Zulassung als Rechtsanwalt entzogen, und es bedurfte einer Intervention Hindenburgs zugunsten dieses ›vom Herrn Reichspräsidenten hochgeschätzten, sehr verdienstvollen und nationalgesinnten Mannes‹, das Berufsverbot wieder rückgängig zu machen. Dr. Koch-Weser emigrierte 1934 nach Brasilien, nachdem sich seine Tochter, die wegen jüdischer Abstammung nicht zum Lehrerinnen-Examen zugelassen worden war, das Leben genommen hatte.

Justizminister der ersten beiden Kabinette Marx und des letzten Kabinetts Brüning war der bereits erwähnte, zur konservativen Rechten zu zählende langjährige Staatssekretär im Reichsjustizministerium, Curt Walter Joel.

Der politisch farblose Berufsdiplomat und Orientalist Friedrich Rosen, Sproß einer bekannten Gelehrtenfamilie jüdischer Herkunft, war 1921 im ersten Kabinett Wirth für einige Monate Reichsaußenminister, während das Innenressort dieser Übergangsregierung von Dr. Georg Gradnauer geleitet wurde, einem rechten Sozialdemokraten, der 1918/

19 als erster sächsischer Ministerpräsident nach der Revolution gemeinsam mit den bürgerlichen Parteien und dem Militär, die Linksradikalen in Schach gehalten hatte; während des ›Dritten Reiches‹ kam Gradnauer wegen seiner jüdischen Herkunft ins Konzentrationslager Theresienstadt.

Der letzte und wohl bedeutendste deutsch-jüdische Politiker, der in der Weimarer Republik Minister wurde, war Dr. Walther Rathenau, der im ersten Kabinett Wirth das neugeschaffene Ministerium für den Wiederaufbau, im zweiten Kabinett Wirth das Reichsaußenministerium leitete.

Als Sohn Emil Rathenaus, des Gründers der AEG, von Hause aus sehr begütert, trat er bald nach Beendigung seiner Studien selbständig hervor, und zwar nicht nur als Wirtschaftsführer, sondern auch als Theoretiker und wirtschaftsphilosophischer Schriftsteller. Im Ersten Weltkrieg betraute ihn das Kriegsministerium mit dem Aufbau der Kriegsrohstoff-Abteilung. Sein Organisationstalent und seine zähe Energie ließen ihn, der zeitweise ein ebenso aggressiver Annexionist* war wie die Alldeutschen, das scheinbar Unmögliche erreichen. Seine Planung, Erfassung und Kontingentierung aller verfügbaren Rohstoffe hat es Deutschland ermöglicht, vier Jahre lang wirtschaftlich ›durchzuhalten‹.

Dr. Walther Rathenau war – im krassen Widerspruch zu den Verunglimpfungen, mit denen ihn die Rechtsextremisten später überschütteten – politisch eher der Rechten als der Linken zuzuzählen. Im Oktober 1918 veröffentlichte er in der ›Vossischen Zeitung‹ einen aufsehenerrengenden Artikel, worin er für die Ablehnung unannehmbarer Waffenstillstandsbedingungen eintrat und eine Massenerhebung des deutschen Volkes zur Abwehr feindlicher Invasionsheere forderte. Nach der Revolution stellte sich Walther Rathenau

* Vgl. hierzu Fritz Fischer, Griff nach der Weltmacht.

der neuen Reichsregierung zur Verfügung. Er nahm unter anderem an den Vorbereitungen für die deutsche Friedensdelegation teil, war Sachverständiger bei der Konferenz in Spa und beteiligte sich 1921 an den Vorbereitungen für die Londoner Reparationskonferenz. Der Annahme des Londoner Ultimatums widersetzte er sich zunächst, fand sich dann aber doch bereit, nach der Neubildung der Regierung durch den Zentrumspolitiker Wirth als Wiederaufbauminister in das Kabinett einzutreten.

Als der Völkerbundsrat Oberschlesien teilte, trat er unter Protest aus dem Kabinett aus, blieb aber weiter Berater und Unterhändler der Reichsregierung. In den fünf Monaten, in denen er dann 1922 noch als Reichsaußenminister tätig war, konnte er für Deutschland sehr beachtliche Erfolge erzielen, insbesondere den Vertrag von Rapallo mit Sowjetrußland und – was ebenso wichtig war – die Beschwichtigung der Westmächte, die die deutsch-sowjetischen Wirtschaftsvereinbarungen zunächst mit großem Mißtrauen zur Kenntnis genommen hatten.

Seine erfolgreichen Bemühungen um eine Verbesserung der trostlosen Lage, in der sich Deutschland nach der Niederlage von 1918 befunden hatte, trugen ihm bei den Deutschnationalen und Völkischen keinen Dank ein. Rathenau, der seiner Gesinnung nach selbst ein Nationalist und glühender Patriot war, wurde als ›jüdischer Erfüllungspolitiker‹ verleumdet und bedroht. Unter den Rechtsextremisten und Freikorps erfreute sich ein Lied größter Beliebtheit, dessen Kehrreim lautete: *›Dem Rathenau, dem Walther/blüht auch kein hohes Alter/Knallt ab den Walther Rathenau/die gottverdammte Judensau!‹* Obwohl Dr. Rathenau wußte, wie ernst diese Mordhetze zu nehmen war, ließ er sich nicht einschüchtern und lehnte Maßnahmen zum Schutz seiner Person entschieden ab. Am 24. Juni 1922 wurde der Reichsaußenminister im offenen Wagen auf der

Fahrt von seinem Haus im Grunewald ins Auswärtige Amt von ehemaligen Offizieren und Freikorpsleuten mit Pistolenschüssen ermordet.

Außer diesen wenigen jüdischen oder halbjüdischen Ministern gab es in der Weimarer Republik noch einige weitere Prominente, die eine politische Rolle spielten und jüdischer Herkunft waren.

Eine sehr umstrittene Persönlichkeit im politischen Leben der Weimarer Republik, die – obwohl Mitglied der Zentrumspartei – auch starken Einfluß auf die Sozialdemokratie hatte, war Staatssekretär Robert Weismann, der engste Mitarbeiter und Ratgeber des preußischen Ministerpräsidenten Otto Braun (SPD). Weismann, ursprünglich Staatsanwalt, setzte sich während der Revolutionswirren 1918/19 mit allen Mitteln für die Aufrechterhaltung der Ordnung und die Niederschlagung linkssozialistischer Aufstandsversuche ein. 1920 wurde er Staatskommissar für öffentliche Sicherheit. Kurt Tucholsky, der unentwegte Warner und Mahner der in die Katastrophe steuernden Weimarer Republik und schärfste Kritiker der mit ihren Todfeinden von rechts liebäugelnden und paktierenden jüdischen Deutschnationalen, hat Weismann in Artikeln, Glossen und Couplets immer wieder attackiert: »Herr Weismann setzt in seine Presse / den bösen Bolschewistenspuk / Aufreißt der Redakteur die Fresse / Herrn Weismann ist's noch nicht genug . . . «

Schließlich sei noch einer Gestalt auf der politischen Bühne der Weimarer Republik gedacht, die zur Zielscheibe heftigster antisemitischer Angriffe wurde: Dr. Bernhard Weiß, zuletzt Polizei-Vizepräsident von Groß-Berlin, hatte als Sohn eines wohlhabenden jüdischen Kaufmanns Rechtswissenschaft studiert und es dann gewagt, als Verwaltungsjurist in den preußischen Staatsdienst einzutreten. Im Ersten Weltkrieg meldete er sich freiwillig an die Front, brachte es in einem bayerischen Truppenteil bis zum Rittmeister und wurde wegen seiner persönlichen Tapferkeit mit dem Eisernen Kreuz Erster Klasse ausgezeichnet. Im Sommer 1918, also noch im Kaiserreich, wurde er für den Polizeidienst angefordert, leitete von 1920 bis 1924 die politische Polizei der Reichshauptstadt, wurde aber dann wegen einer Aktion gegen die sowjetische Handelsvertretung in den einstweiligen Ruhestand versetzt. 1927 kehrte er als Polizeivizepräsident ins Präsidium am Alexanderplatz zurück.

Als national gesinnter ehemaliger Frontoffizier und wegen allzu forschen Vorgehens gegen Sowjetdiplomaten gemaßregelter preußischer Beamter hätte Dr. Bernhard Weiß ein bei der deutschen Rechten populärer Mann sein können, wäre er nicht Jude gewesen, zumal einer, der so aussah, wie deutsche Antisemiten sich Juden vorzustellen pflegen. So gab ihm Dr. Joseph Goebbels, Hitlers ›Gauleiter von Groß-Berlin‹ und Herausgeber des nationalsozialistischen Kampfblattes ›Der Angriff‹, den Spottnamen ›Isidor‹ und überschüttete ihn allwöchentlich mit persönlichen Beleidigungen, Verleumdungen und gehässigen Unterstellungen. Nach dem Staatsstreich Franz von Papens vom 20. Juli 1932 gegen die legale preußische Regierung mußte Dr. Weiß seinen Abschied nehmen. Ende Januar 1933 konnte er sich in letzer Minute dem Zugriff seiner Todfeinde entziehen. Er flüchtete ins Ausland und starb 1955 in London.

War schon der Weimarer Staat wahrlich keine ›Judenrepublik‹ und konnte man die kaum ins Gewicht fallende Beteiligung von Persönlichkeiten jüdischer Herkunft am politischen Leben gewiß nicht als eine ›jüdisch-bolschewistische Verschwörung‹ bezeichnen, so war die angebliche Beherrschung Deutschlands durch ein ›jüdisches Presse-Monopol‹ erst recht ein bloßes Phantasieprodukt, vielleicht auch eine Zwecklüge. Vermutlich sollte sie nur verschleiern helfen, daß der Haupteinfluß auf die deutsche Presse in Wirklichkeit von den großen Industriekonzernen und -verbänden ausgeübt wurde, die ihre sehr eigensüchtigen Interessen deutschnational zu verbrämen verstanden.

Das bedarf einer kurzen Erläuterung: Im Gegensatz, beispielsweise zu England, gab es weder im Kaiserreich noch in der Weimarer Republik eine über das ganze Staatsgebiet verbreitete Massenpresse. Wohl hatte die Reichshauptstadt ihre großen Boulevardzeitungen wie die ›BZ am Mittag‹, das ›8-Uhr-Abendblatt‹ oder die ›Nachtausgabe‹. Doch die Auflagen dieser und aller anderen in Berlin erscheinenden Zeitungen waren unvergleichlich geringer als die der großen englischen Blätter und wirkten dagegen zwergenhaft.

Blätter von internationalem Ruf gab es nicht nur in Berlin, sondern in beinahe allen Großstädten des Reiches, und da sie wirtschaftlich nicht verbunden waren, konnte von einem Monopol ohnehin nicht die Rede sein. Jüdisch – in dem Sinne, daß sie Verlegern jüdischer Herkunft gehörten – waren in der Weimarer Republik überhaupt nur zwei Zeitungskonzerne von Bedeutung: Ullstein und Mosse.*

Deren einzige Blätter von politischem Einfluß und weltweiter Beachtung waren die ›Vossische Zeitung‹ (Ullstein; höchste je erreichte Auflage: 80 000) und das ›Berliner Tageblatt‹ (Mosse; Höchstauflage: 310 000). Daneben gab es in Berlin noch eine weitere politisch bedeutende Tageszeitung, nämlich die während ihrer einflußreichen Periode in Stinnes-Besitz befindliche, abwechselnd von Schwerindustriekreisen und vom Staat subventionierte ›Deutsche Allgemeine Zeitung‹.

Außer der angesehenen, aber wegen ihrer winzigen Auflage alljährlich große Zuschüsse erfordernden ›Vossischen Zeitung‹ erschienen im Ullstein-Verlag noch eine ganze Reihe von weniger anspruchsvollen Morgenblättern, Boule-

* Daneben gab es noch die angesehene, von Leopold Sonnemann (1831–1909) gegründete ›Frankfurter Zeitung‹.

vardzeitungen, Wochenzeitungen und Zeitschriften, darunter die ›Berliner Morgenpost‹, mit durchschnittlich mehr als fünfhunderttausend Exemplaren Auflage größte deutsche Tageszeitung und die ›Berliner Illustrirte‹, die auflagenstärkste Zeitschrift des Reiches.

Im Verlag Rudolf Mosse erschienen, außer dem ›Berliner Tageblatt‹, auch die ›Berliner Volks-Zeitung‹ und das ›8-Uhr-Abendblatt‹, doch die wirtschaftliche Basis des Unternehmens waren das Anzeigengeschäft der ›Annoncen-Expedition Rudolf Mosse‹, das Adreßbuchgeschäft sowie der international eingeführte ›Rudolf-Mosse-Code‹.

Beide Verlagshäuser, Ullstein wie Mosse, verfolgten eine bürgerlich-liberale Politik; allzu linke, geschweige denn kommunistische Tendenzen wurden nicht geduldet. Als Mosse 1932 in finanzielle Schwierigkeiten geriet, versuchte der Verlag sich noch dadurch zu retten, daß er im ›Berliner Tageblatt‹ gemäßigt deutschnationale Töne anklingen ließ . . .

Eine ›Pressemacht‹ stellte allenfalls das Haus Ullstein dar, das um 1928 mit Stolz darauf hinweisen konnte, jeder siebente Deutsche lese regelmäßig eines seiner Presse-Erzeugnisse. Doch das schloß so völlig unpolitische Zeitschriften wie ›Dame‹, ›Bauwelt‹, ›Verkehrstechnik‹ oder auch die Rundfunkprogrammzeitschrift ›Sieben Tage‹ ein, desgleichen den ›Heiteren Fridolin‹ oder auch die vaterlands- und schollentreue ›Grüne Post‹, die von Landwirten und Auslandsdeutschen viel gelesen wurde.

Nein, politisch reichte die Macht von Ullstein und Mosse kaum über den Berliner Westen hinaus, wenn man von der nationalen und manchmal auch internationalen Beachtung absieht, die die Leitartikler des ›Berliner Tageblatts‹ und der ›Vossischen Zeitung‹ häufig fanden. Es gab indessen noch einen dritten großen Zeitungsverlag der Reichshauptstadt, hinter dem sich wirkliche Macht verbarg und der, teils direkt, teils indirekt, die öffentliche Meinung im ganzen Reich auf das stärkste beeinflußte. Da er jedoch nicht in jüdischen Händen war, wurde seiner Machtkonzentration nur wenig Aufmerksamkeit zuteil. Nur einige Fachleute wußten, welche unerhört große und mächtige ›Meinungsfabrik‹ dahintersteckte.

Das Verlagshaus, von dem die Rede ist, führte den Namen seines Gründers, August Scherl, doch es war bereits im Ersten Weltkrieg in andere Hände übergegangen, und zwar an Leute, die – wie man damals munkelte – der rheinischen Schwerindustrie nahestanden. Nur wenige wußten, was das in der Praxis bedeutete:

Schon kurz vor dem Ersten Weltkrieg hatte der damalige Vorsitzende des ›Vereins für die bergbaulichen Interessen‹, dem alle großen Werke an Rhein und Ruhr angehörten und der seit Jahrzehnten Träger des politischen Willens der Schwerindustrie war, seinen Mitgliedern vorgeschlagen und dafür ihre volle Zustimmung gefunden, daß alle größeren ›Anzapf‹versuche von Privatleuten, insbesondere Zeitungsverlegern, bei der Schwerindustrie von einer Kontrollinstanz des ›Bergbaulichen Vereins‹ überprüft und begutachtet werden sollten, ehe Zusagen erteilt oder gar Gelder zur Verfügung gestellt wurden. Die Kontrollstelle, die sogleich eingerichtet wurde, unterstand – wie nicht anders zu erwarten – ihrerseits der Kontrolle des Vereinsvorsitzenden, der zudem Vorsitzender des Vorstands des größten schwerindustriellen Unternehmens, nicht nur des Reiches, sondern ganz Europas war, nämlich des Krupp-Generaldirektors (und Alldeutschen-Führers) Geheimrat Dr. Alfred Hugenberg.

Innerhalb weniger Jahre baute sich nun Geheimrat Hugenberg mit Hilfe der Ruhrindustrie ein Presse-Imperium auf, das er allein kontrollierte, und als er 1919 das Krupp-Direktorium verließ und sich ganz der Politik widmete, da stand dem ›Silberfuchs‹, wie er in Essen genannt worden war, ein gewaltiger Apparat zur Beeinflussung der öffentlichen Meinung zur Verfügung. Auch brauchte er nun nicht mehr die Schwerindustrie, sondern die Herren an Rhein, Ruhr und Saar brauchten ihn, den heimlichen Herrscher über die damaligen Massenmedien im Reich, der sich dann auch noch zum Parteivorsitzenden der Deutschnationalen und damit in eine politische Schlüsselstellung aufschwang.

Auf der Höhe seiner Macht verfügte Hugenberg über eine eigene internationale Nachrichtenagentur, die ›Telegraphen-Union‹ (TU), über die größte deutsche Anzeigenagentur ›Allgemeine Anzeigengesellschaft‹ (Ala), über ein in der ›Wirtschaftsstelle der Provinzpresse‹ (Wipro) zusammengefaßtes Netz von Materndiensten und Korrespondenzen, das dadurch große politische Bedeutung gewann, daß es Hunderte von mittleren und kleinen Tageszeitungen mit Artikeln, ja, mit druckfertig gematerten Seiten versorgte, so daß am Ende die Kunden, ›unabhängige‹ Zeitungsredaktionen, nur noch den Lokalteil selbst gestalten konnten, ferner über eine eigene ›Zeitungsbank‹, die ›Mutuum Darlehens-AG‹, und über die ›Vera‹ Verlagsanstalt GmbH, die eine Vielzahl deutscher Provinzblätter in ein getarntes Abhängigkeitsverhältnis zu Hugenberg und seinen Freunden gebracht hatte. Dazu kamen starke Beteiligungen an insgesamt vierzehn wichtigen Zeitungen in größeren und mittleren Städten, außerdem der Scherl-Verlag in Berlin mit dem auflagen- und anzeigenstarken ›Berliner Lokalanzeiger‹ und dem (in Konkurrenz zu Ullsteins ›Berliner Illustrirten‹ gegründeten) Bilderblatt ›Die Woche‹. Und neben dem Hugenbergschen Presse-Reich, das mit Anzeigen, Artikeln, Nachrichten, Materndiensten, Darlehen und Beteiligungen weite Teile der deutschen Provinz- und Heimatpresse beherrschte, gab es auch noch ein Hugenbergsches Film-Imperium, die ›Universal-Film AG‹, kurz ›Ufa‹ genannt. Die ›Ufa‹, mit eigenen

Produktionsbetrieben und Ateliers, Verleihfirmen und einer Vielzahl von Filmtheatern, komplettierte die ›Meinungsfabrik‹ des deutschnationalen Parteiführers nicht nur mit eigener Ufa-Wochenschau, sondern auch mit Staffeln von ›patriotischen‹ Spielfilmen, die den Krieg verherrlichten und die Verständigungspolitik Stresemanns zu sabotieren trachteten.

Nach dem Regierungsantritt Hitlers, dem Hugenberg so kräftig in den Sattel geholfen hatte und dessen erster Reichswirtschaftsminister er dann wurde, trennte sich der ›Silberfuchs‹ nach und nach von allen seinen Presse- und Filminteressen, zuletzt – 1944 – auch vom Scherl-Verlag. Im Gegensatz zu den ›arisierten‹ Verlagen Mosse und Ullstein wurde der Scherl-Verlag, obwohl er zur Zeit des Verkaufs wegen der Papierknappheit kurz vor dem Bankrott stand, geradezu grotesk überbewertet: Hugenberg erhielt, allein für diese Reste seines Imperiums, rund 64 Millionen Mark – doch nicht in entwertetem Bargeld, sondern in Aktienpaketen aus Reichsbesitz, die ihm namhafte Beteiligungen an zwei der größten Konzerne der deutschen Industrie sicherten.

Doch trotz seiner großen Ausdehnung und beträchtlichen Einflußmöglichkeiten war selbst der deutschnationale Hugenberg-Konzern beileibe nicht das größte Presseunternehmen der deutschen Zeitungsgeschichte. Dies schuf sich Hitler selbst, mit Hilfe von Max Amann und einigen Strohmännern, und wenn auch das Ziel, ein absolutes Monopol, nicht erreicht wurde, so waren doch zuletzt 82,5 Prozent der gesamten deutschen Presse in der Hand Amanns und damit Hitlers.

Hugenberg und Hitler, nicht die Juden, vernichteten die deutsche Heimat- und Provinzpresse, zwangen angesehene, seit Generationen in Familienbesitz befindliche Verlagshäuser zur Aufgabe ihrer Unabhängigkeit, zur Einstellung bodenständiger Zeitungen und schließlich zum Verkauf. Am

Ende geriet auch Hugenberg in den Sog des Konzentrationsprozesses und mußte, als einziger überreichlich abgefunden, das Rennen aufgeben. Derjenige aber, der in seinem Parteiprogramm versprochen hatte, sich ›wenn nötig unter Einsatz des eigenen Lebens‹ dafür einzusetzen, daß ein gesunder Mittelstand geschaffen und die Bildung von Trusts verhindert würde*, raffte für sich, zu Lasten mittelständischer Unternehmer, mehr zusammen als je ein Deutscher vor oder nach ihm . . .

Es gäbe noch einen Einwand gegen unsere Widerlegung der antisemtischen Behauptungen, die ›jüdische Presse-Allmacht‹ betreffend, nämlich daß Hugenberg ja bloß zur Verhinderung eines noch größeren jüdischen Einflusses auf die deutsche Presse des Kaiserreichs und der Weimarer Republik die zum Verkauf stehenden Objekte in seine Obhut genommen hätte, damit sie ›der nationalen Sache‹ erhalten blieben und nicht ›den Juden in die Hände‹ fielen, während Hitler später nur eine Art von Verstaatlichung betrieb, bei der er – nach dem Prinzip absoluter Herrscher, ›*l'État c'est moi*‹ – seine Person als Verkörperung des Staates ansah.

Auf Hitlers angebliche Selbstlosigkeit einzugehen, lohnt sich nicht. Eine Verstaatlichung wäre durchaus möglich gewesen, doch hat er sie eben nicht durchgeführt, vielmehr die Aufkäufe jüdischer wie nichtjüdischer Verlage samt und sonders durch Strohmänner vornehmen lassen, so daß nicht einmal die Verkäufer wußten, an wen sie ihre Zeitungen abgetreten hatten. Dagegen wurde im Falle späterer Hugenbergscher Verlagsobjekte tatsächlich mehrfach das Argument ins Feld geführt, es müßte verhindert werden, daß dieses oder jenes ›nationale‹ Blatt in jüdische Hände geriete. Just mit diesem Trick, präziser: mit der (nicht zutreffenden)

* Vgl. NSDAP-Parteiprogramm im Dokumentenanhang.

Behauptung, ein höheres Angebot von Mosse erhalten zu haben, gelang es beispielsweise August Scherl im Jahre 1913, ein Konsortium konservativer Geldgeber zusammenzubringen, das ihm seine Anteile nach und nach sehr teuer abkaufte und sie später dem wackeren Geheimrat Hugenberg überließ. Paradoxerweise standen an der Spitze dieses Konsortiums von Bank- und Industrie-Magnaten, das einen deutschnational-antisemitischen Verlag vor dem angeblichen Zugriff der Berliner ›Zeitungsjuden‹ rettete, der Kölner Bankier Simon Alfred Freiherr von Oppenheim sowie die noch um einige Grade jüdischeren Bankiers Louis Hagen und Eduard Beit von Speyer, in Firma Lazard Speyer-Ellissen ...

Daß das Zeitungssterben, das in den letzten Jahren der Weimarer Republik begann, auf jüdische Einflüsse, zumindest auf die übermächtige Konkurrenz Ullsteins und Mosses, zurückzuführen gewesen wäre, wagte selbst im ›Dritten Reich‹ niemand mehr ernstlich zu behaupten. Und heute wäre, was die Bundesrepublik und West-Berlin betrifft, eine solche Behauptung noch absurder, weil es einerseits, mindestens bei den zehn größten Pressekonzernen, keinen einzigen jüdischen Mitgesellschafter, geschweige denn Haupteigentümer mehr gibt, andererseits der Konzentrationsprozeß, trotz eines hoffnungsvollen Neubeginns nach 1945, der das Wiedererscheinen zahlreicher im ›Dritten Reich‹ untergegangener Zeitungen und dazu viele neue Blätter brachte, längst wieder eingesetzt hat und rapide fortschreitet.

Indessen läßt sich heute eine andere Feststellung treffen, die vor 1933 allenfalls in Berlin möglich gewesen wäre und die die Art und Weise betrifft, in der, falls überhaupt vorhanden, jüdischer Einfluß auf die Presse ausgeübt wird, und zwar nicht in wirtschaftlicher Hinsicht, sondern in bezug auf die politische Linie und die redaktionelle Gestaltung der Blätter. Es waren und sind nämlich – außer den bereits erwähnten und zitierten Publizisten William S. Schlamm und Hans Habe – noch eine ganze Reihe von namhaften Journalisten jüdischer Herkunft am Aufbau der bundesdeutschen und West-Berliner Publizistik beteiligt gewesen. Sie bilden zwar quantitativ, gemessen an der Gesamtzahl maßgebender Journalisten, nur eine winzige Minderheit, aber sie sind zum Teil in außerordentlich einflußreiche Stellungen aufgestiegen. Und gerade der Kurs der Blätter, den sie beeinflussen oder beeinflußt haben, muß auch die allerletzten Zweifel daran zerstreuen, daß die angebliche Identität jüdischer und marxistisch-bolschewistischer Presse-Einflüsse eine antisemitische Erfindung war und ist.

Beschränken wir uns auf ein einziges Beispiel: auf den wahrlich keiner Sympathie für die Lehren von Marx oder gar das Rätesystem verdächtigen, größten und mächtigsten kontinentaleuropäischen Presse-Konzern des 1985 verstorbenen »Zeitungszaren« Axel Cäsar Springer. Dessen politische Linie wurde zwar, so hieß es, von Springer selbst bestimmt, doch stand ihm eine Art von Kronrat zur Seite, der von den Großfürsten und Bojaren seines Reiches gebildet wurde. Die Gründungsverlautbarung vom Dezember 1963 sprach von einem journalistischen Beirat ›für die verlegerische Planung und Entwicklung der Objekte aller Häuser des Unternehmens‹ und ließ – so bemerkt Hans Dieter Müller in seiner kritischen Studie, ›Der Springer-Konzern‹, die 1968 erschienen ist – »zunächst eher an Harmlos-Handwerkliches denken . . .

Davon mag auch heute noch gesprochen werden. Mit dem neuen Geschäftsführer seit 1. Januar 1965, dem ehemaligen ›Kristall‹-Chefredakteur Dr. Horst Mahnke, politisierte sich der kleine Exekutivstab jedoch. In der gepflegten Ruhe des 12. Stocks, unmittelbar neben den Räumen des Verlegers untergebracht, wurde er zu einer Art ›Politischem Büro‹ . . .«

Hans Dieter Müller nennt auch die Namen der Mitglieder des ›Redaktionellen Beirats‹ (nach dem Stand von 1968), »die sich gegen eine Sondervergütung von 2500 DM monatlich einmal in der Woche« trafen, »um mit dem Inhaber und seinen engeren Beratern allgemeine Redaktionsfragen zu besprechen« . . . : Hans Bluhm für ›Hör zu‹, Peter Boenisch für ›Bild‹ und ›Bild am Sonntag‹, Julius Hollos für den ›Springer-Auslandsdienst‹, inzwischen eine Art Redaktionsdirektor für die ›Welt‹, Malte Till Kogge und Heinz Köster alternierend für die Berliner Blätter, (der inzwischen verstorbene) Bernhard Menne für die ›Welt am Sonntag‹, Martin Saller für das ›Hamburger Abendblatt‹, Dr. Hermann F. G. Starke, Hans-Wilhelm Meidinger und Dr. Heinz Pentzlin für die ›Welt‹. Als Mitglieder ohne Chefredakteursportefeuille werden Ernst J. Cramer, Otto Siemer, Adam Vollhardt und Karl Andreas Voss aufgeführt, und natürlich gehörte auch der Geschäftsführer Dr. Horst Mahnke zu dem erlauchten Kreis.

Von diesen fünfzehn Chefberatern, die gemeinsam mit dem Verleger die ›Richtlinien der Politik‹ des Hauses Springer anno 1968 erarbeiteten, waren mindestens vier ehemalige aktive Nationalsozialisten, darunter – in der Person des Springer-Teilhabers Voss – ein ehemaliger Beauftragter des ›Reichsleiters‹ Amann und – in der Person des Geschäftsführers Dr. Mahnke – ein einstiger Funktionär des Heydrichschen ›Reichssicherheitshauptamts‹. Weitere drei – oder zwanzig Prozent! – aber waren oder sind jüdischer Herkunft: Julius Hollos und Ernst J. Cramer, beide als alliierte Presseoffiziere aus der Emigration zurückgekehrt, sowie der langjährige ›BZ‹-Chefredakteur Malte Till Kogge, ein Enkel des um die Kommunalpolitik der Reichshauptstadt hochverdienten freisinnigen Politikers und Rabbinersohnes Geheimrat Dr. Oskar Cassel, Ehrenbürgers von Berlin . . .

Unter den weiteren führenden jüdischen Mitarbeitern des

Springer-Verlages waren der – schon erwähnte – politisch weit rechts stehende ›Welt-am-Sonntag‹-Kolumnist William S. Schlamm und der ebenfalls bereits verstorbene um das ›Welt‹-Kulturressort sehr verdiente Kritiker und Kolumnist Willy Haas (›Caliban‹) zu nennen.

Die wenigen Namen sollen genügen, zeigen sie doch bereits, daß die Reste ›jüdischer Pressemacht‹, wie es die Antisemiten nannten, ausgerechnet dort zu finden sind oder waren, wo Massenbeeinflussung mit deutlichem Rechtskurs und in nicht bloß antisozialistischem, sondern ausgesprochen reaktionärem Sinne betrieben wird, während man im linken Lager schwerlich mehr als eine verstreute Handvoll Publizisten jüdischer Herkunft fände (ganz abgesehen davon, daß es in der Bundesrepublik unter den wenigen tatsächlichen politisch eindeutig linksstehenden Presseorganen wahrlich nichts gibt, was als ›mächtig‹ bezeichnet werden könnte).

Bleibt noch die Frage, woher es kommt, daß die wenigen prominenten bundesdeutschen Publizisten jüdischer Herkunft, die es seit 1945 gab oder noch gibt, sich vornehmlich auf der politischen Rechten und unter dem Dach ausgerechnet jenes Verlagshauses angesiedelt haben, das zwar ›die Aussöhnung zwischen Juden und Deutschen‹ zu den vier ›Grundfesten‹ seiner Verlagspolitik erkoren hat (was, nebenbei bemerkt, nazistischer Terminologie entspricht*), sich aber jahrzehntelang einen Karikaturisten wie jenen Hicks leistete, der Walter Ulbricht, Erich Ollenhauer oder auch

* Die Formulierung ›Aussöhnung zwischen Juden und Deutschen‹ impliziert, daß es sich bei Juden deutscher Herkunft, Muttersprache und Staatsangehörigkeit nicht um Deutsche handelt, sondern um Fremde, und daß es keine jüdischen Deutschen gegeben hat oder gibt; auch läßt sich aus dem verwendeten Begriff »Aussöhnung« nur folgern, es hätte zwischen Juden und Deutschen Streit gegeben, den es beizulegen gelte, was den Tatsachen nun wahrlich nicht gerecht wird.

(aus: *›Hamburger Illustrierte‹*)

Hicks – immer aktuell:
Im ›Dritten Reich‹
lieferte er Antisemitismus,
in der bundesdeutschen
»Welt« kaltkriegerischen
Spießerspott über
Linksintellektuelle

(aus: *›Die Welt‹*)

Sebastian Haffner in exakt derselben Manier attackierte, in der er in der Zeit der Nazi-Diktatur die Flucht der Juden aus dem ›Dritten Reich‹ oder das Leid der Emigranten verhöhnt hatte; oder das – auch das ist nur ein Beispiel – auf der Titelseite seines auflagenstärksten Boulevardblatts die schreckliche Erinnerungen weckende und erneut auf eine unliebsame Minderheit bezogene Schlagzeile ›*Ausmerzen!*‹ erscheinen ließ; dessen Tages- und Sonntagszeitungen seit Jahrzehnten Kalten Krieg, Ausländerhetze und wilden Antisozialismus betreiben und versuchen – wie es Hans Dieter Müller treffend formuliert hat – »die Machtverschiebung in Europa als Folge des Kommunismus, nicht als Folge des explosiven deutschen Nationalismus zu interpretieren«. Müller erinnert in seiner Springer-Studie auch daran: »Nicht die Rassendoktrin brachte Hitler zur Macht, sondern sein militanter Antikommunismus, der in Bürgerangst und Freikorpsdenken, in den neokonservativen Sekten und Bünden, in Hugenbergs deutschnationaler Presse und in den unverändert reaktionären Ideologien von Wirtschaft, Justiz und Armee längst seine apokalyptischen Vorläufer hatte, die nach dem Retter riefen und ihn auch fanden . . . «

Hans Dieter Müller hat mit dieser Analyse und Mahnung zugleich die Antwort auf unsere Frage gegeben: Die deutschen Juden, teils in ›Bürgerangst‹ vor Chaos und Enteignung befangen, teils in ebenso ›reaktionären Ideologien‹ wie ihre ›arischen‹ Konkurrenten, Partner, Kollegen und Kameraden ›in Wirtschaft, Justiz und Armee‹, standen in ihrer großen Mehrheit im bürgerlich-konservativen Lager und kamen sich schon sehr ›links‹ vor, wenn sie die Deutsche Staatspartei wählten. Ja, und daran hat sich nichts geändert, außer daß es kaum noch Juden in Deutschland gibt. Alles andere ist eine antisemitische Erfindung.

Und das bringt uns zu unserer Hauptfrage zurück, ob denn – neben all den uns nun bekannten Nachteilen –

wenigstens diejenigen wirklichen oder vermeintlichen Vorteile eingetreten sind, die sich die Antisemiten für Deutschland von einer Vertreibung oder Vernichtung der Juden erhofft haben: die Rückbesinnung der Deutschen auf die ›inneren Werte‹ sowie auf Scholle und Pflug, Ahnenerbe und germanische Keuschheit; ihre Abkehr vom Materialismus, von Händlertum und Krämerdenken; ein Anstieg der Wehrfreudigkeit; die Zurückdrängung ›zersetzender‹ Einflüsse in Bildender Kunst, Theater, Film und Literatur, dafür die Entwicklung »sauberer«, »germanischer« Auffassungen; die Befreiung des gewerblichen Mittelstandes vom Würgegriff der Warenhäuser, Einheitspreisgeschäfte, Supermärkte und Versandhandelsfirmen; die Aufhebung der ›Zinsknechtschaft‹; die Brechung der Monopole und der Vorherrschaft der Banken; die Zurückführung des Wettbewerbs auf ›arische‹ Normen, das Ende der marktschreierischen, volksverdummenden Reklame und vor allem des ›unkeuschen‹ Anpackens jener Dinge, die der Arier ›im Grunde seiner Seele immer als Schickung empfindet‹; die Beseitigung ›artfremden‹ Geistes aus allen Bereichen der Wissenschaft und die Abkehr vom bloß theoretischen Denken; die Gesundung der Landwirtschaft und die Beseitigung der »bolschewistischen Weltgefahr« . . .

Wir wissen heute, fast ein halbes Jahrhundert nach dem Ende der großen Judenverfolgung, daß nichts von alledem eingetreten ist, was sich die Antisemiten von der völligen Beseitigung aller jüdischen Einflüsse gläubig erhofft hatten – gar nichts, allenfalls das Gegenteil!

Ein solches Ergebnis haben nicht einmal die unschuldig Verfolgten selbst erwartet, denn auch sie waren mitunter nicht völlig immun gegen das Gift der ›Rassen‹hetze; auch sie hielten oft die eine oder andere, von ihnen negativ gewertete Erscheinung für ›typisch jüdisch‹, empfanden bestimmte neue Strömungen in der Kunst, Literatur oder auch Wissenschaft als ›zersetzend‹ und hielten besorgt Umschau nach etwa daran beteiligten Juden; auch sie empörten sich über jede von der spießbürgerlichen Norm abweichende Äußerung eines der Ihren und werteten sie häufig nicht als individuelles, sondern als ›rassebedingtes‹ Fehlverhalten, ja, sie betrieben zum Teil selbst Rassismus, indem sie – parallel zur Nazi-Ideologie von der ›nordischen Herrenrasse‹ – die deutlichen Unterschiede zwischen hochzivilisierten, sauber gekleideten, womöglich akademisch gebildeten Mitteleuropäern jüdischer Herkunft und den oft ungepflegten, weil um die nackte Existenz ringenden, verproletarisierten ›Ostjuden‹ aufzeigten, die mit einem modernen Industriestaat freiheitlicher Verfassung noch nicht in Berührung gekommen waren, weshalb sie für die Rolle der ›Minderrassigen‹ prädestiniert erschienen. Und es stimmte sie auch nicht nachdenklich, daß gerade aus dieser Millionenmasse von unterdrückten, halbverhungerten und aus dem modernen Leben ausgesperrten Juden Osteuropas ein Schrei nach Bildung aufstieg, der lauter war als der nach Brot!

Wenn es aber eine Lehre gibt, die Juden wie Nichtjuden, Antisemiten wie Judenfreunde, auch sonstige Fanatiker jedweder ›Rasse‹ oder Religion, gleichermaßen aus der Nichterfüllung aller Erwartungen ziehen können, die man in Deutschland einst an die Ausschaltung ›fremdrassiger‹ Einflüsse knüpfte, so ist es diese: Es waren nicht die Menschen, die als Objekte des Rassenwahns durch eigene plötzliche Verwandlung alles über den Haufen warfen, was man bis dahin über sie zu wissen und von ihrer Vernichtung erhoffen zu können meinte; es war vielmehr der Rassenwahn selbst, der – da von völlig falschen Voraussetzungen ausgehend – auch zu völlig falschen, das heißt: gänzlich unerwarteten und, vom Standpunkt der Verfechter des Irrglaubens aus gesehen, auch durchaus unerwünschten Resultaten führen mußte.

Indessen setzt der Wunsch nach Beherzigung solcher Lehre wohl mehr Einsicht voraus, als man von denen erwarten kann, die sich aus dumpfen Vorurteilen, Konkurrenzangst, Sexualneid, Intoleranz und primitiven Haßgefühlen heraus eine Ideologie zurechtzimmern, die es ihnen gestattet, sich als ›Herrenmenschen‹ zu fühlen und jede nach Anzahl oder Verteidigungsmöglichkeiten schwächere Gruppen als ›Minderrassige‹ einzustufen, sie nach Herzenslust zu schikanieren und am Ende abzuschlachten.

Zehntes Kapitel
BILANZ EINER AUSROTTUNG

Es haben sich für Deutschland keinerlei Vorteile finden lassen, die sich aus der Vertreibung und Vernichtung des deutschen Judentums ergeben haben könnten, nicht einmal die höchst fraglichen, die sich die Antisemiten erhofft hatten, geschweige denn andere, die sich aus heutiger Sicht und so objektiv wie möglich betrachtet, ernstlich als solche bezeichnen ließen. Der einzige Vorteil der großen Judenverfolgung der dreißiger und frühen vierziger Jahre, die erheblich beschleunigte Staatwerdung Israels, liegt eindeutig nicht auf seiten der Verfolger.

So müssen wir denn auf der Gewinnseite einen dicken Strich machen, es sei denn, wir wollten, wie es einst die Herren vom SS-WVHA* taten, die Sklavenarbeit der zu

* SS-WVHA =Wirtschafts- und Verwaltungs-Hauptamt der SS, dem die Konzentrationslagerinsassen hinsichtlich ihrer gründlichen wirtschaftlichen Ausbeutung unterstanden.

Tode Geschundenen und die systematische Verwertung ihrer Leichen als Gewinn verbuchen. Dann müßten wir aber mit deutscher Gründlichkeit auch noch vieles, vieles andere hinzurechnen, was dem Reich scheinbaren Gewinn brachte, etwa die nach und nach durchgeführte und am Ende vollständige Konfiszierung aller Vermögenswerte der Juden, die allein innerhalb der alten Reichsgrenzen schätzungsweise zwölf Milliarden Reichsmark erbrachte. Experten hätten dann zu ermitteln, ob und gegebenenfalls wie hoch die erzwungene Tätigkeit jüdischer Mädchen – mit eintätowierter Nummer und Bezeichnung des Verwendungszecks, ›*Feldhure*‹ – in dieser Bilanz zu veranschlagen wäre, desgleichen die Gratisbenutzung von zigtausend Männern, Frauen und Kindern als lebende Versuchsobjekte bei pseudowissenschaftlichen Experimenten.

Die Liste ließe sich beliebig fortsetzen, doch wäre das Ergebnis für das heutige Deutschland noch immer enttäuschend: Die totale Ausplünderung und Versklavung von Millionen hat nämlich gar nichts eingebracht, außer den tiefen Abscheu der zivilisierten Menschheit. Und daß einzelne Mitbürger noch heute davon profitieren, daß sie damals, bei dem großen Ausverkauf, gierig zugegriffen haben*, kann sich in der volkswirtschaftlichen Gesamtrechnung nicht als Gewinn auswirken und belastet nur das moralische Konto.

Nein, die nahezu totale Vernichtung des Judentums im gesamten einstigen Machtbereich der nationalsozialistischen Führung hat, wie man es auch betrachtet, keinerlei Gewinn

* Wie das im einzelnen vor sich gegangen ist, was einzelne ›Arisierungs‹-könige und Sklaventreiber an Millionenprofiten zusammenraffen, nach Westdeutschland schaffen und über Zusammenbruch und Währungsreform hinweg sich und ihren Erben als »wohlerworbenes Familienvermögen« erhalten konnten, ist exemplarisch beschrieben und dokumentiert in: Bernt Engelmann, »Großes Bundesverdienstkreuz mit Stern«, Steidl Verlag, Göttingen 1987.

gebracht, nicht einmal jene fragwürdigen Vorteile, die sich eingefleischte Judenhasser davon erhofften. Wie aber steht es mit den Verlusten und Nachteilen?

Die insgesamt rund dreißig Milliarden Deutsche Mark materielle Wiedergutmachung, die die Bundesrepublik geleistet hat, sind in jeder Hinsicht nur eine Bagatelle und stellen in unserer Bilanz keinen nennenswerten Verlustposten dar. Schon im Rahmen der gesamten deutschen Kriegsfolgelasten, die auf rund vierhundert Milliarden Deutsche Mark geschätzt werden, nimmt sich dieser Komplex neben den übrigen 94 Prozent recht bescheiden aus. Aber es ist darüber hinaus zu bedenken, daß ein Teil dieser Wiedergutmachung kollektiv und in Form von Warenlieferungen an Israel geleistet worden ist, was – vom deutschen Standpunkt aus betrachtet – mehr als nur eine schöne Geste war, nämlich im Grunde nichts weiter als die Subventionierung ohnehin notleidender Industriezweige, beispielsweise des Schiffsbaus, zum Zwecke einer, wie man hofft, langfristig allerlei wirtschaftliche und politische Früchte tragenden Entwicklungshilfe.

Unvergleichlich viel größer ist der Verlust, der den deutschen Nachfolgestaaten dadurch entstanden ist, daß mit den Juden ein sehr beträchtlicher Teil dessen, was sich mit den Begriffen ›Bürgertum‹ oder ›Intelligenz‹ nur unzureichend umschreiben läßt, vertrieben, ausgerottet oder, was die Reste betrifft, dem deutschen Volk entfremdet wurde.

Wir haben mit einigen Stichproben – beispielsweise auf den Gebieten der Medizin, der Physik, der Chemie, aber auch der Malerei, des Theaters, des Films und der Literatur – zu analysieren versucht, wie hoch die quantitativen und qualitativen Verluste ungefähr zu veranschlagen sind. Die Ergebnisse mögen, was ihre Exaktheit betrifft, unbefriedigend gewesen sein. Eines aber können wir mit Gewißheit sagen: nämlich, daß die Deutschen gerade jenen Teil ihrer

Mitbürger verjagt und ermordet haben, der auf nahezu allen Gebieten den relativ bedeutendsten Beitrag zu dem geleistet hat, was man gemeinhin die Kultur eines Volkes nennt.

Es waren diejenigen Deutschen, die – trotz ihrer verhältnismäßig geringen Anzahl – mindestens ein Fünftel der gesamten *internationalen* medizinischen Forschung und Entwicklung der letzten hundertfünfzig Jahre geleistet und damit ganz wesentlich zu Deutschlands Weltruf auf diesem Gebiet beigetragen hatten.

Es waren diejenigen Deutsche, die der deutschen chemischen Forschung und der deutschen chemischen Industrie zu einer glänzenden Stellung in der Welt mitverholfen hatten, und zwar mit etwa zwanzig- bis dreißigmal mehr Wissenschaftlern von internationalem Ruf, als ihrem Bevölkerungsanteil entsprochen hätte.

Es waren auch diejenigen Deutschen, aus deren Gruppe einige der bedeutendsten Physiker, Mathematiker und Ingenieure hervorgegangen waren, wiederum ein Zigfaches dessen, was man nach dem Anteil der Juden an der deutschen Gesamtbevölkerung hätte erwarten können. Und gerade die deutsch-jüdischen Physiker und Mathematiker waren es, die im Zweiten Weltkrieg ganz entscheidend dazu beigetragen haben, daß eine – durchaus mögliche – Weltherrschaft Hitler-Deutschlands verhindert werden konnte.

Welche enormen Beiträge die deutschen Juden auf allen Gebieten der Kunst geleistet haben – als Theaterleiter, Regisseure, Schauspieler, Sänger, Textdichter, Komponisten, Musiker, Filmproduzenten, Drehbuchautoren, aber auch als Maler, Bildhauer, Architekten, Graphiker, vor allem aber als Schriftsteller und Dichter, das haben wir nicht nur anhand eines einzigen Theaterzettels und der Auslagen einer großen Buchhandlung der frühen dreißiger Jahre ermittelt; es zog sich dies vielmehr wie ein roter Faden auch durch die Betrachtungen ganz anderer Gebiete, denn die zahlreichen

Querverbindungen zwischen den Bereichen der Kunst und der Wissenschaft, ganz zu schweigen von ihren Mäzenen aus der Wirtschaft, boten immer wieder Anlaß, auf das eine oder andere, das den kulturellen Verlust noch vergrößert hat, besonders hinzuweisen.

Natürlich waren beileibe nicht alle deutschen Bürger jüdischer Herkunft bedeutende Wissenschaftler, Philosophen, Schriftsteller, Künstler oder auch Mäzene. Die allermeisten waren ganz gewöhnliche Mitglieder des deutschen Mittelstandes, Kaufleute, Handwerker, Facharbeiter, kleine Gewerbetreibende, Angehörige der freien Berufe, Beamte, Soldaten oder auch Landwirte. Denn auch die gab es, allen gegenteiligen Behauptungen der Nationalsozialisten (und auch allen Beschränkungen des landwirtschaftlichen Grunderwerbs, wie sie noch bis tief ins 19. Jahrhundert hinein vielerorts in Deutschland für Juden bestanden) zum Trotz. Allein aus der kleinen württembergischen Gemeinde Rexingen wurden 1937 die dort alteingesessenen 262 Juden, größtenteils Bauern mit ihren Familien, zur Aufgabe ihrer Höfe gezwungen. Sie wanderten nach Israel aus und gründeten dort das Dorf Shave Zion; nur einer, ein Metzger, hat sich – laut ›Spiegel‹ – nach 1945 wieder in Rexingen niedergelassen . . .

Es gab – wie hätte es anders sein können? – in dieser ganz überwiegend bürgerlichen Gruppe auch einen gewissen Prozentsatz von Asozialen und Kriminellen. Während man jedoch bei einem katholischen oder evangelischen Betrüger, Hochstapler oder Rauschgifthändler aus bürgerlichem Milieu niemals darauf verfallen wäre, seine Konfession oder Herkunft zu betonen oder auch nur zu erwähnen, war dies bei jüdischen Gesetzesbrechern anders. Die bürgerlich-nationalen Zeitungen, oftmals auch die Gerichte, vermerkten bei Juden deren ›artfremde‹ Herkunft mit Genugtuung. Trotzdem fiel es ihnen nicht auf – und wenn sie es merkten, schrieben sie es der angeblichen jüdischen Feigheit zu –, daß Gewaltverbrechen wie Mord, Totschlag, Notzucht oder schwere Körperverletzung nur äußerst selten Juden zu Tätern hatten, auch daß Trunksucht, schwere Mißhandlung von Kindern oder Ehefrauen, Tierquälerei, Sodomie, hartnäckige Verweigerung des Unterhalts und manches andere bei Juden seltsamerweise so gut wie nie vorkam. Die Kriminalität der Bürger mosaischen Glaubens – um ein Geringes höher als die der Protestanten, jedoch niedriger als bei Katholiken – spielte sich in der Regel im Bereich der Intelligenz- sowie gewisser ›Kavaliers‹delikte wie Steuerhinterziehung ab, womit sie nicht etwa bagatellisiert, sondern bloß als das beschrieben werden soll, was sie war: eine unvermeidliche Randerscheinung, die in ihrer besonderen Art die deutlich vorwiegende Zugehörigkeit der deutschen Juden zur bürgerlichen Intelligenz nur noch bestätigte.

Denn auch dies war ein Ergebnis unserer Untersuchungen: Es kann kein Zweifel daran bestehen, daß die deutschen Juden und mit ihnen die einst aus Deutschland vertriebenen jüdischen Massen Ost- und Südosteuropas ganz überwiegend die Nachkommen jener Bürger deutscher Städte des Mittelalters waren, die sich ihrerseits nur in zweierlei Hinsicht von den meisten übrigen Bewohnern des Reiches unterschieden hatten: in ihrer Weigerung, von ihrer herkömmlichen Form der Gottesverehrung abzugehen, und in ihrer höheren Zivilisation, Kultur und Bildung. Was die Deutschen des Mittelalters zu einem beträchtlichen Teil und mit den damals allen Mißliebigen gegenüber gebräuchlichen Mitteln unterdrückt, verjagt, aber auch erschlagen, verbrannt oder aufgehängt hatten, war ein bedeutender Teil ihrer eigenen Intelligenz und der bis dahin kulturtragenden Schicht Mitteleuropas gewesen, ein beträchtlicher Prozentsatz des seit Römerzeiten ansässigen Bürgertums.

Nach einer Erholungspause, die von der Zeit der Aufklärung bis zum Untergang des deutschen Parlamentarismus im Jahre 1933 währte und die – unter sehr beträchtlicher Beteiligung der endlich wieder emanzipierten deutschen Juden – die weitgehende nationale Einigung Deutschlands, den Aufstieg des Reiches zur Weltmacht, eine enorme industrielle Entwicklung, wachsende Demokratisierung und Toleranz und die höchste Blüte von Wissenschaft und Technik, aber auch von Theater und Literatur brachte, die es je gegeben hatte, vollendeten die Nazis – wie einst zur Zeit der Kreuzzüge größtenteils Lumpenproletariat, Söldner und wildgewordene Kleinbürger – das Werk, das die ersten Kreuzfahrer aus Frankreich und ihr marodierender Anhang begonnen und die mittelalterliche Inquisition fortgeführt hatte: Sie vernichteten, und nun sehr gründlich, mit den weit wirksameren Methoden eines modernen Staates, alles das, was ihnen nicht ›artgemäß‹ dünkte. Und da sie zudem spießige Pedanten waren, die auch für Äußerungen ihres aus Minderwertigkeitsgefühlen geborenen Hasses eine bürokratische Ordnung benötigten, gaben sie sich zutiefst unlogische ›Rasse‹gesetze, deren Einhaltung sie dann dazu zwang, ihr Vernichtungswerk auch auf Bevölkerungsteile auszudehnen, denen ihr Haß eigentlich gar nicht galt, während sie nun andere Kategorien, die sie verabscheuten, nicht mehr unmittelbar erreichen konnten, weshalb sie ihr ›gesundes Volksempfinden‹ nach Möglichkeiten suchen ließen, auch nichtjüdische Intellektuelle, bloße Theoretiker, avantgardistische Künstler, Jazzfans, moderne Komponisten, Stubengelehrte, allzu kultivierte Aristokraten, Pazifisten, Kosmopoliten und alle anderen mißliebigen ›Arier‹, darunter auch Priester, Soldaten, liberale Beamte und unverbesserliche Demokraten, zu ›weißen‹ Juden zu stempeln und gleich den ›Nichtariern‹ auszurotten.

Dabei störte es sie nicht, daß sie mit der Definition eines ›weißen‹ Juden, der eigentlich keiner war, von einer Prämisse, nämlich einem ›richtigen‹, also wohl ›schwarzen‹ Juden ausgingen, den es gar nicht gab, so wenig wie die ›nordisch-germanische‹ Heldengestalt eines blonden und blauäugigen Wikingerhünen, einem Ideal, dem von sämtlichen NS-Spitzenfunktionären – Hitler, Hess, Göring, Goebbels, Röhm, Ley, Bormann, Himmler, Funk, Rust, Streicher, Frick, Daluege, Frank und wie sie alle hießen – keiner auch nur einigermaßen entsprach.

Wir haben mit mehr oder minder großer Verwunderung davon Kenntnis genommen, mit welcher ungeheuren Borniertheit die ›Rasse‹gesetze ausgedeutet, perfektioniert und zur Anwendung gebracht wurden, wobei man so weit ging, auch Personen, die nach den eigenen Theorien unzweifelhalt ›arisch‹ gewesen wären, allein deshalb für ›minderrassisch‹ zu erklären, weil sie als Getaufte während einer kurzen Ehe mit einem jüdischen Partner vorübergehend zum Judentum übergetreten waren, während man umgekehrt bei der nachträglichen ›Arisierung‹ Verstorbener – von Johann Strauß bis Max Bruch – nach dem Grundsatz verfuhr, daß der Zweck die Mittel heilige.

Indessen wandte man dieses – von der Staatsräson her ja durchaus vernünftige – Prinzip gerade dort nicht oder nur in sehr seltenen Fällen an, wo es dem sonst so propagierten ›Gemeinnutz‹ am meisten dienlich gewesen wäre, beispielsweise bei unentbehrlichen Wissenschaftlern. Lieber wollte man – wie Hitler es ja tatsächlich ausgesprochen hat – für die nächsten hundert Jahre ohne Chemiker und Physiker auskommen!

Wenn Ausnahmen zugelassen, daß heißt: Mitbürger jüdischer Herkunft von Berufsverboten ausgenommen wurden, dann geschah es – »bis hinunter zur Operette«, wie Göring sich auszudrücken beliebte – in den allerseltensten Fällen aus Menschlichkeit oder auch nur echten Nützlichkeitserwägungen, sondern nur, um den Massen auch einmal gefällig zu sein, etwa ihnen einen beim ›kleinen Mann‹ beliebten Star nicht zu rauben. Solcherart war die Handhabung der ›Rassen‹gesetze. Sie hatten, wie kaum anders zu erwarten, katastrophale Auswirkungen. Während man im Ausland, nicht nur in den USA, sondern beispielsweise auch in der Türkei, zusätzliche Lehrstühle einrichtete, sogar neue Universitäten und Institute gründete, um sich nur ja die einzigartige Gelegenheit nicht entgehen zu lassen, Koryphäen gleich schockweise ins Land zu bekommen, um die man sonst vergeblich geworben hätte, beraubte sich das ›Land der Dichter und Denker‹ selbst seiner besten Köpfe und verjagte fast die Hälfte seiner Hochschullehrer, Institutsleiter und Forscher, darunter auch viele ›weiße Juden‹ wie Max Planck, Pieter Debye oder Erwin Schrödinger.

Als Schrödinger 1927 nach Berlin gekommen war, hatte er begeistert geschwärmt von der dortigen »Bevölkerungsdichte von Physikern ersten Ranges ohne Beispiel«, die nicht nur an der Universität, der Technischen Hochschule und den Kaiser-Wilhelm-Instituten, sondern auch an der Physikalisch-Technischen Reichsanstalt und in den Forschungszentren von großen Industriekonzernen wie Siemens oder AEG arbeiteten und jede Woche zu einem Kolloquium zusammenkamen. Schrödinger irrte übrigens: Im kleinen Göttingen gab es ein weiteres Zentrum der Naturwissenschaften, das eine noch größere »Bevölkerungsdichte von Physikern ersten Ranges« aufwies, von den Mathematikern und Philosophen ganz zu schweigen. Aber nach 1933 verödete Göttingen wie Berlin, zumindest in wissenschaftlicher Hinsicht. Nicht nur dort, auch an allen übrigen deutschen Hochschulen, besetzten andere, meist zweit- und drittrangige Wissenschaftler, die über Nacht frei gewordenen Plätze, die vorher ›schwarze‹ und ›weiße‹ Juden aller Fakultäten eingenommen hatten.

Zu kurz gekommen bei unserer, sich ja nur auf Stichproben beschränkenden Untersuchung sind vor allem die deutschen Juristen jüdischer Herkunft, die zahlreichen Hochschullehrer, Richter, Publizisten und vor allem Anwälte. So sei hier noch einer – stellvertretend für alle – genannt: Max Alsberg, 1877 in Bonn geboren, Berlins bedeutendster Strafverteidiger der zwanziger und frühen dreißiger Jahre, seit 1931 Honorarprofessor der Berliner Universität, ein hervorragender Jurist, dessen Plädoyers berühmt waren, vor allem für die darin vorgenommene Verbindung der tatsächlichen und der rechtlichen Gesichtspunkte. Alsberg trat nicht nur hervor mit fachwissenschaftlichen und philosophischen Arbeiten wie ›Die Philosophie der Verteidigung‹, sondern versuchte sich auch mit viel Erfolg als Schriftsteller und Dramatiker. Sein – zusammen mit Otto Ernst Hesse geschriebenes – Theaterstück ›Voruntersuchung‹, das sich mit der Problematik des Indizienbeweises befaßt, wurde 1931 von Robert Siodmak – mit Albert Bassermann in der Hauptrolle – für die Ufa verfilmt.

Und damit sind wir bereits wieder bei einem Punkt, der in unserer Untersuchung immer und immer wieder aufgetaucht und in dreierlei Hinsicht von Interesse ist: Da ist einmal die enge Verbindung zwischen Wissenschaft, freiem Beruf, Kunst und Literatur, wie sie in jener noch nicht ›entjudeten‹ kulturtragenden bürgerlichen Schicht bestanden hat und für die Max Alsberg ein typisches Beispiel bietet; da sind zum zweiten die nicht minder engen persönlichen und geistigen Beziehungen zwischen jüdischen und nichtjüdischen Angehörigen dieser Schicht: der ›Nichtarier‹ Alsberg, der mit dem ›Arier‹ Hesse zusammen ein Bühnenstück verfaßte, der große ›arische‹ Schauspieler Albert Bassermann, der mit einer ›nichtarischen‹ Frau verheiratet war – die Beispiele ließen sich beliebig fortsetzen.

Aber da gab es noch ein Drittes, nur schwer Erklärbares, etwas Buntes, Schillerndes, den Gebildeten und den Aufgeschlossenen Faszinierendes, die Subalternen, Bornierten, Dumpfen und Verspießerten oft Abstoßendes. Es war die Atmosphäre dieser – wie Dr. Joseph Goebbels, der so gern dazugehört hätte, sie haßerfüllt genannt hat – »durch und durch verjudeten Gesellschaft«, eine Atmosphäre voller Geist und Witz, Toleranz, Humanität und – bei aller Geschäftstüchtigkeit und gelegentlicher Oberflächlichkeit – auch voller Noblesse. (Ein seltsam altmodisches Wort, Noblesse, – doch es trifft genau den Kern. Und die Tatsache, daß das Wort verstaubt und ungebräuchlich klingt, zeigt nur, daß die, auf die es anzuwenden war und die es selbst anwendeten, nicht mehr allzu zahlreich vorhanden sind. Es war beispielsweise anzuwenden auf einen Wissenschaftler wie James Franck, einen Künstler wie Max Liebermann, einen so kompromißlosen politischen Satiriker wie Kurt Tucholsky, der nicht zögerte, auch für seine Gegner einzutreten, wenn ihnen empörendes Unrecht geschah. Damit soll beileibe kein Rassismus mit umgekehrten Vorzeichen betrieben und behauptet werden, alle noblen Männer seien deutsche Juden oder gar alle deutschen Juden seien nobel gewesen; anstatt James Franck hätte beispielsweise auch Max von Laue oder Max Planck genannt werden können, also einer der ›weißen Juden‹ . . .)

Diese atemberaubend aufregende, außerordentlich fruchtbare Atmosphäre, nicht allein des Berliner Westens der Wilhelminischen Epoche und erst recht der zwanziger und frühen dreißiger Jahre, aber dort, im damaligen politischen, geistigen und künstlerischen Zentrum der Nation am intensivsten sich manifestierend, wäre ohne die zahlreichen Künstler und Gelehrten, Schriftsteller und Musiker, Ärzte und Anwälte, Journalisten, Kritiker, Maler, Architekten oder auch Kaufleute und Bankiers jüdischer Herkunft gar nicht vorstellbar gewesen, obwohl niemand und am wenigsten sie selbst das so recht wahrhaben wollten. Denn dann hätte ja die enorme Blüte des deutschen Theaters und Films, des Musiklebens, der Bildenden Künste und der deutschen Literatur, die führende Stellung des Reiches in der internationalen Medizin, Physik und Chemie, das weltweite Ansehen der Forschung und Technik, der modernen deutschen Architektur und des fortschrittlichen Bildungswesens, auch der kultivierten Gastlichkeit und des vorbildlichen Mäzenatentums der wohlhabenden Bürger, der sprichwörtlichen Korrektheit der Beamten und Kaufleute – dann wäre ja dies alles und noch manches mehr zu einem sehr erheblichen Teil den Leistungen der Juden zu verdanken gewesen . . . !

Nun, wir haben erkennen können, daß genau dies der Fall gewesen ist. Und damit sollte auch klar werden, daß der Verlust unermeßlich groß ist, das Verlorene unwiederbringlich.

Denn es wurde ja nicht nur das deutsche Judentum nahezu vollständig vernichtet, zugleich alles ihm Befreundete und Geistesverwandte. Auch die Möglichkeiten einer Regeneration sind dahin: Die Millionen Juden des europäischen Ostens vorwiegend deutscher Herkunft wurden großenteils ermordet, und die Reste haben kaum noch irgendwelche Sehnsucht nach der alten Heimat am Rhein; die große Sammlung und Heimführung der in alle Welt Verstreuten aber wurde versäumt. Bald nach dem Kriege wäre sie noch möglich gewesen.

»Wohl richteten einzelne Universitäten an ihre ehemaligen Angehörigen die Bitte zu neuer Mitarbeit, und Adolf Arndt* forderte, als er Westberliner Kultursenator war, die Emigranten auf, zurückzukehren«, so bemerkte bereits Jürgen Boettcher in einer im Frühjahr 1967 ausgestrahlten Sende-

* Der sozialdemokratische Politiker und ›Kronjurist‹ seiner Partei, 1904 in Königsberg geboren, war selbst väterlicherseits, als Sohn des Staatsrechtlers Professor Adolf Arndt, jüdischer Herkunft.

reihe des Senders Freies Berlin, betitelt »Um uns die Fremde«, *»Aber von der Bundesregierung ist ein Aufruf zur Rückkehr nie ergangen ... «*

Theodor W. Adorno schrieb 1964: » ... diese Art Wiedergutmachung, die an dem beschädigten geistigen Leben selber versäumt ward, ist unverantwortlich nicht nur den Opfern, sondern erst recht dem gegenüber, was sonst mit Vorliebe als deutsches Interesse sich vorträgt.«

Diejenigen deutschen Politiker, die in den ersten zwei Jahrzehnten des Bestehens der Bundesrepublik verantwortlich waren für das, was geschah, aber auch für das, was nicht geschah, haben sich oft gerühmt, was sie – im Gegensatz zu anderen – an enormen freiwilligen materiellen Wiedergutmachungsleistungen den Juden gegenüber erbracht hätten, und dies trotz der nach dem totalen militärischen, wirtschaftlichen und politischen Zusammenbruch herrschenden Not und Armut.

Doch die Wirklichkeit sah ganz anders aus:

Zunächst war durch das sogenannte 131er-Gesetz ›Wiedergutmachung‹ nicht etwa an den Opfern, sondern an den Tätern und ihren Helfershelfern geleistet worden. Nahezu die gesamte Beamtenschaft der Hitler-Diktatur hatte – soweit sie überhaupt entlassen worden war – in den Staatsdienst der jungen Bundesrepublik zurückkehren können oder ihre Pensionen wieder zugesprochen bekommen, auch die schwerstbelasteten Gestapo-Schergen, die Leiter der Massenmord-Kommandos, die blutbefleckten Ankläger der Sondergerichte und des berüchtigten ›Volks‹gerichtshofs!

Hier nur drei – keineswegs extrem seltene, vielmehr exemplarische – Fälle aus der Praxis der späten vierziger und frühen fünfziger Jahre:

Der SS-Oberführer und General der Polizei Walther Schröder, zuletzt Polizeipräsident im besetzten Riga und mitverantwortlich für den zigtausendfachen Mord an dorthin deportierten deutschen Juden, erhielt nach kurzer Haftzeit als früherer Polizeipräsident von Lübeck dort ein monatliches ›Ruhegeld‹ von 1100 DM, rückwirkend vom Mai 1945 an, zugesprochen (wozu angemerkt sei, daß zu dieser Zeit in 77 Prozent aller bundesdeutschen Haushalte der Hauptverdiener monatlich weniger als 400 DM an Lohn oder Gehalt erhielt). Darüber hinaus wurde Schröder noch eine Entschädigung von rund 50 000 DM für ›abhandengekommenes Eigentum‹ zugesprochen . . .

Ebenfalls in Lübeck lebte damals ein anderer Pensionär, Dr. Ernst Lautz, der im Dezember 1947 vom Militärgerichtshof der USA wegen seiner Beteiligung an Kriegsverbrechen und Verbrechen gegen die Menschlichkeit zu zehn Jahren Gefängnis verurteilt worden war, wovon er jedoch nur einen geringen Teil verbüßt hatte. Kaum freigelassen, sprachen die Behörden der Bundesrepublik dem früheren Oberreichsanwalt beim ›Volks‹gerichtshof eine monatliche Pension von 1342 DM sowie eine Nachzahlung für die Zeit seiner Haft in Höhe von etwa 75 000 DM zu. Die rechtsbrecherische Tätigkeit des Dr. Lautz, dessen ›Behörde‹ 1942–45 im Tagesdurchschnitt zehn Todesurteile beantragt und durchgesetzt hatte, erhielt so noch nachträglich den Anschein der Rechtmäßigkeit.

Der SS-Gruppenführer Max Simon, im Krieg zunächst Kommandeur der berüchtigten SS-›Totenkopf‹-Division, dann Kommandierender General des XIII. SS-Armeekorps, 1947 wegen schwerster Kriegsverbrechen von einem alliierten Militärgericht zum Tode verurteilt, dann zu lebenslänglich Zuchthaus begnadigt, aber schon 1954 aus der Haft entlassen, mußte zunächst um seine Generalspension und deren Nachzahlung seit 1945 bangen. Er hatte sich nämlich noch vor einer bundesdeutschen Großen Strafkammer wegen zahlreicher willkürlicher Hinrichtungen deutscher Zivilisten zu verantworten. Simon hatte am Ende auch die

Beisitzer seines eigenen ›Standgerichts‹ erhängen lassen, weil sie sich geweigert hatten, solchen Wahnsinn mitzumachen. Indessen wurde er dann in allen Anklagepunkten freigesprochen – und kam so endlich in den Genuß seiner Generalspension –, weil ihm angeblich nicht nachzuweisen war, daß er ›die Rechtswidrigkeit seiner Handlungen im Zeitpunkt ihrer Begehung erkannt‹ habe.

»Das ist die Masche«, schrieb dazu die *Süddeutsche Zeitung*, »durch die sie fast alle hinausschlüpfen: die Wüteriche aus Standgerichten, Kriegsgerichten, Sondergerichten jener Jahre . . . «

»Wiedergutmachung an General Simon«, lautete hingegen die Schlagzeile eines jener zahlreichen Blätter, die sich damals auf die »Tilgung der Schmach« und die »Wiederherstellung der Ehre unserer tapferen Waffen-SS« spezialisiert hatten.

Unter »Wiedergutmachung« hatten die Siegermächte, aber auch alle, die noch an Gerechtigkeit glaubten, etwas anderes verstanden. Die erste Bundesregierung war ebenfalls davon ausgegangen – so hatte sie es zumindest mehrfach verkündet –, daß das von den Nazis millionenfach begangene Unrecht nicht nur hart gesühnt, sondern auch wiedergutgemacht werden müßte, »soweit überhaupt etwas durch unsere Kraft für die Beseitigung der Folgen geschehen kann«, wie Bundeskanzler Adenauer es formuliert hatte. »Ich denke dabei an die entstandenen materiellen Schäden, die der Nationalsozialismus den von ihm Verfolgten zugefügt hat . . . Hier hat das deutsche Volk die – ich sage das ganz deutlich, meine Damen und Herren – *ernste und heilige Pflicht* zu helfen, auch wenn dabei von uns, die wir uns persönlich nicht schuldig fühlen, Opfer verlangt werden, vielleicht schwere Opfer! Die Bundesregierung hat seit ihrem Bestehen diese Pflicht immer anerkannt, meine Damen und Herren! Durch ihre Erfüllung wollen wir die

Schäden wiedergutmachen, soweit das möglich ist, soweit das in unserer Kraft steht . . . «

Zunächst war dann zwischen der Bundesrepublik und dem Staat Israel ein Wiedergutmachungsabkommen geschlossen worden, dem der erste Bundestag am 18. März 1953 mehrheitlich zustimmte. Darin verpflichtete sich Bonn, an Israel insgesamt drei Milliarden Mark Entschädigung zu zahlen, und zwar in Raten, verteilt auf die nächsten zwölf Jahre und zu einem beträchtlichen Teil in Form von Industrieanlagen und Warenlieferungen. Weitere 450 Milliarden DM sollten, ebenfalls in Raten, dem Staat Israel zur Weiterleitung an jüdische Dachorganisationen gezahlt werden, die ihrerseits mit diesem Geld für in Not geratene jüdische Opfer der Nazi-Verfolgung, die ihren Wohnsitz außerhalb Israels hatten, nach eigenem Ermessen sorgen sollten.

»So ist es zu erklären«, kritisierte Helmut Hammerschmidt zwei Jahre später in einem Rundfunkkommentar die Praxis dieses Zusatzabkommens, »daß nichtorganisierte und nichtjüdische Opfer des Nationalsozialismus bisher überhaupt nichts bekommen haben, ja daß die Verteilung dieser Summe ganz und gar undurchsichtig geblieben ist. Weiß die Bundesregierung, was das bedeutet . . .?«

Hammerschmidt schilderte dann das Elend vieler Emigranten, die Deutschland nach 1933 hatten verlassen müssen und nun, fast ein Jahrzehnt nach dem Ende der braunen Schreckensherrschaft, noch immer keine materielle Entschädigung für ihre Verluste erhalten hatten, und er fügte hinzu: »Fast alle besaßen oder besitzen noch heute die deutsche Staatsangehörigkeit. Alle haben bisher keinen Pfennig bekommen . . . Ist es ein Wunder, daß Leute wie Einstein oder Marlene Dietrich, um nur einige Namen zu nennen, sich bisher weigern, auch nur auf Besuch nach Deutschland zu kommen – Prominente, denen es gut geht und die von ihrem Einkommen regelmäßig jene Ärmsten der Armen unterstützen, deren Entschädigung an sich *unsere* Aufgabe sein muß? ... Das ist die Wahrheit, an der man nicht vorbeigehen kann. Aber wo ist nun das Gesetz, mit dem wir endlich einmal Recht sprechen wollen?«

Es gab zwar schon ein unzulängliches Bundesgesetz vom 18. September 1953, aber erst das Bundesentschädigungsgesetz vom 29. Juni 1956 schuf – elf Jahre nach Kriegsende, fünf Jahre nach dem »131er-Gesetz« – die Voraussetzungen für eine tatsächliche Wiedergutmachung. Doch während das »131er-Gesetz« von Anfang an mit Eifer angewandt und durch eine Novelle, neun Durchführungsverordnungen und mehr als hundertzwanzig Verwaltungsanordnungen und Vollzugserlasse großzügig ausgestaltet worden war, hatte es mit dem Bundesentschädigungsgesetz und seiner Verwirklichung nichts als Schwierigkeiten, Verzögerungen, künstlich aufgebaute Hindernisse und nur leicht kaschierte Rückschritte gegeben.

Das Ergebnis war, daß zunächst die Verfolger gut versorgt wurden; ihre Opfer, die Verfolgten, mußten warten.

Das begann schon bei der Wiedereinstellung der von den Nazis aus ›rassischen‹ oder politischen Gründen entlassenen Beamten. Da jede Behörde verpflichtet worden war, nach 1945 als Belastete entlassene Nazi-Beamte wiederzuverwenden, konnte kein Behördenleiter, selbst bei gutem Willen, Nazi-Verfolgte einstellen, bevor nicht seine »131er-Quote« erfüllt war.

Aus Mangel an Durchführungsverordnungen konnten die Opfer der Nazis nur dann eine Unterstützung erhalten, wenn sie in einer besonderen Notlage waren, die sie nachzuweisen hatten. Die »131er« waren hingegen völlig unabhängig von ihrer wirtschaftlichen Lage zu versorgen.

Jeder Nazi-Verfolgte mußte nachweisen, daß er keine Verbrechen gegen die Menschlichkeit, keine Kriegsverbrechen, überhaupt keine schweren politischen oder kriminellen Straftaten jemals begangen hatte; daß er dem Nazi-Regime oder einer anderen Gewaltherrschaft niemals Vorschub geleistet und keiner Naziorganisation, auch nicht zur Tarnung, jemals angehört hatte; daß ihm die bürgerlichen Ehrenrechte nicht rechtskräftig aberkannt worden waren, und auch, daß er die Grundsätze der Vereinten Nationen und die Genfer Konvention niemals verletzt hatte. Die früheren, nach dem »131er-Gesetz« wiedereinzustellenden oder entsprechend ihrem letzten Dienstrang zu versorgenden Nazis brauchten natürlich nichts dergleichen nachzuweisen, sonst hätte ja *kein einziger* von ihnen Ansprüche stellen können, denn sie waren ja gerade, *weil* sie der Nazi-Gewaltherrschaft Vorschub geleistet, der NSDAP und ihren Gliederungen angehört und Kriegsverbrechen oder Verbrechen gegen die Menschlichkeit begangen, begünstigt oder mindestens geduldet hatten, zunächst aus dem Dienst entlassen worden. Das spielte jedoch für ihre Wiedereinstellung oder Versorgung keine Rolle. Nur als »Hauptschuldige« Eingestufte sowie frühere Gestapo-Beamte, die bis zum 1. Mai 1945 dieser Terrororganisation angehört hatten, waren von der Versorgung ausgeschlossen.

Die Folgen dieser für Verfolger und Verfolgte so unterschiedlichen Voraussetzungen einer Wiedergutmachung waren geradezu grotesk:

So konnte der Gründer, Organisator und erste Chef der Gestapo, Dr. Rudolf Diels, ein besonderer Günstling Görings, der dann von Himmler und Heydrich verdrängt worden war, nach dem »131er-Gesetz« entsprechend seinem letzten Dienstrang glänzend versorgt werden; der SS-Sturmbannführer Dr. Walter Zirpins, Kriminaldirektor im – bereits Mitte April 1945 aufgelösten – Amt IV (Gestapo) des Reichssicherheitshauptamts und beteiligt an der »Endlösung der Judenfrage« in Warschau und Lodz, konnte als Oberregierungsrat die Leitung des Landeskriminalamts von Niedersachsen übernehmen; sein Kollege Dr. Bernhard Wehner, SS-Hauptsturmführer im Amt V des Reichssicherheitshauptamts, konnte Leiter der Düsseldorfer Kriminalpolizei werden, später sogar Chef des Landeskriminalamts von Nordrhein-Westfalen.

Hingegen mußte eine im Jahre 1954 bereits 81jährige Jüdin, deren Ehemann im Ersten Weltkrieg als deutscher Soldat gefallen war und der die Nazis die bescheidene Witwenrente entzogen hatten, bis zu ihrem Tode im Jahre 1956 vergeblich auf ihre »Wiedereinsetzung in den alten Stand« warten. Jede Versorgung oder gar Nachzahlung der ihr widerrechtlich entzogenen Rente wurde ihr von den bundesdeutschen Behörden verweigert, weil sie zwar noch ihren ursprünglichen Rentenbescheid vorlegen konnte, nicht aber den schriftlichen Bescheid über den Entzug, denn einen solchen hatte sie, die dann nach Theresienstadt deportiert worden war, nie erhalten. Nicht einmal ein Vorschuß konnte der alten Frau bewilligt werden.

Ein im Jahre 1954 gerade 27jähriger Jude, der von seinem dreizehnten Lebensjahr an ununterbrochen in Konzentrationslagern, Gettos und Gefängnissen gewesen war, dessen Eltern, Großeltern und Geschwister die Nazis ermordet hatten und der völlig mittellos war, wurde von jeder Entschädigung ausgeschlossen, weil er nach dem Krieg von einem französischen Militärgericht wegen Körperverletzung, schwerer Beleidigung und Widerstands gegen die Besatzungsmacht rechtskräftig zu einer Gefängnisstrafe verurteilt worden war; er hatte Militärpersonen geohrfeigt, weil er sich deren antisemitische Äußerungen nicht gefallen lassen wollte.

Die Erben des 1943 verstorbenen jüdischen Kaufmanns Arnold Rosenthal wurden mit ihren Ansprüchen durch höchstrichterliches Urteil abgewiesen, weil das Vermögen ihres verstorbenen Vaters nach Ansicht des Gerichts durchaus *rechtens* beschlagnahmt und eingezogen worden war. Arnold Rosenthal hatte sich nämlich der Devisenschiebung schuldig gemacht; es war von ihm verbotenerweise Geld ins Ausland gebracht worden – nachweislich nur zur Rettung eigener und fremder Kinder, die dann nach Palästina in Sicherheit gebracht werden konnten. Seine Bestrafung durch die Nazis, so führte das Oberste Rückerstattungsgericht in Nürnberg in seiner Urteilsbegründung aus, sei »nicht ausschließlich oder auch nur vorwiegend wegen seiner Zugehörigkeit zur jüdischen Religionsgemeinschaft erfolgt, da Deutsche nichtjüdischer Herkunft wegen des gleichen Vergehens ebenso bestraft worden sind. Moralische oder ethische Gründe können die Straftat nicht rechtfertigen ... «

Aber es gab noch weit erstaunlichere Urteile:

Da war man drei Jahre lang bei den bundesdeutschen Entschädigungsbehörden der Ansicht gewesen, das Getto Sosschnowitz, wohin zahlreiche Juden zwangsdeportiert worden waren, sei mit Stacheldraht umzäunt gewesen. Das hätte für die wenigen überlebenden Insassen einen Anspruch auf Haftentschädigung begründet – und zwar in der noblen Höhe von 5 Mark für jeden Leidenstag –, und tatsächlich war einem Bedürftigen auf diesen vermeintlichen Anspruch hin auch schon ein Vorschuß von 500 Mark bewilligt worden.

Es stellte sich dann aber heraus, daß dieses Getto in der Nähe von Auschwitz *nicht* mit Stacheldraht abgesperrt, sondern von SS-Posten Tag und Nacht bewacht worden war. Sie hatten jeden ohne Anruf niedergeschossen, der das Getto zu verlassen versuchte. Dieser Sachverhalt reichte indessen nicht aus, eine «Haft« im Sinne des Bundesentschädigungsgesetzes zu begründen. Infolgedessen konnte es für die Insassen von Sosschnowitz auch keine Haftentschädigung geben, und die Behörde forderte nun die Rückzahlung des geleisteten Vorschusses. Das daraufhin von dem Empfänger des Vorschusses angerufene Gericht entschied, daß die Rückforderung zu Recht bestehe.

Einer der wenigen im Entschädigungsbereich tätigen Beamten, die sich gegen das Unrecht wehrten, das die Bundesrepublik sie zu begehen verpflichtete, der baden-württembergische Landesbeauftragte Dr. Otto Küster, erklärte damals öffentlich: »Das deutsche Mittelalter hat kaiserlose Zeiten gekannt, wo es an einem Richter auf Erden mangelte. Aber in keiner dieser schrecklichen Zeiten wäre es denkbar gewesen, daß man die Hinterbliebenen eines erwiesenen Justizmords aus Rechtheischenden zu Antragstellern auf Versorgung umgestempelt hätte.« Just dieses aber hatte die Bundesrepublik Deutschland getan, und zugleich war den Opfern des Unrechts der Weg zur Entschädigung maßlos erschwert und verlängert worden. Sie mußten ihre Bedürftigkeit nachweisen, so als ob es sich um gnädig zu bewilligende Almosen, nicht um klare Rechtsansprüche gehandelt hätte. Gerade den Nachweis der Bedürftigkeit, der an sich schon eine dreiste Zumutung darstellte, konnten viele, die in der Nazizeit ins Ausland geflüchtet waren, nur unter der Gefahr erbringen, von ihrem Gastland als mittellose Ausländer abgeschoben zu werden.

Für andere war es unmöglich, die geforderten Beweise zu beschaffen, beispielsweise der im Jahre 1955 schon 77jährigen Witwe eines ehemaligen Regierungsrats, der 1941 als Jude aus seiner süddeutschen Heimatstadt nach Riga deportiert und dort ermordet worden war. Es gab zwar Dokumente, aus denen zweifelsfrei hervorging, daß sämtliche Insassen des Rigaer Gettos »liquidiert« worden waren; bei der Hauptaktion im Oktober 1941 hatte man rund 27000 Menschen ermordet, die wenigen Überlebenden waren 1943 umgebracht worden. Aber gerade diese Umstände machten einen Nachweis im Einzelfall unmöglich. Die Witwe konnte keine Zeugen beibringen, auch keinen Totenschein, denn die sonst so bürokratischen Mörder hatten es versäumt, ihre Opfer standesamtlich zu »erfassen«.

Ansonsten hatten sie nahezu alles »erfaßt«, nicht nur die Anzahl der »vernichteten« Menschen, mit der die Einsatzkommando-Chefs in ihren »Erfolgsmeldungen« zu prahlen pflegten, sondern selbst die Menge der »angefallenen« Brillen, Zahnprothesen, Koffer, Wäschestücke, Schuhe oder auch Babykleidung. Nur für die Namen ihrer Opfer hatten sich die Mörder nicht interessiert.

Der ehemalige Polizeipräsident von Riga, SS-Oberführer Walther Schröder, der in Lübeck sein »Ruhegeld« bezog, hätte bezeugen können, wie ordentlich die »Erfassung« der »angefallenen« Gegenstände, zumal der Wertsachen, vorgenommen worden war. Ein weiterer, sehr kompetenter Zeuge hierfür wäre auch der frühere Regierungsdirektor und Leiter der Finanzabteilung des »Regierungskommissariats für das Ostland«, Dr. Karl-Friedrich Vialon, gewesen. Denn Dr. Vialon hatte mit Akribie alle »durch die Polizei beschlagnahmten jüdischen Vermögenswerte« registriert und verwaltet – selbst die den Leichen herausgebrochenen Goldzähne und die abgeschnittnen Haare. Dr. Vialon bezog aber kein »Ruhegeld«; er stand wieder im aktiven Staatsdienst, und zwar im Bonner Bundeskanzleramt, wo er, zuletzt als Ministerialdirektor, Adenauers geschätzter Berater in Finanzfragen – also auch in Fragen der Entschädigung der Opfer der Nazi-Gewaltherrschaft – war. Später wurde er noch Staatssekretär im Bundesministerium für wirtschaftliche Zusammenarbeit, wo er erst 1966 ausschied.

Als Staatssekretär Dr. Vialon im Alter von erst 61 Jahren in Pension gehen mußte, war die Witwe des 1941 in Riga »liquidierten« Regierungsrats bereits verstorben, ohne daß sie die ihr zustehende Rente und deren Nachzahlung für zweieinhalb Jahrzehnte noch erhalten hätte. Die ihr 1955 zugesicherte »sehr sorgfältige Überprüfung« ihres Falls hatte zu lange gedauert, aber immerhin war so der Staatskasse eine beträchtliche Ausgabe erspart geblieben.

Sorgfältiges Hinausschieben der Bearbeitung, möglichst bis zur »biologischen Erledigung« der Entschädigungsfälle, gehörte zu den ungeschriebenen Prinzipien der bundesrepublikanischen Wiedergutmachung. Ende 1954 hatte man errechnet, daß bis 1962 rund siebenhunderttausend Fälle zu bearbeiten sein würden. Von den Antragstellern waren etwa achtzig Prozent schon damals älter als sechzig Jahre, und zwar etwa 33 Prozent zwischen 65 und 75, etwa sieben Prozent über 75 Jahre alt. Von den rund hundertvierzigtausend aus Deutschland in die USA geflüchteten Juden waren bis 1954 bereits mehr als die Hälfte verstorben. Eine Statistik ergab, daß es durchschnittlich vier Jahre dauerte, bis einem Antragsteller auch nur eine Teilentschädigung zuerkannt werden konnte. Das Entschädigungsamt Berlin rechnete mit einer Abwicklungszeit von zehn bis fünfzehn Jahren, aber tatsächlich konnte man sich schon 1954 ausrechnen, daß die Erledigung dieser leidigen Materie erst Ende der siebziger Jahre im großen und ganzen abgeschlossen sein würde.

»Die noch lebenden Verfolgten erleben also die Wiedergutmachung nicht mehr«, stellte Helmut Hammerschmidt dazu in seinem Rundfunkkommentar vom 9. November 1954, dem 16. Jahrestag der »Reichskristallnacht«, mit Empörung fest. »Und was geschieht mit den Witwen und Waisen, mit den Hinterbliebenen, mit den Erbberechtigten, mit denen, die ihren Beruf verloren? Vollwaisen erhalten 100 DM monatlich . . . Wenn sie jedoch mehr als 75 DM im Monat verdienen, entfällt diese Rente.

Es gibt keinen materiellen Schadensersatzanspruch deutschen Rechts, der nicht erblich ist, selbst wenn er zu spät bezahlt wird. Nach dem Bundesentschädigungsgesetz wird jedoch dieser Erbanspruch praktisch aufgehoben. Es war ja auch nicht ganz leicht, den Mahnungen des Gläubigers so lange zu widerstehen, und starb er dann endlich, bevor man nachgab, so kann es doch nicht ganz umsonst gewesen sein!«

Hammerschmidts bittere Ironie, damals an die Adresse seiner Parteifreunde von der CDU/CSU und deren Vorsitzenden, Bundeskanzler Konrad Adenauer, gerichtet, vermochte schon diejenigen nicht zu trösten, die als anerkannte Opfer des »Rassen«wahns zumindest den Anspruch auf Entschädigung hatten. Was aber sollten diejenigen sagen, denen man, obwohl sie genauso und teilweise noch schwerer gelitten hatten, sogar die Anerkennung – und damit jeglichen Anspruch – mit Begründungen verweigerte, die fast identisch waren mit denen jener »Schutzhaftbefehle« und Terrorurteile der Nazis.

So wurde beispielsweise der Witwe eines vom »Volksgerichtshof« zum Tode verurteilten und hingerichteten jüdischen Arbeiters die ihr zunächst bewilligte Rente wieder aberkannt mit der Begründung, ihr Mann habe Geld zur Unterstützung der Witwe des im KZ ermordeten Kommunistenführers Ernst Thälmann gesammelt und – damit einer Gewaltherrschaft Vorschub geleistet . . . !

Doch auch dies war beileibe kein Einzelfall. Der Paragraph 6, Absatz 1, Ziffer 2 des Bundesentschädigungsgesetzes bestimmte, daß von der Entschädigung ausgeschlossen war, wer nach dem 23. Mai 1949 die freiheitlich-demokratische Grundordnung bekämpft hatte. Wenn dieser Ausschlußgrund vorlag, konnten auch früher gewährte Leistungen zurückgefordert werden. In der Praxis bedeutete dies, daß bei Kommunisten die Zahlung der Entschädigung von ihrem politischen Wohlverhalten abhängig gemacht wurde.

»Die Behörden machten gegenüber Kommunisten« – die dem Nazismus von Anfang an den aktivsten Widerstand geleistet und von allen politischen Gegnern am brutalsten verfolgt worden waren – »in großem Umfang vom Paragraphen 6 des Bundesentschädigungsgesetzes Gebrauch«, heißt es dazu in Alexander v. Brünnecks Untersuchung *Politische Justiz gegen Kommunisten in der Bundesrepublik Deutschland 1949–1968.* »Bei Verurteilungen aufgrund politischer Delikte war der Entzug und die Rückforderung bisher erhaltener Entschädigungsleistungen die Regel. Die Rente wurde oft schon gestrichen, wenn es nur zu einem Ermittlungsverfahren gekommen oder wenn nur die Mitgliedschaft in der KPD oder einer kommunistischen Bündnisorganisation festgestellt worden war . . . Nach 1956 entzogen die Behörden Renten auch aufgrund politischer Betätigung für die KPD *vor* dem Verbot«, das nach dreijähriger Vorbereitung und achtzehnmonatiger Prozeßdauer am 17. August 1956 vom Bundesverfassungsgericht ausgesprochen wurde.

Der Ausschluß von der Wiedergutmachung, heißt es bei v. Brunneck weiter, wurde »von den Betroffenen . . . als Ausdruck der Mißachtung ihres Widerstands gegen den Faschismus verstanden. Der Aberkennung der Rente für die Opfer des Nationalsozialismus stand ja gegenüber, daß viele aus der nationalsozialistischen Zeit schwer belastete Personen weiterhin Staatspensionen empfingen, die in der Regel erheblich höher waren als die Verfolgtenrenten. Da viele der Betroffenen aufgrund der gesundheitlichen Schäden auf die Rente angewiesen waren, stürzte sie der Entzug oder die Rückforderung von Leistungen in materielle Not. Die Aberkennung widersprach überdies dem Sinn der Wiedergutmachung. Denn die Entschädigung wurde als Ausgleich für früher erlittenes Unrecht gezahlt, das nicht mit den Maßstäben späterer politischer Loyalität zu messen ist.« Doch genau dies taten die bundesdeutschen Behörden, und sie erweckten damit zumindest den Eindruck, als wollten sie noch nachträglich den Nazis bestätigen, daß sie die Kommunisten durchaus zu Recht eingesperrt und umgebracht hatten.

Gelegentlich kam solcher Eindruck auch in bezug auf die

Behandlung der Juden auf. So lehnte ein bundesdeutsches Gericht den Anspruch eines jüdischen Verfolgten auf Körperschadensrente mit der Begründung ab, die fettarme Kost im KZ sei seiner Gesundheit nur förderlich gewesen, da er doch ein schweres Gallenleiden hatte.

Die bundesdeutsche Öffentlichkeit nahm vor alledem so gut wie keine Notiz. Was die Behandlung der Kommunisten betraf, so fand die große Mehrheit der Bevölkerung daran nichts Anstößiges, weil sie den propagierten und längst zur Staatsdoktrin erhobenen, völlig undifferenzierten Antikommunismus entweder guthieß oder nicht zu kritisieren wagte. Es war genauso wie im »Dritten Reich« hinsichtlich der Juden und dem damals ebenfalls zur Staatsdoktrin erhobenen Antisemitismus.

Nur in seltenen, besonderes Mitleid erregenden Einzelfällen regte sich hie und da Kritik, etwa im Fall des aufrechten Hitlergegners Ernst Niekisch, der 1937 verhaftet und 1939 vom »Volksgerichtshof« zu lebenslangem Zuchthaus verurteilt worden war. 1945 hatte die Rote Armee den schwerkranken, fast erblindeten Widerstandskämpfer befreit, und Niekisch war zunächst in der sowjetischen Besatzungszone geblieben, wo er eine Professur erhalten hatte. 1955, nach politischen Differenzen mit der SED, der er beigetreten war und aus der er dann austrat, übersiedelte Niekisch aus der DDR nach West-Berlin, wo sich der fast Siebzigjährige vergeblich um Wiedergutmachung bemühte. Man hielt ihm von seiten der Behörden vor, daß er 1919 die Münchner Räterepublik unterstützt habe und in der DDR zeitweise Parteimitglied gewesen sei. Erst kurz vor seinem Tode im Mai 1967 wurde ihm, dank unermüdlicher Bemühungen guter Freunde, im Wege des Vergleichs eine magere Haftentschädigung zuteil.

Daß sich im Fall des erblindeten Ernst Niekisch, der zudem ein bedeutender politischer Schriftsteller war, das

Gewissen einzelner Publizisten regte, ließ sich nicht verallgemeinern. Die breite Öffentlichkeit erfuhr von dem Skandal der »Wiedergutmachung« des von den Nazis begangenen Unrechts so gut wie nichts. Wenn sie überhaupt etwas davon vernahm, so nur im Zusammenhang mit etlichen großen Betrugsfällen, wo Schwindler sich unter Berufung auf »außenpolitische Interessen« Bonns einige Millionen Mark erschlichen hatten.

Denn es gab natürlich auch vereinzelt eine überaus rasch und großzügig funktionierende Erledigung von Wiedergutmachungsanträgen, nämlich dann, wenn es sich um bekannte, im Ausland berühmte und von Staranwälten vertretene Träger klangvoller Namen aus der Welt des Hochadels und des Großkapitals handelte; wenn sich die Ministerien von einer bevorzugten Behandlung des betreffenden Falls Prestigegewinn versprachen. Kein Wunder, daß sich einzelne Gauner dies zunutze zu machen verstanden!

Die überwältigende Mehrzahl der Anspruchsberechtigten aber waren Unbekannte ohne irgendwelchen Einfluß. Sie hatten weder die Kraft noch die Mittel, den jahrelangen zermürbenden Kampf mit der bundesdeutschen Wiedergutmachungsbürokratie durchzustehen, und fügten sich ins offenbar Unvermeidliche. Oder sie gehörten zu jenen Kategorien, die – wie die Kommunisten oder zunächst auch die Opfer des Nazi-Terrors in Ländern, die nun dem sowjetischen Einflußbereich zugerechnet wurden – von vornherein von jeder Entschädigung ausgeschlossen waren, gleich ob es sich um Juden oder Nichtjuden handelte.

Eine weitere Gruppe, die von den Nazis ebenso grausam verfolgt und weitgehend ausgerottet worden war wie die Juden, nämlich die »Zigeuner« genannten deutschen Sinti und Roma, fand vor den Augen der Wiedergutmachungsbehörden auch nur selten Gnade. Man diskriminierte sie wie einst im »Dritten Reich«, ehe ihre Deportation in die Vernichtungslager begonnen hatte – was insofern nicht sehr erstaunlich war, als man die früheren »Fachleute« von der Zentralen Überwachungsstelle der Polizei samt deren alten Karteien als »131er« aus der Nazizeit in die junge Demokratie übernommen hatte.

Auch daran nahm die Öffentlichkeit keinen Anstoß, wie sie überhaupt die ganze Wiedergutmachung als eine lästige Pflicht ansah, deren finanzielle Ausmaße sie gewaltig überschätzte. Um so verdienstvoller war es, daß der baden-württembergische Landesbeauftragte für Wiedergutmachung, Dr. Otto Küster, 1954 noch einmal klar und deutlich beschrieb, um was es dabei eigentlich ging, ehe er dann – wie Helmut Hammerschmidt es formulierte – »wegen seiner klaren Haltung einen Fußtritt der Ministerialbürokratie erhielt«.

»Es geht finanziell darum«, erklärte Küster, »in acht oder gar zehn Jahren die Summe von drei Milliarden Mark aufzubringen, eine Summe, die wir alle drei Monate für den Verteidigungsbeitrag aufzubringen haben. Oder: Der Jahresbetrag ist gleich den Kosten der Autobahnstrecke von Karlsruhe nach Lörrach.

Es geht juristisch darum, Amtspflichtverletzungen, welche höchste Reichsorgane zu vorsätzlichen Haupttätern und die Mord, Verstümmelung, Brandstiftung, Raub und Erpressung zum Gegenstand haben, so zu entschädigen, wie nach deutschem Amtshaftungsrecht jedes Opfer eines fahrlässig unterbliebenen Postauto-Signals mit Selbstverständlichkeit entschädigt wird. Aber der Bürger ahnt nicht, wie die Stirnfalten seiner Ministerialbeamten hochgehen, wenn eben nicht die Autobahn, sondern die Wiedergutmachung an Hinterbliebenen und Beraubten jährlich dreihundert Millionen Mark erfordert und wenn es Opfer ministeriellen Mordens sind und nicht solche des amtlichen Postverkehrs, die Schadensersatz begehren.

Was dem Überfahrenen recht ist, müsse dem Ermordeten billig sein? Wie das! denken sie. Wo kämen wir hin? Und eine Groteske, eine Ausgeburt nach der anderen heckt das beamtete Pflichtbewußtsein – sein Träger mag noch so unbelastet aus der Spruchkammer gekommen sein – mit dem posthumen Hitlergeist zusammen aus, um zu beweisen, daß das Selbstverständliche *nicht* geschehen könne.«

Soweit der – dann hinausgeworfene – Experte, der die bundesdeutsche Wiedergutmachung, diese laut Kanzlererklärung »ernste und heilige Pflicht«, in ihrer ganzen unüberbietbaren Schäbigkeit kennengelernt hatte.

Abgesehen davon, daß es ja keineswegs die bundesdeutschen Politiker und Beamten selbst waren, die aus ihrem Vermögen jene Milliarden bezahlten, mit denen etwa der Mord an fast einer Million Kindern – um nur einen Posten aus der wahrlich makabren Rechnung herauszugreifen – wenigstens ›moralisch wiedergutgemacht‹ werden sollte, während es sich doch in Wahrheit allenfalls um die Rückerstattung der widerrechtlich angeeigneten Beute an die mehr oder weniger legitimen Erben handelte, muß im Zusammenhang mit der bundesdeutschen Wiedergutmachung auf dreierlei hingewiesen werden:

Einmal darauf, daß man aus offenbarem Mangel an Phantasie und gutem Willen auf buchstäblich kein anderes Mittel kam, einen unermeßlichen Schaden und ein schreiendes Unrecht wiedergutzumachen, als Geld, Geldeswert und ein paar höfliche Gemeinplätze; zweitens auf den Krämergeist und das shylockhafte Bestehen auf dem Schein, die sich in der Handhabung der individuellen Wiedergutmachungsansprüche offenbarten; drittens aber auf den krassen Materialismus und die Borniertheit, die sich darin zeigten, daß man vor lauter Rechnen und Feilschen völlig vergaß, diejenigen, denen man fortan bescheidene Renten auszusetzen bereit war, das eigentlich Selbstverständliche anzutragen: die

Heimkehr – nicht nur unter Geleit und auf Kosten der Nation, nicht nur in eine den persönlichen Bedürfnissen der so lange Verbannten soweit wie irgend möglich entsprechende Wohnung und Umgebung, sondern auch an ihren alten Platz in der Gesellschaft! Nur so hätte man den enormen Schaden, den ja nicht die Juden allein, sondern alle Deutschen durch die weitgehende Zerstörung einer Kultur, mindestens aber der sie tragenden Schicht, erlitten haben, ein wenig mildern können zum Nutzen der Gesamtheit, die ärmer, sehr viel ärmer geworden ist.

Nein, nicht ärmer an materiellen Gütern! Das ist ja gerade die traurige Ironie der deutschen Judenverfolgung, daß sie eben nicht, wie nach allen antisemitischen Theorien zu erwarten gewesen wäre, den deutschen Handel gelähmt, die Börsen verstört und das internationale Kapital endgültig in die Flucht geschlagen hätte. Die Bundesrepublik als der größte der Nachfolgestaaten des ›Dritten Reiches‹ ist heute ein sehr wohlhabendes Land. Ihr Handel blüht, ihre Banktresore können den Reichtum kaum fassen, und auch der sogenannte ›kleine Mann‹ lebt angenehm. Was die materiellen Güter angeht, mit denen die meisten gesegnet sind, so sind die Spießerideale nahezu verwirklicht.

Indessen herrscht in dieser Bundesrepublik eine viele Ausländer, zumal Angelsachsen und Franzosen, erschreckende geistige Armut, ein erschütternder Zustand des Bildungswesens, ein trauriger Mangel an umfassender und vielseitiger Information, eine selbst in den großen Städten kaum gemilderte Provinzialität und eine allgemeine Verspießerung, selbst da, wo sie durch eine zur Anregung des Konsums inszenierte Sexwelle nicht sofort sichtbar wird. Vor allem aber ist festzustellen, daß gerade jene, die – wider bessere Einsicht und nur, weil sie die Verfolgung der Juden als ›unvermeidliche Randerscheinung‹ der von ihnen aus spießbürgerlicher Angst herbeigesehnten Errichtung eines

›Schutzwalls gegen den Bolschewismus‹ angesehen haben – Hitler und seine Spießgesellen gewähren ließen, nichts hören und nichts sehen wollten und ungerührt ihren eigenen, meist recht einträglichen Geschäften nachgingen, heute in einen weinerlichen Philosemitismus verfallen, wenn sie sich unversehens einem ›jüdischen Mitbürger‹ – wie sie sich auszudrücken belieben – konfrontiert sehen. Diese Art von Philosemitismus – eine Mischung aus schlechtem Gewissen, Opportunismus und auf Herzens- wie Geistesträgheit beruhender Kritiklosigkeit – bläht sich alljährlich einmal zu einer bundesdeutschen ›Woche der Brüderlichkeit‹ auf, wo dann integre Persönlichkeiten, Idealisten und Schwärmer, dazu einige Überlebende der Verfolgung und des Widerstandes, den Reuebekenntnissen von Rüstungsgewinnlern und Karrieristen einen Schein von Glaubwürdigkeit verleihen sollen.

Gewiß, es gibt auch manches, was diesem Bild entschieden widerspricht: Hie und da einmal ein aufrüttelndes Bühnenstück, ein avantgardistischer Film, vor allem eine endlich sich der Verhältnisse bewußt werdende und bei fortschreitendem Bewußtsein aufbegehrende, die unbewältigte Vergangenheit der Väter und Großväter nun selbst erforschende Jugend sowie eine beachtliche Anzahl von Intellektuellen, auch reiferen Alters, vor allem Dichter, Schriftsteller, Künstler und auch einige Wissenschaftler, die sich mit dieser Jugend solidarisieren, etliche progressive Professoren und mit unabhängigen Meinungen hervortretende Journalisten und Fernsehredakteure:

Es sind die ›weißen Juden‹ von heute, von den ›Gemäßigten‹ der politischen Rechten mit Stirnrunzeln und leisem Ekel betrachtet, von denen, die noch immer ›die Fahne hoch‹ halten, wohlversehen mit allerlei, selbst mitunter jüdischen Alibis, täglich geschmäht und verleumdet. Sie fühlen sich oft recht einsam, voller Trauer, wenn sie daran denken, mit wie unzulänglicher personeller Besetzung ein großes Volk im

Herzen Europas ins 21. Jahrhundert zieht – und wie es hätte sein können!

Kein Versuch, die tatsächlichen Verluste für Deutschland zu ermitteln, die durch die Judenvertreibung und -vernichtung entstanden sind, kann sie so deutlich machen wie ein Vergleich zwischen dem kulturellen Niveau des 19. und frühen 20. Jahrhunderts und dem in den deutschen Kleinstaaten von heute.

Und das Schlimmste ist: Die Bürger scheinen gar nichts zu vermissen!

DOKUMENTE

DIE 25 PUNKTE DES PROGRAMMS DER NSDAP

Das Programm der Nationalsozialistischen Deutschen Arbeiterpartei ist ein Zeit-Programm. Die Führer lehnen es ab, nach Erreichung der im Programm aufgestellten Ziele neue aufzustellen, nur zu dem Zwecke, um durch künstlich gesteigerte Unzufriedenheit der Massen das Fortbestehen der Partei zu ermöglichen.

1. Wir fordern den Zusammenschluß aller Deutschen auf Grund des Selbstbestimmungsrechtes der Völker zu einem Groß-Deutschland.

2. Wir fordern die Gleichberechtigung des deutschen Volkes gegenüber den anderen Nationen, Aufhebung der Friedensverträge von Versailles und St. Germain.

3. Wir fordern Land und Boden (Kolonien) zur Ernährung unseres Volkes und Ansiedlung unseres Bevölkerungsüberschusses.

4. Staatsbürger kann nur sein, wer Volksgenosse ist. Volksgenosse kann nur sein, wer deutschen Blutes ist, ohne Rücksichtnahme auf Konfession. Kein Jude kann daher Volksgenosse sein.

5. Wer nicht Staatsbürger ist, soll nur als Gast in Deutschland leben können und muß unter Fremdengesetzgebung stehen.

6. Das Recht, über Führung und Gesetze des Staates zu bestimmen, darf nur dem Staatsbürger zustehen. Daher fordern wir, daß jedes öffentliche Amt, gleichgültig welcher Art, gleich ob im Reich, Land oder Gemeinde, nur durch Staatsbürger bekleidet werden darf.

Wir bekämpfen die korrumpierende Parlamentswirtschaft einer Stellenbesetzung nur nach Parteigesichtspunkten ohne Rücksichten auf Charakter und Fähigkeiten.

7. Wir fordern, daß sich der Staat verpflichtet, in erster Linie für die Erwerbs- und Lebensmöglichkeit der Staatsbürger zu sorgen. Wenn es nicht möglich ist, die Gesamtbevölkerung des Staates zu ernähren, so sind die Angehörigen fremder Nationen (Nichtstaatsbürger) aus dem Reiche auszuweisen.

8. Jede weitere Einwanderung Nicht-Deutscher ist zu verhindern. Wir fordern, daß alle Nicht-Deutschen, die seit dem 2. August 1914 in Deutschland eingewandert sind, sofort zum Verlassen des Reiches gezwungen werden.

9. Alle Staatsbürger müssen gleiche Rechte und Pflichten besitzen.

10. Erste Pflicht jedes Staatsbürgers muß sein, geistig oder körperlich zu schaffen. Die Tätigkeit des einzelnen darf nicht gegen die Interessen der Allgemeinheit verstoßen, sondern muß im Rahmen des Gesamten und zum Nutzen aller erfolgen. Daher fordern wir:

11. Abschaffung des arbeits- und mühelosen Einkommens, *Brechung der Zinsknechtschaft.*

12. Im Hinblick auf die ungeheuren Opfer an Gut und Blut, die jeder Krieg vom Volke fordert, muß die persönliche Bereicherung durch den

Krieg als Verbrechen am Volke bezeichnet werden. Wir fordern daher restlose Einziehung aller Kriegsgewinne.

13. Wir fordern die Verstaatlichung aller (bisher) bereits vergesellschafteten (Trusts) Betriebe.

14. Wir fordern Gewinnbeteiligung an Großbetrieben.

15. Wir fordern einen großzügigen Ausbau der Altersversorgung.

16. Wir fordern die Schaffung eines gesunden Mittelstandes und seine Erhaltung, sofortige Kommunalisierung der Groß-Warenhäuser und ihre Vermietung zu billigen Preisen an kleine Gewerbetreibende, schärfste Berücksichtigung aller kleinen Gewerbetreibenden bei Lieferung an den Staat, die Länder oder Gemeinden.

17. Wir fordern eine unseren nationalen Bedürfnissen angepaßte Bodenreform, Schaffung eines Gesetzes zur unentgeltlichen Enteignung von Boden für gemeinnützige Zwecke. Abschaffung des Bodenzinses und Verhinderung jeder Bodenspekulation.

18. Wir fordern den rücksichtslosen Kampf gegen diejenigen, die durch ihre Tätigkeit das Gemeininteresse schädigen. Gemeine Volksverbrecher, Wucherer, Schieber usw. sind mit dem Tode zu bestrafen, ohne Rücksichtsnahme auf Konfession und Rasse.

19. Wir fordern Ersatz für das der materialistischen Weltordnung dienende römische Recht durch ein deutsches Gemeinrecht.

20. Um jedem fähigen und fleißigen Deutschen das Erreichen höherer Bildung und damit das Einrücken in führende Stellung zu ermöglichen, hat der Staat für einen gründlichen Ausbau unseres gesamten Volksbildungswesens Sorge zu tragen. Die Lehrpläne aller Bildungsanstalten sind den Erfordernissen des praktischen Lebens anzupassen. Das Erfassen des Staatsgedankens muß bereits mit dem Beginn des Verständnisses durch die Schule (Staatsbürgerkunde) erzielt werden. Wir fordern die Ausbildung besonders veranlagter Kinder armer Eltern ohne Rücksicht auf deren Stand oder Beruf auf Staatskosten.

21. Der Staat hat für die Hebung der Volksgesundheit zu sorgen durch den Schutz der Mutter und des Kindes, durch Verbot der Jugendarbeit, durch Herbeiführung der körperlichen Ertüchtigung mittels gesetzlicher Festlegung einer Turn- und Sportpflicht, durch größte Unterstützung aller sich mit körperlicher Jugendausbildung beschäftigenden Vereine.

22. Wir fordern die Abschaffung der Söldnertruppe und die Bildung eines Volksheeres.

23. Wir fordern den gesetzlichen Kampf gegen die *bewußte* politische Lüge und ihre Verbreitung durch die Presse. Um die Schaffung einer deutschen Presse zu ermöglichen, fordern wir, daß:

a) sämtliche Schriftleiter und Mitarbeiter von Zeitungen, die in deutscher Sprache erscheinen, Volksgenossen sein müssen,

b) nichtdeutsche Zeitungen zu ihrem Erscheinen der ausdrücklichen Genehmigung des Staates bedürfen. Sie dürfen nicht in deutscher Sprache gedruckt werden.

c) jede finanzielle Beteiligung an deutschen Zeitungen oder deren Beeinflussung durch Nicht-Deutsche gesetzlich verboten wird, und fordern als Strafe für Übertretungen die Schließung eines solchen Zeitungsbetriebes sowie die sofortige Ausweisung der daran beteiligten Nicht-Deutschen aus dem Reich.

Zeitungen, die gegen das Gemeinwohl verstoßen, sind zu verbieten. Wir fordern den gesetzlichen Kampf gegen eine Kunst- und Literaturrichtung, die einen zersetzenden Einfluß auf unser Volksleben ausübt, und die Schließung von Veranstaltungen, die gegen vorstehende Forderungen verstoßen.

24. Wir fordern die Freiheit aller religiösen Bekenntnisse im Staat, soweit sie nicht dessen Bestand gefährden oder gegen das Sittlichkeits- und Moralgefühl der germanischen Rasse verstoßen.

Die Partei als solche vertritt den Standpunkt eines positiven Christentums, ohne sich konfessionell an ein bestimmtes Bekenntnis zu binden. Sie bekämpft den jüdisch-materialistischen Geist *in* und *außer* uns und ist überzeugt, daß eine dauernde Genesung unseres Volkes nur erfolgen kann von *innen* heraus auf der Grundlage:

Gemeinnutz vor Eigennutz.

25. Zur Durchführung alles dessen fordern wir: Die Schaffung einer starken Zentralgewalt des Reiches. Unbedingte Autorität des politischen Zentralparlaments über das gesamte Reich und seine Organisation im allgemeinen.

Die Bildung von Stände- und Berufskammern zur Durchführung der vom Reich erlassenen Rahmengesetze in den einzelnen Bundesstaaten.

Die Führer der Partei versprechen, wenn nötig unter Einsatz des eigenen Lebens für die Durchführung der vorstehenden Punkte rücksichtslos einzutreten.

München, den 24. Februar 1920.

DIE UNLOGIK DER ›RASSEN‹GESETZGEBUNG

Ein voll deutschblütiger Großelternteil, der etwa aus Anlaß seiner Verheiratung mit einem Juden zur jüdischen Religionsgemeinschaft übergetreten ist, gilt . . . für die rassische Einordnung seiner Enkel als volljüdisch. Ein Gegenbeweis ist nicht zugelassen. Diese Regelung erleichtert die rassische Einordnung erheblich . . . Wie lange der Großelternteil der jüdischen Religionsgemeinschaft angehört hat, ist gleichgültig. Auch eine nur vorübergehende Zugehörigkeit genügt.

Die Regelung erscheint auch nicht unbillig; denn die Zugehörigkeit zur jüdischen Religionsgemeinschaft muß in der Regel als ein solch starkes Bekenntnis zum Judentum angesehen werden, daß mit einer Weitergabe der jüdischen Einstellung an die Nachkommen gerechnet werden kann. Wie lange der Großelternteil der jüdischen Religionsgemeinschaft angehört hat, ist gleichgültig. Aber auch die trotz Kenntnis nicht beanstandete Führung in den Listen einer Synagogengemeinde oder die widerspruchslose Zahlung jüdischer Kultursteuern müssen schon allein als ausreichende Merkmale angesehen werden.

Aus: Stuckart-Globke, Kommentar zum ›Gesetz zum Schutz des deutschen Blutes und der deutschen Ehre‹ und zum ›Reichsbürgergesetz‹, Berlin, 1935.

DER ›FALL HABER‹

ENTLASSUNGSGESUCH
DES CHEMIE-NOBELPREISTRÄGERS
PROFESSOR FRITZ HABER

30. April 1933

An den Herrn Minister
für Wissenschaft, Kunst
und Volksbildung
Berlin

Sehr geehrter Herr Minister!

Hierdurch bitte ich Sie, mich zum 1. Oktober 1933 hinsichtlich meines preußischen Hauptamtes als Direktor eines Kaiser-Wilhelm-Instituts wie hinsichtlich meines preußischen Nebenamtes als ordentlicher Professor an der hiesigen Universität in den Ruhestand zu versetzen. Nach den Bestimmungen des Reichsbeamtengesetzes vom 7. April 1933, deren Anwendung auf die Institute der Kaiser-Wilhelm-Gesellschaft vorgeschrieben worden ist, steht mir der Anspruch zu, im Amte zu verbleiben, obwohl ich von jüdischen Großeltern und Eltern abstamme. Aber ich will von dieser Befugnis nicht länger Gebrauch machen, als es für die geordnete Abwicklung der wissenschaftlichen und verwaltenden Tätigkeit notwendig ist, die mir in meinen Ämtern obliegt.

Meine Bitte deckt sich inhaltlich mit den Gesuchen, welche die von der Kaiser-Wilhelm-Gesellschaft angestellten wissenschaftlichen Mitglieder und Abteilungsleiter des Kaiser-Wilhelm-Instituts für physikalische Chemie und Elektrochemie, die Herren Professoren H. Freundlich und M. Polany, an den Herrn Präsidenten der Kaiser-Wilhelm-Gesellschaft gerichtet haben. Ich habe die Annahme derselben befürwortet.

Mein Entschluß, meine Verabschiedung zu erbitten, erfließt aus dem Gegensatz der Tradition hinsichtlich der Forschung, in der ich bisher gelebt habe, zu den veränderten Anschauungen, welche Sie, Herr Minister, und Ihr Ministerium als Träger der großen derzeitigen nationalen Bewegung vertreten. Meine Tradition verlangt von mir in einem wissenschaftlichen Amte, daß ich bei der Auswahl von Mitarbeitern nur die fachlichen und charakterlichen Eigenschaften der Bewerber berücksichtige, ohne nach ihrer rassenmäßigen Beschaffenheit zu fragen. Sie werden von einem Manne, der im 65. Lebensjahre steht, keine Änderung der Denkweise erwarten, die ihn in den vergangenen 39 Jahren seines Hochschullebens geleitet hat, und Sie werden verstehen, daß ihm der Stolz, mit dem er seinem deutschen Heimatland sein Leben lang gedient hat, jetzt diese Bitte um Versetzung in den Ruhestand vorschreibt.

Hochachtungsvoll
gez. F. Haber.

DER VERSUCH DER HITLER-REGIERUNG, EINE TRAUERFEIER FÜR DEN 1935 IM EXIL VERSTORBENEN CHEMIE-NOBELPREISTRÄGER FRITZ HABER ZU VERHINDERN

Der Reichsminister für Wissenschaft, Erziehung und Volksbildung

Berlin W 8, 24. Januar 1935

An den Herrn Präsidenten der Kaiser-Wilhelm-Gesellschaft zur Förderung der Wissenschaften, Geheimrat Prof. Dr. Planck
Berlin C 2, Schloß.

Hochverehrter Herr Präsident!

Auf Ihr Schreiben vom 18. Januar 1935 teile ich Ihnen ergebenst folgendes mit:

Wenn die Preußische Akademie der Wissenschaften am 28. Juni 1934 dem Andenken Fritz Habers eine besondere Gedächtnisrede widmen konnte, so konnte das allenfalls eher hingehen, als in der Preußischen Akademie der Wissenschaften bedeutende Denker und Forscher des In- und des *Auslandes,* ohne Rücksicht auf Nationalität und Rasse, zusammengefaßt worden sind.

Die Kaiser-Wilhelm-Gesellschaft stellt dagegen eines der vornehmsten Institute *deutscher* Forschung dar, von dem die deutsche Öffentlichkeit erwartet, daß es sich auch in jedem einzelnen Falle öffentlichen Hervortretens mit den Grundsätzen des nationalsozialistischen Staates im Einklang befindet.

Ich erkenne gerne an, daß Sie, Herr Präsident, von ihrer positiven Einstellung zum heutigen Staat und zum Führer jederzeit durch Wort und Tat Zeugnis abzulegen bereit sind. Ich bedaure jedoch, daß die geplante Gedächtnisfeier für Fritz Haber den gegenteiligen Eindruck hervorrufen könnte. Professor Haber ist am 30. April 1933 deswegen aus dem Amte geschieden, weil er sich in Gegensatz zum nationalsozialistischen Staate stellte.

Ich kann nach all dem von keinem Beamten des nationalsozialistischen Staates oder von Parteigenossen der N.S.D.A.P. erwarten, daß sie an der von der Kaiser-Wilhelm-Gesellschaft geplanten Veranstaltung teilnehmen, und sehe mich daher außerstande, sehr verehrter Herr Präsident, die diesbezügliche Verfügung aufzuheben.

Andererseits will ich aber mit Rücksicht darauf, daß die Presse des In- und Auslandes bereits auf die Angelegenheit aufmerksam geworden ist, daß ausländische Teilnehmer zu der Feier erwartet werden, und daß schließlich die Kaiser-Wilhelm-Gesellschaft private Mitglieder in ihren Reihen zählt, Ihnen, Herr Präsident, anheimzustellen, die Veranstaltung als eine rein interne und private Feier der Kaiser-Wilhelm-Gesellschaft stattfinden zu lassen, über die in der Tagespresse aus einleuchtenden Gründen nicht berichtet werden darf. Für den Fall, daß Sie sich hierzu entschließen, ersuche ich Sie um umgehende Vorlage einer Liste derjenigen Professoren, die in ihrer Eigenschaft als Mitglieder der Kaiser-Wilhelm-Gesellschaft bzw. der Deutschen Chemischen Gesellschaft oder der Deutschen Physikalischen Gesellschaft ihr Erscheinen in Aussicht gestellt haben sollten. Ich behalte mir vor, den namhaft gemachten Professoren Dispens von dem Erlaß zu erteilen, wenn diese besonderen Wert darauf legen. Ich würde mich freuen, wenn Sie, Herr Präsident, an einem der nächsten Tage mich aufsuchen würden und bin

Mit Hitler-Heil!
Ihr
gez. Rust.

DIE KAISER-WILHELM-GESELLSCHAFT
ZUR FÖRDERUNG DER WISSENSCHAFTEN

beehrt sich
in Gemeinschaft mit der
Deutschen Chemischen Gesellschaft
und der Deutschen Physikalischen Gesellschaft
zu einer

GEDÄCHTNISFEIER FÜR
FRITZ HABER

am Dienstag, dem 29. Januar 1935, 12 Uhr mittags,
im Harnack-Haus, Berlin-Dahlem, Ihnestraße 16–20
einzuladen.

1. *Andante con moto (Thema mit Variationen)*
   aus dem Quartett Nr. 14 von Franz Schubert
2. *Einleitende Worte*
   Geheimrat Prof. Dr. Max Planck, Präsident der Kaiser-Wilhelm-Gesellschaft zur Förderung der Wissenschaften
3. *Gedächtnisreden*
   Prof. Dr. Otto Hahn, Direktor des Kaiser-Wilhelm-Instituts für Chemie
   Oberst a. D. Dr.-Ing. e. h. Josef Koeth
   Prof. Dr. Karl-Friedrich Bonhoeffer, Auswärtiges wissenschaftliches Mitglied des Kaiser-Wilhelm-Instituts für physikalische Chemie und Elektrochemie
4. *Cavatine (adagio molto espressivo)*
   aus dem Quartett op. 130 von Ludwig van Beethoven
   Die Mitglieder des Philharmonischen Orchesters:

Konzertmeister Siegfried Borries (1. Violine), Karl Höver (2. Violine), Reinhard Wolf (Viola), Wolfram Kleber (Cello).

Uniform oder dunkler Anzug

Der Verlauf der Feier war würdig und eindrucksvoll. Leider konnte Professor Bonhoeffer seinen Vortrag nicht selbst halten. Er hätte seine Stelle als Leipziger Hochschullehrer verloren. Auf seine Bitte las ich seinen Vortrag vor. Ich selbst war, da ich 1934 aus der Fakultät ausgetreten war, nicht gefährdet. (Otto Hahn)

Verein deutscher Chemiker e. V., Berlin W 35, Potsdamer Str. 103 a

Gemäß Verfügung
des Präsidenten der RTA., Herrn Dr. Ing. Todt,
ist die Teilnahme an der Gedächtnisfeier für Fritz Haber
am 29. Januar 1935 im Harnackhaus
allen Mitgliedern des Vereins deutscher Chemiker e. V. untersagt.
Berlin, den 25. Januar 1935
Verein deutscher Chemiker e. V.

Die letzte Anweisung des Ministeriums war: Über die Veranstaltung wird nicht berichtet, die Vorträge sind nicht zu veröffentlichen. Diese Erinnerung an Haber zeigt, daß man in den ersten Jahren des Hitlerregimes noch einen wenn auch kleinen Widerstand leisten konnte, was später nicht mehr möglich war. (Otto Hahn)

Der folgende Artikel erschien am 15. Juli 1937 im offiziellen Organ der SS »Das Schwarze Korps«. Wahrscheinlich stammt er, auch in seinem ersten Teil, aus der Feder des Alt-Pg. und Physik-Nobelpreisträgers Johannes Stark, der jedenfalls für das Nachwort zeichnete und als der geistige Urheber gelten kann.

»WEISSE JUDEN« IN DER WISSENSCHAFT

Es gibt eine primitive Art des Antisemitismus, die sich darauf beschränkt, den Juden an sich zu bekämpfen. Ihre Anhänger geben sich damit zufrieden, daß ein klarer Trennungsstrich zwischen Deutschen und Juden gezogen ist. Sie meinen, das Problem sei gelöst, wenn einer Blutsvermischung Einhalt geboten wird und Juden am politischen, kulturellen und wirtschaftlichen Leben der Nation nicht mehr teilnehmen dürfen. Als totalste Lösung schwebt ihnen ein jüdischer Auszug nach Palästina oder sonstwohin vor. Der Augenblick, in dem Deutschland solcherart judenrein würde, müßte dann folgerichtig auch das Ende des Antisemitismus sein.

Diese Anschauung ist zwar bestechend durch ihre Einfachheit, krankt aber an einem Denkfehler. Würden wir die Juden nach den alten, nicht einmal unverkennbaren Merkmalen der krummen Nasen und krausen Haare bekämpfen, so wäre dieser Kampf ein Kampf gegen Windmühlen. Die Tatsache aber, daß wir den jüdischen Einfluß auf die Politik und das kulturelle Leben bekämpfen mußten und den jüdischen Einfluß auf die deutsche Wirtschaft weiterhin bekämpfen müssen, beweist bereits, daß es nicht um die Juden »an sich« geht, sondern um den Geist oder Ungeist, den sie verbreiten, eben um das, was man Einfluß nennt.

Es wird leider so sein, daß wir nach der idealen Lösung einer jüdischen Auswanderung immer noch gegen jüdische Einflüsse ankämpfen werden müssen und daß für einen aktiven Antisemitismus immer noch ein weites Betätigungsfeld verbleibt, selbst wenn es im ganzen Deutschen Reich keine einzige Krummnase gibt. Denn es ist leider so, daß die furchtbare Gefahr der Verjudung unseres öffentlichen Lebens und die Macht des jüdischen Einflusses, die der Nationalsozialismus dämmen mußte, nicht allein von dem zahlenmäßig schwachen Judentum getragen wurde, sondern in nicht geringerem Maße auch von solchen Menschen arischen Geblüts, die sich für den jüdischen Geist empfänglich zeigten und ihm hörig wurden.

Der Sieg des rassischen Antisemitismus ist deshalb nur als Teilsieg zu werten. Wir dürfen uns nicht damit begnügen, auf der restlosen Durchführung der Nürnberger Gesetze zu bestehen und auf Lösung des noch offenen Problems »Juden in der Wirtschaft« zu dringen.

Wir müssen auch den jüdischen Geist ausrotten, der heute ungestörter denn je seine Blüten treiben kann, wenn seine Träger über die schönsten Ariernachweise verfügen.

Denn nicht der Rassejude an sich ist uns gefährlich gewesen, sondern der Geist, den er verbreitete. Und ist der Träger dieses Geistes nicht Jude, sondern Deutscher, so muß er uns doppelt so bekämpfenswert sein als der Rassejude, der den Ursprung seines Geistes nicht verbergen kann.

Gesinnungsjuden

Der Volksmund hat für solche Bazillenträger die Bezeichnung »Weißer Jude« geprägt, die überaus treffend ist, weil sie den Begriff des Juden über das Rassische hinaus erweitert. Man könnte im gleichen Sinne auch von Geistesjuden, Gesinnungsjuden oder Charakterjuden sprechen. Sie haben den jüdischen Geist willfährig aufgenommen, weil es ihnen an eigenem mangelt. Sie sind Anbeter eines spitzfindigen Intellekts, weil ihnen natürliche Instinkte fehlen und jene charakterlichen Werte, die den Menschen zwingen, eigene Fähigkeiten zu entwickeln und sich nötigenfalls auf sie zu beschränken.

Es gibt vor allem ein Gebiet, wo uns der jüdische Geist der »Weißen Juden« in Reinkultur entgegentritt und wo die geistige Verbundenheit der »Weißen Juden« mit jüdischen Vorbildern und Lehrmeistern stets einwandfrei nachzuweisen ist: die Wissenschaft. Sie vom jüdischen Geist zu säubern, ist die vordringlichste Aufgabe, denn dem »Weißen Juden«, dem wir im Alltag begegnen, können wir wohl mit den Mitteln der Polizei und schärferer Gesetze beikommen, eine jüdisch verseuchte Wissenschaft aber ist die Schlüsselstellung, von der aus das geistige Judentum immer wieder maßgebenden Einfluß auf alle Lebensgebiete der Nation erringen kann.

So ist es beispielsweise charakteristisch, daß in unserer Zeit, die die deutsche Ärzteschaft vor gänzlich neue Aufgaben stellt und von der medizinischen Forschung entscheidende Taten auf erbbiologischem, rassenhygienischem, volksgesundheitlichem Gebiete erwartet, die medizinische Fachpresse innerhalb eines halben Jahres von insgesamt 2138 Aufsätzen 1085 Aufsätze ausländischer Autoren, darunter von 116 Sowjetrussen, bringt, die sich kaum mit Problemen befassen, die uns heute vordringlich erscheinen müßten. Hinter dem Mäntelchen »Erfahrungsaustausch« verbirgt sich hier jene These von der Internationalität der Wissenschaft, die der jüdische Geist allzeit aufgestellt und propagiert hat, weil sie die Voraussetzung für eine unkontrollierbare Selbstherrlichkeit schuf.

Am klarsten erkennbar ist der jüdische Geist wohl im Bereich der Physik, wo er in Einstein seinen »bedeutendsten« Vertreter hervorgebracht hat. Während alle großen naturwissenschaftlichen Entdeckungen und Erkenntnisse auf die besonderen Fähigkeiten germanischer Forscher zur geduldigen, fleißigen und aufbauenden Naturbeobachtung zurückzuführen sind; während der germanische Forscher in der sogenannten Theorie immer nur ein Hilfsmittel sieht, das die Naturbeobachtung gegebenenfalls erleichtern, niemals aber ein Mittel zum Zweck werden kann; während die Erkenntnis der realen Wirklichkeit das einzige Ziel seiner Forschung ist, dem er auch die eigene Hilfstheorie opfert, wenn sie sich als unrichtig oder ungenügend erweisen sollte, hat der in den letzten Jahrzehnten vordringende jüdische

Geist die dogmatisch verkündete, von der Wirklichkeit losgelöste Theorie in den Vordergrund zu schieben gewußt. Durch spitzfindige Verallgemeinerung vorhandener Erkenntnisse, durch geschicktes Jonglieren mit mathematischen Formeln, durch vernebelnde Zweideutigkeiten wurde die Alleinherrschaft solcher Theorien begründet. Sie entsprachen dem jüdischen Geist und der jüdischen »Forschungsmethode« deshalb in so hohem Maße, weil sie die fleißige, geduldige, aufbauende Naturbeobachtung als überflüssig erscheinen ließen.

Die Diktatur der grauen Theorie

Von dem jüdischen Professor Leo Grätz, der in München wirkte, stammt der bezeichnende Satz, daß mit der Zeit der Experimentalphysiker gegenüber dem Theoretiker auf den Rang eines guten Mechanikers herabsinken würde, dem der Theoretiker Aufträge für experimentelle Untersuchungen geben würde. Und Einstein verkündete 1922 in einem Vortrag: »Man darf erwarten, daß die Theorie bald imstande sein wird, die Eigenschaften der chemischen Atome und ihre Reaktionen vorauszuberechnen, so daß sich die mühevollen, zeitraubenden experimentellen Arbeiten der Chemiker erübrigen werden.«

Diesem Bestreben, den der Wirklichkeit verbundenen Forscher in den Hintergrund zu drängen, folgte sehr schnell die Praxis.

Die Juden Einstein, Haber und ihre Gesinnungsgenossen Sommerfeld und Planck regelten fast unbeschränkt die Nachwuchsfrage der deutschen Lehrstühle. Sommerfeld allein durfte sich rühmen, zehn Ordinariate mit seinen Schülern besetzt zu haben. Die Literatur der jüdischen Theoretiker und ihrer Propagandisten schwoll in knapp fünfzehn Jahren auf 50 000 Druckseiten an. Die studentische Jugend wurde fast ausschließlich in ihrem »Geiste« ausgebildet. Hätte man sie gewähren lassen, so wäre in wenigen Jahrzehnten der Typ des produktiven wirklichkeitsnahen Forschers ausgestorben. Spintisierende, unfruchtbare Theoretiker wären an seine Stelle getreten.

Die Machtergreifung des Nationalsozialismus hat diese Gefahr gebannt, aber sie hat sie noch nicht beseitigt. Der jüdische Geist versucht mit aller Macht, seine Stellungen wenigstens in jenen Zweigen der Wissenschaften zu halten, die, wie die Physik, nicht einer augenscheinlichen weltanschaulichen Prägung unterworfen sind, und diese Stellungen können eines Tages zu Ausgangsstellen für einen erneuten Vormarsch werden.

Einstein als Eckstein

Wie sicher sich die »Weißen Juden« in ihren Stellungen fühlen, beweist das Vorgehen des Professors für theoretische Physik in Leipzig, Professor

Werner Heisenberg, der es 1936 zuwege brachte, in ein parteiamtliches Organ einen Aufsatz einzuschmuggeln, worin er Einsteins Relativitätstheorie als »die selbstverständliche Grundlage weiterer Forschung« erklärte und »eine der vornehmsten Aufgaben der deutschen wissenschaftlichen Jugend in der Weiterentwicklung der theoretischen Begriffssysteme« sah. Zugleich versuchte er, durch eine Abstimmung der deutschen Physiker über den Wert der Theorie Eindruck bei den maßgebenden Stellen zu schinden und Kritiker seines Wirkens mundtot zu machen.

Dieser Statthalter des Einsteinschen »Geistes« im neuen Deutschland wurde 1928 im Alter von 26 Jahren als Musterzögling Sommerfelds Professor in Leipzig, in einem Alter also, das ihm kaum Zeit geboten hatte, gründliche Forschungen zu betreiben. Er begann seine Tätigkeit, indem er den deutschen Assistenten seines Instituts entließ und dafür erst den Wiener Juden Beck, dann den Züricher Juden Bloch einstellte. Sein Seminar war bis 1933 vorwiegend von Juden besucht, und der engere Kreis seiner Hörer setzt sich auch heute noch aus Juden und Ausländern zusammen.

Der »Ossietzky« der Physik

1933 erhielt Heisenberg den Nobelpreis zugleich mit den Einstein-Jüngern Schrödinger und Dirac – eine Demonstration des jüdisch beeinflußten Nobelkomitees gegen das nationalsozialistische Deutschland, die der »Auszeichnung« Ossietzkys gleichzusetzen ist.

Heisenberg stattete seinen Dank ab, indem er sich im August 1934 weigerte, einen Aufruf der deutschen Nobelpreisträger für den Führer und Reichskanzler zu unterzeichnen. Seine Antwort lautete damals: »Obwohl ich persönlich ›ja‹ stimmte, scheint mir politische Kundgebung von Wissenschaftlern unrichtig, da auch früher niemals üblich. Unterzeichne daher nicht.«

Diese Antwort kennzeichnet den jüdischen Geist ihres Verfassers, der Volksverbundenheit und nationale Verantwortung der »Wissenschaftler« für »unrichtig« hält.

Heisenberg ist nur ein Beispiel für manche andere. Sie allesamt sind Statthalter des Judentums im deutschen Geistesleben, die ebenso verschwinden müssen wie die Juden selbst.

Die Dringlichkeit dieser Forderung und die Bedeutung, die dem angeschnittenen Problem für die Zukunft der deutschen wissenschaftlichen Forschung zukommt, hat »Das Schwarze Korps« veranlaßt, eine Meinungsäußerung von Professor Dr. Johannes Stark, dem Präsidenten der Physikalisch-Technischen Reichsanstalt, zu erbitten. Die Persönlichkeit des Angerufenen, der ja nicht nur ein alter Vorkämpfer des Nationalsozialismus, sondern auch Inhaber des Nobelpreises ist – den er zu einer Zeit erhielt, als seine Verteilung noch von politischen Haß- und Rachemotiven unbeeinflußt war –, sollte jedem die Augen darüber öffnen, daß die deutsche

Wissenschaft und ihre verantwortlichen Betreuer vor einer Entscheidung stehen, der man nicht mehr ausweichen kann.

Die »Wissenschaft« versagte politisch

Professor Dr. Stark schrieb uns dazu:

Der vorstehende Artikel ist in grundsätzlicher Hinsicht so treffend und vollständig, daß sich eigentlich eine Ergänzung erübrigt. Aber auf Einladung der Schriftleitung will ich noch folgende Bemerkungen anfügen.

Allgemein ist bekannt, daß die überwiegende Mehrzahl der Professoren an den deutschen Universitäten und Hochschulen in der Kampfzeit des Nationalsozialismus national schmählich versagt hat. Sie standen Hitler und seiner Bewegung verständnislos und zum Teil sogar ablehnend gegenüber; an mehreren Universitäten kam es zu scharfen Konflikten zwischen der nationalsozialistisch gesinnten Studentenschaft und der mit dem schwarzroten System verbundenen Professorenschaft. Mit Recht hat Reichsminister Rust im Jahre 1933 in dieser Hinsicht der Berliner Professorenschaft bittere Worte gesagt. Der entscheidende Grund für das politische Versagen der Mehrheit der deutschen Professoren in dem nationalsozialistischen Ringen um die deutsche Freiheit war der beherrschende jüdische Einfluß an den deutschen Universitäten.

Er hatte nicht allein darin seine Stärke, daß in zahlreichen Fakultäten 10 bis 30 v. H. der Dozenten jüdisch oder jüdisch versippt waren, sondern vor allem auch darin, daß die Juden die Unterstützung von arischen Judengenossen und Judenzöglingen hatten.

Der politische Einfluß des jüdischen Geistes an den Universitäten war offenkundig; weniger offenkundig, aber ebenso schädlich war sein Einfluß in wissenschaftlicher Hinsicht, indem er die auf die Wirklichkeit eingestellte germanische Forschung durch den jüdischen Intellektualismus, dogmatischen Formalismus und propagandistischen Geschäftsbetrieb lähmte und die Studentenschaft sowie vor allem den akademischen Nachwuchs zu jüdischer Denkweise zu erziehen suchte.

Die Taktik wechselte

Nun mußten zwar die rassejüdischen Dozenten und Assistenten im Jahre 1933 aus ihren Stellungen ausscheiden; auch werden gegenwärtig die arischen Professoren, die mit Jüdinnen verheiratet sind, abgebaut; aber die große Zahl der arischen Judengenossen und Judenzöglinge, welche früher offen oder versteckt die jüdische Macht in der deutschen Wissenschaft stützten, sind in ihren Stellungen geblieben und halten den Einfluß des jüdischen Geistes an den deutschen Universitäten aufrecht.

Während sie noch bis zur Wahl des Führers zum Reichspräsidenten in ihrer Weltfremdheit mit einem baldigen Ende der nationalsozialistischen Regierung rechneten und sich darum einer öffentlichen Kundgebung für den Führer versagten, haben sie seit zwei Jahren ihre Taktik geändert; sie gebärden sich nämlich nunmehr äußerlich als national, frühere Pazifisten drängen sich zum Militärdienst, Judenzöglinge, die zahlreiche wissenschaftliche Arbeiten zusammen mit in- und ausländischen Juden veröffentlicht und noch 1929 an Kongressen von Sowjetjuden teilgenommen haben, suchen Verbindung mit Dienststellen von Partei und Staat.

Außer mit ihrer nationalen oder sogar nationalsozialistischen Betätigung suchen sie noch mit folgenden Argumenten Einfluß auf maßgebende Stellen zu gewinnen: Als wissenschaftliche Fachleute seien sie und ihre Kandidaten für die Durchführung des Vierjahresplanes unentbehrlich; zudem seien sie von dem Ausland als große deutsche Wissenschaftler anerkannt und müßten darum im Interesse des Ansehens der deutschen Wissenschaft den maßgebenden Einfluß in dieser haben. Bei diesem Bluff glauben sie damit rechnen zu können, daß die maßgebenden Stellen nicht darüber unterrichtet sind, daß ihre »Berühmtheit« im Ausland eine aufgeblasene Folgeerscheinung der Zusammenarbeit mit ausländischen Juden und Judengenossen ist.

Bezeichnend für die Fortdauer des jüdischen Einflusses in den deutschen akademischen Kreisen sind folgende Tatsachen: Vor noch nicht langer Zeit hat mir ein einflußreicher deutscher Mediziner erklärt: »Eine medizinische Wissenschaft ohne Juden kann ich mir überhaupt nicht denken.«

Neue jüdische Sintflut

Die naturwissenschaftliche Fakultät einer großen Universität hat kürzlich für einen Lehrstuhl drei Judenzöglinge in Vorschlag gebracht, von denen zwei zahlreiche wissenschaftliche Arbeiten zusammen mit in- und ausländischen Juden veröffentlicht haben. Der wissenschaftliche Büchermarkt in Deutschland wird neuerdings wieder, vor allem in der Physik, mit Büchern aus der Feder in- und ausländischer Juden und Judenzöglinge überschwemmt unter besonderer Beteiligung der früher volljüdischen, heute angeblich zu 50 v. H. arischen Verlagsfirma Julius Springer in Berlin und Wien.

Während der Einfluß des jüdischen Geistes auf die deutsche Presse, Literatur und Kunst sowie auf das deutsche Rechtsleben ausgeschaltet worden ist, hat er in der deutschen Wissenschaft an den Universitäten einen Verteidiger und Fortsetzer in den arischen Judengenossen und Judenzöglingen gefunden; hinter der Kulisse der wissenschaftlichen Sachlichkeit und unter Berufung auf die internationale Anerkennung wirkt er ungeschwächt weiter und sucht seine Herrschaft sogar durch eine taktische Einflußnahme auf maßgebende Stellen zu sichern und zu stärken.

Bei dieser Lage ist es ein großes Verdienst des »Schwarzen Korps«, daß es durch seine mutigen, grundsätzlich wichtigen Ausführungen die öffentliche

Aufmerksamkeit auf die Schädigung lenkt, von welcher ein Teil des deutschen Geisteslebens und die Erziehung der akademischen Jugend von seiten der »Weißen Juden« bedroht ist.

gez. Stark

EIN HISTORISCHES DOKUMENT:
DER BRIEF NEBST ANLAGEN, DER DEN ANSTOSS
ZUM BAU DER ATOMBOMBE GAB:

*A. Letter Of Transmittal, Szilard To Dr. Alexander Sachs,
August 15, 1939*

Dear Dr. Sachs:
Enclosed I am sending you a letter from Prof. Albert Einstein, which is addressed to President Roosevelt and which he sent to me with the request of forwarding it through such channels as might appear appropriate. If you see your way to bring this letter to the attention of the President, I am certain Prof. Einstein would appreciate your doing so; otherwise would you be good enough to return the letter to me?

If a man, having courage and imagination, could be found and if such a man were put – in accordance with Dr. Einstein's suggestion – in the position to act with some measure of authority in this matter, this would certainly be an important step forward. In order that you may be able to see of what assistance such a man could be in our work, allow me please to give you a short account of the past history of the case.

In January this year, when I realized that there was a remote possibility of setting up a chain reaction in a large mass of uranium, I communicated with Prof. E. P. Wigner of Princeton University and Prof. E. Teller of George Washington University, Washington, D. C., and the three of us remained in constant consultation ever since. First of all it appeared necessary to perform certain fundamental experiments for which the use of about one gram of radium was required. Since at that time we had no certainty and had to act on a remote possibility, we could hardly hope to succeed in persuading a university laboratory to take charge of these experiments, or even to acquire the radium needed. Attempts to obtain the necessary funds from other cources appeared to be equally hopeless. In these circumstances a few of us physicists formed an association, called "Association for Scientific Collaboration," collected some funds among ourselves, rented about one gram of radium, and I arranged with the Physics Department of Columbia University for their permission to carry out the proposed experiments at Columbia. These experiments led early in March to rather striking results.

At about the same time Prof. E. Fermi, also at Columbia, made experiments of his own, independently of ours, and came to identical conclusions.

A close collaboration arose out of this coincidence, and recently Dr. Fermi and I jointly performed experiments which make it appear probable that a chain reaction in uranium can be achieved in the immediate future.

The path along which we have to move is now clearly defined, but it takes some courage to embark on the journey. The experiments will be costly since we will now have to work with tons of material rather than – as hitherto – with kilograms. Two or possibly three different alternatives will have to be tried; failures, set-backs and some unavoidable danger to human life will have to be faced. We have so far made use of the Association for Scientific Collaboration to overcome the difficulty of persuading other organizations to take financial risks, and also to overcome the general reluctance to take action on the basis of probabilities in the absence of certainty. Now, in the face of greater certainty, but also greater risks, it will become necessary either to strengthen this association both morally and financially, or to find new ways which would serve the same purpose. We have to approach as quickly as possible public-spirited private persons and try to enlist their financial cooperation, of, failing in this, we would have to try to enlist the collaboration of the leading firms of the electrical or chemical industry.

Other aspects of the situation have to be kept in mind. Dr. Wigner is taking the stand that it is our duty to enlist the co-operation of the Administration. A few weeks ago he came to New York in order to discuss this point with Dr. Teller and me, and on his initiative conversations took place between Dr. Einstein and the three of us. This led to Dr. Einstein's decision to write to the President.

I am enclosing a memorandum which will give you some of the views and opinions which were expressed in these conversations.

I wish to make it clear that, in approaching you, I am acting in the capacity of a trustee of the Association for Scientific Collaboration, and that I have no authority to speak in the name of the Physics Department of Columbia University, of which I am a guest.

Yours sincerely,

B. Memorandum, Szilard to the President, August 15, 1939

Much experimentation on atomic disintegration was done during the past five years, but up to this year the problem of liberating nuclear energy could not be attacked with any reasonable hope for success. Early this year it became known that the element uranium can be split by neutrons. It appeared conceivable that in this nuclear process uranium itself may emit neutrons, and a few of us envisaged the possibility of liberating nuclear energy by means of a chain reaction of neutrons in uranium.

Experiments were thereupon performed, which led to striking results. One has to conclude that a nuclear chain reaction could be maintained under certain well defined conditions in a large mass of uranium. It still remains to prove this conclusion by actually setting up such a chain reaction in a large-scale experiment.

This new development in physics means that a new source of power is now being created. Large amounts of energy would be liberated, and large quantities of new radioactive elements would be produced in such a chain reaction.

In medical applications of radium we have to deal with quantities of grams; the new radioactive elements could be produced in the chain reaction in quantities corresponding to tons of radium equivalents. While the practical application would include the medical field, it would not be limited to it.

A radioactive element gives a continuous release of energy for a certain period of time. The amount of energy which is released per unit weight of material may be very large, and therefore such elements might be used – if available in large quantities – as fuel for driving boats or airplanes. It should be pointed out, however, that the physiological action of the radiations emitted by these new radioactive elements makes it necessary to protect those who have to stay close to a large quantity of such an element, for instance the driver of the airplane. It may therefore be necessary to carry large quantities of lead, and this necessity might impede a development along this line, or at least limit the field of application.

Large quantities of energy would be liberated in a chain reaction, which might be utilized for purposes of power production in the form of a stationary power plant.

In view of this development it may be a question of national importance to secure an adequate supply of uranium. The United States has only very poor ores of uranium in moderate quantities; there is a good ore of uranium in Canada where the total deposit is estimated to be about 3000 tons; there may be about 1500 tons of uranium in Czechoslovakia, which is now controlled by Germany; there is an unknown amount of uranium in Russia, but the most important source of uranium, consisting of an unknown but probably very large amount of good ore, is Belgian Congo.

It is suggested therefore to explore the possibility of bringing over from Belgium or Belgian Congo a large stock of pitchblend, which is the ore of both radium and uranium, and to keep this stock here for possible future use. Perhaps a large quantity of this ore might be obtained as a token reparation payment from the Belgian Government. In taking action along this line it would not be necessary officially to disclose that the uranium content of the ore is the point of interest; action might be taken on the ground that it is of value to secure a stock of the ore on account of its radium content for possible future extraction of the radium for medical purposes.

Since it is unlikely that an earnest attempt to secure a supply of uranium will me made before the possibility of a chain reaction has been visibly demonstrated, it appears necessary to do this as quickly as possible by performing a large-scale experiment. The previous experiments have prepared the ground to the extent that it is now possible clearly to define the conditions under which such a large-scale experiment would have to be carried out. Still two or three different setups may have to be tried out, or alternatively preliminary experiments have to be carried out with several tons of material if we want to decide in advance in favor of one setup or another. These experiments cannot be carried out within the limited budget which was provided for laboratory experiments in the past, and it has now become necessary either to strengthen – financially and otherwise – the organizations which concerned themselves with this work up to now, or to create some new organization for the purpose. Public-spirited private persons who are likely to be interested in supporting this enterprise should be approached without delay, or alternatively the collaboration of the chemical or the electrical industry should be sought.

The investigations were hitherto limited to chain reactions based on the action of *slow* neutrons. The neutrons emitted from the splitting uranium are fast, but they are slowed down in a mixture of uranium and a light element. Fast neutrons lose their energy in colliding with atoms of a light element in much the same way as a billiard ball loses velocity in a collision with another ball. At present it is an open question whether such a chain reaction can also be made to work with *fast* neutrons which are not slowed down.

There is reason to believe that, if fast neutrons could be used, it would be easy to construct extremely dangerous bombs. The destructive power of these bombs can only be roughly estimated, but there ist no doubt that it would go far beyond all military conceptions. It appears likely that such bombs would be too heavy to be transported by airplane, but still they could be transported by boat and explosed in port with disastrous results.

Although at present it is uncertain whether a fast neutron reaction can be made to work, from now on this possibility will have to be constantly kept in mind in view of its far-reaching military consequences. Experiments have been devised for settling this important point, and it is solely a question of organization to ensure that such experiments shall be actually carried out.

Should the experiments show that a chain reaction will work with *fast* neutrons, it would then be highly advisable to arrange among scientists for withholding publications on this subject. An attempt to arrange for withholding publications on this subject has already been made early in March but was abandoned in spite of favorable response in this country and in England on account of the negative attitude of certain French laboratories. The experience gained in March would make it possible to revive this attempt whenever it should be necessary.

NIELS BOHRS MEMORANDUM AN PRÄSIDENT ROOSEVELT, JULI 1944

Es übersteigt gewiß die Vorstellungskraft jedes Menschen, wenn er sich ausmalen wollte, welche Folgen die Entwicklung des Atomprojektes in den kommenden Jahren haben wird; denn bestimmt werden die gewaltigen, bis dahin zur Verfügung stehenden Energiequellen das ganze Industrie- und Transportwesen revolutionieren. Im Augenblick jedoch liegt das Schwergewicht auf der Herstellung einer Waffe, die an Durchschlagskraft nicht ihresgleichen kennt und die für alle Zukunft völlig neue Voraussetzungen zur Kriegsführung schaffen wird.

Abgesehen von der Frage, wann diese Waffe einsatzbereit sein kann und welche Aufgabe ihr im jetzigen Krieg zukommen wird, wirft die gegenwärtige Situation noch zahlreiche weitere Probleme auf, die der dringenden Aufmerksamkeit bedürfen. Wenn nicht so bald wie möglich ein Abkommen geschlossen wird, das eine Kontrolle über die Verwendung dieser neuen, radioaktiven Elemente garantiert, könnte jeder gegenwärtig noch so große Vorteil durch eine ständige Bedrohung der allgemeinen Sicherheit aufgehoben werden.

Seit die Möglichkeit näher gerückt ist, größere Mengen Atomenergie frei zu machen, wurde immer wieder die Frage einer Kontrolle aufgeworfen. Aber je weiter die wissenschaftlichen Forschungen auf diesem Gebiete fortschreiten, desto klarer wird es, daß die für diesen Zweck üblichen Maßnahmen nicht genügen und daß sich die grauenerregende Aussicht auf eine Zukunft, in der sich die Nationen um diese furchtbare Waffe streiten werden, nur durch ein weltumspannendes, auf voller Ehrlichkeit beruhendes Abkommen vermeiden läßt.

In diesem Zusammenhang ist besonders bemerkenswert, daß das ganze Unternehmen, so ungeheuerlich es auch ist, sich bis jetzt doch als geringfügiger erwiesen hat, als man erwarten durfte, und daß bei der ständig voranschreitenden Arbeit wiederholt neue Wege entdeckt wurden, wie die Produktion der radioaktiven Stoffe gefördert und ihre Wirkung verstärkt werden könnte.

Um eine im geheimen vorbereitete Konkurrenz zu verhüten, ist es deshalb notwendig, Zugeständnisse zu machen: Informationen müssen ausgetauscht werden können, und bei allen industriellen und militärischen Planungen muß restlose Offenheit herrschen. Derartige Zugeständnisse dürften jedoch kaum denkbar sein; es sei denn, alle Partner wären vor diesen Gefahren von nie dagewesener Größe durch eine ausgleichende Garantie allgemeiner Sicherheit geschützt. Die Einrichtung wirksamer Kontrollmaßnahmen wird natürlich schwierige Probleme verwaltungstechnischer und auch rein technischer Art mit sich bringen; entscheidend für diesen Vorschlag ist jedoch nicht nur die Notwendigkeit, ein solches Projekt durchzuführen, sondern auch die sich leicht daraus ergebende Möglichkeit, die Probleme der internationalen Beziehungen neu anzupacken.

Die gegenwärtige Stunde, in der fast alle Nationen in einen Kampf auf Leben und Tod um die Freiheit und Menschenwürde verstrickt sind, mag auf den ersten Blick für jederlei bindende Abmachung über diesen Plan recht ungeeignet erscheinen. Denn einerseits verfügen die Angriffsmächte immer noch über eine erhebliche militärische Stärke, wenn dabei auch zugegeben werden muß, daß ihre ursprünglichen Pläne einer Weltherrschaft vereitelt worden sind und man mit ziemlicher Sicherheit ihrer Kapitulation entgegensehen darf; andererseits werden – auch im Falle einer Kapitulation – die gegen den Angreifer vereinten Nationen mit ernstlichen Auseinandersetzungen rechnen müssen, weil ihre Einstellung zu sozialen und wirtschaftlichen Fragen einander widersprechen.

Bei näherer Betrachtung jedoch ist es unbestreitbar, daß die Möglichkeit eines solchen Planes, unter diesen besonderen Umständen Vertrauen einzuflößen, mehr und mehr an Wert gewinnt. Außerdem bietet die augenblickliche Lage in dieser Hinsicht einzigartige Chancen; wenn ihre Wahrnehmung aber verzögert wird, weil die weitere Entwicklung des Krieges und die Vollendung der neuen Waffe abgewartet werden sollen, könnte man sich diese Chancen leicht verscherzen . . .

Angesichts dieser möglichen Ereignisse dürfte die augenblickliche Situation eine höchst günstige Gelegenheit zu einem baldigen ersten Schritt bieten, und zwar von seiten jener Nation, die das Glück hat, in der Beherrschung jener gewaltigen Naturkräfte, die bisher dem Menschen verborgen waren, führend zu sein.

Ohne die unmittelbaren militärischen Operationsziele zu beeinträchtigen, sollte eine Initiative, die einem schicksalsschweren Wettstreit vorbeugen will, jegliches Mißtrauen zwischen den einzelnen Mächten ersticken, von deren harmonischer Zusammenarbeit die Zukunft der kommenden Generationen abhängt.

Natürlich können sich die einzelnen Partner nur dann auf die ehrlichen Absichten der anderen verlassen, wenn unter den Vereinten Nationen die Frage beantwortet wird, welche Zugeständnisse die einzelnen Mächte als Beitrag zu einem erfolgversprechenden Kontrollabkommen zu machen gedenken.

Selbstverständlich ist der Einblick in die gegenwärtigen politischen Verhältnisse allein den verantwortlichen Staatsmännern vorbehalten. Es dürfte jedoch ein glücklicher Umstand sein, daß die in eine künftige harmonische internationale Zusammenarbeit gesetzten Erwartungen, die innerhalb der Vereinten Nationen von allen Seiten einmütig Ausdruck gefunden haben, so auffallend mit den einzigartigen, der Öffentlichkeit unbekannten Voraussetzungen übereinstimmen, die von der stetig fortschreitenden Wissenschaft geschaffen worden sind.

Es sind wahrhaftig der Gründe genug, welche die Überzeugung rechtfertigen, daß jegliches Streben zur Festigung der allgemeinen Sicherheit und damit zur Überwindung der drohenden Gefahr durch eine loyale Zusammenarbeit im Ausbau der nötigen und weitreichenden Kontrollmaßnahmen willkommen geheißen würde; dabei brauchte keine einzige Nation von der vielversprechenden industriellen Entwicklung, welche die Vollendung des Atomprojektes mit sich bringt, ausgeschlossen zu werden.

In dieser Hinsicht könnte vielleicht Hilfe aus der weltweiten wissenschaftlichen Zusammenarbeit kommen, die seit Jahren die leuchtenden Verheißungen gemeinsamer humaner Bemühungen verkörpert hat. Die persönlichen Beziehungen zwischen den Wissenschaftlern der einzelnen Nationen böten sogar die günstige Gelegenheit, bereits einen vorläufigen und inoffiziellen Kontakt anzubahnen.

Es braucht wohl kaum hinzugefügt zu werden, daß bei all diesen Hinweisen und Vorschlägen keineswegs unterschätzt wird, wie schwierig und heikel es für die Staatsmänner ist, eine für alle Beteiligten befriedigende Vereinbarung zu treffen. Diese Hinweise und Vorschläge wollen lediglich das eine: einige Gesichtspunkte aufzuzeigen, welche die Bemühungen, das Atomprojekt zu einer dauerhaften und segensreichen Einrichtung der Allgemeinheit zu machen, erleichtern könnten.

DER »FRANCK-REPORT«
EIN BERICHT AN DEN AMERIKANISCHEN KRIEGSMINISTER, JUNI 1945

1. Einleitung

Der einzige Grund, weshalb die Kernenergie anders zu behandeln ist als die übrigen Sachgebiete der Physik, liegt in der Möglichkeit, daß sie im Frieden politischen Druck und im Kriege plötzlicher Zerstörung dienen kann. Alle gegenwärtigen Pläne zur Organisation der Forschung, der wissenschaftlichen und industriellen Entwicklung und der Publizierung auf dem Gebiet der Kernphysik sind bedingt durch das politische und militärische Klima, in dem diese Pläne verwirklicht werden sollen. Wenn man also Vorschläge für die nach dem Kriege zu schaffende Organisation der Kernphysik macht, so läßt sich eine Diskussion der politischen Probleme nicht vermeiden. Die auf diese Organisation hinarbeitenden Wissenschaftler geben nicht vor, in der nationalen und internationalen Politik sachverständig zu sein. Wir, eine kleine Gruppe von Staatsbürgern, haben jedoch in den letzten fünf Jahren unter dem Zwang der Ereignisse eine ernste Gefahr für die Sicherheit unseres Landes und für die Zukunft aller anderen Nationen erkannt, eine Gefahr, von der die übrige Menschheit noch nichts ahnt. Wir halten es daher für unsere Pflicht, darauf zu drängen, daß die politischen Probleme, die sich aus der Beherrschung der Kernenergie ergeben, in all ihrer Schwere begriffen und daß geeignete Schritte zu ihrer Untersuchung und zur Vorbereitung der nötigen Entschlüsse unternommen werden. Wir hoffen, daß das durch den Kriegsminister gegründete Komitee, welches die verschiedenen aus der Kernphysik erwachsenden Fragen zu behandeln hat, ein Beweis dafür ist, daß diese einschneidenden Folgen von der Regierung erkannt worden sind. Wir glauben, daß unser Vertrautsein mit den wissenschaftlichen Voraussetzungen dieser Situation, der stetigen Weiterentwicklung und den daraus entstehenden weltumspannenden politischen Verwicklungen uns die Pflicht auferlegt, diesem Komitee etliche Vorschläge zu einer eventuellen Lösung dieser schwerwiegenden Frage zu unterbreiten.

Wiederholt hat man den Wissenschaftlern den Vorwurf gemacht, die Nationen mit neuen Waffen zu ihrer wechselseitigen Vernichtung versorgt zu haben, anstatt zu ihrem Wohlergehen beizutragen. Es stimmt zweifellos, daß zum Beispiel die Erfindung des Fliegens der Menschheit mehr Unglück als Freude und Gewinn gebracht hat. In der Vergangenheit jedoch konnten die Wissenschaftler jede unmittelbare Verantwortung für den Gebrauch, den die Menschheit von ihren uneigennützigen Entdeckungen machte, ablehnen. Jetzt aber sind wir gezwungen, einen aktiven Standpunkt einzunehmen, weil die Erfolge, die wir auf dem Gebiet der Kernenergie errungen haben, mit unendlich viel größeren Gefahren verbunden sind als bei den Erfindungen der Vergangenheit. Wir alle, die wir den augenblicklichen Stand der Kernphysik kennen, leben ständig mit der Vision einer jähen

Zerstörung vor Augen, einer Zerstörung unseres eigenen Landes, einer Pearl-Harbor-Katastrophe, die sich in tausendfacher Vergrößerung in jeder Großstadt unseres Landes wiederholen könnte.

Überdies vermochte die Wissenschaft in der Vergangenheit häufig neue Methoden zum Schutze gegen die neuen Angriffswaffen zu entwickeln – Waffen, deren Vorhandensein sie erst ermöglicht hatte; doch gegen die zerstörende Kraft der Kernenergie kann sie keinen wirksamen Schutz versprechen. Dieser Schutz wird ausschließlich von einer weltumfassenden politischen Organisation geboten werden können. Unter allen Argumenten, die für eine leistungsfähige internationale Friedensorganisation sprechen, ist die Existenz der Kernwaffen das zwingendste. Da es bisher keine internationale Behörde gibt, die bei internationalen Konflikten jede Anwendung von Gewaltmitteln unmöglich zu machen hätte, könnten die Nationen doch noch immer von einem Weg abgebracht werden, der lediglich in die restlose gegenseitige Vernichtung führt – vorausgesetzt, es würde ein besonderes internationales Abkommen getroffen, das ein Kernwaffen-Wettrüsten verhinderte.

2. *Aussichten eines Kernwaffenwettrüstens*

Man könnte folgenden Vorschlag unterbreiten: Die Gefahr einer Zerstörung durch Kernwaffen – wenigstens soweit es unser Land betrifft – ließe sich dadurch vermeiden, daß wir entweder unsere Entdeckungen für immer geheimhalten oder unsere Kernwaffenaufrüstung soweit vorantreiben, daß keine andere Nation auch nur daran dächte, uns anzugreifen – aus Furcht vor einer katastrophalen Vergeltung.

Die Antwort auf diesen Vorschlag lautet: Wenn wir auch im Augenblick in dieser Beziehung der Welt sicherlich voraus sein dürften, so sind doch die Grundlagen der Kernenergie allgemein bekannt. Die britischen Forscher wissen ebensoviel wie wir über die grundlegenden im Krieg gemachten Fortschritte in der Kernphysik – womöglich sind sie sogar über bestimmte Ergebnisse unterrichtet, die im Verlauf unserer technischen Fortschritte erzielt wurden; und die Rolle, die französische Kernphysiker während der Vorkriegsentwicklung auf diesem Gebiet gespielt haben – ganz abgesehen von ihrer teilweisen Kenntnis unserer Arbeiten –, wird es ihnen erlauben, schnellstens aufzuholen, wenigstens soweit es die grundlegenden wissenschaftlichen Entdeckungen betrifft. Die deutschen Wissenschaftler, auf deren Forschungsergebnisse die ganze Entwicklung der Kernphysik zurückgeht, bauten sie offenbar während des Krieges nicht im selben Maße aus, wie dies in Amerika der Fall war; aber wir lebten doch bis zum letzten Tage des europäischen Krieges in ständiger Furcht, den Deutschen könnte die Herstellung einer Kernwaffe gelungen sein. Die Gewißheit, daß die deutschen Forscher an dieser Waffe arbeiteten und daß ihre Regierung höchstwahrscheinlich keine Skrupel kennen würde, sie bei Vorhandensein auch anzuwenden, war der vornehmliche Grund zu der von den amerikanischen Wissenschaftlern ergriffenen Initiative, die Kernenergie weiterzuentwickeln und sie zu militärischen Zwecken großen Umfangs für unser Land auszuwerten. Auch in Rußland waren bereits 1940 die grundlegenden Fakten und die Bedeutung der Kernenergie durchaus bekannt, und die Erfahrung der russischen Wissenschaftler in der Kernforschung ist immerhin so groß, daß sie uns in wenigen Jahren einholen könnten, selbst wenn wir alle Anstrengungen machten, unsere Versuche geheimzuhalten. Denn selbst wenn wir die Führung innerhalb der Grundlagenforschung auf dem Gebiet der Kernphysik für einige Zeit nicht aus der Hand gäben, indem wir alle erworbenen Erkenntnisse und die damit verbundenen Projekte geheimhielten, wäre es töricht zu glauben, dadurch für mehr als ein paar Jahre geschützt zu sein.

Es wäre zu überlegen, ob wir nicht die Entwicklung einer in anderen Ländern vom Militär ausgenutzten Kernphysik durch ein Monopol auf den Rohstoff der Kernenergie verhüten könnten. Die Antwort heißt: Obwohl die größten bis jetzt bekannten Uranerzlager von Staaten kontrolliert werden, die zu den Westmächten gehören (Kanada, Belgien und Britisch-Indien), liegen doch die alten Lager der Tschechoslowakei außerhalb dieses Einflußbereiches. Es ist bekannt, daß Rußland in seinem eigenen Land Uran schürft; und wenn wir auch nichts von dem Umfang der bis heute in der UdSSR entdeckten Lager wissen, so ist doch die Wahrscheinlichkeit gering, daß in einem Land, welches ein Fünftel der Erde einnimmt (und dessen Einflußsphäre sich auch noch über zusätzliche Gebiete erstreckt), keine großen Uranvorräte gefunden werden sollten; ein Sicherheitsfaktor jedenfalls darf dies nicht sein. *So können wir nicht hoffen, ein Kernwaffen-Wettrüsten zu verhindern, indem wir entweder die grundlegenden wissenschaftlichen Erkenntnisse auf dem Feld der Kernenergie vor den konkurrierenden Nationen geheimhalten oder die für ein derartiges Wettrüsten nötigen Rohstoffe aufkaufen.*

Untersuchen wir nun den zweiten Vorschlag, der zu Beginn dieses Absatzes gemacht wurde, und fragen wir uns, ob wir uns bei einem Kernwaffen-Wettrüsten nicht sicher fühlen können, weil wir über ein größeres Industriepotential, einschließlich einer größeren Verbreitung von wissenschaftlichen und technischen Kenntnissen, über größere Aufgebote an Fachkräften und eine erfahrenere Betriebsführung verfügen – lauter Faktoren also, deren Bedeutung einleuchtend demonstriert wurde, als sich unser Land während des Krieges in ein Arsenal der Alliierten verwandelte. Die Antwort lautet: Alles, was uns diese Vorteile verschaffen können, ist die Ansammlung einer größeren Zahl von gewaltigeren und besseren Atombomben.

Solch ein quantitativer Vorsprung an gestapelten Zerstörungswaffen sichert uns jedoch nicht vor einem plötzlichen Angriff. Gerade weil ein möglicher Feind befürchten könnte, an Zahl und Waffen ausgestochen zu werden, dürfte die Versuchung, einen unerwarteten und keinesfalls herausgeforderten Angriff zu wagen, besonders groß sein – vor allem dann, wenn er uns verdächtigte, aggressive Pläne gegen seine Sicherheit oder seine Einflußsphäre zu hegen. Bei keiner anderen Art der Kriegsführung liegt der Vorteil so eindeutig beim Angreifer. Er kann seine »Höllenmaschinen« als erster auf alle unsere Großstädte einsetzen und sie gleichzeitig explodieren lassen, womit er die Schwerpunkte unserer Industrie und außerdem einen großen Teil unserer Bevölkerung vernichten würde, die in den dichtbesiedelten Gebieten unserer Städte zusammengedrängt lebt. Unsere Vergeltungsmöglichkeiten – Vergeltung als adäquater Ausgleich für den Verlust von Millionen Menschenleben und für die Zerstörung unserer größten Städte verstanden – wären sehr gering, weil wir vom Lufttransport der Bomben abhängig wären und weil wir es überdies mit einem Feind zu tun haben könnten, dessen Industrie und Bevölkerung über große Territorien zerstreut sind.

Wenn man das Kernwaffen-Wettrüsten zuläßt, dann gibt es nur einen Weg, unser Land vor der Vernichtung durch einen plötzlichen Angriff zu retten: Wir müssen unsere Kriegsindustrie sowie die Bevölkerung unserer größeren Städte über weite Gebiete verteilen. Solange Kernwaffen rar sind (das heißt, solange Uran der einzige Rohstoff zu ihrer Herstellung bleibt), solange wird eine erfolgreiche Zerstreuung unserer Industrie und der Bevölkerung unserer größeren Städte die Versuchung, uns mit Kernwaffen anzugreifen, zumindest sehr herabsetzen.

Gegenwärtig kommt die Wirkung einer Atombombe der Detonation von 20 000 Tonnen TNT gleich. Also könnte eine solche Bombe etwa 3 Quadratmeilen einer Stadt zerstören. Man darf erwarten, daß bis in etwa 10 Jahren Atombomben zur Verfügung stehen, die eine wesentlich höhere Radioaktivität besitzen und doch immer noch leichter als eine Tonne sein werden und die somit über zehn Quadratmeilen einer Stadt zerstören könnten. Eine Nation also, die es sich leisten kann, 10 Tonnen Atomsprengstoff zu einem heimtückischen Angriff auf unser Land aufzubringen, darf mit der Möglichkeit rechnen, die ganze Industrie und den größten Teil der Bevölkerung in einem Gebiet von 500 Quadratmeilen und mehr zu vernichten. Wenn nun aber 500 Quadratmeilen amerikanischen Bodens kein rechtes Angriffsziel böten, weil auf dieser Fläche wenig Industrie und nur verhältnismäßig wenig Menschen angesiedelt wären und daher kein vernichtender Schlag gegen das Kriegspotential und die nationale Verteidigungskraft geführt werden könnte, dann würde sich der Angriff kaum lohnen und vielleicht gar nicht unternommen werden. Augenblicklich jedoch könnte man in unserem Land mühelos hundert Gebiete von je 5 Quadratmeilen finden, deren gleichzeitige Vernichtung sich für unsere Nation niederschmetternd auswirken würde. Da aber die Vereinigten Staaten ein Gebiet von 3 Millionen Quadratmeilen umfassen, sollte es möglich sein, ihre Industrie und ihre Bevölkerung so zu verteilen, daß keine 500 Quadratmeilen übrigbleiben, die einem Angriff mit Kernwaffen ein lohnendes Ziel bieten könnten.

Wir sind uns durchaus bewußt, daß eine solch radikale soziale und wirtschaftliche Veränderung in der Struktur unserer Nation außerordentliche Schwierigkeiten mit sich brächte. Wir sind jedoch der Ansicht, daß auf dieses Dilemma hingewiesen werden muß, weil nur so klar wird, für welche Art des Selbstschutzes man sich zu entscheiden hat – wiederum vorausgesetzt, daß keine erfolgreiche internationale Verständigung zu erreichen ist. Es muß dabei hervorgehoben werden, daß wir gegenüber den anderen Nationen im Nachteil sind; denn die anderen Länder sind entweder dünner besiedelt und ihre Industrien mehr verstreut, oder ihre Regierungen verfügen über eine uneingeschränkte Macht, wodurch es ihnen möglich ist, die Bevölkerung über das ganze Land zu verteilen und den Aufbau von Industrien zu überwachen.

Sollte kein wirkungsvolles internationales Abkommen erzielt werden, so wird bereits am Morgen nach unserer ersten Demonstration, daß wir Kernwaffen besitzen, das allgemeine Wettrüsten losgehen. Die anderen Nationen werden dann vielleicht drei oder vier Jahre brauchen, um uns einzuholen, und acht oder zehn Jahre, bis sie womöglich mit uns Schritt halten können – selbst wenn wir fortfahren, angestrengt auf diesem Gebiet zu arbeiten. Diese Spanne würde gedoch genügen, unsere Bevölkerung und Industrie zu verlagern. Jedenfalls sollte keine Zeit verloren werden, dieses Problem von Experten prüfen zu lassen.

3. Aussichten einer Verständigung

Die Folgen eines Atomkrieges und die Maßnahmen, die zum Schutze eines Landes vor seiner totalen Zerstörung durch Kernwaffen notwendig sind, dürften wohl auch den anderen Nationen genauso erschreckend erscheinen wie den Vereinigten Staaten. England, Frankreich und die kleineren dichtbesiedelten Staaten Europas mit ihren konzentriert gelagerten Industrien wären angesichts solcher Bedrohung in einer furchtbaren Lage. Rußland und China sind die einzigen großen Nationen, die im Augenblick einen Angriff mit Kernwaffen überstehen würden. Aber wenn auch diese Nationen das Leben eines Menschen nicht so hoch einschätzen mögen wie die Völker Westeuropas und Amerikas und wenn auch Rußland ein riesiger Raum zur Verfügung steht, über den es seine wichtigen Industrien verteilen kann, und außerdem eine Regierung hat, die eine solche Verlagerung an dem Tag zu befehlen vermag, da sie von der Notwendigkeit dieser Maßnahme überzeugt ist – so gibt es doch trotz alledem keinen Zweifel, daß auch Rußland vor der Möglichkeit einer plötzlichen Zerstörung Moskaus und Leningrads, die im gegenwärtigen Krieg wunderbarerweise fast erhalten geblieben sind, und seiner neuen Industriestädte im Ural und in Sibirien erschaudert. So kann es also nur der Mangel an gegenseitigem *Vertrauen* sein, nicht aber der mangelnde *Wunsch* nach Verständigung, der einem wirkungsvollen Abkommen über die Verhütung eines Atomkrieges im

Wege steht. Das Zustandekommen eines solchen Abkommens hängt daher im wesentlichen von der Rechtschaffenheit der Absichten und von der Bereitschaft aller Partner ab, ihre Souveränität zu einem gewissen Teil zu opfern.

Eine Möglichkeit, die Welt mit der Kernwaffe bekannt zu machen – einleuchtend vor allem für jene, die Atombomben vorwiegend als eine Geheimwaffe betrachten, die lediglich dazu entwickelt wurde, den gegenwärtigen Krieg zu gewinnen –, besteht darin, sie ohne Ankündigung gegen geeignete Ziele in Japan einzusetzen.

Wenn auch durch den unerwarteten Einsatz von Kernwaffen zweifellos wichtige taktische Ergebnisse errungen werden könnten, so glauben wir dennoch, daß die Anwendung der ersten verfügbaren Atombomben im japanischen Krieg sorgfältig erwogen werden sollte – nicht nur von militärischen Sachverständigen, sondern auch von den höchsten politischen Vertretern unseres Landes.

Rußland, aber auch die zu den Alliierten gehörenden Länder, die unseren Wegen und Plänen weniger mißtrauen, und schließlich die neutralen Länder, sie alle werden von diesem Schritt wahrscheinlich schwer erschüttert sein. Es dürfte sehr schwierig sein, die Welt davon zu überzeugen, daß man einer Nation, die eine neue Waffe insgeheim vorzubereiten und plötzlich anzuwenden in der Lage war – eine Waffe, die so diskriminierend ist wie die Raketenbombe, nur daß ihre vernichtende Wirkung tausendmal größer ist –, in ihrem Wunsch vertrauen soll, derartige Waffen aufgrund eines internationalen Abkommens abzuschaffen. Wir verfügen über große Mengen Giftgas, aber wir wenden es nicht an; vor kurzem erhobene Befragungen haben ergeben, daß die öffentliche Meinung in unserem Land dies mißbilligen würde, selbst wenn damit der siegreiche Ausgang des Krieges im Fernen Osten beschleunigt werden könnte. Es stimmt zwar, daß ein irrationales Element in der Massenpsychologie Gasvergiftungen schrecklicher erscheinen läßt als eine Vernichtung durch Sprengstoff, obwohl ein Gaskrieg in keiner Weise »unmenschlicher« wäre als ein Krieg mit Bomben und Kugeln. Dennoch ist es keinesfalls sicher, ob die amerikanische Öffentlichkeit, würde man ihr die Wirkung von Atombomben erklären, damit einverstanden wäre, daß unser Land als erstes eine solch verwerfliche Methode der restlosen Zerstörung jeglicher Zivilisation einführte.

Vom »optimistischen« Standpunkt aus (das heißt, wenn man dabei an ein internationales Abkommen zur Verhütung von Atomkriegen denkt) könnten also die militärischen Vorteile und die Ersparnis amerikanischer Menschenleben – Vorteile, die durch eine plötzliche Anwendung von Atombomben im Krieg gegen Japan errungen würden – aufgehoben werden durch den darauffolgenden Vertrauensverlust und eine Welle des Schrekkens und Widerwillens, die sich über die übrige Welt ergösse und die vielleicht sogar die öffentliche Meinung in der Heimat spaltete.

Im Hinblick darauf wäre zu empfehlen, die neue Waffe in der Wüste oder auf einer unbewohnten Insel vor den Augen der Abgeordneten aller vereinten Nationen vorzuführen. Die günstige Atmosphäre für das Zustandekommen eines internationalen Abkommens ließe sich dadurch schaffen, daß Amerika der Welt erklären könnte: »Ihr seht, was für eine Waffe wir besaßen, aber wir haben sie nicht angewandt. Wir sind bereit, sie auch in Zukunft nicht anzuwenden, wenn sich die anderen Nationen uns darin anschließen und in die Gründung einer wirkungsvollen internationalen Kontrolle einwilligen.« Nach dieser Vorführung könnte die Waffe eventuell gegen Japan angewandt werden – sofern dies von den Vereinten Nationen (und der öffentlichen Meinung in der Heimat) gebilligt würde; vielleicht erst nach einem Ultimatum an Japan, sich zu ergeben oder, als Alternative zu einer völligen Zerstörung, wenigstens gewisse Gebiete zu räumen. Dies mag phantastisch klingen, aber mit den Kernwaffen haben wir tatsächlich eine ganz neuartige gewaltige Zerstörungskraft gewonnen, und wenn wir ihren Besitz voll einsetzen wollen, dann müssen wir auch neue und neuartige Methoden ersinnen.

Es muß betont werden, daß vom pessimistischen Standpunkt aus und bei nur geringer Möglichkeit, eine wirkungsvolle internationale Kontrolle über die Kernwaffen zu schaffen, der baldige Einsatz von Atombomben gegen Japan bloß noch fragwürdiger wird – ganz abgesehen von irgendwelchen humanen Erwägungen. Wenn nicht gleich nach der ersten Demonstration ein internationales Abkommen zustande kommt, bedeutet dies einen fliegenden Start zu einem hemmungslosen Aufrüstungswettlauf. Wenn aber dieses Rennen nun einmal unvermeidlich ist, dann haben wir allen Grund, seinen Start so lange wie möglich hinauszuschieben, um unsere Vorrangstellung noch weiter voranzutreiben.

Der Vorteil für unsere Nation und die zukünftige Schonung amerikanischer Menschenleben, die wir uns dadurch erringen könnten, daß wir auf eine baldige Anwendung der Atombombe verzichten und die anderen Nationen nur zögernd ins Rennen kommen lassen – allein auf der Basis von Vermutungen und ohne sicheres Wissen, daß »das Ding funktioniert« –, dürfte die Vorteile, die durch eine sofortige Anwendung der ersten und verhältnismäßig schwachen Bomben im Krieg gegen Japan gewonnen würden, bei weitem aufwiegen. Andererseits mag entgegengehalten werden, daß es ohne eine solche baldige Demonstration schwierig sein dürfte, die nötige Unterstützung für die weitere Entwicklung der Kernphysik in unserem Lande zu erhalten; und wiederum könnte dadurch die Zeit bis zu dem verzögerten Start eines allgemeinen Aufrüstungswettlaufs nicht voll genutzt werden.

Weiterhin darf man annehmen, daß die anderen Nationen jetzt oder zumindest sehr bald unsere augenblicklichen Errungenschaften nicht ganz übersehen können und daß somit die Verzögerung einer Vorführung nicht gerade nützlich wäre, sofern dabei an einen Aufrüstungswettlauf gedacht wird, ja daß unsere Verzögerungstaktik nur zusätzliches Mißtrauen schüfe und sich somit die Chancen, zu einer schließlichen Übereinstimmung in der internationalen Kontrolle von Kernsprengstoffen zu gelangen, eher verschlechtern.

Wenn man also die Aussichten für ein Abkommen in allernächster Zukunft für gering erachtet, dann müssen Pro und Kontra einer baldigen, für die ganze Welt bestimmten Enthüllung unseres Kernwaffenbesitzes – nicht nur durch ihre tatsächliche Anwendung gegen Japan, sondern auch durch eine vorher eingeleitete Demonstration – von den höchsten politischen und militärischen Vertretern des Landes sorgfältig erwogen werden; jedenfalls sollte der Entschluß nicht allein vom taktischen Gesichtspunkt aus gefällt werden.

Man könnte erwidern, daß die Wissenschaftler ja selbst die Entwicklung dieser »Geheimwaffe« angeregt haben, und daß es daher merkwürdig erscheint, wenn sie zögern, sie am Feind auszuprobieren, sobald sie zur Verfügung steht. Die Antwort auf diesen Einwand wurde bereits gegeben: Der zwingende Grund, diese Waffe mit solcher Eile zu schaffen, war unsere Furcht, Deutschland könne die nötigen technischen Kenntnisse zur Entwicklung einer solchen Waffe haben und die deutsche Regierung keine moralischen Bedenken hegen, sie einzusetzen.

Ein weiteres Argument, das zugunsten einer Anwendung der Atombombe, sobald sie erst einmal verfügbar ist, sprechen könnte, wäre folgendes: In diese Projekte haben die Steuerzahler so viel Geld hineingesteckt, daß der Kongreß und das amerikanische Volk nun endlich sehen wollen, wo ihr Geld geblieben ist. Die bereits erwähnte Haltung der amerikanischen öffentlichen Meinung hinsichtlich eines Gaskrieges gegen Japan beweist jedoch, daß man von den Amerikanern Verständnis dafür erwarten kann, wie wichtig es manchmal ist, eine Waffe nur für den äußersten Notfall bereitzuhalten; und sobald die Bedeutung der Kernwaffen dem amerikanischen Volk offenbart wird, darf man sicher sein, daß es alle Versuche unterstützt, die Anwendung solcher Waffen unmöglich zu machen.

Wenn dies erst einmal erreicht ist, dann sollen die großen Anlagen und Ansammlungen von Explosivstoffen, die augenblicklich zum eventuellen militärischen Einsatz bereitgehalten werden, ausschließlich für bedeutende Entwicklungen im Frieden zur Verfügung stehen – samt der Energiegewinnung, den großen Maschinenbauten und der Massenproduktion radioaktiven Materials. Auf diese Weise könnte das zu Kriegszwecken für die Entwicklung der Kernphysik ausgegebene Geld eine Spende für die Entwicklung der nationalen Wirtschaft im Frieden sein.

4. Arbeitsweisen einer internationalen Kontrolle

Betrachten wir nun die Frage, wie eine wirkungsvolle internationale Kontrolle über die Aufrüstung mit Kernwaffen erreicht werden kann. Ein schwieriges Problem, aber wir halten es für lösbar. Es verlangt von den Staatsmännern und internationalen Rechtsgelehrten eine sorgsame Untersuchung, und wir können für diese lediglich einige einleitende Ratschläge bieten.

Vorausgesetzt, daß auf allen Seiten gegenseitiges Vertrauen und guter Wille vorhanden sind, einen gewissen Teil der Souveränität aufzugeben, d. h. eine internationale Kontrolle über bestimmte Zweige der Volkswirtschaft anzuerkennen, könnte die Kontrolle – alternativ oder simultan – auf zwei verschiedenen Ebenen durchgeführt werden.

Der erste und wohl einfachste Weg ist die Rationierung der Rohstoffe – vor allem des Uranerzes. Die Produktion von nuklearem Sprengstoff beginnt mit der Gewinnung großer Uranmengen in gewaltigen Isotopetrennungsgeräten oder riesigen Atommeilern. Die Erzmengen, die an den verschiedenen Orten gewonnen werden, ließen sich leicht von den dort ansässigen Mitgliedern des internationalen Kontrollausschusses überwachen; außerdem dürfte jede Nation nur eine begrenzte Menge erhalten, so daß eine im großen Stil durchgeführte Trennung von spaltbaren Isotopen von vornherein unmöglich wäre.

Solch eine Begrenzung hätte den Nachteil, daß dadurch die Gewinnung von Kernenergie auch für friedliche Zwecke unmöglich gemacht würde. Diese Begrenzung brauchte jedoch eine ausreichende Produktion von radioaktiven Spuren-Elementen nicht zu verhindern; durch diese Produktion ließen sich Industrie, Wissenschaft und Technik revolutionieren, und somit müßte nicht auf die Hauptvorteile, welche die Kernphysik der Menschheit bringen könnte, verzichtet werden.

Ein Abkommen auf höherer Ebene, das noch größeres gegenseitiges Vertrauen und Verständnis erforderte, würde eine unbeschränkte Produktion erlauben, vorausgesetzt, daß über die Verwendung jedes Pfundes geschürften Urans genau Buch geführt wird. Wenn auf diese Weise auch der Verwandlung von Uran- und Thoriumerz in reines radioaktives Material Einhalt geboten ist, so erhebt sich doch die Frage, wie man die Anhäufung von großen Mengen solchen Materials in Händen einer oder mehrerer Nationen verhüten soll. Denn wenn sich eine Nation der internationalen Kontrolle plötzlich entzöge, könnten derartige Anhäufungen sehr schnell zur Herstellung von Atombomben verwandt werden. Es ist vorgeschlagen worden, sich auf eine obligatorische Denaturierung reiner radioaktiver Isotope zu einigen; nach ihrer Gewinnung müßten sie lediglich mit den passenden Isotopen geschwächt und damit für militärische Zwecke wertlos gemacht werden; für den Antrieb von Maschinen dagegen blieben sie nach wie vor verwendbar. Eines ist klar: Jedes internationale Abkommen zur Verhütung einer Kernwaffenaufrüstung muß durch wirksame und erfolgversprechende Kontrollen unterstützt werden. Ein lediglich auf dem Papier bestehendes Abkommen hat wenig Sinn, denn weder unsere noch eine andere Nation kann ihre Existenz auf dem Vertrauen zur Unterschrift einer anderen Nation aufbauen. Jeder Versuch, die internationalen Kontrollstellen zu behindern, müßte als ein Verrat an diesem Abkommen geahndet werden.

Es braucht wohl kaum betont zu werden, daß wir als Wissenschaftler der Meinung sind, jedes ins Auge gefaßte Kontrollsystem zur friedlichen

Entwicklung der Kernphysik müßte noch so viel Freiheit lassen, wie mit der Sicherheit der Welt zu vereinbaren ist.

5. Zusammenfassung

Die Entwicklung der Kernenergie bedeutet nicht nur eine Steigerung der technologischen und militärischen Kraft Amerikas, sondern schafft auch ernste politische und wirtschaftliche Probleme für die Zukunft unseres Landes.

Nukleare Bomben können keinesfalls länger als einige Jahre eine »Geheimwaffe« zum ausschließlichen Nutzen unseres Landes bleiben. Die wissenschaftlichen Voraussetzungen, auf denen ihre Konstruktion basiert, sind den Forschern anderer Länder wohlbekannt. Wenn nicht eine wirkungsvolle internationale Kontrolle über die nuklearen Sprengstoffe geschaffen wird, ist es gewiß, daß unmittelbar auf die für die ganze Welt erstmalige Enthüllung unseres Besitzes von Kernwaffen ein allgemeines Aufrüsten einsetzen wird. Bis in zehn Jahren können dann andere Länder ebenfalls Kernwaffen besitzen, von denen jede ein Stadtgebiet von mehr als zehn Quadratmeilen zerstören kann und dabei nicht einmal eine Tonne zu wiegen braucht. In dem Krieg, zu dem solch ein Wettrüsten wohl führen würde, wären die Vereinigten Staaten durch ihre Bevölkerungsansammlungen und Industrieanhäufungen in verhältnismäßig wenig Städten im Nachteil – verglichen mit Nationen, deren Bevölkerung und Industrie über große Gebiete verteilt sind.

Wir glauben, daß diese Überlegungen nicht dafür sprechen, nukleare Bomben in einem baldigen, unvorhergesehenen Angriff gegen Japan einzusetzen. Wenn die Vereinigten Staaten das erste Land wären, welches diese neuen Mittel zur rücksichtslosen Zerstörung der Menschheit anwendete, würden sie auf die Unterstützung aller Welt verzichten, den Aufrüstungswettlauf beschleunigen und die Chancen für ein internationales Abkommen zur Kontrolle derartiger Waffen zunichte machen.

Wenn man jedoch diese Chancen für das Zustandekommen einer wirkungsvollen internationalen Kernwaffenkontrolle gegenwärtig als gering betrachtet, dann dürfte nicht nur die Anwendung solcher Waffen *gegen Japan,* sondern auch ihre *baldige* Anwendung den Interessen unseres Landes entgegenstehen. In solch einem Fall hätte eine Verzögerung den Vorteil, daß der Start zu einem Kernwaffen-Wettrüsten soweit wie möglich hinausgeschoben werden kann.

Sollte sich die Regierung zu einer baldigen Vorführung der Kernwaffen entscheiden, hätte sie die Möglichkeit, die öffentliche Meinung unseres Landes und anderer Nationen kennenzulernen und sie in Betracht zu ziehen, bevor sie sich entschlösse, diese Waffen gegen Japan einzusetzen.

Auf diese Weise könnten die anderen Nationen einen Teil der Verantwortung für solch einen schicksalhaften Entschluß auf sich nehmen.

Verfaßt und unterschrieben von

J. Franck, D. Hughes, L. Szilard, J. Stearns, E. Rabinowitch, G. Seaborg, J.J. Nickson.

EIN DOKUMENT OSTJÜDISCHER SYMPATHIE FÜR DEUTSCHLAND
(aus: Süddeutsche Monatshefte, Februar 1916)

HOCH DER KEJSER!

Von Morris Rosenfeld

Morris Rosenfeld, der bedeutendste jiddische Dichter, stammt aus Rußland und lebt seit vielen Jahren in Amerika. Dieses Gedicht, das wir einer in Amerika erscheinenden jiddischen Zeitung entnehmen, diene zur Kennzeichnung der Stimmung der in Amerika lebenden russischen Juden und zugleich als Muster der jiddischen Sprache.

Zur Aussprache: »ch« immer wie im Worte »Nacht«. Die Umlaute ü und ö wie i und e.

In Rußland is main Wieg gestannen,
Dort hot men mich zum Schlof gesungen . . .
Es hot im Land von die Tyrannen
Main Wieglied trauerig geklungen.

Von Anfang hot geweijnt main Mutter,
Nochdem hob ich gegossen Trähren;
Mich hot gepeinigt der Nit-Guter[1]
Un nit gewollt main Jammer hören.

Der Frühling pflegt far mir nit grünen,
Dos Leben sein far mir verschlossen;
'ch hob nit gekennt dem Ssoine[2] dienen,
Denn wos wollt ich dervun genossen?

In Weh gewacht, in Schreck geschlofen,
Hob ich in jenem Land vun Klogen;
Ich hob gesüfzt und bin entloffen,
Entloffen, wo die Ejgen[3] trogen.

'ch hob in der waiten Welt vernummen
Die Gwalten[4] vun dem groben Schikker[5]
Gehört vum Bär den wilden Brummen,
Wenn er zerreißt main Volk in Stücker.

»Wet Risches[6] ejbig, ejbig siegen?
Ihr bejser Dunner ejbig rollen?
Wet Jowon[7] mehr sain Psak[8] nit kriegen?
Wet Rußland mehr ihr Schuld nit zohlen?«

Gefrägt hob ich dos mit Varzogen,
Ich hob gezittert noch Nekome[9].
Itzt hör ich, as sie werd geschlogen,
Un Freud füllt über main Neschome[10].

Far jeden Schmitz[11], wos sej derlangen,
Begleit mit der Geschichte Bejser[12],
Ruf ich mit fröhlichen Gesangen:
Hurra far Daitschland! Hoch der Kejser!

[1]Unhold, Teufel. – [2]Feind. – [3]Augen. – [4]Gewalttaten. – [5]Trunkenbold. – [6]Bosheit. – [7]Der Russe. – [8]Strafe. – [9]Rache. – [10]Seele. – [11]Hieb. – [12]Begleitet vom Zorn der Geschichte.

JUDEN IN POLEN . . . !

Proklamation der Generalkommandos der vereinigten Armeen des Deutschen Reiches und Österreich-Ungarns zu Beginn des Ersten Weltkrieges (hochdeutsche Übersetzung des jiddischen Originaltextes):

Die siegreichen Armeen der verbündeten Großmächte Deutschland und Österreich-Ungarn sind mit Gottes Beistand in Polen eingerückt.

Der Krieg, den wir jetzt führen, ist kein Krieg gegen die Bevölkerung, sondern nur gegen die *russische Tyrannei*. Der russische Despotismus ist unter den starken Schlägen unserer tapferen Heere zusammengebrochen.

Juden in Polen! *Wir kommen als Freunde und Erlöser zu euch!* Unsere Fahnen bringen euch Recht und Freiheit: *Gleiches, volles Bürgerrecht, wirkliche Glaubensfreiheit und Lebensfreiheit auf allen wirtschaftlichen und kulturellen Gebieten.* Zu lange habt ihr unter dem eisernen Joche Moskaus gelitten. Wir kommen als Befreier zu euch. Die tyrannische Fremdherrschaft ist gebrochen, eine neue Epoche beginnt jetzt für Polen, mit allen unseren Kräften werden wir die Erlösung der ganzen polnischen Bevölkerung fördern und sichern. Auf sicheren Grundlagen und durch Gesetze garantiert, werden wir die volle Gleichberechtigung der Juden nach westeuropäischem Muster in Polen einführen.

Laßt euch nicht durch die falschen Versprechungen der Russen betören! Im Jahre 1905 gab euch Rußland das heilige Versprechen der Gleichberechtigung. Brauchen wir euch zu erinnern, euch erzählen, wie der Moskowiter Wort gehalten hat? Denkt an Kischinew, Homel, Bialystok, Odessa, Siedlce und hundert andere blutige Pogrome! Erinnert euch an die Massenausweisungen und -vertreibungen. Ohne Erbarmen mit menschlichem Leide hat der Peiniger euch mit Weib und Kind wie die wilden Tiere gejagt und gehetzt.

Vergeßt nicht des Beilis-Prozesses und anderer Blutbeschuldigungen, da die russische Regierung selbst von Amts wegen die niederträchtige Lügenanklage des Ritualmordes erhob.

Denkt an alle die beschränkenden Gesetze gegen euch, die sich unter der Zarenherrschaft von Stunde zu Stunde mehren. Die Tore des Lebens hat man vor den Juden zugeschlagen, die Tore der Bildung – vor den jüdischen Kindern. Eure Söhne und Töchter sind aus den russischen Schulen, aus den russischen Städten und Dörfern gejagt worden. Nur mit gelben Pässen, als Prostituierte, durften sie in Rußland wohnen. So hielt Rußland sein heiliges Versprechen, das es euch gab, als es sich in Not befand.

Und jetzt ist Rußland wieder in Not, und deshalb begann es euch mit neuen Versprechungen zu füttern.

Juden in Polen! Die Stunde der Vergeltung ist gekommen. Die tapferen Armeen der Großmächte Deutschland und Österreich-Ungarn sind in Polen, und sie werden mit Gottes Hilfe mit euren Bedrückern und Peinigern abrechnen. Ihr aber habt die heilige Pflicht, alles zu tun, um die Erlösungsarbeit zu fördern. Alle Kräfte des Volkes: Eure Jugend, eure Gemeinden, eure Vereine, euch alle müßt ihr wie ein Mann in den Dienst der heiligen Sache stellen. Jeder von euch muß uns mit allen seinen Kräften helfen. Denn wenn ihr uns helfet, helft ihr euch selbst. Unser Feind ist auch euer Feind. Die Ränke unseres gemeinsamen Feindes müssen durch aller Wachsamkeit zerstört werden. Wir erwarten, daß ihr durch die Tat beweisen werdet, was eure Intelligenz und euer Eifer zu leisten imstande sind.

Vor unseren Soldaten braucht ihr nichts zu fürchten. Kein Haar wird euch gekrümmt werden. Was ihr uns liefern werdet, werden wir euch bar und gut bezahlen. Und wenn ihr ein Anliegen habt, so wendet euch vertrauensvoll an die Befehlshaber, die Kommandanten unserer Truppe.

Helfet bei der Niederringung des Feindes und arbeitet für den Sieg von Freiheit und Gerechtigkeit!

Die Generalkommandanten der vereinigten Armeen
Deutschlands und Österreich-Ungarns.

DER BRIEF ROSA LUXEMBURGS AUS DEM GEFÄNGNIS an Sonja Liebknecht, der zum Anlaß des im Text zitierten Leserbriefs an ›Die Fackel‹ wurde, auf den Karl Kraus mit seinem *Credo* antwortete:

». . . Ach, Sonitschka, ich habe hier einen scharfen Schmerz erlebt; auf dem Hof, wo ich spaziere, kommen oft Wagen vom Militär, voll bepackt mit Säcken oder alten Soldatenröcken und Hemden, oft mit Blutflecken . . . , die werden hier abgeladen, in die Zellen verteilt, geflickt, dann wieder aufgeladen und ans Militär abgeliefert. Neulich kam so ein Wagen, bespannt, statt mit Pferden, mit Büffeln. Ich sah die Tiere zum erstenmal in der Nähe. Sie sind kräftiger und breiter gebaut als unsere Rinder, mit flachen Köpfen und flach abgebogenen Hörnern, die Schädel also unseren Schafen ähnlicher, ganz schwarz, mit großen sanften Augen. Sie stammen aus Rumänien, sind Kriegstrophäen . . . die Soldaten, die den Wagen führen, erzählen, daß es sehr mühsam war, diese wilden Tiere zu fangen, und noch schwerer, sie, die an die Freiheit gewöhnt waren, zum Lastdienst zu benutzen. Sie wurden furchtbar geprügelt, bis daß für sie das Wort gilt ›vae victis‹ . . . An hundert Stück der Tiere sollen in Breslau allein sein; dazu bekommen sie, die an die üppige rumänische Weide gewöhnt waren, elendes und karges Futter. Sie werden schonungslos ausgenutzt, um alle möglichen Lastwagen zu schleppen, und gehen dabei rasch zugrunde. Vor einigen Tagen kam also ein Wagen mit Säcken hereingefahren, die Last war so hoch aufgetürmt, daß die Büffel nicht über die Schwelle bei der Toreinfahrt konnten. Der begleitende Soldat, ein brutaler Kerl, fing an, derart auf die Tiere mit dem dicken Ende des Peitschenstiels loszuschlagen, daß die Aufseherin ihn empört zur Rede stellte, ob er denn kein Mitleid mit den Tieren hätte! ›Mit uns Menschen hat auch niemand Mitleid‹, antwortete er mit bösem Lächeln und hieb noch kräftiger ein . . . Die Tiere zogen schließlich an und kamen über den Berg, aber eines blutete . . . Sonitschka, die Büffelhaut ist sprichwörtlich an Dicke und Zähigkeit, und die war zerrissen. Die Tiere standen dann beim Abladen ganz still erschöpft, und eines, das, welches blutete, schaute dabei vor sich hin mit einem Ausdruck in dem schwarzen Gesicht und den sanften schwarzen Augen, wie ein verweintes Kind. Es war direkt der Ausdruck eines Kindes, das hart bestraft worden ist und nicht weiß, wofür, weshalb, nicht weiß, wie es der Qual und der rohen Gewalt entgehen soll . . . ich stand davor, und das Tier blickte mich an, mir rannen die Tränen herunter – es waren *seine* Tränen, man kann um den liebsten Bruder nicht schmerzlicher zucken, als ich in meiner Ohnmacht um dieses stille Leid zuckte. Wie weit, wie unerreichbar, verloren die freien, saftigen, grünen Weiden Rumänens! Wie anders schien dort die Sonne, blies der Wind, wie anders waren die schönen Laute der Vögel oder das melodische Rufen der Hirten. Und hier – diese fremde schaurige Stadt, der dumpfe Stall, das ekelerregende, muffige Heu, mit faulem Stroh gemischt, die fremden, furchtbaren Menschen, und – die Schläge, das Blut, das aus der frischen Wunde rinnt . . . O, mein armer

Büffel, mein armer, geliebter Bruder, wir stehen hier beide so ohnmächtig und stumpf und sind nur eins in Schmerz, in Ohnmacht, in Sehnsucht. Derweil tummelten sich die Gefangenen geschäftig um den Wagen, luden die schweren Säcke ab und schleppten sie ins Haus; der Soldat aber steckte beide Hände in die Hosentaschen, spazierte mit großen Schritten über den Hof, lächelte und pfiff leise einen Gassenhauer. Und der ganze herrliche Krieg zog an mir vorbei . . . «

BIBLIOGRAPHIE

der wichtigsten, für dieses Buch benutzten Werke und Handschriften

Der Hinweis (BdA) bedeutet, daß sich das betreffende, in öffentlichen Bibliotheken häufig fehlende Werk oder die Original-Handschrift in der Bibliothek des Autors befindet.

1. Nachschlagewerke

Encyclopaedia Judaica, Jerusalem, Bde. 1-16

Fritsch, Th., Handbuch der Judenfrage. 32., neu bearbeitete Aufl., 93.-104. Tausend, Leipzig, 1933 (BdA)

Juden im deutschen Kulturbereich, 3. Ausgabe m. Ergänzungen und Richtigstellungen, hrsg. v. Siegmund Kaznelson, Berlin, 1962

Lexikon der Juden in der Musik. Mit einem Titelverzeichnis jüd. Werke, zusammengestellt im Auftrag der Reichsleitung der NSDAP aufgrund behördlicher, parteiamtlich geprüfter Unterlagen von Dr. Theo Stengel i. Verbindung m. Dr. habil. H. Gerigk . . ., Berlin, 1940 (BdA)

Lexikon des Judentums, Gütersloh, 1967

Monumenta Judaica. 2000 Jahre Geschichte u. Kultur d. Juden am Rhein. Handbuch, Köln, 1963

Philo-Lexikon. Handbuch des jüd. Wissens, Berlin, 1934

Stern, D., Werke jüdischer Autoren deutscher Sprache. Eine Bio-Bibliographie, 3. Aufl., Wien, 1970

2. Darstellungen zur Geschichte der Juden in Deutschland

Adler, H.G., Die Juden in Deutschland, Tübingen, 1960

Böhm, F., u. Dirks, W. (Hrsg.), Judentum. Schicksal, Wesen und Gegenwart, 2 Bde., Wiesbaden, 1965

Dietz, A., Stammbuch d. Frankfurter Juden. Geschichtl. Mitteilungen über die Frankfurter jüd. Familien von 1349-1849, Frankfurt a.M., 1907 (BdA)

Elbogen, I., Geschichte der Juden in Deutschland, Berlin, 1935

Fischer, H., Judentum, Staat u. Heer in Preußen im frühen 19. Jh., Tübingen, 1968

Friedemann, A., u.a., »Ostjuden«. »Süddeutsche Monatshefte«, München und Leipzig, Februar 1916

Germania Judaica, nach dem Tode von M. Brann hrsg. v. I. Elbogen, A. Freimann und H. Tykocinski, photomech. Nachdruck d. Ausg. v. 1934, Tübingen, 1963, 3 Bde.

Grab, W., (Hrsg.), Gegenseitige Einflüsse deutscher u. jüd. Kultur. Von der Epoche d. Aufklärung bis zur Weimarer Republik. Intern. Symposium,

April 1982 (Beiheft 4 z. Jahrbuch d. Instituts f. dt. Geschichte, Univ. Tel Aviv)
Hamburger, E., Juden im öffentlichen Leben Deutschlands. Regierungsmitglieder, Beamte und Parlamentarier i. d. monarchischen Zeit 1848 bis 1918, Tübingen, 1968
Jacobson, J. (Hrsg.), Die Judenbücher der Stadt Berlin 1809–1851. Mit Ergänzungen f. d. Jahre 1791–1809, Berlin, 1962
Jacobson, J., (Hrsg.), Jüd. Trauungen in Berlin 1759–1813. Mit Ergänzungen f. d. Jahre 1723–1759, Berlin, 1968
Jersch-Wenzel, S., Juden u. »Franzosen« i. d. Wirtschaft des Raumes Berlin/Brandenburg z. Z. d. Merkantilismus, Berlin, 1978
»Jüd. Familienforschung«. Zeitschr. d. Gesellsch. f. jüd. Familienforschung, hrsg. von A. Czellitzer, Berlin, 1924–1938 (BdA)
Kaufmann, D., Die letzte Vertreibung d. Juden aus Wien u. Niederösterreich, ihre Vorgeschichte (1625–1670) u. ihre Opfer, Wien, 1889 (BdA)
Marcus, J.R., The Rise and Destiny of the German Jew, Cincinnati, 1934
Segall, J., Die berufl. u. soz. Verhältnisse d. Juden in Deutschland. Veröffentlichungen d. Büros f. Statistik d. Juden, Heft 9, Berlin 1912
Silbergleit, E., Die Bevölkerungs- u. Berufsverhältnisse d. Juden im Deutschen Reich. Bd. 1, Freistaat Preußen, Berlin, 1930
Stern, S., Der preuß. Staat u. die Juden. Schriftenreihe wiss. Abhandlungen d. Leo-Baeck-Instituts, 4 Bde., Tübingen, 1962
Zechlin, E., Die deutsche Politik u. die Juden im Ersten Weltkrieg, Göttingen, 1969

3. Antisemitismus und dessen Abwehr

Abwehr-ABC, hrsg. v. Verein zur Abwehr des Antisemitismus, 2. völlig umgearbeitete Auflage, Berlin, o.J. (um 1921) (BdA)
Antisemitenspiegel. Die Antisemiten im Lichte d. Christenthums, des Rechtes u. der Wissenschaft. 2. vollst. u. umgearb. Aufl., Danzig 1900 (BdA)
Beek, G. zur, Die Geheimnisse der Weisen von Zion, i. dt. Sprache hrsg., München, 1933 (BdA)
Carlebach, E., Ein Wort der Aufklärung, Köln (1906) (BdA)
Coudenhove-Kalergi, H. Graf, Das Wesen des Antisemitismus, Leipzig, 1923
Die jüd. Gefallenen des dt. Heeres, d. dt. Marine u. d. dt. Schutztruppen 1914–1918. Ein Gedenkbuch, hrsg. v. Reichsbund jüd. Frontsoldaten, Berlin, 1932 (BdA)
Ford, H., Der internationale Jude, a. d. Amerik. übersetzt, 25. Aufl., Leipzig, o.J. (1922) (BdA)
Frank, H., Enthüllte Geheimnisse jüd. Geschichte. Grundlagen jüd. Weltherrschaft, München, o.J. (um 1925) (BdA)

Friehe, A., Was muß der Nationalsozialist von der Vererbung wissen?, Frankfurt/M, 1936 (BdA)
Fritsch, Th., Handbuch der Judenfrage, 29. Aufl., Leipzig, 1923 (BdA)
Hartner, H., Erotik u. Rasse. Eine Untersuchung über gesellschaftl., sittl. u. geschlechtl. Fragen, München, 1925
Hitler, A., Mein Kampf, 95.–96. Aufl., München, 1934
Kernholt, O., Vom Ghetto zur Macht. Geschichte d. Aufstiegs d. Juden auf dt. Boden, Leipzig, 1923
Leers, J.v., Juden sehen dich an! Berlin, o.J. (1933) (BdA)
Massing, F.W., Vorgeschichte d. polit. Antisemitismus, aus d. Amerik. übersetzt u. f. d. dt. Ausg. bearb. v. F.J. Weil, Frankfurt/M., 1959
Meister, W., Judas Schuldbuch. Eine deutsche Abrechnung, München, 1919 (BdA)
Meyer, E., Juden u. Judenfeinde, Darmstadt, 1966
Mohrmann, W., Antisemitismus. Ideologie u. Geschichte im Kaiserreich u. in der Weimarer Republik, Berlin (DDR), 1972
Passarge, S., Das Judentum als landschaftskundl.-ethnolog. Problem, München, 1929
Prothmann, W., Judentum und Antisemitismus. Ein Problem unserer Zeit, Pähl, 1951
Pulzer, P.G.J., Die Entstehung d. polit. Antisemitismus in Deutschland u. Österreich 1867–1914, übers. a. d. Engl., Gütersloh, 1966
Rohling, A., Der Talmudjude. Zur Beherzigung f. Juden u. Christen aller Stände, Münster, 1873 (BdA)
Rose, F., Wieder Weltkrieg um Juda?, Berlin, 1939
Rosenfeld, M., Hoch der Kejser!, in: Süddeutsche Monatshefte, Februar 1915, XII, 5, S. 650, München, 1915 (BdA)
Schwarz, D., Das Weltjudentum. Organisation, Macht u. Politik, Berlin, 1944 (BdA)
Semi-Gothaisches Genealogisches Taschenbuch, München, 1914 (BdA)
Sombart, W., Die Juden u. das Wirtschaftsleben, München u. Leipzig, 1928
Stußlieb, E., Der aufgeblasene Talmudlöwe. Ergötzliche u. lehrreiche Gespräche des Herrn Schochet Isidor Eisenstein m. seinem Sohne Moritz . . ., Würzburg, 1892 (BdA)

4. Verfolgung, Exil u. kulturelle Verluste nach 1933

Adler, H.G., Der verwaltete Mensch. Studien zur Deportation d. Juden aus Deutschland. Tübingen, 1974
Die jüd. Emigration aus Deutschland 1933–1944. Die Geschichte einer Austreibung. Eine Ausstellung d. Deutschen Bibliothek, Frankfurt/M., unter Mitw. d. Leo-Baeck-Instituts, New York, Frankfurt/M., 1985
Fermi, L., Illustrious Immigrants. The Intellectual Migration from Europe, 1930–41, Chicago, 1968

Fleming, D., u. Bailyn, B. (Hrsg.), The Intellectual Migration. Europe and America 1930–1960. Cambridge, Mass., 1969
Goldschmidt, H.L., Das Vermächtnis d. dt. Judentums, Frankfurt/M., 1957
Herrmann, K.J., Das Dritte Reich u. d. dt.-jüd. Organisationen 1933 bis 1934, Köln, 1969
Hillgruber, A., Zweierlei Untergang. Die Zerschlagung d. Deutschen Reiches und das Ende des europäischen Judentums, Berlin, 1986
Jungk, R., Heller als tausend Sonnen. Das Schicksal d. Atomforscher, Bern, o.J.
Katcher, L., Post Mortem. The Jews in Germany-now, London, 1968
Pross, H., Die deutsche akademische Emigration nach den Vereinigten Staaten 1933–1941, Berlin, 1955
Schoenberger, G., Der gelbe Stern. Die Judenverfolgung in Europa 1933 bis 1945, München, 1978
Schoeps, H.J., Rückblicke 1925–1955, Berlin, 1963
Shirer, W.L., Aufstieg u. Fall d. Dritten Reiches, a.d. Amerik. übersetzt, Köln, o.J. (1966)
Siebert, W., Das Recht d. Familie u. d. Rechtsstellung d. Volksgenossen. Systemat. Gesetzessammlung m. Anhang: »Die Rechtsstellung des Juden«, Berlin, 1939 (BdA)
Sievers, L., Juden in Deutschland. Die Geschichte einer zweitausendjährigen Tragödie, Hamburg, 1977
Um uns die Fremde. Die Vertreibung des Geistes 1933–1945, Buchreihe des SFB 9, (West-)Berlin, 1968

5. Zu einzelnen Personen, Familien u. Ereignissen

Bender, F., Illustrierte Geschichte der Stadt Köln, Köln, o.J. (1924)
Feilchenfeld, A., (Hrsg.), Denkwürdigkeiten der Glückel von Hameln, Berlin, 1923
Fischer, F., Griff nach der Weltmacht. Die Kriegszielpolitik d. kaiserl. Deutschlands 1914/18, Düsseldorf, 1964
Fünfzig Jahre Ullstein. Geschichte des Hauses, Berlin, 1927 (BdA)
Geiss, I., Der polnische Grenzstreifen 1914-1918, Hamburg/ Lübeck, 1960
Hensel, S., Die Familie Mendelssohn, 2 Bde., Leipzig, o.J. (1925)
Herz, L., Spaziergänge im Damals. Aus dem alten Berlin. Privatdruck, Berlin, 1933 (BdA)
Knobloch, H., Herr Moses in Berlin. Ein Menschenfreund in Preußen. Das Leben Moses Mendelssohns, Berlin (DDR), 1981
Landmann, S., Jiddisch. Das Abenteuer einer Sprache, Olten/Freiburg, 1972
Nissen, R., Helle Blätter, dunkle Blätter. Erinnerungen eines Chirurgen, Stuttgart, 1969
Speer, A., Erinnerungen, Frankfurt/Berlin, 1969

Ullstein, H., The Rise and Fall of the House of Ullstein, London, o.J. (1940)
Willstätter, R., Aus meinem Leben, Zürich, 1949

6. Handschriften (alle BdA)

Asch, Schalom, jiddischer Schriftsteller, eigenh. Brief mit Unterschrift (m. U.), Nizza, (Ende Oktober 1934), an die Witwe des Verlegers Samuel Fischer

Assing, Ludmilla, Schriftstellerin u. Herausgeberin, eigenh. Brief m. U., Florenz, 21. Januar 1870, an Herrn Westermann, über ihre Tante Rahel Varnhagen

Auerbach, Berthold, eigenh. Brief m. U., (Berlin), 1. April 1874, an Paul Lindau

Auernheimer, Raoul, eigenh. Brief m. U., 15. Februar 1924

Bab, Julius, Schriftsteller u. Kritiker, eigenh. Gedicht, Berlin, 10. November 1935, ». . . damals kamen viele Leute/ unmarxistisch meist und arisch/die verbürgten pupillarisch/ Ruhm und Lob mir. – (Na, und heute..?!)« – B. flüchtete erst nach dem 9. November 1938 über Paris in die USA

Bamberger, Ludwig, Nationalökonom, Politiker u. Publizist, eigenh. Brief m. U., Berlin, 18. November 1887, an einen Freund, wegen einer Sammlung für Theodor Mommsen

Beck, Karl, Dichter, eigenh. Brief m. U., Leipzig, 9. Aug. 1838, an den Verleger Wilh. Engelmann – Beck, »ein Sänger des Proletariats und des Judentums«, stammte aus Ungarn u. konnte erstmals in Deutschland publizieren

Beer, Michael, Dichter u. Dramatiker, eigenh. Brief m. U., Paris, 25. April 1825, an Ignaz Moscheles, den Pianisten und Freund Beethovens, über sein Bühnenstück »Der Paria«, seinen Beitrag zum Kampf um die jüd. Gleichberechtigung

Berend, Alice, Schriftstellerin, eigenh. Briefkarte m. U., an Frau Margarete Ullstein, geb. Mosse, über das Eingehen der »Vossischen Zeitung« (wohl um 1934)

Bie, Oskar, Kunst- u. Musikkritiker, eigenh. Briefkarte m. U., Berlin, o.J.

bin *Gorion, Emanuel,* Historiker u. Schriftsteller, 2 Briefe an seinen früheren Verlag Langen-Müller, der seine Bücher hatte einstampfen lassen, Tel Aviv, Herbst 1938

Blei, Franz, Schriftsteller, eigenh. Brief m. U., 19. Juni 1931

Bloch, Markus, Arzt und Schriftsteller, Brief m. U, Berlin, 31. März 1787, an Prof. Herrman in Straßburg

Börne, Ludwig, Schriftsteller, eigenh. Quittung m. U., Frankfurt/M., 21. September 1827, über 225 Gulden, die erste Rate seiner vom Vater ausgesetzten Leibrente

Brod, Max, Schriftsteller, Herausgeber der Werke Franz Kafkas, eigenh. Brief m. U., Komotau, 26. August 1907, an eine Redaktion

Buber, Martin, Religionsphilosoph u. Schriftsteller, eigenh. Brief an Gusta Stumpf, eine der ersten deutschen Zionistinnen, über Gustav Landauer, dessen Briefe B. herausgegeben hatte, Heppenheim, 20. September 1929

Döblin, Alfred, eigenh. Manuskript-Fragment, 3 S., 10. August 1926

Eberhard, Joh. Aug., eigenh. Brief m. U., Halle, 5. Januar 1779, an Nicolai in Berlin, u. a. über Moses Mendelssohn

Einstein, Albert, eigenh. Widmung (zur Frage der Atombombe) auf gr. Porträtfotografie, 1950

Einstein, Albert, Physiker, eigenh. Postkarte, Bern, 2. Dezember 1908, an Prof. Johannes Stark (seinen späteren Verleumder)

Engel, Eduard, Literaturhistoriker, eigenh. Postkarte m. U., Bornim bei Potsdam, 16. November 1917, an Hugo Salus in Prag – Engel starb 87jährig kurz nach dem »Kristallnacht«- Pogrom

Ettlinger, Karl (»Karlchen«), Schriftsteller, eigenh. Brief m. U., Berlin, 19. Mai 1939, wenige Tage vor seinem Tode, aus dem Israel. Krankenhaus Berlin N. 54, »Mit herzlichen Grüßen von Karlchen E. (ehemals der weißen Rasse angehörend)«

Feuchtwanger, Lion, Schriftsteller, maschinengeschr. Brief m. eigenh. Nachschrift, Paris (Herbst 1933), an »liebe Lilo«, über Emigranten und Exilverlage, 4 S.; ferner: weitere Briefe und Widmungsausgaben – »Ich für mein Teil habe mich . . . bemüht, historische Romane für die Vernunft zu schreiben, gegen Dummheit und Gewalt, gegen das, was Marx das Versinken in die Geschichtslosigkeit nennt . . .«

Frank, Bruno, Brief m. U., München, 14. Januar 1928, über Sigmund Freud

Frankl-Hochwarth, Ludwig Aug. (Ritter von), Arzt, Dichter u. Schriftsteller, Generalsekretär der Wiener Jüd. Gemeinde, eigenh. Albumblatt, Wien, »Jänner 1889«

Franzos, Karl Emil, Schriftsteller, eigenh. Brief m. U., Wien, 5. Mai 1876, an die Redaktion des ›Bazar‹

Friedell, Egon (Pseud. f. E. Friedmann), Literaturhistoriker, eigenh. Postkarte m. U., an Wiener PEN-Klub, Berlin, 27. Oktober 1931 – F. stürzte sich, als SS ihn 1938 ›abholen‹ wollte, aus dem Fenster seines Wiener Hauses

Friedjung, Heinrich, Historiker u. Schriftsteller, eigenh. Widmungsblatt, Wien, 21. Mai 1914

Fulda, Ludwig, eigenh. Briefkarte m. U., an einen Theaterdirektor, Berlin, 14. Mai 1919 – Der Lustspieldichter F. beging 1939 als 77jähriger Selbstmord, weil er mit seinen Wertsachen auch den Burgtheater-Ehrenring an die Nazis abliefern sollte

Grosz, George, Maler u. Grafiker, eigenh. Postkarte m. U., Berlin, 20. März 1932, an den Maler Max Dungert; ferner: »Das Gesicht der herrschenden Klasse«, 57 polit. Zeichnungen von G.G., Malik-Verlag, 1921, mit eigenh. Widmung des Grafikers an seinen Kollegen Heinrich Zille

Harden, Maximilian (eigentlich Felix Witkowski), Publizist, Herausgeber der »Zukunft«, 2 eigenh. Briefe m.U., an Max Liebermann, Berlin, 28. Mai 1896 und »Festung Weichselmünde« (wo er eine Strafe wegen Majestätsbeleidigung verbüßte), 28. Mai 1899

Hartmann, Moritz, Schriftsteller u. Mitglied der Paulskirchen-Versammlung, eigenh. Brief m.U., Paris, 16. Sept. 1856, an »Westermanns Monatshefte«

Hasenclever, Walter, Dichter, eigenh. Postkarte m.U., Göttingen, 13. Dezember 1920 – H. beging im Lager Les Milles Selbstmord, um der Auslieferung an die Gestapo zu entgehen

Heine, Heinrich, Dichter u. Schriftsteller, eigenh. Brief m.U., Passy bei Paris, 16. April 1848, 1 S., gr. 8°, an die Brüder Marie u. Léon Escudier, den Beginn seiner ›Matratzengruft‹ u. das Ende der Monarchie betreffend (Gedruckt bei Hirth, Nr. 982)

Heine, Thomas Theodor, Zeichner u. Satiriker, eigenh. Brief m.U. u. kl. Zeichnung (»Pegasus hinter Gittern«), an Prof. Houben, über Illustrationen zu H.s Buch über Zensur, Diessen am Ammersee, 12. August 1918

Hermann, Georg (Pseud. f. G.H. Borchardt), Schriftsteller, eigenh. Signatur auf »Autographenpost zugunsten des Deutschen Kriegswaisen-Heims« – Hermann wurde 1943 in Auschwitz ermordet

Herz, Henriette, geb. de Lemos, eigenh. Brief m.U., Berlin, 17. Mai 1791, an den Schriftsteller Chr. Friedr. v. Blankenburg, mit Erwähnung von Dorothea Mendelssohn

Herz, Markus, Arzt u. Philosoph, Prof. u. Hofrat, eigenh. Albumblatt m.U., Berlin, 31. Dezember 1787

Heyse, Paul (von), Schriftsteller, Literatur-Nobelpreisträger 1911, eigenh. Brief m.U., (München, um 1910)

Hiller, Kurt, Schriftsteller, eigenh. Postkarte (Bleistift) m.U., aus dem »Staatskrankenhaus Berlin NW«, wohin er aus dem KZ Oranienburg eingeliefert worden war, an »Frau Prof. Ruth Raemisch«, 11. März 1934: »Wovor mir graut, ist die nächste Zukunft . . .« – H. konnte im September 1934 in die ČSR flüchten, 1938 dann nach London. Die SA hatte ihn im März 1933 verschleppt, gefoltert und dann ins KZ eingeliefert

Hitzig, Julius Eduard, Kriminalist u. Schriftsteller, eigenh. Brief m.U., Berlin, 14. Juni 1827

Holländer, Felix, Dramatiker, eigenh. Brief m.U. (Berlin, 1922), an Fritz Engel

Humboldt, Alexander v., eigenh. Brief m.U., Berlin, 1. Nov. 1837, an die »Hofräthin Herz« (= Henriette Herz) über seine vergeblichen Bemühungen, den jüd. Arzt Dr. (Johann) Jakoby im Staatsdienst unterzubringen. Verurteilt die Härte und Intoleranz der preuß. Judengesetzgebung

Humboldt, Alexander v., Naturforscher u. Diplomat, eigenh. Brief m.U., Berlin, 18. Aug. 1844, wohl an Minister v. Savigny, 2 ½ S., die Wünsche der Madame Amalia Beer, »Mutter unseres Meyerbeer«, die Vergrößerung ihres Parks um »ein Stück vom Thiergarten« betreffend, »Da S. Maj.

der trefflichen alten Frau nicht gern etwas abschlägt«, wurde ein Ausweg gesucht, um den Berliner Tiergarten intakt zu erhalten

Jacobs, Monty, Theaterkritiker u. Journalist, eigenh. Brief m. U., 2 ½ S.

Jacobsohn, Siegfried, Kritiker u. Herausgeber d. »Weltbühne«, 3 eigenh. Briefe m. U., 2 eigenh. Postkarten, 1915–1925

Jacoby, Johann, Arzt, Publizist u. Politiker, 1805-1877, 3 eigenh. Briefe m. U., 1 eigenh. Postkarte, 1 eigenh. Redemanuskript aus Anlaß seines 70. Geburtstages; das Verzeichnis seiner Bibliothek, Abt. Demokratie, Soziale und Arbeiterbewegung; alle Flugschriften in Erstausgaben; »Gesammelte Schriften und Reden«, Hamburg, 1. Ausg. 1872, 2 Bde.; Portätskizze und Porträtfotographie mit eig. Unterschrift

Karpeles, Gustav, Literaturhistoriker, eigenh. Brief m. U., Berlin, 5. Juni 1908, an Baronin Cotta, wegen Einsichtnahme in ihre Briefe Heinrich Heines

Kerr, Alfred (Pseud. f. Alfred Kempner), Theaterkritiker u. Lyriker, eigenh. Brief m. U., Berlin, 14. Februar 1906, an Max Liebermann

Kerr, Alfred, eigenh. Danksagung f. Glückwünsche, an Fritz Engel, Berlin, 1917

Kesten, Hermann, Schriftsteller, eigenh. Vermerk: »Thomas Mann und Hermann Kesten waren ab Juni 1940 honorary advisers of the Emergency Rescue Committee New York, amerikanisches Hilfskomitee von Autoren«

Kisch, Egon Erwin, Schriftsteller, maschinengeschr. Brief m. U., Versailles, 30. Januar 1936 (sowie ein weiterer Brief, Versailles, 12. September 1936), an die Direktion des Deutschen Theaters in Prag, über die Schwierigkeiten eines Schriftstellers im Exil – Kisch wurde 1933 in der Nacht des Reichstagsbrandes verhaftet, kam auf tschechischen Protest hin frei, flüchtete nach Paris, nahm am Spanischen Bürgerkrieg auf republik. Seite teil, floh dann über Frankreich und die USA nach Mexiko. Ferner: E.E. Kisch, »Der rasende Reporter«, Berlin, 1925, mit eigenh. Widmung des Verfassers, f. Direktor Gustav Heppner

Koreff, Joh. Ferdinand, Arzt u. Dichter, Leibarzt Hardenbergs, eigenh. Brief m. U., Paris, 14. Februar 1825

Kraus, Karl, Dichter u. Publizist, eigenh. Gedicht »Sturm und Stille«, Wien, um 1927

Kuh, Emil, Schriftsteller, eigenh. Brief m. U., Wien, 29. Nov. 1866

Land, Hans (Pseud. f. Hugo Landsberger), Schriftsteller, eigenh. Widmungsblatt: »Deutschland – das ist die Gerechtigkeit. Hans Land. Juli 1915« – Land wurde 1941 von den Nazis im KZ ermordet.

Lasker, Eduard, Publizist u. Politiker, eigenh. Brief m. U., Berlin, 29. November 1877

Lasker-Schüler, Else, Dichterin, eigenh. Anmerkungen und Adressen von Freunden im Exil (Franz Werfel, Heinrich Mann usw.), (Zürich, um 1937/38)

Lassalle, Ferdinand, Nationalökonom u. Schriftsteller, eigenh. Brief m. U.,

(Berlin, Ende Febr. 1864), an seinen Verleger

Latzko, Andreas, Schriftsteller, eigenh. Brief m. U., an befreundete Dame, über die Ermordung Rosa Luxemburgs, sowie über Alexander Moissi, Max Reinhardt und Maximilian Harden, Zürich, 29. Januar 1919

Lessing, Theodor, Arzt, Philosoph u. Publizist, eigenh. Brief m. U., Köln, 19. Januar 1928, an Stefan Zweig - L. wurde 1933 von Nazis in Marienbad ermordet

Lewald, Fanny, Schriftstellerin, eigenh. Brief m. U., 3 S., Thale am Harz, 14. Aug. 1866, an eine Freundin, die Ereignisse in Königgrätz betreffend

Mann, Erika, Journalistin u. Kabarettistin, Brief m. U., Beverly Hills, 6. November 1939, an Curt Riess, über Hans Wallenberg und das ›Toller-Committee‹, für das sie gespendet hat

Mann, Heinrich, Schriftsteller, 8 eigenh. Briefe m. U., alle an Hermann Kesten, 1941–1945, Emigrantenschwierigkeiten und Rettungsversuche betreffend, alles aus Santa Monica, California

Mann, Thomas, Schriftsteller, 5, teils eigenh., teils maschinengeschr. Briefe m. U., 1939–1941, Princeton, Los Angeles, Beverly Hills, alle über Emigrantenschicksale, Schwierigkeiten und Rettungsversuche

Marx, Karl, Philosoph, Nationalökonom u. Schriftsteller, eigenh. Brief m. U., London, 4. März 1859, an G.F. Rheinländer (In MEW und MEGA nicht abgedruckt)

Mendelssohn, Moses, eigenh. Brief m. Unterschrift (m. U.), Berlin, 15. Mai 1764, an Friedrich Nicolai »Buchhändler aus Berlin jetzt in Leipzig«

Mosenthal, Salomon Ritter v., Schauspieldichter, eigenh. Brief m. U., Wien, 10. Nov. 1851, an Dr. Leop. Schweizer in Breslau

Moszkowski, Alexander, Schriftsteller, eigenh. Briefumschlag m. Absenderangabe, 1. November 1878 (Berlin), an Käthe Ullstein, Thiergartenstraße 17

Moszkowski, Alexander, Schriftsteller, eigenh. Postkarte, an Fritz Engel, Zürich, 3. Juli 1914

Neumann, Robert, Schriftsteller, 8 Briefe u. Postkarten an Wiener PEN-Klub

Picard, Jakob, Dichter u. Schriftsteller, Gedicht m. U. (Köln), 21. Februar 1933, »für Fritz« – P., Frontoffizier d. Ersten Weltkriegs, flüchtete über Schweden, die Sowjetunion, Korea, Japan in die USA und kehrte 1946 über Holland zurück nach Konstanz

Polgar, Alfred, Schriftsteller, eigenh. Postkarte, Wien, 10. September 1917 u. eigenh. Postkarte (»Hotel Adlon«, Berlin), 20. Mai 1920

Roda, Roda (Pseud. f. Sandor Rosenfeld), humor. Schriftsteller, 1 eigenh. Brief, 1 Porträtpostkarte m. U., 1932–1933, an Wiener PEN-Klub

Rodenberg, Julius (eigentl. Levy), Schriftsteller, eigenh. Brief m. U., Berlin, 27. Okt. 1866, an die Redaktion des ›Bazar‹

Roth, Joseph, Schriftsteller, 2 eigenh. Briefe, Frankfurt/M., 1. Oktober 1932 und Salzburg, 23. April 1930, an Johanna Ullstein

Salten, Felix (Pseud. f. Siegmund Salzmann), Schriftsteller, eigenh. Brief

m. U., Wien, 6. März 1933, an »liebste Grete«: ». . . Gibst Du derartig leicht einen Freund auf . . .?« – S. flüchtete 1939 in die Schweiz und starb dort 1945

Salus, Hugo, Arzt u. Lyriker, eigenh. Briefkarte m. U., Prag, 27. Juni 1911

Saphir, Moritz, Dichter u. humorist. Schriftsteller, eigenh. Brief m. U., Wien, 4. Oktober 1835, an den Buchhändler Leop. Jerusalem in Prag

Schickele, René, Schriftsteller, eigenh. Brief m. U., Nizza, 4. April 1936

Schnitzler, Arthur, Schriftsteller, eigenh. Brief m. U., Wien, 4. Mai 1901, 2 ½ S.

Simon, Ludwig, demokrat. Politiker u. Mitglied d. Paulskirchen-Versammlung, eigenh. Brief m. U., Paris, 11. April 1869, an einen Freund

Simson, Eduard (seit 1888: von), Jurist u. Politiker, 1848 Präsident der Nationalversammlung in der Frankfurter Paulskirche, eigenh. Albumblatt, Leipzig, 16. September 1885: »An's Vaterland, an's theure, schließe dich an . . .«

Sonnemann, Leopold, Journalist, Politiker u. Gründer d. »Frankfurter Zeitung«, eigenh. Postkarte m. U., Frankfurt, 26. März 1877

Tagger Theodor, (Pseud. f. Ferdinand Bruckner), eigenh. Postkarte m. U., Wien, 1. September 1921

Toller, Ernst, Schriftsteller, Dramatiker u. Lyriker, eigenh. Brief m. U., London, 29. November 1934, an Familie (Hans) Landsberg – T. befand sich Anfang 1933 auf einer Lesereise in der Schweiz und entging so der Verhaftung

Trebitsch, Siegfried, Schriftsteller, eigenh. Brief m. U., Zürich, 15. Mai 1945, an Grete v. Urbanitzky, Sekretärin des Wiener PEN-Zentrums: ». . . Wir gratulieren herzlichst zum Frieden – was wird er bringen?«

Tucholsky, Kurt, Schriftsteller, eigenh. Redemanuskript (um 1919); eigenh. Widmung (neunzeiliges Gedicht), an Dr. Maximilian Pfeiffer, Generalsekretär der kath. Zentrumspartei (1919), in Erstausg. »Fromme Gesänge«; eigenh. Verse und Notizen; Typoskript f. Couplet, eigenh. Zusätze in Lang- u. Kurzschrift. (Alles in der Gesamtausgabe nicht abgedruckt)

Ullmann, Regina, Dichterin, eigenh. Brief m. U., Wien, 29. Januar 1930

Ullstein, Hermann, Widmungsexemplar seines Lehrbuches der Reklame »Wirb und Werde«, Bern, 1935, zwölfzeilige Widmung, Berlin 21. Januar 1936, »Ist der Himmel auch entsternt . . .« – Das Honorar für dieses in der Schweiz erschienene Buch ermöglichte U., der vollständig enteignet worden war, die Emigration nach England

Ullstein, Leopold, Verleger, eigenh. Brief m. U., Berlin, 22. Juli 1899, an seine älteste Tochter Käthe

Varnhagen v. Ense, Rahel, geb. Levin, eigenh. Brief m. U., (Berlin, Herbst 1831), die Cholera-Epidemie in Berlin betreffend

Wassermann, Jakob, eigenh. Widmungsblatt, Altaussee, 5. Juli 1929; ferner: eigenh. Brief m. U., Altaussee 12. Januar 1931

Werfel, Franz, Dichter u. Schriftsteller, eigenh. (Feldpost-)Brief, 16. Januar 1916, an »National-Zeitung«, 2 S.; ferner: eigenh. Widmungen u. eigenh.

Gedicht-Reinschrift »Sterbender im Verbrecherlazarett« (10 Vierzeiler)

Wolf, Friedrich, Arzt u. Schriftsteller, eigenh. Brief m. U., an Dr. Meng wegen gemeinsamer Bemühungen, Sigmund Freud für den Nobelpreis vorzuschlagen, Stuttgart, 15. Januar 1928

Wolff, Theodor, Journalist u. Schriftsteller, eigenh. Brief m. U., Paris, 15. November 1898, als Korrespondent des »Berliner Tageblatts«, an die Redaktion

Wolfskehl, Karl, Dichter, eigenh. Postkarte, Paris (1912), an Norbert v. Hellingrath

Zuckmayer, Carl, Schriftsteller u. Bühnenautor, eigenh. Brief m. U., Berlin, (wohl 1928)

Zweig, Arnold, eigenh. Feldpostkarte an Fritz Engel, »Berliner Tageblatt«, 17. Januar 1916; ferner: eigenh. Fahnenkorrektur des Essays »Eine Enttäuschung«, eigenh. Brief, 12. Oktober 1920; sowie: Entwurf eines Romananfangs (»Streit um den Sergeanten Grischa«)

Zweig, Arnold, Schriftsteller, Brief m. U., Haifa, 7. April 1936, an Dr. Meng, Zürich, dem er die Adressen von Heinrich Mann, Lion Feuchtwanger und Bertolt Brecht, alle im Exil, mitteilt – ». . . Daß alle meine Bücher von den Nazis geraubt worden sind, wissen Sie vielleicht. Zufällig wurde gerettet, was verborgt war . . .«

Zweig, Stefan, Dichter u. Schriftsteller, maschinengeschr. Brief m. U. u. handschr. Korrekturen, die »traurige Klassenjustiz« im Falle Max Hölz betreffend, Salzburg, 26. September 1927 – Z. beging im brasilianischen Exil 1942 Selbstmord

PERSONENREGISTER

Abel, Elisabeth 170
Abel, Samuel 170
Abraham, Paul 109
Abusch, Alexander 62
Acton, Lord (Historiker) 243
Adalbert, Prinz von Preußen 136
Adenauer, Konrad 211, 404, 411, 413
Adler, Jankel 73
Adorno, Theodor W. 187, 196, 402
Agassiz, Louis 168
Agnon (eigentl. Czaczkes), Samuel Josef 189
Aichinger, Ilse 197
Albers, Hans 105
Alpar, Gitta 105
Alsberg, Max 399
Althoff, Theodor 335
Amalie, Herzogin von Sachsen-Weimar 33
Amann, Max 379, 383
Amira, Benjamin 162
Arco auf Valley, Anton Graf von 352
Arco, Georg Graf von 120
Arco, Gertrud von (geb. Mossner) 120
Ardenne, Manfred von 283 f.
Arenberg, Engelbert Herzog von 358
Arend, Maria (von Prillwitz) 137
Arendt, Hanna 197
Arnau, Frank 124, 353
Arndt, Adolf 401
Arnim, Graf Harry von 47, 137
Arnim, Klara von (geb. von Prillwitz) 137
Arnim, von (Familie) 151
Arno, Siegfried 104
Arnstein, Baronin Fanny (geb.Itzig) 38, 40, 52
Arnstein, Karl 234
Asch, Schalom 183
Auerbach, Berthold 39 ,41, 197
Auerbach, Leopold 87
August, Prinz von Preußen 137
Avneri, Zvi (früher Hans Lichtenstein) 199
Bab, Julius 196
Bacher, Robert F. 300 f.
Badrian, Alfred 352
Baeck, Leo 195
Baeyer, Adolf von 52, 170, 175, 177 f., 182
›Baker, Nicholaus‹ (Tarnname f. Niels Bohr) 263
Ballin, Albert 44, 231 f.
Bamberger, Ludwig 48, 115, 143
Bárány, Robert 81
Barnay, Ludwig 120
Barnim, Adalbert Freiherr von 137
Barnim, Baronin von (Therese Elßler) 137
Barnowsky, Victor 106 f., 119, 126
Barschall, Hermann 45
Bartels (Landtagspräsident) 106
Baruch (Wundarzt) 85
Baruch, Bernhard Mannes 228
Bassermann, Albert 104, 399
Bassermann, Else 104
Bassewitz (Familie) 137
Bauer, Gustav (Reichskanzler) 370
Baum, Marie 53
Baum, Vicki 113, 194
Bebel, August 123
Beck 436
Becker (Kultusminister) 106
Becker, Jurek 62
Beer (Familie) 150
Beer, Jakob Herz 146

Beer, Michael 146, 197
Beer, Wilhelm 145
Beethoven, Ludwig van 41, 431
Behrend, Hans 112
Behrend, Moritz 47
Beilis-Prozeß 460
Beit von Speyer, Eduard 381
Beit von Speyer (Familie) 359
Bekessy, Imre 347
Bellinchaven, Otto von 16
Ben-Chorin, Schalom (früher Fritz Rosenthal) 199
Benda (Familie) 149
Bendemann (ursprüngl. Bendix), Familie 149, 151
Bendemann, Eduard 43, 167
Bendemann, Felix 43
Bendix (spät. Bendemann), Familie 149, 151
Benjamin, Walter 196, 198
Benn, Gottfried 197
Bentwich, Norman 160, 236
Berdyczewski (spät. bin Gorion), Emanuel 196
Berend, Alice 197
Berend, Charlotte 73
Berend, Mathilde 53
Bergengruen, Werner 52, 170
Bergman, Ingmar 180
Bergner, Elisabeth 104, 112
Bergson, Henri 193
Bernays, Martha 52
Bernays, Paul 162, 164
Berndz, Alfred-Ingmar 108
Bernhard, Kurt 112
Bernhard, Georg 118, 124
Bernhard, Ludwig 351
Besredka, Alexander 90
Bethe, Hans 238, 269, 299, 300 ff., 311
Biarnez 151
bin Gorion (eigentl. Berdyczewski), Emanuel 196
Binder, Sybille 104
Bing, Richard 207
Bismarck, Fürst Otto von 42 ff., *hinter* 128, 143, 147, 171, 355
Bismarck, Herbert Graf 171
Bizet, Georges 110
Blalock, Alfred 96
Blankenburg, Christian Friedrich von *hinter* 160
Blech, Leo 108 f., 181
Bleichröder, Gerson von 44 f.
Bleichröder, von (Familie) 150, 359
Bloch 436
Bloch, Ernst 196
Bloch, Felix 238, 269, 299
Bloch, Konrad 79 f.
Blücher (Marschall) 207
Bluhm, Hans 383
Blumenthal, Otto 163
Bodmer, Johann Jakob *hinter* 32
Bodo (Diakon) 22
Boenisch, Peter 383
Boettcher, Jürgen 401
Bohne 273 f.
Bohr, Niels 246 f., 248 f., 255, 257 f., 262 f., 278, 282, 289, 298 ff., 302, 444
Bois Reymond, du 151
Bois, Curt 104
Bois, Ilse 104
Bois-Reymond, Alard du 171
Bois-Reymond, Emile du 171
Böll, Heinrich 188
Bonhoeffer, Karl-Friedrich 431 f.
Bonin, von (Familie) 151
Bonnier, (Familie) 180
Bonnier, Albert 180
Bonnier, Eva 180
Borchardt (Familie) 150
Borchardt, Rudolf 195
Bormann, Martin 212, 397
Born, Max 165, 247, 269, 302, 310 ff., *hinter* 352
Börne, Ludwig *hinter* 160, 197, 315 f.
Borries, Siegfried 432

Bosch (Familie) 360
Bosch, Carl 273, 285 f.
Bosch, Hieronymus 114
Bothe, Walter 269
Brahm, Otto 119, 186
Brandt, Willi 263
Braun, Otto 373
Brecht, Bertholt 109, 123
Bredow, Hans 149
Breitscheid, Rudolf 124
Brenninckmeyer, Familie 337
Bressart, Felix 104
Britt, May 129
Brod, Max 58, 190, 194
Broedrich, Silvio 219
Bronstein, Leib (gen. Leo Trotzki) 224
Bruch, Max 171 f., 387
Bruck 89
Bruckner, Ferdinand (Pseud. Theodor Tagger) 195
Brüning (Kabinett) 370
Brünnecks, Alexander von 414
Buber, Martin 174, 195, 322
Buch (Major) 8
Bülow, Fürst 366
Bülow, Graf von 137
Bunsen, Robert 175
Burg, Hansi 105
Burg, Josef (Pseud. f. Josef Ginsburg) 355
Burg, Meno 207
Butenandt, Adolf 175
Calvin (Calvinisten) 133
Calvin, Melvin 182
Canaris (Admiral) 211 f.
Canetti, Elias 192
Caro, Nikodem 234
Cassel, Oskar 383
Castonier, Elisabeth von 195
Castro, Benedict de 84
Castro, Rodrigo de 84
Castro-Sarmento, Jakob 84
Cauer 151
Cézanne, Paul 125
Chadwick, James 264
Chagall, Marc 73 f., 125
Chain, Sir Ernst Boris 78 f.
Chamisso, Adalbert von 37, 144
Chaplin, Charly 128
Chateaubriand, François René Vicomte de 168
Chaulin-Egersberg, Marietta von 53
Chaulin-Egersberg, von (Familie) 151
Christian X. (König) 263
Christine von Schweden (Königin) 84
Churchill, Winston S. 228, 239
Coevoerde, Roloff von 16
Cohen, Hermann 191
Cohn, Ferdinand Julius 86 f.
Cohnheim, Julius 87, 90
Cori, Carl Ferdinand 80, 82
Cori, Gerti Theresa (geb. Radnitz) 79, 82
Corinth, Lovis 73, 82
Cossmann, Paul Nikolaus 353
Courant (Mathe-Prof.) 271
Courant, Richard 163 f.
Cramer, Ernst J. 383
Cube, Irmgard von 113
Czaczkes (Agnon), Samuel Josef 189
Czinner, Paul 112
Dalsheim, Friedrich 112
Daluege 397
Dam, Hendrik George von 67
Darmstädter, Sophia 170
David, Eduard 370
Debye, Petrus 177, 181
Debye, Pieter 398
Dehmel, Paula 197
Dehn, Siegfried Wilhelm 168
Delbrück, Max 81 f.
Dernburg, Bernhard 232, 366
Dessau, Paul 109
Detmold, Johann Hermann 52, 142

Deutsch, Ernst 104
Devidels, Marianne 43
Diebold, Bernhard 118
Diel, Rudolf 407
Dietrich, Marlene 105, 111, 405
Dirac, Paul 165, 278, 314, 436
Dirichlet (Familie) 151
Dirichlet, Peter Gustav Lejeune 170
Döblin, Alfred 113, 194
Doenhoff, Margita Gräfin von 138
Domin, Hilde 197
Dönitz (Admiral) 239
Dos Passos, John 123
Dovator, Lew 226
Dove, Heinrich Wilhelm 170
Dreyfus, Alfred 352
Droysen, Gustav 52
Duckwitz, Georg 263
Duesterberg, Selig Abraham 209
Duesterberg, Theodor 209
Dulles, John F. 309
Dumont, Luise 43
Dupont, E. A. 110
Dürer, Albrecht 31
Durieux, Tilla 105, 116
Düsterberg, Theodor 349
Dymow, Ossip (›Rasputin‹) 113
Rathenau, Walter 231
Ebbinghaus, Julius 161
Ebers, Johanna 137
Ebert, Friedrich 319, 364, 368
Ebert, Wolfgang 197
Eccarius *hinter* 64
Edschmid, Kasimir 197
Ehrlich, Paul 80, 88, *hinter* 160, 165, 185
Eichmann, Adolf 211, 213
Einstein, Albert 120 ff., 123 ff., 130, 160, 163, 165 f., 169, 190 ff., 291 f., 250 ff., 269, 271, 278 f., 295, 306 ff., 311, 313 ff., *hinter* 352, 405, 435 f., 440 f.
Eisenhower, Dwight D. 309
Eisler, Gerhart 61
Eisler, Hanns 61
Eisner, Kurt 322, 352 f.
Elisabeth (österr. Kaiserin) 43
Elkan, Sophie 180
Eloesser, Arthur 42
Elßler, Fanny 137
Elßler, Therese (Baronin von Barnim) 136 f.
Emden, M. I. Söhne 335
Engel, Fritz 106, 118
Engelmann, Bernt 391
Engels, Friedrich 124, 316
Ephraim, Veit 137
Erlanger, Josef 79
Erzberger 319
Eskeles, Cäcilie von 40, 52
Esser, Peter 43
Estermann, Immanuel 299
Eucken, Rudolf Christoph 184, 191
Eugen von Schweden (Prinz) 189
Eybenberg, Marianne von 33 f.
Fabian, Walter 196
Falk, Norbert 113
Falkenstein, Gertrude (Gräfin von Schaumburg u. Fürstin von Hanau) 138
Falkenstein, Julius 104
Fall, Leo 109
Farkas, Maria 112
Fechenbach, Felix 352 f.
Fehling, H. R. 236
Fein, Maria 104
Fermi, Enrico 97, 165, 245 ff., 255, 257, 259, 298, 300, 302 f., 440
Fermi, Laura 97, 245 ff., 297
Fest, Joachim C. 212
Feuchtwanger, Lion 194
Feynman, Richard 295, 297
Fichte, Johann Gottlieb 37, *hinter* 160
Finck, August von 360
Fischer, Fritz 223, 371

Fischer, Samuel 186
Fishberg 26
Flechtheim, Ossip K. 197
Fleming, Sir Alexander 78
Flexner, Simon 96
Flick, Friedrich 359
Florey, Sir Howard Walter 78
Flügge, Siegfried 289
Förster, Friedrich Wilhelm 123 f.
Franck (Familie) 57
Franck, James (Physiker) 160, 165, 269, 299, 302, 306 ff., 400, 447, 457
Frank 397
Frank, Adolf 234
Frank, Albert 234
Frank, Anne 197
Frank, Bruno 195
Frank, Eva 22
Frank, Jakob 22
Frank, Ludwig 57, 207
Franke, Arno 334
Fränkel, Albert (1848–1916) 90
Fränkel, Albert (1864–1938) 90
Fränkel, Bernhard (1836–1911) 90
Fränkel, Ernst 196
Fränkel, S. (Weberei) 185
Frankfurter, Felix 229
Frankl, Wilhelm 208
Freiligrath, Ferdinand 141
Freud, Sigmund 52, 58, 89, 91, *hinter* 96, 124, 313
Freund, Ludwig 354 f.
Freundlich, H. 429
Frick 397
Fried, Erich 62, 197, 199
Friedberg 319
Friedberg, Heinrich von 45
Friedell, Egon 196, 198
Friedenthal, Rudolf 45
Friedländer (Familie) 151
Friedländer, David 36
Friedländer, Max J. 52
Friedländer-Fuld (Familie) 359
Friedrich der Große (Kaiser) 33, 135, 149
Friedrich III. (Kaiser) 83
Friedrich Wilhelm I. von Hessen 138
Friedrich Wilhelm III. (König) 36, 136 ff.
Friedrich Wilhelm IV. 39, 143
Friedrich, Isaak 85
Frisch, Otto 270, 293, 298, 302
Frischauer, Willi 213
Fritsch, Otto 274
Fritsch, Theodor 90, 98, 331 f.
Fritsch, Willy 112
Fuchs, Emil 312 f.
Fuchs, Eugen 56
Fuchs, Klaus 312f.
Fulda, Ludwig 119
Fulton, Robert 243
Funk 230, 397
Fürstenberg, Max Egon Fürst zu 358
Gaal, Franziska 104
Gagern, Freiherr von 322
Gagern, Heinrich von 142
Galinski, Heinz 67
Gans, Eduard 52
Gauguin, Paul 125
Gauß, Karl Friedrich 167
Geiss, Immanuel 223
Gentner, Wolfgang 262
Gentz *hinter* 160
George, Manfred 196
George, Stefan 50, 118
Gercek, Moses 464
Gerigk 171
Gerlach, Hellmut von 124
Gerron, Kurt 104
Gessner, Salomon *hinter* 32
Geyer, Ludwig 108
Geyer (Wagner), Richard 108
Giehse, Therese 104
Gierke, Otto von 170, 367
Gilbert, Jean 109
Gilbert, Robert 109
Ginsberg, Ernst 104

Ginsburg, Josef (Pseud. Josef Burg) 355
Globke 129, 428
Globke, Hans Maria 211
Glückel von Hameln 51 f.
Goebbels, Joseph 71 f., 106, 119, 121 f., 124 f., 128, 154, 170, 374, 397, 400
Goeppert-Mayer, Maria 165
Goethe, Johann Wolfgang von 33, 37, 39, 41 ff., 144, 191
Gogh, Vincent van 125
Goldberg, Heinz 113
Goldschmidt, Bertrand
Leopold 261
Goldschmidt, Jakob 115
Goldschmidt, Theodor 232
Goll, Claire 195
Goll, Yvan 196
Göring 108, 209, 230 f., 282, 397, 407
Gorki, Maxim 123
Gothein, Georg 366 f.
Gottschalk, Joachim 105
Goudsmit, Samuel 238, 286 ff.
Grabowsky (Offizier) 349
Grabowsky, Adolf (Herausgeber) 350
Gradnauer, Georg 370 f.
Graf, Oskar Maria 124
Gräffer, Franz 40
Granach, Alexander 104
Grätz, Leo 435
Grätz, Paul 104
Grock (Clown) 128
Gropius, Walter 126
Grotthus, Baronin Sophie von (geb. Meyer) 33
Groves, Richard 294 f., 309
Gründgens, Gustav 43
Grunert, Manfred 320
Grünewald, Isaak 180
Grüning, Ilka 104
Gueron, Jules 261
Gumpert, Martin 83, 85
Gundolf, Friedrich 118, 125
Guradze, Siegfried 146
Gutmann, Eugen 116
Gutmann, Herbert 116
Haas, Dolly 104
Haas, Willy (»Caliban«) 197, 384
Haase, Hugo 364 f.
Habe, Hans 197, 346 f., 382
Haber, Fritz (Chemiker) 160, 177 f., 179, 234 f., 429 ff., 435
Haffner, Sebastian 384
Hagen, Louis 381
Hahn (Gebrüder) 46
Hahn, Elkan Markus (spät. Ernst Moritz) 46, 209
Hahn, Karl 47
Hahn, Kurt 232
Hahn, Ludwig 46
Hahn, Oscar 47
Hahn, Otto *hinter* 96, 175, 178, 270 ff., 280, 290, 431 f.
Hahn, Victor 116
Halban, Hans von 260 f. 265, 293, 298, 302
Halévy, Jaques 110
Haller (Familie) 57
Haller, Ferdinand Nicolaus 57
Hamburger, Ernest 144 f.
Hammerschmidt, Helmut 405, 412 f., 417
Hanau, Prinz (spät.: Fürst) Wilhelm von 138
Hanau, Prinzessin Alexandrine von 138
Hanau, Prinzessin Auguste von 138
Hanau, Prinzessin Gerta von 138
Hanau, Prinzessin Marie von 138
Hansen, Max 104
Harden, Maximilian 45, 118, 196
Hardenberg (Familie) 137
Harteck, Paul 244
Harteck, Paul 282 f.
Hartmann, Hans 79
Hartmann, Ludo 368

Hartmann, Moritz 143, 368
Hartner, Herwig 341, 355
Herweg, Silian 112
Hašek, Jaroslav 123
Hasenclever, Walter 113, 198
Hata, Sahachiro 88
Hauptmann, Gerhart 117, 166, 184 ff.
Hausdorff (Pseud. Paul Mongré), Felix 164
Haushofer, Albrecht 53
Haushofer, Karl 53
›He, die blonde‹ (Helene Mayer) *hinter* 32
Heckscher, Johann Gustav Wilhelm Moritz 142
Heer, Friedrich 57 f., 322
Hegel 174
Heimann, Max 185
Heine, Heinrich 42 f., 52 f., 58, *hinter* 64, 128, *hinter* 160, 174, 197
Heine, Thomas Theodor 43, *hinter* 352
Heinrich I. (Kaiser) 15
Heinrich II. (Kaiser) 22
Heinrich XIV., Fürst von Reuß 34
Heisenberg, Werner 165, 269, 271, 276, 278 ff., 281 ff., 290, 299, 314, 436
Helmholtz, Hermann von 148
Helwig, L.W. 285
Hemingway, Ernest 123
Henckel-Donnersmarck, Blanche Gräfin u. erste Fürstin von 138 f.
Henckel-Donnersmarck, Guido Fürst 138, 358
Henckels, Paul 44
Henkel (Familie) 360
Henle, Friedrich Jakob Gustav 89 f.
Henrikstein, Alfred Baron von 41
Henrikstein, Josef Hönig Edler von 41
Hensel, Charlotte 52
Hensel, Lili 171
Herder, Johann Gottfried 35
Hering (Ministerialdirigent) 211
Hermann, Georg 197
Hermlin, Stephan 62, 197
Herschel, Abraham 170
Herschel, Isaak 170
Herschel, Johann Friedrich Wilhelm 170
Hertz (Familie) 57
Hertz, Gustav 269, 306
Hertz, Heinrich 278, 306
Herz, Henriette 37, 136, *hinter* 160
Herz, Markus 35 ff., 38
Herzfelde, Wieland 62
Herzl, Theodor 196
Hess, Moses 316
Hess, Rudolf 397
Hess, Victor Franz 269
Hesse, Hermann 191, 195
Hesse, Otto Ernst 399
Hessen-Philippsthal, Prinz Wilhelm von 138
Heuß, Theodor 57, 123
Hevesey, Georg von 169, 175, 179, 181
Heydrich, Bruno (gen. Süß) 210
Heydrich, Reinhard Tristan Eugen 210 ff., 383, 407
Heym, Stefan 62, 199
Heymann, Werner Richard 109
Heyse, Paul Johann 52, 184, 187
Hicks (Karrikaturist) 384 f
Hilbert, David 161 ff., 165
Hildesheimer, Wolfgang 197
Hilferding, Rudolf 365, 369
Hiller, Kurt 196
Himmelhuber, Max 276
Himmler, Heinrich 129, 210 ff., 360, 397, 407
Hindemith, Paul 109
Hindenburg, Paul von 127, 209,

350, 370
Hinrichsen (Familie) 57
Hinrichsen, Siegmund 57
Hirschfeld, Magnus 91
Hirst, Lord Hugo 179
Hitler, Adolf 9 f., 50, 67, 71 ff., 80, 94, *hinter* 96, 97, 100, 108, 123 ff., 127, 130, 159, 170 f., 179, 201, 209, 211 ff., 221, 228, 238, 240, 244, 255 f., 264, 267, 271 f., 275, 277 ff., 281 ff., 287 ff., 299, 302 f., 305 f., 313, 331 ff., 343, 345 f., 349 ff., 353 ff., 374 ff., 379 f., 386, 397, 402, 418, 420, 437
Hitzig (Familie) 150, 151
Hitzig, Friedrich 52, 170
Höflich, Eugen (spät. Moshe Ja'kov ben Gavriel) 199
Hoffmann, Heinrich 130
Hofmann, August Wilhelm 175
Hofmannsthal, Hugo von 58, 195
Hohenlohe-Oehringen, Prinz Felix von 138
Hohenlohe-Öhringen, Fürst (u. Herzog von Ujest) 358
Hohlfeld, Johannes 142
Hohut, Adolph 171
Holländer, Friedrich 109
Holländer, Victor 109
Hollos, Julius 383
Hoppmann, Karl 100
Horkheimer, Max 196
Horten, Helmut 337 f.
Houtermanns, Fritz 276, 283
Hövers, Karl 432
Hoyos, Marguerite Gräfin 171
Hugenberg, Alfred 349, 377 ff., 386
Hughes, D. 457
Humboldt, Gebrüder von 37, 38, *hinter* 160
Hurwitz, Adolf 164
Husserl, Edmund 197
Ibsen, Henrik 117
Irving, David 230, 274, 279 f.
Isenburg-Büdingen, Erbprinz Ferdinand zu 138
Isenburg-Büdingen, Fürst Ferdinand Maximilian zu 138
Iselin, Isaak *hinter* 32
Israel, Josef 74
Itzig, Daniel 37, 38
Itzig, Fanny (Baronin Fanny Arnstein) 38, 40, 52
Jacob, François 80
Jacobi, Abraham 96
Jacobi, Karl Gustav 167
Jacobs, Monty 118, 195
Jacobsohn, Siegfried 118
Jacoby, Johann *hinter* 128, 143 f.
Jäger-Sustenau, Hanns 110
Jakoby, Johann 39 f., 56 f.
Ja'akov ben Gavriel, Moshe (früher Eugen Höflich) 199
Jandorf, Adolf 336 f.
Jannings, Emil 112
Jeanrenaud (Familie) 151
Jensen, Hans D. 269
Jente von Hameln 51 f.
Jeßner, Leopold 105 ff.
Joachim, Josef 58, 168
Joel, Carl 339
Joel, Curt Walter 350, 370
Joliot-Curie, Frédéric 248, 260 ff., 264
Jordan (Gauleiter) 212
Joseph, Albrecht 113
Joseph, Alfred 83, 85
Josephson (Familie) 180
Josephson, Azel 180
Josephson, Ernst 180
Josephson, Jacob 180
Josephson, Ludwig 180
Josephson, Ragner 180
Joyce, James 123
Jungk, Robert 62, 250, 265, 275, 287, 296
Juta, Johan Karel *hinter* 64
Kafka, Franz 58, 190

Kaléko, Mascha 195
Kálmán, Emmerich 109
Kamnitzer, Heinz 62
Kant, Immanuel 36
Kantorowicz, Alfred 197
Kapp 323
Karg (Familie) 337
Karg, Georg 337
Karl der Kahle (Kaiser) 83
Karstadt, Rudolf 334 f., 337
Kästner, Erich 112, 123, 327
Katz, Richard 195
Katzenellenbogen, Ludwig 116
Kaufmann, Rose 190
Kaufmann-Asser, Heinrich von 350
Kaul, Friedrich 61
Kaznelson, Siegmund 85
Kempner (Familie) 186
Kempner, Alfred (A. Kerr) 117 f.
Kempner, Friederike 117
Kempner, Paul 117
Kempner, Robert M. 117
Kempner, Robert M. W. 211
Kennedy, J. W. 300
Kerenski 224
Kernhold, Otto 331, 341
Kerr, Alfred (A. Kempner) 117, 124, 186
Kersten, Felix 129, 213 f.
Kesten, Hermann 195, 199
Kiepura, Jan 105
Kisch, Egon Erwin 195
Kistiakowsky, George B. 300 f.
Klabund 123
Kleber, Wolfram 432
Klee, Paul 125
Klein, Felix 166
Kleist, Heinrich von 37
Kleist, von (Familie) 151
Klemperer, Otto 107 ff., 169
Koch, Robert 87, 90, 117
Koch-Weser, Erich 370
Koestler, Arthur 197
Koeth, Josef 431
Kogge, Malte Till 383
Königsmarck (Familie) 137
Konstantin (Kaiser) 14
Koppel, Leo 234
Korabelnik, Rudolf 226
Korda, Alexander (Sir Alexander) 112
Kornberg, Arthur 80
Kortner, Fritz 104
Köster, Heinz 383
Kowarski, Leo 260, 262
Kraus, Karl 58, 195, 318, 462
Krayer, Otto H. 306
Krebs, Sir Hans Adolf 78 f., 80
Kreisky, Bruno 63
Kreisler, Fritz 110
Kremser, Simon 207
Kreutzer, Leonid 109
Kreyzer, Jakob 227
Kristiakowsky, Georg 303
Kronfeld, Robert 166
Krupp (Familie) 172
Krupp von Bohlen und Halbach, Bertha 358
Krupp, Friedrich 44
Kuczinski, Jürgen 62
Kugler, Fanny 52
Kugler, Franz 52
Kuhn, Richard 175
Kuranda, Ignatz 143
Kurrein, Max 233
Küster, Otto 410, 417
Lachmann, Blanche (Gräfin u. e. Fürstin v. Henckel-Donnersmarck) 138 f.
Ladenburg, Rudolf 296
Lagerlöf, Selma 180, 188 f.
Lambert, Johann Heinrich *hinter* 32
Lamm, Hans 316
Landau, Edmund 163, 165
Landau, Eugen (Freiherr von) 116 f.
Landau, Jacob 116
Landau, Paul 39

Landauer, Gustav 321 ff., 328
Landmann, Salcia 197
Landry, Harald 36
Landsberg, Otto 364, 366
Landsteiner, Karl 74, 81, *hinter* 96
Lang, Fritz 110
Langgässer, Elisabeth 195
Lantz, Adolf 113
Lasker-Schüler, Else 195
Lassalle, Ferdinand 45
Lassaullx, von 151
Laue, Max von 269, 271, 276, 400
Laue, von 271
Laupichler (Familie) 151
Lautz, Ernst 403
Lawrence, Ernest 303
Lazarus, Ludwig 51
Lederberg, Joshua 80
Lederer, Hugo 166
Lehár, Franz 110
Lehmann, Herbert H. 229
Lehmann, Peter 229
Lehmann-Rußbüldt 124
Leiber, Bernfried 92
Lenard, Philipp 285
Lenard, Philipp von 269, 278
Léon, Viktor 110
Lessing, Gotthold Ephraim 35
Lessing, Theodor 52
Levertin, Oscar 180
Levin, Rahel 37
Leviné 323
Levy, Emil (Emil Waldteufel) 110
Levy, Paul 73
Levy-Rathenau, Josefine 232
Lewald, Fanny 39
Lewald, Fanny 197
Lewald, Theodor 166, 350
Lewy (Madame) *hinter* 160
Lewy, Wulf *hinter* 160
Ley 397
Lichtenberg, Georg Christoph 162
Lichtenstein, Hans (spät. Zvi Avneri) 199
Lieben, Robert von 233
Lieber, Clara 273 f.
Liebermann, Max (Maler) 58, 73, *hinter* 96, 107, 125, 166, 169, 400
Liebig, Justus von 170, 175, 178, 182
Liebknecht, Karl 319 f., 348 f., 465
Liebknecht, Sonja 317 f., 321, 462
Liebmann, Robert 113
Liebowitz (Fabrikant) 245
Liegnitzer, Andreas (Andres Jud) 31
Liegnitzer, Jacob 31
Liepmann, Alwin 349, 352
Ligne, (Prinz) Karl Josef Fürst de 29 ff., 37, 48
Limburg-Stirum, Frédéric Graf von 137
Limburg-Stirum, Friedrich Graf 137
Lindemann 335
Lindemann, Gustav 43, 119
Lipmann, Fritz Albert 79 f.
Lippe-Weißenfeld, Gräfin von 138
Liszt, Franz 168
Litvak, Anatol 113
Loans, Jakob 83
Löbe, Paul 106
Löns, Hermann 113
Loewe, Frederik 109
Loewi, Otto 79
London, Jack 123
Longard, (von) 151
Lonsdale, Kathleen 311
Lorre, Peter 104
Louis Ferdinand, Prinz von Preußen 37, *hinter* 160
Löwenstein, Leo 234
Lubarsch, Otto 350 f.
Lubitsch, Ernst 111
Ludendorff, Erich 221, 324
Ludwig der Fromme 22
Ludwig III. von Bayern

(König) 358
Ludwig, Emil 194
Luria, S.E. 80
Lützow 206
Luxemburg (Familie) 317
Luxemburg, Rosa 317 ff., 324, 328, 348, 365, 462
Lwoff, André 80
Lynen, Feodor 79,
Madariaga, Salvador de 123
Magnus (ursprüngl. Meyer), Familie 146, 148
Magnus, Anton Freiherr von 147
Magnus, Eduard 147
Magnus, Ernst (Bankier) 149
Magnus, Erwin 148
Magnus, Friedrich Martin 147
Magnus, Heinrich Gustav 147 f., 178
Magnus, Julius 149
Magnus, Kurt 149
Magnus, Martin 146
Magnus, Paul Wilhelm 148
Magnus, Rudolf 148
Magnus-Levy, Adolf 149
Mahler, Gustav 58, 107
Mahnke, Horst 382 f.
Maier, Erich 354
Maimonides, Moses 84, 86
Mandel, Johann August Eberhard 170
Mané-Katz 74
Mann, Heinrich, *hinter* 123, 128
Mann, Thomas 123, 164, 174, 184, 186ff., 195
Mannheim, Lucie 104
Manuel, Esther (gen. Grafemus) - „Schwarzer Jäger Johanna" 207
Marc, Franz 73
Marconi 259
Marcuse, Ludwig 196
Martins, Rudolf 357
Marwitz, Hans von der 137
Marx (Kabinett) 370
Marx, Esther 189
Marx, Karl 48, 58, *hinter* 64, 124, 174, 316, 382
Marx, Louise *hinter* 64
Marx, Salomon 349
Massary, Fritzi 104
Matisse, Henri 73, 125, 180
Maurer, Helmut 212
Mauthner, Fritz 118
Max, Prinz von Baden 232
Maximilian II. von Bayern (König) 184
Mayer, Hans 197
Mayer, Carl 113
Mayer, Helene *hinter* 32 u. 352
Mayer-Doss, Martha 53
Mazur, J. 236
Mecklenburg-Strelitz, Großherzog Friedrich von 358
Mehring, Walther 194
Meidinger, Hans-Wilhelm 383
Meir (Rabbi) 31
Meister, Wilhelm 355
Meitner, Lise 82, *hinter* 96, 169, 181, 270 ff., 289
Melamed, S.M. 218
Melchett (Mond), Lord Alfred 179
Mendelsohn, Erich 126
Mendelssohn (Familie) 150
Mendelssohn, Dorothea (spät. D. Veit, dann D. Schlegel) 38, *hinter* 160
Mendelssohn, Eleonore von 104
Mendelssohn, Felix 41
Mendelssohn, Franz von 45, 114, 117
Mendelssohn, Moses *hinter* 32, 35, 38, 40 f., 115, 123, 151, 170 f., 184, 197
Mendelssohn, Peter de 197
Mendelssohn, Robert von 45
Mendelssohn, von (Familie) 359
Mendelssohn-Bartholdy, Felix 38, 52, 110, 128, 147, 167

Mengs (Familie) 58
Menhuin, Moshe 355
Menne, Bernhard 383
Menzel, Adolf 147
Meyer, Richard M. 52
Meyer (spät. Baronin von Grotthus), Sophie 33
Meyer (spät. Magnus), Familie 146, 148
Meyer-Hilsbach, (Gardeleutnant) 207
Meyerbeer, Giacomo 110, 146, 167
Meyerhof, Otto 81
Michael (Rabbiner) 40
Michael, Jacob 336, 338
Michelson, Albert 228
Michelson, Charles 228
Mies van der Rohe, Ludwig 126
Milch, Erhard 209, 230
Misch, Karl 46
Mises, Richard von 233
Mitscherlich, Eilhard 175
Modigliani, Amadeo 74
Molnar, Franz 195
Moltke, Gräfin Georgine von 137
Moltke, Wanda von 137
Mommsen, Christian Theodor 184
Mond, Alfred (Lord Melchett) 179
Mond, Ludwig 176, 179
Mongré (Felix Hausdorff), Paul 164
Monod, Jacques 80
Monroe, Marilyn 129
Moor (Dr.) 250
Morgan, Paul 104
Mößbauer, Rudolf 269
Moses (Arzt) 85
Mosheim, Grete 104
Mosse, Rudolf 375 f., 379, 381
Mosse-Lachmann, Hans 118
Mossner Gertrud (Gertrud von Arco) 120
Mossner, Walther von 32, 44, 120, 208
Mothes, Kurt 175
Mozart, Wolfgang Amadeus 41, 107
Mühsam, Erich 124, 194
Müller, Hans Dieter 382 f., 386
Müller, Hermann 369 f.
Müller, Hermann Josef 79
Münsterberg, Hugo 236
Mussafia, Adolf 84, 168
Mussolini 255
Nachmann, Werner 67
Nagel 327
Napoleon I. (Kaiser) 243
Naumann, Max 353
Neckermann, Josef 337, 339
Neisser 89
Nelson, Leonard 52
Nelson, Rudolf 109
Nettl, Peter 317
Neumann, Alfred 194
Neumann, Andreas 134
Neumann, Hans von 301 ff.
Neumann, Robert 194
Neutra, Richard J. 126
Newman, Ernest 108
Nickson, J.J. 457
Nicolai, Friedrich *hinter* 32, *hinter* 160
Niekisch, Ernst 415
Nietzsche, Friedrich 108, 164, 174
Nissen, Rudolf 351
Noether, Emmy 163 f.
Noether, Franz 164
Noether, Fritz 164
Oetker (Familie) 360
Offenbach, Jaques 58, 110
Ohnesorge, Wilhelm 230, 283
Olbert, Theodor 92
Olden, Balder 197
Olden, Rudolf 195
Ollenhauer, Erich 384
Opel, Fritz von 337
Opel, Georg von 337

Opel, von (Familie) 360
Ophuels, Max 112, 126
Oppenheim, Eduard Salomon Freiherr von 352
Oppenheim, Freiherren von 359
Oppenheim, Simon Alfred Freiherr von 381
Oppenheimer, Robert 302 f., 313
Orlik, Emil 73
Oswald, Richard 112f.
Ossietzky, Carl von 123, 436
Ott 31
Overbeck, Franz 164
Pabst, Waldemar (Major) 320, 349
Pallenberg, Max 104
Palmer, Lilli 104
Panofsky, Erwin 169
Papen, Franz von 350, 374
Passini, Ludwig 170
Pasternak, Boris 190
Pasternak, Leonid 190 f.
Pasteur, Louis 87
Paul, Jean 37
Pauli, Wolfgang 165, 269
Peierls, Rudolf Ernst 265, 293, 298, 302, 313
Pentzlin, Heinz 383
Perutz, Leo (Schriftsteller) 195
Perutz, Max Ferdinand 178, 181, 237
Pétain (Marschall) 369
Peter Panter (Pseud. f. Kurt Tucholsky) 324
Peters, Carl 337
Pfefferkorn, Johann Joseph 29
Picard, Jacob 57
Picasso, Pablo 125
Pinkus, Max 185
Pinner, Erna 197
Placzek, Georg 301 f., 311
Planck, Erwin 271
Planck, Max 166, 269, 271, 314, 398, 400, 431 f., 435
Pleß, Hans-Heinrich XV. von 358
Pletsch, Salomon 85
Plievier, Theodor 124
Pohl, Max 104
Polany, M. 429
Polgar, Alfred 118, 195
Pommer, Erich 111
Ponte, Lorenzo da 41
Pontecorvo, Bruno 259
Popper, Siegfried 233
Preis, Ellen *hinter* 352
›Preß-Hahn‹ (Ludwig Hahn) 46
Preuß, Hugo 366 ff.
Prillwitz, Elise von 137
Prillwitz, Klara von (Klara Arnim) 137
Prillwitz, Ludwig von 137
Pringsheim, Alfred 123, 164, 187
Prinzessin Margriet 53
Projektor, Daniel 62
Pross, Helge 159, 230
Proust, Marcel 196
Pschyrembel, Willibald 93
Puttkamer, Franziska von 45
Quaatz, Reinhold Georg 349
Quandt (Familie) 360
Rabi, Isidor Isaac 299
Rabinowitsch, Eugen 301 f., 308, 457
Rabinowitsch-Kempner, Lydia 117
Raddatz, Fritz J. 327
Radnitz (spät. Cori), Gerti Theresa 79, 82
Raff, Friedrich 113
›Rahel, die‹ (Rahel Varnhagen von Ense) 3, 47, 136
Raff, Friedrich 113
Ramsay, Sir William 176
›Rasputin‹ (Ossip Dymow) 113
Rathenau, Emil 231, 371
Rathenau, Walther 44, *hinter* 64, 371 f.
Rauch, Christian Daniel 147
Raumer, Hermann von 53
Raumer, von (Familie) 151

Redlich, Karl 232
Ree (Familie) 57
Reich-Ranicki, Marcel 197
Reiche (Chemiker) 296
Reichstein, Tadeus 80
Reinhardt, Max 106 f., 111
Remarque, Erich Maria 67, 123
Reuchlin, Johann 29
Resewitz, Friedrich Gabriel *hinter* 32
Reventlov 319
Reynoldt 16
›Ribbentrop, Amt‹ 53
Rheinländer, Georg Friedrich *hinter* 64
Ribbentrop, Joachim von 130, 287
Richthofen, von (Familie) 151
Riemann (Musiklexikon) 210
Rießer, Gabriel 56
Riess (Familie) 151
Riess, Curt 197
Riesser, Gabriel 142
Rilke, Rainer Maria 191, 195
Robert, Eugen 107
Robinow (Familie) 57
Roda-Roda (Pseud. f. Sandor Rosenfeld) 195
Röhm 397
Rolland, Romain 191
Roosevelt, Franklin D. 228 f., 241 ff., 254 f., 257, 291, 309, 440
Röpke, Wilhelm 161
Rosales 84
Rose, Heinrich 175
Rosen, Friedrich 370
Rosen, Willi 109
Rosenberg (Nazi) 230, 285
Rosenfeld, Morris 219, 458
Rosenfeld, Sandor (Pseud. Roda-Roda) 195
Rosenstein, Willy 233
Rosenthal, Arnold 408 f.
Rosenthal, Fritz (spät. Schalom Ben-Chorin) 199
Rosin, P.O. 236
Rossi, Bruno 259, 298, 302
Roth, Joseph 194
Rothschild (Baronin) 362
Rothschild (Familie) 358
Rothschild, Freifrau Mathilde verw. von 349, 358
Rubinstein, Anton 168
Rüdenberg, Reinhold 232, 235
Rudolf II. (Kaiser) 31
Rumpler, Edmund 233
Rust (Minister) 161, 285, 397, 431, 437
Rust-Roest (Pseud. f. Sophie Elkan) 180
Rutherford, Ernest 264
Sachs, Alexander 241 ff., 254 ff., 292, 404
Sachs, Nelly 58, 181, 188 f.
Sachsen-Weimar, Anna-Amalie von 33
Sachsen-Weimar, Karl-August 33
Sachsen-Weimar-Eisenach, Prinz zu 138
Sack, Erna 105
Sagan, Leontine 112
Salk, Jonas 96
Saller, Martin 383
Salten, Felix (Pseud. f. Siegmund Salzmann) 194
Salzmann, Siegmund (Pseud. Felix Salten)
Sanders, Otto Liman von 208
Sauerbruch 350 f.
Schacherer-Elek, Ilona *hinter* 352
Schacht, Hjalmar 369
Schadow, Friedrich Wilhelm von 43
Schadow, Johann Gottfried *hinter* 160, 170
Schaeff 16
Schaumburg, Gräfin Gertrude von (Fürstin von Hanau) 138
Schaumburg-Lippe, Prinzessin von 138

Scheidemann, Philipp 319, 364, 367, 369
Scheler, Max 174, 196
Scherl, August 377 ff., 381
Scheyer, Eugen 207
Schick, Bela 96
Schiffer, Eugen 366
Schily *hinter* 64
Schlageter, Albert Leo 352
Schlamm, William S. 346 f., 382, 384
Schlegel, Dorothea (geb. Mendelssohn, dann D. Veit, spät. D. Sch.) 136, *hinter* 160, 197
Schlegel, Friedrich 38, *hinter* 160
Schlegel, Gebrüder 37, *hinter* 160
Schleiermacher, Friedrich 38, *hinter* 160
Schlesinger, Bruno Walter (Bruno Walter) 107 ff., 187
Schlesinger, Georg 236
Schlossmann, Arthur 44
Schmidt, Josef 105
Schmitz, Oskar A. H. 197
Schmucker, Jeanette 137
Schnabel, Arthur 109
Schnitzler, Arthur 58, 195
Schnitzler, Heinrich 104
Schocken, Salman 336, 338
Schoeps, Hans Joachim 353 ff.
Schönberg, Arnold 108 f.
Schottländer, Rudolf 62
Schramm, Percy Ernst 57
Schrobsdorff, Angelika 197
Schröder, Walther 402 f., 411
Schrödinger, Erwin 269, 278, 314, 398, 436
Schubert, Franz 431
Schück, Emil 180
Schulenburg, von der (Familie) 137
Schulz, Franz 113
Schulz, Klaus-Peter 324
Schumann (Oberst) 282 f.
Schurz, Carl 96
Schwarz, Hans 112
Schwarzenberg, Adolf Josef Fürst von 358
Schwarzkopf, Paul 236
Schweitzer, Albert 174
Schwerin, von (Familie) 137, 151
Schwind 42
Seaborg, Glenn 303, 457
Seghers, Anna 61, 194, 199
Segre, Emilio Gino 259, 298, 302
Selichmann 16
Semmelweis, Ignaz 87
Shakespeare, William 321
Shaw, Bernhard 195
Shearer, Norma 129
Shirer, William L. 125, 160
Shukowskij, Wassilij Andrejewitsch 168
Siemens (Firma) 120, 398
Siemens, von (Familie) 360
Siemer, Otto 383
Simmel, Georg 174
Simon, Franz Eugen (Sir Francis Simon) 266, 293
Simon, Heinrich 39, 143
Simon, Ludwig 143
Simon, Max (General) 402 f.
Simon, Sir Francis (Franz Eugen Simon) 266, 293
Simson, August von 44
Simson, Eduard (von) 39 f., 44, 142
Simson, von (Familie) 151
Sinclair, Upton 123
Siodmak, Robert 112, 399
Smith, C. S. 300
Smuschkewitsch, Jakob 226
Sobernheim, Walter 117
Soergel 327
Sommerfeld, Arnold 270, 299 ff., 435 f.
Sonnemann, Leopold 375
Sonnenfels, Josef von 40 f.
Sonnenthal, Adolf Ritter von 41
Souchay 151

Speer, Albert 110, 230, 281, 284 f.
Speidel, Ludwig 41
Sperber, Manès 197
Speyer, Freiherren von 113, 359
Speyer, Wilhelm 113, 194
Speyer-Elissen (Firma) 381
Spiel, Hilde 197
Spier, Josef 310
Spira, Camilla 104
Spitta, Karl Johann Philipp 52
Spitzweg 42
Spoliansky, Mischa 109
Spontini, Gasparo 168
Springer, Axel Cäsar 382 f.
Staemmler, M. 342
Stahl, Friedrich Julius 48, 146, 174
Stahl, Wilhelm 142
Stahl-Nachbaur, Ernst 104
Stalin, Josef 191, 276
Stampfer, Friedrich 363 f.
Stark, Johannes 269, 278, 433, 436 f., 439
Starke, Hermann F. G. 383
Stauff, Ph. 171, 327
Stearns, J. 457
Stein, Edith (Theresia Benedicta a Cruce) 197
Stein, Leo 110
Stein, Leon 108
Steinhardt, Josef 207
Steinitz, Hans 197
Steinrück, Albert 103
Stengel 171
Stephani, Franz von 209
Stern, Otto 165, 269
Sternberg, Fritz 197
Sternberg, Josef von 110
Sternheim, Carl 52, 195
Stettenheim, Julius 119
Stilling, Benedikt 89
Stinnes, Hugo 359, 375
Stöcker, Adolf 47 f., 48
Stolper, Gustav 252 f., 255
Straßmann, Fritz 271 ff.
Strauß, Benno 233
Strauß, Johann 41 f., 109, 397
Strauß, Johann Michael 41
Straus, Oscar 109
Strauß, Siegmund 233
Streicher 397
Stresemann 379
Stuckart, Wilhelm 129, 211, 428
Stumm, von (Erben) 359
Süßkind von Trimberg 16
Susmann, Margarete 197
Szakall, Szöke 104
Szilard, Leo 245 ff., 257, 260, 291 ff., 298, 302, 305, 310, 440 f., 457
Tau, Max 197
Tauber, Richard 105
Taussig, Helen 96
Taylor, Elizabeth 129
Teller, Eduard (Edward) 165, 246, 250, 257, 294, 298, 302, 440 f.
Tergit, Gabriele 194
Tesmann, Rudolf 338
Thälmann, Ernst 124, 413
Theilhaber, Felix 54
Theresia Benedicta a Cruce (Edith Stein) 197
Thévoz 151
Thiele, Wilhelm 112
Thiele-Winckler, Franz-Hubert Graf von 358
Thimig, Helene 106
Thomas, Adrienne 195
Thomson, George P. 264 f.
Thurn und Taxis, Adalbert Fürst von 358
Thyssen, Fritz 359
Tietz, Hermann 337 f.
Todt 432
Toller, Ernst 113, 124, 194, 198
Torberg, Friedrich 194
Torwaldsen, Bertel 147
Trebitsch, Siegfried 195
Trebitsch-Lincoln, Ignatz 351
Treitschke, Heinrich von 56
Trenker, Luis 112

Triesch, Irene 104
Trotzki, Leo (Leib Bronstein) 224, 325
Truman, Harry S. 309
Tschernjakowsky, Iwan 227
Tucholsky, Kurt 6, *hinter* 32, 58, 123 f., 181, 194, 198, 324 ff., 328, 351, 373, 400
Ulbricht, Walter 384
Ullstein (Verlag) 375 f., 378 f., 381
Ullstein, Franz 118
Ullstein, Leopold 53
Ury, Lesser 73
Valetti, Rosa 104, 126
Vallentin, Hermann 104
Varnhagen von Ense, Karl-August 37
Varnhagen von Ense, Rahel 3, 47, 136
Veidt, Conrad 104, 128
Veit, Dorothea (geb. Mendelssohn, spät. D. Schlegel) *hinter* 160
Veit (Familie) 150 f.
Veit, Moritz 142, 144
Veit, Philipp 38, 206
Vesalius 89
Vialon, Karl-Friedrich 411
Virchow, Rudolf 26, 87, 351
Vollenhoven, Pieter van 53
Vollhardt, Adam 383
Voss, Karl Andreas 383
Waeburg, Otto 182
Wagner, Richhard 108 f.
Waksmann, Selman Abraham 79 f.
Waldteufel, Emil (eigentl. Levy) 110
Wallach, Otto 177
Wallburg, Otto 104
Walter, Bruno (Bruno Walter Schlesinger) 107 ff., 187
Warburg (Familie) 57
Warburg, Aby M. 52
Warburg, Emil (Mediziner) 81
Warburg, Karl 180
Warburg, Otto (Chemiker) 160, 175
Warburg, Otto Heinrich (Physiker) 81
Wartensleben (Familie) 137
Wassermann, August von 88
Wassermann, Jakob 194
Watson, ›Pa‹ (General) 243
Weber, Max 174
Wedekind, Frank 103
Wehner, Bernhard 408
Wehrhan 337
Weigert, Carl 87 f., 90
Weill, Kurt 109
Weinberg, Arthur von 349, 362
Weinberg, Carl von 52
Weinberg, von (Familie) 359
Weininger, Otto 342
Weinryb, Moshe 227
Weiß, Bernhard 373 f.
Weiß, Peter 197
Weißkopf, Victor 246, 250, 257, 294, 298, 301 f., 311
Weismann, Robert 373
Weizsäcker, Carl Friedrich von 247, 270, 275 f., 282, 286 f., 290
Wels, Otto 124
Werbezirk, Gisela 104
Werfel, Franz 58, 194
Werhahn (Familie) 360
Wertheim 336
Wetzlar von Plankenstern, Baron Abraham 41
Wetzlar von Plankenstern, Gustav Freiherr 32
Wetzlar von Plankenstern, Heinrich Freiherr 32
Wetzlar, Ignatz 32
Weyl, Hermann 163
Wezelin 22
Whitehead, Alice 171
Whitehead, Sir James 171
Wieland, Heinrich 175

Wiener, Norbert 233, 309
Wiesel, Elie 192
Wigner, Eugen 254
Wigner, Eugen P. 246, 249 ff., 257, 269, 294, 298, 302 f., 440 f.
Wilder, Billy 112
Wilhelm I. (Kaiser) 39, 44
Wilhelm II. (Kaiser) 43 f., 47, 114, 138, 149, 232, 358
Willstätter, Richard 160, 167, 169, 175, 177, 182, 285
Wimpffen, Graf Franz von 40
Windaus, Adolf 175
Winterfeld, von (Familie) 151
Wirth (Kabinett) 370
Wohlbrück, Adolf 104
Wöhler, Friedrich 175
Wolf, Friedrich 62
Wolff, Arthur 120
Wolff, Ludwig 195
Wolff, Theodor 118
Wolffson (Familie) 57
Wolfskehl, Karl 50, 195
Woolworth, F. W. 335
Wrangel, Friedrich (›Papa‹) 147
York 312
Zechlin, Egmont 55, 223 f.
Zedekias (Leibmedikus) 83
Ziegler, Franz 144
Zirpins, Walter 407
Zuckermann, Hugo 58
Zuckmayer, Carl 58, 174, 195
Zvi Avneri (früher Haus Lichtenstein) 199
Zweig, Arnold 61, 194
Zweig, Stefan 113
Zweig, Stephan 58, 194, 198

DER DANK DES AUTORS

gilt allen, die bei der Vorbereitung und Herstellung dieses Buches auf die eine oder andere Weise geholfen haben; vor allem aber meinem Freund *Moses Gercek,* der den letzten Anstoß dazu gab, daß dieses seit Jahren geplante und vorbereitete Buch tatsächlich geschrieben wurde.

BILDNACHWEIS

hinter S. 32: Ullstein; Original in der Handschriftensammlung des Autors; Kurt-Tucholsky-Stiftung, Agnesstr. 32, 2000 Hamburg 60
hinter S. 64: Ullstein; Portrait von Gottlieb Gassen, München, April 1828, Öl auf Leinwand, Original im Heinrich-Heine-Institut, Düsseldorf; Original in der Handschriftensammlung des Autors; Original in der Handschriftensammlung des Autors
hinter S. 96: dpa; Ullstein/Fritz Eschen; Ullstein
hinter S. 128: Original in der Handschriftensammlung des Autors; Bleistiftzeichnung von einem unbekannten Künstler, im Privatbesitz des Autors; Original in der Handschriftensammlung des Autors
hinter S. 160: Original in der Handschriftensammlung des Autors; Bildarchiv Preußischer Kulturbesitz; Ullstein
hinter S. 352: »Simplicissimus« – Titelblatt des deutsch-jüdischen Grafikers Thomas Theodor Heine; Foto mit Originalwidmung in der Handschriftensammlung des Autors; Ullstein/Tita Binz; unbekannt

Eine unverzichtbare, vielseitige und für jeden interessante Geschichtsschreibung, die zeigt, wie und um was in vier Jahrhunderten gearbeitet, gefeiert und gekämpft – eben „gelebt" wurde.

Sigrid und Wolfgang Jacobeit
ILLUSTRIERTE ALLTAGSGESCHICHTE DES DEUTSCHEN VOLKES
Band 1: 1550 – 1810
Band 2: 1810 – 1900
Band 3: 1900 – 1945 (erscheint Frühjahr '89)
Subskriptionsangebot:
Drei Bände DM 98,– (statt DM 114,–), der letzte Band wird dann mit nur DM 22,–, (statt DM 38,–) berechnet.
Einzelbestellung möglich.

PAHL-RUGENSTEIN **Unsere Bücher sind Lebens-Mittel.**